冯天瑜，1942 年生，湖北红安人。武汉大学人文社会科学资深教授，教育部社会科学委员会历史学学部委员。从事中国文化史及湖北地方史志研究。

《冯天瑜文存》卷次

冯氏所著，除文存二十卷外，另有《中华文化史》（与何晓明、周积明合撰）、《日本对外侵略的文化渊源》（与任放合撰）、《东亚同文书院中国调查之研究》（与刘柏林、李少军等合撰）、《国际视野下的大武汉图像》（与陈勇编著）等，又主编《中华文化辞典》，编“冯氏三藏”（《冯氏藏墨》《冯氏藏札》《冯氏藏币》）。

冯天瑜文存

中国文化生成史

（上册）

长江出版传媒
湖北人民出版社

图书在版编目(CIP)数据

中国文化生成史/冯天瑜著.
武汉:湖北人民出版社,2019.11
ISBN 978－7－216－08619－6
Ⅰ.中… Ⅱ.冯… Ⅲ.文化史—中国 Ⅳ.K203
中国版本图书馆CIP数据核字(2015)第137123号

项目负责:姚德海 王建怀 左泽荣
常务编辑:左泽荣 尚晓梅
责任编辑:左泽荣
封面设计:汪 汉
责任校对:范承勇
责任印制:王铁兵

出版发行:湖北人民出版社	**地址**:武汉市雄楚大道268号
印刷:湖北新华印务有限公司	**邮编**:430070
开本:700毫米×1000毫米 1/16	**印张**:50.25
字数:814千字	**插页**:11
版次:2019年11月第1版	**印次**:2019年11月第1次印刷
书号:ISBN 978－7－216－08619－6	**定价**:278.00元(上、下册)

本社网址:http://www.hbpp.com.cn
本社旗舰店:http://hbrmcbs.tmall.com
读者服务部电话:027—87679656
投诉举报电话:027—87679757
(图书如出现印装质量问题,由本社负责调换)

ISBN 978-7-216-08619-6
9 787216 086196

考察中国文化从自在到自觉的生成过程，从其生态条件（地理环境、经济土壤、社会结构、政治制度）辨析入手，探讨中国文化的特质，勾勒中国文化的历史分期，并作守光待后式的前瞻。本书是作者四十年来研习文化史的心得结集，材料翔实、精审，宏观把握、细微考辨相得益彰，开阖有致，考据严谨、结论平允。2013年初版后多次印刷，深受读者欢迎。收入“文存’之新版，又有修订补充。

目录

导　言

振叶以寻根，观澜而索源。

——（南朝 宋）刘勰：《文心雕龙·序志》

一、当　下

本书致力于文化反思，而“当下”[①]是反思的起点。我们置身的当下，适值多层级变革相互叠加。

类似笔者这样年龄的中国人，是史上难得的以短暂一生亲历“农耕文明”—“工业文明”—“信息文明”[②]三个历史阶段交错递进的人群：

> 少时浸润于农耕文明尾声，对人力劳作方式、自给自足的宗法式乡村生活颇不陌生；
>
> 中青年信从“知识就是力量”“革命改造世界”理念，参与工业化建设，身历其间的曲折艰辛；
>
> 壮年和老龄又相继在国外、国内迎受初兴的信息时代来临，渐悟可持续发展之道……

有趣的是，我们记录上述变迁的书写工具，也从沿袭数千年之久的毛

① “当下”本是佛教用语，民间泛用，略指现在这一刻。佛经之“当下”是最小的时间单位，1分钟60秒，1秒60刹那，1刹那60当下，1秒有3600个当下。把时间切到极小单位，当下即为永恒。

② 农耕文明为前现代、工业文明为现代、信息文明为后现代。

笔[①]，经由引入百年的钢笔[②]，转换为近二十年普及开来的电脑键盘[③]，而撰写本书所用的“汉王笔”，兼具钢笔与电脑键盘特性，似为“工业文明”与“信息文明”混合的产品。

吾辈有缘于大半个世纪间目睹一连串文明形态的交错与更替，常发“目不暇接”之叹，却也于惊鸿一瞥之际，直触文化生成的多重奥秘——从“现代”反观前现代、从“后现代”反观前现代与现代，每每别有会心，诚如先哲所言：

> 人体解剖对于猴体解剖是一把钥匙。反过来说，低等动物身上表露的高等动物的征兆，只有在高等动物本身已被认识之后才能理解。[④]

正所谓“一切真历史都是当代史”[⑤]，当下是窥探历史长河的窗口。

二、悖　论

从“当下”回望，可得见文化“长江后浪推前浪”历程，也会洞见文化史包蕴的悖论[⑥]——前现代有可能构成现代阻力，现代则埋伏着后现代进路上的陷阱，而后现代在超克现代之际，往往须借助对前现代的创造性复归。全凭单线直进观无法解释历史的复杂性。

---

① 俗称两千多年前的秦代名将蒙恬（约前259—前210）是毛笔的发明者。而考古发现，先秦早已使用毛笔（称“聿”），毛笔当有三千年历史。

② 钢笔又称自来水笔，1809年美国华脱门金笔厂正式生产钢笔。20世纪初，美国华脱门、派克等品牌金笔传入中国。1928年上海开始生产钢笔，派克笔风靡一时。20世纪60年代前后，国产英雄牌钢笔流行，有“英雄超派克”之说。

③ 1965年意大利Olivetti公司开发一台能放在办公桌上供普通人使用的个人电脑。电脑（PC）打字20世纪90年代以降在中国逐渐普及。

④ 马克思：《〈经济学手稿（1857—1858年）〉导言》，《马克思恩格斯全集》第三十卷，人民出版社1995年版，第47页。

⑤ 意大利历史学家克罗齐（Benedetto Croce，1866—1952）《历史学的理论和实际》（中文本，中国社会科学出版社2005年版）中有“一切真历史都是当代史”（第2页）一语（Every true history is contemporary history），意谓新的生活唤醒过去的历史。

⑥ 悖论（paradox）来自希腊语“para+dokein”，意为“多想一想”。悖论指在逻辑上可以推导出互相矛盾的结论，但表面上又能自圆其说。解决悖论需要创造性思考，悖论的解决又可以给人带来全新的观念。

李约瑟
（Joseph Needham，1900—1995）

匈牙利思想家乔治·马尔库塞（1898—1970）指出，现代性的历史和逻辑导致了文化悖论，而恰恰是文化悖论包含的矛盾性使批判和反思成为可能，因此“文化悖论也是对多样性的一种保存，从而打破对现代性的同一性，克服现代性危机”[①]。中外哲人做过透视悖论发现中国文化底奥的努力。

20世纪中后叶，长期从事中国科技史研究的英国学者李约瑟，在7卷34册巨著《中国科学技术史》第1卷（导论）提出一个尖锐问题：

梁启超（1873—1929）

> 如果我的中国朋友们在智力上和我完全一样，那为什么像伽利略、托里拆利、斯蒂文、牛顿这样的伟大人物都是欧洲人，而不是中国人或印度人呢？为什么近代科学和科学革命只产生在欧洲呢？……为什么直到中世纪中国还比欧洲先进，后来却会让欧洲人着了先鞭呢？怎么会产生这样的转变呢？[②]

“先进”的中古中国何以在近代“落伍”？这便是著名的“李约瑟悖论”。

近代中国人于困知勉行[③]间，也有类似思考——

① 转引自隽鸿飞、杜红艳：《东欧新马克思主义与启蒙理性》，《中国社会科学报》2013年5月29日。

② 该书英文版于1954年以来由剑桥大学出版社陆续出版，中文版由科学出版社20世纪80年代以来陆续出版。引文提及的伽利略、牛顿，耳熟能详，此不赘述。托里拆利（1608—1647），意大利物理学家、数学家，发明水银气压计。斯蒂文（1548—1620），比利时—荷兰物理学家，代表作《平衡术》（1586），提出杠杆理论、斜面定律，被称为阿基米得到伽利略之间最伟大的力学家。

③ 《礼记·中庸》：“或生而知之，或学而知之，或困而知之，及其知之一也。或安而行之，或利而行之，或勉强而行之，及其成功一也。”

中国近代职业教育创始人
黄炎培（1878—1965）

"言论界骄子"梁启超在清末发出一个历史性拷问：为何明初出现世界最卓越的航海家郑和，但郑和之后却无第二郑和？[①] 这是从海洋事业的盛衰转换，先期提出与"李约瑟悖论"相近的问题——中古"先进"的中国为何难以迈入近代文明？

民主人士黄炎培 1945 年 7 月访问延安时询问毛泽东：历史上很多政权"其兴也勃焉"，"其亡也忽焉"，即朝气蓬勃地快快兴起，又匆匆忙忙地灭亡，原因是"政怠宦成""人亡政息""求荣取辱"等，有无"跳出这周期律的支配"的办法？[②]

美国的中国学家本杰明·史华慈所撰《中国政治思想的深层结构》指出：

本杰明·史华慈
（Benjamin I.Schwartz，1916—1999）

> 在中国历史中，有一思想特质似乎贯穿它的发展，我们或许可以称之为"典范"，我并不是指它是儒家所特有的，而应该说是先秦许多思想家（像墨家、法家、道家等）所共有的特质。为什么我会对此感兴趣呢？因为有一个恼人的问题总是不断出现：为什么中国历史上始终不曾出现过一个与此深层结构相异的替代品（alternative）？[③]

史华慈所说的"深层结构"，是指中国历史上至高无上的皇权。史华慈认

① 梁启超：《祖国大航海家郑和传》，《饮冰室合集》之六《饮冰室专集》，中华书局 1989 年版，第 11 页。此题详议，见本书第四章第三节。

② 见黄炎培：《延安归来》，国讯书店 1945 年版。

③ 史华慈：《中国政治思想的深层结构》，见许纪霖、宋宏编《史华慈论中国》，新星出版社 2006 年版，第 25 页。

为，在中国思想史上，从没有人设计另一套替代品。[①] 而至高无上的皇权既是中国古代文明获得显绩的原因，又如同西方政教合一的高度集权体制一样，带来巨大负面效应，成为近古和近代进步的障碍。这便是“史华慈问题”，也可以称之为“史华慈悖论”。

此外还有“卢梭之问”：如果中国的文化真像伏尔泰等说的那么优越，它为什么曾被野蛮人征服，而且未能转变成为一个自由的国度？

“艾恺之问”：有人强调“仁”“人”“良心”等观念不会阻碍中国现代化，反而有助于现代化，那么这些观念早已存在于中国社会，为什么中国自身未能发展出现代化？

“梁启超之问”“黄炎培之问”“李约瑟之问”“史华慈之问”，其侧重面有别，却都是从当下出发，试图求解历史悖论：兴盛之后为何常常继以衰败？中国曾经创造光耀千秋的古典文化，为何在近代落伍？而历史传统为何既是无尽的文化生命源泉，又构成不易超克的前行阻力？

这些问题皆非就古论古，全都聚焦于文化现代转进这一前行性诉求上，而答案深藏于历史的浩茫之中。中国古文明的繁盛，中国近古—近代落伍，中国当下于崎曲坎坷中走向复兴，都可以从文化生成机制中找到根据，从文化生成的趋向中获得启示。

三、合 力

文化的现代转进，奠基于三项不可或缺的成就，尤其仰赖三项成就汇聚形成合力——

第一，市场机制、价值法则合理运作，商品经济充分发育；

第二，民主与法治从理念到制度完善化，人民主权得以真实实现；

第三，经由考选的科层官僚制[②] 建立，确保权力的公正与效率。

只有当上述三项成果相互支撑、协同运作，方可迈上现代文化坦途，如果

---

① 笔者以为，在中国思想史上，近古的邓牧、黄宗羲、傅山、唐甄等人设计过极端皇权的替代品——“新民本”方案，不过未入主流，以“待访”“潜书”之类形态隐于草野（见冯天瑜、谢贵安：《解构专制——明末清初“新民本”思想研究》，湖北人民出版社 2002 年版）。

② 科层制是指一种由非世袭的、训练有素的专业人员依照既定规则持续运作的行政管理体制，保证行政职责的明确性、一致性与能力的发挥，是合议制的代替。“科层官僚制”概念由德国社会学家马克斯·韦伯提出，略指技术化、理性化和非人格化的官僚制度，是现代社会合理运行的必需。

仅是其中一项孤立展开，便会南辕北辙。例如，没有一、三两项的配合，第二项（人民主权）独进，将陷入民粹主义泥淖；再例如，没有第二项（人民主权）的制约，第三项（科层官僚制）将堕为专制主义的工具；若仅有二、三两项而弱于第一项（市场机制、商品经济充分发育），现代文化即成无法坐实的空中楼阁。

反顾文化史便会发现，往昔中国曾在上述三方面各有程度不同的建树，向世界（包括向西方）奉献科层文官制等卓异创造，方使自备一、二项成就的西欧赢得三项成就的聚合，在 17 世纪以降率先启动现代化。而中国因一、二两项成就有所欠缺，早熟的官僚制在近古以至近代沦为维护专制皇权的“旧制度”，终为革命摧毁；曾领先世界的商品经济（如在宋代）却淹没在自然经济的汪洋大海，难以拓展。这些成败得失，其因由皆埋伏于文化生成史的运行之间。

现代文化的转进，是一项庞大复杂的系统工程，不仅需要器物文化、制度文化、观念文化的精心建设，还尤需仰赖诸成果的有机汇聚，形成合力，单兵独往，难获成功。

经过百余年的奋起、积淀与广采博纳，当下中国程度不一地兼拥三项成果，遂有四十年现代化建设的进步；但三项成果发展并不平衡，跛足状态尚未克服（市场经济及民主与法治建设尤须加强），三者的聚合度更有待提升，这正是当下中国亟待解决的问题。

四、结　构

有了人类方有文化的生成，文化生成史也就是一门洋溢着主体性的人文学，诚如国学家钱穆《中国文化与中国人》一文所言：

> 本来是由中国人创造了中国文化，但也可以说中国文化创造了中国人，总之，中国文化在中国人身上，因此我们研究中国文化，应该从历史上来看中国人，亦就是说看中国史上历来的人生与人物，即中国人怎样地生活？中国人怎样地做人？

由人生与人物构成的文化，并非人的主观预设的产物，而是由先定的历史

钱穆（1895—1990）

条件和客观的生态环境养育而成的，正所谓“文变染乎世情，兴废系乎时序”①，故研讨中国文化的生成机制，不能满足于对个别“文化英雄”天纵哲思的追慕，也不能止步于对某些引发剧变的短暂历史事变的关心，而必须着眼“长时段”考析，揭示造就如此人生、如此人物、如此事件、如此思想的深层动因。

传统史书往往不吝笔墨于炫目的军事或政治事变，然而，这些短暂事变终究为长时段的社会“结构”与历史“趋势”所左右。那些喧哗一时、招人耳目的事变终究会尘埃落定，而发挥久远作用的是基础性的结构性要素（如社会组织、经济生活、政治制度、人们的思维方式及行为方式等）。因此，比注目短时段事变更重要的，是用力考察地理环境—经济土壤—社会组织—政治制度合成的“结构”对历史的推动及制约作用——

> 所谓结构，实际上就是那些不受急风暴雨（或用汤因比的话说，“急进或猛退”）的影响而长期存有的东西。②

如果说，一般意义的文化史书多从“事件”展开，以“横分竖写”方式描述文化诸样态及其进程，那么，本书重在结构分析，揭示隐蔽在深层的、决定集体生存的结构性力量。然而，如下两点也是题中之义：

其一，拥有自由意志的人是文化主体，其演出的“事件”固然受“结构”与“局势”的规范，但人的创造力和随机性不可低估，人所制造的“事件”对“结构”与“局势”会造成影响，并终究融入“结构”与“局势”之中。人作为文化生成的积极参与者和有限度的主导者，并未因结构性的历史必然性而消极无为；

---

① 刘勰：《文心雕龙·时序》。

② ［法］费尔南·布罗代尔著，顾良、张慧君译：《文明史：过去解释现时》，《资本主义论丛》，中央编译出版社 1997 年版，第 161 页。

其二，文化是群体创作物，但作为知识精英的“士”，于“道”“器”两方面富于个性的发现、发明，是文化生成中的灿烂亮色，其对文化进程往往产生关键性影响，不因“结构”的先定性而消弭，又与“庶众”的基础性创造彼此应和、相互推助。

五、守 望

从空间向度言之，中国文化植根于中国历史，外因决定论不足取，必须在中国发现中国文化的动力之源；中国文化又是世界的中国文化，检讨其生成机制，不可作井蛙之观，须中外会通，从全球视角探讨中国文化生成。

从时间向度言之，文化生成史应从过去时的“守护”，导引出未来时的“瞻望”，而在守望之际，正可增进文化自觉，既不陶醉于中华优胜的旧梦，也切勿自溺于百不如人的自贱自戕。时人的职责是：理性地认识自国文化的优劣长短，动态地摆正自身的世界位置，明辨人类文明大道，把握中华复兴的航行方向，坚定前进，正所谓——

潮平两岸阔，
风正一帆悬。[①]

① 王湾：《次北固山下》。

释　题

文化生成：从自在到自觉

生生之谓易。

——《周易·系辞上》

假一毂汲引之利，为万顷生成之惠。

——（宋）范仲淹：《水车赋》

文化自觉是一个艰巨的过程，只有在认识自己的文化，理解并接触到多种文化的基础上，才有条件在这个正在形成的多元文化的世界里确立自己的位置，然后经过自主的适应，和其他文化一起，取长补短，共同建立一个有共同认可的基本秩序和一套多种文化都能和平共处、各抒所长、连手发展的共处原则。

——费孝通：1997 年在第二届社会人类学高级研究班的讲话

一、“生成”：文化的无尽途程

本书命名为“文化生成史”，旨在考析中国文化的生成机制，以发现其运行特征。

作为古典词的“生成”，有养育、长成诸义。

《晋书·应詹传》：“〔韦泓〕既受詹生成之惠，詹卒，遂制朋友之服，哭止宿草。”金人元好问（1190—1257）曰：“恩重托身，生成之义等；礼名犹子，嗣续之道存。”[①] 明人李东阳（1447—1516）曰：“伏望陛下垂天地生成

① 元好问：《太夫人五七青词》。

之仁，推家人父子之爱，特降俞音，许令退休。”[①] 诸例之“生成”皆为“养育”义。

唐人杜甫（712—770）诗云：“桑麻深雨露，燕雀半生成。”[②] 宋人范仲淹（989—1052）曰：“假一毂汲引之利，为万顷生成之惠。”[③] 明人唐顺之（1507—1560）曰：“夫生成百谷以粒民，孰非天地之功。”[④] 诸例之“生成”皆为“长成”义。

与河海山岳不同，文化并非天造地设的自然本有之物，而是自然界孕育出的具有理性和劳动能力的人类按照自己的价值取向再创自然的产物，由人在特定的生态环境中“养育—长成”，故文化是自然的“人化”。

人在创造文化间又不断塑造自我，故文化的“养育—长成”又实现着“化人”，即铸造并不断重塑人自身。

正是“人化”与“化人”的双向互动，达成生生不已、变动不居的“文化生成”。

文化生成，如同生命机体的新陈代谢，经历着“诞生—拓展—成熟—式微—衰亡”诸段落，若能把握新机缘，还可以于衰颓之际得以中兴，重获昌盛。这种种跌宕起伏、周而复始，构成“文化生成”既精微又博大的气象。

中国文化是全球第一代原生文化里少见的未曾中绝、至今仍充满活力（从而也因袭着包袱）的文化，故其生成史尤具错综复杂的特色，所包蕴的奥秘一再引起古今中外人士研讨。

明末清初哲人方以智（1611—1671）试图探析知性（智）的来龙去脉，他曾发出慨叹：

> 我得以坐集千古之智，折中其间，岂不幸乎！[⑤]

较之方以智，当代人置身古今中西文化交会胜境，其“幸”更甚，似乎更

① 李东阳：《求退录·奏为陈情乞恩休致事》。
② 杜甫：《屏迹》诗之二。
③ 范仲淹：《水车赋》。
④ 唐顺之：《重修瓜洲镇龙祠记》。
⑤ 方以智：《通雅》卷首之一，《考古通说》。

有条件“坐集千古之智，折中其间”，追究文化生成的始末及其规律。

费孝通（1910—2005）

文化生成是不断运行的过程，留下种种或显或隐的踪迹，指示着未来的去向。人们对这一实存性过往的认知，经历着从“自在”到“自觉”的迁衍，其关键环节是文化主体——人的“自省”能力的提升。

中国有注重自省的传统，先哲强调“内自省”[①]“反躬自省”[②]，这初指个人道德修养上的“内求”“反省”，又引申为对社会、文化的反思，以及关乎国家大政的求索。著名事例，前有战国时邹忌（约前385—前319）反省别人对自己貌美的称颂失实，以“讽齐王纳谏”[③]；后有汉武帝刘彻（前156—前87）晚年（前89）采纳桑弘羊（前152—前80）劝谏，颁布《轮台罪己诏》，批评自己的穷兵黩武、苛暴擅赋[④]。

诚如社会学家费孝通所说，“文化自觉是一个艰巨的过程”[⑤]。同时，文化自觉必须反复、多次进行，古代的文化自觉不能代替现代的文化自觉，更不能代替当下的文化自觉，这是因为，文化自觉赖以产生的对自己文化和外来文化及其相互关系的认识，都在不断更新、提升与深化。

我们正在亲历的当下文化自觉，需要借鉴前车，而其直接先导是现代文化自觉，它是在“现代性”[⑥]这一坐标下展开的。

二、“现代性”拷问下的文化自觉

（一）“现代性”不期而至

从古（先代）迈向今（现代），是全球历史不断进行的过程。然而，中国

① 《论语·里仁》：“子曰：‘见贤思齐焉，见不贤而内自省也。’”

② 《礼记·乐记》：“好恶无节于内，知诱于外，不能反躬，天理灭矣。”

③ 《战国策·齐策一》。

④ 见《汉书·西域传》。

⑤ 《费孝通九十心语》，重庆出版社2005年版，第207页。

⑥ 作为一个从西方引入的概念，“现代性”是指启蒙时代以来的“新的”世界体系生成的时代，一种持续进步的、合目的性的、不可逆转的发展的时间观念。

19 世纪中叶以降的古今转换非同往昔：已经完成工业革命的西方，挟其军事、经济、政治强势，打断中国文化固有的运行轨迹，使现代性相当突兀地降临，国人一时难以适应。这与西方现代性是中世纪末期以来社会内生的情形颇有差异。

在西方，“现代”（modern）是与“古代”（antiquity）相对应的概念，“现代性”略指走出中世纪的文化属性——

> 物质文化层面，机器生产代替手工生产、自然经济主导转向商品经济主导；
>
> 社会组织层面，近代民族国家建立，宗法皇权制退出政坛，代议制基础上的民主政制兴起；
>
> 观念层面，确定从低级到高级不断进化的线性历史观，建立在理性原则基础上的以人的独立价值为本位的自由、平等、博爱观念普及。

需要指出的是——

第一，现代性的获得，是一项世界性成就，并非一隅之地的封闭式独创。即使以原发性著称的西欧现代化，除自备条件外，也广为吸纳异域成就（如中国的四大发明等器物文化和考选文官制等制度文化），方全面赢得现代性要素；而在高级农耕文明固有轨道内运行的中国，19 世纪中叶以后，因西力东渐的激发，前进因素觉醒，进入现代性剧变阶段，更是内外因素汇聚的产物。

第二，“现代性”是一个相对概念，所有社会，包括最具现代性的社会，都保有某些传统特点，不宜把传统性与现代性当作两个完全对立的文化标志。“传统—现代”二元割裂说不符合历史真实。

第三，现代化与西方化互有缠绕，必须惕戒其间的认识陷阱。现代性并非专属西方，现代化不等于西方化，我们所讨论的现代性，是包容中西现代化实践与理论的现代性。

第四，“现代性”时下遭遇后现代的挑战，“解构现代性”成一新命题，然而，当下时代主潮仍是现代性的实现，诸如中国这样的后发国家，现代性尚是未竟之业，故我们在迎受后现代洗礼之际，仍然应当主要着力于现代性问题的解决。

第五，现代性即使在发源地西方，就既有连续性又有断裂性。在中国，由于现代性是经由外力引发的（内在现代性因素逐渐觉醒并发生作用），其与传统的断裂尤显突出。而要达成断裂性与连续性的统一，必须通过一个崎岖坎坷的历程，其间既面临前所未遇的危局，同时也迎来新的发展机遇，诚如清末洋务大吏李鸿章所言：

> 我朝处数千年未有之奇局，自应建数千年未有之奇业。①

在“奇局”下建“奇业”，是百余年来中国人对现代转型做出的积极回应。今日波澜壮阔的中国现代化建设，正是在更加宏伟的“奇局’下建“奇业”。

（二）打破“优胜”迷梦

迎受现代性的中国人获得文化自觉，是在抛弃自认优胜的盲目性以后逐步赢得的。

由于近古以降社会发展迟缓并伴之闭关锁国，中国朝野曾经陷入由“自闭”导致的文化虚骄与文化自卑的两极病态之中。

中国文明在高级农耕时代（以使用金属器具为标志）曾长期雄踞世界前列。据英国学者安格斯·麦迪森（Angus Maddison，1926—2010）《世界经济千年史》统计，自公元元年至1500年，中国经济在长达1500年间处于领先位置。②

15世纪以降，西欧资本主义萌芽，18世纪英国率先开始工业革命，但新兴的工业文明对传统的农业文明的优胜，并未即刻显示出来，处在高级农耕文明阶段的中国，直至“乾隆盛世”国力仍居世界前茅。清史专家戴逸（1926—　）统计，1800年世界人口9亿，中国3亿，占世界总人口三分之一；粮食产量中国占世界三分之一；工业产值占世界33.3%（全欧洲占世界28.1%）。18世纪全世界超过50万人口的城市有10个，中国占5个（北京、南京、扬州、杭州、广州）③，可见，18世纪乃至19世纪初的中国仍是超级

---

① 李鸿章：《议复张家骧争止铁路片》，《李文忠公全书》（奏稿）卷三九。

② 见［英］安格斯·麦迪森著，伍晓鹰、许宪春、叶燕斐、施发启译：《世界经济千年史》，北京大学出版社2003年版。

③ 戴逸主编：《18世纪的中国与世界》，辽海出版社1999年版。

大国，然其衰相已经呈现，不过国人尚不自知。

据麦迪森《世界经济千年史》统计，中国经济总量占世界经济的比重，公元 1000 年为 22.7%，1500 年为 25%，1600 年为 29.2%，1700 年为 22.3%，1820 年为 32.9%，达到峰值。自 19 世纪中叶起，因西欧工业文明长足发展，中国经济所占全球份额渐次下降：1870 年为 17.2%，1913 年为 8.9%，1950 年为 4.5%。经济总量从宋元、明清约占全球四分之一、三分之一，降至清末、民国占全球的二十分之一左右。以人均收入论，16—18 世纪，荷兰年增长率 0.52%，从 754 美元升至 2110 美元；英国年增长率 0.28%，从 714 美元升至 1250 美元；同一时期中国人口膨胀而劳动生产率顿滞，人均收入增长为零，甚至出现负增长。

概言之，公元 1500—1800 年（明中叶至清中叶），西欧乘资本主义经济之顺风，呈上升趋势，而徘徊于高级农耕文明的中国仍保有经济总量的庞大和“天朝”派头；而公元 19 世纪以后，西方驾工业文明快车，逐渐把自外于近代化进程的中国抛在后面，1850 年，西欧人均收入已为中国的 10.5 倍。

对于西强中弱的态势，中国人自知甚迟。截至清朝中叶，中国人对于发端西欧的以工业化、全球化为内容的现代进程全然隔膜，还陶醉于“声明文物之邦”地位，典型表现是，1793 年乾隆皇帝（1711—1799）接见英国使臣马戛尔尼（1737—1806）时显示的“集体孤独症”①。乾隆对于已经进入工业革命时代的英国仍以野蛮夷狄视之，自负天朝“无所不有”，自认是“世界上唯一的文明”②，在致英王乔治三世（1738—1820）的复信中，断然拒绝与英国通商、建交。③ 马戛尔尼回国后著《英使谒见乾隆纪实》，指出中华帝国在庞大的外观下难掩落后，是“泥足巨人”，一推即倒。此一判断为英国 1839—1840 年发动对清朝的战争起了铺垫作用（此战中国称“鸦片战争”，英国称“贸易战争”）。

自我封闭带来的直接后果是，1839—1840 年，乾隆皇帝的孙子道光皇帝（1782—1850）遭遇英国来袭，茫然不知这个“蕞尔小邦”地处何方，直至道光二十二年（1842 年，第一次鸦片战争两年后），道光在上谕中令福建总兵达

①② ［法］佩雷菲特著，王国卿等译：《停滞的帝国——两个世界的碰撞》，三联书店 1993 年版，第 326、330 页。

③ 见《乾隆五十八年敕谕》《英使马戛尔尼来聘案》，《掌故丛编》第三辑，1928 年。

清廷要求英使行跪拜叩首礼，被拒绝，成“礼仪之争”。后变通为英使团成员行英式半跪礼

（英使团随团画师威廉·亚历山大作画，描绘侍童斯当东向乾隆行礼）

洪阿（？—1854）等询问在台湾俘获的英兵“究竟该国地方周围几许？所属国共有若干？……英吉利至回疆各部有无旱路可通？……俄罗斯是否接壤”。其实，早在明代万历年间，欧洲入华耶稣会士利玛窦（1552—1610）等已带来《万国坤舆全图》，介绍几大洋几大洲的世界地理知识，明末中国人绘制的《三才图会》有明确标示，但两百多年后的清朝统治者竟一无所知。明智如林则徐1839年初抵广州时，也曾以为英国人“腿足缠束紧密，屈伸皆所不便”，引入陆上，用竹竿扫倒即可制服。此说源于英使马戛尔尼拜见乾隆皇帝，坚持英国礼制，拒不下跪。经多年讹传，遂成“英人腿不能打弯”之说，朝野传播甚广。如此清廷，以轻敌始、以恐敌终，应对乏策，终于连连惨败，签订城下之盟，割地赔款。

从“盛世”皇帝乾隆的自傲，到“衰世”皇帝道光的愚钝，共同点皆在昧于世界大势，沉溺于自认优胜的迷梦，不能为中国文化准确定位，以致举措乖方。从这一意义言之，其时的中国尚处于自在状态，未能赢得文化自觉，也就谈不上理性地决定自己的文明进路。

19 世纪中叶以后的百余年，现代化浪潮自西徂东，日渐迅猛地推进，中国文化经历着“三千年未有之变局”，自晚清、民国以至于当下，中国人一直面临“现代性”的反复拷问——

从器物层面到制度层面，再到观念层面，中国文化迎受现代化的能力如何？

中国固有的“内圣外王”之学，历经工业文明的激荡，是否可以构建新“内圣”，以提升国人的精神世界，成就健全的“现代人”？

“内圣外王”之学是否可以开出新“外王”，以构筑持续发展的制度文明与物质文明，跻身现代世界强国之林？

在严峻的民族危机挤迫下（空间性压力），在文化现代性的追问下（时间性压力），国人展开关于中国文化的新一轮自省，从而开辟艰难、壮阔的文化自觉历程。

（三）近人的文化自觉

近代中国的文化觉醒，是由秉承经世传统、深怀忧患意识的士子精英率先展开的，他们于西学东渐[①]大势下“反躬自问”，发现自邦原来并非“天朝上国”，文化并非全都优胜，从器物层面到制度层面颇有“不如人”处，以致国力衰颓，屡败于入侵的西洋及东洋劲敌。

林则徐（1785—1850）、魏源（1794—1857）、徐继畬（1795—1873）是“开眼看世界”的前驱。他们原本也与一般士大夫别无二致，昧于外域，但他们努力研习强敌，在 19 世纪中叶编纂《四洲志》《海国图志》《瀛环志略》，初具世界眼光，承认中国在技艺层面乃至制度的某些领域落后于西洋，提出“师夷长技以制夷”[②]方略，并有“变古愈尽，便民愈甚”[③]的改革主张。

① 此语借自中国第一位赴美留学生容闳所著《西学东渐记》。书名并非容闳拟订，而是编书者所加。

② 魏源：《海国图志·原叙》。魏源主张师法的西洋长技，要指战舰、火器、养兵练兵之法，又旁及制度与观念。

③ 魏源：《默觚下·治篇五》，《魏源集》上册，中华书局 1976 年版，第 48 页。

曾师从林则徐、后又入李鸿章幕府的冯桂芬（1809—1874）作出较广阔的文化反省，他撰于1861年的《校邠庐抗议·制洋器议》指出，中国与西方在人事、财经、政制、观念等方面存在差距：

> 人无弃材不如夷，地无遗利不如夷，君民不隔不如夷，名实必符不如夷。①

军事劣势更显而易见，“船坚炮利不如夷，有进无退不如夷”②。

冯氏倡导不崇古、不鄙洋，力主正视文化差距，奋发努力，迎头赶上——

> 始则师而法之，继则比而齐之，终则驾而上之。自强之道，实在乎是。③

洋务大吏左宗棠（1812—1885）也发出觉醒之论：

> 泰西巧而中国不必安于拙也，泰西有而中国不能傲以无也。④

林则徐手书

冯桂芬、左宗棠们指出了理性的、开放的文化自强之路。

自林、魏以下，觉醒者日多，洪仁玕（1822—1864）、郭嵩焘（1818—1891）、王韬（1828—1897）、容闳（1828—1912）、薛福成（1838—1894）、马建忠（1845—1900）、郑观应（1842—1921）、何启（1859—1917）等为其健者。他们中西比较，从器物层面推进到制度层面，并略涉观念层面，提出下列现代性建策——

①②③ 冯桂芬：《校邠庐抗议》，上海书店出版社2002年版，第49、49、50页。

④ 罗正钧：《左宗棠年谱》，岳麓书社1983年版，第125页。

倡“商战”、立商部（郑观应），“以工商立国”，修订传统的以农立国（薛福成、张謇）；

“设议院”（陈炽、郭嵩焘）、实行君主立宪以救正君主专制（王韬、郑观应、何启、汤化龙）；

开报馆、兴学堂、遣留学，更新文教（容闳、陈虬、张之洞）……

近代初具文化自觉的哲人们多有实践性品格，不满足于坐而论道，奋力投身于政治、经济、文化变革的实务之中，如“状元资本家”张謇（1853—1926）创建近代工业（大生纱厂、资生铁冶厂等）、近代学堂（通州师范、通州学院等）及图博事业（南通图书馆、博物苑），并致力于宪政建设（1912年清帝退位诏书为其起草）。李鸿章（1823—1901）、张之洞（1837—1909）等更力行洋务建设，康有为（1858—1927）、谭嗣同（1865—1898）、梁启超（1873—1929）则是戊戌维新的倡导者、实行家。

张謇创建大生纱厂

（四）先驱者的觉悟呼声应和甚寡

近代中国赢得文化自觉，其艰难性，突出表现为先驱者的孤独、寂寞，他们的觉醒之论往往无人问津，被长期搁置。

1.《海国图志》的遭际

文化自觉的前导作品——林则徐的《四洲志》（1839 年编译，1841 年刊行）、魏源的《海国图志》（1841 年编著，1842 年刊印五十卷本，1847 年刊印六十卷本，1862 年刊印一百卷本）提供了开放的世界观念和富于远见的军政谋略，无论就认识水平，还是就时间前导性而言，在东亚都是先觉巨制。然而，这两种世界史地书兼时政书，在第一次鸦片战争至第二次鸦片战争之间（19 世纪 40 年代初至 60 年代初）这一最应当发挥作用的时期却遭到冷遇，原因是“师夷”说触犯时忌，魏源的友人姚莹（1785—1853）曾说：

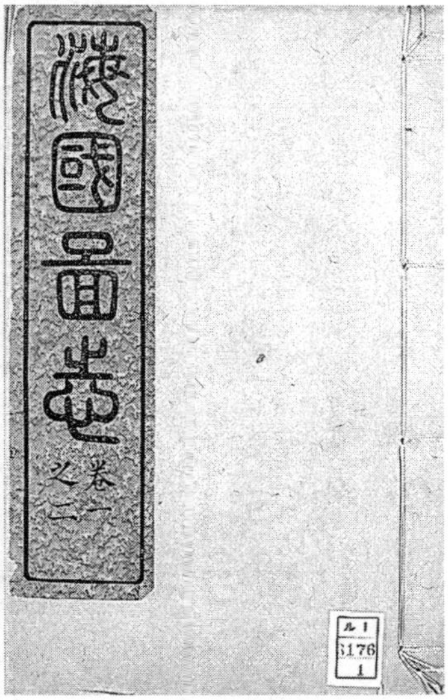

魏源《海国图志》

“举世讳言之，魏默深独能著书详求其说，已犯诸公之忌。”诚如史学家蒋廷黻（1895—1965）所言：“中国不思改革达 20 年之久。”[①] 这个“20 年”，正是指的 19 世纪 40 年代初至 60 年代初中国早期现代化这一关键阶段。迟至 19 世纪 60 年代中期以后，因洋务大吏曾国藩（1811—1872）、左宗棠推介，《海国图志》才流播士林。反观日本，自 1851 年《海国图志》首次输入，立即引起亟欲开国变政的幕府人士注意，除继续进口外，还于 1854—1856 年大量翻印，出版选本即达 21 种。江户末期的开国论者佐久间象山（1811—1864）读《海国图志》后，在《省諐录》中盛称魏源为“海外同志”。日本幕末维新志士无不受《海国图志》影响。明治维新时期，朝野更争读、热议《海国图志》，该书成为日本皇室的御用书。

《海国图志》在中国和日本的不同遭遇，反映了社会转型的关键时刻，两国的文化自觉程度形成明显差距，这正埋伏下此后中日现代化进程迟与速的伏笔。

① 蒋廷黻：《中国近代史》，上海古籍出版社 1999 年版，第 16 页。

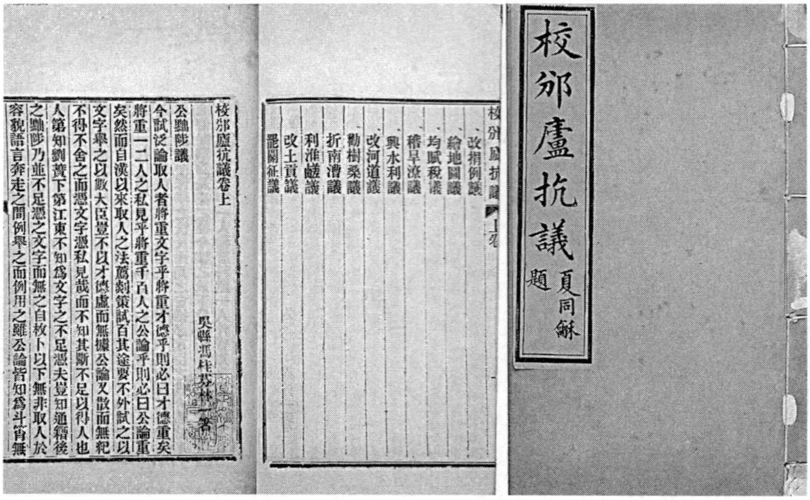

《校邠庐抗议》书影

2.《校邠庐抗议》的遭际

除林、魏二位之外，冯桂芬、黄遵宪等人也有类似遭际。冯氏的《校邠庐抗议》有切中时弊的思想和实施的谋略，然所提出的前导性倡议，都被束之高阁，错失最佳采纳时机。《校邠庐抗议》著于1861年，长期被冷落，1883年、1884年方在天津、江西全本刊印，这已在冯氏辞世后10年。直至戊戌变法期间，光绪帝将该书印发百官，《校邠庐抗议》才为朝野知晓，更迟在该书撰述的37年之后。这是中国近代转型迟滞的一个表征。

3.《日本国志》成书十年，久不流通之谜

诗人外交家黄遵宪（1848—1905）以八年之力编纂的《日本国志》，完整介绍日本明治维新学习西方、富国强兵过程，昭显了中国面对的新兴劲敌日本的历史和现状。是书1879年开始撰写，1882年完成初稿，1887年定稿，1890年民间初刻，影响甚微。1895年方得正式刊印，已在中日甲午战争及《马关条约》之后。黄遵宪的朋友、外交家袁昶（1846—1900）在《马关条约》签订后不久，十分惋惜地指出：《日本国志》若在甲午战前刊行流布，可以省去战败输银二万万两。梁启超为黄氏《日本国志》作后序，也抒发类似遗憾：

今知中国之所以弱，在黄子成书十年久谦让不流通，令中国人寡知日本，不鉴不备，不患不悚，以至今日也！[①]

黄遵宪对人们的责难，隐忍而未加解释，以致多年来的流行说是：《日本国志》延迟行世确系因为黄氏出书过于慎重，以致耽误了国人认识劲敌日本。近年中国社会科学院近代史所李长莉研究员访学台湾“中央研究院”，得见相关原始材料，发现《日本国志》的延迟刊印达 8 年之久，令国人于甲午战败后扼腕痛惜，但此一憾事的铸成，责任不在黄遵宪的“成书十年久谦让不流通”，而在清廷当道的阻滞。[②] 李长莉君的此一发现甚有价值，有助于我们认识甲午战争前夜清廷的麻木。

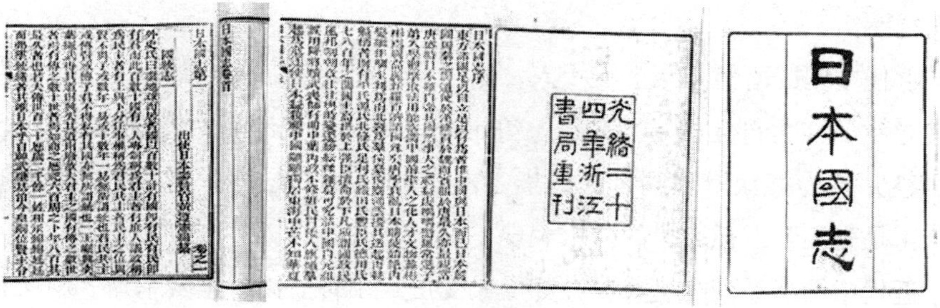

《日本国志》书影

黄遵宪是在出任驻日本公使馆参赞期间着手撰写《日本国志》的，该书为“使官奉职而作”，理当由朝廷刊印，故黄遵宪完稿后于 1888 年将抄本呈交总署（清政府办理洋务及外交事务的总理各国事务衙门），其时总署的总领大臣是庆亲王奕劻（1836—1918），实际主事的是北洋大臣李鸿章。黄遵宪的稿本和呈文递到李鸿章那里，李氏认为黄遵宪的《日本国志》主张中国效法日本明治维新的看法过于激进，如允其刊印，易犯朝廷之忌，故李氏在禀批中说了一些客套话之后，对黄遵宪的主张加以批评，拒绝推荐该书刊印。黄遵宪在总署碰壁，于 1889 年春求助于两广总督张之洞。张氏对《日本国志》给予较积极的评价，但也没有肯定其战略价值，加之偏处广州，并未用力促成刊印。这样，《日本国志》的出版蹉跎下来，直至 1894 年，黄遵宪将《日本国志》寄

① 梁启超：《日本国志后序》，《梁启超全集》第 1 册，北京出版社 1999 年版，第 126 页。
② 见李长莉：《黄遵宪〈日本国志〉延迟行世原因解析》，《近代史研究》2006 年第 2 期。

给时在巴黎任出使大臣的薛福成（1838—1894），薛福成对该书高度赞扬，称“此奇作也！数百年鲜有为者”。然薛氏不久返国病故。《日本国志》终于拖到1895年中国惨败于日本、并签订割地赔款的《马关条约》之后方正式印行，为朝野知晓。

曾任总署章京的袁昶向黄遵宪透露，《日本国志》1888年呈至总署后，官员们置之不理，“此书稿，送在总署，久束高阁，除余外，无人翻阅”。一部详解劲敌日本、反照自国革新之路的杰作，就这样被打入冷宫，致使耽误军国大政。

出使英国大臣郭嵩焘推介英式议会民主，归国后遭到朝野指斥，名士李慈铭称“嵩焘之为此言，诚不知是何肺肝”。[①] 王闿运说郭“殆已中洋毒”。[②] 郭氏回故乡湖南，被咒骂“尘秽湖湘”。郭氏痛切时弊曰：“流极败坏，至于今日而犹不悟。”[③]

近代中国的落伍乃至屡败于人，除“器不如人”之外，要因还在制度腐败及其导致的文化自觉的姗姗来迟。鲁迅小说《药》中的革命者夏瑜（喻秋瑾）的牺牲并不为大众所理解，贫民华老栓还试图用“人血馒头”救治病重的儿子，正是先驱者形孤影单的艺术表现。

近代中国一系列社会革新（如戊戌变法、预备立宪、辛亥革命、新文化运动）曾有限地激发国人的文化自觉，而近四十年的改革开放对文化自觉更有促进，然文化自傲与文化自卑这两极病灶仍时有呈现，理性的文化自觉尚需拓展深化。

三、近人对中国文化的两极评判

中国文化延绵久远，仪态万方，蕴藏丰富，视角各别、价值取向有异的人们对它的评议往往见仁见智、各执一端，甚至同一位思想者在不同语境作出截然背反的判断。对于此一吊诡现象，只有本着历史主义态度才能得到合理诠释。

（一）西方哲人的中国文化两极论

16、17世纪之交利玛窦、艾儒略（1582—1649）、汤若望（1591—1666）等欧洲耶稣会士怀着“中华归主”梦想联翩入华，一方面向中国传播西学（科

---

① 李慈铭：《越缦堂国事日记》，光绪三年六月十八日。

② 王闿运：《湘绮楼日记》，光绪三年四月二十八日。

③ 《郭嵩焘日记》，光绪三年十一月二十日。

技与神学），另一方面又向西方译介中学，中国经典和文学作品流播西土，中国民间以至宫廷生活的实态渐为西人知晓，从而开启西方汉学的端绪。自此以降，西洋人渐识中国，其对中国文化的观感，大略呈两极状态——

一极以法国启蒙思想家伏尔泰（1694—1778）和法国重农学派魁奈（1694—1774）为代表。伏尔泰的《风俗论》（1756）等著作展示的中国文化，是理性、人道的典范，将康熙皇帝视为柏拉图推崇的"哲学王"似的理想君王，中国儒学深藏当时欧洲现实难得见到的"自由"精神及宗教宽容。伏尔泰发现，孔子和西方古代贤哲一样，"己所不欲，勿施于人"，'己欲立而立人，己欲达而达人"，并"提倡不念旧恶、不忘善行、友爱、谦恭"，"他的弟子们彼此亲如手足"，这就是"博爱"的本义，因而也就和"自由"与"平等"的信条息息相通。伏尔泰对经验理性、仁爱精神等东方式智慧大加赞叹，并借以作为鞭笞欧洲中世纪神学蒙昧主义的"巨杖"。魁奈更多地肯定中国的制度文化，他在《中国的专制主义》（1767）中称中国的政治是合法的专制政治，中国的法律都是建立在伦理原则基础上的。魁奈对中国思想家崇仰备至，有"一部《论语》可以打倒希腊七贤"的名论。德国哲学家莱布尼茨、诗人歌德，俄国作家托尔斯泰等，也都推崇中国文化。

略晚于前者的另一极，则以英国经济学家亚当·斯密（1723—1790）、德国哲学家黑格尔（1770—1831）为代表，他们透见中国文化发展的停滞性，认定这是一个缺乏活力的系统。亚当·斯密在18世纪70年代指出：

> 中国，一向是世界上最富的国家。其土地最沃，其耕作最优，其人民最繁多，且最勤勉。然而，许久以前，它就停滞于静止状态了。今日旅行家关于中国耕作、勤劳及人口状况的报告，与五百年前客居于该国之马哥孛罗的报告，殆无何等区别。若进一步推测，恐怕在马哥孛罗客居时代以前好久，中国财富，就已经达到了该国法律制度所允许之极限。[①]

19世纪初，黑格尔在《哲学史讲演录》称中国为无变动的"同一"；稍后，法国启蒙思想家孟德斯鸠（1689—1755）尖锐批判中国的君主专制制度；20

① ［英］亚当·斯密著，郭大力、王亚南译：《国富论》上卷，中华书局1949年版，第85页。

世纪中叶，美国社会学家帕森斯（1902—1979）则认为儒家价值观与现代社会价值观相左，妨碍中国社会的现代转型。[1]

时至当代，西方人对中国文化的认识逐步深化，但大体仍在上述两极间徘徊。其一极蔑视中国文化，发皇者来自西方政坛、学界，并往往与“中国崩溃论”“中国威胁论”交织；另一极则对中国文化高度赞许，尤其将《老子》《周易》奉为天纵之书，以为是克服“现代病”的良药，甚或认为中国是未来世界的希望，这类对中国传统文化的褒词，往往发自西方一流思想家、科学家（包括20世纪90年代前后的诺贝尔奖得主）。

西方的中国文化观的主流态势略为：17—18世纪对中国文化向往、颂扬，19—20世纪对中国文化批判、蔑视，这是启蒙时代和现时代西方的两极东方文化观，分别反映了处于不同阶段的西方文化的两种诉求：前者是为突破中世纪蒙昧从东学寻找借鉴，后者是为西方文化“先进”提供东方文化“落后”的衬托。

近代中国人自身对东亚传统文化评价的分歧之大，并不亚于西方人。这种分歧不仅指西化派对中国传统文化的贬斥与东方文化本位论者对中国传统文化的褒扬之间形成的强烈对比，而且，在同一位中国思想家那里，先后对中国智慧的褒贬扬抑，往往形成巨大反差。如现代中国著名文化人严复、梁启超自清末到民初评价中国文化的言论，呈现两极化走势，便是典型案例。这里侧重讨论梁氏的中国文化两极评议。

（二）梁启超清末对传统文化的抨击

梁启超是中国近代重要的革新运动——戊戌变法的领袖之一和主要宣传家。1898年变法失败后，梁氏流亡日本，潜心研习西方文化，以寻求强国借鉴，与此同时，又解剖中国文化的病端，尤其激烈抨击专制政制。梁氏1902年曰：

> 专制政体者，我辈之公敌也，大仇也！……
>
> 使我数千年历史以浓血充塞者谁乎？专制政体也。使我数万里土地为

① 见［美］帕森斯：《中国》，柳卸林主编，董平等译：《世界名人论中国文化》，湖北人民出版社1991年版，第615～626页。

虎狼窟穴者谁乎？专制政体也。使我数百兆人民向地狱过活者谁乎？专制政体也。[1]

他号召中国之青年，“组织大军，牺牲生命，誓翦灭此而朝食”[2]，洋溢着对中国制度文化的核心——专制政制不共戴天的批判精神。

1899年，梁氏东渡太平洋，造访美国，目的是“誓将适彼世界共和政体之祖国，问政求学观其光”[3]。1903年2月梁氏再次离日游览北美，在加拿大与美国逗留8个月，并于1904年2月在《新民丛报》增刊发表《新大陆游记》。

游记首先记述梁氏走出国门后的直观感受：

从内地来者，至香港上海，眼界辄一变，内地陋矣，不足道矣。至日本，眼界又一变，香港上海陋矣，不足道矣。渡海至太平洋沿岸，眼界又一变，日本陋矣，不足道矣。更横渡大陆至美国东方，眼界又一变，太平洋沿岸都会陋矣，不足道矣。此殆凡游历者所同知也，至纽约，观止也未。[4]

这是从现代化程度由低到高作出排列：中国内地—香港上海—日本—美国太平洋沿岸—美国大西洋沿岸，纽约是叹为观止之处。那时外游之国人多作此种梯级评价，梁启超并无二致。

经中西比较，梁氏还痛论中国人行为方式的种种不文明表现，诸如：

西人数人同行者如雁群，中国人数人同行者如散鸭。西人讲话……其发声之高下，皆应其度。中国则群数人座谈于室，声或如雷；聚数千演说于堂，声或如蚊……吾友徐君勉亦云：中国人未曾会行路，未曾会讲话，真非过言。斯事虽小，可以喻大也。[5]

---

①② 梁启超：《拟讨专制政体檄》，《梁启超选集》，上海人民出版社1984年版，第380页。

③ 梁启超：《二十世纪太平洋歌》，《饮冰室合集》之五《饮冰室文集》，中华书局1989年版，第17页。

④⑤ 梁启超：《新大陆游记　节录》，《饮冰室合集》之七《饮冰室专集》，中华书局1989年版，第36、126页。

作为政治改革家的梁启超，最关心的当然是西政，他大力推介美国的民主政体，指出美国实行共和宪政，赖有“市制之自治”的基础，而中国仅有“族制之自治”，人民仅有“村落思想”，不具备共和宪政的条件。由此出发，梁氏从政治角度例举“吾中国人之缺点”（下引仅列纲目）：

一曰有族民资格而无市民资格
二曰有村落思想而无国家思想
三曰只能受专制不能享自由
四曰无高尚之目的[①]

1899 年至 1904 年间的梁启超，具体考察西方现代文明（从民俗、经济到政治制度），并给予肯认，同时又对中国传统社会及文化加以痛切的批评。梁氏 1899—1902 年热烈倡导民主共和，1903—1904 年则回归君主立宪，寄望于“开明专制”，正是他通过中西文化比较，意识到当时的中国不具备实行民主共和的条件，他认为，在缺乏“市制之自治”等文化要素的情形下，贸然推行民主共和，必致天下大乱。

对于中国学术文化诸门类，梁启超也有尖锐批评，如说传统哲学仅论伦常，传统史学是帝王起居注、是相斫书，以朝廷或君主为核心和本位，故 1902 年发表《新史学》，发起“史界革命”。

总之，19 世纪末 20 世纪初，梁启超是中国传统文化犀利的批评家，正如冯自由所说，《新民丛报》初开一两年，梁启超所倡之“破坏论”，极具感召力，“影响国内外青年之思想甚巨”[②]；黄遵宪 1902 年致函，称赞梁启超在《新民丛报》发表的文章“惊心动魄，一字千金，人人笔下所无，却为人人意中所有，虽铁石人亦应感动”[③]。清末之梁氏诚为破坏旧文化的“言论界之骄子”[④]。

① 梁启超：《新大陆游记　节录》，《饮冰室合集》之七《饮冰室专集》，中华书局 1989 年版，第 121 ~ 124 页。

② 冯自由：《开国前海内外革命书报一览》，《革命逸史》第 3 集，中华书局 1981 年版，第 156 页。

③ 黄遵宪：《致饮冰室主人书》（光绪二十八年四月）。

④ 见周佳荣：《言论界之骄子：梁启超与新民丛报》，中华书局（香港）有限公司 2005 年版。

（三）梁启超第一次世界大战后对中国传统文化高度赞美

时过十余载，历经辛亥革命的大波澜，又目睹第一次世界大战对人类（尤其是西方世界）创巨痛深的打击，敏感的梁启超对于中西文化有了新的体悟。

1918年12月，梁启超与蒋百里（1882—1938）、丁文江（1887—1936）、张君劢（1887—1969）及外交官刘崇杰（1880—？）、经济学家徐振飞、负责后勤的杨鼎甫等7人赴欧（其中丁文江、张君劢二位后来分别成为20世纪20年代“科玄之争”科学派与玄学派的主将），于旁观巴黎和会前后，遍游英、法、德、意等欧洲列国，1920年1月离欧，3月回归上海。梁氏一行访欧一年又两个月期间，正值第一次世界大战刚刚结束，西方现代文明的种种弊端一并充分暴露，一批西方人，尤其是西方的人文学者对西方文明持批判态度（德国人斯宾格勒1918年出版的《西方的没落》为其代表作），有的甚至对西方文明陷入绝望，并把希冀的目光投向东方。梁启超返回中国后发表的《欧游心影录》描述这一情形：

> 记得一位美国有名的新闻记者赛蒙氏和我闲谈（他做的战史公认是第一部好的），他问我：“你回到中国干什么事？是否要把西洋文明带些回去？”我说：“这个自然。”他叹一口气说：“唉，可怜，西洋文明已经破产了。”我问他：“你回到美国却干什么？”他说：“我回去就关起大门老等，等你们把中国文明输进来救拔我们。”①

在《新大陆游记》（1904年印行）中梁氏历数中国社会及文化的种种病态，认为唯有学习西方才有出路，而十余年后，在《欧游心影录》（1920年印行）中，梁氏却180度转弯，他致意中国青年：

> 第一步，要人人存一个尊重爱护本国文化的诚意。第二步，要用那西洋人研究学问的方法去研究他，得他的真相。第三步，把自己的文化综合起来，还拿别人的补助他，叫他起一种化合作用，成了一个新文化

---

① 梁启超：《欧游心影录　节录》，《饮冰室合集》之七《饮冰室专集》，中华书局1989年版，第15页。

系统。第四步，把这新系统往外扩充，叫人类全体都得着他好处。[①]

梁启超向中国青年大声疾呼：

我们可爱的青年啊，立正，开步走！大海对岸那边有好几万万人，愁着物质文明破产，哀哀欲绝的喊救命，等着你来超拔他哩。我们在天的祖宗三大圣（指孔子、老子、墨子——引者注）和许多前辈，眼巴巴盼望你完成他的事业，正在拿他的精神来加佑你哩。[②]

《欧游心影录》
《新大陆游记》合刊本

这里梁启超申述的不仅是“东亚智慧救中国论”，而且是“东亚智慧救世界论”。当然，有着世界眼光的梁氏在强调“尊重爱护本国文化”的同时，又力主向西方文化学习，促成中西文化的“化合”。

必须指出的是，1920年的梁启超与1904年的梁启超相比，其爱国救世的热情和诚意别无二致，其笔锋也都“常带感情”。然而，同样是这位有着赤子之心的梁启超，何以在十余年间对东亚智慧现世价值的评判发生从沉痛否定到热忱推崇的巨大变化呢？

（四）“现代化诉求”与“后现代反思”

这里不拟就梁氏个人的心路历程作详尽分析，而只简要考察梁氏十余年间对中国文化评价系统的变化，进而探求如何整合这两种评价系统。

梁启超1904年撰写的《新大陆游记》，洋溢着对中国传统文化的批判精神，这是那一时代中国先进分子“向西方求真理”，以谋求现代化出路的典型表现。梁氏当年对传统产生锥心之痛，缘故在于，东亚社会及文化未能导引

①② 梁启超：《欧游心影录　节录》，《饮冰室合集》之七《饮冰室专集》，中华书局1989年版，第37、38页。

出现代化，其若干层面还成为现代化的阻力，以致中国社会及文化落伍于西洋，一再被动挨打，陷入深重的民族危机。为解除危机，梁氏揭露中国传统社会及文化的种种病态，可谓爱之深、责之切，即使今日读来，人们也能产生会心之叹。梁氏批评传统，所秉持的文化评价标尺是西洋文化呈现的现代化模型，出于对现代文明的渴求，梁氏扬弃旧学，倡导新学，力行“新文体”“新史学”“诗界革命”，以新文化巨子现身19、20世纪之交，如惊雷闪电般辉耀于那个风雨如晦的年代。

梁启超于1920年撰写的《欧游心影录》，则是在对西方文明的弊端（或曰“现代病”）有所洞察后，再反顾东方，发现中国传统智慧具有疗治现代病的启示价值。这种以中国传统智慧挽救现世文明的论断，与现代西方反思现代病的思潮相呼应，就尚未实现现代化的中国而言，是一种早熟的后现代思维，虽然缺乏细密深入的历史分析，却颇能击中现代病要害，包蕴着若干真理的颗粒，身处现代文明之中、为“现代病”所困扰的今人读到此类评论，亦有切肤同感。

于是，呈现在人们面前的有“两个梁启超”：激烈批判中国传统文化的梁启超和高度称颂中国传统文化的梁启超。

人们往往因梁启超1904年所撰《新大陆游记》与1920年所撰《欧游心影录》的思想大转变，而嘲讽他的“多变”，梁氏自己也曾以“流质易变”“太无成见”自嘲。其实，对传统文化先后持两种极端之论，并非梁氏个别特例，在其他近代文化大师那里也有类似表现，如严复戊戌时期在《救亡决论》中历数中国传统文化弊端，并倡言：“天下理之最明而势所必至者，如今日中国不变法则必亡是已。”而严氏晚年力主回归传统，高唤：“回观孔孟之道，真量同天地，泽被寰区。”五四新文化运动间胡适有“反传统”倾向，还倡导“全盘西化”（或曰“世界化”），而20世纪30年代成为“整理国故”的主将。我们今天对于此种现象的认识，不能停留于对梁氏、严氏、胡氏等前哲矛盾性思维的一般批评，不应止于“早年激进、晚年保守”的皮相之议，而应当进一步考析——梁启超、严复、胡适等学人对于传统文化从“离异”到“回归”的心路历程报告着怎样的时代消息？

否定与赞扬中国传统文化的两种极端之论集于一人，是近代中国面对多层级变革交会的一种反映。西方世界几百年间实现工业化与克服工业化弊端这两大先后呈现的历时性课题，都共时性地摆到近代中国人面前。面对中国社会“多重性”的国人颇费思量。力主汇入“浩浩荡荡”世界文明大潮的孙中山，一面力主发展资本主义经济，实现工业化，但同时又在中国资本十分薄弱之际便警告，要“节制资本”，便是交出的一种有民粹倾向的答案。而梁启超于20世纪初叶的两种极端之论是试交的双重答案——

1904年批评东亚社会及文化，是一种“现代化诉求”；

1920年呼唤以东亚智慧拯救西方，拯救现代文明，其着眼点则是“后现代思考”。

梁氏在短短十余年间发表两种极端之论，给人以前后矛盾的“大跳跃”印象，是因为他在尚未厘清前一论题时，便匆忙转向后一论题。这当然与梁氏个人学术性格有关，但也是20世纪中国面临文化转型的多重性所致——在中国以经济层面的工业化和政治层面的民主化为基本内容的现代化刚刚起步之际，已经完成现代化任务的西方世界面临的“后现代”问题，也通过种种渠道纷至沓来。这样，中国人（特别是知识精英）一方面要扬弃东亚固有的“前现代性”，以谋求文化的现代转型；另一方面，又要克服主要由西方智慧导致的现代文明病，此刻，以原始综合为特征的东亚智慧又显现出其“后现代”启示功能。

梁启超敏锐地把握了东亚智慧在历史不同层面上的不同功能，各有精彩阐发，双双留下足以传世的说论，当然，他未能将两种历时性的论题加以必要的厘清与整合，留下思维教训。

今人需要在梁氏等前辈的基点上，迈出更坚实的步子。我们今日讨论中国传统文化的现代价值，当然不应重蹈先辈的故辙，在“一味贬斥”与“高度褒扬”的两极间摆动，而理当历史地考察传统文化的生成机制和内在特质，既肯认东亚智慧创造辉煌古典文明的既往事实，又研讨东亚智慧未能导引出现代文明的因由，还要深思东亚智慧对疗治现代病的启示意义。在展开这些思考时，应当把握历史向度，而不能作超时空的漫议，同时还必须真切把握西方智慧这一参照系，克服夜郎自大的东方主义和心醉西风的西化主义两种偏颇。

四、多层级变革互叠的当代文化生成

近百余年间中国文化遭逢一种特别的境遇：西方世界五个世纪以来现代化进程的种种历时性课题，竞相共时交叠。直至当下，中国还并存着三种分属不

同历史阶段的生产方式：

> 第一，手工劳作的小农业；
> 第二，机械动力的大工业；
> 第三，以电子技术为基础的现代高科技产业。

如果说，中国工业的现状是后两种生产方式的组合，那么，农业的现状则是第一、二种生产方式同在。这就意味着中国至今还未全然脱出“农业文明”，而“工业文明”“后工业文明”接踵而至，导致文化转型的多重性、繁复性。

早在1919年，鲁迅（1881—1936）便指出：

> 中国社会上的状态，简直是将几十世纪缩在一时：自油松片以至电灯，自独轮车以至飞机，自镖枪以至机关炮，自不许“妄谈法理”以至护法，自“食肉寝皮”的吃人思想以至人道主义，自迎尸拜蛇以至美育代宗教，都摩肩挨背的存在。[①]

鲁迅

这种古—今、中—西文化元素相交混的纷繁情景，在当代更显突出，其间包含三个层级变革的交叉互叠——

（一）从农业文明向工业文明转化，又称“第一次现代化”

就世界范围言之，从乡村性的农业社会向城市化的工业社会转型的“第一次现代化”，18世纪发端于西欧（尼德兰、英吉利、法兰西等），逐渐朝莱茵河以东（德意志、俄罗斯等）发展，又通过殖民扩张向亚洲、非洲、拉丁美洲播散。19世纪中叶以后，中国面对泰西近代文明来袭，先是被动反应，初建洋务军工，引入机器工业，以下百余年，逐步转为主动，工业化、城市化、教育普及、宪政建设等渐次展开。中华人民共和国成立以后，‘现代化”始终是

① 鲁迅：《热风·五十四》，《鲁迅全集》第一卷，人民文学出版社1981年版，第344页。

奋斗目标，从 1954 年的第一届全国人大到 1975 年的第四届全国人大，周恩来（1898—1976）的每次《政府工作报告》都提出或重申实现“四个现代化”（工业、农业、科技和国防现代化）[①]，其内涵皆属于“第一次现代化”范围。

截至 20 世纪 50 年代初，中国工业还十分落后，1953—1957 年第一个五年计划以后，方有自己的重工业系统。

中国第一个五年计划建立飞机制造工业、汽车制造工业

20 世纪 70 年代中叶，中国的“第一次现代化”完成程度大约在 60%，故 1978 年以后的改革开放，还在继续完成从农业文明向工业文明转化的未竟之业。时至 2007 年，中国的第一次现代化指数为 87%，在全球 131 个国家中排名 70 位，属于“初等发达国家”，或称半现代化国家[②]，也就是说，时下的中国还只完成了工业化任务的大部分。

笔者 2008 年 12 月到海南省海口市参加“亚洲研究国际学术研讨会”，一方面看到滨海五星级宾馆林立，碧草如茵的高尔夫球场遍布山丘缓坡，中外人士在其间享用着世界级服务，会议运行达到国际先进标准；而另一方面，只要稍稍往海南岛深处推进几十里，可见低矮破旧的农舍，以及牛耕人扛的劳动方式，与千百年来传统的农耕经济并无大异。探访当地民众，每每听到失地后的深深叹息。另外，以广东为例，粤北山区的穷困与珠三角的现代化形成强烈反差。此类现状提醒我们：既要看到深圳的希尔顿酒店、北京中关村的高科技公

① 见《周恩来选集》，人民出版社 1984 年版，第 132～145、412、439、479 页。

② 中国现代化战略研究课题组、中国科学院中国现代化研究中心：《中国现代化报告 2010》，北京大学出版社 2010 年版，第 16 页。该报告指出 2008 年中国第一次现代化程度约为 90%。

司、上海浦东的摩天大楼群，也要看到边远地区和广大农村的欠发达状况，这悬殊巨大的两极，共同构成中国全貌，中国离全面实现现代化还有相当距离。估计到2020年前后，方可完成第一次现代化（即工业化）[①]，实现“小康”。而缩小城乡差别、东西部差别，更任重道远，非数十年持之以恒的努力不可见大效。

19世纪中叶以降的百余年间，包括改革开放40年，中国一直努力实现“第一次现代化”（由乡村性农业文明向城市化工业文明转型），以城市化而言，1978年为18%，2012年达到52.7%，预计再过30年将达到80%。

科学的倡导，“启蒙”的呼唤，民主与法治社会的建设，是此一转换间的文化诉求，其未竟之业，较之经济领域的工业化、人口分布的城市化更为繁复，需要长时间的艰辛努力。跃进式的速成，是不切实际的幻想。

（二）从国家统制的计划经济体制向市场经济体制转化

价值法则支配下的市场经济的展开，是文明现代转型的基本内容。20世纪20年代以下，因特定的国际环境、文化传统、政治制度所导致，苏俄另辟蹊径，通过“集权—动员式体制”（一党专权，实行国家统制的计划经济），以寻求工业化的快速进路，形成所谓“苏联模式”。苏联在现代化道路上也有其他探索，如20世纪20年代初期列宁（1870—1924）实行“新经济政策”，30年代前期布哈林（1888—1938）主张发展富农经济，50年代后期赫鲁晓夫（1894—1971）推行物质刺激的改革，皆为试图引入市场机制的努力，但均未持续，而斯大林（1879—1953）的“集权—动员式体制”得以强力实施，牺牲农民利益以实现工业化，挤压农业与轻工业促成重工业快进，而“每一千块砖头，每一双皮鞋或每一件内衣，都要由中央调配”的模式运行多个五年计划，奠定重工业基础和较高程度的科技水平，并实

“苏联模式”缔造者斯大林

① 中国现代化战略研究课题组、中国科学院中国现代化研究中心：《中国现代化报告2010》，北京大学出版社2010年版，第211页。

现教育普及，苏联在第二次世界大战前夕超越英、法、德，跃升为世界第二大经济体，二战中苏联能击败纳粹德国，二战后更成为与美国争雄的超级大国，实力即得之于此。“斯大林接过的是一个扶木犁的穷国，他留下的是一个有核武器的强国。”大约是“苏联模式”呈现的表象。

二战结束后一段时间，“苏联模式”不仅推行于东欧诸国，对亟谋现代化以改变落后状态的第三世界国家也颇具感召力，中国、朝鲜、越南、古巴全面效法，印度、埃及、叙利亚、印度尼西亚、缅甸、柬埔寨等国亦竞相模仿。然而，这种“集权—动员式体制”存在严重的经济、社会及文化的僵滞之弊，桎梏人的自由发展和创造力，无法长久推进劳动生产率提升，故难以为继。更由于“集权—动员式体制”孕育的特权阶层凌驾民众之上，实行政治高压，又全面把持各种资源，侵吞巨额财富，社会公正丧失，民心离异，苏联终于在二战后美苏冷战较量中败下阵来。1991 年 12 月 25 日，苏维埃红旗从克里姆林宫钟楼黯然降落，此距 1917 年十月革命 73 年，距 1922 年 12 月 30 日成立“苏维埃社会主义共和国联盟”（简称苏联）69 年。1917 年发生的十月革命和苏俄模式的崛起，以及 70 年后苏联与东欧诸社会主义国家迅速解体，成为 20 世纪前后映照的两大剧变，均对中国发生震撼性影响。

由于内政、外交双重原因，中华人民共和国成立之初向苏联“一边倒”[①]。20 世纪 60 年代后中苏矛盾剧烈，但在实行计划经济等基本国策上，继续维系苏制，一直延至 20 世纪 70 年代中期。从文化史考察，这有其必然性。如果说，“苏联模式”的形成与俄罗斯的沙皇专制传统一脉相承，那么，中国沿袭两千多年的中央集权君主专制（所谓“历代皆行秦政制”），与苏式“集权—动员式体制”有着相通、相近之处，故中国在 20 世纪 50—70 年代效法苏制比较顺当，幼弱的自由资本主义则被扫荡。“仿苏”的积极成果是奠定工业（特别是重工业）初基，实现一定程度的教育普及和社会保障，但积累的社会问题日益严重。

中国从 20 世纪 50 年代中后期试图脱离苏联模式，毛泽东（1893—1976）1956 年在中共中央政治局扩大会议上作《论十大关系》讲话，以苏联为鉴戒，总结我国经验，论述了社会主义建设的路径，并在 60 年代初改变一味发展重

① 1949 年 6 月 30 日，毛泽东在《论人民民主专政》一文中，明确提出“一边倒”政策，宣布中国倒向苏联、东欧社会主义阵营一边。

工业的方针，按“农—轻—重”秩序安排经济。然而，从总体言之，当年中国并未找到脱离“苏联模式”的正确道路，“大跃进”一类尝试归于失败，仍然回到计划经济轨道，“集权—动员式体制”的弊端愈演愈烈。中国在20世纪70年代初中叶陷入深重的社会、经济困境，几达崩溃边缘，表明一味坚持“集权—计划”路径的不可持续。

有着革故鼎新传统的中国，在结束“文革”之后，摆脱苏式集权—计划体制的羁绊，迈上改革开放征程，为中国现代化开辟新生面，揭开中国文化史的新页。

自1978年十一届三中全会以来的改革，“破”的一面是结束“集权—计划模式”，“立”的一面是发挥价值法则和市场经济的功能。中国并未如1991年变政后的俄罗斯那样采取“休克疗法”，而是探寻计划与市场的辩证统一之路，扬弃20世纪50—70年代仿效过的苏联计划经济及中央集权政治模式，运用市场的动力机制，顺应价值法则这个“看不见的手”的伟力，又适度发挥国家统制及计划的调节作用，使经济、社会及文化赢得有序的活力，中国从物资短缺的卖方经济向物资充盈的买方经济转化，第一次现代化进程得以加速，并为第二次现代化的展开奠定基础。在这一改革途程中，人民群众发挥了主观能动性，许多革新举措是底层自创然后得以推广的。

走出“苏联模式”，经济—文化事业追索市场与计划合理配置之路，经济与社会、文化协同发展，是30多年改革的重要内容（20世纪80年代以来越南及时下古巴也在做类似改革）。当然，面对复杂的国际、国内经济及社会形势，此一市场与计划合理配置之径，“民进国退”与“国进民退”的博弈，政府如何在经济宏观指导及服务的同时，退出微观经济运作，均尚在探寻之中，行进中如履冰临渊，并非轻车熟路。中共十六大以来提出市场发挥“重要作用”，而十八届三中全会确认“市场在资源配置中起决定性作用”，形成国有资本、集体资本、非公有资本交叉持股、相互融合的所有制经济，营造民营经济与平等竞争环境，昭示着变革的深化。

（三）工业文明向后工业文明（知识经济）转化，又称“第二次现代化”

实现工业化的发达国家，自20世纪70年代以降，开始向后工业文明转化，知识经济迅猛发展。在全球化趋势之下，尚处于工业化进程之中的发展中国家，不同程度地迎受知识经济的洗礼，当代中国也不例外。工业化与信息化的双重使命同时降临，这是一柄“双刃剑”，其利好在于，不必重走原初工业化的老路，而可直接采纳信息化时代的成果，赢得“后发优势”；其困难在于，生态危机、信仰危机等后工业时代的问题纷至沓来，亟待统筹解决，从而增加了现代化建设的复杂性，这又是“后发劣势”。仅就环境问题而言，国际社会对中国提出废气废物“减排”的强烈要求（中国已超过美国，成为 CO_2 的第一排放国），这将增大中国工农业建设的投入，如今天提出的发展“低碳经济”，建立“资源节约型、环境友好型社会”，显然会增添财经负担，同时也从后工业文明获得新技术、新市场，引导产业升级，赢得新的增长方式。

信息社会与农业社会和工业社会最大的区别，是不再以体能和机械能为主，而以智能为主

在第一次现代化尚未完成之际，又身历第二次现代化大潮，呈现发展使命的多重性、复合性，这是改革开放 40 年及今后几十年中国文化进程的一大特色。

2007 年中国的第二次现代化指数为 42%，世界排名第 63 位，与同年美国的 109%、日本的 102%、德国的 93%、法国的 92%、英国的 91% 尚存颇大差距。[①] 今后几十年中国愈益深刻地接触到第二次现代化诸课题，“可持续发展”

① 参见中国现代化战略研究课题组、中国科学院中国现代化研究中心:《中国现代化报告 2010》，北京大学出版社 2010 年版，第 16 页。

上升到战略高度，“以人为本”“和谐社会”“科学发展观”的倡导，都是向后工业文明转换的产物。以上理念至关紧要，千万不要衍为空头套话，而应真切实行，以使中国赶上第二次现代化的时代列车。

今日中国不仅展开着古典意义的现代化（工业化），而且上述三个层面转型交并进行，彼此激荡，蔚为壮观。中国作为一个快速多重转型国家[①]，“社会转型呈现多元复合特征”[②]，其观念领域必然异彩纷呈：当今世界三大社会思潮——自由主义、社会主义、民族主义均有表现。其更新版，如新自由主义、新左派、新保守主义、民主社会主义、全球主义也纷至沓来。笔者2013年5月在杭州参加联合国教科文组织举办的“文化：可持续发展的关键”国际会议，深切感受到富于前瞻性的文化在知识经济时代所担负的引领使命。

五、“俱分进化”

近代中国流行一种从西方引入的明快而又失之简单化的“天演进化”观。这种在工业文明启迪下形成的直线进化观念，宣布自然界和社会生活都沿着“低级到高级、不完善到完善”的路径进步，前方矗立着一个“尽美醇善”的彼岸，等待我们抵达……

其实，自然界和社会生活的演化并非如此简约，文化生成过程不是单因子直线推进，而是在交叉的诸因子形成的合力推动下前行，其前景是纷繁多歧的。以工业文明为例，它给人类带来的不仅是利好面的单线前进，而是利好面与弊害面的交错推衍。章太炎1906年开始主编《民报》，在该刊第七号发表《俱分进化论》，文曰：

进化之所以为进化者，非由一方直进，而必由双方并进。专举一方，

① 有经济学家指出，“中国是一个快速多重转型国家”，包括从以农业为主向工业、服务业为主的产业转型，以农村人口为主的传统社会向以城市为主的现代社会转型，从中央集权的计划经济体制向社会主义市场经济体制转型，从封闭、半封闭社会向开放、全面开放社会转型，从封闭、落后的文化向开放、先进的中华文化转型。

② 有学者提出，中国社会多元复合转型表现为八个方面：从乡村社会向城市社会转型，从计划经济向市场经济转型，从农业社会向工业社会、知识经济社会转型，从封闭社会向开放社会转型，从立体、科层社会向扁平、网络社会转型，从产业追随向产业创新转型，从线性经济向循环经济转型，从生存文化向发展文化转型。见许正中：《社会多元复合转型：中国现代化战略选择的基点》，中国财经出版社2007年版。

> 惟言智识进化可尔。若以道德言，则善亦进化，恶亦进化；若以生计言，则乐亦进化，苦亦进化。双方并进，如影之随形，如罔两之逐影。[①]

文明发展是一种矛盾过程。人类的前程，并非善美集合的无差别境界，只会是美丑交织、善恶同在、苦乐并行。以小例喻之：笔者 19 岁时（1961）急性阑尾炎穿孔，腹部感染，手术后打了 30 天青霉素。2012 年笔者因其他病住院，再度注射青霉素，发现青霉素当量已数百倍于半世纪前。[②] 可见，医药迅进，而病菌的抗药性也在猛增。医药与病菌俱分进化，双方赛跑，难决胜负。

就人与自然的交互关系而论，以“征服自然”“向自然索取”为指归的工业文明在造就巨大财富的同时，也带来始料未及的环境破坏。即使今后人类十二万分注意生态保护，但只要人类为着生存发展，便会消费自然，难免干扰环境的自在协调性。

就人与人的关系而论，工业文明取得社会契约化、法治化、民主化的进展，却又引起社会失衡和人的异化。工业文明立足市场经济，而市场经济以利益最大化为目标，使人演化为利益驱动的“经济人”。如果执此一端，不顾其余，必然导致社会道德沉沦。

为着人与自然、人与社会、人自身的和谐发展，一味凭借工业文明的直线进步理念指导显然是有偏误的，必须借鉴元典时代关于协调阴与阳、柔与刚、利与义等对立统一关系的睿智精义，并探讨其在现实生活中的新用。[③] 例如市场经济必须以契约精神做保障，而契约精神的前提是诚信，民无信不立，市场经济无诚信亦不立，传统伦理中的信义精神正是现代文明须臾不可或缺的资源。

超越古典进化史观带来的蔽障，便会发现，文化并非直线演进，而是一个否定之否定的螺旋式上升过程。在一个螺旋圈层内部，作为终结的第三阶段（“合”）综合着前两个阶段（“正题”与“反题”），扬弃片面性，达成更

---

① 见章太炎：《俱分进化论》，《章太炎全集》四，上海人民出版社 1985 年版，第 386 页。

② 2018 年笔者再度住院，请教医生青霉素问题，武汉大学人民医院赵志明大夫告知：青霉素 1928 年发现，1943 年用于临床（时称盘尼西林），在 20 世纪五六十年代一次打针剂量 2 万至 3 万单位，现在已增至几百万单位。

③ 参见冯天瑜：《中华元典精神》，上海人民出版社 1994 年版。

富有内容的统一。文艺复兴重拾古希腊科学及民主精神，宗教改革返回希伯来元典：人人与上帝直接相通，唐宋古文运动在文体上对先秦西汉的复归、思想上对原始儒学的高扬，明清之际进步思想对先秦诸子和三代之制的呼唤，均为“望今制奇，参古定法”[①]。这都是“以复古为解放”的文化重演律的例证。梁启超在《清代学术概论》中借佛典“生、住、异、灭”的发展模式描述清学从形成到蜕变的历程，并以西方的文艺复兴比拟清学，认为二者都通过“复古”获取革新动力。梁氏曰：

> “清代思潮”果何物耶？简单言之：则对于宋明理学之一大反动，而以“复古”为其职志者也。其动机及其内容，皆与欧洲“文艺复兴”绝相类。[②]

梁氏前后多有哲人论及复古求解放之义。[③]清嘉道间龚自珍（1792—1841）揭示事物变化的三段式关系说：

> 万物之数括于三：初异中，中异终，终不异初。[④]

现代中国正需要通过对第一阶段（初）元典精神作创造性复归，以修正工业化时代（中）的某些弊端，在综合初、中之际，为文化生成的第三阶段（终）开辟新生面。

---

① 刘勰：《文心雕龙·通变》。

② 梁启超：《清代学术概论》，上海古籍出版社 1998 年版，第 7 页。

③ 见冯天瑜以下三文：《〈明夷待访录〉：“复古”表象背后的新变》，《社会科学辑刊》1993 年第 2 期；《关于“文化重演”的思考》，《浙江社会科学》1996 年第 1 期；《梁启超对“文化重演”现象的阐释》，《学术月刊》1996 年第 5 期。

④ 龚自珍：《壬癸之际胎观第五》。

第一章　关键词

凡解释一字，即是作一部文化史。

——陈寅恪：《致沈兼士》（1936）

文化概念的发现，是19世纪以来人类学史和社会科学史上的重大成就，其意义完全可以同哥白尼日心说对自然科学的贡献相提并论。

——［美］克鲁伯：《文化的性质》

中国文化生成史，是中华民族在中国及世界范围创造文化的历史。如果将中国文化的生成过程比喻为波澜壮阔、起伏跌宕的多幕戏剧，“中国”（兼涉外域）便是演出舞台，“中华民族”（兼涉外人）是演出主体，“文化”是演出内容。我们观照中国文化的生成壮剧，应当了解舞台、主体和内容。

“中国”“中华”“民族”“文化”等关键词都源自汉语古典，然其在近现代都发生内涵演变和外延拓展，这种演变与拓展正是文化的古今更革、中外交会的产物。诠释“中国”“中华民族”“文化”“文化生成史”等核心概念，进而辨析概念史背后包蕴的历史实态的演化，是考察中国文化生成的入门之径。

第一节　“中国”与“中华民族”

一、“中国”：地理—政治—文化概念交会

作为中国文化演出舞台的“中国”，是一个耳熟能详的词语，然而，“中

国”的含义却经历了曲折的流变：从古代的“城中”义到“天下中心”义，近代演为与世界列邦并存的民族国家之名，而其“文化中心”义则贯穿古今。

（一）释“中”

中国之“中”，甲骨文①、金文②以及石经、籀文里皆写作有飘带的旗帜，所谓“有斿之旆”。学者推测：这些上下带飘饰的旗帜，标识旗面的圆圈处于内核地位，故“中”字的含义是内、里。《说文》曰：“中，内也。从口、丨，上下通。”而士众围绕“中”（旗帜）以听命，故“中”引义为空间的中央，居左右之间，或四方之内核；又申发为文化或政治上的枢机、轴心地带，所谓“当轴处中”，有“以己为中”的意味，与“以人为外”相对应。《尚书》孔传释“土中”为“于地势正中”，汉初贾谊曰：“古者天子地方千里，中之而为都”③，“中”皆从空间的居中引申为政治中心。

另外，中还演绎出“中等”“半”“正”“得当”等意涵。

（二）释“国”

中国之“国”，繁体为“國”，甲骨文作④，是由“戈”（兵器，示武装）字与“囗”（音围，示城垣）字合成的会意字。“囗”后来移置“戈”外，强化武装保卫天子都城之义。“国”又指诸侯封地，并含城中、郊内、有疆界的地区等义。

综论之，“中”的本意为内、里，引申为核心、中央；“国”指执戈捍卫之城，进而指称军事、政治中心地。

（三）释“中国”

由“中”与“国”组成“中国”，以整词出现，较早见于周初，如青铜器《何尊》铭辞曰：“余其宅兹中国”（宣称：我要住在天下的中央）⑤。较早的传世文献《尚书·周书》亦有“皇天既付中国民”的用例⑥，《诗经》《左传》

---

① 见罗振玉编：《殷虚书契前编》一六一。

② 见《克鼎》。

③ 贾谊：《新书》卷三《属远篇》。

④ 见罗振玉编：《殷虚书契后编》下三九六。

⑤《何尊》记周成王在洛邑营建成周，训告宗族，讲到周武王克商，廷告上天曰：“余其宅兹中国，自之辟民。”参见于省吾《释中国》，《中华学本论集》，中华书局1981年版。

⑥《尚书·周书·梓材》追述周成王说：“皇天既付中国民，越厥疆土，于先王。”

《孟子》等先秦典籍也多用此词。

何尊　西周何姓贵族礼器

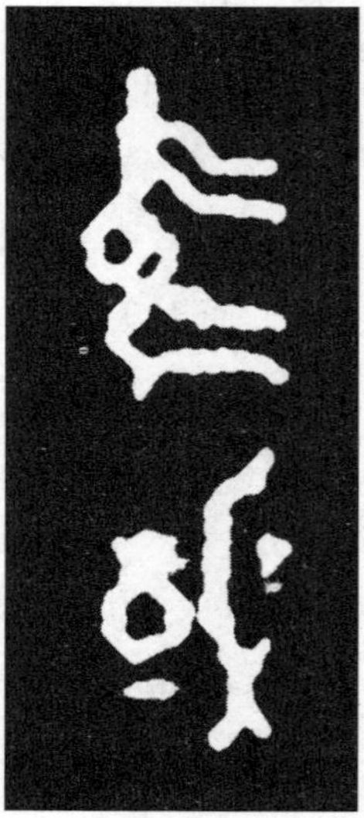

何尊铭文有“中国”二字

“中国”初义是“中央之城”，即周天子所居京师（首都），与“四方”对称，如《诗经》的《民劳》篇云：

> 民亦劳止，汔可小康。惠此中国，以绥四方。[①]
> （人民劳苦够了，要求稍得安康。抚爱这些京师人，用来安定四方）

毛传释曰：“中国，京师也。”《民劳》篇四次出现“惠此中国”，其“中国”皆指京师。

战国时孟子追述，舜深得民心、天意，“夫然后之中国，践天子位”[②]。

这些用例的“中国”，均指居天下之中的都城，即京师，诚如东汉刘熙为《孟子》作注所说：

---

① 《诗经·大雅·民劳》。

② 《孟子·万章》。

> 帝王所都为中，故曰中国。

本义京师的“中国”又有多种引申：

（1）指诸夏列邦，即黄河中下游这一文明早慧、国家早成的中原地带，如《春秋公羊传》载“南夷与北狄交，中国不绝若线”[①]，这里的“中国”即指中原一带，西周时主要包括宋、卫、晋、齐等中原诸侯国，此义的“中国”后来在地域上不断拓展；

（2）指国境之内[②]；

（3）指中等之国[③]；

（4）指中央之国[④]。

以上多种含义之“中国”，使用频率最高的是与“四夷”对称的诸夏义的“中国”，如《毛诗注疏》释《诗经》云：

> 《小雅》尽废，则四夷交侵，中国微矣。[⑤]

南朝刘义庆（403—444）云：

> 江左地促，不如中国。[⑥]

唐人韩愈（768—824）辟佛云：

> 夫佛者，夷狄之一法耳，自后汉时传入中国，上古未尝有也。[⑦]

---

① 《公羊传·僖公四年》。

② 《诗经·大雅》：“文王曰咨，咨女殷商，女炰烋（意为咆哮——引者注）于中国，敛怨以为德。”《穀梁传·昭公三十年》注：“‘中国’，犹国中也。”

③ 《管子》按大小排列，将国家分为王国、敌国、中国、小国。

④ 《列子》按方位排列，将国家分为南国、北国、中国。

⑤ 《毛诗注疏》对《诗经·小雅·六月》的疏解。

⑥ 刘义庆：《世说新语·言语》。

⑦ 韩愈：《论佛骨表》，马其昶校注：《韩昌黎文集校注》卷二，上海古籍出版社 1998 年版。

诸例“中国”，皆指四夷万邦环绕的中原核心地带。其近义词有“中土”“中原”“中州”“中夏”“中华”等。

（四）中国疆域拓展

中华先民心目中的世界，形态为“天圆地方”，所谓“中国”，是以王城（或称王畿）为核心，以五服（甸、侯、宾、要、荒）或九服（侯、男、甸、采、卫、蛮、夷、镇、藩）为外缘的方形领域[①]，作“回”字状向外逐层延展，中心明确而边缘模糊，在西周及春秋早期，约含黄河中下游及淮河流域，秦、楚、吴、越等尚不在其内，但这些原称“蛮夷”的边裔诸侯强大起来，便要“问鼎中原”，试图主宰“中国”事务。至战国晚期，七国都纳入“中国”范围，《荀子》《战国策》诸书所论“中国”，已包含秦、楚、吴、越等地。

秦一统天下后，“中国”范围更扩展至长城以南、临洮（今甘肃）以东的广大区间。班固说：“及秦始皇攘却戎狄，筑长城，界中国，然西不过临洮。”[②]汉唐以降，“中国”的涵盖范围在空间上又有所伸缩，诸正史多有描述，略言之，包括东南至于海、西北达于流沙的朝廷管辖的广阔区间。清乾隆二十四年（1759）大体奠定中国疆域范围：北起萨彦岭，南至南海诸岛，西起帕米尔高原，东及库页岛，约1380万平方公里。19世纪中叶以后，西东列强攫取中国大片领土，由于中国人民的英勇捍卫，使领土避免更大损失。今日中国陆地面积960万平方公里，仅次于俄罗斯、加拿大，居世界第三位。

（五）地理中心—政治中心—文化中心

“中国”原指华夏族活动的地理区域并具政治中心义，并派生出文化中心义。战国赵公子成驳斥赵武灵王推行“胡服骑射”时，如此论“中国”：

> 中国者，盖聪明徇智之所居也，万物财用之所聚也，贤圣之所教也，仁义之所施也，诗书礼乐之所用也，异敏技能之所试也，远方之所观赴也，蛮夷之所义行也。[③]

① “五服”见《国语·周语》，“九服”见《周礼·夏官·职方氏》。

② 《汉书·西域传》。

③ 《史记·赵世家》。

发生在赵王室围绕“中国”—“蛮夷”关系的辩论，阐发了“中国”文化中心的内蕴。此后两千余年间，人们多在这一含义上论“中国”。晚清记名海关道志刚（1818—？）出访欧洲时，外人问及“中国”的含义，志刚答曰：

> 中国者，非形势居处之谓也。我中国自伏羲画卦已来，尧、舜、禹、汤、文、武、周公、孔、孟所传，以至于今四千年，皆中道也。[1]

淡化“中国”的地理中心义，强化其文化中心义，将“中国”释为“中道”，凡不符合中道者即非中国，“英吉利富强已极，颇有持盈之虑”，“法郎西夸诈相尚，政以贿成”，皆不合中道，故不属中国意域。

先贤还意识到文化中心是可以转移的，明清之际哲人王夫之（1619—1692）在《读通鉴论》《思问录》等著作中，对“中国”与“夷狄”之间文野地位的更替作过论述，用唐以来先进的中原渐趋衰落，蛮荒的南方迎头赶上的事实，证明华—夷可以易位，“中国”地位的取得与保有，并非天造地设，而是依文化不断流变而有所迁衍。王夫之还指出，中国不是从一开头便十分文明，中国也并非唯一的文明中心，他有一种富于想象力的推测：

> 天地之气，衰旺彼此迭相易也。太昊以前，中国之人若麇聚鸟集。非必日照月临之下而皆然也，必有一方焉如唐、虞、三代之中国也。[2]

认为上古时“中国”之人如同禽兽聚集，而在日月共照之下的某些地方也可能如同三代中国那样拥有文明，这是理性的中国观和多元的人类文明生成观。

（六）“中国”并非我国专称

古代中原人常在“居天下之中”意义上称自国为“中国”，但也有越境远游者发现：“中国”并非我国的专称，异域也有自视“中国”的。

曾西行印度的东晋高僧法显（约 337—约 422）归国后指出，印度人以

① 志刚：《初使泰西记》，岳麓书社 1985 年版，第 376 页。

② 王夫之：《思问录·外篇》。

为恒河中游一带居于大地中央，将其称为“中国”[①]。可见“中国”并非华夏专属。

明末来华耶稣会士利玛窦（1552—1610）、艾儒略（1582—1649）等带来世界地图和五洲四洋观念，改变了部分士人（如瞿式谷）的中央意识，使之省悟到，“按图而论，中国居亚细亚十之一，亚细亚又居天下五之一……戋戋持此一方，胥天下而尽斥为蛮貉，得无纷井蛙之诮乎”[②]。明代万历间王圻（1530—1615）纂集《三才图会》，作地为圆球形之图，标示寒带、热带等五带，并确切指示四大洋、六大洲。此皆利玛窦等耶稣会士带来的世界地理知识。惜乎“三才图会”之类地理知识少有传播，至清中叶朝野基本忘却，从乾隆至道光，仍拘守在“中国者，天下之中也”的固有隘见之间。

晚清魏源接触到较翔实的世界地理知识，认识到列邦皆有自己的“中国”观：

> 释氏皆以印度为中国，他方为边地……天主教则以如德亚为中国，而回教以天方国为中国。[③]

近人皮嘉佑（经学家皮锡瑞之子）著文说：

> 若把地球来参详，中国并不在中央。地球本是浑圆物，谁是中央谁四旁？[④]

这都是对中国为天下中心的传统观念的理性反思与修正。

---

① 法显《佛国记》载，超日王时期称中印度为“中国”，“中国寒暑调和、无霜雪，人世殷乐，无户籍官法，唯耕王地者乃输地利，欲去便去，欲住便住，王治不用刑罔。有罪者但罚其钱，随事轻重，虽复谋为恶逆，不过截右手而已，王之侍卫，左右皆有供禄，举国人民悉不杀生，不饮酒，不食葱蒜，唯除旃荼罗。旃荼罗名为恶人，与人别居，若入城市则击木以自异，人则识而避之，不相唐突。国中不养猪、鸡，不卖牲口，市无屠、酤及估酒者，货易则贝齿，唯旃荼罗、猎师卖肉耳”。

② 瞿式谷：《职方外纪小言》。

③ 魏源：《海国图志》卷七四。

④ 皮嘉佑：《醒世歌》。

（七）“中国”衍为国名

我国古代多以朝代作国名（如汉代称“汉”“大汉”，唐代称“唐国”“大唐”，清代称“清国”“大清”），外人也往往以我国历史上强盛的王朝（如秦、汉、唐）或当时的王朝相称，如日本长期称中国人为“秦人”，称中国为“汉土”“唐土”，江户时称中国人为“明人”“清人”。此外，古印度称中国为“支那”，约为“秦”的音译；希腊、罗马称中国为“赛里斯”，意谓“丝国”。

以“中国”为非正式的国名，与异域外邦相对称，首见于《史记》载汉武帝（前156—前87）派张骞（？—前114）出使西域：

> 天子既闻大宛及大夏、安息之属，皆大国，多奇物、土著，颇与中国同业……乃令骞因蜀犍为发间使，四道并出。[①]

这种以“中国”为世界诸国中并列一员的用法，汉唐间还有例证，如《后汉书》以“中国”与“天竺”（印度）并称[②]；《唐会要》以“中国”与“波斯”“大秦”（罗马）并称。[③] 但这种用例当时并不多见。

“中国”作为与外国对等的国家概念，萌发于宋代。宋不同于汉唐的是，汉唐时中原王朝与周边维持着宗主对藩属的册封关系和贡赉关系，中原王朝并未以对等观念处理周边问题；赵宋则不然，北疆出现与之对峙的契丹及党项羌族建立的王朝——辽与西夏，这已是两个典章制度完备、自创文字并且称帝的国家，又与赵宋长期处于战争状态，宋朝一再吃败仗，以致每岁纳币，只得放下天朝上国的架子，以对等的国与国关系处理与辽及西夏事务，故宋人所用“中国”一词，便具有较清晰的国家意味。在这种历史条件下，“宋初三先生”之一的石介（1005—1045）以“中国”作论：

> 居天地之中者曰中国，居天地之偏者曰四夷。四夷外也，中国内也。

---

① 《史记·大宛列传》。

② 《后汉书·西域传》。

③ 《唐会要·大秦寺》。

四夷处四夷，中国处中国，各不相乱。[1]

石介虽仍持“内中外夷”观念，但已经有了国家疆界分野，强调彼此独立，“各不相乱”。宋以后，“中国”便逐渐从文化主义词语向国家意义词语转变。

一个朝代自称“中国”，始于元朝。元世祖忽必烈（1215—1294）派往日本的使臣所持国书，称自国为“中国”，将日本、高丽、安南、缅甸等邻邦列名“外夷”[2]。明清沿袭此种“内中外夷”的华夷世界观，有时也在这一意义上使用“中国”一词，但仍未以之作为正式国名。

国体意义上的“中国”概念，是在与近代欧洲国家建立条约关系时正式出现的。

欧洲自 17 世纪开始形成“民族国家”（nation-state），并以其为单位建立近代意义上的国际秩序。欧洲三十年战争结束，1648 年西班牙、神圣罗马帝国、奥地利哈布斯堡王朝、法兰西波旁王朝、瑞典等国签订《威斯特法伦和约》，承认诸国领土主权，17 世纪中叶为民族国家得以确认的开端（率先发生在欧洲）。

远在东亚的清政府虽然对发生在西方的重大事变全无所知，却因在客观上与全然不同于周边藩属的西方民族国家打交道，因而需要以一正式国名与之相对，“中国”便为首选。这种国际关系最先发生在清—俄之间。沙皇俄国遣哥萨克铁骑东扩，在黑龙江上游与康熙皇帝（1654—1722）时的清朝军队遭遇，争战后双方于 1689 年签订《尼布楚条约》，条约开首以满文书写清朝使臣职衔，译成汉文是：“中国大皇帝钦差分界大臣领侍卫大臣议政大臣索额图”，与后文的“斡罗斯（即俄罗斯）御前大臣戈洛文”相对应。康熙朝敕修《平定罗刹方略界碑文》，言及边界，有“将流入黑龙江之额尔古纳河为界：河之南岸属于中国，河之北岸属于鄂罗斯”等语，“中国”是与“鄂罗斯”（俄罗斯）相对应的国名。

17 世纪末叶清朝与俄罗斯建立条约关系还是个别事例，此后清政府仍在

① 石介：《中国论》。

② 《元史·外夷一》。

"华夷秩序"框架内处理外务，如乾隆皇帝八十大寿时，与英王乔治三世的往还信函中，英王国书恭称"向中国最高君主乾隆致意"，多次称清方为"中国"，而乾隆皇帝复乔治三世书从未称自国为"中国"，通篇自命"天朝"。此种情形一直延及嘉庆皇帝与英王的来往文件中。可见，直至第一次鸦片战争前，中国朝野只有内华外夷的"天下"观，没有权利平等的国家观。

至19世纪中叶，西方殖民主义列强打开清朝封闭的国门，古典的"华夷秩序"被近代的"世界国家秩序"所取代，"中国"愈益普遍地作为与外国对等的国名使用，其"居四夷之中"的含义逐渐淡化。

第一次鸦片战争期间，中英两国来往照会公文，言及中方，有"大清""中华""中国"等多种提法，而"中国"用例较多，如林则徐所拟致英吉利国王的檄文说：

> 中国所行于外国者，无一非利人之物。[①]

已是用"中国"与"外国"对举。

与英方谈判的清朝全权大臣伊里布（1772—1843）给英军统帅写信，称自国为"中国"，与"大英""贵国"对应，文中有"贵国所愿者通商，中国所愿者收税"之类句式[②]；英国钦奉全权公使璞鼎查（1789—1856）发布的告示中，将"极东之中国"与"自极西边来"的"英吉利国"相对应，文中多次出现"中国皇帝""中国官宪""中国大臣"等名目。[③]

汉文"中国"正式写进外交文书，首见于道光二十二年七月二十四日（1842年8月29日）签署的中英《江宁条约》（通称《南京条约》），该条约既有"大清"与"大英"的对称，又有"中国"与"英国"的对称，并多次出现"中国官方""中国商人"的提法。[④] 此后清朝多以"中国"名义与外国签订条约，如中美《望厦条约》以"中国"对应"合众国"，以"中国民人"对应"合众国民人"[⑤]。

---

① 林则徐：《拟谕英吉利国王檄》。

② 见伊里布：《致英帅书》。

③ 见中国史学会编：《中国近代史资料丛刊·鸦片战争》，神州国光社1954年版，第445、450页。

④⑤ 见王铁崖：《中外旧约章汇编》第1册，三联书店1957年版，第30～33页。

近代中国面临西东列强侵略的威胁，经济及社会生活又日益纳入世界统一市场，那种在封闭环境中形成的虚骄的“中国者，天下之中”观念已日显其弊，具有近代意义的“民族国家”意识应运而生，以争取平等的国家关系和公正的国际秩序。而一个国家要自立于世界民族之林，拥有一个恰当的国名至关重要，“中国”作为流传久远、妇孺尽知的简练称号，当然被朝野所袭用。梁启超、汪康年（1860—1911）等力主扬弃中国为“天下之中”的妄见，但认为“中国”这个自古相沿的名称可以继续使用，以遵从传统习惯，激发国民精神。汪康年指出，用含义虽不确切，但已经约定俗成的专词作国名，是世界通则，西洋、东洋皆不乏其例，故“中国”之称不必革除。①

近代兴起的反殖民主义、反帝国主义运动，更赋予“中国”以爱国主义内涵，“中国者，中国人之中国，非外人所得而干涉也”②，便是在近代民族国家意义上呼唤的“中国”，这已经成为国民共识。梁启超更作《少年中国说》，高唱：

> 美哉，我少年中国，与天不老！壮哉，我少年中国，与国无疆！

如果说，“大清”和“中国”在清末曾并列国名，交替使用，那么，辛亥革命以后，“中国”先后作为中华民国和中华人民共和国的简称，以正式国名被国人共用，并为国际社会普遍肯认。

本书在全面观照“中国”的古典义和现代义及二者的因革转化的基础上，使用“中国”一词。中国文化生成史正是在作为历史范畴的“中国”这一逐步扩展的空间得以演绎的。

二、“中华民族”：细缊久远，定名近代

自古以来，在中国这片广袤、丰腴的大地上生活劳作的各族人民，近百年来统称“中华民族”。此语在“民族”前冠以“中华”。以下先分释“民族”与“中华”，然后对中国文化创造主体“中华民族”略作概述。

---

① 见汪康年《汪穰卿先生遗文》：“吾国古来自称中国，对于四夷言之也……盖名称之源于古者，或不免有所错误，而承袭既久，安能革之。即西人之各种名称，似此者多矣。安能一一革之乎。又如日本二字，今日核之于理，岂有当乎。”

② 见《论中国之前途及国民应尽之责任》，《湖北学生界》1903年4月第3期。

（一）释“民族”

民族，泛指依靠历史、语言或种族联系组成的人群共同体。从时序划分，有原始民族、古代民族、现代民族。中国古籍表述这一概念的有“民”“族”“种”“部”“类”等单字词，也有“族类”“族部”“民群”“民人”“民种”等双字词。其核心单字词“族”，原义“矢锋”（箭头），引申为众。《说文》曰：

> 族，矢锋也，束之族族也……众矢之所集。

徐笺：“矢所丛集谓之族。”

集合义的“族”，衍为具有相似属性的人群集合的专称。中国自古并不特别着眼于体质人类学分野（肤色等身体状貌），而注重族群文化心理的同一性，《左传》称“非我族类，其心必异”[①]，即此之谓。

古汉语的“族”“族类”，是区分“内华夏、外夷狄”的旧式民族主义概念，而双音节的“民族”一词，作为近代概念，以往多认为是从日本输入的。单一族群的日本人，在前近代已完整地具备民族诸要素（共同地域、共同经济生活、共同语文、共同心理），故西方近代民族主义传入日本，迅速得以风行。明治时期日本学者将“民”与“族”组合成“民族”一词，对译英语 nation，19 世纪末 20 世纪初，经中国留日学生和政治流亡者将这一术语传入中国。故清末使用“民族”一词的学人，多有游日经历。

然而，详考语源，“民族”作为汉字整词出现，早见于千余年前《南齐书》的“民族弗格”[②]。近代意义上的“民族”也并非始于日本，19 世纪上半叶，入华西方新教传教士、日耳曼人郭实腊（1803—1851）等编辑的中文期刊《东西洋考每月统记传》（1833—1838）道光十七年（1837）九月号载《约书亚降迦南国》，已创译“以色列民族”一语，此为汉字整词“民族”在近代的较早出现。[③]

---

① 《左传·成公四年》。

② 《南齐书》卷五四。

③ 参见方维规：《论近代思想史上的“民族”、“Nation”与“中国”》，《二十一世纪》2002 年 6 月号。

咸丰、同治间文士王韬（1828—1897）1874年著文，使用“民族”一词：

> 夫我中国乃天下之至大之国也，幅员辽阔。民族殷繁，物产饶富，苟能一旦奋发自雄，其坐致富强，天下当莫与颉颃。[①]

上述两例均在日制汉字词“民族”入华之前，但属于零星个案，并未产生大的影响。

至清代末叶，伴随着近代“民族国家”观念的勃兴，日制“民族”一词传入中国，逐渐普及开来，如1895年第二号《强学报》、1896年《时务报》皆有例证。1898年6月，康有为给光绪皇帝上《请君民合治满汉不分揭》，有“民族之治”一语。1900年章太炎《序种姓》有“自帝系世本推迹民族”[②]的论说。此后，梁启超《东籍月旦》（1902）有“东方民族”“泰西民族”“民族变迁”和“民族竞争”等短语，吴汝纶（1840—1903）《东游丛录》（1902）也用“民族”一词。梁启超1903年介绍德国政治学家伯伦知理（今译J.K.布伦奇利）的民族学说，使近代民族概念得以流传。梁氏强调：

> 今日吾中国最急者……民族建国问题而已。[③]

梁氏提出近代意义的“民族建国”任务，其内容有“完备政府”“谋公益”“御他族”等。

多民族的中国较之单一民族的日本，建立近代民族国家的情况复杂得多，就清末而言，首先面临满洲贵族对数量巨大的汉族的民族压迫问题，孙中山1904年在《中国问题的真解决》中便以此为症结议论“民族”。1905年他在《民报发刊词》中对“民族”和“民族主义”又作系统阐发，虽有“排满”之议，却有宏阔的视野，并与西方近代民族主义对接。辛亥革命后，民族主义超越“排满”，成为争取全中国诸民族共同权益，以自立于世界民族之林的新思想，旧式民族主义正式向近代民族主义过渡，“民族”一词自此广泛使用，成

① 王韬：《洋务在用其所长》，《弢园文录外编》卷三，中州古籍出版社1998年版，第143页。
② 章太炎：《訄书·序种姓上第十七》。
③ 梁启超：《新民说·论自由》，中州古籍出版社1998年版。

为常用汉字词。

（二）释“中华”

“中华”是“中国”与“华夏”复合词之简称，其意可上溯至汉朝的“中国诸华”一语（意谓中国诸圣的后代）[①]。

“华”通“花”，意谓文化灿烂，所谓中国“有服章之美，故谓之华”[②]。华夏先民建国黄河中游，自认中央，且又文化发达，故称“中华”。

整词“中华”诞生在华夷混融的魏晋南北朝，南朝宋人裴松之（372—451）注《三国志》，评析诸葛亮的抱负说：

> 若使游步中华，骋其龙光，岂夫多士所能沈翳哉。[③]

这是较早出现的“中华”一词，意近“中原”。其后，北齐魏收（507—572）撰《魏书》、唐代房玄龄等撰《晋书》，也多有“中华”用例[④]，皆以之与四周边裔对称。那时入主中原的游牧人也认同“中华”，《南齐书》载，漠北的柔然曾自号“皇芮”，宣称以“光复中华”为己任。

至唐代，“中华”成为常用词，唐高宗永徽年间撰定的《唐律疏议》为其下定义：

> 中华者，中国也。亲被王教，自属中国，衣冠威仪，习俗孝悌，居身礼仪，故谓之中华。[⑤]

此处所论“中华”，已淡化地理中心意义，而突出文化中心属性。

1367年，时为吴王的朱元璋（1328—1398）兴兵讨元，命徐达（1332—1385）为征虏大将军、常遇春（1330—1369）为副将军，率甲士25万北伐，

---

① 见高诱注：《吕氏春秋·简选》。

② 《左传·定公十年》：“裔不谋夏，夷不乱华。”孔颖达疏：“中国有礼义之大，故称夏，有服章之美，故谓之华。”

③ 《三国志·蜀志卷五·诸葛亮》，裴松之注。

④ 《魏书·礼志》：“下迄魏晋，赵秦二燕，虽地处中华，德祚微浅。”《魏书·宕昌传》：“其地东接中华，西通西域。”《晋书·刘乔传》：“今边陲无备豫之储，中华有杼轴之困。”

⑤ 《唐律疏议》卷三。

由后来誉为明代“开国文臣之首”的宋濂（1310—1381）拟《喻中原檄》，文曰：

驱逐胡虏，恢复中华，立纲陈纪，救济斯民。[①]

1894年11月，孙中山在檀香山华侨社会中组建反清革命团体兴中会，所拟《兴中会章程》称：

是会之设，专为振兴中华、维持国体起见。[②]

此为响彻环宇的“振兴中华”口号第一次提出。

1905年，孙中山等组建同盟会，公布《中国同盟会总章》，仿效朱元璋北伐檄文，成十六字政治纲领：

驱除鞑虏，恢复中华，创立民国，平均地权。[③]

这种与“胡虏”（或“鞑虏”）对称的“中华”，指汉族及汉文化传统。以后，“中华”更成为全体中国民族及其文化的称号。

（三）释“中华民族”

由“民族”与“中华”组成的复合词“中华民族”，出于晚清，曾与“中国民族”同位并用。梁启超1901年在《中国史叙论》中出现“中国民族”“四万万同胞”[④]，指历来生息于中国的诸族总称。

1902年在《论中国学术思想变迁之大势》中，梁启超多次将“我中华”与“国人”联用，统观上下文，是指在中国土地上的诸族之总称。该文有如下句式：

---

① 见《明太祖洪武实录》卷二一。

②③ 《孙中山全集》第一卷，中华书局1981年版，第2、284页。

④ 梁启超：《论中国学术思想变迁之大势》，《饮冰室合集》之一《饮冰室文集》，中华书局1989年版，第12页。

> 立于五洲中之最大洲而为洲中之最大国者谁乎？我中华也。人口居全地球三分之一者谁乎？我中华也。四千余年之历史未尝一中断者谁乎？我中华也……
>
> 盖大地今日只有两文明：一泰西文明，欧美是也；二泰东文明，中华是也。[①]

发表梁启超论述“中华民族”文章的《新民丛报》

这是在中国文化的连续一贯性上指认“中华”的，同文还出现“中华民族”用例：

> 上古时代，我中华民族之有海思想者厥为齐。[②]

这大概是首出之“中华民族”整词。不过梁启超该文并未对“中华民族”作具体诠释，从语境分析，约指华夏—汉族。

1905年梁启超《历史上中国民族之观察》一文，把中国民族分为9系：华族、苗族、蜀族、巴氐族、徐淮族、吴越族、闽族、百粤族、百濮族，梁氏指出：

> 中华民族自始本非一族，实由多民族混合而成。

①② 梁启超：《论中国学术思想变迁之大势》，《饮冰室合集》之一《饮冰室文集》，中华书局1989年版，第1页。

此文已经逼近中华民族乃多元一体之大民族的论断。

孙中山等革命派早有“恢复中华”“振兴中华”的呼唤，此间所说“中华”，指汉族，这与革命派推翻清朝统治的政治目标相关。而反对“排满革命”的立宪派杨度（1875—1931），1907年在《中国新报》1～6期连载《金铁主义说》一文，从中国诸族文化联系性、共同性出发，论述“中华”和“中华民族”：

杨度

> 中国自古有一文化较高、人数较多之民族在其国中，自命其国曰中国，自命其民族曰中华……则中华之名词，不仅非一地域之国名，亦且非一血统之种名，乃为一文化之族名……华之所以为华，以文化言可决之也。故欲知中华民族为何等民族，则于其民族命名之顷，而已含定义于其中。以西人学说拟之，实采合于文化说，而背于血统说。华为花之原字，以花为名，其以形容文化之美，而非以之状态血统之奇。①

此论扬弃民族的体质人类学标准，而取文化人类学标准，超越肤色、形貌等血统、种族属性，从创造共同文化、形成类似心理这一关节点上阐明“中华民族”含义。杨度的“中华民族”说是符合学理的，从长时段看，也有益于中华民族的团结与发展，不过在“排满革命”的当年，此说不合时宜，起着维护清廷的作用。

杨度文章发表后，章太炎1907年7月5日在《民报》15号发表《中华民国解》与之辩论，认为“华”“夏”“汉”含义相通，将“中华民族”解为汉族，并揭露满族对汉族的凌虐，鼓动“排满革命”。

辛亥革命以后，满汉矛盾消解，孙中山等的民族主义重点，转为中国各民族谐和团结以争取国际上的平等权利，倡言“合汉、满、蒙、回、藏诸族为一

① 刘晴波主编：《杨度集》，湖南人民出版社1986年版，第374页。

人——是曰民族之统一”[①]。此即“五族共和”说。

1912年3月19日黄兴（1874—1916）、刘揆一（1878—1950）等发起组建“中华民国民族大同会”[②]，孙中山盛赞该会“提携五族共跻文明之域，使先贤大同世界之想象，实现于廿世纪，用意实属可钦”[③]。同年3月23日，黄兴、刘揆一、黎元洪、蔡元培等将该会改称为“中华民族大同会”[④]，发起电文称：

> 民国初建，五族涣散，联络感情，化除畛域，共谋统一，同护国权，当务为急，无逾于此日……凡我同胞，何忍歧视？用特发起中华民族大同会。[⑤]

黄兴被举为总理，刘揆一为协理，有满族、蒙古族人士等参与发起。该会成立消息，在《民立报》《申报》等重要报刊登载，影响波及海内外。中华民族大同会是以“中华民族”之名建立的第一个社团组织。此后，多人著文阐发“中华民族”的内涵及外延。

黄兴瓷画像

（冯天瑜2011年绘）

李大钊（1889—1927）1917年2月19日在《甲寅》日刊发表《新中华民族主义》，主张对古老的中华民族“更生再造”，在中国诸族融合的基础上形成“新中华民族”。

孙中山1919年著《三民主义》，阐述新的民族主义：汉族“与满、蒙、回、藏之人民相见于诚，合为一炉而冶之，以成一中华民族之新主义”。孙氏晚年力主中国民族自求解放，

---

① 《孙中山全集》第二卷，中华书局1982年版，第2页。

② 《与刘揆一等发起组织中华民国民族大同会启》，《黄兴集》，中华书局1981年版，第147～148页。

③ 1912年4月3日《临时政府公报》第56号。

④⑤ 《与刘揆一等致各都督等电》，《黄兴集》，中华书局1981年版，第149页。

中国境内各民族一律平等。[①]

总之，近代以来“中华民族”的含义逐步确定为中国诸族之总称，对内强调民族平等，对外力争民族解放、国家独立。现在普遍在这一意义上使用“中华民族”一词。

近现代，逐步走出封闭状态的国人，面对西东列强进逼的世界格局，民族国家观念觉醒，这种观念既受启迪于世界新思潮，又深植于中国诸族在数千年历史进程中形成的共同命运和近似文化心理，诚如梁启超所说：

> 凡遇一他族而立刻有“我中国人”之一观念浮于其脑际者，此人即中华民族一员也。[②]

中国历来是多民族国家，自古居于中原的华夏—汉族与周边少数民族长期互动共存。历史上影响较大的少数民族，东北有乌桓、鲜卑、高丽、室韦、契丹、女真等，北方有匈奴、乌孙、突厥、回纥、蒙古等，西南有氐羌、吐谷浑、吐蕃、西南夷，南方有武陵蛮、僚、瑶、苗、黎等。经长期的民族融合、民族迁徙，形成中国境内今之诸族，合为中华民族。中华民族呈“多元一体格局”，“它所包括的五十多个民族单位是多元，中华民族是一体”[③]。多元中的统一，统一中的多元，使得中华民族的历史进程和现实格局色彩缤纷、生机勃勃，在多样性中保持强劲的凝聚力。

今之中华民族是中国境内56个民族的总称，其中汉族占总人口的94%，构成中华民族的主体，多聚居于黄河、长江、珠江流域和松辽平原，使用汉藏语系的汉语、形意文字的汉字。其他民族多生活在东北、北、西北、西南地区，分布区域占全国总面积的50%～60%，主要分属汉藏语系和阿尔泰语系，人口百万以上的13个：壮族、回族、维吾尔族、彝族、苗族、藏族、满族、蒙古族、布依族、朝鲜族、瑶族、侗族、白族；人口百万以下、十万以上的15个：土家族、哈尼族、哈萨克族、傣族、黎族、傈僳族、佤族、畲族、高山族、拉祜族、水族、纳西族、土族、珞巴族、东乡族；人口十万以下、一万

---

① 《孙中山全集》第九卷，中华书局1986年版，第118页。

② 梁启超:《中国历史上民族之研究》,《饮冰室合集》之八《饮冰室专集》, 中华书局1989年版。

③ 费孝通:《中华民族多元一体格局》，中央民族学院出版社1989年版，第1页。

以上的18个：景颇族、柯尔克孜族、达斡尔族、仫佬族、羌族、布朗族、撒拉族、毛南族、仡佬族、锡伯族、阿昌族、普米族、塔吉克族、怒族、鄂温克族、门巴族、基诺族、德昂族；人口万人以下的9个：乌孜别克族、俄罗斯族、保安族、裕固族、京族、塔塔尔族、独龙族、鄂伦春族、赫哲族。

民族是历史范畴，有其发生、发展、消亡的过程。汉族由在夏、商、周三代形成的华夏族与周边诸族融合而成，汉代以后渐称“汉人”“汉族”，并继续与诸族融合。其他诸族也是如此，如人口最多的少数民族壮族，是古代百越各支经长期演化而来，史称“西瓯”“骆越”“乌浒”“僚”等，与汉族交流频繁，后总称“僮”，1965年改称壮族。满族的先世为东北的肃慎、挹娄、勿吉、靺鞨等古族，10世纪改称“女真”，17世纪定族名“满洲”，简称满族，入主中原前后，深受汉文化影响。

“中华民族”既有悠远深邃的历史渊源，又在近代民族国家竞存的世界环境中得以正式铸造，费孝通指出：

> 中华民族作为一个自觉的民族实体，是近百年来中国和西方列强对抗中出现的，但作为一个自在的民族实体，则是在几千年的历史过程中形成的。①

时至近代，“中华民族”作为一个文化人类学（非体质人类学）概念，已然为生活在中国及散居世界各地的具有中华元素的诸族众所共认、共用，成为一个具有强大概括力、凝聚力的称号。

第二节　“文化”释义

一、“文化”与“文明”

（一）释“文化”

“文化”是一个汉语古典词，又在近代被借以翻译西洋对应词Culture，从

① 费孝通：《中华民族多元一体格局》，中央民族学院出版社1989年版，第36页。

而生发新的内涵。

作为“人文化成”“文治教化”省称的文化，由“文”与“化”组合而成。

“文”原指各色交错的纹理[①]，引申为包括文字在内的各种象征符号[②]，具体化为文书典籍[③]、文章[④]、礼乐制度[⑤]，与“武”对应的文治、文事、文职[⑥]，与“德行”对应的文学艺能[⑦]；又引申为修饰、人为加工，与“质”对称[⑧]，与“实”对称[⑨]。条理义的“文”，用以表述自然现象的脉络，成为“天文”“地文”“水文”等专词的词干；又是表述人伦秩序的“人文”一词的词干。

“化”，有变、改、化生、造化、“使……变成”诸意，归纳言之，略指二物相接，其一方或双方改变形态及性质，由此引申出教化[⑩]、教行[⑪]、迁善[⑫]、感染、化育[⑬]诸义，《周易》谓：“圣人久于其道，而天下化成”[⑭]为典型用例。

帛书《周易》

“文”与“化”配合使用，首见于《周易》：

---

① 《说文解字》：“文，错画也，象交文。”王注：“错者，交错也，错而画之，乃成文。”
② 《左传·昭公元年》：“于文皿虫为蛊。”杜预注：“文，字也。”
③ 《尚书·序》：“古者伏羲氏之王天下也，始画八卦，造书契，以代结绳之政，由是文籍生焉。”
④ 《汉书·贾谊传》：“以能诵诗书属于文，称于郡中。”
⑤ 《论语·子罕》：“文王既没，文不在兹乎？”朱熹集注：“道之显者谓之文，盖礼乐制度之谓。”
⑥ 《尚书·武成》：“王来自商，至于丰，仍偃武修文。”
⑦ 《论语·学而》：“弟子入则孝，出则悌，谨而信，泛爱众而亲仁，行有余力，则以学文。”
⑧ 《论语·雍也》：“质胜文则野，文胜质则史，文质彬彬，然后君子。”
⑨ 《二程粹言》卷一：“理者，实也，本也；文者，华也，末也。”
⑩ 《周易·乾》：“善而不伐，德博而化。”
⑪ 《说文》：“化，教行也。”
⑫ 《荀子·不苟》：“神则能化矣。”注：“化，谓之善也。”
⑬ 《礼记·乐记》：“和，故百物皆化。”
⑭ 《周易·恒卦·彖传》。

观乎天文，以察时变；观乎人文，以化成天下。①

此一名论，以天象有“文”（即条理）可循，故知时序，比拟人伦亦有“文”（规则）可循，观察此“人文”（人间条理），用以教化世人，便可成就平治天下的大业。

“人文化成”是中华先哲对“文化”的精辟诠释，构成一种区别于“神文”的具有“人文”倾向的文化观。

“文化”组成整词，始于西汉末年经学家刘向（约前 77—前 6）所说：

凡武之兴，为不服也，文化不改，然后加诛。②

这是在与武力相对应的意义上使用“文化”一语。与此相似的用例有晋代束皙的“文化内辑，武功外悠”③。另外还有在与宗教神性相对应的意义上使用“文化”一词的，如南齐王融（467—493）的“设神理以景俗，敷文化以柔远”④。

总之，作为整词的“文化”，是“文治”与“教化”的合称，已沿用近两千年；而如前所述，包含“人文化成”“文治教化”内蕴的各种短语、句式，早在先秦多有用例，已传延两千余年。

“文化”获得现代义，是在日本人以此词对译西洋术语的过程中开始的。日本是汉字文化圈的一员，在古代已接受并广为使用包括“文化”在内的成批汉字词。19 世纪中后叶“明治维新”期间，日本大规模译介西方学术，其间多借助汉字词意译西洋术语，而选择“文化”对译英语及法语词 culture 便是一例。它又经游学东洋的中国学人逆输入中国。故“文化”在近代经历了“中—西—日”之间的概念旅行。研习文化史，应当留意同一词形所包含概念的古今演化和中西转换，并考察古今变更与中西交会二者间的互动关系。⑤

---

① 《周易·贲卦·彖传》。

② 《说苑·指武》。

③ 束皙：《补亡诗·由仪》，《文选》。

④ 王融：《三月三日曲水诗序》。

⑤ 见冯天瑜：《新语探源——中西日文化互动与近代术语生成》，中华书局 2004 年版。

英文和法文 culture 的词源是拉丁文 cultura，其原形为动词，有耕种、居住、练习、留心、注意、敬神诸义，以物质生产为主，略涉精神生产，总意是通过人为努力摆脱自然状态。十六、十七世纪，英文和法文的 culture（德文对应词为 kultur）词义逐渐由耕种引申为对树木禾苗的培养，进而指对人类心灵、知识、情操、风尚的化育，从重在物质生产转向重在精神生产。

（二）释“文明”

与“文化”含义相近的古典词是“文明”。

甲骨文“文”

甲骨文“明”

“文明”之“文”，指文采、文藻、文华；
“文明”之“明”，指开明、明智、昌明、光明。

文与明合成的“文明”，《周易》六见，最重要的是如下两条：

> 见龙在田，天下文明。[①]
> 刚柔交错，天文也；文明以止，人文也。[②]

“见龙在田，天下文明”条，唐人孔颖达疏解说：“天下文明者，阳气在田，始生万物，故天下有文章而光明也。”揭示“文明”的意蕴为：精神的光明普照大地。孔颖达疏解《尚书·舜典》“睿哲文明”说：

> 经天纬地曰文，照临四方曰明。

① 《周易·乾卦·文言》。
② 《周易·贲卦·彖传》。

将文明诠释为经天纬地、照临四方的辉光。

关于“刚柔交错，天文也；文明以止，人文也”条，孔颖达疏解说：天文是指刚柔交错的自然变化及其法则，人文是人类制礼作乐以对人类行为加以规范，这便是文明，而人类的文明创制不可以无限扩张，应有所节制，止其当止之处。这里提出的“文明以止”，是一个含义深刻的命题，体现了中华民族理性的文明发展观，对疗治无节制发展的现代病尤具启示意义。①

中国古典也有将“文明”视为进步状态，与“野蛮”对应的，如李渔（1611—1680）所言“辟草昧而致文明”②即为用例。

以“文明”对译 civilization，始于入华新教传教士郭实腊编的中文期刊《东西洋考每月统记传》，虽然该刊出现“文明”一词不下 10 处，但这一译词当时在中国影响不大。

较早将“物质文明”与“精神文明”加以区分且并列使用的，当属梁启超。他于 1899 年 12 月在《清议报》第三十三册上以“哀时客”笔名发表《文明之精神》（又名《国民十大元气论》），区分物质文明与精神文明：

> 文明者，有形质焉，有精神焉，求形质之文明易，求精神之文明难。③

其后，孙中山、胡英敏、高劳、鲁迅、瞿秋白等均对文明内涵有所阐发。

（三）“文化”与“文明”分野

明治时期的日本学人在译介西洋术语时，注意到文化与文明两词的区分：以“文化”译 culture，以“文明”译 civilization。而与“文明”对译的英文词 civilization 源于“城市”，表示城镇社会生活的秩序和原则，是与“野蛮”“不开化”相对应的概念。明治维新的主旨之一“文明开化”，以及 1875 年出版的福泽谕吉（1835—1901）的名著《文明论概略》，都是在与“野蛮”对应的意义上使用“文明”一词的。福泽谕吉还参考欧洲的文明史观，将人类历史划

---

① 参见方克立、林存光：《“文明以止”：中华民族理性的文明发展观》（上），《中国社会科学报》2012 年 6 月 4 日。

② 李渔：《闲情偶寄 · 词曲下 · 格局》。

③ 梁启超：《国民十大元气论》，《梁启超全集》第 1 册，北京出版社 1999 年版。

分为“野蛮—半开化—文明”三阶段。明治间日本文明史观的翻译书和日本人自著书甚多，“文明”成为流行语，吃“文明饭”（西餐）、跳“文明舞”（西式交际舞）、拄“文明棍”（西式拐杖）成为一时风尚。

访学日本的黄遵宪、康有为、梁启超、汪康年等采纳日本这一译词，自19世纪末也多在与“野蛮”“半开化”相对的意义上使用“文明”一词。如梁启超1896年在上海主笔《时务报》时，便多次出现“文明之奇观”“外国文明”“文明大进”“文明渐开”“文明之利器”等语。梁氏1898年在日本主编的《清议报》，则并用“文明”“文化”，其“西洋文明”“西洋文化”的含义相同。

中国人认真区分“文明”与“文化”，始于胡适。胡氏1926年刊发《我们对于西洋近代文明的态度》一文，将文明（civilization）定义为“一个民族应付他的环境的总成绩”，将文化（culture）定义为“一种文明所形成的生活方式”。张申府于同年发表《文明或文化》则称，“文化是活的，文明是结果”。我们今天不一定采用这些定义，但胡、张诸先生区分文明与文化两概念，对中国人的文化研究无疑是一种向精确方向的引导。

文化和文明都是人类现象，但二者所涵盖的历史内容又有差异：

“文化”与初民出现同步。人通过有价值取向的劳作，将天造地设的自然加工为文化。

“文明”指文化发展到较高阶段，或泛指对不开化的克服；历史分期的“文明”则指超越蒙昧期（旧石器时代）和野蛮期（新石器时代）的历史阶段，进入“文明”阶段的标志有三：文字发明与使用、金属工具发明与使用、城市出现（意味城乡差别及国家出现）。

故中国的文化史长达百万年之久，而进入创制并使用文字和金属工具的文明时代约四千年。

二、文化的多重定义

文化（culture）作为内涵丰富的多维概念被众多学科所探究、阐发，开端于近代欧洲。历经文艺复兴、启蒙运动的欧洲人，意识到风俗、信仰、观念、语言都是一个历时性的过程；率先开辟世界市场的欧洲人还发现，人类文化呈现共时性的多样化状貌（文化类型）。在这两种批判性观察的激发下，形成了对“文化”加以总体把握和分类研究的诉求。19 世纪以后，文化逐渐成为一个中坚概念，被人文学和社会科学普遍使用。美国文化人类学家比尔斯父子指出：

> 文化概念是 19 世纪、20 世纪的一大科学发现，其内容是，人类的行为之所以不同于其他种类动物的行为，是因为它受文化传统的影响和制约。①

这是把“文化”视作人类与动物相区别的标志。

古典进化论学派、文化传播学派、历史地理学派、文化形态史观派、文化功能学派、文化历史学派、文化心理学派、文化结构学派、新进化论学派、符号—文化学派及苏联的唯物史观派、现代华人学者等，竞相定义文化。笔者曾作过梳理与评介。②

集文化定义之大成的是美国学者克罗伯（Alfred Kroeber，1876—1960）和克拉柯亨（Clyde Kluckhohn，1905—1960），他们借翁特瑞纳（Wayne Untereiner）的协助，于 1952 年合著 *Culture：A Critical Review of Concepts and Definitions* 一书（《文化：概念和定义的批判性回顾》），罗列 1871—1951 年八十年间关于文化的定义 164 种，可归纳为六类：列举描述性的，历史性的，规范性的，心理性的，结构性的，遗传性的。

中国学者殷海光 1956 年对《文化：概念和定义的批判性回顾》加以评析，概括出六组（记述的、历史的、规范性的、心理的、结构的、发生的）共计 44 个文化定义，又补入 3 个，共列举文化定义 47 种。③

文化定义多不胜数。以下略举影响较大的古典进化论学派、符号—文化学派的文化定义，以及华人学者 20 世纪初中叶以来的文化定义。

（一）古典进化学派的文化定义

“进化”是 19 世纪尤其是 19 世纪后半叶（影响到 20 世纪）的时代精神。

---

① ［美］比尔斯等著，骆继光、秦文山等译：《文化人类学》，河北教育出版社 1993 年版。

② 见冯天瑜、何晓明、周积明：《中华文化史》（上），（台北）桂冠图书有限股份公司 1994 年版，第 8 ~ 19 页。

③ 见殷海光：《中国文化的展望》，三联书店 2002 年版。

作为这种时代精神表现之一的生物进化论，也即达尔文主义，消除有机生命不同种类之间武断的界线，认为没有什么固定不移的物种，只有一个连续的不间断的生命之流。与达尔文（1809—1882）同时代的美国人类学家摩尔根（Lewis Henry Morgan，1818—1881）、英国文化学家爱德华·泰勒（Edward Burnett Tylor，1832—1917）认为，进化原理也左右着人类文化和社会的历程。他们强调，文化是人类特有的适应环境的方式，文化是一种"族体心理"，而这种族体心理及其所依附的社会都是由低级向高级分阶段进化发展的。

摩尔根运用比较方法，从发明和发现导致的智力发达、政府观念的发展、家庭观念的发展、财产观念的发展四个领域考察人类社会的进程：从发展阶梯的底层开始迈步，通过经验知识的缓慢积累，从蒙昧社会上升到文明社会。"蒙昧"—"野蛮"—"文明"是人类文化和社会发展的普遍梯级。泰勒则指出，野蛮和文明作为一种类型的低级和高级阶段，是相互联系、前后递进的，因此，不仅应当根据艺术和精神文明成就去研究文化，还应当根据各个发展阶段的技术和道德的完善程度去考察文化。

爱德华·泰勒（1832—1917）关于文化的思考，建立在"灵犀相通原理"之上：不论何时何地，人们的心智从根本上来说是相类似的，人类的历史是一个统一的整体，因而可以用一种总体化的理论来加以解释。根据这一原理，泰勒最早将"文化"概念引入英语世界，并在达尔文发表《物种起源》的同一年（1871）出版《原始文化》，该书给文化下了一个著名的定义：

爱德华·泰勒

> 文化，就其在民族志中的广义而言，是一个复合的整体，它包含知识、信仰、艺术、道德、法律、习俗和个人作为社会成员所必需的其他能力与习惯。

这个长期被视为经典的定义，强调文化的精神方面，列举精神文化诸层面，指出文化并非各层面的简单相加，而是它们"复合的整体"，从而为这个描述性定义赋予了辩证意义。

（二）符号—文化学派的文化定义

如果说，进化论学派、历史学派、结构—功能学派都只是从某一侧面揭示文化的个别属性，并对文化的内涵和外延加以描述罗列，那么，符号—文化学派则力图逼近文化的本质。德国哲学家恩斯特·卡西尔（Ernst Cassirer，1874—1945）在探讨人的本质时提出：人与其说是“社会的动物”“理性的动物”，不如说是“符号的动物”，即利用符号创造文化的动物。因为社会性本身并不是人的唯一特性，它也不是人独有的特权，某些“社会动物”（如蜜蜂、蚂蚁）也有劳动分工和严密的社会组织。人与动物的根本差异在于，动物只能对信号作出条件反射，人则能把这些信号改造成有自觉意义的符号，并运用符号创造文化。人只有在创造文化的活动中才能成为真正意义上的人；文化无非是人的外化、对象化，是符号活动的现实化和具体化。[①]

美国文化人类学家克罗伯和克拉柯亨1952年在反顾以往的百余种文化定义后，从符号—文化学派的立场出发，总括曰：

> 文化是包括各种外显或内隐的行为模式；它通过符号的运用使人们习得及传授，并构成人类群体的显著成就，包括体现于人工制品中的成就；文化的基本核心包括由历史衍生及选择而成的传统观念，尤其是价值观念；文化体系虽可被认为是人类活动的产物，但也可被视为限制人类作进一步活动的因素。[②]

这是迄今欧美较为公认的文化定义。

如前所述，文化有多重定义，这既展现了文化丰富的内涵和无比宽阔的外延覆盖面，同时也昭显着文化概念被滥用的可能性，所谓“文化是个筐，样样往里装”。故尔我们在学术意义上使用“文化”一词时，要警惕其沦为“包裹型术语”，切忌放大包容性、同质性，忽略差异性、冲突性。要注意对所论之“文化”作出界定，对文化的广义与狭义、泛指与确指、古义与今义、中义与西义加以分梳。要规范某一议题的文化是何种意义上的文化，而不宜泛化与滥

---

① 见［德］恩斯特·卡西尔著，甘阳译：《人论》第六章、第二章，上海译文出版社2004年版。

② 转见覃光广、冯利、陈朴编：《文化学辞典》，中央民族学院出版社1988年版，第109页。

用。这是文化及文化史研究必须注意的问题。

文化研究固然存在容易泛化而落入平面化窠臼的危险，但文化研究的真实价值却不可低估。诚如克鲁伯在《文化的性质》中指出，文化概念的发现，是19世纪以来人类学史和社会科学史上的重大成就，其意义完全可以同哥白尼日心说对自然科学的贡献相提并论。

在学科分野日益细密、切割化达于极致的现代学林，“文化”是少数具有强大整合力的概念之一，其组词功能罕见其匹。物质文化、制度文化、行为文化、精神文化，乃至旅游文化、风筝文化、筷子文化等人类化现象，都可统合在以“文化”为词根的众多词组群中，十分自然地流衍于人们的口头和笔端，成为支撑思维网络的重要纽结。而文化研究因以具有广远的发展空间和精进不已的领域。

（三）华人学者的文化定义

近现代华人学者在融会中外观念的基础上界定文化。梁启超用佛学术语定义文化：

> 文化者，人类心能所开积出来之有价值的共业也。
> 文化是包含人类物质精神两面的业种业果而言。[①]

蔡元培（1868—1940）说：“文化是人生发展的状况。”[②] 梁漱溟（1893—1988）说：文化“是生活的样法”[③]。又说：

> 文化，就是吾人生活所依靠之一切。[④]

贺麟（1902—1991）从“心物合一”观出发，认为：

① 梁启超：《什么是文化》，《时事新报》副刊《学灯》1922年12月7日。
② 蔡元培：《何谓文化》，《蔡元培美学文选》，北京大学出版社1963年版，第113页。
③ 梁漱溟：《东西文化及其哲学》第三章，商务印书馆1999年版。
④ 梁漱溟：《中国文化要义》第一章，上海人民出版社2011年版。

> 所谓文化就是经过人类精神陶铸过的自然。[①]

冯友兰（1895—1990）提出，文化是一种“总合体”，“中国文化就是中国之历史、艺术、哲学……之总合体；除此之外，并没有别的东西，可以单叫做中国文化”[②]。这与梁启超以文化为人类共业的认识相似。

以上所论，皆广义文化。

陈独秀（1879—1942）有感于过于宽泛的文化概念，指出“文化是对军事、政治（是指实际政治而言，至于政治哲学仍然应该归到文化）、产业而言”，“文化底内容，是包含着科学、宗教、道德、美术、文学、音乐这几种”[③]。

对文化学作专门研究的中国学者黄文山（1901—1988）认为：

> 文化的内容，是由人类过去的遗业所构成的。所谓遗业，在性质上是累积的，而累积是一种客观的、历史的现象。

这仍然是广义文化的论说，但黄氏试图对文化研究的方法作出分梳：

> 纯粹历史叙述的
> 心理学与统形论的
> 因果的与功能论的
> 理则学的与评价论的
> 科学的或真实的比较的

而“文化现象，以内部状态为最重要，故心理的、统形的方法，值得重视”[④]。

---

① 贺麟：《文化的体与用》，《文化与人生》，商务印书馆 1947 年版，第 32 页。

② 冯友兰：《三松堂学术文集》，北京大学出版社 1983 年版，第 43 页。

③ 陈独秀：《新文化运动是什么？》，《新青年》第七卷第五号。

④ 黄文山：《文化学的方法》，收于庄锡昌等编《多维视野中的文化理论》，浙江人民出版社 1987 年版。

美籍华裔学者余英时（1930—　）认为文化是“成套的行为系统，其核心则由一套传统观念，尤其是价值系统所构成”[①]。他强调：

> 中国文化重建的问题事实上可以归结为中国传统的基本价值与中心观念在现代化的要求下如何调整与转化的问题。[②]

较之20世纪以前中国“文化”概念的“前科学”状态，华人学者的文化定义已含有明显的现代意味，并与世界性的文化论说取得大体近似的步调，同时又显现出中华思辨的特色。但是，由于文化学以及与之相关的学科（如人类学、民族学、社会学等）在现代中国尚未获得充分发育，因而以往中国学术界基本还处在对传统的和外来的文化学说进行综述、评价的阶段。20世纪后期以来，随着学术文化的繁荣，尤其是文化学及文化史研究的蓬勃发展，中国学人提出自己的富于创见的文化生成学说的时刻已经来临。

三、文化的本质内蕴

文化是人的价值观念在社会实践中对象化的过程与结果，包括外在文化产品的创制和内在心智、德性的塑造。

随着时代的进步，随着人类创制的文化不断向深度和广度拓展，“文化”这一概念所包藏的内容也愈益丰富，而对其本质的探究也愈益必要。我们在努力穷尽文化广延度的同时，更需要把握文化的本质属性。西方各文化学派虽有建树，但似乎未能提出一个明朗的、论证充分的关于文化本质的定义。究其缘故，可能与近代学术存在的一个弱点有关：

> 自然科学和哲学一样，直到今天还全然忽视人的活动对人的思维的影响；它们在一方面只知道自然界，在另一方面又只知道思想。但是，人的思维的最本质的和最切近的基础，正是人所引起的自然界的变化，而

---

① 余英时：《从价值系统看中国文化的现代意义》，沈志佳编：《余英时文集》第三卷，广西师范大学出版社2004年版，第2页。

② 余英时：《试论中国文化的重建问题》，沈志佳编：《余英时文集》第七卷，广西师范大学出版社2006年版，第229页。

不仅仅是自然界本身；人在怎样的程度上学会改变自然界，人的智力就在怎样的程度上发展起来。[①]

恩格斯19世纪70年代指出的将思想与人类改造自然的实践相割裂的情形，在文化学领域的表现是，或者只注意到外在的文化创造物，忽视文化创造者的能动作用和人自身的再造过程；或者虽然注意到文化的主体——人，却抽掉了人的社会性和实践性；注意到创造文化的过程，却忽视对文化成品的研究。这两种倾向，一者“见物不见人”，一者“见人不见物”，都导致文化研究中内化过程和外化过程的割裂、主体和客体的脱节，因而无法深刻而实在地把握文化的本质。

人类从“茹毛饮血，茫然于人道”[②]的“植立之兽”[③]演化而来，逐渐培养出与“天道”既相联系又相区别的“人道”，这便是文化的创造过程。在文化的创造和发展中，主体是人，客体是自然，而文化便是人与自然、主体与客体在实践中的对立统一物。这里所谓的“自然”，不仅指存在于人身之外并与之对立的外在自然界，也指人类的本能、人的身体的各种性质内在的自然性。文化的出发点是从事改造自然进而改造社会的实践着活动着的人。

有了人，就开始有了历史；有了人及其历史，也就开始有了文化。人创造了文化，同样文化也创造了人自身。有意识的生产活动直接把人跟动物的生命活动区别开来。

笔者归纳文化的本质意蕴——

> 文化的实质含义是“自然的人化”，是人类价值观念在实践过程中的对象化，这种实现过程包括外在的产品创制和人自身心智与德性的塑造。
>
> 文化是人与自然、主体与客体在社会实践中的对立统一物。

简言之，凡是超越本能的、人类有意识地作用于自然界和社会的一切活动及其产品，都属于广义的文化。人通过有意识的活动（实践）改造自然，使其

① 恩格斯:《自然辩证法》,《马克思恩格斯选集》第四卷，人民出版社1995年第2版，第329页。

② 王夫之:《读通鉴论》卷二〇。

③ 王夫之:《思问录·外篇》。

获得人类的灵气。一块天然的岩石不具备文化意蕴，但经过人工打磨，便注入人的价值观念，进入“文化”范畴。人打磨石器的过程，人在打磨石器过程中知识和技能的提高，在打磨石器中人与人结成的相互关系，以及最后成就的这件包蕴着人的价值取向的石器，都是文化现象。

“动物只生产自身，而人再生产整个自然界。”① 这个“再生产整个自然界”的过程及结果便是文化。

与“自然”相对应的“文化”，是一种社会历史现象，它具有区别于动物本能的人类性，由不同的民族生活、语言、心理而决定的民族性，阶级社会中的阶级性等属性。

有一种观点认为，劳动是一切财富和一切文化的源泉。这种观点只强调人类的主体活动，而将主体活动的客观条件——自然和社会排斥在文化生成机制之外，从而把文化看作一种主观随意的产物。

事实上，自然界是文化产生的基石，劳动本身也是自然力的表现，社会是文化得以运动的须臾不可脱离的环境。人类的劳动与劳动的对象和环境共同提供了文化产生和发展的源泉。文化创造是人类的劳动与自然及社会交相作用的过程，在这一过程中，人不仅改变外部世界，使之适应人类的需要，而且也不断地改变人类自身的性质、自身的内在世界，诸如观念、情感、思想、能力等。

文化是动态存在物，经历着萌发、生长与消亡，它包括两个彼此互动的建构过程：

> 人按某种价值取向改造外部世界，使其“人化”；
> 在改造外部世界中，人不断被锻冶，也即“化人”。

“人化”（创制文化产品）与“化人”（塑造人自身）共同综合为文化生成。

主体与客体在实践中的统一，是我们的文化生成观的基本出发点。

① 马克思：《1844 年经济学哲学手稿》，《马克思恩格斯全集》第三卷，人民出版社 2002 年第 2 版，第 273～274 页。

四、文化结构

文化是主体与客体在社会实践中的对立统一物。这一观点既是把握文化的实质内蕴的出发点，也是剖析文化结构的钥匙。

（一）文化两分：技术系统（物质文化）和价值系统（精神文化）

论及文化结构，多作两分，将其区别为技术系统和价值系统两大部类。

文化的技术系统指人类加工自然造成的技术的、器物的、非人格的、客观的东西，主要表现为器用层面，是人类物质生产方式和产品的总和，构成文化大厦的物质基石。

文化的价值系统指人类在加工自然、塑造自我的过程中形成的规范的、精神的、人格的、主观的东西，主要表现为观念层面，即人类在社会实践和意识活动中形成的价值取向、审美情趣、思维方式，凝聚为文化的精神内核。

这两者便是通常说的物质文化（或曰器物文化）和精神文化（或曰观念文化）。

文化的技术系统和价值系统，又经由语言和社会结构组成文化统一体。这个统一体便是广义文化。它包摄众多领域，诸如：

认识的（语言、哲学、科学思想、教育）
规范的（道德、信仰、法律）
艺术的（文学、美术、音乐、戏剧、建筑的美学部分）
器用的（生产工具、衣食住行的器具，以及制造这些工具和器具的技术）
社会的（制度、机构、风俗习惯）等方面

它们都是人的创造性活动驰骋的天地，人类自身也正是在这一天地里成长并受其制约。

考古学上的“文化”比较接近于广义文化。它指同一时期，同一地域具有共同特征的考古遗存的总体，通常以首次发现地点或特征性的遗迹、遗物命名，如仰韶文化、龙山文化、屈家岭文化、彩陶文化、黑陶文化等。考古学探讨的对象——历史文物是先民创造的文化成果的物化遗存，考古学上的文化是人类的精神创造和物质创造的综合。

人们常说中国是“声明文物之邦”[1]，也是一个广义文化概念。

声，指语言、音乐；

明，指光彩、色彩，包括服饰、绘画；

文，指文字、文法、文体、文学、文献；

物，指经人类加工过的，为人所用的各种器物。

明清之际学者顾炎武（1613—1682）提出宽阔的文化概念：

> 自身而至于家国天下，制之为度数，发之为音容，莫非文也。[2]

顾炎武

他把从个人修养乃至治国平天下的业绩，从典章制度到文学艺术都视作“文”的表现形态。这已逼近广义文化的内涵与外延。

文化的价值体系相当于狭义文化，它与特定民族的生产方式和生活方式相适应，构成以语言为符号传播的价值观念和行为准则。这种观念形态的狭义“文化”，与“政治”“经济”相对应，是社会经济和政治的反映，又给予巨大影响和反作用于社会的经济和政治。

狭义文化即观念形态文化，作为信息的传播及保存系统，具有知识性特征，它是对广义文化的记载与提升。观念形态的文化知识，记录了人类累代的文化创造和文化传播的内容，成为人类文明成就得以传承的载体，成为无限广大的、不停流逝的广义文化的“摹本”。

我们不倾向于将狭义文化，即精神文化单纯理解为“知识的总和”，不主张把人降格为知识的容器，把人的大脑看作一部包罗万象的词典，而主张把文化理解为人的活生生的世界观，理解为一种永无休止的创造力。诚如意大利思

① 见《左传·桓公二年》：“文物以纪之，声明以发之。”又见吕祖谦：“伊洛之民，居中华声明文物之地。”（《东莱博议》卷三《秦晋迁陆浑》）。

② 顾炎武：《日知录》卷七，“博学于文”条。

想家葛兰西（1891—1937）所说：

> 文化并非知识的杂凑，而是某种完全不同的东西，它是一个人内在的自我的组织和训练；它是对一个人自己人格的占有；它是对一种优越意识的征服，在达到这一征服的地方，理解一个人自己的历史价值在生活中的作用、权利和责任才成为可能。①

这是一种实践的、能动的，洋溢着主体精神的文化观。本书所要讨论的中国文化，即从这一意义上展开。

（二）精神文化与物质文化相互渗透

在探究作为世界观和创造力的整合的精神文化时，又不能将精神文化与其物化形态截然两分，这是因为，历史从哪里开始，思想进程也应当从哪里开始，人类观念形态文化的发展历程，是与整个历史，包括物质文化的历史交织在一起的。

首先，观念形态的文化总是受制于并附丽于一定的物质条件，如音乐演奏需要乐器，美术创作离不开颜料、笔墨纸砚和画布之类，文学的流传依赖印刷、纸张等物质材料，更毋庸说人类从事一切精神文化活动必须在解决衣食住行等物质生存条件之后方能进行，正如王夫之所谓“来牟（小麦）率育而大文发焉”②——粮食充裕了，文化才能得以昌盛。

其次，观念形态的文化又是以物质世界和人类的物质创造，以及作为物质实体的人为表现、描绘或研究对象的。

再次，人类的物质创造，人类的经济活动和政治活动凝结着智慧、意向和情绪。如一座建筑，当然是物质文化成品，但又包含着人（建筑者乃至使用者、观赏者）的科学思想、价值取向、审美情趣等观念形态的综合成就，并且体现出人的生活习俗、行为定势的规定性要求，实际上是精神的物化或物化的精神。作为“人化的自然”这幢建筑，是物质文化、精神文化，以及介乎二者之间的行为文化彼此紧密结合的整体。因此，不作物质文化与精神文化的大

① 参见俞吾金：《葛兰西的文化观及其启示》，《复旦学报（社会科学版）》1986 年第 4 期。

② 王夫之：《诗广传》卷五。

体区分，固然难以进行文化学和文化史学的研究，但将两者截然割裂，既不可能，也无必要，这正像人的脑和手无法分离，它们有机地统一于人和人的实践一样。

将文化硬性地区别为物质的和精神的，其不妥之处还在于，作为人类化现象的文化不仅指人类创造活动的结果，而且包括创造、分配、消费文化成果的过程。文化的某些表现形态，或者是指人在社会实践和思维中的趋势，或者是指人类加工自然和社会的实践活动，尚处在物质变精神，精神变物质的过程之中，很难将物质与精神截然两分，归结为互不相干的两个境域。

（三）物态文化—制度文化—行为文化—心态文化

从文化形态学角度论之，仅作文化两分（物质文化和精神文化）是不够的，而宜于将文化视作一个包括内核与若干外缘的不定型的整体，从外而内，约略分为四个层次——

其一，由人类加工自然创制的各种器物，即“物化的知识力量”构成的物态文化层，它是人的物质生产活动方式和产品的总和，是可触知的具有物质实体的文化事物，构成整个文化创造的物质基础；

其二，由人类在社会实践中组建的各种社会规范构成的制度文化层。对于制度层面在文化中的位置，清人龚自珍（1792—1841）有明晰论说：

> 圣人之道，本天人之际，胪幽明之序，始于饮食，中乎制作，终于闻性与天道。[①]

物质文明是文化的基础和前提（“始于饮食”），制度文化是文化的中枢（“中乎制作”），在它们的基础上，方可进行较高层的精神性探讨（“终于闻性与天道”）；

其三，由人类在社会实践，尤其是人际交往中约定俗成的习惯性定势构成的行为文化层，它是一种以礼俗、民俗、风俗形态出现的见之于动作的行为模式。一个时代的文化集中体现在该时代的思想理论体系中，却更广泛地活跃在各种社会风尚间；

① 龚自珍：《五经大义终始论》。

其四，由人类在社会实践和意识活动中长期绸缊化育出来的价值观念、审美情趣、思维方式等主体因素构成的心态文化层，这是文化的核心部分，其意蕴又体现于物质文化、制度文化、行为文化之中。

（四）心态文化（社会意识）分层：社会心理与社会意识形态，基层意识形态与高层意识形态

“心态文化”，大体相当于“精神文化”或“社会意识”这类概念。而“社会意识”又可区分为社会心理和社会意识形态两个层次。

社会心理指人们日常的精神状态和道德面貌，是尚未经过理论加工和艺术升华的流行大众心态，诸如人们的要求、愿望、情绪、风尚等。我国古代，朝廷设置专门机构，致力于“观俗”“采风”，便是着意于掌握社会心理，以期“移风易俗”；近人梁启超力倡“新民说”，鲁迅深入探讨“国民性”，也属于把握并改造社会心理一类工作。社会心理较直接地受到物质文化和制度文化的影响与制约，并与行为文化交融互摄，互为表里。

社会意识形态则指经过系统加工的社会意识，它们往往是由文化专门家对社会心理这一中介进行理论的或艺术的处理，曲折地，同时也更深刻地反映社会存在，并以物化形态（如书籍、绘画、雕塑、乐章、影片等）固定下来，播之四海，传于后世。

对心态文化中“社会心理”和“社会意识形态”这两个层次加以区分，并认识到社会心理是社会意识形态赖以加工的原材料，具有特殊的意义——我们不能只是一味关注经由文化专门加工过的、定型了的“社会意识形态”（即所谓“精英文化”或“雅文化”），还必须将视线投向社会意识形态与社会存在之间的介质——不定型的，作为潜意识存在的社会心理（即所谓“大众文化”或“俗文化”）。只有同时把握精英文化和大众文化、定型的书面文化和不定型的口碑文化，认真研讨社会心理与社会意识形态之间的辩证关系，才有可能真正认识某一民族、某一国度精神文化的全貌和本质。

此外，依与社会存在和社会心理关系的疏密程度，又可将社会意识形态区别为基层意识形态（如政治理论、法权观念）和高层意识形态（如科学、哲学、艺术、宗教）。

作为基层意识形态的政治思想和法权观念，是经济基础的集中表现，与社会存在保持着较密切的联系，但它的产生和发展仍然要经过社会心理这一中间环节起作用。

普列汉诺夫（1856—1918）指出：

> 一定的“心理”是在人们之间的一定的关系的基础上出现，这是再明白不过的了。而哲学思想和艺术创作的一定派别则是在这种“心理”的基础上发展的。①

作为高层意识形态的科学、哲学、文学、艺术、宗教，其终极根源当然也要追溯到社会存在，尤其是经济土壤之中，但它们是更高的即更远离物质经济基础的意识形态，具有较强的独立性，在这里，观念同自己的物质存在条件的联系，愈来愈被一些中间环节弄模糊了。但是这一联系是存在着的。社会存在通过一系列介质方作用于这类高层意识形态，而社会心理和基层意识形态便是其间的介质。

五、文化诸层次的稳定性与变异性

文化诸层次，在特定的结构—功能系统中融为统一整体。这个整体既是前代文化历时性的累积物，具有遗传性、稳定性，同时又在变化着的生态环境影响下，内部组织不断发生递变和重建，因而又具有变异性、革命性。而文化整体中的不同成分，其遗传和变异的情形又是很不平衡的，某些部分传统的力量强大，相对稳定，变异缓慢；某些部分遗传制约比较松弛，因而变异也比较迅速。

（一）定与变

其一，一般而言，与社会发展的活跃因素——生产力关系直接的物态文化，新陈代谢的节奏较快，而制度文化和行为文化作为社会规范和行为定势，则带有较浓厚的保守性格。

其二，在构成文化内核的心态文化层中，经由文化专家创作加工，注入丰

① 《普列汉诺夫哲学著作选集》第2卷，三联书店1962年版，第229页。有关普列汉诺夫论社会心理与社会意识形态的思想观点，参见何梓昆：《普列汉诺夫哲学思想述评》，中山大学出版社1987年版。

富的个性色彩的种种社会意识形态（如各种哲学、社会科学理论及文学、艺术思潮），由于是创造性思维的产物，往往具有活跃的变异性，尤其在社会变革时代，可以在短期内屡屡发生新旧更替，甚至在同一作者那里往往出现“今是而昨非”的情形。

与此成反照的是，作为社会意识形态的背景和基础的社会心理，诸如潜藏在大众历史生活中的价值观念、审美情趣、思维方式所构成的“民族性格”，因为是一种感性直觉的“潜意识”或“集体无意识”，难以被自觉把握和运作，从而具有顽强的稳定性和延续力，与社会生产力和社会制度的变异不一定形成直接而迅速的对应性效应，往往历时悠远而情致不衰，所以被人们称作“文化的深层结构”。

“文化深层结构”并非神授天予的凝固物，而是一个在特定的生态环境中孕育出来的生命机体，随着自然与社会环境的迁衍，随着心态文化层中理性部分的变异造成的影响，作为“潜意识”或“集体无意识”的“文化深层结构”也在演化和重建，归根到底，仍是一种历史地产生又历史地演化的文化现象，不过速度相对缓慢，在短期内不易为人觉察而已。

（二）显与隐

与文化的“浅层结构”和“深层结构”相对应的一组概念是“显型文化”和“隐型文化”，它们是按照人们对文化诸形态的自觉把握程度加以区分的。[①]

作为具有符号性特征的显型文化，是可以从外部加以把握的各类文化事实，物质文化、制度文化、行为文化、物化了的精神文化共同组成这种文化事实。

隐型文化则是一种“二级抽象”，它是潜藏在各类文化事实背后的知识、价值观、意向、态度等。

文化外在的显型式样和内在的隐型式样构成二位一体的统一物，前者是后者的外部表现和形态，后者是前者的内在规定和灵魂。而文化史学的重要任务之一便在于研究“文化心态”，即通过显型文化把握精深微妙的隐型文化，透过一个民族文化的文字和事实构成的种种表现形态认识这个民族的精神特质。

---

① 见冯天瑜主编：《中华文化辞典》，武汉大学出版社2001年版，范正宇撰“文化理论”各相关辞条。

文化是一个完整的有机整体，这个有机整体的运动历程便是文化史。“整体大于局部相加之和”，部分对整体的决定作用不是直接实现的，而是通过结构实现的，文化的各个局部通过特定的结构，组成文化整体，并创造出整体自身的功能。因此，文化学和文化史学应当在分门别类的个案研究基础上，重视整体的宏观研究，而且这种整体的宏观研究，又不是个案的微观研究的拼盘。

我们应当注意文化与环境（自然环境与社会环境）的结构关系，这便是文化的“外结构”研究；与此同时，我们还应当注意文化自身的结构关系，这便是文化的“内结构”研究。只有在整体大于局部之和的观念指导下，将内结构研究和外结构研究有机综合起来，方有可能再现文化历史的整体性，才有可能洞察悠久而博大的中国文化的生成机制、内在特质及发展趋势。

第三节 “文化生成”：内源与外力

文化是在特定的空间条件下形成与发展的，具有国别性；文化又是彼此交流与渗透的，具有国际性。因而，考察文化生成，既要追究其本土根源，又要观照其外来影响。

一、文化认同与民族认同

众族汇合的中华民族是中国文化的创造主体，而多元一体的中国文化又是中华民族凝聚的基础和无尽源泉。中华民族认同，主要不是体质人类学（即人类自然属性—体貌特征）的认定，而重在文化人类学（即人类社会属性—文化特征）的认定。

（一）多系族源

中华民族并非一系单传的族裔，而是多元、多系复合体。

20 世纪初叶以来的考古发现证明，旧石器时代的遗址分布在中国 24 个省市，新石器时代的遗址 6000 多个，遍布全国各处，即所谓“满天星斗”。

约当父系氏族社会中期，游徙于关中平原、晋西南盆地和豫西河洛沿岸的诸氏族，相传为居于陕西的部落联盟首领黄帝所统一，并与炎帝族相争相汇，组合成炎黄联盟，继而战胜并融会蚩尤族。以后，作为炎、黄两族胄裔的夏人、商人、周人相继进入文明时代，先后建立夏、商、周三个王朝，并与黄河中下游其他各部族相互融合，形成“华夏”族，亦称“诸夏”。“华”意为“荣”[①]，“夏”意为“中国之人”[②]。“中国”既然指中原地区，“华夏”便具有“居住在中原地区的文化繁荣的族群”的意蕴。

在先秦文献中，“华”与“夏”初以单字出现，皆指中原人，与周边蛮夷戎狄相对应而称，如“裔不谋夏，夷不乱华”[③]。

“华夏”作二字连词在传世文献中较早见于最终成书于战国的《左传》，“楚失华夏”[④]为典型例句。此外，古文《尚书》的《周书·武成》已有“华夏蛮貊，罔不率俾”之语，其所记武王伐纣史事，被出土文献《逸周书》证实，说明《周书·武成》是信史，依此，华夏成词当早于战国。而自战国以降，“华夏”渐为通用词，如魏晋之际玄学家何晏（？—249）《景福殿赋》有“集华夏之至欢”等语。

华夏是多源汇合体，夏人、商人、周人及东夷为主源，苗蛮、百越、戎狄为支源。

华夏族在其发展壮大的过程中，与周边少数族彼此交往、相互融会。据古籍记载，夏、商、周三朝不断有中央朝廷接待“四夷”的活动，如“夏后即位七年，于夷来宾”，“少康即位三年，方夷来宾”，“后芒即位三年，九夷来御”[⑤]。周朝还专门设立“象胥”这一职官，负责接待四方使节和诸侯宾客，“掌蛮夷闽貉戎狄之国，使掌传王之言而谕说焉，以和亲之”[⑥]。这些周边异族与华夏族的生活方式、文化传统本有很大差别，一位戎族酋长说：“我诸戎饮食衣服，不与华同，贽币不通，言语不达。”[⑦]以后，在长时期的民族融合过程中，周边异族与华夏族彼此吸收文化成分，逐渐“达其志，通其欲”[⑧]，使华夏的范围日渐扩大。到了周代，“华夏”已经是一个包容很广的民族概念，

① 见《说文·华部》。
② 见《说文·夊部》。
③ 《左传·定公十年》。
④ 《左传·襄公二十六年》。
⑤ 《册府元龟·外臣部·朝贡》。
⑥ 《周礼·秋官》。
⑦ 《左传·襄公十四年》。
⑧ 《礼记·王制》。

既有原来的华夏人，又有华夏化的戎人、狄人、夷人。

华夏族形成过程中，孕育了自己的经济、政治制度，并形成与其相应的观念形态的集合体——华夏文化。商周时期的甲骨文、金文；精美的青铜工艺；庞大的宫殿建筑群；执干戈、挥羽龠的武舞、文舞；瑟笙管钟磬鼓齐奏，堂上堂下众声俱作的音乐；最早的散文集成与诗歌集成——《尚书》与《诗经》；开始从宗教意识脱颖而出的哲学《周易》，展示出华夏文化壮美的身姿。

华夏文化从诞生之日起，便决非自我禁锢的系统。以迁徙、聚合、民族战争为中介，华夏族及以后的汉族与周边民族继续交往、融合，不断吸收新鲜血液，历数千年，方构成今日气象恢弘的中华文化。

（二）夷夏交融

古史中华夷对称。“夷”字从大、从弓，意为持大弓之人，本指东方（今山东、江苏一带）诸族，后演为中原华夏之外诸少数族的统称，清代把外国人也纳入“夷”中（故道光、咸丰时期将国际事务称“夷务”，同治、光绪时期逐步改称“洋务”）。

东周夷夏交混，是铸造中华文化的关键时期。在诸侯争霸的兼并战争中，周边少数族逐渐华夏化。春秋时燕国势力进入辽河流域，东北地区的东胡族与华夏族的交往愈趋密切；齐国成为东方大国，汇东夷等族于其中；战国时韩、赵、魏三国则融合今山西、河北、河南地域范围内的少数族；楚、秦本为“蛮夷”“戎狄”，东周不仅自身华夏化，而且分别吸纳南方的群蛮、卢戎、百濮、扬粤、群舒等“蛮夷”，西方的氐、羌、巴等“戎狄”。

在民族交混过程中，华夏文化不断吸收、融会各族文化，如秦人废揖让，变礼俗；楚人从南蛮和越族中吸收悠扬的巫歌和想象力丰富的神话传说，造就了风格迥异于中原文化的楚文化。在百家争鸣中独树一帜的道家，其思想、人文渊源正来自楚文化。而开创中国古代诗歌浪漫主义先河的屈原也是楚文化的集大成者。此外，孔子门下聚有狄人[①]；百家诸子中的公孙龙、邹衍出身“蛮”“夷”，也表明中原以外族众的文化渗入华夏文化系统。

先秦民族文化融合的一个典型事例，是赵武灵王“胡服骑射”。赵武灵王在位期间（前 325—前 299），战国七雄争相变法，赵武灵王为了强兵救国，主

① 孔门七十二贤徒中的“狄黑”是狄人，“左人郢”是白狄。

张采用胡人的衣冠和军事技术，其叔父公子成竭力反对，认为舍弃华夏文化而学习胡人文化是“变古之数，易古之道，逆人之心”①；赵武灵王针锋相对指出：文化的功用是“利其民而厚其国”，“果可以利其国，不一其用；果可以便其事，不同其礼”②，无论是华夷，只要有利于国家，都可以采用。赵武灵王下达“胡服骑射”之令，聘请擅长骑兵战术的匈奴军官为赵国训练军队，使用铁链制成或皮制小扣串成的伊兰式盔甲，以取代从前用犀牛皮制成的硬重甲胄。凭借这支改革后的武装力量，赵灭亡中山，出兵攻打楼烦、林胡，扩充领土，赵“北至燕、代，西至云中、九原”③。

赵武灵王胡服骑射表明，在北方游牧民族的巨大压力下，中原文化开始自觉地吸收异系统的文化成分，以增强本系统的生命力，“胡服骑射”实际上是“习胡人之长技以制胡”，与19世纪“习西夷之长技以制夷”的运动有着共通的意义；赵武灵王与公子成的论争实质上是开放的文化观与文化本位主义的论战，这样的论战在往后的中国历史上一再出现。

（三）“汉人”“汉族”定名

公元前221年，秦始皇统一中国，在“地东至海暨朝鲜，西至临洮、羌中，南至北向户，北据河为塞，并阴山至辽东”④的辽阔土地上建立了统一的中央集权国家。秦代人民称“秦人”。因秦朝短寿（历二世，共15年），“秦人”之名少有流传（日本直至近世，时称中国人为秦人，或称汉人、唐人、明人、清人）。

代秦而起的汉帝国，朝代名“汉”，原因是开国者刘邦（前247—前195）称帝前，曾被项羽封于汉水⑤上游为“汉王”。汉朝时，周边诸族称聚居中原的族众（即昔之华夏）为“汉人”，称汉朝使者为“汉使’，汉朝士兵为“汉兵”。《汉书》有载：“近西羌保塞，与汉人交通”⑥，汉人与羌人对称。西汉、东汉共历24帝，延绵426年（前206—公元220），汉朝威名播扬四海、传之

---

①②③《史记·赵世家》。

④《史记·秦始皇本纪》。

⑤“汉”，古时指银河（天河），《诗经·小雅·大东》：“维天有汉，监亦有光”，毛传：“汉，天河也。”《古诗十九首》名句曰：“迢迢牵牛星，皎皎河汉女”；班固《西都赋》曰：“似云汉之无涯”，河汉、云汉皆指银河。

⑥《汉书·匈奴传下》。

后世。魏晋南北朝以下，胡人大量进入中原，还出现多个胡人政权，汉胡杂居，“汉人”与“胡人”并称，成为习常，《北史》、新旧《唐书》、《辽史》等正史，多有“汉人”“汉子”称呼出现。

中国多有朝代更迭，为何惯以“汉”称中国？史学家陈垣（1880—1971）释曰：

> 中国易姓者屡矣，胡独以汉称中国？曰：在昔与西域交通者汉为盛，故塞外诸国徒闻有汉也。以汉代表中国，变私名为公名，自《宋书·胡氏传》论始，所谓“杨氏兵精地险，境接华汉”者是也。以汉为中国，汉之定名成于齐梁之间，可无疑义。①

世界上不少国家以“汉”为中国的代称，把中国人称为“汉人”。“汉人”一名延及近代，先是他称，唐以后渐为自称。史学家吕思勉（1884—1957）说：“汉族之名，起于刘邦称帝之汉。”② 吕振羽（1900—1980）说法类似：“华族自前汉的武帝、宣帝以后，便开始叫汉族。”③

称“汉人”之名因汉朝而得，此说确切，但称前汉“便开始叫汉族”则欠妥，因为古时并无“汉族”之名，汉代开始直至清中叶只有“汉人”之称。④

“汉族”一词近代方出现，19 世纪 60 年代太平天国侍王李世贤（1834—1865）在《致各国领事书》中用过“汉族”一词，这是文献可见的较早“汉族”用例。此后，清末诗人黄遵宪 1903 年在《驳革命书》中说：“倡类族者，不愿汉族、鲜卑族、蒙古族之杂居共治，转不免受治于条顿民族、斯拉夫民族、拉丁民族下也。”这是在批评革命派“排满革命”之弊：强调汉族与满族的矛盾，将会落入西洋民族的统治之下。此见与杨度略同，是改良派民族观的代表性论说。总之，辛亥革命前改良派与革命派的论战，已使“汉族”一词突现出来。辛亥革命后，“汉族”则在“五族共和”“中华民族”体系内广为使

① 见陈智超、曾庆瑛编：《陈垣学术文化随笔》，中国青年出版社 2000 年版。

② 吕思勉：《先秦史》，上海古籍出版社 1983 年版，第 22 页。

③ 吕振羽：《中国民族简史》，三联书店 1950 年版，第 19 页。

④ 元朝将治下的人民分为蒙古人、色目人、汉人、南人四等。“汉人”指北方汉族和契丹、女真、高丽等族。

用，渐成流通词。

（四）文化熔炉

统一国家的建立，推动着更高程度的文化大融合——秦汉时期的儒家，已非春秋战国时期的原始儒家，而是吸收道、法、阴阳三家的一种新创造；“书同文”统一全国文字，结束了战国以来“文字异形”的局面；“行同伦”则使广大疆域内的人民心理素质、道德风尚趋于一致。

各族文化的融合与统一，生动地反映到秦汉时期的艺术作品中。如 1971 年在内蒙古自治区和林格尔县新店子公社发现的 50 多组东汉壁画中，有边行边猎的乌桓族、髻头赭衣的鲜卑族、互市交易的汉族和其他少数族，形象地展示了各族人民的密切交往。再如 20 世纪 70 年代曾在长沙马王堆与山东临沂先后出土的西汉帛画，虽然两地相距千里，但南北两地帛画从内容到风格却极为接近，表明了楚文化的广远影响和秦汉统一后的文化融合趋势。

唐银胎鎏金加彩胡人乐伎（李寿昆藏）

承魏晋南北朝胡汉混融的唐代，是汉胡文化汇合的时代。贞观之后，“边裔诸国率以子弟入质于唐”，西域人士在唐长安定居，街市出现卖酒的胡店，侍酒者多为胡姬，而饮者多为文人，李白诗《少年行》写道：“落花踏尽游何处，笑入胡姬酒肆中。”胡人的绘画、杂技、乐舞更以异域色彩令唐人倾心，白居易的《听曹刚琵琶兼示重莲》记胡乐舞之盛。宋辽金元时期，东亚大陆成为民族文化的熔炉。这几百年间，几个政权共存；除汉人建立的宋朝外，还有北方契丹族建立的辽国、女真族建立的金国、蒙古族建立的元朝，南方有白族建立的大理，西北有党项族建立的西夏。其时战乱频仍，社会动荡，而战争又是民族文化融合的强力催化剂。

元以后，契丹、党项这些民族不再见于史籍，而融合为汉族的一部分。元末明初，蒙古人、色目人由于与汉人长期相处，已经达到“相忘相化”，不易区别的程度。民族融合的浪潮，再次给文化系统注入新鲜血液。北宋末年以降，“胡乐番曲”随着金人入主中原以及蒙古民族的南下，大量输入中原地区。据史籍记载，当时京师，“街巷鄙人，多歌番曲，名曰《异国朝》《四国朝》《六国朝》《蛮牌序》《蓬蓬花》等，其言至俚，一时士大夫亦皆歌之”，“素袖佳人学汉舞，碧髯官妓拨胡琴”[①]。

“胡乐”与“胡乐器”创造了一个新的文化环境，与此相适应，词的文学形式变化翻造，形成一种新的文学体裁——曲。经关汉卿、王实甫、张可久、白朴等人的创造，元曲擅一代之长，成为中国古代文学的高峰之一。元人又对绘画技艺加以发展，着重讲求笔墨趣味，并用书法文字和朱红印章来配合补充画面，形成中国美术的独特风格。

17 世纪中叶，满族入主中原，各民族文化大融合推进到新的阶段。这一时期，清王朝开发东北，加强新疆、西藏与中央政府及内地人民的联系，奠定了现在中国的疆域和以汉民族为主体的中华民族的基础。尽管满族统治者竭力保持本民族特殊的文化地位，但是，民族大融合的趋势不可逆转。清王朝二百多年间，满族本身卷入民族文化融合的巨流中。《儿女英雄传》用纯正的北京口语表达了作者满族人文康的思想感情，书中的“侠女”十三妹与汉人笔下的英雄豪杰同出一辙。

旗人曹雪芹（约 1715—约 1763）[②]“滴泪为墨，研血成字”，著成《红楼梦》，同《诗经》、屈赋、《史记》、李杜诗章、关王杂剧、《水浒》、《三国》、《儒林外史》等优秀作品，共同组成中华文学绵延不断的群峰。《红楼梦》是

① 耶律楚材：《赠蒲察元帅》其五。
② 曹雪芹家族属汉军八旗，列入旗籍。

宗法皇权社会末世的艺术写照，也是民族文化大融合的生动表征。

清代的艺术创作表现出民族文化大融合的趋势。如李有义所藏藏族《唐喀图》，生动地反映了清代民族交融的情景。画中的三姓佛，左侧观音菩萨象征藏族、中间文殊菩萨象征汉族、右边手持金刚者象征蒙古族。承德避暑山庄的“外八庙”是清朝帝王政治活动的产物，也是清代民族文化大融合的象征。这些庙宇，融会满、汉、蒙、藏各族宗教建筑艺术的特长，风格各异，别开生面。

多元一体的中华民族，共同创造了绚烂多姿的中华文化，并不断传承、光大。以文学为例，汉族有诗经、楚辞、汉赋、唐诗、宋词、元曲、明清小说的辉煌；诸少数民族也有卓越创造，藏族史诗《格萨尔王》，蒙古族史诗《江格尔传》，维吾尔族《阿凡提的故事》，彝族的《梅葛》《阿诗玛》彪炳千秋。

又如医学方面，汉族医术渊深博大，藏族、蒙古族、回族医术也别具异彩，且与汉医相互启迪、补充。总之，现存56个民族，以及迁徙、消亡了的民族（如匈奴、党项、契丹等），都对中华文化作出了不可磨灭的贡献。

“民族”和“民族文化”都是历史的范畴。源远流长、仪态万方的中国文化，是一个巨大的复合体。它由历史上曾经存在过的许多部族共同创造，今天仍然活跃在历史舞台上的那些民族，还在继续为这个文化大系统竞相作出贡献。

包容万象的中国文化由中华民族共同创造，它又是中华民族实现民族认同的坚实根基。

二、博采外域，兼容并包

中国文化不仅在内部各族文化的相互融会、相互渗透中得到发展，而且在与境外世界的接触中，先后受容中亚游牧文化、波斯文化、印度佛教文化、阿拉伯文化、欧洲文化、日本文化。中国文化系统或以外来文化作补充、或以外来文化作复壮剂，使机体保持旺盛的生命力，“因为摄取民间文学或外国文学而起一个新的转变，这例子是常见于文学史上的”[①]。吸取外来成分从而获得新的生机，也是整个文化生成史的通例。

① 鲁迅:《且介亭杂文·门外文谈》,《鲁迅全集》第六卷，人民文学出版社1981年版，第95页。

中国本土文化与外来文化多次交会，最具战略意义的有两次：

> 中国智识线和外国智识线相接触，晋唐间的佛学为第一次，明末的历算学便是第二次。①

这两次中外文化大沟通，前一次主要经由陆路，后一次主要经由海路，都对中国文化的发展起到重要推动作用。

（一）陆路“西来文化”

称中外文化第一次大交会在“晋唐间”，是粗略言之。其实，这次文化交会，应当追溯到汉代。如果说，秦以前是中华本土文化起源与发展期，那么，从两汉开始，便进入本土文化与西来文化的交会期。这种“西来文化”，先是西域（即中亚和西亚）文化，后是南亚次大陆文化，而南亚次大陆文化对中国文化的影响较为深刻。

公元前 2 世纪至公元 8 世纪，正值“汉唐盛世”，中华民族在世界舞台一展雄姿，欧洲人也开始报道中国这个远东的文明国度。希腊地理学者斯脱拉波，罗马诗人、史学家罗鲁斯，罗马著名作家梅拉都在公元 1 世纪前后有关于赛里斯人（丝国人，即中国人）的记述，白里内的《博物志》更具体介绍赛里斯人的蚕丝业和民情风俗。

中国的史籍也记述与外域发生的政治、经济、文化联系，如《史记》《汉书》都载有汉代使臣远达安息（伊朗）、黎轩（又称大秦，即古罗马国）、身毒（印度）、奄蔡（今里海东北）、条支（今波斯湾西北，唐代称大食），历经波斯湾的情形。中国的丝绸、钢铁、冶铸和水利技术远传中亚、西亚和南欧，使汉帝国威名播扬久远。

汉武帝派张骞出使西域，开辟了中西交通的新纪元。不久，西域文化沿着近代得名“丝绸之路”的通道源源传入中原，不仅有芝麻、胡麻、无花果、安石榴、绿豆、黄瓜、大葱、胡萝卜、大蒜、番红花、胡荽、酒林藤、玻璃、海西布（呢绒）、宝石、药剂和罗马胶等物产，而且还有音乐、舞蹈、杂技等艺术。从西域或大秦传来的吞刀、吐火、种树、屠人、截马等幻术，对于重实

① 梁启超：《中国近三百年学术史》，中国书店 1985 年版，第 9 页。

际、轻玄想的农业文化与不语乱力怪神的儒学而言，尤显新鲜、别致。在汉画像石中有许多表演乐舞百戏的图景，如倒挈面戏（即翻筋斗）、舞偶人戏（傀儡戏）、乌获扛鼎、跳丸、跳剑、走索、钻刀圈、马上倒立等，都是中亚、西亚文化在中原传播的形象表达。

繁荣昌盛的唐王朝更是中古世界的文化中心。其时“海外诸国，亦唯闻有唐”。近世“唐人”“唐字”“唐言”“唐山”等专用名词皆因此流行至今，今天欧美诸国的华人聚居区被称作“唐人街”，亦概源于此。唐时的广州、扬州、洛阳等主要城市，都是外国人的荟萃之地，国都长安更是中外经济、文化大规模交流的中心。唐朝前半期，来自各国的使臣、留学生、僧人、商贾、乐士、舞士等聚居长安，多时达千人之众。唐代诗人王维吟咏道：

> 九天阊阖开宫殿，万国衣冠拜冕旒。①

生动地描绘唐长安宫殿建筑的雄伟和各国使者朝会的盛况。

对于唐人来说，外域传来的文化，也是启发耳目的新事物。此时国势安定，经济繁荣，社会洋溢着昂扬进取的精神，这就使得中国文化系统对外来的新成分有充分的吸收和消化能力。这一时期输入唐境的主要是南亚次大陆文化，不仅印度、尼泊尔的佛学，而且印度的逻辑学、音韵学、医药学、天文学、数学、历法以及音乐、舞蹈、绘画、雕塑也都渗透于中国固有文化系统，产生重大影响。汉语中的不少词汇，如空间、时间、世界、刹那、当头棒喝等，都是从印度文化系统中翻译过来的。

（二）佛教入华及其中国化

两汉以下入华的外域文化，影响力最大的莫过于佛教。

佛教传入中国始于西汉末年，形成规模则在东汉、魏晋南北朝以至隋唐。此数百年间中土固有的儒道与西来的佛教经历冲突与融合，形成中国化佛教宗派——华严宗、天台宗、禅宗，影响遍及南北。

发端中晚唐及五代，成熟于宋、明的新儒学，则从佛学中吸取思辨营养，与易、老、庄三玄相糅合。如程颢（1032—1085）、程颐（1033—1107）阐扬

---

① 王维：《和贾至舍人早朝大明宫之作》。

的“理”，即套自佛教的“真如佛性”，不过赋予政治及伦理意蕴。朱熹的思想体系也有若干内容采自佛教禅宗的思辨。传统儒学与外来佛学相摩相荡，终于产生中古及近古的文化正宗——宋明理学，这是文化生成史上创造性转化的一个范例。

佛学华化与吸收佛学成果的新儒学这两大文化现象，揭示出文化史的通则：文化交流，决非单向文化移植，而是一种相互涵化的过程。在这一过程中，主体文化与客体文化均发生变迁，从中产生出具备双方要素的新的文化组合。在改造了的儒学与改造了的佛学相糅合的基础上产生的禅宗与宋明理学，正是这样的文化组合。

中国文化系统不仅吸收、消化南亚次大陆的佛教哲学，而且还在再创造的基础上，汉地佛教又输出境外。8—10 世纪，印度佛教衰微，13 世纪伊斯兰教入侵，印度佛教文化几遭毁灭。但恰在 7—8 世纪，中国佛教长足发展，达于盛期。大量的佛教译著和论著输出到东北亚、东南亚。日本曾出版《大正藏》，意在网罗中外所有佛教著作。这部 23900 卷的巨型书籍，大部分为中国学者所译或所著。

洛阳白马寺因“白马驮经”故事得名，建于东汉永平十一年（68），是佛教传入中土后兴建的第一座寺院，有中国佛教“祖庭”之称

这一“输入—吸收—输出”的文化流动，显示中国文化的强劲吸收力和传播力。

唐代的艺术也因吸收佛教文化而更为瑰丽辉煌，佛教绘画传入中国后，隋唐画匠迅速从佛画的绚丽色彩与宗教题材中吸取营养，大大提高了民族绘画的技巧与表现力。吴道子的宗教壁画，洋溢着民族风格，他的《天王送子图》中的净饭王和摩耶夫人，是中国民族绘画中常见的贵族阶层的人物形象，武将的脸形构造和唐代武士俑一致，衣纹用锐利的兰叶描，笔迹恢弘磊落。阎立本、李思训等画家吸收佛画中用金银来加强色彩效果的手法，创金碧山水画，“满壁风动”“灿烂而求备”，表现唐代的丰功伟业和时代精神。魏晋南北朝—隋唐的雕塑壁画，也在吸收佛教文化的基础上，力加创新，取得辉煌成就。中国著名的云岗、敦煌、麦积山等石窟艺术，都有印度艺术的影响。

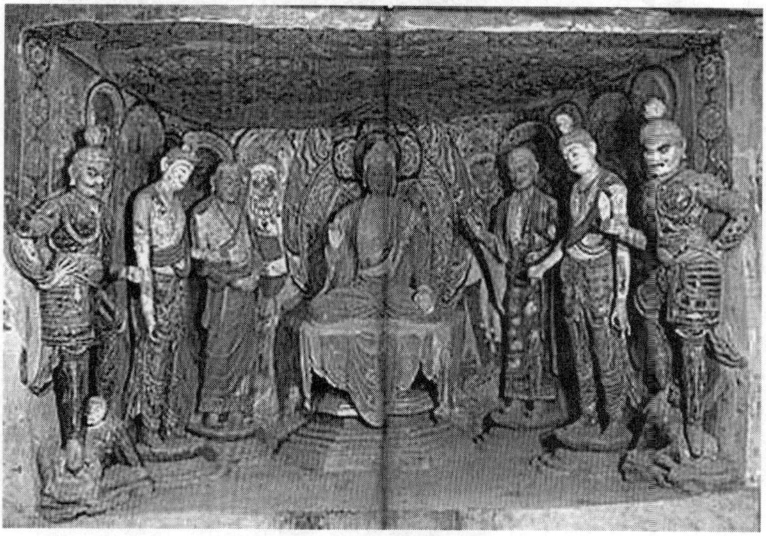

敦煌石窟

在艺术家的改造下，佛的森严，菩萨的温和与妩媚，迦叶的含蓄，阿难的潇洒，天王力士的雄健和威力，都充满活力，达到了成熟与完美。

其他文化领域也在吸收—创新的路径上，有新的进展——

唐代药王孙思邈（581—682）的《千金方》载有印度药方；

隋唐流行“天竺乐”与“高丽乐”；

宝塔是中国古代建筑形式之一，而塔的名称和形制都来自印度。

始建于唐景龙年间的西安小雁塔，为密檐式砖塔

唐时文化又在采撷异域时发扬本民族特色，如寺院的“俗讲”极为盛行，但内容已不是来自南亚的佛教教义，也不是六朝名士的“空”“有”等玄虚思辨，而是世俗生活、民间传说和历史故事，这成为宋人平话和市民文艺的先声。在中国艺术家的改造下，佛教艺术中的宗教色彩淡化，而从形式到内容上汇入雄健奔放、生机勃勃的唐宋文化大潮之中。

隋、唐、五代伊斯兰教、景教、袄教、摩尼教也相继传入。如提倡互助、主张明暗相争的摩尼教，为下层民众所接受，故虽屡受官方严禁，仍播行于民间，每每成为农民起义的精神武器。北宋方腊起义，便以糅合了其他宗教教义的摩尼教来组织和发动群众。元末红巾军起义，亦从袄教、摩尼教中吸取了思想资料。此外，中亚、西亚的科技知识也丰富了中国科技宝库。如唐时波斯人李驹所著《海药本草》传入中国，大秦（东罗马）“医眼及痢，或未病先见”的医术也为当时医学界所吸收。隋时地理学家裴矩广泛搜集西域境内及中亚、西亚各国的资料，在中外地理学相结合的基础上丹青摹写，撰成

《西域图记》。

汉唐时期，是中国文化兴隆昌盛的黄金时期。而这一盛况的出现，重要原因之一，乃是由于大规模的文化输入，使中国文化系统处于一种“坐集千古之智”“人耕我获”的佳境，在此氛围中，中国文化系统根据本民族特质，对外来文化选择取舍，加工改制，收到了“以石攻玉”之效——

> 那时我们的祖先对于自己的文化抱有极坚强的把握，决不轻易动摇他们的自信心，同时对于别系文化抱有极恢廓的胸襟与极精严的抉择，决不轻易崇拜或轻易地唾弃。[①]

美国作家威尔斯在他的《世界简史》中称赞道：“当西方人的心灵为神学所缠迷而处于蒙昧黑暗之中，中国人的思想却是开放的，兼收并蓄而好探求的。”[②]

汉唐时期，尽管中国文化系统吸收了大量外来文化，却没有成为“四不像”，仍然是充分昭显中华元素的民族文化，这种变异性与稳定性的统一，正是中国文化的特色之一。

（三）来自海道的西学

中国文化线与外国文化线第二次大交会，开端于明朝万历年间，也即 16 世纪末叶。这次文化大交会已延绵 4 个多世纪，至今仍在继续进行。

中外文化 16—20 世纪的这次大融会，既不同于两汉时期对落后于本土文化的西域草原文化的吸收，也不同于魏晋唐宋时期对与本土文化水平不相上下的南亚次大陆文化的借鉴，这一次中国人面对的是较先进的欧洲（后来还有美国、日本）文化。正如冯友兰所说：“中国民族，从出世以来，轰轰烈烈，从未遇见过敌手。现在他忽逢劲敌，对于他自己的前途，很无把握。所以急于把他自己既往的成绩，及他的敌人的既往的成绩，比较一下。”[③] 东西文化的强烈反差对中国社会和中国文化系统造成的震撼，其程度大大超越以往。

---

① 孙伏园：《鲁迅先生二三事》，湖南人民出版社 1980 年版，第 36 ~ 37 页。

② ［美］赫伯特 · 乔治 · 威尔斯著，王岩译：《世界简史》，陕西人民出版社 2011 年版。

③ 冯友兰：《三松堂学术文集》，北京大学出版社 1983 年版，第 44 页。

16—17 世纪，肩负罗马教廷向东方实行宗教殖民使命的教士，为了叩开封闭的“远东的伟大帝国”的大门，“不使中国人感觉外国人有侵略远东的异志”，确立了“学术传教”的方针，即通过介绍西洋科学、哲学、艺术，引起士大夫的注意和敬重，以此扩大耶稣会的影响，“使中国学术界坦然接受，而认识甚多（基督）圣化的价值”①。这样，耶稣会士来华，固然意在传教，却带来了范围远比宗教广泛的欧洲文化，客观上促进了中西科学文化的交流，成为当时“两大文明之间文化联系的最高范例”②。

明清之际耶稣会士传入中国的西方文化，包括欧洲的古典哲学、逻辑学、美术、音乐以及自然科学等，而后者是主要部分。欧氏几何及其演绎推论对中国学界来说是一种崭新的思维方式；火器的使用，望远镜等仪器的介绍和应用都具有重要的意义，而世界舆图使中国人扩大了视野，获得了新的世界概念。

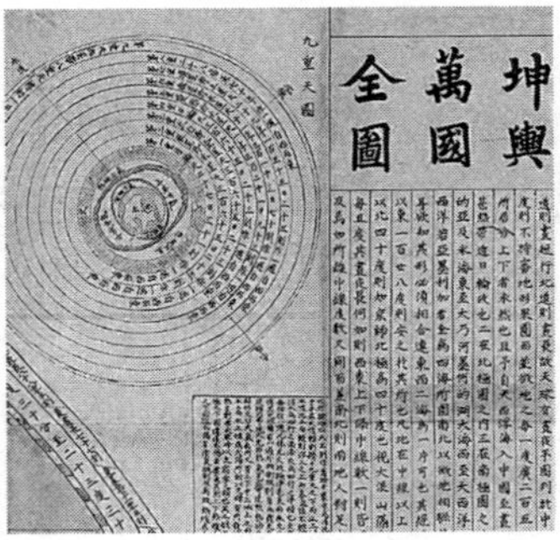

利玛窦《坤舆万国全图》介绍五大洲四大洋知识

徐光启（1562—1633）在著述中多次谈到，传教士带来的西方科学技术，“多所未闻”，从学习和钻研中，感到一种“得所未有”的“心悦慧满”。他驳斥反对派的诘难时指出，外来文化“苟利于国，远近何论焉”③。李之藻（1565—1630）说，利玛窦等传教士带来的物理、几何等科学，“有中土累世发明未晰者”，“藻不敏，愿从君子砥焉”。方以智在《考古通论》中指出，西

① 裴化行：《利玛窦司铎与当代中国社会》第一册，东方学艺社 1943 年版，第 249 页。

② ［英］李约瑟著，翻译小组译：《中国科学技术史》第四卷第二分册，科学出版社 1975 年版，第 693 页。

③ 徐光启：《辨学章疏》，《徐光启集》卷九。

洋学术能“补开辟所未有”。胡应麟（1551—1602）说，西洋科学技术“翼我中华岂云小补”，表现了对外域学术的开明态度。

明清之际学者致力“会通”中西。方以智在《物理小识》中，讲风引述西方的风力说，讲水引述艾儒略的水力说，讲交通引用利玛窦的船舶制造说。徐光启更是将中西之学“会通归一”的大师，力主“西法不妨于兼收，诸家务取而参合”。他负责的修历工作，便将中西历的长处结合起来，“正朔闰月，从中不从西；定气整度，从西不从中”。徐光启在《历书总目表》中提出一个明智的路径：

> 欲求超胜，必须会通。会通之前，必须翻译。[①]

利玛窦口译、徐光启笔受《几何原本》，利玛窦口译、李之藻笔受《同文算指》是典范之作。由于徐光启、李之藻等士人吸收、融合外来文化的努力，晚明的数学与天文学面目为之一新。

利玛窦与徐光启

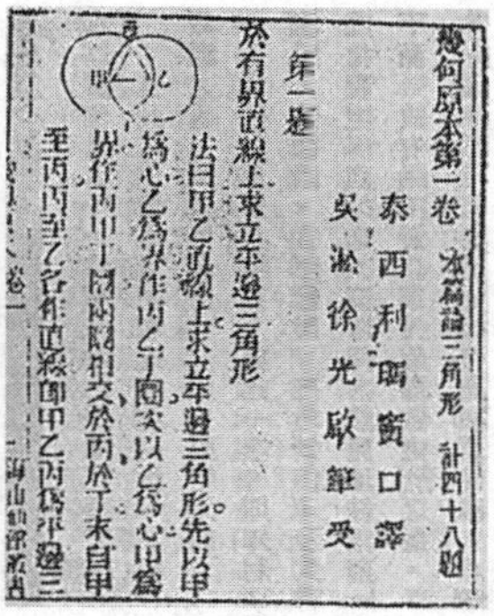

幾何原本第一卷　本篇論三角形　計四十八題

泰西利瑪竇口譯

吳淞徐光啟筆受

第一題

於有界直線上求立平邊三角形

法曰甲乙直線上求立平邊三角形。先以甲為心乙為界作丙乙丁圜。次以乙為心甲為界作丙甲丁圜。兩圜相交於丙於丁。末自甲至丙丙至乙各作直線即甲乙丙為平邊三角

幾何原本　卷一

利、徐合译之《几何原本》

1644年，明亡清兴，初入关的满洲贵族对于西方科学技术，并无民族和国籍的偏见。摄政王多尔衮和顺治帝承认中国历法有不如西法之处，任用汤若望等耶稣会士主持修历，吸收西方科学技术，“补数千年之缺略”。康熙帝更是引进西学的杰出人物。他通过南怀仁致信西士：“凡擅长天文学、光学、静

① 徐光启：《历书总目表》，《徐光启集》卷八。

力学、动力学等物质科学之耶稣会士，中国无不欢迎”。1697年（康熙三十六年），又专命白晋为“钦差”，赴法争取招聘更多的科学家和携带更多的科学书籍来华。他还特召传教士进宫廷，为他讲授几何、测量、代数、天文、物理、乐理以及解剖学知识，无日间断。在康熙帝的主持下，梅瑴成、明安图等数学家主持编修了《数理精蕴》一书，该书将明末清初传入中国的各种数学知识，加以系统编排，又将当时有传本的中算典籍收集入内。对西方科学技术的推广起了重要促进作用。诚然，康熙帝优容西学是有限度的，清初中西科学交流，也仅局限在宫廷内进行，但是，从多尔衮到康熙帝对西方科学技术的政策，体现出中华民族善于吸收外来文化的传统。

清中叶以下，统治集团锐意进取、乐于吸收外来文化的精神衰微，抱残守缺、夜郎自大、故步自封的思想则有所发展。如乾隆帝在给英王的敕书中声称天朝“无所不有”“从不贵奇巧”。乾隆时代的著名学者俞正燮（1775—1840）认为，西方科学技术，不过是“鬼工”而已，他讥讽“知识在脑不在心”的说法是西方人“心窍不开”的产物。鸦片战争前后，视西方科学技术为“奇技淫巧”，把“翻夷书，刺夷情”说成是“坐以通番”，已成为社会流行的公论。抗拒外来文化，“但肯受害，不肯受益”的自我封闭心理，使“西学东渐”的进程在雍正以后戛然中止，而断绝与外来文化系统信息交流的大清帝国，只能在与外界隔绝的状态中维系生存。

清民之际，外部文化与中国文化的交会在新的规模与深度上展开。

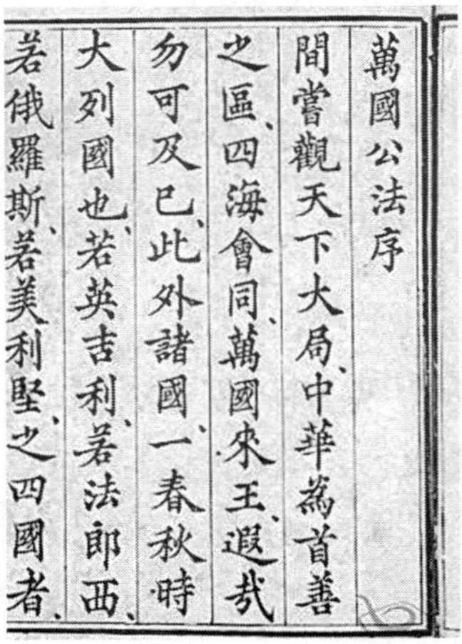
萬國公法序
間嘗觀天下大局、中華爲首善
之區、四海會同、萬國來王、遐哉
勿可及已、此外諸國、一春秋時
大列國也、若英吉利、若法郎西、
若俄羅斯、若美利堅、之四國者、

《万国公法》书影

清末来华的西洋传教士作为殖民前锋，办刊、兴学，在西学东渐方面开风气之先。英国传教士韦廉臣（1829—1890）、李提摩太（1845—1919）、伟烈亚力（1815—1887），美国传教士丁韪良（1827—1916）、林乐知（1836—1907）等1887年在上海成立广学会，标榜“以西国之学广中国之学，以西国之新学广中国之旧学”，与中国学人结合，用“西述华译”方式（西人以汉语口述西书，华人以中文笔译）译介大量西学论著（共约400种，出版100万册），名篇如伟烈亚力与李善兰合译之《续几何原本》《谈天》，伟烈亚力与王韬合译之《重学浅说》等科技书籍，丁韪良译之《万国公法》，李提摩太和蔡尔康合译的《泰西新史揽要》等社会科学书籍，皆在晚清产生较大作用。

广学会译《泰西新史揽要》

广学会机关报《万国公报》，原为1868年创办的《教会新报》，1874年更名为《万国公报》（林乐知主编），中经停刊、复刊，直至1907年。李提摩太、林乐知、丁韪良等为重要撰稿人。该刊三十余年间，传播西学，评述中国时局，李提摩太的《新政策》《列国变通兴盛记》，林乐知的《中西关系略论》，花之安的《自西徂东》直接启迪康有为、梁启超，康梁戊戌变法间的主张可以看到《万国公报》诸文思想印迹。中日甲午战争至戊戌变法，该刊发行量由两千多册增至三万八千多册，对维新运动发生重要影响，并成为中国人获得近代自然知识和社会知识的渠道。《申报》是清民之际办刊历史最久的报纸（1872—1949），初由英商在上海创办，1912年后由史量才、张謇、赵凤昌等接办，1932年销量达15万份，对现代文明推介功不可没。

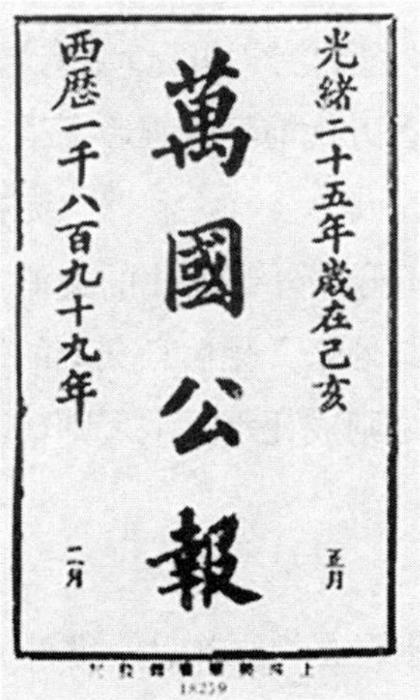

《万国公报》

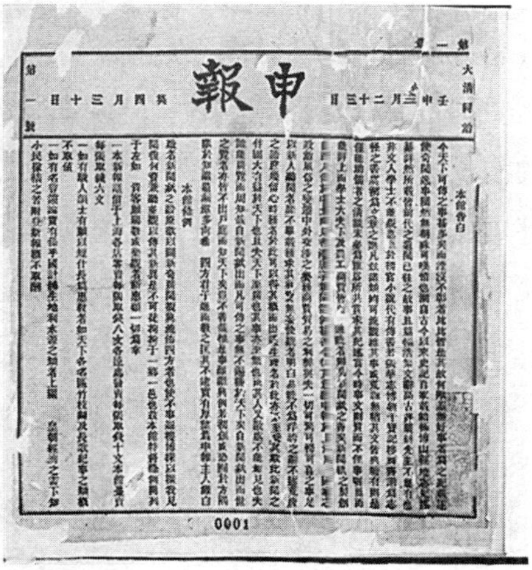

《申报》

民国年间几位外域文化人（如美国杜威，英国罗素、萧伯纳，印度泰戈尔等）来华讲学，为思想学术、文学艺术提供多彩多姿的参照系。

印度诗人、诺贝尔文学奖得主泰戈尔（中）访华，林徽因（左）、徐志摩（右）担任翻译工作

总体论之，西学对社会生活影响的广度和深度，清民之际均超过明清之际。

中国古文化从形成、壮大到晚期陷入停滞，又在近代饱经磨难后赢得新生命的漫长历程，表明文化是不分国界的，“学术为吾人类公有之利器，无古今中外之别”[①]。一个民族、一个国度文化的进步离不开同外部文化的交流。没有交流的文化系统是没有生命力的静态系统；断绝与外来文化信息交流的民族不可能是朝气蓬勃的民族。犹如江河之于细流，拒之则成死水，纳之则诸流并进，相激相荡，永葆活力。梁启超赞曰：

吾中国不受外学则已，苟既受之，则必能尽吸其所长以自营养，而

① 陈独秀：《独秀文存》卷三，安徽人民出版社 1987 年版，第 52 页。

且变其质，神其用，别造成一种我国之新文明，青青于蓝，冰寒于水。[①]

今天，当中华民族再次敞开国门，发现自己处在古今东西文化的汇合点上，放眼望去，“千山竞秀，万壑争流”。当此之际，抚今追昔，可以策励我们以更加开放的胸襟，大智大勇地走向世界，走向未来。

三、古今之辨与中外之辨

在前所未遇的新的世界环境中重建文化自我保持与自我更新的近世中国人，处于“古与今”“中与外”这两组矛盾运动形成的张力之中。

（一）古今之辨

不同时代的人们立足于各自所处的当下，将无限悠长、深远的时间之流划分为古与今、过去与现代，因而“古”与“今”是一组相对的、未竟的概念。清人段玉裁（1735—1815）说：

古今者，不定之名也。三代为古，则汉为今；汉魏晋为古，则唐宋以下为今。[②]

文化的“古今之辨”，也即文化的时代性转化，中国历史上曾多次进行，其中尤以“古今一大变革之会”的战国年间最为突出。那一时期，从王侯到士人，都卷入“法先王”与“法后王”、“师古”与“师今”的论争，这种论争直接与列国的变法实践相关联。在这一过程中，一些学派更对因与革、常与变关系作过深沉的学术思考，儒家“法古”而又兼顾因革的思想，法家“变古”以“趋时”的历史进化观，便是“古今之辨”中的代表性流派，它们分别阐扬了文化的继承性与变异性这两个侧面，留下宝贵的精神遗产。直到中古与近古，每当触及“古今之辨”，人们几乎都要援引先秦，难出故辙，如北宋王安石变法、明代张居正改革，都重新开展“变古”与“法古”之争，其思维模式、语言文字，都同先秦的古今论战别无二致。可见，自先秦到清代，中华文

① 梁启超：《论中国学术思想变迁之大势》，上海古籍出版社 2001 年版，第 83 页。
② 段玉裁：《广雅疏证序》。

化古今之辨的基本格局并未发生质的变更。

现代中国再度发生的“古今之争”具有新的、更为深广的意义。这时的中国社会经历着文明转型，从物质生产到精神生产，从生产方式到生活方式以至思维方式，都发生着剧烈的调整甚至根本性的变化，与包括战国在内的往昔任何社会变革都不可同日而语，无怪近世士人每每发出“千古之奇变”“世变之亟”一类惊叹，诗人黄遵宪则称其为“七万里戎来集此，五千年史未闻诸”①。梁启超更有一段生动文字：

> 中国自数千年以来，皆停顿时代也，而今则过渡时代也……中国自数千年来，常立于一定不易之域，寸地不进，跬步不移，未尝知过渡之为何状也。虽然为五大洋惊涛骇浪之所冲击，为19世纪狂飙飞沙之所驱突，于是穷古以来，祖宗遗传深顽厚锢之根据地遂渐渐摧落失陷，而全国民族亦遂不得不经营惨淡跋涉苦辛相率而就于过渡之道。②

“笔端常带感情”的梁启超真切地描述出近世中国古今转换的空前剧烈，而戊戌维新、辛亥革命、“五四”运动等一系列社会变革，则活生生地展现着古今转换愈趋深化的发展路径。

（二）中外之辨

文化的“中外之辨”，即文化的民族性比较、国别性比较，也是一个贯穿古今的问题。现世中国的“中外之辨”与古中国久已进行的“华夷之辨”有某种近似性，却又大异其趣。“华夷之辨”所包蕴的内容，是处于“高势位”的华夏—汉族的农耕文明与处于“低势位”的周边诸族的游牧或半农半牧文明之间的比较、冲突与融合。在这一过程中，华夏—汉人可能在军事上受到“夷狄”的威胁，然而文化上的优胜地位却从未动摇过，即使在军事上被“夷狄”所征服，结果却迟早会发生文化上的“征服者被征服”。在这一意义上，古代中国的“华夷之辨”并没有给华夏—汉人造成真正的文化危机，因而其“内夏

---

① 黄遵宪：《和钟西耘庶常德祥津门感怀诗》，《人境庐诗草笺注》上，上海古籍出版社1981年版，第169页。

② 梁启超：《过渡时代》，《清议报》1901年第82期。

外夷”“以尊临卑”的心态一以贯之。

如果说，古代中国文化是在东亚大陆内部发生、发展的，即或有来自西亚、南亚文化的影响，其强度也较为有限；那么，进入近代，中国文化则日渐纳入世界文化体系，直接承受“高势位”的外来工业文明的挑战，昔日的优胜地位发生动摇。这在固守“文化本位”的论者看来似乎是灭顶之灾，而对于一个有着雄健的包容精神和消化能力的民族来说，实则是文化跃进的契机，诚如王国维所指出的，“外界之势力之影响于学术”，是刺激、促进学术革新的有力因素，历史上“佛教之东适”对我国文化曾产生启迪作用，现在的“西学东渐”也是打破我国学术沉滞局面的一大转机，因而他把西学称为“第二佛教”①，给予积极的评判。徐复观进而申发此义：

> 中国文化，应由与西方文化的接触而开一新局面，中国的历史，应由与西方文化的接触而得一新生命。代表西方文化的民主与科学，一方面可以把中国文化精神从主观状态中迎接出来，使道德客观化为法治，使动机具体化而为能力，并以可视的可量的知识，补不可视不可量的道德文化所缺少的一面。另一方面则由科学民主而提供了我们以新的生活条件与方法，使我们可以解决二千年久悬不决的问题。②

徐复观关于西学“可以把中国文化精神从主观状态中迎接出来”的论说有可采之处。

（三）古今之辨与中外之辨的联系性和差异性

中华文化在近世经历的“古今之辨”与“中外之辨”彼此间有相贯通之处，“近代玄奘”严复较早悟出个中机关。作为亲历西方的中国士子，他发现西方文化已完成由“古学”向“新学”的转化，而中国仍然停留在古学阶段。元明以前，西方“新学未出”，人们论及物理人事，都崇奉“雅里氏”（即亚里士多德），与中国尊信孔子无异，这时西学与中学没有多大差距。明中叶后，

---

① 王国维：《论近年之学术界》，《静庵文集》，光绪三十一年本，第77页。

② 徐复观：《中国知识分子的历史性格及其历史的命运》，李维武编：《徐复观文集》第一卷，湖北人民出版社2009年版，第144页。

“柏庚（即培根）起于英，特嘉尔（即笛卡儿）起于法”，奈端（即牛顿）、嘉里列倭（即伽利略）继起，新学方兴，“而古学之失日著”[①]，因此，中国人在现代接触到的“西学”实为西方的“新学”，中西之辨，也就是新旧之辨、古今之辨。“中之人好古而忽今，西之人力今以胜古”[②]，便成为中西差异的要点。严复洞察到文化上的中西之争，是处于不同发展阶段的两种文化间的冲突，带有古今之辨的性质。

王国维更确认，“学问之事本无中西”，“学术之所争只有是非真伪之别”，而不应“以国家、人种、宗教之见杂之”[③]，他在《国学丛刊序》倡言：

哲学家熊十力

> 中西二学，盛则俱盛，衰则俱衰，风气既开，互相推助。虑二者之不能并立者，真不知世间有学问事者矣！

熊十力（1885—1968）强调中西文化难分上下，不可非此即彼，而只能走融通互补之路，熊氏称：

> 中西之学，当互济而不可偏废。[④]
>
> 中西文化，宜互相融和……中西学术，合之两美，离之两伤。[⑤]

陈独秀则高倡“学术为吾人类公有之利器”[⑥]。

冯友兰在《新事理》中强调，中西文化的差异，主要是时代的差异，或发展阶段的差异，“一般人心目所有中西之分大部分都是古今之异”。

然而，文化的“中外之辨”又不等同于“古今之辨”。因为，中外之间包含着民族性差异。中华文化在数千年间形成的传统，早已渗入中华民族的生活

① ［英］赫胥黎著，严复译：《天演论》卷下，商务印书馆 1981 年版，第 80 页。
② 严复：《论世变之亟》，《严复集》第一册，中华书局 1986 年版，第 1 页。
③ 王国维：《奏定经学科大学文学科大学章程书后》，《教育世界》1906 年第 2、3 期。
④ 熊十力：《读经示要》卷一，《十力语要初读》，乐天出版社 1971 年版。
⑤ 熊十力：《十力语要初读》，乐天出版社 1971 年版。
⑥ 1918 年 4 月 15 日《新青年》第四卷第四号《随感录》（一）。

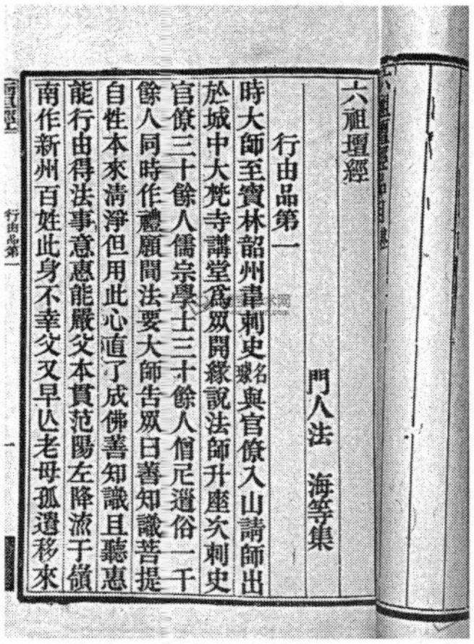

六祖壇經

行由品第一　　門人法海等集

時大師至寶林韶州韋刺史名璩與官僚入山請師出
於城中大梵寺講堂爲衆開緣說法師升座次刺史
官僚三十餘人儒宗學士三十餘人僧尼道俗一千
餘人同時作禮願聞法要大師告衆曰善知識菩提
自性本來清淨但用此心直了成佛善知識且聽惠
能行由得法事意惠能嚴父本貫范陽左降流于嶺
南作新州百姓此身不幸父又早亡老母孤遺移來

禅宗六祖惠能《六祖坛经》

方式与思维方式，成为其安身立命的基地和接纳外来文化的母本。陈寅恪曾揭示文化史上一个“虽似相反，而实足以相成”的通则——中华民族对外来文化“无不尽量吸收，然仍不忘其本来民族之地位”[①]。

中国自两汉、六朝至唐宋，对于从印度传入的佛教文化便是吸收中有改造，论争中有融合，结果形成富于生命力的文化复合体：

吸纳《中庸》的天台宗、吸纳《周易》的华严宗、吸纳《孟子》的禅宗等中国化佛教；

采摘佛学思辨成果的新儒学——理学。

这些立足中华文化土壤，又兼采外域英华的流派，传之久远，影响深广，构成中古—近古文化的基本形态，而一味强调外来文化“原版性”的流派却难以繁荣生发，如玄奘及其弟子窥基创立的刻意追逐“天竺化”（即印度化）的法相唯识宗，成为中国佛教宗派中短命的一支。

孙中山瓷画
（冯天瑜 2011 年春绘）

现代向西方寻求真理的中国思想者，也多走中西结合路径。如康有为的学说参合中西哲理，其《孟子微》借鉴近代西方的政治、法律、经济等学说来补充印证孟子的仁政思想，也使孟学作现代转化。

孙中山明白宣示：

余之谋中国革命，其所持主义，有因袭吾国固有之思想者，有规抚欧洲之学说事迹者，有吾所独见而创获者。[②]

此说颇有代表性，凡是在中国现代发生较深

① 陈寅恪:《冯友兰中国哲学史下册审查报告》,《金明馆丛稿二编》, 上海古籍出版社 1980 年版，第 252 页。

② 《孙中山全集》第七卷，中华书局 1985 年版，第 60 页。

影响的思想流派，莫不植根传统，而又接纳外域，兼以自己的综合创新。反之，那些一味充当外人传声筒的流派则没有生命力，教条主义者生搬硬套外国模式，遭到历史的淘汰。

拒绝外来养料滋补、故步自封的文化，必然沉沦衰亡；同时，不能在本地土壤扎根的外来文化，也不可能垂之久远，必然萎黄凋零。只有在当代亿万民众实践的基础上兼采中外、贯通古今的文化，才根深叶茂，苍劲挺拔——

> 异日发明光大我国之学术者，必在兼通世界学术之人，而不在一孔之陋儒，固可决也。[①]

同时，现代中国不仅要“拿来”西方文化并消化之，还要向外部世界提供我们的文化创造，以实现双向对流。而异文化间的“请进来”与“走出去”，达成健康的“互动”，正是文化“一”与“多”辩证统一的进路。

四、“文化力”比较

与古代世界诸文明少有联系、独立发展的情形相区别，近代世界从分散走向整体，诸文明交往渐多，在通商、外交乃至战争中，不断进行“国力”较量。从文化学角度论之，“国力”较量也即由广义文化构成的力量（包括硬实力和软实力）之间的比较。

美国哈佛大学教授约瑟夫·奈在20世纪90年代初提出“软实力”（Soft Power）概念。此一概念虽然有争议，却已被广泛使用，这是因为，存在一个不争的事实：包括国力在内的各种社会力，是靠物质力量和精神力量共同支撑的。与由经济、军事、科技力量组成的“硬实力”相对应，“软实力”由文化吸引力、政治价值观吸引力、塑造国际规则和政治议题的能力组合而成，作为国力的要件，软实力是客观存在的。中国先哲早就揭示此一奥义：

> 桀纣之失天下也，失其民也；失其民者，失其心也。得天下有道，得其民，斯得天下矣。得其民有道，得其心，斯得民矣。得其心有道，所

① 王国维：《奏定经学科大学文学科大学章程书后》，《教育世界》1906年第2、3期。

欲与之聚之，所恶勿施尔也。民之归仁也，犹水之就下、兽之走圹也。[1]

“得民心者得天下”，孟子高度肯定软实力的能量。

由器物文化体现的硬实力，可以计量、易于比较，其显在的衡量标准便是生产、生活工具及生产方式的精粗及效率。

主要由制度文化、观念文化体现的软实力，是运用说服力而不是通过胁迫来影响他人的能力，亦可称之“文化力”[2]，指文化的精神力量。

硬实力间的较量，高下强弱一目了然；软实力之间的比较，则颇为复杂，应予辨析。

（一）文化的类型之别及其不可比性

一些软实力部类有着独立的发展谱系，其结构与功能皆自成一体，难以在横向比较中判定此先进彼落后，如中国的“仁爱”与西方的“博爱”，道家的“天乐”与希腊哲人的快乐主义，印度的瑜伽、中国的太极拳与西洋的体操，有类型之异，却无法也不必评断优劣。再如中医与西医，各有独立的理论系统及施治方式，分别在不同领域优长互见，不应当也不可能一断高下，也难以实现“结合”，故提倡多年的“中西医结合”成效甚微。

中国京剧泰斗梅兰芳与美国影坛巨星卓别林各擅其技，无法比较他们艺术的高下

① 《孟子·离娄上》。

② 有学者使用“文化力”一词，与经济力、军事力相对而言，认为文化力是软实力的核心。见高占祥：《文化力》，北京大学出版社2007年版。

有些文化门类，由于种种原因，在某一时代即达到极致，不一定都能“与时俱进”，如荷马史诗、屈原《天问》，就想象力的丰富性而言，后世难以企及；又如唐诗、宋词、元曲，在韵文成就上，晚代无可比肩，今人的律诗、词、曲造诣再深，也只能让李、杜，苏、辛，关、王三分。就书法而论，晋唐宋已达巅峰，王羲之、柳公权、怀素、米芾、宋徽宗的墨宝，是后世引颈仰视的极品。故文化的某些种类，不能以简约的进化观加以断论，后代并不一定比前代高明。

文化力比较不能大而化之，原因还在于存在文化与经济、社会发展的“不平衡”“不对称”现象。社会经济发展水平落后的民族，可能在文化的某些领域攀登高峰，如 17 世纪至 19 世纪中叶的德意志民族，诸侯林立（恩格斯说，拿破仑入侵时，德意志是一个四分五裂的“封建主义牛圈”），经济水平低于英国、法国，却担当了哲学的“第一提琴手”（从莱布尼茨、康德到黑格尔、费尔巴哈），文学艺术上涌现歌德、席勒、贝多芬、海涅等巨匠；又如 19 世纪的俄罗斯，经济及社会发展水平落后于西欧，却诞生了杰出的文学家（从普希金、果戈理、屠格涅夫到陀思妥耶夫斯基、托尔斯泰、契诃夫）和思想家（别林斯基、赫尔岑、车尔尼雪夫斯基、普列汉诺夫）。

在中国文化史上，经济水平与文化繁荣程度也往往并不对称。如两周经济及社会发展不及秦汉以后，但学说兴盛、人才辈出，后世难以企及，泽惠千秋的元典——《易》《诗》《书》《礼》《春秋》和诸子学即在这一时期形成。此外，魏晋南北朝、明清之际、清民之际等社会动荡时期，精神创造却焕发出绚烂光华，往往为某些“盛世”所无法比拟。20 世纪初中叶的 GDP 远低于今日，而由梅兰芳（1894—1961）、程砚秋（1904—1958）、周信芳（1895—1975）、马连良（1901—1966）代表的京剧水平，齐白石（1864—1957）、黄宾虹（1865—1955）、张大千（1899—1983）代表的绘画水平，时下艺坛少有比肩者。

中外文化不宜截然两分、难以比较优劣，还有一因：就学术文化言之，上升到哲理与方法论，有精粗之异，而无新旧中西之别，新的不一定高于旧的，中学在某些范域可能精于西学。

艺术领域的水墨国画与西洋油画，昆曲、评弹与西洋芭蕾、歌剧，《红楼梦》与《安娜・卡列尼娜》、《水浒传》与《三个火枪手》，饮食文化的中餐与西餐、筷子与刀叉，皆各擅胜场，各美其美，难分轩轾。如果有人硬要对上述种种中外文化事象一较高低，判定取舍，则是泯灭文化多样性、丰富性的荒唐之举。

（二）软实力的可比性

文化有不易比较，甚至不可比较的一些方面，但文化又有可以量化、可以权其力度的方面，关键在于必须把握比较的客观标准。

国际上颇有信誉的斯科尔科沃—安永新兴市场研究所在评定诸国软实力时，给出 10 项内容，诸如：

移民（外国出生的移民总数）
大学（全球一流大学的数量）
传媒出口（出口电影、音乐和书籍等产品赚取的版税）
政治自由
偶像力量
最受仰慕的公司
法治
入境游
二氧化碳排放
选民的参选率①

以此 10 项内容判定软实力高下，其间虽有西方标准左右之嫌，但也不乏可资比较的客观性。以此 10 项内容衡量，按百分制计分，2010 年的十余个受测评国排行略为：美国（87 分）、法国（49.5 分）、德国（43.2 分）、英国（43 分）、加拿大（39 分）、日本（38 分），上述诸发达国家“软实力”列前 1～6 位，而中国（30.7 分）、印度（20.4 分）、俄罗斯（18 分）、巴西（13.8 分）等新兴市场国家软实力分列第 8～11 位，与美国等发达国家存在明显差距。②

①② ［英］彼得·约翰松、朴胜虎、威廉·威尔逊：《新兴市场软实力不断提升》，（美国）《金融时报》2011 年 12 月 19 日。

早于此一统计，社会科学文献出版社 2004 年出版《中国文化产业国际竞争力报告》，陈列了各国文化产业国际竞争力指数。该报告展示：美国的文化产业国际竞争力指数为 0.87，位居 15 个受测评国之首，中国的文化产业国际竞争力指数为 0.22，低于 0.5 这一文化产业国际竞争力指数的平均值。

正视文化力“西强中弱”现状，在开掘、弘扬传统精粹，吸纳优秀外域文化的基础上综合创新，努力提升文化力，是中华民族当下的一项根本性使命。

第四节　“文化生成史”：渊源有自的新兴学科

一、中国史籍对“文化生成”的丰富记述

文化生成是人类按一定价值尺度顺应、改造环境并塑造自身的过程，反复转进为其特征，“文化永远在创造过程中”[①]，“革故鼎新”“生生不已”是中国文化的基本属性，中国文化可称之为“不断生成的文化”，故只有通过动态的“史”的研究，方能把握文化的生成机制。

史学是古老的学科，在史学发展的漫长历程中，文化生成史获得独立地位的时间并不久远，然而其渊源深远，是一门根系广大的新兴学科。

就总体而言，以帝王为中心的政治史是传统史学的主要内容和基本线索，正如梁启超所说“旧史皆详于政事而略于文化”[②]，“《左传》为‘相斫书’”[③]。然而，与西方古代及中世纪史学相比，中国传统史学较多注意文化事象的记述，史典载有关于诸子、艺文、经籍、典章、方技、学案等文化专题内容。《荀子·非十二子》《庄子·天下》《尸子·广泽》《吕氏春秋·不二》《史记·论六家要指》《淮南子·要略》《七略》，二十四史中的《艺文志》《经籍志》《儒林传》《道学传》，近古学者编撰的《伊洛渊源录》《明儒学案》《宋元学案》《清儒学案》《汉学师承记》《宋学渊源记》等，已具有某一断代学术文化史的雏形。“史家之绝唱”《史记》，以“究天人之际，通古今之变，成一家之言”为修史职志，初涉文化生成机制、文化发展规律等问题。

---

① 参见舒畅：《当代文化的生成机制》，中央编译出版社 2007 年版。

② 梁启超：《中国近三百年学术史》，中国书店 1985 年版，第 290 页。

③ 梁启超：《新史学》，《梁启超选集》，上海人民出版社 1984 年版，第 278 页。

尤其值得一提的是，唐宋间涌现的《艺文类聚》《册府元龟》《太平御览》等类书，辑录丰富的文化史素材。如北宋初编纂的《太平御览》，分天部、时序部、地部、皇王部、偏霸部、皇亲部、州郡部、居处部、封建部、职官部、兵部、人事部、逸民部、宗亲部、礼仪部、乐部、文部、学部、治道部、刑法部、释部、道部、仪式部、服章部、服用部、方术部、疾病部、工艺部、器物部、杂物部、舟部、车部、奉使部、四夷部、珍宝部、布帛部、资产部、百谷部、饮食部、火部、休征部、咎征部、神鬼部、妖异部、兽部、羽族部、鳞介部、虫豸部、木部、竹部、果部、菜茹部、香部、药部、百卉部等五十五部，是涵盖广义文化诸方面的百科全书。南宋郑樵（1104—1162）编《通志》，精心结撰“二十略”（礼、职官、选举、刑法、食货、氏族、六书、七音、天文、地理、都邑、谥、器服、乐、艺文、校雠、图谱、金石、灾祥、昆虫草木），记述了社会生活及自然界各侧面材料，涉及物质文化、制度文化、行为文化、精神文化，成为文化史料之渊薮，显示了古代中国人文化观念的博大和实在，领先于当时的世界。

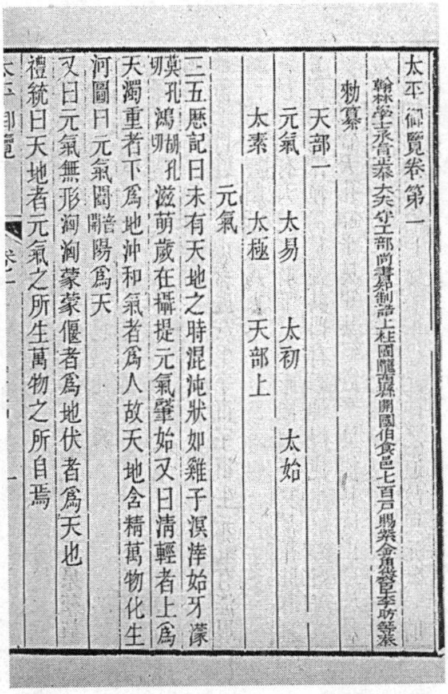
太平御覽卷第一
翰林學士承旨泰大夫守工部尚書知制誥上柱國隴西郡開國伯食邑七百戶賜紫金魚袋臣李昉等奉
勑纂
天部一
元氣　太易　太初　太始
太素　太極　天部上
元氣
三五歷記曰未有天地之時混沌狀如雞子溟涬始牙濛
鴻滋萌歲在攝提元氣肇始又曰清輕者上爲
天濁重者下爲地沖和氣者爲人故天地含精萬物化生
河圖曰元氣闓陽爲天
又曰元氣無形洶洶蒙蒙偃者爲地伏者爲天也
禮統曰天地者元氣之所生萬物之所自焉

《太平御览》书影

《通志》书影

当然，古代中国史学的主流是皇朝政治史，建构现代意义上的文化史，是在西学东渐之后正式展开的。

二、西方文化史学的兴起

西方古代史学主要关注政治史，以及与之紧密相连的军事史。国家和国家的统治者曾经是历史的主角，史学的任务在于叙述国家的演变和统治者的功勋或罪孽。古希腊史学家修昔底德（约前 460—约前 400）便是雅典将军，曾指挥色雷斯一带的军事，他留下的史著《伯罗奔尼撒战争史》，以政治斗争和军事斗争为展开部，极少提及这一时期灿烂的希腊文化成就。罗马统治者恺撒（前 100—前 44）既是政治家、军事家，也是史学家，他所撰写的八卷《高卢战记》，记述了罗马对高卢、日耳曼的一系列战争；三卷《内战记》，记述了他战胜庞培的经过，而有关罗马的文化成就几乎没有议及。

西方将文化史传统上溯到"历史之父"、希腊史学家希罗多德（约前 484—约前 425），他所著的《历史》叙述希腊—波斯战争过程，其史笔的对象是人而不是神，也没有限定于政治、军事、外交斗争，而将考察范围扩及民族分布、经济—政治制度、风土人情、文物古迹、民间传说、法律、宗教，堪称广义文化史之初篇。

欧洲中世纪犹太史、教会史构成其史学体系的基本内容，《圣经》引文成为证明和论据，其权威不容置疑。切实的文化研究，被排斥于史学之外。

文艺复兴回复希罗多德的人文主义史学传统，14—16 世纪的意大利史学家解释历史，神学气息渐趋淡化，世俗的历史动因成为注意的中心，文化及文化人成为史著描述的对象，如意大利的微拉尼兄弟 14 世纪所著《佛罗伦萨史》便突破中世纪史学的神文传统，以人为尺度描述城市史。后此的李维、布鲁尼、马基雅弗利的史著进一步发扬批判的、人文的精神。当然，文化史在西欧历史学中据有堂堂正正的地位，则以 18 世纪启蒙运动为端绪。

把史学从政治史、军事史扩大到文化史、经济史、工商业史、科技史，是启蒙时代史学的重大进展。这一时期，文化史开始成为一门独立的历史学科。这方面劳绩最著者是法国启蒙思想家伏尔泰（Voltaire，1694—1778），西方学术界因而称其为"文化史之父"。

伏尔泰把历史看作理性与迷信的斗争过程，他不满意囿于帝王将相活动的

伏尔泰

编年史，力主将人类社会生活各个方面都纳入史学研究的范围。他在《风俗论》（原名《论世界历史及各民族之风俗精神：自查理大帝至当代》）的序言中宣称，他的著述，“不在于指出某年某个可耻的君主继另一个残暴的执政者之后”，而在于指示“主要民族的精神、风俗、习惯”[①]。他高度肯定精神文明对人类进步的作用，认为数千次战争没有给人类带来任何利益，而莫里哀、笛卡儿的著作将成为后人永久快乐的源泉。他在一封致友人的信件中写道：“连接两海的运河闸门、蒲桑的画、优秀的悲剧、新的真理的发现，都比所有宫廷的编年史和所有的战争小说有千百倍的价值。”[②]伏尔泰本人的史学实践便活生生地展现了文化史的风姿，他的力作《路易十四时代》描绘法国路易十四执政时期社会生活的全景，其中包括艺术与民俗、战争与外交、科学与技艺，成为近代文化史的滥觞。[③]

与伏尔泰同时代的浪漫主义历史哲学代表赫尔德（1744—1803），从文化史视角研究世界历史，注意文化的民族分野、地区分野和时代分野。

如果说伏尔泰、赫尔德尚不是职业史家，至 19 世纪，史学成为独立学科，西方涌现出作为专门史之一类的文化史著作。英国史学家托马斯·巴克尔（1821—1862）的《英国文明史》、格林（1837—1883）的《英国人民简史》，瑞士史学家布克哈特（1818—1897）的《希腊文化史》《意大利文艺复兴时期的文化》，德国史学家里尔的《德意志人民的自然史》等著作，进一步突破传统史学限于上层政治的狭小格局，把研究视野扩展到物质生产、经济关系、社会制度、人民生活方式、思想意识及各种文化现象。如格林的《英国人民简史》不是帝王将相主持的政治和战争的历史，而是一部英国人民的社会经济和文化的历史，写英国诗人乔叟（约 1343—1400）的篇幅多于写英法百年战争中的克里西大战，写最早把印刷术传入英国的篇幅，多于写红白玫瑰战争。

① ［法］伏尔泰著，梁导锵等译：《风俗论》上册，商务印书馆 1994 年版。

② 《伏尔泰全集》第 33 卷。

③ 见［法］伏尔泰著，王晓东译：《路易十四时代》，北京出版社 2007 年版。

日本明治维新时期出现的多种文明史论著（代表作为福泽谕吉的《文明论概略》），也属于这种广义文化史。

在这种把社会、民族及其文化视作历史主体的思想支配下，19 世纪下半叶以后，文化通史、国别文化史、各类文化专史在西方如雨后春笋般出现，德国历史学家柏恩海姆的《历史方法教本》、美国历史学家鲁滨孙的《新史学》、英国史学家汤因比的《历史研究》是代表作。日本学者永井昌文则正面展开“文化生成”研究。①

三、兼收中西的现代文化史学

中国史学有着关注文化的悠久传统，然而独立的、系统的文化史研究则始于清末，且由译述东西洋文化史著为开端。

清民之际，一批西方文化史论著介绍到中国，如日本人永峰秀树翻译的法国基梭（今译基佐）的《欧罗巴文明史》，日本高山樗牛的《世界文明史》，桑戴克撰、冯雄译的《世界文化史》于 20 世纪上半叶颇有影响，后者作为大学丛书的一种，传播较广；日本人撰写的中国文化史，也有数部被译介，如高桑驹吉原著、李继煌译述的《中国文化史》，白河次郎、国府种德的《支那文明史》（1903 年竞化书局版），中西牛郎著、刘陶译的《支那文明史论》，田口卯吉的《中国文明小史》（1903 年广智书局版）等。

与译介外人文化史著作相同时，中国学者仿效其体例，参酌其史观，自行编撰中国文化史专著，梁启超可谓这方面的开山者。

梁启超与欧洲启蒙时代伏尔泰等人的史观相通，他 1902 年撰《新史学》，批评旧史学四病源：（1）“知有朝廷不知有国家”，“二十四史非史也，二十四姓之家谱而已”；（2）“知有个人而不知有群体”；（3）“知有陈迹而不知有今务”；（4）“知有事实而不知有理想”。鉴于此弊，梁氏力倡“史界革命”。②而异于以政治史为主体的旧史，文化史的编纂便是“史界革命”的重要方面。梁氏 1921 年的《中国历史研究法》作专门史与普遍史区分，称“普遍史即一般之文化史”，指出文化史须由具备通识的史家依据专史而撰写。③

① 见［日］永井昌文：《日本民族·文化的生成》，（日本）文兴出版社 1988 年版。
② 梁启超：《新史学》，《饮冰室合集》之一《饮冰室文集》，中华书局 1989 年版。
③ 梁启超：《中国历史研究法》，《饮冰室合集》之十《饮冰室专集》，中华书局 1989 年版。

梁启超鉴于中国传统史学以君主和王朝为本位的偏失，力倡以民族文化创造历程为对象的“新史学”。他设计的《中国文化史目录》，包括朝代篇、种族篇、政制篇、法律篇、军政篇、教育篇、交通篇、国际关系篇、饮食篇、服饰篇、学术思想篇等28篇。这种涵盖物质、行为、制度、精神四个层面的文化史，与以政治史为主线的通史相区别。而以广义文化为史书的展开部，是梁氏将文化理解为“人类心能所开积出来之有价值的共业”在史书编纂上的体现。惜乎梁氏以56岁盛龄辞世，仅完成《中国文化史稿》第一编（1921）、《中国文化史·社会组织篇》（1925），前者是梁氏在南开大学设文化史课程的讲义，后者曾列为清华国学研究院教材，师从梁启超的笔者先父冯永轩终身珍藏。

以梁启超为端绪，文明史（文化史）被视作——

> “叙述进化之现象”的历史（与复古退化的历史对应的文明进化史），
> “叙述人群进化之现象”的历史（与君史对应的民史），
> “叙述人群进化之现象而求得公理公例”的历史（与神道支配的迷信史对应的理性历史）。①

承担启蒙任务的文化史学由此在中国揭开序幕。

20世纪20—30年代中国一批学者秉持与梁启超类似的理念，决计走出“为皇帝家谱”之旧史学窠臼，开辟文化史的广阔天地。顾伯康批评“吾国史家专为一朝一姓之奴隶”，宣称：“历史之功用，在考究其文化耳。”② 柳诒徵（1880—1956）论及自己文化史著的涉猎范域时说：

> 世恒病吾国史书，为皇帝家谱，不能表示民族社会变迁之状况……
> 吾书欲祛此惑，故于帝王朝代、国家战伐，多从删略，唯就民族全体之精神所表现者，广搜而列举之。

① 见梁启超：《新史学》，《饮冰室合集》之一《饮冰室文集》，中华书局1989年版。
② 顾伯康：《中国文化史自序》。

本此宗旨，柳氏所撰文化史为“物产、建筑、衣裳、图画、雕刻、礼俗、乐舞、学术”各设专章，加以详述，成一特具“文化”内蕴的史著。

正是在启蒙时代历史观指引下，涌现出一批“略政详文”的文化通史，除上述柳诒徵的《中国文化史》（撰于1919—1921年，1925年在《学衡》连载，1932年出版全本）外，还有顾伯康的《中国文化史》（1924），陆懋德的《中国文化史》（1925—1926年在《学衡》连载），陈登原的《中国文化史》（1937），吕思勉、陈安仁20世纪30年代分别撰写的几种中国文化史也相继问世。其中柳诒徵坚持中国文化本位论，认为“礼”是中国文化之“主脑”，这是中国文化区别于以宗教为主脑的欧西文化、印度文化之所在。熊十力1948年致书柳氏，称“公精于礼，言史一本于礼，是独到处”[①]。柳诒徵的《中国文化史》以其史观的独创、谋篇的系统、引述资料的丰富而为学林重视，是20世纪上半叶出版的诸文化史中流播较广远的一种。

柳诒徵《中国文化史》

此间文化史著在历史观上多受欧美日本文化史家的社会达尔文主义、地理环境决定论、种族决定论、心理因素决定论的影响，也有以唯物史观解析中国文化变迁的尝试，如常乃德的《中国文化小史》、杨东莼的《本国文史大纲》、陈国强的《物观中国文化》、陈竺同的《中国文化史略》为此类篇什。

抗日战争时期面世的钱穆《中国文化史导论》，就中国文化的地理背景、国家凝成与民族融合、古代观念与古代生活、古代学术与古代文字、东西接触与文化更新等专题将中国文化与外国文化进行比较，把文化分成游牧、农耕、商业三种类型。钱著与梁漱溟《东西文化及其哲学》《中国文化要义》，皆用力于揭示中国文化的动力机制，实乃文化生成研究的奠基之作。

出版家王云五（1888—1979）致力于文化史研究的集成，其《编纂中国文化史之研究》一文痛论旧史之缺失：“我国士夫之著作，要皆偏于庙堂之制度，

① 柳诒徵：《国史要义》卷首，上海古籍出版社2007年版。

号为高文大册，其有关闾阖之琐屑，足以表现平民之文化者，皆不屑及焉。”[①] 而王氏主编，商务印书馆20世纪30—40年代推出的“中国文化史丛书”，采用分科研究法，集结了那一时期文化史研究的实绩。

王云五主编“中国文化史丛书”之一种

20世纪50—70年代，在“以阶级斗争为纲”观念制约下，国内文化史研究基本取消，陷于中断。就学术原因而论，由于把历史唯物主义片面理解为经济决定论或阶级斗争决定论，将文化史研究以“文化史观”（历史唯心主义的一种形态）加以否定。这样，广义文化史被社会发展史所取代，狭义文化史则分解到思想史、哲学史、宗教史、科技史、史学史、学术史之中，很少有人从“文化史”角度作综合性或专科性考察。

20世纪70年代末以来，适值社会转型节点，随着现代化经济建设和文化建设的全面展开，文化学及文化史学研究日渐为社会及学人重视，并获得空前规模的进步。1982年12月，联合国教科文组织《人类科学与文化进步》中国编委会与《中国文化》编委会，在复旦大学联合举行中国文化史研究学者座谈会，此为中华人民共和国成立以来第一次专门讨论文化史的全国性学术会议，周谷城、周一良、顾廷龙、胡道静、蔡尚思、谭其骧、陈旭麓、王元化、章培恒等老辈学者及正当壮年的庞朴、刘泽华、丁守和、姜义华、朱维铮、李华兴、刘志琴等参加，笔者也躬逢其盛。（今日回顾，参会者已多作古人！）

周谷城（1898—1996）

记得会上周谷城用浓重的湖南乡音说：文化概念像泥鳅，不易把握；文化史研究只能是“草

① 王云五：《编纂中国文化史之研究》，商务印书馆民国二十六年印。

鞋无样，边打边像”，大家笑悟其意。会议反顾文化史研究的历史与现状，就文化史研究对象、范围、特点诸问题展开讨论，呼吁大力开展文化史研究。与之相应和，20 世纪 80—90 年代上海人民出版社推出卷帙浩繁的“中国文化史丛书”，亦取分科研究法，集合 20 世纪晚期专科文化史成果。包括笔者与何晓明、周积明合撰的《中华文化史》在内的多种文化通史于 1990 年前后出版，断代文化史、区域文化史、文化专题研究亦有拓展，文化学的理论论争也热烈展开。

上海人民出版社出版的“中国文化史丛书”之一种

有人将 20 世纪 80 年代的文化讨论称之为“文化热”，又说 20 世纪 90 年代此热渐冷，90 年代末期以后转向“国学热”。笔者以为，不应夸大二者的区隔，其实它们都是中国文化史研讨的展现，虽有侧重面的调整，然考析中国文化的生成、发展及特质，推究中西文化的异同与相互涵化，探讨中国文化现代转化的路径，却是一以贯之、前后照应的。

四、两种偏颇

围绕文化生成研究，中外学界出现过两种偏颇——

其一是“文化决定论”，认为“意见决定历史”，思想或价值观念是社会行为的终极动因；而作为思想、价值观念集合的文化，其发生、发展只是自身运动的结果，或者仅仅是自然环境和种族特征决定的，与社会经济基础和生产方式无关，人类社会和历史的发展归因于文化的盛衰。

其二是庸俗的“经济决定论”“政治决定论”，把人以及人创造的文化看作是经济力的简单派生物或政治权力操纵的傀儡。[①] 这种观点的极端表现，便是前述的文化史于 20 世纪 50—70 年代被取消。

前一倾向主要流行于西方学术界，后一倾向则在国际共产主义运动中产生过不小影响，中国在 20 世纪中期曾经被其全面覆盖。

① 参见冯天瑜：《唯物史观在中国的早期传播及其遭遇》，《中国社会科学》2008 年第 1 期。

文化决定论不能成立，乃是因为物质生活的生产方式制约着整个社会生活、政治生活和精神生活的过程；每一历史时代主要的经济生产方式与交换方式及必然由此产生的社会结构，是该时代政治和精神的历史所赖以确立的基础，并且只有从这一基础出发，这一历史才能得到说明。承认这一基本事实，文化生成研究才立足于坚实的地基之上。我们不能脱离这个地基，正像不能揪住自己的头发脱离地球一样。

经济决定论、政治决定论也不能成立，乃是因为人类历史并非单由经济因素或单由政治因素决定，政治、法律、哲学、宗教、文学、艺术等的发展固然以经济为基础，但又都互相影响并对经济基础发生反作用；政治受制于经济及文化条件，不能恣意天马行空。上层建筑及意识形态对历史进程的影响是能动而巨大的。恩格斯晚年反省道：

> 青年们有时过分看重经济方面，这有一部分是马克思和我应当负责的。我们在反驳我们的论敌时，常常不得不强调被他们否认的主要原则，并且不是始终都有时间、地点和机会来给其他参与相互作用的因素以应有的重视。①

20 世纪 50—70 年代一度突出政治史，或政治史加经济史，一方面是偏重政治事变的传统史学影响的结果，另一方面则是犯了恩格斯所反思的“过分看重经济方面”的错误。而只有把人类的经济、政治、文化活动看作一个生命整体，才能把握历史的全貌，揭示文化生成的规律。

五、文化生成史的致思路径

文化生成史把人类文化的发生发展作为一个总体对象加以研究，从而与作为社会知识系统某一分支发展史（如文学史、史学史、科学技术史、哲学史）相区别。

文化生成史在研究人类文化发生发展的总体过程时，尤其注意于推进文化的动力机制的考察，从而超越以帝王将相为主角、以王朝兴衰为线索的传

① 《恩格斯致约·布洛赫》，《马克思恩格斯选集》第四卷，人民出版社 1995 年第 2 版，第 698 页。

统史学，以人类的物质文明及精神文明进程为展开部，通过对器物、制度、行为等文化具象的把握，透见民族性格及文明走势，洞悉隐藏在物象背后的民族心灵史。

文化既包括人类活动的对象性结果，也包括人在活动中所发挥的主观力量和才能，因此，文化生成史不仅研究文化的“外化过程”，即人类“开物成务”[①]，创造各种物化产品，从而改造外部世界，使其不断“人化”的过程，而且研究文化的“内化过程”，即文化的“主体”——人自身在创造文化的实践中不断被塑造的“化人”过程，同时还要研究外化过程与内化过程的交相渗透，彼此推引。

《易传》曰：

形而上者谓之道，形而下者谓之器。

推究形上之道，是哲学的使命；考析形下之器，是广义物理学的任务。然而，形上之道与形下之器并未横亘着不可逾越的鸿沟，其实是道不离器，器中藏道的。而文化生成史便是游刃于道器之际的学问，其致思路径是——

即器即道，观象索义。

器中求道，从形下之器透见形上之道；道蕴于器，形上之道坐实于形下之器。

追究人与生存环境的互动关系，通过对物化的精神和精神的物化的双向探求，把握文化生成机制及其发展走势，是文化生成史的研究理路。

① 《周易·系辞上》。

第二章 文化生态：文化生成的基础

顺天时，量地利，则用力少而成功多。任情返道，劳而无获。

——（北魏）贾思勰：《齐民要术·种谷第三》

人类既是他的环境的创造物，又是他的环境的塑造者，环境给予人以维持生存的东西，并给他提供了在智力、道德、社会和精神等方面获得发展的机会。

——《联合国人类环境宣言》（1972 年 斯德哥尔摩）

19 世纪末叶，法国人丹纳（1828—1893）、丹麦人勃兰兑斯（1842—1927）等文化历史派学者认定，种族、环境和时代是决定民族文化的三要素，其中又特别突出来源于天生遗传性的种族因素，断言种族因素中的天赋、情欲、本能、直观是决定民族文化特征的“永恒冲动”[①]。文化历史派虽然重视文化生成的环境要素，但又赋予种族因素以先天性、永恒性，失之偏颇。事实上，民族文化的差异性（包括种族差异），不能脱离环境要素，文化研究（包括种族研究）必须深入到环境（自然环境与社会环境）考察之中，将微观的个体辨析置于宏观的环境考察之中，这就引出“文化生态”论题。

第一节 界 说

生物以身体特征顺应周围环境，赢得个体的生存与族类的繁衍，并通过新

---

① ［法］伊波利特·丹纳：《英国文学史 序言》，转见《西方文论选》下卷，上海译文出版社 1979 年版，第 236 ~ 239 页。

陈代谢与环境发生双向交流关系，造成生机盎然的“生物圈”。而作为生物高级形态的人类，除以身体特征顺应周围环境外，更以文化的方式，实现对环境的调适与改造，使地表产生辉煌灿烂的智能—技术圈，或曰“文化圈”。这种“文化圈”也成为人的生存环境的构造因子，使得人类置身的不再是单纯的自然生态，而是一种兼备自然要素与人文要素的“文化生态”。

一、鸟瞰人类家园——地球

议及文化生态，首先须观照其基点——“人类的故乡”“文化的载体”地球。

人类赖以生存的地球，是太阳系内一个中等大小的行星，环绕不断进行核聚变的太阳旋转。

从宇宙飞船拍摄的地球一角

（采自［英］罗伯茨编《世界文明通史》第10卷）

地球自身的质量所形成的地心引力，足以把贴近它的表面的大气层吸引住；而地球与熊熊燃烧的太阳的适度距离，使地表温度恰到好处地让水保持液态，今日宇航员从人造飞行器或月球上观察到的地球，是一个由于液态水的缘故呈现青蓝色的美丽星体（20 世纪 60 年代苏联宇航员加加林、季托夫，20 世纪 70 年代美国登月者阿姆斯特朗，21 世纪初叶中国宇航员杨利伟、聂海胜等都对此有生动描述）。水面占地球表面积的 71%，故地球被世界第一个宇航员尤里·加加林（1934—1968）称作“水球”。

这个行星在广袤的宇宙间不停歇地疾驰，因为包裹着由必要厚度的大气所“缝制”的“宇宙飞行服”，方能抵御宇宙射线对地球表面生命的杀伤性照射，同时又将有益于机体生存的射线过滤进来，从而造成一个特定的内环境：这里有必要浓度的空气，空气又由恰当比例的氮、氧、二氧化碳混合；这里有适宜的温度和湿度，强度适中的太阳能及紫外线……具备这些条件，有机生命才万分幸运地诞育。

鉴于宇宙的无限性，不能说地球为有机生命提供的机遇是绝无仅有的。现代天文学发现，银河系内存在许多“类地行星”（质量与地球相当，与恒星的距离同地球—太阳距离相似，因而温度等条件与地球接近），存在着有机生命发育的可能性。[①] 但在太阳系内，像地球这样具备高级有机生命繁育条件的尚无第二例，而人类，则是地球上有机生命历经漫长进化过程产生出来的具有理性和劳作能力的物种，先哲云：“惟天地万物父母，惟人万物之灵”[②]，“人者，天地之心也”[③]。

人类受赐于自然，也受制于自然，同时，人类又能够认识自然并按照自己的意志有限度地改造自然，“人之巧乃可与造化者同功乎”[④]，自此，我们的地球及周围的空间变成熙熙攘攘、充满生机的“人的世界”，也即“文化的世界”。古希腊学者、“地理学之父”埃拉托色尼（前 276—前 194）在《地理学概论》中指出，应当把地球作为人的家乡来研究。

① 据《科学》杂志 2013 年 4 月发表的论文称，美国航天局的开普勒太空望远镜发现，在太阳系以外的名为开普勒—62 的恒星有三颗行星类似地球，可能是岩石质，有极冠、大陆块和水，可视为“宜居行星”。它们距离地球 1200 光年（一光年约 6 万亿英里）。

② 《尚书·泰誓上》。

③ 《礼记·礼运》。

④ 《列子·汤问》。

二、“文化生态”与“文化生态学”

（一）文化生态

“文化生态”包括自然环境（或曰地理环境）与人造环境（或曰社会环境）两大彼此渗透、相为表里的部类。

地理环境处于文化生态的基础层次，它给人类的文化创造提供活动舞台与物质—能量源泉。

社会环境指社会再生产过程中的经济环境与社会制度环境的总和。

地理环境本身不能单独构成文化生态。具有自觉意志的人类的社会实践，首先是生产实践，与地理环境提供的自然资源相结合，造成社会财富，奠定人类生存和发展所必需的生活资料与生产资料，并且愈益深刻地给周围环境打上人在知性指导下的实践的印记，从而使生态环境在自然性之外，又加上人类性，构成文化生态。如果说，地理环境给人类提供了进行生命活动和文化创造的物源、能源，那么，人类的经济实践则是利用这种物源、能源使生命活动和文化创造得以运作的动力机。

在经济活动中，为了进行生产以及随之而来的分配与交换，人与人之间结成一定的社会关系，以确定生产资料所有制的形式、各种不同集团在生产中的地位和相互关系，以及产品的分配形式。在结成生产关系的同时，人们还建立起各种形态的社会组织，如以人身关系为基础的社会组织——家庭、氏族、胞族、部落、部落联盟等；以地域或财产关系为基础的社会组织——乡党、邻里、县（市）区、省区、国家，各种行会、公司、专业社团、政党等。社会组织的形成和日趋复杂化，进一步使人类在自然性、个体性之外，增添了社会性，也即荀子等先哲所说的“群”性，并将这种社会性赋予文化生态。

动物与环境之间经由新陈代谢建立起物质—能量的双向交流关系，而人类与环境之间则呈现更为复杂的三角交流关系，可以简图示之：

动物在生态系统中仅仅充当消费者角色：

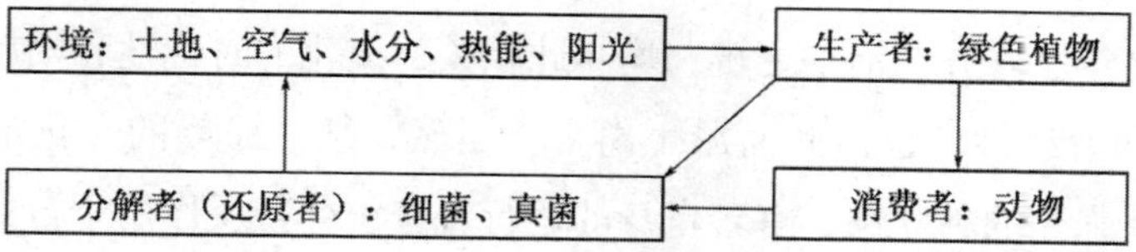

兼备本能与知性的人类却是消费者与生产者的统一。作为消费者，人首先是自然意义上的消费者，利用空气、水、有机物以满足生命运动和延绵的需要，在这一点上，人与动物无异；同时，人又是社会意义上的消费者，需要经过社会劳动加工过的自然，以实现衣、食、住、行、娱乐及其他文化要求。作为生产者，人不同于绿色植物仅仅依靠自然物进行的光合作用，也不同于蜜蜂单凭本能的采蜜劳作，人类是在自觉意志支配下从事社会生产的，包括物质生产（消费资料生产和生产资料生产）、精神生产（文化教育生产和科技知识生产）、人类自身生产（后备劳动力即新增人口生产和现有劳动力即就业人口生产）。这样，人类在生态系统中的关系网络就复杂得多：

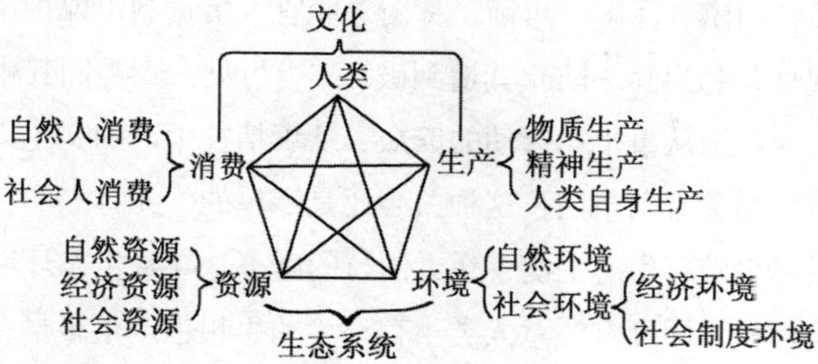

人类的文化创造是消费活动与生产实践的整合，而消费与生产都在环境提供的资源共同组成的生态系统中进行。因此，某一民族或国度的文化格局及走向，并非由少数圣贤先验式地设计出来，而是该民族或国度在特定的生态系统中累代实践，积渐而成的。当然，杰出人物在此间所发挥的因势利导、开风气之先的归纳乃至预设，功不可没。

总之，我们在考察某一民族或国度文化发生发展的历程，进而把握其文化特质时，不可脱离“人与自然”“人与社会”“物质生产与精神生产”这样一些基本主题，不可忽视地理、经济、社会结构等文化生态因子的综合功能，切勿忽视生命系统与环境系统之间须臾不可止息的物流、能流、价值流、信息流。中国哲人反复研讨的天人之辨、道器之辨、形神之辨、能所之辨、体用之辨、知行之辨、修齐与治平之辨，均与此相关；文化的时代性和民族性，文化的人类性和阶级性，也由此而派生出来。当然，某一民族的文化定势一经形成，便拥有强劲的独立性，有着自身的运行轨迹，并且反作用于自然—社会环境，能动地调整、改造文化生态。因而文化与其生态环境之间保持着一种动态的互化关系。

（二）文化生态学

就文化史学而言，"生态环境"是一个借用概念，它本是"生态学"的基本范畴。"生态学"源于希腊文 Oikos（房屋、住处），是一个沿用已久的术语。

生命的特征在于与周围环境进行新陈代谢，生物的居住环境是一个复杂的、不断进行交换的系统。生物及人类同环境的关系问题，很早就受到人们的注意，中国古人便有"居楚而楚，居越而越，居夏而夏"①一类环境决定人性的观点；《周易》还提出"仰以观于天文，俯以察于地理"②的全面审视生存环境的主张；中国古代许多朝代都设置过虞、衡等环境保护机构，如《周礼》载，周朝即有山虞、泽虞、川衡、林衡等职官，负责制定保护山林、川泽的政令，并巡视林麓和川泽，防止其遭到破坏。③可见，人类同其生存环境的关系协调问题，为中国从事生产劳动的庶众、从事精神生产的文化人、从事社会管理的朝廷所共同关心。当然，这种关心还是零星的、无计划的；与之相伴，中国人也做过不少破坏生态平衡、逆天而行的蠢事，导致生态环境的劣向蜕变。

在其他民族和国度，注意人类生存环境的思想也产生很早，著名的北非伊斯兰学者、《历史范例》的作者伊本·赫勒敦（Ibn Khaldūn，1332—1406）于公元 1377 年已提出文化生态概念，强调人类文化与周围环境的联系。

直到近世，对生态问题的研究才成为真正的科学。19 世纪 60 年代，德国动物学家、进化论者恩斯特·海克尔（1834—1919）首创生态学。他在《有机体普遍形态学》一书中说："生态学是动物对于无机及有机环境所具有的关系。"从而把生态学确定为一门探讨有机体与其外围环境相互适应状态的科学。

---

① 《荀子·儒效》。

② 《周易·系辞上》。

③ 见《周礼·秋官·司寇》。

1935年，英国生物学家阿瑟·乔治·坦斯利把生物群落及环境因素放在“生态环境”中加以研究。他在《植物概念术语的使用问题》一文中指出：

> 有机体不能与它们的环境分开，而必须与它们的环境形成一个自然生态系统。

20世纪70年代以来，生态学的研究重点逐步从以生物界为主体发展到以人类社会为主体，从主要考察自然生态系统过渡到主要考察人类生态系统。这种研究与经济学结合，产生了生态经济学；与文化学结合，产生了文化生态学。

美国文化人类学家朱利安·斯图尔德（1902—1972）在《文化变迁理论》（1955）一书中阐述了文化生态学的基本概念。该书指出：

> 生态学主要的意义是“对环境之适应”。对大多数动物而言，适应是以它们的身体特征来达成，而人类的适应主要是靠文化的方式来达成，人类进到生态的场景中……不仅只是以他的身体特征来与其他有机体发生关系的另一个有机体而已。他引入了文化的超机体因素。①

文化生态学是以人类在创造文化的过程中与天然环境及人造环境的相互关系为对象的一门学科，主张把文化置于环境系统中考察其生成、发展与变异，其使命是把握文化生成与文化环境的调适及内在联系。作为文化生态学的一个基本概念，“文化生态”（或称“文化背景”），主要指相互交往的文化群体凭以从事文化创造、文化传播及其他文化活动的背景和条件，文化生态本身又构成一种文化成分。人类与其文化生态是双向同构关系，人创造环境，环境也创造人。这便是我们从事文化研究要从生态研究入手的缘故。

三、文化生态四因素：地理环境—经济基础—社会结构—政治制度

人类创造文化依托的生态条件，由自然环境、经济环境、社会环境、政治环境四大因素综合而成。

① 转引自［美］E.哈奇著，黄应贵、郑美能编译：《人与文化的理论》，黑龙江教育出版社1988年版，第114页。

第一，自然环境（又称地理环境）。

指为人类提供文化生活的物质资源和活动场所的自然系统。地球表面的岩石圈、水圈、大气圈、生物圈，今日人类开始触及的外层空间，以及对人类生活发生久远作用的宇宙因素，共同组成这个自然系统，而这个自然系统又与人类相互作用，构建了文化的地理环境。它既是人类生活的外在客体，又日渐渗入人类的主观因素，故可称之为“人化的自然”。

第二，经济环境。

指人类加工、改造自然以创造物质财富所形成的一套生产条件，包括工具、技术、生产方式等。它们是人与自然发生直接关系的产物，人类一旦失掉经济组织及其工具，就无以生存，更谈不上创制文化，而经济环境本身既是广义文化的一个基本组成部分，又是狭义文化（即观念形态文化）植根的土壤和赖以生发的物质前提，古人云，“仓廪实则知礼节，衣食足则知荣辱”[①]，正是对观念形态文化与经济生活相互关系的素朴表述。

第三，社会环境。

指人类创造出来为其文化活动提供协作、秩序、目标的组织条件，包括各种社会组织、机构等结合而成的体系。社会环境作为人际关系所形成的现实社会的基本态势，既是广义文化的组成部分，又是狭义文化（观念形态文化）赖以生长发育的社会组织前提。人类区别于动物，并优胜于动物，正因为他们结成了社会性的群体，诚如荀子所说：

> （人）力不若牛，走不若马，而牛马为用，何也？曰：“人能群，彼不能群也。”[②]

将“能群”，即结成社会，视为人区别于动物的所在，诚为卓见。

第四，政治环境。

文化在特定的政治环境中生成，而政治环境的基本要素是政治制度，它是人类出于维护共同体的安全和利益，维持公共秩序和分配方式，对各种政治关

① 《管子·牧民》。

② 《荀子·王制》。

系所规定的一系列原则和方式的总和，诸如国家政权的组织形式和管理形式，国家结构形式和各阶层民众在国家生活中的地位等。由政治制度决定的政治环境，对文化样态及其走势有甚大影响。

中华先哲很早就全面观照自然环境和社会环境，把探索民族文化差异性的目光投向文化生态诸层次。大约成书于战国的《礼记》的《王制》篇有一段关于民族材性划分的议论：

> 凡居民材，必因天地寒暖燥湿，广谷大川异制，民生其间者异俗，刚柔轻重迟速异齐，五味异和，器械异制，衣服异宜，修其教不易其俗，齐其政不易其宜。①

《礼记·王制》作者在作民性（也即文化属性）划分时，综合考察自然环境、生活方式、生产方式、风俗习惯、政治制度等诸种因素。据此，将当时的“天下”作出“中国”与“戎夷”之分。“中国”（指中原）是农耕经济的文明之邦；“戎夷”（指周边的东夷、南蛮、西戎、北狄）是采集经济或游牧经济的野蛮之邦，所谓“不火食者”“不粒食者”。《礼记·王制》指出：“中国、夷、蛮、戎、狄，皆有安居、和味、宜服、利用、备器。五方之民，言语不通，嗜欲不同。”② 这种从文化生态的差异来区分民族的方法是理性的，而非种族主义的。正是从这种观念出发，当“戎夷”接受了农耕文明，便被认作文明人，不再被视为野蛮人，也即所谓“由夷变夏”。

人类是生态系统的一个成员，又是生态系统的干预者和调节者。随着文明程度的提高，具有愈益精密的技术手段和思维工具的人类，愈有能力突破“自然场”的某些限制，而由经济、社会结构、政治制度诸要素综合而成的“社会场”更加强有力地影响文化生成。当然，这并不意味着自然场的影响力可以被忽视，它实际上更加深刻、更加广泛地渗透进人类生活，与社会场有机地组合成“生态环境”，提供人类栖息生养、创制文化的条件。因此，要把握一个民族文化的真髓及其发展历程，必须首先了解这个民族得以繁衍的自然环境和社会条件，并对其进行综合的、动态的考察，也即将文化生态诸因素作为统一体

---

①② 《礼记·王制》。

加以把握。

四、文化并非某一生态因素单独决定，生态综合体决定文化生成走势

文化生态制约文化生成。然而，文化与其生态诸因子之间又不是呈简单对应关系——

并非某种地理环境必然产生某种文化形态，如同为北温带、地理诸要素相近的东亚大陆与北美大陆，无论古代还是近现代，其文化状貌均大相径庭。

并非某种经济状况或社会结构一定导致某种精神现象，如农耕社会的古印度与农耕社会的古中国，哲学思想、政治理论、伦理观念各有旨趣。

总之，自然的、经济的、社会的、政治的诸生态层面主要不是各自单线影响文化生成，而是通过组成生态综合体，共同提供文化发展的基础，决定文化生成的走向。

地理环境决定论、庸俗经济决定论、政治决定论的偏颇之处，正在于没有从生态综合体着眼，而是片面强调某一生态因子的作用，从而陷入独断论。事实上，中华文化的基本性格——纲常观念成为维系社会秩序的精神支柱和各类意识形态的出发点、归结点，顽强的再生力、延续力，从多元化走向大一统，而多元潜质又包藏其间，重人生的致知主潮，一天人、合知行、同真善的思维路径，对异质文化的受容态度等——都不是由文化生态中的某一因素单独造成的，而是大陆—海岸型地理环境、农耕与游牧相激相荡的经济生活、宗法社会、皇权政治整合而成的自然—社会环境的产物。

文化与其生态基础之间，既有着依存关系，又保持着相对独立性。文化的发展，既非天马行空，任意纵横；也不是经济进程的影子，亦步亦趋。二者若即若离，似分实合，如同风筝翱翔蓝天白云间，却又不离线索牵引。绝对自由的心智决定论不可取，地理环境决定论和经济决定论也不足为训。文化是在自然—经济—社会—政治诸生态因子综合的基础上，人类做出的能动创造。

第二节　生态智慧

文化是人的自觉活动与生存条件的统一体，是人类适应环境、改造环境，并塑造自身的过程与产物。古代贤哲对此有所体悟，其生态智慧颇富现实启示性。

一、生态环境与文化发展

植物和动物是在死亡胁迫下，通过机体变异来适应变化着的环境条件的。物竞天择，适者生存，不适者淘汰，是生物界“天演之公例’。人类作为有机界进化长链中的一个环节，是这种“天演之公例”的产物，同时又具有渐趋强大的自为能力。人类在劳动生活中形成并发展了别种生物所缺少的自觉和主观能动性，不仅接受自然的选择，而且因其有意识，会劳动，还可以选择自然；人类主要不是依赖身体器官的变异消极顺应环境，而是通过改变自己的思想和行为，尤其是不断革新物质生产方式和社会组织来积极地增进对环境的制驭力，并不断发展自身的智能，由环境的奴隶变成环境的主人，从必然王国走向自由王国。

当然，人类即使得到高度发展，也不可能为所欲为地处置自然。经济增长、社会进步及各领域的进步，都存在着自然资源（空间、原料、能源等）显在或潜在的限制。那种认为环境的负荷能力无限、永无匮乏可能的观点，不过是一厢情愿的主观想象。人类作为自然的一员，只有遵循自然界的生态规律，才能事半功倍，否则便事倍功半，甚至受到自然铁腕无情的惩罚。人类正是在应付环境的压力，不断克服人与环境间的矛盾，协调人与环境相互关系的过程中，赢得进步动力的。

人类对自身和外在自然界相互关系的认识，大约经历了否定之否定三阶段：

主客浑然一体阶段

主客体两分对立阶段

主客体辩证统一阶段

如果说，以古希腊为源头的西方较完整地经历了这三个阶段，那么，中国传统的思维方式未能充分展开主体与客体（或曰人与天）的分离阶段，虽有春秋子产（？—前522）倡言“天道远，人道迩”[①]，战国荀况（约前313—前238）论证“天人相分”[②]，唐代刘禹锡（772—842）阐发“天人交

① 《左传·昭公十八年》。

② 《荀子·天论》：“明于天人之分，则可谓至人矣。”

相胜”[①]，但“天人相分”观在中国没有获得充分发育，而“天人合一”观则占据优势。

“天人合一”略指天人一致，天人相通，人事顺乎自然，达到人天和谐。道家主张人与自然一致且相通，老子说：“人法地，地法天，天法道，道法自然”[②]，即此之谓。庄子也说：“有人，天也；有天，亦天也。”[③]天人本是合一的。儒家倡言：“诚者天之道也，诚之者，人之道也”[④]，认为人只要发扬“诚”的德性，即可与天一致。汉儒董仲舒提出：

> 事应顺于名，名应顺天，天人之际，合而为一。[⑤]

此为“天人合一”的完整表述。董仲舒（前179—前104）天人合一论包括三个层次：

> 天与人在形态结构上一致
> 天与人在思想和道德上一致
> 天与人可以互相感应

董仲舒

《春秋繁露义证》书影

① 刘禹锡《天论》：“天人交相胜、还相用。”
② 马王堆出土《老子》乙本。
③ 《庄子·山木》。
④ 《孟子·离娄上》。
⑤ 《春秋繁露·深察名号》。

董仲舒是从政治及伦理角度讨论天人关系的，今人则将“天人合一”论引申为人与天（自然）和谐相处的生态理念。

在西方率先兴起的近代工业文明，基旨是主体与客体（或曰人与天）分离。传统中国以天人合一的思维倾向占优势，这决定了以征服自然为诉求的近代科技和工业革命难以在中国发生。而传统的天人合一思想所包含的人与环境和谐共生的理念，对于面对生态危机的工业文明又有着特殊的救正偏颇的意义。

主客体两分对立的“天人相分”观，是对主客浑然一体的“天人合一”观的否定，是一种历史性的进步；而主客体辩证统一的现代生态观又是对“天人相分”观的扬弃，同时也是对主客浑然一体的“天人合一”观的创造性复归，这就是历史的辩证法。

人类与自然—社会环境的相互关系，是人类思考的一个永恒主题，当然也是文化生成史的重要课目。

二、不可“上逆天道，下绝地理”

中国文化殊堪珍视的遗产之一，是先贤关于顺应自然规律、维持生态平衡的渊渊哲思。当然，这些生态学睿见，大多是“观物比德”的产物，即作为人伦政治命题的比附提出的。

传为左丘明作的《国语》载，春秋时鲁宣公在泗水张网捕鱼，其臣里革把渔网割断，扔在水里，并对宣公说：

> 鸟兽孕，水虫成，兽虞于是乎禁罝罗，矠鱼鳖，以为夏犒，助生阜也。鸟兽成，水虫孕，水虞于是乎禁罝罜麗，设阱鄂，以实庙庖，畜功用也。且夫山不槎蘖，泽不伐夭，鱼禁鲲鲕，兽长麑麇，鸟翼鷇卵，虫舍蚳蝝，蕃庶物也。古之训也。①

“里革断罟匡君”，意在劝导统治者爱惜民力，而以合理利用自然资源作比喻：春夏鸟兽鱼孵卵怀孕，不应捕杀，树木发芽生长，不宜砍伐。野生动植

① 《里革断罟匡君》，《国语·鲁语上》。

物得到繁衍，才可能取之不尽、用之不竭。而鲁宣公欣然接受里革的教诲，并赞曰："吾过而里革匡我，不亦善乎！"[①]

战国中期的孟子（约前372—前289）也有类似议论，他在阐发爱惜民力的"仁政—王道"说时，以生态保护作比喻：

孟子

数罟不入洿池，鱼鳖不可胜食也。斧斤以时入山林，材木不可胜用也。[②]

（不把细密的渔网撒向大湖深池，鱼类鳖龟吃不尽。遵守季节规则入山伐木，木材享用不完。）

孟子特别指出，自然环境因人类的盲目垦伐而遭到破坏：

牛山之木尝美矣，以其郊于大国也，斧斤伐之，可以为美乎？是其日夜之所息，雨露之所润，非无萌蘖之生焉，牛羊又从而牧之，是以若彼濯濯也。人见其濯濯也，以为未尝有材焉，此岂山之性也哉？[③]

（牛山的树木曾茂美一时，因其长在大都城郊野，时遭斧头的砍伐，怎能保持茂美呢？草木日夜生长，接受雨露滋润，并非不长新枝嫩芽，但因紧接着放牧牛羊，也就变得光秃秃的。人们看到光秃秃的景象，以为不曾长过成材的林木，这难道能归之山的本性吗？）

里革、孟轲都是以爱惜自然环境比拟施行仁政宽治的必要，然其议论表明，古人已有环境保护意识，反对杀鸡取卵、竭泽而渔。然而，不少今人已经忘却先哲的教诲，据2013年6月多种国内外报刊报道，浙江舟山群岛的渔民使用大型拖网和网眼极小的渔网，不仅把大鱼捞出，而且仍在繁育的小鱼也未

① 《里革断罟匡君》，《国语·鲁语上》。
② 《孟子·梁惠王上》。
③ 《孟子·告子上》。

能幸免，以致大黄鱼、小黄鱼、墨鱼濒临灭绝。渔民叹息："东海已无鱼可捕，我们没有活可干。"这正是与"里革断罟"、孟子"数罟不入洿池"的教言背道而驰所造成的恶果！

战国时拟周代诰誓辞命的《逸周书》[①]记载先秦保护山林的思想：

> 禹之禁，春三月，山林不登斧，以成草木之长；夏三月，川泽不入网罟，以成鱼鳖之长。[②]

这是关于保护草木鱼鳖生长的措施。

1975年出土的湖北云梦睡虎地11号墓《秦简·田律》中记录关于森林保护、动物保护的律令条文：

> 春二月，毋敢伐材木山林及雍隄水；不夏月，毋敢夜草为灰；取生荔；麛卵；毋毒鱼鳖；置穽网，到七月而纵之。[③]

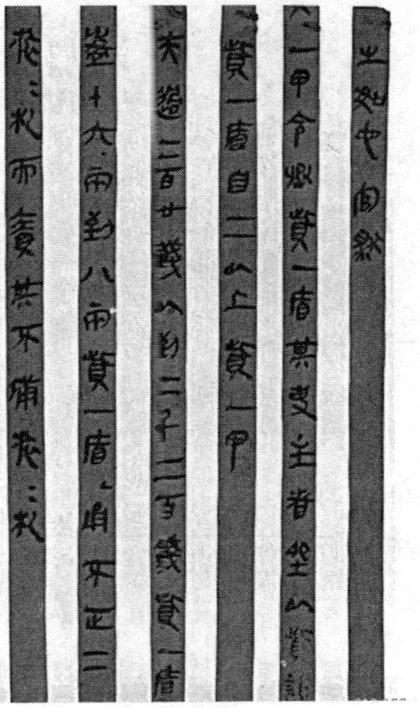

云梦睡虎地秦简

这是相当细致而有效的生态保护措施，昭显着可持续发展理念。

除技术层面外，先贤还从哲理高度论述尊重自然规律的重要性。战国晚期的荀子（约前313—前238）说：

> 天有其时，地有其财，人有其治，夫是之谓能参。舍其所以参，而愿其所参，则惑矣！[④]

---

① 原名《周书》，旧说孔子删定《尚书》后所剩，是为《周书》的逸篇，故得名《逸周书》。今人多以为此书主要篇章出自战国人之手。

② 《逸周书·大聚解》。

③ 见王辉：《秦出土文献编年》，（台湾）新文丰出版公司2000年版，第139页。

④ 《荀子·天论》。

认为人的功能是与天地配合，如果人放弃与天地配合的本分，却去与天地争职责，那真是糊涂了！荀子还具体指出：

荀子

草木荣华滋硕之时，则斧斤不入山林，不夭其生，不绝其长也；鼋鼍鱼鳖鳅鳣孕别之时，网罟毒药不入泽，不夭其生，不绝其长也；春耕、夏耘、秋收、冬藏，四者不失时，故五谷不绝，而百姓有余食也；洿池、渊沼、川泽，谨其时禁，故鱼鳖优多，而百姓有余用也；斩伐养长不失其时，故山林不童，而百姓有余材也。[①]

托名管仲、成书战国的《管子》有同类见解，认为人不能“上逆天道，下绝地理”，否则“天不予时，地不生财”[②]。并向统治者发出警语——

童山竭泽者，君智不足也。[③]

成书于战国末年的《易传》把天、地、人视为“三才”，以为天人协调乃理想境界——

易与天地准，故能弥纶天地之道。[④]

［易是和天地相比拟的，所以能包罗天地间的道理。］

范围天地之化而不过，曲成万物而不遗，通乎昼夜之道而知。[⑤]

［（圣人）的理论包括天地万物变化的道理而没有错处，从各方面成就一切而没有遗漏，贯通阴阳变化的道理而无所不知。］

① 《荀子·王制》。
② 《管子·国准》。
③ 《管子·形势解》。
④⑤ 《周易·系辞》。

既尊重并全面观照自然规律，又肯定人类认识和改造自然的能动作用。

不能违拗自然规律，是中国古哲的一贯思想。西汉淮南王刘安（前 179—前 122）说：

> 禹决江疏河以为天下兴利，而不能使水西流；稷辟土垦草，以为百姓力农，然不能使禾冬生，岂其人事不至哉？其势不可也。①

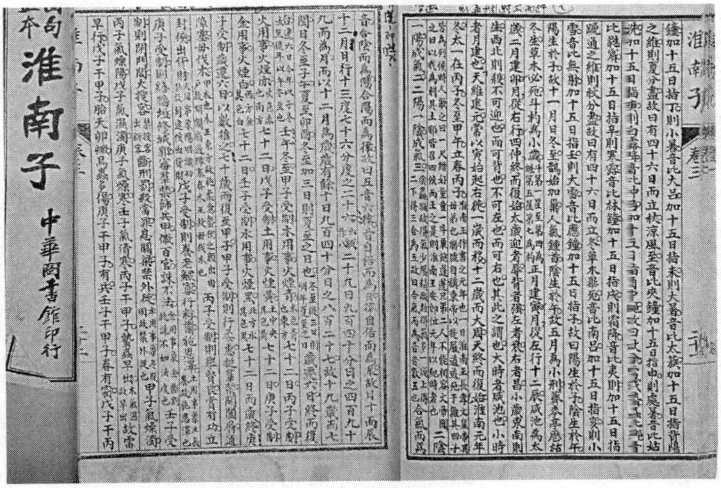

《淮南子》书影

北魏农学家贾思勰说：

> 顺天时，量地利，则用力少而成功多。任情返道，劳而无获。入泉伐木，登山求鱼，手必虚；迎风散水，逆坂走丸，其势难。②

这种“人事”不违天地规律的“因势利导”思想，顺应自然使用人力的思想，是中华文化关于“天—人”关系，“人—地”关系的卓识远见，也是盛行当下的话语“可持续发展”的思想前导。

中国化佛教也包含丰富的生态智慧，诸如所有生命体共存共荣的“众生平

① 《淮南子·主术训》。

② 《齐民要术·种谷第三》。

等”观，生命体（“正报”）与环境（“依报”）谐和同一的“依正不二”观，追求“心行俱净”的“庄严国土”，乃至“放生”善举等，皆显示深刻的环境保护理念。

道教有广大而深刻的珍惜生命、善待环境的思想，“自然之道不可违”“胜物而不伤”“以物为春”“见素抱朴”都洋溢着卓异的生态智慧。

现代人类在征服自然方面取得的成就远迈古人，但与此同时，也面临生态环境遭到空前规模破坏的严峻形势，当此之际，重温先哲智慧并践行之，大有裨益。笔者 2013 年 5 月参加联合国教科文组织举办的杭州会议，真切体会到中华生态哲思是中国的更是世界的，联合国教科文组织 2013 年 5 月 17 日发表的《杭州宣言：文化与可持续发展》阐发其不朽精义。

三、破坏生态环境的教训——以黄河泥沙淤塞、河西走廊荒漠化及云贵桂石漠化为例

近年来，随着“后现代”理论的流行，“中国智慧疗治现代病”说不时现身海内外。这是一个具有前瞻性的论题，但又是一个特别需要以历史主义加以驾驭的论题。在涉及此一题旨时，必须正视一个事实：中国传统文化固然包含深刻的生态智慧，值得今人借鉴，但中国古代历史上，并未出现过人与自然、人与人全面和谐共处的黄金时代。

以人与自然的关系这一层面为例，先哲的“天人合一”[①]“民胞物与”[②]“依正不二”[③]等观念，对于现代人克服人与自然两分对立观念，富于启迪意味。然而，“天人合一”“民胞物与”“依正不二”等观念其原始义是讲人处天地间的超越态度，并不是正面探讨人如何在操作层面实现与自然的和谐；“天人合一”“民胞物与”“依正不二”固然蕴藏着综合的、生机主义的思辨。但在这类理念诞生并流传的古代世界，因理念的难以坐实和工具理性不发达，并没有普遍保持人与自然的和谐，未能在实践上解决发展生产力与保护自

---

① 战国思孟学派提出此论，西汉董仲舒有“天人合一”的明确表述。北宋程颢有“天人本无二”（《二程全书·语录》），南宋朱熹有“天人一物”（《语类》）的类似议论。战国荀子与此说相对，主张“明于天人之分”。

② 北宋张载在《西铭》中说：“民吾同胞，物吾与也。”

③ 在汉字佛学语境，“依”即依报，指环境总体；“正”即正报，指生命主体。二者融合为不可分的一体，谓之“依正不二”。

然生态的矛盾问题，实际情况却是生态环境的逐步恶化。其基本原因，是人们未能摆脱对自然的盲目性，人们谋求自身的生存与发展，一直有意无意地损伤自然、破坏环境。农耕文明持续几千年，长期处在对自然的盲目开发状态中，因而农耕文明，特别是使用铁器以后的高级农耕文明对自然界食物链造成的干扰，其程度不可低估。而包括生态学家在内的人们，以往低估了人类对地球生态圈的影响。

（一）黄河中下段泥沙淤塞

黄河流域（特别是其中游，即陕、晋、豫一带）在三四千年前曾经是气候温润、森林繁茂、草场丰美、麀鹿成群的地带，正如《诗经》所描绘的黄河支流渭水流域："周原膴膴，堇荼如饴（周原一带水草丰美，堇荼这样的野菜也有甜滋味）。"[①] 但经过数千年破坏性的农业垦殖，黄河流域变得童山兀兀，沟壑纵横，水土流失极端严重，整个黄河的中下段成为河床高于两岸地平面的"悬河"，夏季常常出现长达数十天甚至百余天的断流，而暴雨降临，又引起决堤改道。至于帝王出于穷奢极欲，广修宫室、坟墓，不断巨额耗费自然资源（森林首当其冲），其危害性更为迅疾。唐代诗人杜牧（803—853）抨击秦始皇暴政的名篇《阿房宫赋》所云"蜀山兀，阿房出"，决非一朝一代的特例。此外，战乱焚林毁堤的惨况，在古代及近代也层出不穷（抗日战争间的河南花园口决堤为著名一例）。较为经常起作用而又少遭谴责的，则是人口增加导致土地过度垦殖，更持久而广泛地使生态环境在秦汉、唐宋、明清三个阶段加速恶化，森林在黄河流域、长江流域大面积消失，曾经林茂草盛的黄河河套地区的沙漠化，山陕黄土高原裸露、沟壑纵横，都是突出表现。

历史地理学家谭其骧（1911—1992）于1962年著文指出，战国以前黄河中游原始植被尚未大规模破坏，林木草场繁茂，因而黄河下游河道决堤迁徙极少，而秦与西汉朝廷向黄河中游大量移民，从事垦殖，牧地、猎场变为农田，黄河泥沙含量剧增，河床淤高，下游决徙之患频仍。东汉至唐，黄河中游再度以牧业为主，自然植被恢复，黄河泥沙含量下降，得以安流。[②] 而五代、宋以降，黄河中游密集垦殖，植被遭到大规模破坏，黄河泥沙含量剧增，下游决徙更为严重。

---

① 《诗经·大雅·绵》。

② 谭其骧：《何以黄河在东汉以后会出现一个长期安流的局面》，《学术月刊》1962年第2期。

黄河下游成“悬河”

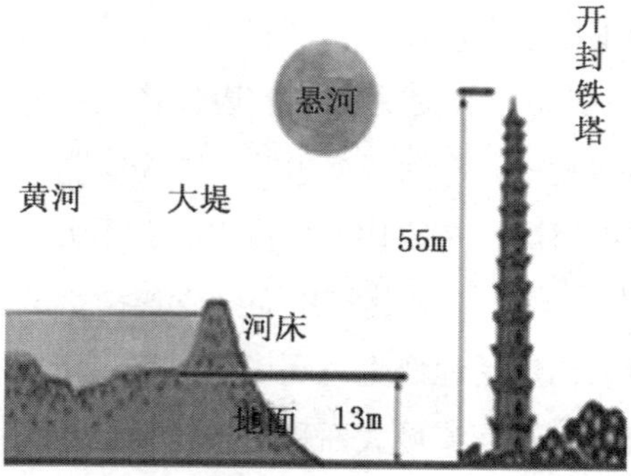

河床高于堤外陆面示意图

美国华盛顿大学特里斯特拉姆·基德尔博士的研究，采纳来自河南安阳三杨庄遗址的数据，那里被称作“中国的庞贝”，约在王莽时期的特大洪灾被淤沙掩埋。研究还考察了 2012 年发现的周代人造堤岸和三条排水沟的遗址。这处遗址露出 15 米深土层，其中近三分之一是近两千年沉积的，说明堤岸不是自然形成的，而是人工建造的，显示早在 2900 年至 2700 年前就开始在黄河下游修建排水沟和堤岸，造成恶性循环：建堤岸使沉积物在河床积聚，河流升高，更易发生洪水，这又需要把堤岸建得更高，从而导致沉积物进一步积聚。这种过程不断循环。故黄河水患不能归为“天灾”，而是人类干预的结果。

俯瞰黄土高原

1908—1909 年美国探险家克拉克率队考察山西、陕西、甘肃，参加者英国博物学家索尔比指出，黄土高原光秃的山岭，很大程度上是当地居民砍伐树木的结果。[①] 参加克拉克陕甘团队的罗德民等，于 1924—1925 年又多次率金陵大学师生考察山西汾河流域的水土流失状况，论证乱砍滥伐山林，导致严重水土流失，提出"人为加速侵蚀"的概念。[②]

放眼域外，因人力造成环境破坏而导致文明衰败的也不乏其例，如中美洲曾经在 8 世纪前后几百年间繁荣一时的玛雅文明（太阳金字塔为其标志），后来戛然中绝，其原因之一便是玛雅人的无限制垦殖，造成生态环境恶化，加之玛雅人好战嗜杀，终于致使"这个社会在公元第七世纪时突然神秘地结束了，只在大雨连年的尤卡坦森林里留下了它的伟大古城的遗迹来纪念它的存在"[③]。

（二）河西走廊、天山南北路荒漠化，云贵桂石漠化

农耕文明时期中国的自然生态严重破坏，特别值得一提的是秦汉以降在河西走廊、天山南北两路开垦农田，造成森林、草场的毁坏，导致大面积盐碱化

① ［美］克拉克、［英］索尔比著，史红帅译：《穿越陕甘——1908—1909 年克拉克考察队华北行纪》，上海科学技术文献出版社 2010 年版，第 132 ~ 133 页。

② 见许国华：《罗德民博士与中国的水土保持事业》，《中国水土保持》1984 年第 1 期。

③ ［英］汤因比著，曹未风等译：《历史研究》（上），上海人民出版社 1966 年版，第 42 页。

和沙漠化。

日本作家井上靖（1907—1991）曾创作一系列古代西域题材小说（名篇有《楼兰》《敦煌》等）。20 世纪 70 年代后期、80 年代初期，井上靖得以两次到河西走廊观瞻，三次去塔克拉玛干周围地区游览，发现昔日绿洲，久经农垦，大片荒漠化。井上靖后来在西域小说集序中说：

> 有许多人询问我，到这些地区去旅游，有何感慨。我目睹了作品舞台已经全部湮没在流沙之下，沧海桑田，确实令人感慨万千。①

漫漫黄沙包围敦煌月牙泉（陈利媛摄）

中国沙漠化的严重性，从国家林业局 2011 年公布的数据可见大要：全国沙土面积 173 万平方公里，占国土总面积 18%（约为耕地面积的 1.8 倍），直接或间接影响近 4 亿人的生活。

云南、贵州、广西等西南省区石漠化也是生态退化的突出例证。

石漠化是指亚热带的喀斯特环境（石灰岩地段），受人类不合理的社会经

① 《井上靖西域小说选》，新疆人民出版社 1984 年版，第 3 页。

济活动干扰破坏，造成严重侵蚀，基岩大面积裸露，地表出现荒漠景观（“石林”）的土地退化过程。[①] 由于大规模毁林、辟草开荒，使得本来脆弱的山地土壤失去植被保护，形成大范围水土流失。

云南石林（冯可云摄）

明清以来，随着交通线路开辟、山区垦殖的展开，贵州、云南、广西、湘西、鄂西等地石漠化进程加速，一些地段从明初的“林木深阻”“山高箐深，多有材木”，至明末徐霞客所见，已是“自入贵省，山皆童然无木，而贵阳尤甚”[②]。清雍正以降，玉米、番薯等山地作物普遍种植，人口大增，坡地广辟，石漠化更加扩展。延至时下，云南石漠化面积达 288 万公顷，石漠化地带更占贵州国土面积 20.4%，远超耕地面积，不仅成为云贵桂地区大害，也威胁到长江中下游和珠江中下游的生态安全。[③] 近年云南、贵州、广西通过扩大植被率、变坡地农耕（种玉米、土豆等）为种植经济林木（核桃等），取得控制、缩小石漠化的初步成绩。

① 王世杰：《喀斯特石漠化概念演绎及其科学内涵的探讨》，《中国岩溶》2007 年第 2 期。

② 《徐霞客游记》，云南人民出版社 1999 年版，第 681 页。

③ 见韩昭庆、陆丽雯：《明代至清初贵州交通沿线的植被及石漠化分布的探讨》，《中国历史地理论丛》2012 年第 1 期。

（三）突破环境与发展的二元对立怪圈，现代文明有可能促成生态优化

从上例可见，中国西北各省区一系列绿洲被漫漫黄沙所淹没，云南、贵州、广西等喀斯特地区的石漠化，并非始于工业文明。早在农业文明时期，主要是使用铁器的高级农业文明时期，生态的恶化已经加快步伐。这提示我们：不要把产生“天人合一”“依正不二”理念的农业文明时期加以美化，那并不是一个“桃花源”式的黄金时代。那时的人类由于生产力落后和认识的局限，不可能克服对自然的盲目性，在愚昧和贫困两大病端的逼迫下，自然生态的被破坏，已经频频发生，不过规模和力度不如现代工业文明而已。

某些“回归主义者”主张退回前工业时代，决非人类文明的正途。1994年，笔者在日本早稻田大学和东京大学访学期间，一位“回归主义者”、东京大学教授对我详列工业文明的种种弊害，郑重其事地希望中国不要像欧美日本那样实行现代化，应当保持农耕文明状态。文化回归主义者的善意毋庸置疑，其限制工业文明破坏生态的构思也有若干合理性，但他们所开的处方——维持或退回农耕文明，却并不可取，发展中国家不会接受他们的建议，保持不发达状况。

就现代世界而言，并非工业愈发达的地区环境问题愈严重，反之，第三世界地区由于人口压力和初级工业化滥用资源等因素的作用，生态环境正在急剧恶化，如拉丁美洲的墨西哥城，非洲的拉各斯、开罗，亚洲的加尔各答、孟买、北京、兰州、太原等都是世界上污染最严重的城市，联合国已一再列名警告。而发达国家在经历了工业化初期的生态恶化之后，时下逐渐走出环境与发展二元对立怪圈，生态环境进入良性转换阶段，如流经伦敦的泰晤士河，19世纪和20世纪上半叶曾因工业污染而成为没有鱼类的死河。1956年英国议会通过《清洁空气法案》，规定伦敦城内电厂关闭，改造城市居民传统炉灶，减少煤用量，居民生活天然气化，集中供暖。经过治理，20世纪下半叶以来，“雾都”伦敦已是蓝天碧水，泰晤士河两岸垂钓者每每能获得肥硕的鲑鱼。德国的鲁尔、萨尔两个老工业区曾以空气污浊闻名，经过产业升级和环境综合治理，现在已是生存条件较好的城市群，笔者2002年夏访学德国时，对鲁尔、萨尔的林茂草丰、蓝天白云留下深刻印象。

中国自1978年开始的“三北”（东北、华北、西北）防护林工程，是世

界规模最宏伟的绿化项目。此一防护林体系东起黑龙江宾县，西至新疆的乌孜别里山口，北抵北部边境，南沿海河、永定河、汾河、渭河、洮河下游、喀喇昆仑山，包括新疆、青海、甘肃、宁夏、内蒙古、陕西、山西、河北、辽宁、吉林、黑龙江、北京、天津等 13 个省、市、自治区的 551 个县（旗、区、市），总面积 406.9 万平方公里，占我国陆地面积的 42.4%。从 1978 年到 2050 年，分三个阶段、八期工程进行，规划造林 5.34 亿亩。到 2050 年，"三北"地区的森林覆盖率将由 1977 年的 5.05% 提高到 14.95%。

"三北"防护林

近几十年来在"三北"植树造林、植草，沙漠化得到初步控制，在陕北、内蒙古的某些区域制止"沙进草退"，呈现"沙退草进"的良好态势。企业家王文彪率亿利资源集团，运用"市场化、产业化、公益化"的可持续公益商业治沙方式，25 年间绿化库布其沙漠 5000 平方公里，开创一条"治沙、生态、民生、经济"平衡驱动的绿色发展之路。[①] 这些事例说明，现代人调整生态理念之后，可将科学技术的伟力应用于构建良好环境，使古代"天人合一""依正不二"的美好理想，逐步转化为可操作的现实。当然，这是一个需要长期努力的过程，中国有可能将 52 万平方公里沙漠恢复原始生态，不过这需要 300 年持之以恒的治沙工作，比昔日在几年、几十年间使数十万平方公里的草原、

① 见王文彪：《在库布其沙漠圆一个绿色梦》，《光明日报》2013 年 9 月 25 日。

农地荒漠化漫长得多。可见生态环境破坏易、修复难。这更提示我们：要像珍惜眼睛般地珍惜生态环境！

四、走出“人类独尊”误区：立“民胞物与”高标，实现“弱人本主义”

（一）从“全新世”到“人类世”：人类干预自然的力度加剧

距今一万一千年前，地球进入“全新世”[①]，其间人类尚处于旧石器时代，自然环境受到人的干扰尚弱。随着农业创始，进入新石器时期和金属工具时期的人类逐渐加大对自然环境的干预力度，地球随之进入“人类世”[②]。“人类世”置之亿万年计的地质时间表，不过短暂一瞬，但因为人类的工具理性日益发达，尤其是18世纪发端的工业文明以来，人类干预自然的广度与深度急剧增长，当下已达到自然生态不堪负荷的程度。然而，虽有觉悟者的呼吁与践行，但总体言之，迄今人类继续沿着加速破坏生态的线路滑落。究其根源，乃是我们尚未走出自设的“人类独尊主义”泥淖。

（二）反思“人类独尊主义”

人类跨入文明门槛以后，自视为“宇宙的精华，万物的灵长”[③]。这种思想可追溯到希伯来元典，《旧约》载，上帝如此训示人类：

> 要生养众多，遍满地面，治理大地。也要管理海里的鱼，空中的鸟，和地上各样行动的活物。[④]

这是人类独尊、理当管辖万物的意愿的较早表述。

工业文明兴起以来，随着工具理性的趋于强劲，更流行一种理念：人是天

① 全新世（Holocene）是最年轻的地质时代，从11700年前开始。根据传统的地质学观点，全新世一直持续至今，但也有人提出工业革命后应该另分为人类世。

② 人类世名称源自希腊语“holos”（完全的）和“kainos”（新的），意即“完全新近的”，指地球的最近代历史，并没有确切的起始年份，大约以18世纪末人类活动对气候及生态系统造成全球性影响为开端。

③ 莎士比亚悲剧《哈姆雷特》中哈姆雷特台词。

④ 《旧约·创世记》。

之骄子，可以率性征服自然，陷入一种盲目的自傲。其实，人类只是亿万斯年宇宙史某一瞬间的生成物。宇宙的一叶扁舟——太阳系内一个中等大小行星地球便有40亿～50亿年历史，而人类史不过300万年、跨入文明门槛的历史不过数千年。如果将地球史比作一天24小时，那么人类史只是24小时最后的一分钟，人类文明史只是最晚近的几秒钟。面对时空无垠的大自然，个体生命不过百岁的人类自视万物主宰，确乎荒诞可笑。

与“人类独尊”理念相关联，近人还滋生一种资源可以无限索取的错觉，它源于对我们的家园——地球的空间有限性及资源有限性缺乏忧患意识。

时至20世纪中叶，石油等能源紧缺以及环境问题突现，促成人们反思“人类独尊”观念，并理性地检讨生态状况。1968年成立的罗马俱乐部率先提出警告，于1972年（恰值第一次石油危机之际）发表第一份研究报告《增长的极限》，指出经济增长不可能无限持续，因为石油等自然资源的供给是有限的。罗马俱乐部作为“未来学悲观派”，对前景的预估（如认为石油将于30年内耗尽等），每被实际状况证明失准，从而遭到诟病和嘲笑，但罗马俱乐部揭示人类面临“生态困境”，其警示意义不可忽视。

与罗马俱乐部成立同时，即1968年6月，在瑞典斯德哥尔摩召开联合国“人类环境会议”，发表《人类环境宣言》，提出研究报告《只有一个地球》，高举环境保护旗帜，并规定6月5日为世界环境日。

1992年6月在巴西里约热内卢召开联合国“环境与发展会议”，以环境与发展相结合为指导思想，力主以“可持续发展”作为世界各国经济社会发展的共同方向，指出“生态与经济协调”的“生态时代”来临。2012年6月，即第一次里约热内卢会议后20年，联合国举行第二次里约热内卢会议，强调环境与发展的统一，坚持“绿色经济”和“可持续发展”道路。

1997年12月，在日本京都举行联合国气候变化框架公约参加国三次会议，制定《京都议定书》（*Kyoto Protocol*），全称《联合国气候变化框架公约京都议定书》，目标是：

> 将大气中的温室气体含量稳定在一个适当水平，进而防止剧烈的气候改变对人类造成伤害。

142个国家和地区（包括30个发达国家）签署该议定书，但美国没有签署，加拿大签署了又于2011年12月宣布退出。中国于1998年5月签署，并于2002年8月核定该议定书。

中国生态问题的严重性已引起国内外的严重关注——

环保部直属环境规划院发布数据，2010年中国因污染导致的经济损失达1.1万亿元，占GDP的2.5%；

水利部2012年宣布，中国20%的河流污染“极其严重”，水体被判定“不宜接触人体”，另有40%的河流污染严重；

时下中国已超过美国，成为温室气体排放量世界第一的国家。1990年至2011年间，中国人均二氧化碳年排放量从2.2吨增长到6.6吨；

2013年1—3月中东部130万平方公里的区域出现长时期雾霾，空气质量严重恶化，以北京为例，1月12—13日的空气质量是“有记录以来最差的”，1月份的大部分时间，北京的空气质量比机场的吸烟室还差。另有12个省份也笼罩在令人窒息的浓雾之中。生态专家指出，大范围雾霾呈现，除与特定的气候条件相关外，深层原因是污染排放总量远远超出生态容量。2013年数次席卷中东部的强霾污染物，其化学组成，是英国伦敦1952年12月烟雾事件与美国洛杉矶20世纪70年代的光化学烟雾事件污染物的混合体，并结合了华北的沙尘气溶胶。可见，数十年前深深困扰发达国家的环境污染问题，正以更大范围、更严重的程度呈现于今日中国。

（三）从“征服自然”的工业文明向生态文明转化

自18世纪产业革命以来的工业文明以“征服自然”为基旨，而科学技术是征服自然、向自然索取的手段，如德国生态社会主义者布洛赫（1885—1977）在《希望的原理》中所说，“自然科学和技术总是朝着与自然为敌的方向运动”。笔者以为，科学技术是价值中立的，“与自然为敌”并非科技之过，而是人类的人文—社会理念发生偏误，驱动科技所致。故需更正其说为：

> 人类至尊至上的理念，驱使自然科学和技术朝着与自然为敌的方向运动。

我们要扭转的是那种妄自尊大的理念，而并非责备科技本身。

作为现代化的后发国家，中国面临实现工业化的任务，而“征服自然”的工业化过程导致环境污染、生态失衡，因而中国同时担负着实现工业化和维护生态平衡的双重使命，不能走“先污染，后治理；先破坏，后建设”的老路，而应自觉地把社会经济活动纳入地球生物圈系统的良性循环之中，实现人与自然、人与人的双重和谐，达成传统工业文明向生态文明的转化——

一要转变经济发展方式，转变高投入、高消费、高污染的工业化生产方式，降低经济增长的资源环境代价，推行生态技术支撑的绿色生产，发展“静脉产业”（资源再利用产业），与“动脉产业”（传统制造业）彼此支持补充，实现循环经济；

二要改变消费方式，完善环境保护税制度，提倡简约的低碳生活，崇尚精神和文化的享受，反对过度消费和对物质财富的过度耗用。而实现上述目标的文化前提，是培育生态意识，推动全民参与生态文明建设，政府、企业、公民共建生态文明，实现“政府主导，企业明责、全民参与”；

三要抵制环境殖民主义。发达国家经过经济全球化的资本流动，把产业链中对环境有害的部分转移到发展中国家，无偿占有发展中国家的生态成本，把污染环境的后果连同其恶名一并转嫁给发展中国家。国人要对此保持警惕，并作出有理、有利、有节的回应。

中国民间日益增进对生态文明建设的关注，成立“中国生态文明研究与促进会”。2011年12月在苏州市召开第一届年会，以“生态文明，绿色转型”为主题，通过《生态文明苏州宣言》，倡议政府、企业、公民和社会发挥各自作用与优势，共同创建生态文明。该宣言申述，环境危机、发展不可持续的困境，危及人类的生存与发展，是全球最为重大、紧迫的问题，摆脱困境的出路在于转变不惜以牺牲生态环境为代价追求财富的工业文明发展理念，代之以“人与自然和谐、发展可持续”为主要特征的生态文明，切实转变非理性的发展方式和消费方式，走生态、绿色、低碳、循环经济之路，推进经济社会生态化，实现人口、资源、环境的协调发展、可持续发展。[①] 生态文明建设已然成为社会及庶众的诉求。

---

① 见《生态文明苏州宣言通过》，《光明日报》2011年12月19日第6版。

（四）"民胞物与"和"弱人本主义"

克服"现代病"，从观念领域而论，必须克服人类中心主义，将人类定位于自然之子、万物的朋友，而决非凌驾自然之上的神明和宰制者。中华先贤对此一命题有卓越见解。

提出"民胞物与"命题的张载

宋代哲人张载（1020—1077）指出，"气"是世界的本源，人同天地万物一样都源于"气"，故人的本性也同于天地万物——

> 乾称父，坤称母；予兹藐焉，乃混然中处。故天地之塞，吾其体；天地之帅，吾其性。民吾同胞，物吾与也。[①]

张载视天下万物与人同类，皆为朋友，此一深蕴广博道德良知的命题，时下被引申为"生态中心主义"，以之批判"人类中心主义"。但这里需要把握"度"。如果说，"人类中心主义"放大人类主观需求一端，弃环境于不顾，那么，"生态中心主义"则在强调维系生态系统之际，忽略人的本位性，在人类社会难以实行。而取中庸的"弱人本主义"[②]较为恰当，既肯定人类利用自然以谋求生存发展的必需性，又抑制对自然的过度干扰，在生态可修复的基础上获得环境对人类的赐予。

"民胞物与"说昭显的澄明如镜、仁心广大的生态观，是疗治人类中心主义的一剂良药，今人虽不能至，但如《易传》所云："取法乎上，仅得其中；取法乎中，仅得其下"，在生态危机日趋深重的当下，以"民胞物与"为高标，达成"弱人本主义"的实现，正是现代文明的可行之径。

---

① 张载：《正蒙·乾称》中的一段——《西铭》。

② 参见郇庆治：《多样性视角下的中国生态文明之路》，《学术前沿》2013年第1期下。

第三章　地理与人文

中国文化，因在较苦瘠而较广大的地面产生，因此不断有新刺激与新发展的前途。而在其文化生长过程下，社会内部亦始终能保持一种勤奋与朴素的美德，使其文化常有新精力，不易腐化。

——钱穆：《中国文化史导论》

文化生态由自然要素与社会—人文要素综汇而成，自然要素包括宇宙的、地质的、气象的、水文的、地文的、生物的等方面，它们共同组成人类生存的物质基石——“地理环境”。人类是在与地理环境互动的过程中进行文化创造的，因而关于文化生成的探讨，应当以地理与人文交互关系为考察起始点。

第一节　文化生态视野下的地理环境

如果把各民族、各国度有声有色的文化表现比喻为一幕幕悲喜剧，那么，诸民族、诸国度所处的地理环境便是这些戏剧得以演出的舞台和背景。

地理环境并非自外于文化的消极衬托物。自从人文因素渗入以后，地理环境便成为文化机体的构造成分，成为锻冶文化合金的重要元素；地理环境不是脱离人类生活的纯客观事物，而是在不同时间和空间范围内有可能为人类提供福利或造成阻难的物质和能量，是文化生态的有机组成部分。随着人类活动向深度和广度进军，地球上愈来愈少有全然不受人类影响的“纯”地理环境。在这一意义上，可以把地理环境称作“人文—地理环境”。

一、“心智决定论”与“地理唯物论”

关于地理环境与人类历史文化发展的关系问题，一向存在着彼此歧异的观点。

“心智决定论”是其中的一极。此论企图把地理逐出历史，把自然逐出社会，将文化归结为人类智力或精神的产物，尤其归结为天才头脑的创造，从而在文化生成问题上陷入唯意志论。

与“心智决定论”相对的另一极是“地理唯物论”，认为地理条件对生产方式、经济生活发生作用；对社会关系、政治制度发生作用；对民族性格发生作用。地理规定着民族性与社会制度，制约着历史和文化的发展方向。

以下略议“地理唯物论”在中外文化史上的表现。

古希腊希罗多德在《历史》中指出，全部历史都必须用地理观点来研究，地理提供了历史和文化的自然背景和舞台场景，历史事实与地理环境联系在一起才具有意义。[①] 古希腊名医希波克拉底（约前 460—前 377）所著《论空气、水和环境的影响》一书，认为人的身体和性格大部分随着自然环境的不同而有所不同，从而强调地理环境对人性的影响。

古希腊最渊博的学者亚里士多德（前 384—前 322）提出，地理的各种可居住性和不同的纬度有关。他创立环境地理学，认为地理环境既是人类生存的物质环境，又是制约社会存在的相互关系体系，从而把地理环境纳入人类历史和文化考察的范围之内。

文艺复兴晚期学者、法国人让·博丹（1530—1596）认为：

> 某个民族的心理特点决定于这个民族赖以发展的自然条件的总和。

他不单把人的心理、气质的自然条件基础归结为纬度高低造成的气温差异，还归结为经度（即距海远近）造成的湿度差异。此外，让·博丹还注意到人类的法规、意志和教育对自然条件的反作用。他的思想表现了人文主义者对地理因素与人文因素相互关系的重视。

---

① 见［古希腊］希罗多德著，石以铸译：《历史》，商务印书馆 1959 年版。

18世纪欧洲启蒙思想家孟德斯鸠（1689—1755）是社会学中地理学派的代表。这个学派认为，国家制度和文化类型取决于地理环境，尤其是气候。孟德斯鸠声称：

> 墨西哥和秘鲁的那些专制帝国是接近赤道的，而几乎一切自由的小民族都靠近两极。
>
> 海岛民族比大陆民族更重视自由。①

孟德斯鸠把纬度和滨海性等地理要素视为人性与制度的决定因素。

英国历史学家巴克尔（1821—1861）将“地理唯物论”正式引入文化研究，他认为，气候、土地、食物等是文化发达的决定性因素。

赋予“地理唯物论”以完整理论形态的，是德国地理学家拉采尔（1844—1904），他把人看作环境的产物，认为人和其他生物一样，其活动、发展和分布受环境的严格限制，环境以盲目的残酷性统治着人类的命运。拉采尔把地理环境对人类文化的影响归结为四个方面：第一，直接的生理影响；第二，心理的影响；第三，对社会组织和经济发达的影响；第四，支配人类迁徙及其最后分布。

中国古代也有相当丰富的“地理唯物论”内容。

《礼记》说：

> 广谷大川异制，民生其间者异俗。②

《管子》说：

> 地者，万物之本原，诸生之根菀也，美恶、贤不肖、愚俊之所生也。水者，地之血气，如筋脉之通流者也……故水一，则人心正；水清，则民心易。③

---

① ［法］孟德斯鸠著，张雁深译：《论法的精神》，商务印书馆1961年版。

② 《礼记·王制》。

③ 《管子·水地》。

《周礼》说：

> 橘逾淮而北为枳，鸜鹆不逾济，貉逾汶则死，此地气然也。郑之刀、宋之斤、鲁之削、吴粤之剑，迁乎其地而弗能为良，地气然也。①

明人王士性（1547—1598）在论及关中和川中水土与人性的关系时说，由于关中土厚水深，“故其人禀者博大劲直而无委曲之态……川中则土厚而水不深，乃水出高原之义，人性之禀多与水推移也”②。

这些中国先贤的言论都强调地理环境对文化及人性的影响，与近代西方的孟德斯鸠、拉采尔异曲同工。可见，具有唯物倾向的、直观把握地理环境与历史文化之间关系的思想，是源远流长，古今贯穿、东西相映的。

中国近代思想家梁启超、杜亚泉、李大钊等人在清末民初探究中西文化差异的原因时，主要便是运用“地理唯物论”的理论和方法。如梁启超1902年发表于《新民丛报》的《地理与文明之关系》一文，集译西方的地理唯物论诸说（如亚里士多德、洛克等人言论），兼及中国古代哲人（如管子）的相关言论而阐述之，认为气候、地势之别，是亚洲文明与欧洲文明大相径庭的原因。

地理唯物论与心智决定论之间，并没有横亘着不可逾越的万里长城。与孟德斯鸠同时的另一法国启蒙学者爱尔维修（1715—1771）便发表过上述两种彼此对立的极端之论。一方面，爱尔维修强调外部环境对人的制约、对人性的决定性影响，提出“人是环境的产物”这一著名论点；另一方面，当他意识到人类的心智活动不是环境所能直接左右时，又提出“意见支配世界”的另一极端观点。这是爱尔维修企图跳出环境决定论所作的一种努力。但他毕竟未能获得客观因素与主观能动性二者的辩证统一，陷入自然必然性与人类智力绝对自由这样两个彼此矛盾论点的二律背反怪圈。

二、“地理环境决定论”失足处

地理唯物论强调气候、地形等自然条件对人类历史文化的影响，包含若干合理的、有价值的思想成分。然而，当地理唯物论被推向极端，扩张成“地理

---

① 《周礼·冬官·考工记》。

② 王士性：《广志绎》卷三，中华书局1981年版，第44页。

环境决定论”时，则有重大失误。

（一）把地理环境对人类文化的影响从特定的时间范畴抽象出来，加以无限制发挥

地理环境究竟在怎样的深度和广度上影响文化创造，取决于人类历史发展不同阶段的特性，尤其取决于生产力发展的水平。因此考察地理环境的作用不能离开时间向度。

同样的地理环境，在不同的社会发展阶段上可以产生大不相同的作用。例如，中东的不毛沙漠，在游牧—绿洲农业经济阶段，是一种十分不利于经济文化发展的地理环境；但在现代工业文明时代，这些沙漠地下丰富的石油天然气资源得以开掘，若干中东国家（如沙特阿拉伯、科威特、阿联酋、卡塔尔等）的经济文化状态迅速发生巨大变化。

又如，在航海技术低下的古代，辽阔的太平洋曾经是生活在东亚大陆上的华人的一种交通障壁；但到了近现代，太平洋愈益成为联络沿岸各国经济、文化最便利、最开阔、价格最低廉的交通走廊，沿海的江浙闽粤从古代的“边鄙”，变为近现代的文明先进地带。

再如，北欧的斯堪的纳维亚山脉和中欧的阿尔卑斯山脉，曾经是挪威和瑞士保持封闭、落后状态的地理条件，直至19世纪中叶仍然如此。恩格斯1847年指出：“欧洲有两个地方还保持着最原始的古基督教德意志式的野蛮，几乎还以橡实为食料，这两个地方就是挪威和阿尔卑斯高山地区即旧瑞士。”[①]尤其是“旧瑞士”，“它简直像牲畜一样顽固地坚持与整个世界隔绝，死守着地方习惯、装束、偏见以及全部地方狭隘性和闭塞性”[②]。然而，19世纪后半叶，特别是20世纪，随着现代工业和交通的长足进展，瑞士、挪威竞相迈入开放、发达国家行列，阿尔卑斯山脉和斯堪的纳维亚山脉的交通屏障作用，因铁路隧道的凿通、盘山公路的修筑、航空业的日益普及而大为消减，两国的人均收入名列世界前茅。

中国的青藏高原，直至20世纪下半叶仍因地理障壁而保持落后的经济—社会状态，而随着青藏公路、青藏铁路的修建，西藏的封闭状况打破，经济—

①② 恩格斯：《瑞士的内战》，《马克思恩格斯全集》第四卷，人民出版社1958年版，第385、392页。

社会正在长足进展。

凡此种种，都雄辩地表明，地理环境对人类文化生成的影响，并非亘古不变，而是一个因时而迁的历史范畴，因而对其考察必须持历史主义态度，切忌绝对主义的武断。

（二）忽略若干中介，把自然对人类社会及其文化的作用加以直线化、简单化、夸大化的描述，陷入单因素决定论

孟德斯鸠等阐发地理环境的决定性作用时，往往得出气候决定民族性、地势直接左右社会制度这样一些结论，陷入单因素决定论。

黑格尔对单因素决定论提出批评，他在肯定地理环境的基础性影响力的同时，特别申明，并非单由地理环境决定文化：

> 我们不应该把自然界估量得太高或者太低：爱奥尼亚的明媚的天空固然大大地有助于荷马诗的优美，但是这个明媚的天空决不能单独产生荷马；在土耳其统治下，就没有出过诗人了。[①]

同样在爱奥尼亚，古希腊产生了震烁古今的荷马史诗，而奥斯曼帝国统治下的希腊却与诗歌无缘[②]，这就说明：地理环境决非文化生成的唯一原因，从而为文化成因作自然—人文的综合考察预留广阔天地。

人类的生活方式，人类创造的文化，不是地理环境单独决定的，而是地理因素与人文—社会因素的复合创造物。按照“地理环境决定论”，无法解释气候等地理要素相近的中国与美国，何以在经济、政治、社会、文化诸方面存在明显差异；也无法解释地理要素并未改变的挪威、瑞士，何以20世纪的文化状况大别于19世纪。

（三）把地理环境全然看作人类社会的外力，认为是自然环境这种外力决定着社会的进程、左右着人性和文化的特征

地理环境并不是简单作为一种外力影响人类生活的。人类通过对自然的征

① ［德］黑格尔著，王造时译：《历史哲学》，三联书店1956年版，第123页。

② 奥斯曼帝国治下出过康斯坦丁·卡瓦菲斯（Constantine Cavafy，1863—1933）（从爱奥尼亚地区移民至亚历山大）这样了不起的希腊诗人，不过是在黑格尔身后，黑格尔是无从得知了。此条材料由宋龙妹提供。

服和改造，日益把地理环境转化为人类社会内部不可缺少的因素。在这一意义上，可以把地理环境称作“人化了的自然界”，或者称作“社会—地理环境”。人类历史的变迁和文化类型的形成，是作为社会的人依托于物质存在创造出来的，并非由地理环境外在赋予。

人类历史和文化的发展，是多重因素相互作用的结果，地理环境只是形成人类历史和文化的复杂网络中的一个重要成分，它对民族性格和文化风格的建造，在大多数情况下都不是直接起作用的，主要是通过提供生产力的物质条件而间接发挥效力的。

重视地理环境作用的梁启超在1922年的一次演讲中，曾对“地理环境决定论”提出质疑：

> 有一义应先商榷者，则历史现象受地理之影响支配，果至若何程度耶。历史为人类心力所构成，人类惟常能运其心力以征服自然界，是以有历史。若谓地理能支配历史，则五百年前之美洲，地形气候，皆非有以大异于今日，而声明文物，判若天渊，此何以称焉？①

自然的人化即是文化。是人类的价值观念在社会实践过程中的对象化。自然环境本身并不是文化，却是文化赖以产生的基石。文化创造是人类通过生产劳动及其他社会实践与环境交相作用的过程，是人类的主观能动性与客观环境的辩证统一体。从文化学角度考察，“地理环境决定论”的最大失误，就在于忽视这个辩证统一的过程，尤其是忽视了以生产劳动为基础的人类的社会实践在创造文化中的巨大能动作用，从而陷入自然宿命论的偏颇之中。

三、地理环境：构制文化的物理要素

揭示地理环境决定论的失误，决不意味着可以漠视地理环境在文化创造中的重要性。

有人认为，文化由人的心力所造。此说只讲了文化生成机制的一半，其实文化是物理要素与心理要素综汇的产物。如果没有地理环境（或曰自然环

---

① 梁启超：《地理及年代》，《饮冰室合集》之九《饮冰室专集》，中华书局1989年版。

境）提供的物理要素，人的心力便失却物质基石，文化创造即成空中楼阁、痴人说梦。

一则，人类本身是自然的产物，其生存和发展要受自然法则制约；

二则，人类的生活资料取之于自然，人类劳动的对象也是自然，自然和人的劳作结合在一起才能构成财富（物质的和精神的），才能造就文化，人类的文化成就，不论是房屋、机械还是书籍、绘画，都是自然因素与人文因素的综合。

人类发展到任何阶段，都须臾不得脱离地理环境的恩惠，并无可避免地受其制约。

原始人类的生活和生产深深依赖地理环境；进入文明时期，随着人类主观能动性提高，这种对环境的依赖性似乎有所淡化和隐化，而实际情况是，人类的文明程度愈高，对地理环境利用的范围也愈益扩大和深化，人类不断向地球乃至地球外的各天然圈层的深度和广度进军。因此，无论对哪一发展阶段的人类文明进行研究，都不能忽视人—地关系的考察——

> 我们必须时时记住：我们统治自然界，决不像征服者统治异民族一样，决不像站在自然界以外的人一样，——相反地，我们连同我们的肉、血和头脑都是属于自然界，存在于自然界的；我们对自然界的整个统治，是在于我们比其他一切动物强，能够认识和正确运用自然规律。①

唯其如此，文化研究必须注重对地理环境的考察。那种一议及地理环境影响历史进程和文化风格，就被斥为“地理环境决定论”的做法，是全然不可取的，乃是斯大林在20世纪30年代、40年代的苏联造成的一种不良学风，中国在20世纪40年代至70年代受其影响，导致不顾生态条件的“唯意志论”泛滥。今天，在这个问题上有必要复归中道，既高度重视地理环境对历史文化的深远影响，又扬弃地理环境决定论，坚持文化生成的主体客体辩证统一的观点。

文明建设不能脱离国情实际。国情实际指由地理环境、历史条件、人口

① 恩格斯：《自然辩证法》，《马克思恩格斯选集》第三卷，人民出版社1972年版，第518页。

因素、生产方式、民族文化传统（包括国民心态）等因素构成的社会有机整体，它不仅规定着一国社会的现状，也规定着一国社会发展的方向。而地理环境正是国情实际重要的一环。只有对全国及其省、县、乡的气候状况、资源状况（土地、森林、矿藏、水）、地形地貌状况、周边环境等有详尽、确凿的了解，进而考察这些状况给经济及社会发展提供了哪些有利条件和制约因素，并同社会诸条件加以整合，才有可能提供制订发展规划的基础，才能摆脱主观随意性。从这一意义而言，对于作为文化生态有机组成部分的地理环境的研究工作，应当大力强化，而决不能却步不前。

四、社会生产：地理环境影响文化的中介

肯定地理环境对人类历史和文化具有重大影响力，需要进一步探讨的是：地理环境究竟是在怎样的意义上，经由哪些中介，方作用于人类的历史进程和文化创造？

物质生活的生产方式制约着整个社会生活、政治生活和精神生活的过程，决定社会发展程度，生产力是决定文化发展水平的基本要素。而生产力是自然生产力与社会生产力的有机组合。

生产力的三要素（劳动者、劳动资料、劳动对象），与地理环境保持着直接或间接的、或深或浅的相互关系，尤其是劳动对象——有机及无机的生态系统，也就是指的地理环境本身。地理环境是人类从事社会生产须臾不可脱离的空间和物质—能量前提，是物质资料生产过程中不可缺少的、经常的必要条件。正是在这一意义上，物质生产及其技术系统构成地理环境影响人类历史进程和文化创造的主要中介。

同时，地理环境的差异性、自然产品的多样性，是人类社会分工的自然基础，它造成各地域、各民族物质生产方式的不同类型。文化的区域性特征与地理环境的千差万别存在着经常的关系。普列汉诺夫说：

> 不同类型社会的主要特征是在地理环境的影响后形成的。①

---

①《普列汉诺夫哲学著作选集》第3卷，三联书店1962年版，第179页。

例如，有江河灌溉的暖温带—亚热带为农作物的生长提供充分的热能和水分，故农业最早在此得到发展；草原—荒漠是展开流动畜牧的广阔场所，成为游牧经济的温床；滨海地区拥有鱼盐之利和交通之便，工商业应运而兴。而上述物质生产方式的不同型范，又是各种格局的文化类型得以形成的基础。

社会与自然的联系以劳动为介质。地理环境经由物质生产方式这一中介，给各民族、各国度文化类型的铸造奠定物质基石，各种文化类型因而都若明若暗地熏染地理环境提供的色调。

《汉书·地理志》[①]曾条列各“域分”（秦地、周地、韩地、赵地、燕地、齐地、鲁地、宋地、卫地、楚地、吴地、粤地），诸地因环境差异，导致生产方式的区别，进而养育了不同民性和社会生活格局。其说虽不甚完备，却大体勾勒了一幅文化地域特征的真实画面。

地理环境还在一定程度上影响人们的风俗习惯、性格面貌，但这种影响要通过人们自身的活动方可得以实现。《国语》谓：

> 沃土之民不材，淫也；瘠土之民莫不向义，劳也。[②]

注意到地理环境影响民性（“不材”或“向义”）所经由的中介——人自身的淫逸或勤劳，而淫逸或勤劳又是由地理条件（沃土或瘠土）导致的。

《汉书·地理志》谓：

> 凡民函五常之性，而其刚柔缓急，音声不同，系水土之风气，故谓之风；好恶取舍，动静亡常，随君上之情欲，故谓之俗。

把风俗看作地理环境和社会教化的共同产物。

地理环境当然也可以直接赋予某些文化产品以色彩，如藏族民歌、蒙古族民歌、江南小调便分别洋溢着高山雪峰、辽阔草原、水乡泽国的特有韵味；一些文化人的创作风格也往往受到山水风貌的熏染，《文心雕龙》说：

---

① 《汉书》首设《地理志》，此后诸正史皆循此例。

② 《国语·鲁语下》。

若乃山林皋壤，实文思之奥府……然屈平所以能洞监《风》《骚》之情者，抑亦江山之助乎！①

刘勰指出诗经与楚辞的格调、情致某种程度上得“江山之助”，确乎绝妙评议。

以外国文艺作品为例也可证明此点。印度史诗《罗摩衍那》弥漫着南亚次大陆热带丛林的神秘氛围；印度酷热的气候还影响人们的思想，古印度学者为避酷暑，到清凉的山林修行，其出世思想与炎热气候有一定关系，所以有人把盛行出世观念的印度文化称作“炎土文化”。

五、人文因素是文化发展的选择动力——以运河开掘、桥梁修建为例

（一）地理环境提供文化发展的可能性

地理环境对人类文化创造的影响是真实而多侧面、持续而深刻的，但这种作用主要又不是立竿见影的。在通常情况下，地理环境只为文化发展提供多种可能性，至于某种可能性以某种形态转变为现实性，则取决于人类的选择。

人是会劳作的理性动物。地理环境为文化的产生和发展提供机遇或设置阻难，人类的创造性劳动才是把握这种机遇、绕过或克服这种阻难的力量，尤其是当人文传统形成以后，便以愈趋强大的自觉力量，作用于文化发展。故在同一区域，地理环境并未变化，或变化甚微，却因人文因素介入，文化发生剧变，如在欧洲人抵达前后，美洲大陆和澳洲大陆上的文化类型便大生异动，而美洲大陆和澳洲大陆的地理环境在这几世纪间没有大的改变。

中国古代和近代已有卓识远见者指出，地理环境往往通过人文因素发挥作用。

明人杨慎（1488—1559）在肯定“水土”（即地理环境）影响人性的前提下，对《管子·水地》《汉书·地理志》中关于“人才之生定系乎地”的绝对化观点有所救正。他指出，人性是水土与政令教化等诸多因素综合而成的，并非由水土单独铸定。他说：

人也者，非水土不生，而非水土所能囿也……人之性禀于天，自王

① 刘勰：《文心雕龙·物色篇》。

章太炎

畿土中至于海隅，日出一也。习也者则系乎君之令，师之教，而非水土所函也。①

近人章太炎（1869—1936）在剖析中国学术派别众多的原因时说：

视天之郁苍苍，立学术者无所因。各因地齐、政俗、材性发舒，而名一家。②

把地理环境（“地齐”）与政教风俗（“政俗”）、人才素质（“材性”）并列论之，共同视作学派的成因。章太炎进而补述：时代愈趋近代，人们的交往和流动性日益扩大，地理环境的影响逐渐模糊，而天才不世出，故“地齐”“材性”愈来愈难以左右学问的方向，对学术流变起决定作用的是社会因素（政俗）——

夫地齐阻于不通之世，一术足以杚量其国民。九隅既达，民得以游观会同，斯地齐微矣。材性者，率特异不过一二人，其神智苟上闚青天，违其时则与人不宜。故古者有三因，而今之为术者，多观省社会，因其政俗，而明一指。③

这是允当之论。即使在古代，学术派别固然呈现地理划分的外观，而对学派形成起作用的，并非单是“地齐”之异，也与“政俗”直接相关，与经济生活亦大有干系。各种区域性的学术流派（如浙西学派、湖湘学派等）是在诸多自然—社会因素综合作用下，由师生授受结成纽带，在与异说论难中应运而生的。章太炎对学术文化“域分”作了相当完备的辨析。

（二）人文因素的创造性伟力（甲）：以运河开掘为例

地理条件是相对恒定的，而人文活动相对变化快速，构成文化生成的能动

① 杨慎：《贵州乡试录·序》，《升庵集》卷二。

②③ 章太炎：《原学》，《訄书》，华夏出版社2002年版，第16、17页。

性要素。

人文因素（经济的、政治的、心理的）具有选择能力，使人类可以在同一自然环境内创造不同的文化事实。而无定的人文因素又不能绝对自由地纵横驰骋，必须以相对固定的自然因素为物质基础，把握自然因素提供的可能性，去创造文化的现实性。中国南北运河的开掘，是一个典型例证。

天然河流的走势是地理环境决定的，而人工开凿的运河，则是人类的创作，但这种创作必须依凭地理环境提供的条件，因势利导，顺天而行。

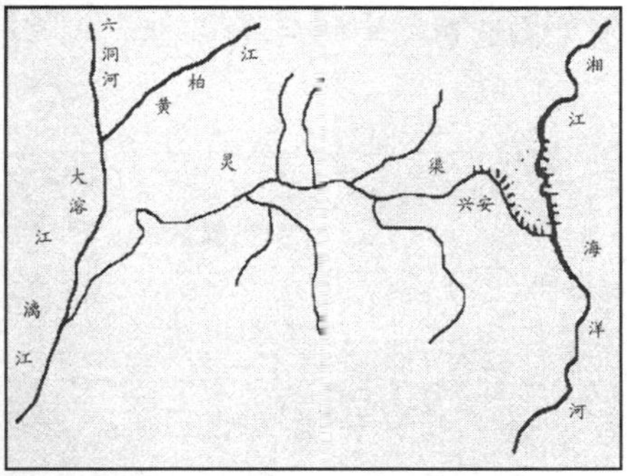

灵渠图

中国地理大势西高东低，江河多为西—东流向，故东西向水运畅通，而南北向水运受阻。水运较陆运价廉，当南北物资、人员沟通规模增大之际，开辟南北向运河的任务便提上日程，著名者当推灵渠与南北大运河。

灵渠系秦始皇时为统一岭南，令史禄兴修。该渠南北向，沟通长江支流湘水、珠江支流漓水，联系长江、珠江两大东西向平行水系。灵渠历代屡有疏浚改建。笔者 1995 年前往参观，见该渠设斗门多座，顺次开闭，使船只越过高地，渠水可自流灌溉。灵渠至今仍在发挥南北航运及灌溉作月，令人由衷钦佩先民因势利导、锐意创制的高超智慧。

广西兴安灵渠

南北大运河是沟通黄河—淮河—长江等东西向水系的大制作。这项历史性工程始于春秋末期吴国挖掘邗沟（在今江苏中部，后称里运河，连接淮河与长江）。南北运河的大规模开凿是隋炀帝杨广执政时展开的。

隋大业元年（605）开凿通济渠，西段起自东都洛阳西苑，引谷水、洛水贯洛阳城，东出循阳渠故道，至偃师入洛水，由洛水入黄河；东段起自板渚，引黄河水东行汴水故道，折而东南，至商丘，东南行蕲水故道，注入淮河。通济渠沟通黄河中游与江淮地区，唐代改名广济渠。

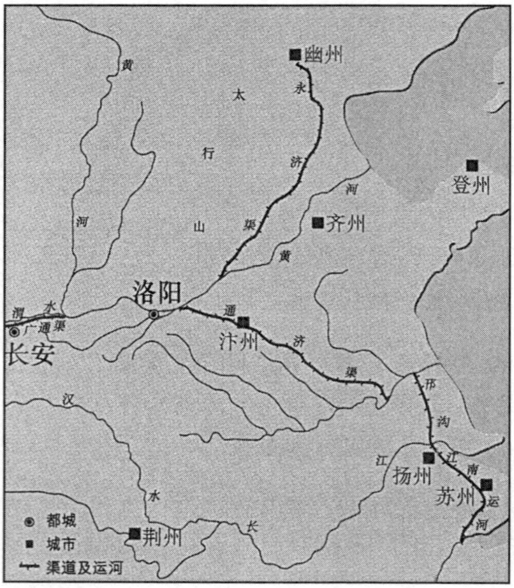

隋代大运河图

隋大业四年（608），炀帝诏发河北诸郡男女百余万开永济渠，引沁水，南达于河，北通涿郡（今北京城区西南隅）。隋代还修凿江南运河，自镇江至余杭（今杭州）。

元代对南北运河力加扩展、拉直，增北运河（北京通县至天津）、南运河（天津至山东临清）、鲁运河（山东境内），利用天然河道加以疏浚修凿，连接而成贯通南北的大运河，北起北京，南至杭州（故称“京杭运河”），沟通海河、黄河、淮河、长江、钱塘江五条东西向水系，全长 1794 公里，是世界最长的通航运河，至今使用不辍，不仅承担巨大运输任务，而且是“南水北调”工程的东线通道。

大运河是工业革命前规模最大、水平最高的土木工程项目，促进了南北物资交流和领土的统一管辖。2014 年 6 月在联合国教科文组织第 38 届世界遗产委员会会议上被列入世界遗产名录。

灵渠与大运河的开凿，是人类依凭地理环境又加以改造的杰作。它们生动地宣示：地理环境是必须尊重的，同时也可以因势利导地进行整治。在尊重自然与改造自然的统一中，谋求人类的福祉。

运输繁忙的当代京杭运河

（三）人文因素的创造性伟力（乙）：以桥梁架设为例

开掘运河，以克服东亚大陆江河西东走向带来的南北运输不便，与此异曲同工，广架桥梁是山川纵横的中国调整自然环境，使之适应生产、生活之需的又一卓越努力。

桥梁，泛指一切架空的人造通道，略分“跨水”与“越谷”两大类，又以跨水为主，《说文解字》段玉裁注曰：“梁之字，用木跨水，今之桥也。”

李春塑像（刘建林摄）

中国江河纵横，提供灌溉之利、航运之便，同时也带来行旅的艰难，如西东向的黄河、淮河、长江、珠江，都造成南北向交通的障碍，水量巨大的长江更有“天堑”之称，在古代曾一再阻挡北方铁骑南下，给商旅带来的困顿就更为普遍。为了克服山川阻隔造成的困局，中国古来即以造桥为国计民生大事，形成丰厚的桥梁文化传统——

（1）先贤充分肯认桥梁的重要作用，所谓“有桥千程近，隔水咫尺遥”，所谓“坦平箭直千人过，驿马驰驱万国通”，所谓“一桥飞架南北，天堑变通途”。既然桥梁如此利好于家国天下，故中国人历来把“修桥补路”视作大善之举。

（2）勇于并勤于修造桥梁，中国自古便是桥梁大国，开掘了多样的造桥材料，遂有木桥、石桥、砖桥、竹桥、藤桥、铁桥、钢筋水泥桥，乃至盐桥、冰桥等。创造了丰富的桥梁形制，有梁桥（平桥）、浮桥（舟桥）、索桥（吊桥）、拱桥等。其中拱桥最富技术含量，为中国首创，南北朝的《水经注》已有记载。

拱桥实物存世最古的是隋代匠师李春设计建造的安济桥，因地处今河北赵县，旧属赵州，故又称“赵州桥”。此为单孔敞肩石拱桥，借助拱形强大的抗御力，省用桥柱，飞跨洨河两岸而牢固如磐，历1400年仍雄姿巍然。赵州桥昭显先民知晓并运用力学原理于桥梁建设的卓异成就，所谓“奇巧固护，甲于天下”。

赵州大石桥真景全图

时至近现代，借助工业革命的伟力，桥梁建设的规模和技术水平不可同日而语。

茅以升（1896—1989）主持修建的钱塘江大桥，用30个月工期，完成中国首座大型钢桥，1937年竣工，即逢抗日战争爆发，该桥使10余万难民得以通过，后日军迫近，茅以升忍痛炸毁钱塘江大桥，恢复钱塘江天堑，以阻挡日军。

中华人民共和国成立后，建桥事业长足进展。“万里长江第一桥”武汉长江大桥1957年落成。此桥中长1155米，为大跨度钢桥。笔者当年作为初中三年级学生曾多次到大桥工地参加义务劳动。此桥为民众钟爱，1957年前后诞生的武汉人以“大桥”“汉桥”“长江”“长虹”命名者甚众。

万里长江第一桥——武汉长江大桥（刘建林摄）

1968 年落成的南京长江大桥，是中国人独立主持设计施工的长江大桥。

改革开放 40 年，进入建桥黄金时代，以武汉为例，近十余年新建七座长江大桥，连同老前辈武汉长江大桥，八座桥梁为大武汉造就了三环交通线。“江城”武汉也赢得“桥城”之名。

40 年间一系列桥梁世界纪录由中国打破：

1982 年世界最大跨度的铁路斜腿钢架桥——主跨 176 米的四川安康桥落成；

1997 年主跨 590 米的上海徐浦大桥落成；

2005 年跨径 1490 米的润扬大桥落成；

2008 年跨海大桥——杭州湾跨海大桥落成；

2018 年港珠澳大桥开通……

杭州湾跨海大桥

中国正在引进国外斜拉桥结构设计等技术，进一步开掘我国传统的悬索桥结构技术，并使之现代化。

据报道，2020年前，中国将兴建大、中、小型桥梁20万座，桥梁在向雪域高原进军。

桥梁不仅具有便利交通的实用价值，而且也是景观的有机构成，中国桥文化的一大特色便是对桥梁美学意蕴的关注与深度开掘。

自古以来，中国人爱桥、颂桥，赋予桥梁灵动的美感。有将其喻为彩虹的——“玉带垂虹”（古建专家陈从周），“架石飞梁尽一虹”（宋人杜德源），李白更有“两水夹明镜，双桥落彩虹”① 的名句。杜甫赠李白诗云：“水深波浪阔，天使蛟龙得。”将桥比拟为舞跃于水深浪阔之中的蛟龙，可谓妙想。

桥架水上，水映月色，故在诗人笔下，桥、月每每联姻，唐人杜牧的“二十四桥明月夜，玉人何处教吹箫”②，何等情致！

桥是联系的纽带，故为会友处，更是天各一方的情人相聚处，“鹊桥之会”传诵千古。

桥既然是聚散离合的节点，人们常常因桥怀旧、勾起思故之绪。唐人刘禹锡《杨柳枝》词云：“春江一曲柳千条，二十年前旧板桥；曾与美人桥上别，恨无消息到今朝。”明人葛一龙诗曰：“桥上飞花桥下水，断肠人是过桥人。”桥畔送别，灞桥折柳，成为惜别的特定场景。宋人柳永词云：“参差烟树灞陵桥，风物尽前朝，衰杨古柳，几经攀折，憔悴楚宫腰。”南宋陆游追思唐婉，有“伤心桥下春波绿，曾是惊鸿照影来”的名句。

桥梁寄寓了或壮丽或悱恻的诗情画意，说明桥梁的美学价值不在实用价值之下。人们的美感诉求，不仅寄托在杭州西湖的“残雪断桥”、北京颐和园的玉带桥等园林桥上，同时对各种交通桥也有美学要求。法国巴黎塞纳河上、匈牙利布达佩斯多瑙河上竞展典雅的多座桥梁被列国游人称颂，正报告着此种消息。

桥梁，接通江河阻隔，给人类带来交往之便，又与山川融为一体，提供悦心娱目之美，“能使山河增瑞色，永偕日月赛光华”。

---

① 李白：《秋登宣城谢朓北楼》。

② 杜牧：《寄扬州韩绰判官》。

第二节　中国文化赖以生成的地理环境

黑格尔《历史哲学》首篇《历史的地理基础》，开宗明义曰：

> 助成民族精神的产生的那种自然的联系，就是地理的基础。①

由地理要素构成的“自然的联系”，也即文化生成的空间条件，是民族精神“表演的场地”和“必要的基础”。②

一、诸古文明空间条件比较

世界古文明的发祥地皆在暖温带—亚热带，多有江河灌溉，但各古文明的空间范围又各有特点，这些特点对诸文明的生成有着久远影响。

（一）外域文明地理背景概览

（1）埃及文明，滋生于尼罗河第一瀑布（今阿斯旺附近）下游。被称作“下埃及”的尼罗河三角洲面积约 2.4 万平方公里，加之“上埃及”的一千多公里长的狭窄河谷平原，宜于发展农业的地域共计不超过 4 万平方公里。在这片因尼罗河泛滥而凝集的沃土以东，是地势高峻起伏的东部沙漠，以西是浩瀚无际的利比亚沙漠（撒哈拉沙漠的一部分）。埃及人创造辉煌的古代文化，主要依托于那片被大海和沙漠围护着，由尼罗河滋润的冲积平原。古希腊史学家希罗多德正是在这一意义上，称埃及为“尼罗河的赠礼，埃及文化乃是尼罗河的恩赐，埃及是尼罗河的女儿”。③

（2）美索不达米亚文明，又称巴比伦文明④。“美索不达米亚”是希腊人对西亚底格里斯和幼发拉底河谷的称呼，意即“两河之间的地方”。这一最古老的文明发轫于两河流域上游的扇形山麓地带（今土耳其东南部与伊拉克交界

---

①② ［德］黑格尔著，王造时译：《历史哲学》，三联书店 1956 年版，第 123 页。

③ 希罗多德《历史》王以铸中译本（商务印书馆 1959 年版）的译文为“埃及人是由于尼罗河的赠赐而获得土地”。

④ 巴比伦是美索不达米亚地区的巴比伦王国及新巴比伦王国的首都，建于公元前 3000 年。前 4 世纪末转衰。史书常将“巴比伦”代称美索不达米亚。

处），以后，受到干旱威胁的人们为寻求饮水和灌溉之便，进入底格里斯—幼发拉底河河谷，开垦两河流域中下游平原。两河流域以东，是险峻的扎格罗斯山脉和干燥的伊朗高原，以西是叙利亚沙漠。美索不达米亚文明得以繁衍的区域，大体限于两河流域适宜农耕的几万平方公里，加上地中海东岸今叙利亚、黎巴嫩、以色列滨海地区，组成“肥沃新月带”，比埃及文化依托的尼罗河河谷及三角洲面积稍为阔大，但格局终究有限。

（3）希腊文明，起源于克里特岛和伯罗奔尼撒半岛的滨海小平原。在这些被崇山峻岭所包围的面对海洋的土壤贫瘠的区间，形成若干个面积数百至数千平方公里，人口几千到几万的城邦，其中的大国如雅典，极盛期的人口也不过25万。由于负山面海，腹地狭窄，向海外展拓成为希腊诸城邦的出路。“希腊文明的游牧形态，希腊生活的多中心，希腊殖民地之分布于东西南北”[①]等希腊主义的特点，均与上述地理形势有关。

（4）印度文明，起源于印度河流域的哈拉巴和莫恒达罗周围10余万平方公里地区，以后又扩展到恒河流域及德干高原。然而，横亘于北方的喜马拉雅山脉和帕米尔高原，使印度人的活动范围基本限于印度半岛之内200余万平方公里，这里均属热带，气候的复杂性及地域开阔性不及东亚大陆。

（5）印第安诸文明，其地理范围也都有限：玛雅文明和阿兹特克文明囿于中美洲山地和丛林（今墨西哥、危地马拉一带）；领域较阔大的印加文明也很少越出安第斯高原，主要在今秘鲁西部山地。[②]

（二）领地辽阔的中国文明

与以上各古文明相比照，中国文明大厦拥有一个较为宽广的地基。

中国文化重要的发祥地之一黄河流域，是一片80万平方公里的黄土高原和冲积平原，在古代曾经是林茂草肥、自然生态较良好的地域，华夏先民在这里狩猎、放牧，进而发展农耕业，奠定了文明的根基。

---

① 梅根：《希罗多德和修昔底德》，第V卷第19章，转引自顾准：《希腊城邦制度》，中国社会科学出版社1986年版，第3页。

② 一本流行美国的比较文化史读物*Guns, Germs, and Steel: The Fates of Human Societies*，有关于地理环境影响文化传播的评析：美洲大陆西部是狭长的南北走向的安第斯山脉，东部是波状起伏的高原，这种南北纵列经线走向的地形决定了印第安诸文明相比旧大陆文明之劣势：在不同纬度（温度气候差异大）间移动，文明的传播较之于在同纬度、不同经线间传播更为困难。所以印第安诸文明相对独立、各自为营。此材料由宋龙妹提供。

过去习惯于把黄河流域称作中华文化的摇篮，但中华文化的策源地又决不限于黄河流域。云南元谋、陕西蓝田、北京周口店、湖北郧县等处猿人化石的发现，表明中华民族的祖先早在100多万年至几十万年前，已栖息于东亚大陆的广大区间。近百年的考古发掘证明，不唯黄河流域，而且180多万平方公里的长江流域，乃至辽河流域、珠江流域以及西南崇山峻岭间，也都有悠久的文明史。

自殷商起，中国正式进入有文字记载的时代，先民的活动地域愈益扩展。商人最早居住在山东半岛，大约在公元前14世纪，长期流动不定的商族在商第10代君主盘庚率领下，从奄（今山东曲阜）迁徙并定都于殷（今河南安阳西北小屯村），商人的居住中心转移到黄河中游。

周人则崛起于陕甘高原，又在泾渭平原得到发展，进而向东挺进，克殷并经营洛邑，从偏处西土的部落发展为雄视中原的王族。

秦汉以后，上述各区域文化融合为汉文化，先民继续开疆拓土，实行民族交会，形成广土众民的大帝国，又经唐、宋、元、明、清历代的发展，造就今日中国陆地面积达960万平方公里的领土格局，为中华文化的滋生繁衍提供宏阔的天地。

二、环境丰富性：中国文化多样化发展的前提条件

当我们把中华民族数千年间生于斯、长于斯的东亚大陆及邻近海域置于世界地理的总背景上加以考察，就会发现其特色：领域广远，腹里纵深，回旋天地开敞，是一种足可创造气度恢弘文化的博大空间，诚所谓“海阔凭鱼跃，天高任鸟飞”。

（一）地形、地貌、流域繁复

埃及和美索不达米亚的地形地貌大体是山岭沙漠包围的冲积平原这一类格局，气候均属干燥亚热带；印度虽然地形地貌较复杂完备，而气候却基本囿于热带；至于希腊、罗马的地形地貌大体是山海相间的半岛及岛屿，气候则只有地中海气候一种类型；印第安诸古文明所依托地区的地形和气候，也局限于热带雨林和安第斯山系。相形之下，滋生中华文化的东亚大陆，其地形、地貌、气候则相当繁复多样。

中国地势西高东低，山地、高原和丘陵约占三分之二，盆地和平原约占三分之一，山川纵横，气象阔大。

同埃及文明囿于尼罗河流域相异，中国文明滋生地不是依托一个江河流域，而是拥有黄河流域和长江流域两个气候、土壤等地理格局颇相差异的两大区段。当黄河流域因垦殖过度、气候转向干冷等缘故而导致农业自唐以后渐趋衰落之际，长江流域后来居上，焕发其优越的自然禀赋，成为粮食、衣被、财赋的主要供应区，起到重要的文化补偿作用。又因黄河流域邻近游牧区，一旦长城突破，就可能被游牧人占据，中州士女大规模南迁，而"长江天堑"便成为农耕人的又一道防卫线，拥有巨大经济潜力的长江流域可以为农耕文明提供退守、复兴的基地（东晋、南宋为显例）。加之岭南的珠江流域、闽南滨海地带、云贵高原、台湾、海南岛，更增添了回旋区间的丰富性和广阔性。

中国文明延绵不辍，没有出现埃及、巴比伦、哈拉巴、希腊、玛雅等古文明那样的中绝现象，与中国地域广阔、地理形势繁复颇有关系。

（二）铁马秋风塞北，杏花春雨江南

唐翼明书写的条幅

按地理环境的一个重要因素——气温带（由纬度）进行分类，人类可以粗略区别为寒带民族、温带民族和热带民族。由于温带气候适中，提供较良好的生产、生活条件，所以，温带—暖温带成为文明的发祥地和繁盛之区。"历史

的真正舞台所以便是温带，当然是北温带，因为地球在那儿形成了一个大陆，正如希腊人所说，有着一个广阔的胸膛。”[①] 而中国正处在北半球的温带—暖温带—亚热带，地理环境提供了“自然之富，物产之丰”，这显然是古老的中国文明得以滋生发达的一个先决条件。

中国大部属温带，亚热带区域也不小，最南部伸入热带，最北部伸入亚寒带。岁初的大兴安岭冰天雪地，而同时的海南三亚仍沐浴在和煦的阳光之下。所谓“铁马秋风塞北，杏花春雨江南”尽在自古以来的中国疆域之内，这在世界诸古文明中是罕见的。

占有完备的气候带，提供了农业经济多样发展的地理基础，如秦岭淮河以北成为以小麦、粟米为主要作物的旱地农业区，秦岭淮河以南成为以稻米为主要作物的水田农业区。又由于降雨量的大势是东部充沛而西部稀少，这是东部为农耕区，西部为游牧区的自然基础。中华文化内部的南北之别、东西之异，正植根于这种与地理环境有密切依存关系的经济生活的土壤之中。

（三）多样化的区域文化

中华文化自其发生期，即因环境的多样性而呈现丰富的多元状态，到晚周，各具特色的区域文化已大体成形——

东临沧海、山海兼备的齐鲁文化大相歧异于处在“四塞之地”的秦文化；

地居中原的三晋文化不同于南方的楚文化；

同在长江流域而分处上游、中游、下游的羌藏文化、巴蜀文化、荆楚文化与吴越文化各有特色。

至于在湿润的东部发展起来的农耕文化与在干燥的西部发展起来的游牧文化，更大相径庭。

中国作为一个幅员辽阔的泱泱大国，各地的自然条件千差万别，经济、政治水准也参差不齐，因此，各地文化的发展极不平衡。这种由地区多样性导致的文化多元倾向，与文化“大一统”倾向相辅相成，共同构成中国这个东方大国文化的显著特点。“天下同归而殊途，一致而百虑”[②]，《周易》的辩证思维揭示了中国历史和文化发展的统一性与多样性这两个彼此矛盾又互为补充的

---

① ［德］黑格尔著，王造时译：《历史哲学》，三联书店1956年版，第124页。

② 《周易·系辞下》。

倾向。

中华文化在漫长的发展历程中，因其腹地开阔，南北东西各路相激相荡，北方的孔墨与南方的老庄既相批判又相吸纳，西部的商韩与东部的管邹则互为应援，呈现区域文化多样化发展的局面，“燕赵多慷慨悲歌之士，吴楚多放诞纤丽之文”①，正所谓——

> 长城饮马，河梁携手，北人之气概也；江南草长，洞庭始波，南人之情怀也。散文之长江大河，多一泻千里者，北人为优；骈文之镂云刻月，善移我情者，南人为优。盖文章根于性灵，其受四围社会之影响特甚焉。②

文化类型南北之异、东西之别，受到人文因素的影响，而地理环境的多样性毕竟是文化多样化发展的基础。

三、腹地广阔提供文化中心转移纵深——兼议京师迁徙和南方崛起

每一个文化圈，都有核心地带、半边缘地带和边缘地带。这些地带的分野并非凝固不变，而是时有转移的。如西欧文化圈，15 至 16 世纪核心在地中海北岸的意大利北部及佛罗伦萨；17 世纪以后便转移到东北大西洋沿岸的英国、荷兰和法国。中华文化圈的核心也多有迁徙，辽阔的疆域、参差不齐的地理形势不仅提供了文化多样化发展的可能性，而且为文化中心的转移创造了前提。

（一）从京师屡迁看文明中心转移

几千年来，中国文化的中心多有转换，大体沿着自东向西（从河洛向关中），继之又由西北而东南的方向转移。这从各朝代文明的中心——首都的迁徙轨迹中，可略见端倪。

中国古代先后涌现过数以百计的都城，夏、商时期，作为“政治与文化之标征”的都邑皆在东方③，且极不稳定，以商朝前期为例，京城即有“八迁”之说，自商王盘庚迁殷（今安阳附近），方有较固定的都邑。

---

①② 梁启超：《中国地理大势论》，《饮冰室合集》之二《饮冰室文集》，中华书局 1989 年版。

③ 详见王国维：《殷周制度论》，《观堂集林》卷十，中华书局 1959 年版。

除去若干次要的京城，中国历史上曾雄峙“七大古都”，以今名称之，它们是——

安阳、西安、洛阳、开封、南京、杭州、北京。

（1）安阳位于河南北部，是目前所确认的中国较早的古都——“殷”的所在地，殷王朝曾在这里统治天下 273 年。东晋十六国与南北朝时期，又有后赵、冉魏、前燕、东魏、北齐相继在与安阳互为隶属的邺城立都。因而安阳有“六朝故都”之称。

（2）西安地处泾渭平原，山河拱戴，是所谓“四塞之地”，自西周起，先后有 11 个王朝在此处及周边立都。“自五帝以来，政治文物所自出之都邑，皆在东方，惟周独崛起西土。”[①]西周在丰、镐，秦在咸阳，西汉、新莽、前赵、前秦、后秦、西魏、北周、隋、唐均在长安（即今西安）立都，刘玄、赤眉、黄巢、李自成曾在此建立政权，东汉也一度设都于此。自西周至隋唐，西安一带作为都城的时间前后 1191 年，故人称“千年古都”。

（3）洛阳位于河南西部、黄河支流洛水流域，“处天地之中”，西周时周公即营洛邑以镇守东方，屏卫镐京王畿。从东周起，又有东汉、曹魏、西晋、北魏、后梁、后唐共七朝立都于此，隋炀帝与武则天也曾从长安迁都于此。洛阳因而有“九朝名都”之誉。

（4）开封位于黄河以南豫东平原上，“开封古城，七朝都会”，曾为战国时期的魏国都城，五代时期的后梁、后晋、后汉、后周以及北宋，又以此为京师。后期金朝，为回避蒙古人狂飙似的进攻，曾从燕京迁都开封。

（5）南京位于长江下游，“江南佳丽地，金陵帝王州”，在公元 3 到 6 世纪，是孙吴，东晋，南朝宋、齐、梁、陈，及五代南唐的首都。明代洪武、建文及永乐前中期立都于此。19 世纪中叶的太平天国也在此设都，称天京。辛亥革命后，中华民国又先后两次立都南京。

（6）杭州水光潋滟、山色空蒙，地处杭嘉湖平原南端。五代吴越国与南宋曾以它为京城所在。

（7）北京地处华北平原北沿、燕山山脉南麓，曾依次是春秋时代的燕都蓟城、五胡十六国时期前燕的都城、金朝中都、元代大都以及明清两代京师所在

① 王国维：《殷周制度论》，《观堂集林》卷十，中华书局 1959 年版，第 452 页。

地，现为中华人民共和国首都。

北京紫禁城中轴线

七大古都散布于中华大地的中、西、南、北、东，然其位置的更替，隐含着文化生态的规则与意义深远的历史机缘。

殷商以来，黄河中下游，也即中原一带，是全国最富饶的区域，又接近王朝版图的中心，是兵家必争之地，把握中原，意味着把握住天下，因此，从殷周至隋唐，国都始终在中原徘徊。安阳、西安、洛阳一带被多次选为国都，原因盖出于此。

汉唐以降，由于西北游牧人的军事威胁和东部地区富庶程度提升，都城有东移倾向，如西汉都长安，东汉都洛阳，唐代武则天兼领长安、洛阳两都，北宋更进一步将京师东移开封（称东京），以靠近运河干道。汉唐宋中国京都在东西轴线上，有一种自西向东迁移的态势。

从北宋开始，东北契丹、女真等半农半牧民族兴起，农耕民族与游牧民族冲突交往的重点区段已由长城西段转至长城东段。再加之运河淤废，黄河泛滥，无论是政治、经济，还是军事、交通，关中、河洛已丧失控扼天下的地位，自宋室南渡以后，长安、洛阳、开封都已不具备昔日制内御外的强劲功能，以至元、明、清三朝，国都与黄河中下游无缘。长安更名为安西、西安，形象地表明它已由全国雄都变为一方重镇。

以宋代分界，此前中国都城主要在东西轴线上流转，此后主要在南北轴线上移动。

南宋立都临安，金朝立都燕京，崛起于北方草原的蒙元以大都（今北京）为京师，成帝业于东南的朱元璋又建都南京，燕王朱棣从侄儿建文帝手中夺权，是为明成祖，他把首都迁到自己的根据地北平，升北平为北京，借天子之威，震慑北方游牧民族，自此，北京成为明清两代国都。作为政治、军事中心的北京，经济上主要仰赖东南财赋，凭借京杭运河源源不绝的粮食、衣被等种种物资补给，因而北京有“飘来的都城”之名。而兴兵南方的太平天国和中华民国又相继定都南京，更昭显南方已然成为国家重心。

上下三千余年间，从安阳殷墟到北京紫禁城，中国古都此消彼长，它们大体沿着东西、南北两条轴线移位，这正透露出中国经济重心的转移、诸政治集团的更迭、民族关系的弛张。经济学家冀朝鼎（1903—1963）在《中国历史上的基本经济区与水利事业的发展》一书中，指出自春秋至清末两千多年间的王朝更迭，均与“基本经济区”由北向南渐次移动几相吻合。这是透见千古的洞见。

（二）南方崛起

夏商周三代的政治、经济、文化中心在黄河流域，但也开始了黄河以南的开发，商代前期在今湖北武汉北郊建立城堡（今名“盘龙城”）便是南扩长江中游的表征。西周经营江汉，与周人同时兴起的楚人“筚路蓝缕，以启山林”，开发长江中游，春秋战国时巴蜀文化、荆楚文化、吴越文化在长江上游、中游、下游并起，直追中原。

自汉唐以降，由于北方游牧民族的军事压迫，中原王朝的基本态势是：北向防御，南向拓殖，而南方优越的自然禀赋和广大空间，则为南向发展提供了条件。

自秦汉起，在黄河流域以政治经济中心雄踞中华之时，长江流域的开发也取得长足进展。以户口论，西汉时北方与南方呈 3 比 1 的优势；到东汉时，则变为 6 比 5，已大体持平，至北宋则为 4 弱比 6 强，南方成反超之势。[①] 若以汉、唐、宋三朝为坐标点加以比较，其人口状况如下：

① 参见谭其骧：《论两汉两晋户口》，《禹贡半月刊》第一卷第七期。

时代 \ 人口比例 \ 地区	黄河流域	长江流域	珠江流域
西汉平帝开始二年（公元 2 年）	75.5%	20.9%	1.6%
唐玄宗天宝年间（公元 742—756 年）	61.4%	25.8%	2.8%
北宋神宗元丰元年（公元 1078 年）	34.8%	58.4%	6.8%

今日分布于广东、广西、福建、江西、四川、湖南、台湾等省以及东南亚各国的 4529 万“客家人”[①]，便是始于秦朝末至宋朝初的南迁汉族人在闽、粤、赣交界地区，融合百越诸族（畲族、瑶族、南越族、闽越族等）形成的民系。客家文化继承汉族文化传统，又融合百越族文化，形成独具魅力的客家文化。目前正在中国大陆和台湾以及香港、海外开展研究的“客家史”，生动展现了中华文化由北向南，由东亚大陆向海外移动的历史。

南方崛起，尤以晋唐、两宋为关键时期。

西晋末“永嘉之乱”、唐中叶“安史之乱”、北宋末“靖康之变”，都曾导致大批中原人南下，加速了长江流域、珠江流域、闽浙沿海及云贵高原的开发。

较之北方，南方的经济水平自晋、唐以至于两宋逐渐驾而上之，正所谓：“秦汉以前，西北壮而东南稚也……至于宋代，而壮者已老，稚者已壮矣。”唐代有“赋出天下，江南居什九”[②]之说，宋代有“苏湖熟，天下足”[③]的谚语，明代又有“湖广熟，天下足”[④]的民谣，显示南方开发面从长江下游上溯中游的深度拓展。

元代立都于燕，“而百司庶府之繁，卫士编民之众，无不仰给于江南”。[⑤]明清南方经济的重要性有增无减。

经济重心的南移，并不意味着政治—军事重心的随之南移，因为政治—军

① 见吴泽:《群策群力开拓客家研究新局面》,《客家史与客家人研究》, 华东师范大学出版社 1989 年版。

② 章潢：《图书编》卷三四，《统论南北形胜》，文渊阁四库全书本。

③ 高斯德：《耻堂存稿》卷五，“宁国府劝农文”条。

④ 李釜源：《地图综要》内卷。

⑤ 《元史・食货志・海运》。

事重心的确立除经济因素外，还自有别种缘故，如地理位置居中以驭四方、择都的习惯性标准、抗御北方胡人的战略考虑等，使得经济重心已经逐渐南移的诸王朝，大多仍将首都设于北方。不过，仍然设置于北方的政治—军事中心，必须依凭东南财赋的支撑。为调适这种“政北—经南”的格局，便启动了隋唐至宋元南北运河的开掘，特别造成元明清北方都城对运河漕运的严重依赖。

王夫之在讨论“华夷之别”时，指出华夷不同，在乎文野，一个地区由野变文，也即由夷变夏；反之亦然。他用唐以来先进的北方渐趋落后，蛮荒的南方则长足进步的事实，证明华夷可以易位。[①] 他还揭示中国文化中心转移的总趋势是“由北而南”：

> 三代以上，淑气聚于北，而南为蛮夷。汉高祖起于丰、沛，因楚以定天下，而天气移于南。郡县封建易于人，而南北移于天，天人合符之几也。天气南徙，而匈奴始强，渐与幽、并、冀、雍之地气相得。故三代以上，华夷之分在燕山，三代以后在大河，非其地而阑入之，地之所不宜，天之所不佑，人之所不服也。[②]

又以明朝之例说明文化中心南移的具体情形：

> 洪、永以来，学术、节义、事功、文章皆出荆、扬之产，而贪忍无良，弑君卖国、结宫禁、附宦寺、事仇雠者，北人为尤酷焉……今且两粤、滇、黔渐向文明；而徐、豫以北，风俗人心益不忍问。[③]

黄宗羲也有近似的观察和论述。他指出，由于经济重心已经南移，明代“都燕”（设首都于北京），是“始谋之不善”，不仅京师屡遭蒙古、满洲的军事威胁，而且仰赖江南漕运，“大府之金钱靡于河道”，有鉴于此，黄氏力主，后起之王者建都金陵（今南京），他从古今文化中心变迁大势论证金陵设都的合理性：

---

①③ 王夫之：《思问录·外篇》。

② 王夫之：《读通鉴论》卷一一。

> 秦汉之时，关中风气会聚，田野开辟，人物殷盛；吴、楚方脱蛮夷之号，风气朴略，故金陵不能与之争胜，今关中人物不及吴会久矣……而东南粟帛，灌输天下，天下有吴、会，犹富室之有仓库匮箧也。[①]

王夫之、黄宗羲代表了近古哲人对文化中心转移大势的认识。

（三）近代文化中心向东南转移

在近代，辽阔的中国发展也是不平衡的，文化中心进一步向东南转移。东南沿海成为中国近代文化的能量发散中心。

中国接受西方工业文明的影响，跨入近代社会门槛，是从东南沿海开始的。“得风气之先”的地区是广东，随后是福建和江浙。东南沿海诸省最先涌现一批“睁眼看世界”并进而“向西方求真理”的人物，如福建林则徐、严复，广东洪仁玕、郑观应、康有为、梁启超、孙中山，江浙冯桂芬、王韬、马建忠、张謇、章太炎、鲁迅等。与这些先进人物的出现互为因果，近代工商业、近代新学和近代政治运动也由东南诸省和海外华侨社会发轫。上海的江南制造总局开中国机器工业的先河，其翻译馆译介西书，沾溉晚清新学者；康有为在广州创办的“万木草堂”成为维新派养成所，梁启超在上海主笔的《时务报》是变法喉舌；广东更成为孙中山领导的革命运动首先活跃的省份。而近代新学、近代政治运动连同近代工商业在东南诸省兴起后，以锐不可当之势，向内地延伸、发展，形成由南而北、由东而西的运动方向，这与中国古代经济文化重心由北而南、由西而东的迁徙方向恰好相反。

同东南沿海相比，近代中国的北方和西北较为落后、保守，而长江中游诸省，尤其是湖北、湖南，正处在较开化的东南与较封闭的西北的中间地带。借用气象学语言来说：长江中游处在湿而暖的东南风与干而冷的西北风相交汇的“锋面”，因而气象因素繁复多变，乍暖乍寒，忽晴忽雨。如果说，整个近现代中国都卷入“古今一大变革之会”，那么，两湖地区更处在风云际会的旋涡中心。诚如晚清鄂籍留日学生所说，近代湖北是“吾国最重最要之地，必为竞争最剧最烈之场”，而“竞争最剧最烈之场，将为文明最盛最著之地”[②]。这

① 黄宗羲：《明夷待访录·建都》。

② 张继煦：《叙论》，《湖北学生界》1903 年 1 月第 1 期。

并非虚夸的惊世之论，而是有远见的预测。湖南在19世纪后半叶与20世纪上半叶对中国社会变革发挥的巨大作用，是举世皆知的；湖北则在20世纪初叶崛起为仅次于上海的工商业基地，继而成为辛亥革命首义之区，大革命心脏地带。

就近代中国社会变革而论，确乎是发难于东南沿海，而收实功于华中腹地，进而又推向华北、西北，又由华北、西北、东北推及全国，呈现一种东方不亮西方亮，此伏彼起的不平衡发展状态。这正是一个幅员辽阔、地理环境繁复多样、经济文化发展不平衡的东方大国的特色所在。

四、中国文化的地域展开

作为人类物质文明和精神文明创造总和的文化，因时间向度的演进而具有时代性，又因空间向度的展开而具有地域性。人们把研讨文化时代性演进的学科称之文化史学，把研讨文化空间性分布的学科称之文化地理学，这两门学科都有独立存在的价值和独立发展的历史。然而，时间和空间又是运动着的物质的两种密不可分的存在形式，时代性与地域性当然也是文化的两种相互依存的属性，我们只有全面观照这两种属性，并考察其互动关系，方能实在地把握文化生成的纵深度和广阔度。在这一意义上，历史学与地理学的联姻势在必行，文化地理的观照理当纳入文化生成史考察范围。

（一）不宜笼统界定中国文化

中国广土众民，文明传统悠久深厚，其文化的时代性演进和地域性展开均呈现婀娜多姿的状貌，切忌作简单化的描述与概括。历史地理学家谭其骧（1911—1992）指出：

> 把中国文化看成一种亘古不变且广被于全国的以儒学为核心的文化，而忽视了中国文化既有时代差异，又有其他地域差异，这对于深刻理解中国文化当然极为不利。[①]

① 谭其骧：《中国文化的时代差异和地域差异》，《中国传统文化的再估计》，上海人民出版社1987年版，第41页。

谭氏论说显然是有感而发的，因为，笼统地界定中国文化，已是一种司空见惯的做法，此类做法有碍于人们从共相与殊相辩证统一的高度把握中国文化，不利于开掘中国文化无比丰厚的内蕴。

要想获得对中国文化的深刻理解，必须纠正空泛、粗疏的学风，多做具体分析和实证研究，方能为综合与抽象提供坚实的基础。而此类工作的一个重要方面，便是对中国文化加以分区考析。应当说，在这方面我们有着宏富的遗产。

（二）划分"九州"

中华先民很早便在东亚大陆建立起幅员辽阔的国家，并对这片国土的自然风貌和人文状态作过真切的分区把握。成书于晚周（徐中舒认定为战国）的《左传》，有关于大禹"画九州"传说的记述：

> 茫茫禹迹，画为九州。[①]

沿袭此说，周秦之际成文的《禹贡》将纵横于东亚大陆的广袤国土分作九州，并对每州的土壤作出分类和等级划分。而土壤分类和等级划分，也就是对农耕文明地域作经济、文化水平的等级判定。

《尚书·禹贡》划分的九州为：

> 冀州、兖州、青州、徐州、扬州、荆州、豫州、梁州、雍州

其他古籍之"九州"与《禹贡》略同，又各有差异，反映了不同时代域分的区别，如《周礼·职方》有幽州、并州，无徐州、梁州；《尔雅·释地》有幽州、营州，无青州、梁州；《吕氏春秋·有始览》有幽州，无梁州。

"九州"约略反映了春秋末期以来中华先民栖息生养的地理范围的行政区划。

战国末期成书的《吕氏春秋》对九州的地望有较具体的划分，大体与晚周列国对应：

① 《左传·襄公四年》。

何谓九州？河汉之间为豫州，周也；两河之间为冀州，晋也；河济之间为兖州，卫也；东方为青州，齐也；泗上为徐州，鲁也；东南为扬州，越也；南方为荆州，楚也；西方为雍州，秦也；北方为幽州，燕也。①

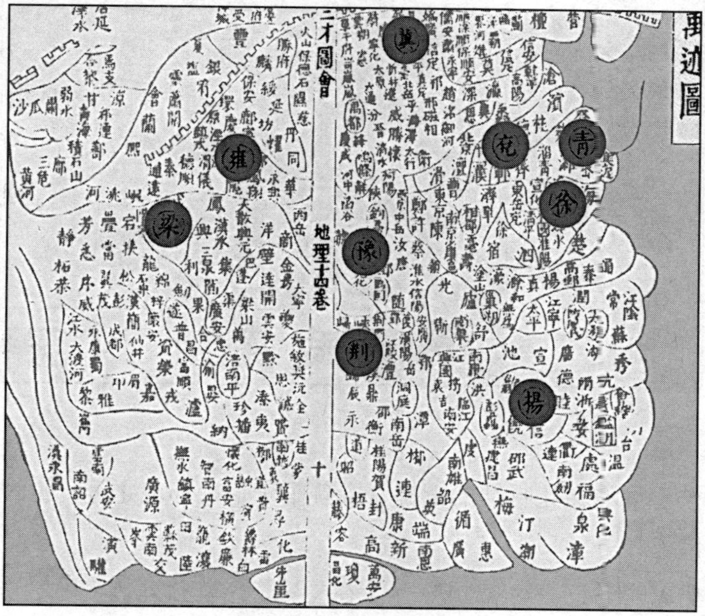

九州（明　陈圻《三才图会·地理十四卷·禹迹图》）

《尚书·禹贡》及《周礼·职方》《尔雅·释地》《吕氏春秋·有始览》所划出的“九州”，大体包括燕山山脉以南、五岭以北、青藏高原以东的广大区间，面积当在300万平方公里左右。这是自上古以来中华先民所着力开发的地段，在同期的世界文明古国中，领域的辽阔罕见其匹。

中国的地域特征，如楚文化专家张正明（1928—2006）所称：北方中原文化，雄浑如触砥柱而下的黄河；南方楚文化，清奇如穿三峡而出的长江。此说暗合梁启超对南北自然风貌、文化精神大相异趣的描述：

北峻南孅，北肃南舒，北强南秀，北僿南华。

① 《吕氏春秋·有始览》。

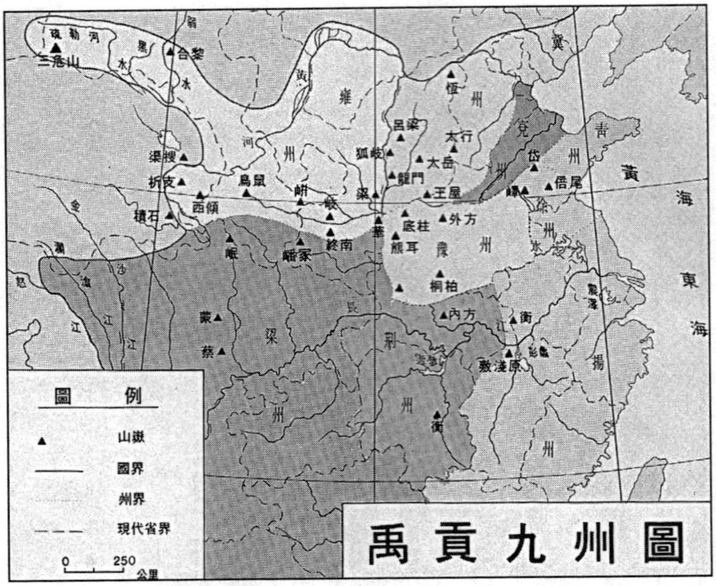

今绘“禹贡九州图”

这种关于区域文化特征的把握，既着眼于地理环境之分，也观照社会生活、人文传统之别。

西汉史家司马迁（约前145—？）在《史记·货殖列传》中对当时南北东西各地的物产和人文特色有传神的描绘。西汉末年学者刘向则将汉朝全境划分为若干区域，丞相张禹（？—前5）又令僚属朱赣按区域介绍风俗。东汉史家班固（32—92）所撰《汉书·地理志》集上述之大成，对当时的中国作出“域分”，并记录各地风俗，绘制出文化地域特征的生动画卷。以《汉书》为端绪，历代正史地理志以各朝疆域为范围，以政区建制为纲目，分条记述山川、物产、风俗，形成文化区域研究的良好传统，奠定了我们今日深入探讨文化区域的前进基地。

（三）文化区

今之地域研究涉及的一个基本概念是“文化区”。作为文化的空间分类，文化区由自然、社会、人文三重因素所决定，三者在历史进程中综合成某种地域性文化特色。古史专家徐旭生（1888—1976）提出中国远古部落三大集团说：

西北的华夏集团（黄帝、炎帝、颛顼、舜、祝融等族）
东方的东夷集团（太昊、少昊、蚩尤等族）
南方的苗蛮集团（三苗、伏羲、女娲等族）[①]

跨入文明门槛后，东夷和苗蛮渐有汇入华夏的趋势，组成中原文化。

与由殷人和周人所代表的中原文化相并列，楚人在长江流域发展楚文化，使中华文化的范围进一步扩展。

自春秋以至战国，中国大体形成七大文化区——

三晋　齐鲁　燕　秦　荆楚　巴蜀　吴越

七大文化区地理范围大约包括秦长城以南，黄河上下，长江南北。

另有历史地理学者分作六区：黄河中游区、黄河下游区、江汉区、长江三角洲区、赣粤区、陇东塞外区，即所谓“六瓣梅花形”汇聚成华夏文明。

文化区示意图

① 见徐旭生：《中国古史的传说时代》，广西师范大学出版社 2003 年版。

文化区并非静态、凝固的空间存在，而是因时演变的。一般而言，构成文化区的自然因素变化较慢，社会、人文因素迁衍较快。王夫之常用“天气南移”“地气南徙”诸说法，而他所谓的“天气”“地气”，并非专指自然之气，而是自然、社会、人文的综合，更多地包蕴社会、人文因素。事实上，自从具有理性的人类介入，造成文化世界，我们这个星球上的变化往往不再是单纯的自然运动，即以各地土壤肥瘠的变迁而论，便深深打上人类活动印记。曾被《禹贡》（反映周秦之际状况）列为下中、下下的长江流域，至近古已成上上之地，如宋人王应麟（1223—1296）说：“今之沃壤，莫如吴越闽蜀。”[①] 至于各地风俗、学术的异动，更是古今起伏，时有更迭。这是在作区域研究时应予注意的。

（四）多级次文化域分

当下我们所作的区域文化研究，在观照历史的前提下，更要着眼当下。今日中国，北起漠河，南达南沙群岛的曾母暗沙，西起“世界屋脊”帕米尔高原，东及黑龙江与乌苏里江汇合处，领土面积约与整个欧洲相当。鉴于中国领地的辽阔和文化类型的复杂，有必要作多级次的文化域分。

第一级次，按照自然条件和经济文化类型，中国可分作东、西两部：

从黑龙江的瑷珲到云南的腾冲之间作一连线，东半壁是向太平洋倾斜的低度高原、丘陵和平原，季风气候使之干湿交替、季节分明，数千年来形成发达的农耕经济、繁富的典章制度和精深的艺文哲思；

西半壁以草原、沙漠、高山、高寒高原为主，属大陆干旱性气候，自古以来繁衍着粗犷奔放，富于流动性和生命活力的游牧文明，游牧人的征伐，曾一再震撼东亚、南亚、西亚乃至欧洲的农耕区。

东西两大文化区的互动，构成中国历史的重要内容，并为中国文化的丰富性和多样化发展提供了无尽的源泉。本书“第五章　农耕与游牧”详论于此。

第二级次，东部农业文化区可分为两个亚区：以汉族为主体的中原农业文化亚区，以西南少数民族为主体的农业文化亚区；

第三级次，中原农业文化亚区，自北而南可分为七个副区：燕赵文化副区，晋文化副区，齐鲁文化副区，中州文化副区，荆楚文化副区，吴越文化副

---

① 王应麟：《玉海》卷一七。

区，巴蜀文化副区；

中原农业文化亚区向北延展为松辽文化副区，中原农业文化亚区向南延展为闽台文化副区和岭南文化副区；

西南文化亚区分为：滇云文化副区，贵州文化副区；

西部游牧文化区可分为两个亚区：青藏高原游牧文化亚区；

蒙新草原—沙漠游牧文化亚区，此亚区又分作：塞北文化副区，甘宁文化副区，西域文化副区。

地理环境的丰富性、差异性，养育并制约历史生成及演进的复杂性，塑造了异彩纷呈的区域文化，共同组成多元一体的中国文化。

五、汉字文化圈及中华元素

从自然地理与人文地理综合的视角出发，东亚地区（东亚大陆、周边半岛、群岛及其围护的半开放内海）构成联系紧密的单元，可联称一个“文化圈”。

（一）具有原创性和传承力的汉字文化圈

夏代陶器刻画符号，当为文字雏形

殷墟甲骨文

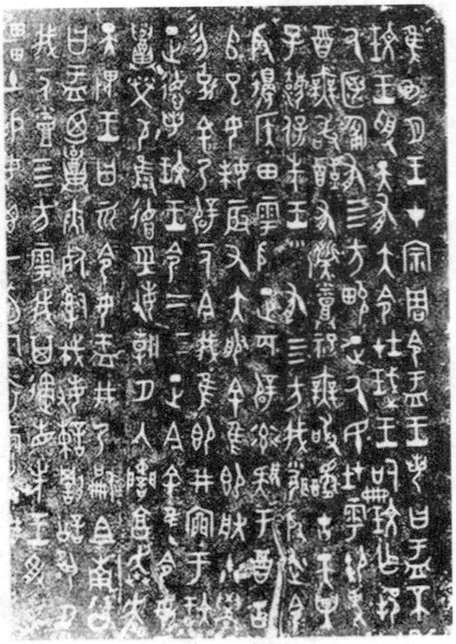

西周大盂鼎铭文

“文化圈”指具有相同文化特质的文化群构成的较为稳定的人文地理区域，由核心（文化源地）和边缘（文化受容区）组成。文化圈可从地理、民族、语文、宗教、民俗等多种角度加以划分。东亚地区（包括中国、朝鲜、越南、日本等）从地理视角，称“东亚文化圈”；因其拥有儒学、华化佛教等文化共相，又有“儒学文化圈”“华化佛教文化圈”之称；而东亚各国曾长期共同使用汉字、汉文，连同儒学、华化佛教、中国式律令制度等组成以汉字为信息载体的“汉字文化圈”。

汉字起源于先夏，成型于商代，演化传承至今，有长达4000年不曾中断的历史，这是世界诸古文字中的奇迹。

汉字古时称“字”“文字”，元代始称“汉字”。《元史》记述马政的篇目云：

（马）收除见在数目，造蒙古、回回、汉字文册以闻。[1]

① 《元史·兵志·马政》。

将中原人使用的文字与蒙古文、回回文相并列，因系汉人所用，故称“汉字”。

世界各种文字都从象形文字进化而来，多数文字从象形走向拼音，古文字消亡，而汉字则从象形走向表意与表音相结合的“意音文字”，近有香港地区学者将汉字归为“拼义文字”，即注重语义拼合的文字：首先创造多个视觉符号作为表达万象世界的基本概念，然后将这些符号组合起来，用小的意义单位拼合大的意义单位，表达新事物、新概念。[①]

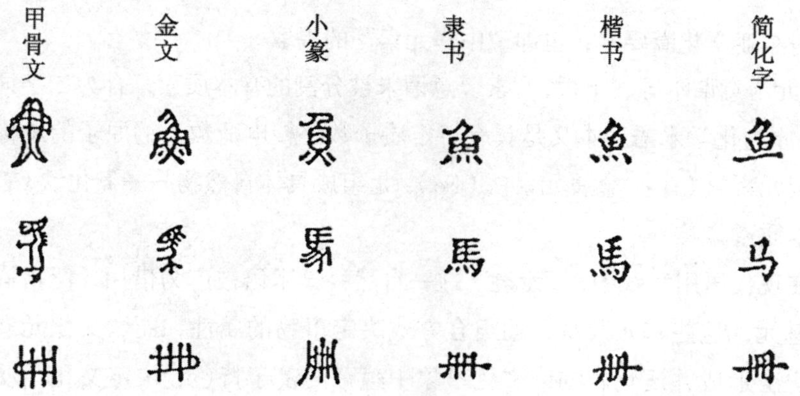

汉字字形演变，然形意文字的本质传承不辍

自成一格的汉字创发于中国，传播于东亚，成为东亚诸国间物质文化、制度文化、精神文化互动的语文载体。在古代，中国长期是朝鲜、越南、日本等东亚国家的文化供给源地；至近代，日本以汉字译介西方文化，成效卓异，日制汉字词中国多有引入。汉字在汉字文化圈诸国所起的作用，相当于拉丁文在欧洲诸国的作用。故有学者将汉字称为“东亚的拉丁文”。

汉字是中华文化系统中影响最深远广大的文化符号。

（二）“中华元素”提取

20 世纪初，日本学者内藤湖南（1866—1934）提出“中国文化圈”概念，

① 见张学新：《汉字拼义理论：心理学对汉字本质的新定性》，《华南师范大学学报（社会科学版）》2011 年 8 月。

指以中国为文化源及受中国文化影响的东亚地区，日本是“中国文化圈的一员”。内藤在《中国上古史》中说：“所谓的东洋史，就是中国文化发展的历史”，是以汉字为载体的中国文化在东亚地区传播的历史，在这一过程里，文化中心逐渐转移，这就是内藤所谓“文化移动中心说”。①

中国学者在20世纪30年代即对日本学者提出的东洋文化史观做出回应，傅斯年（1896—1950）1933年著《夷夏东西说》，概括东亚文化的特别成分：

> 汉字、儒教、教育制度、律令制、佛教、技术。②

这是对东亚文化圈要素，也即“中华元素”的提取。

“元”意谓本源、本根，“素”意谓未被分割的基本质素，合为二字词“元素”，原为化学术语，本义是具有特定质子数（核电荷数）的原子的总称，如非金属元素氧（O）、金属元素铁（Fe），是组成具体自然物——氧化铁（Fe_2O_3）的基本质素。

在现代语用实践中，“元素”这一自然科学术语被广为借用，泛指构成事物的基元，这些基元及基元的组合方式决定事物的属性，而“文化元素”意谓历史上形成并演化着的诸文化事象中蕴藏的富于特色、决定文化性质的构成要素。

“中华元素”，约指中国文化生成过程中（包括在与外域文化的交会中）铸造的具有中国气派、中国风格、中国韵味的文化元素，诸如阴阳和谐、五行相生相克、家国天下情怀、民本思想、忧患意识、经验理性导引下的思辨与技术、儒释道三教共弘的信仰系统、形意文字及其汉字文化等。文化元素并非游离于文化事象之外的神秘存在，它们上达庙堂之高，下及江湖之远，与民族、民俗、民间的文化实践相共生，附丽并体现于器物文化、制度文化、行为文化（风俗习惯）和观念文化的纷繁事象和符号之中。

文化的各个不同级次、不同门类又包含着各具个性的中华元素。如水墨画的书画同源、墨分五色；武术的技艺合一、刚柔相济、讲究武德；民间风俗文

---

① 见［日］内藤湖南：《中国上古史》，《内藤湖南全集》卷十，筑摩书房1997年版。

② 见傅斯年：《夷夏东西说》，《中央研究院历史语言研究所集刊》外编第一种，1933年。

化追求的吉祥、灵动、热烈、圆满等。

“中华元素”并非凝固不变、自我封闭的系统，它具有历史承袭性、稳定性，因而是经典的；具有随时推衍的变异性、革命性，因而又是时代的；中华元素是在世界视野观照下，在与外域元素（如英国元素、印度元素、印第安元素、日本元素等）相比较中得以昭显的，故是民族的也是国际的。

（三）“汉字文化圈”得名

承袭内藤说，日本的中国史学家西嶋定生（1919—1988）在所著《东亚世界的形成》中指出，“‘东亚世界’是以中国文明的发生及发展为基轴而形成的”[①]。西嶋在另篇《东亚世界与册封体制——6—8世纪的东亚》中指出，存在一个以中国为册封中心，周边诸国（日本、朝鲜、越南）为册封对象的“册封体制”，从而提出东亚地区的一种“文化圈”模型。西嶋定生在《东亚世界的形成》中概括“东亚世界”诸要素：

> 一、汉字文化，二、儒教，三、律令制，四、佛教等四项。其中，汉字文化是中国创造的文字，但汉字不只使用于中国，也传到与其语言有别又还不知使用文字的邻近诸民族……而其他三项，即儒教、律令制、佛教，也都以汉字作为媒介，在这个世界里扩大起来。[②]

西嶋定生虽然对包括汉字在内的东亚共有的文化要素作出概括，却并未拟定“汉字文化圈”之名。此一专名是日本的语言学者20世纪中叶所创。河野六郎（1912—1998）1963年撰《日本语的历史》首用此词，语言学家藤堂明保（1915—1985）1971年系统阐述此词内涵。20世纪80年代以来，周有光（1906—2017）、陈原（1918—2004）等中国语言学家采借此一概念。现在“汉字文化圈”已成为通用短语。

1985年，法国汉学家汪德迈（1928— ）出版《新汉文化圈》一书[③]。该书所说“汉文化圈”，相当于“汉字文化圈”。汪德迈认为，此一文化圈的

---

①② ［日］西嶋定生:《东亚世界的形成》，刘俊文主编，高明士等译:《日本学者研究中国史论著选译》第二卷，中华书局1993年版，第88、89～90页。

③ ［法］汪德迈著，陈彦译:《新汉文化圈》，江西人民出版社1993年版。

特点是：

> 它不同于印度教、伊斯兰教各国，内聚力来自宗教的力量；它又不同于拉丁语系或盎格鲁—撒克逊语系各国，由共同的母语派生出各国的民族语言，这一区域的共同文化根基源自萌生于中国而通用于四邻的汉字。①

这里着重表述“中华元素”的一种——汉字，指出汉字造就了一种思维方式和表达方式区别于印度、伊斯兰和欧洲的文化系统。

1988 年，日本语言学家野村雅昭给“汉字文化圈”下定义：

> 在东亚位置上，由于中国的政治、文化影响，形成过去使用汉字，或现在仍然使用汉字的地域，总称为“汉字文化圈”。②

以汉字这一东亚地区各国共有的文化要素（可称之“中华元素”）的“汉字文化圈”，是一个真实的、有着强劲生命活力的文化存在，它是世界上具备原创性和强劲传承力的文化圈之一。

（四）古代汉字文化传播的基本走势

汉字文化圈的形成，是汉字文化在中国境内及境外传播的结果。

栖息于黄河中游的华夏族及后来广布东亚大陆的汉族创造了汉字，形成强势的文字源地，在周边诸族诸国尚未制作文字之际，输出汉字及汉字文化，汉字便从汉族文字发展为众族共享、多国采用的文字。

汉字在东亚大陆即今之中国境内的传播，路向有二：向南和西南，诸少数民族先是借用汉字，进而仿效汉字以制造本族文字（如苗文、彝文、壮文等）；向北，传至契丹人建立的辽朝、女真人建立的金朝、党项羌人建立的大夏，这三个政权均借鉴汉字部首偏旁及方块字字形，制作各自的文字——契丹文、女真文、西夏文，以记述本族语言。然以上仿汉字的诸族文字使用两百年左右，

① ［法］汪德迈著，陈彦译：《新汉文化圈》，江西人民出版社 1993 年版，第 1 页。

② ［日］野村雅昭：《汉字の未来》，筑摩书房 1988 年版，第 219 页。

因政权湮灭而未能传承袭用下来，辨析其字义成为“绝学”。

东亚大陆南北东西诸地，语言差异甚大，然通用统一的汉字，此即所谓“书同文”，这是中国构成统一的多民族国家的重要条件之一。

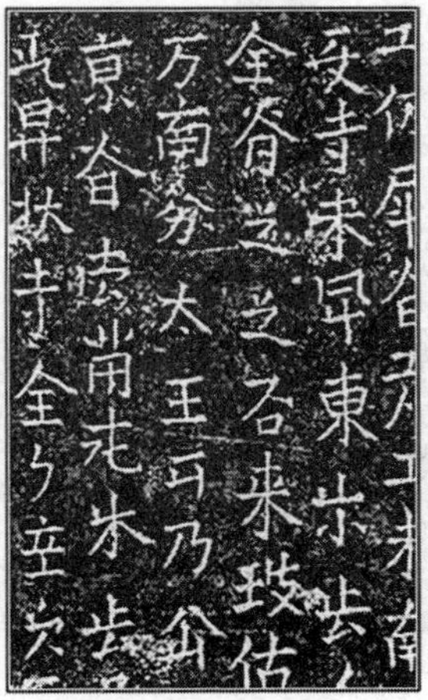

契丹文

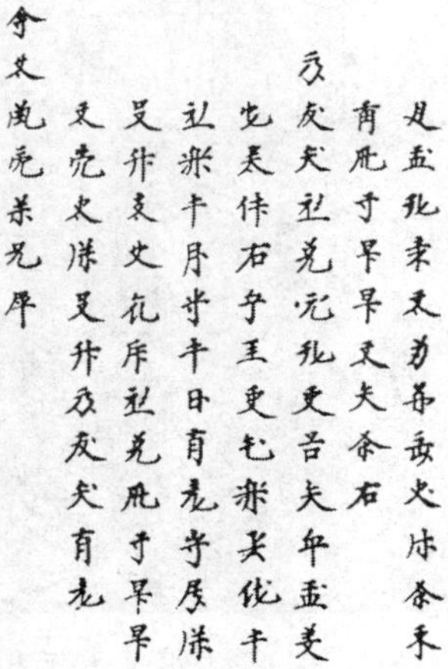

女真文

西夏文

汉字在中国境外传播，路向有三：南至越南，北至朝鲜半岛，东至日本。在汉字传入之前，这些国度仅有民族语言而无文字，汉字及汉字文化的输入，使其迈入文明门槛，获得历史性跃进。但使用汉字也在这些国家留下一大问题：文字与语言错位，于是引出长时期以“言文一致”为目标的语文变革。越南在 19 世纪末，法国殖民当局推行拉丁化文字，废止汉字和喃字，越南退出汉字文化圈。朝鲜在 15 世纪创制谚文，与汉字并用，第二次世界大战后，朝鲜、韩国先后废止汉字，使用音位文字谚文，退出汉字文化圈。日本经历了从全用汉字到汉字与假名并用的变化，至今仍保留在汉字文化圈内。东南亚城邦国家新加坡 1965 年独立，实行华文与英文并行的教育制度，是现代加入汉字文化圈的国度。

两三千年间，汉字文化的境内传播与境外传播，形成覆盖东亚的“汉字文化圈”，这是一个富于弹性的、充满生机的人文地理区域。

诸桥辙次（1883—1982）编《大汉和辞典》，以《康熙字典》《佩文韵府》等中国古籍为基础，收汉字近 5 万字

（五）中国—日本文字缘

两千余年来，中日汉字文化不断发生互动，对两国历史的进展有着深远影响。日本通过汉字、汉文大量吸纳中国文化（从稻作、养蚕、冶铁等生产技艺到儒学、华化佛教、中国式律令制度），而且，这种自古代传入日本的汉字文化至今仍在日本社会生活各个层面保留着影响。

构成日语的词汇包括和语词与汉语词，前者多虚词，后者多实词；前者多生活用词，后者多学术用词。这是因为日本长期深受汉文、儒学、华化佛教、中式律令熏陶，精神文化的核心概念多典出汉籍，这种影响延及近现代，在翻译西方学术概念时，多借用中国古典词（如革命、共和、社会等），或按汉字构词法创制新的汉字词（如哲学、美学、宗教等）。今之日本中央政府的一级部门称“省”（文部科学省、通产省等），沿袭中国唐代三省制（中书省、门下省、尚书省）之称。幕府末期、明治间最时髦的词语“文明开化”亦来自中国古典：“文明”典出《尚书·舜典》“睿哲文明”，“开化”典出顾恺之《定命论》“夫建极开化，树声殆则”。此类用例，不胜枚举。时至“脱亚入欧”

说盛行时期，日语中汉字词却大有增长，“上位语”中汉字词所占比例明显上升（由江户时代的二成，增至昭和时代的五成、六成）。这是因为汉字词准确且稳定，宜于表述复杂、深刻的意义。

日本创制的汉字词，近代以来又反馈中国，诸如哲学、美术、干部、社会主义等日制汉字词已成为中国常用词。拙著《新语探源》“第五章　日源汉字新语”有详论①，此不赘述。

自1995年始，由日本汉字能力检定协会主持，募集年度汉字（反映当年特征），每年末在京都清水寺（世界文化遗产）由贯主森清范书写，成为惯例。截至2013年，历年的“年度汉字”如下：

1995年　震（阪神大地震）
1996年　食（食物中毒）
1997年　倒（山一证券大倒产）
1998年　毒（多起食品中毒事件）
1999年　末（世纪末）
2000年　金（奥运会日本选手获金牌最多的一次）
2001年　战（美国同时多发战争）
2002年　归（被绑架者归国）
2003年　虎（日本自卫队派往伊拉克，被认为‘脚踏虎尾”）
2004年　灾（新潟地震，23号台风）
2005年　爱（爱知县举办“爱地球”世界博览会）
2006年　命（校园自杀、暴力频发，强调珍惜生命）
2007年　伪（多起知名食品公司作假）
2008年　变（首相短期换人）
2009年　新（民主党取代自民党组建新政权）
2010年　岛（日韩间岛屿争夺）
2011年　绊（表示人与人之间无法切断的联系）
2012年　金（金价暴涨，另一含义是日本在伦敦奥运会上获金牌较多）

① 见冯天瑜：《新语探源——中西日文化互动与近代汉字术语生成》，商务印书馆2004年版。

2013 年　轮（该年东京获奥运会主办权，奥运“五环旗”日本称“五轮旗”）

京都清水寺贯主（寺院住持）书写 2011 年“今年的汉字”——“绊”

（六）汉字文化的发展前景

世界绝大多数文字都从“象形”走向“表音”，拼音文字为其归宿，唯独汉字未如其他古文字那样被拼音文字取代，而是另立一格，其构造建立在标识原理上，形体由图形变为笔画，象形变为象征，复杂变为简单，成为形、音、义统一的表意形声文字。

王选（1937—2006）研发汉字激光照排系统，人称“第二毕昇”

汉字有单字多、难记、难写等弱点，近代曾被视为落后的文字，应被拼音文字取代。日本江户幕府末期，前岛密（1835—1919）1866 年上书征夷大将军德川庆喜（1837—1913），力主废止汉字。中国清末劳乃宣（1843—1921）、王照（1859—1933）等也有类似意见，五四时期钱玄同（1887—1939）有以罗马拼音文字取代汉字的议论。然而，现代文明的推进，愈益显示出汉字的优长，诸如——

（1）单字造词力强，任何新概念，汉字都可以造出简练、传神的词语，如电脑、激光之类。

（2）信息贮存量大，故联合国五种文字文本，以汉字文本最薄。

（3）能够超越时间和空间限制，长期、稳定地贮藏信息。其记音能力虽不及拼音文字，但载意能力则在拼音文字之上。

（4）20 世纪 80 年代以前，人们为汉字在打字、排版及计算机输入、储存方面的困难烦恼，而现在已成功创造了汉字信息处理技术。中文信息研究会名誉会长钱伟长 1993 年 10 月 26 日在“汉字文化周”开幕式上宣布：“汉字在计算机上输入的速度，每分钟已达六百至六百五十字，这是拼音文字无法企及的。”现代高科技揭示出汉字潜藏的巨大优势。

（5）现代科学研究证明，汉字在启发人的形象思维及逻辑思维方面颇有独到功力。中国人、日本人在学术领域能力较强，与使用汉字有一定关系。

总之，今日人们不再如 19 世纪末、20 世纪初那样，把汉字看作历史僵尸，而视其为一种“智能文字”。汉字文化是东亚各国走向现代、走向世界的重要工具。汉字及汉字文化当然有许多需要改进、完善的地方，然其前景是光明的、不可限量的。

第四章　大陆与海洋

东有大海……南有炎火千里……西方流沙……北有寒山……

——《楚辞·大招》

北逾阴山，西极流沙，东尽辽左，南越海表。

——《元史·地理志序》

人们习惯于把中国称为“大陆国家”，这是因为中国与希腊、英国、日本这样的“海洋国家”相区别，其地理形势以陆疆占优，中国人以经营陆上著称。其实，中国是一个陆海兼备的国度，从大陆与海洋两个向度把握中国文化生成史，才符合历史的真实，也有益于未来发展。

第一节　自成格局的陆疆

中国文化独立不羁的性格，中华元素的鲜明特色，是由自然的、经济的、社会的因素综合造就的，而拥有自成格局的壮阔而多样化的陆地环境，是一个重要前提。

一、中华“四至”

中国位于地球上最辽阔的大陆——亚欧大陆东侧，其东南濒临最浩瀚的大洋——太平洋，北部、西北部、西南部则深处亚欧大陆，是一个“右高原，左大海”[①] 的国度。成文秦汉之际的《禹贡》概述中华先民的生息环境：

① 章太炎：《重订三字经》。

东渐于海，西被于流沙，朔南暨声教，讫于四海。禹锡玄圭，告厥成功。[①]

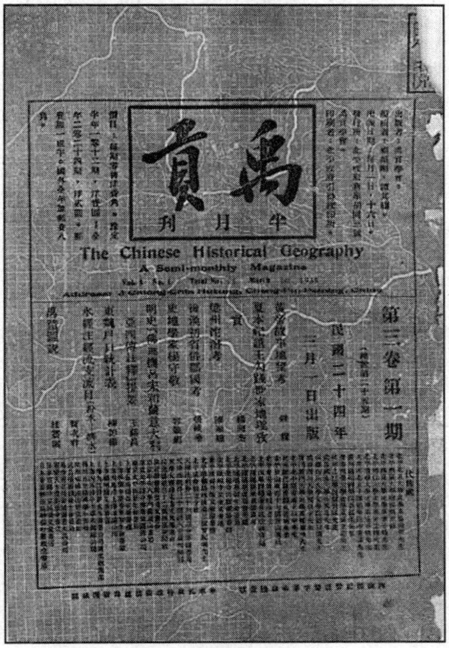
禹貢
半月刊
The Chinese Historical Geography
A Semi-monthly Magazine
第三卷第一期
民國二十四年三月一日出版

20 世纪 30 年代顾颉刚、谭其骧等创办历史地理学刊物，借名《禹贡》

这大约反映了战国以降华夏族对“四至”（四方所到达的地界极致）的认识。

顾颉刚（1893—1980）称，《尚书·禹贡》的“东渐于海，西被于流沙”说高于另一古地理典籍《山经》的“四方有海”说：

《山经》作者确认四方有海，凡其所道之五方，胥居一大洲之上。

古之人屡称四海者以此，知实为甚古之地理观念。《禹贡》作者，则已知惟东方有海，故青、徐、扬各以海表州，其结尾全曰东渐于海，舍南、西、北而不言。此真地理学识之大进步，突破古代之幻想者也。

海与流沙，在《山经》本为四方公有之名，至《禹贡》而一归诸东，一归诸西，各为专名，勿复相溷。此修正之名词遂至于今不变。[②]

① 《尚书·禹贡》。

② 顾颉刚：《五藏山经试探》，北京大学潜社《史学论丛》。

战国时期形成的这种“四至”观，对后世影响深远，从《史记》到《清史稿》，诸正史关于各朝代疆域的勾勒，都是在《禹贡》“东渐于海，西被于流沙”句式的基础上增益、发挥的。如《史记》描述秦朝领地：

> 地东至海暨朝鲜，西至临洮、羌中，南至北向户，北据河为塞，并阴山至辽东。①

《汉书》在论及疆域时，引述《禹贡》“东渐于海，西被于流沙”一段文字后，着重介绍汉代疆域的扩展和十三州设置。②

《旧唐书》描述唐朝领地：

> 东至安东府，西至安西府，南至曰南郡，北至单于府。③

《宋史》描述宋朝领地：

> 东南际海，西尽巴楚，北极三关（指雁门关、宁武关、偏头关——引者）。④

《明史》描述明朝领地：

> 东起辽海，西至嘉峪，南至琼崖，北抵云朔。⑤

《清史稿》描述清朝领地：

> 东极三姓所属库页岛，西极新疆疏勒，至于葱岭，北极外兴安岭，南

---

① 《史记·秦始皇本纪》。
② 见《汉书·地理志上》。
③ 《旧唐书·地理志》。
④ 《宋史·地理志一》。
⑤ 《明史·地理志序》。

极广东琼州之崖山。[①]

《禹贡》的“四至”观之所以传袭久远，是因为它正确而简练地把握了东亚大陆的基本地理形势。在两千多年前，古人能作出如此概括，是很了不起的。

与《禹贡》“四至”观先后略同，成文于战国末期的楚辞《招魂》《大招》诸篇，又创“四方”概念。《招魂》提出“四方”说，分别描写：东方“流金铄石”，南方“蝮蛇蓁蓁”，西方“流沙千里”，北方“增冰峨峨”。《大招》写东南西北四方：“东有大海”，“南有炎火千里”，“西方流沙”，“北有寒山”。[②]“四方”说关于东、西方的描述大体同于《禹贡》，关于南、北方的描述则有所发展，虽富于文学想象，却大体吻合地理实际。

二、城址选择

中国一面向海、三面伸进大陆腹里，其文化地理禀赋，大陆性超过海洋性，这种属性，决定了文化的会聚点——城市地址的选择。

城市是人类政治、经济、军事、文化活动的中心，其建筑地点与该民族的生活方式相关。按城址分类，城市有山地型、丘陵型、平原型、海岸型四种，前三种城市中国古已有之，春秋战国已经齐备，此后，处于东亚大陆腹地与边缘的长安、洛阳、开封、南京、杭州、北京等先后发展成当时世界最大的都市，然而，唯独海岸型城市（如泉州等），隋唐才兴起，而且未能发育为国家中心。

在南欧与西欧，面向海洋的海岸型城市，古典时代即大批涌现，如古希腊“有城墙的新城市事实上是建筑在沿海一带的”[③]。希腊人不仅在伯罗奔尼撒半岛广建滨海城邦，还在爱琴海东岸的小亚细亚海岸筑城，如梅安德河河口的米利都。作为一个商业中心，米利都吸引着从地中海、黑海沿岸来的腓尼基与希腊船只，水手和商人把关于希腊人视野之外的信息带来米利都，如关于黑海北岸大陆情状、东方亚洲奇谈、埃及以南非洲异闻，以及埃及、巴比伦的哲

---

① 《清史稿·地理志序》。

② 见（东汉）王逸：《楚辞章句》。

③ ［古希腊］修昔底德著，谢德风译：《伯罗奔尼撒战争史》，商务印书馆 1960 年版，第 5 页。

学、文学、艺术、科技知识。正是这一切，使米利都成为希腊最古老的学术文化中心之一，由泰勒斯（约前624—约前547）、阿那克西曼德（约前610—前546）、阿那克西米尼（约前588—约前525）等人创立的“米利都学派”便孕育于此。此外，希腊人还在地中海沿岸殖民地建筑了一系列巍峨都市，如拜占庭（今伊斯坦布尔）、马西利亚（今马赛）、尼克（今尼斯）、那帕勒斯（今那不勒斯）、亚历山大，这些都是南欧、北非古今相沿的雄踞海滨的名城。

由于海上丝绸之路的开辟，唐宋以降东南沿海出现泉州等海港城市，但还不是全国性都会。直至近代，当东南沿海被西方列强开辟口岸之后，才逐渐产生全国性滨海都会，如上海、天津、青岛、大连等。以中国近现代最重要的工商业中心、最大的滨海城市上海为例，古代一直是一个小渔村，宋代始设上海镇，元代至元二十九年（1292）设上海县，直至清初，这里仍然是一处滨海集镇，因“海禁严切，四民失利，故往时为大家富室者，今多萧然悬磬矣”[①]。乾隆、嘉庆间，上海县渐渐发展成一港口性商业城市，得到“江海之通津，东南之都会”的称号。鸦片战争以后，随着近代工商业的发展，上海作为拥有长江流域开阔腹地，又直接面向世界市场的滨海都会，迅速成长起来，其经济地位逐渐凌驾于内地城市之上。

三、陆向形势

东亚大陆的周边形势，在交通手段以人力—畜力为主的时代，构成一种不易逾越的地理障壁，这种封闭式环境对中国文化生成的影响深远。

（一）北方——戈壁、亚寒带原始森林围护

在中华民族主要聚居地——黄河流域和长江流域的北方，是蒙古草原——戈壁。《汉书·匈奴传》对“北地”的描述是：

> 幕北地平，少草木，多大沙。

在这片难以跨越的戈壁滩以北，是茂密阴冷的西伯利亚原始针叶林，严密闭锁了北行之径。

---

① 康熙：《松江府志·序言》。

再往北去则是封冻的北极冰原。因此，对中国人来说，北路交通是很不方便的。一提到北方，古代中国人联想到的便是苏武的流放地——那朔风凛冽、旷无人烟的北海（即贝加尔湖）之滨。[1]

大兴安岭原始森林

（二）西北——沙漠、盐原、雪山横亘

在西北方，从祁连山下“地热，多沙，冬大寒”[2]的河西走廊开始，其西部是一片比蒙古戈壁更为干燥的盆地—沙漠，景象极为荒凉，“上无飞鸟，下无走兽。遍望极目，欲求度处，则莫知所拟，唯以死人枯骨为标识耳”[3]。在大漠南北，又有天山、阿尔泰山、昆仑山等雪峰横亘，“山路艰危，壁立千仞”[4]。《后汉书·西域传》称，西北山地和沙漠难以逾越，是“梯山栈谷，绳行沙庭之道；身热首病，风灾鬼难之域”。唐人岑参（约715—770）在诗中描写这一区域地势的险恶和气候的严酷：

君不见走马川，雪海边，平沙莽莽黄入天。轮台九月风夜吼，一川

① 见《汉书·李广苏建传》附《苏武传》。

② 《居延汉简》。

③ 章巽校注：《法显传校注》，上海古籍出版社1985年版，第6~7页。

④ 《法显法师传》，章巽校注：《法显传校注》，上海古籍出版社1985年版，第185页。

碎石大如斗，随风满地石乱走……[1]

甘肃鸣沙山（陈利媛摄）

“诗佛”王维（701？—761）的边塞诗也展现了西北原野的苍凉与壮阔：

单车欲问边，属国过居延。征蓬出汉塞，归雁入胡天。
大漠孤烟直，长河落日圆。萧关逢候骑，都护在燕然。[2]

以搜寻敦煌石窟文物而著名的英国探险家、考古学家斯坦因（1862—1943）曾于1900—1916年三次进入我国新疆、甘肃，他对这一地段的环境有一番评述：

从地图上看来，这一大片地方很像是“自然”有意在地球上发生大文明的几处地域之间，造了这样一座障壁，隔断了他们在文化方面彼此的交流。因为在这片地方以内，自东到西径长一千五百哩，自南到北也

① 岑参：《走马川行奉送封大夫出师西征》，《岑嘉州诗集》。
② 王维：《使至塞上》。

在五百哩以上，而生物可以居住的只严格地限于几线沙漠田，这些沙漠田除去些许地方以外，比较又都是很小的地方。此外就是一些无垠的沙漠了。这些沙漠无论是散布在高峻的山脉以上，或是位于山麓挟带冰川，穷荒不毛，以及流沙推动的平原山，几乎是任到何处，滴水全无。[①]

极言从中原通往西域的陆路交通之艰险，缺乏绝大勇气和强烈动力的普通人都视为畏途。

玉门关以西的这条充满艰难险阻的中西通道，不仅留下使节、军队、商贾的足迹和尸骨，而且还是中亚、西亚由沙漠、山脉、草原和盐原组成的陆上通道，是东西方经济、文化交流的走廊、绿洲桥和会聚线。诚然，在葡萄牙航海家达·伽马为获得香料、象牙，完成绕过好望角，由大西洋直接进入印度洋的远航之前，这条充满障碍的陆上通道具有无可替代的价值，成为联系公元前2世纪到公元2世纪的四大帝国——罗马、安息、大夏—贵霜、汉朝，6—10世纪的三大帝国——拜占庭、大食、隋朝—唐朝的主要通道，并且是佛教、伊斯兰教等几种世界性宗教从发源地向东亚扩散的重要途径。假若没有这条陆上通道，古代亚洲与欧洲之间，东亚与南亚次大陆之间的隔绝情形将更甚百倍。然而，这毕竟是一条非常艰难的旅程，或者“山谷积雪，春夏含冻，虽时消泮，寻复结冰。经途险阻，寒风惨烈”[②]；或者“常流沙，人行迷误。有泉井咸苦。无草。行旅负水担粮，履践沙石，往来困弊”[③]。这种沙漠，“遇风则流，状为惊涛，乍聚乍散，寸草不萌，车陷马滞”[④]，旅行者穿越其间，常有生命之虞，所谓“视日以准东西，人骨以标行路”。人行如此艰困，大规模的物资交流更难以进行。

在一定意义上，正如斯坦因所说，西域的沙漠和高山，确乎是大自然“在地球上发生大文明的几处地域之间”，也即在东亚文明、南亚次大陆文明、西亚文明、南欧文明之间，“造了这样一座障壁，隔断了他们在文化方面彼此的交流”。

---

① ［英］斯坦因著，向达译：《斯坦因西域考古记》，上海书店、中华书局1987年版。

② 玄奘：《大唐西域记》卷一。

③ 《西州图经残卷》。

④ 李志常：《长春真人西游记》卷上。

（三）西南——高原壁立

东亚大陆西南方，则耸立着南北向的横断山脉，形成交通障壁。西汉张骞拟辟西南通道，为横断山脉所阻而作罢。

云南西部横断山脉（冯可云摄）

紧邻横断山脉的便是地球上最为高大、险峻的青藏高原。这块由亚欧大陆与南亚次大陆彼此挤压造成的巨大隆起，平均海拔 4000 米，其上纵横着喜马拉雅山、唐古拉山、冈底斯山、可可西里山、昆仑山等山脉，全世界 14 座 8000 米以上的高峰，有 8 座昂然屹立在青藏高原，可谓横空杰出，是当之无愧的“世界屋脊”。

喜马拉雅山

青藏高原造成的地理障壁，更甚于西域的流沙和盐原，是“蒙没冰雪，经履千折之道”①。在整个地球上，就交通屏障功效而论，可与青藏高原相比拟的，只有南北两极冰冠和北非撒哈拉大沙漠。正因为如此，相互毗邻的东亚文明和南亚次大陆文明之间的交流，极少通过青藏高原进行，而多半绕道陆上及海上丝绸之路得以沟通。

法显、玄奘到南亚次大陆求取佛经，都是绕着青藏高原北部、西部边缘走的。②

张骞在第一次出使西域时，曾在中亚的大夏（今阿富汗）看到来自四川的“邛竹杖、蜀布”，张骞经询问得知，这些物品由身毒（印度）转运而来。张骞由此推测，应该有从今四川经身毒通往大夏的捷径，这样就可以避开匈奴。征得汉武帝同意后，张骞第二次出使西域便从犍为（今四川宜宾）出发，“四道并出”，探路十余次，历时一年多，寻找去身毒（印度）的路径，后因横断山脉险峻，以及“西南夷”的阻挠，而“终莫能通”。但汉朝受张骞启示，又重新恢复汉初经营西南的事业。③

文成公主

至于由中原地区抵达西藏核心地带的道路，到唐代方正式开通，这便是所谓的“唐蕃古道”，文成公主（625—680）、金城公主（？—739）就是沿着这条越过雪峰、峡谷的道路，实现唐朝与吐蕃间的和亲，并沟通汉藏文化的。

由于青藏高原特具的屏障功效，它成为东亚文化圈、南亚次大陆文化圈、中亚—西亚文化圈、北亚文化圈等几种文化类型的分水岭。以宗教分野，其东是儒、释、道交混；其南是印度教、伊斯兰教、锡克教、耆那教交混；其西是伊斯兰教、基督教、犹太教交混；其北，中亚以伊斯兰教为主，北亚以东正教和萨满教为主；至于青藏高原，则以佛教的一

① 《后汉书·西羌传》。
② 法显从陆上丝绸之路去印度，又经斯里兰卡、印度洋，穿马六甲海峡，由海路返回中国。
③ 见《史记·大宛列传》。

支——喇嘛教为主。

四、地理隔离与文化独特性

（一）东亚文明区的地理独立性

人们习惯于把几个产生“原生型”文化的国度称为“四大文明古国”——巴比伦、埃及、印度和中国。近几十年来，世界史学界提出更具概括力的“四大文明区”——东地中海文明区（埃及、美索不达米亚、亚述、腓尼基、希腊等），南亚次大陆文明区（印度及其周边），东亚文明区（中国、朝鲜、越南、日本等），中南美印第安文明区（玛雅、阿兹特克、印加）。其中印第安文明区位于西半球，截至哥伦布（约 1451—1506）与美洲大陆“相遇”①，使东西两半球的文明得以统合以前，印第安文明大体隔绝于东半球诸文明之外。至于东半球诸文明之间，几千年来程度不同地保持着联系，不过，相对言之，以中国为核心和主体的东亚文明区，因远离其他文明中心而获得较大的独立性，文明发生期与其他文明区少有联系。

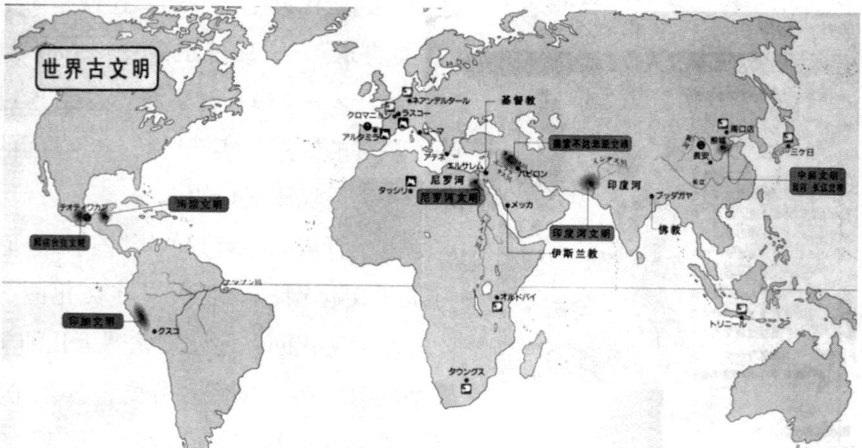

世界古文明略图

① 过去流行哥伦布“发现美洲新大陆”的说法。拉丁美洲史学界对此提出修正，认为“发现”之说全然是站在亚欧大陆立论。事实上，在哥伦布到达以前，美洲早已有了文明，因而哥伦布到达美洲，不过是东、西两半球文明的“相遇”。

1. 东地中海文明内部诸古文明彼此交往密切。

如埃及和美索不达米亚相距不过 1000 公里，也没有难以逾越的地理障壁横亘其间。这两个最古老的文明历来声息相通，埃及的象形文字最初便受美索不达米亚图画文字的启发，二者的农业、手工业技术，数学、天文历法知识也多有交流。两河流域文明对西亚其他文明的影响更加直接和显著，大约在公元前 3000 年前形成的美索不达米亚的苏美尔楔形文字，后来为阿卡德人、巴比伦人、亚述人、赫梯人、腓尼基人所接受，公元前 2000 年，楔形文字成为西亚通用文字。此外，埃及文明、西亚文明通过东地中海，传播到爱琴海诸岛和希腊半岛，彼此间形成繁复的文化传出—接受机制。近代西方考古学家先后在爱琴海南部的克里特岛发现大量古埃及时期的器具和珠宝，以及巴比伦汉穆拉比（约前 1792—前 1750）时期的赤铁矿圆筒印。克里特的刻印、壁画、石器、文字都受埃及影响。同时，在上埃及曾发现一个古代仓库，内藏许多克里特的金银器皿。这都是埃及文化、美索不达米亚文化与爱琴文化早在四五千年前便有来往的实证。

2. 东地中海文明与南亚文明的沟通比较频繁。

东地中海文明与南亚文明虽然有伊朗高原相隔，但其间通道纵横，山口甚多，人员、物资和精神产品自古多有往还。最早的美索不达米亚图画文字，便是经由伊朗高原传到印度河流域的，而在两河流域也曾发现印度河流域哈拉巴文化的印章，说明这两个古老文化早在公元前 3000 年即已建立起实在的联系。至于公元前 6 世纪的希腊与波斯间的战争，公元前 4 世纪亚历山大大帝对埃及和南亚次大陆的远征，更使西亚、南亚、北非、南欧诸文明间剧烈碰撞，并因此发生深刻契合。尤其是西起希腊，东抵印度河，南至埃及的亚历山大帝国（前 336—前 323）的建立，增进了东地中海诸文明之间，以及东地中海文明与南亚文明之间的融会过程，使其从人种到文字，从文学艺术到科学技术，都彼此渗透，相互接纳。亚历山大继承者塞硫古、托勒密建立的希腊化帝国（前 3 世纪—前 1 世纪），使希腊文化传扬西亚。

3. 东亚文明与区外诸文明联系较晚。

同东地中海文明与南亚文明早在公元前 3000 年间便多有交往的情况形成对照，以中国为主体的东亚文明与区外诸文明的联系，比上述几个文明区之间的交往晚了将近三千年。

东亚文明区与东地中海文明区分处亚欧大陆东西两端，相距万里之遥，其间不仅有崇山峻岭、沙漠盐原相隔，而且中亚一带历来栖息着强悍猛鸷的游牧民族（如匈奴、突厥等），阻碍着亚欧大陆东西两端文明的直接接触。中国人以较大规模深入中亚、西亚，逼近东南欧，是在汉武帝时期，其时汉朝的远征军和使节先后抵达巴尔喀什湖一带，后来，汉朝又派遣使节"抵安息、奄蔡、黎轩、条支、身毒国"，安息（今伊朗）国王曾"发使随汉使来观汉广大，以大鸟卵及黎轩善眩人献于汉"[①]。"黎轩"在中国后来的史籍中称"大秦"，亦即罗马帝国，"善眩人"就是幻术艺人。这大约是东亚文明与东地中海文明有限的早期联系。直至东汉，中国人关于地中海诸文明的知识，还只限于安息人、条支人（阿拉伯人）那里转手得来的神异之说，所谓"大秦国……近西王母所居处，几于日所入也……有飞桥数百里，可渡海北诸国"[②]。古代的东地中海诸民族对中国同样也只有印象模糊之词。例如，希腊古史称"赛里斯"（意谓"产丝之国"，指中国）地处世界尽头，其国人民身高逾 13 尺，寿命超过 200 岁。可见，古希腊人关于中国的知识，远不及对埃及、巴比伦和印度了解得真切。

亚欧大陆东西两端的文明第一次有史籍可考的直接接触，发生在东汉后期桓帝延熹九年（166），其时大秦王（罗马皇帝）安敦［今译马可·奥勒留（121—180）］，遣使抵汉，献象牙、犀角、玳瑁。[③] 以后，南欧文明与中国文明往来渐多，形成"西学东渐"和"东学西渐"的双向交流过程。

西学东渐的早期事例有唐太宗贞观九年（635），大秦景教（基督教聂斯脱利派的中国名称[④]）传入长安；东学西渐的著名事例有唐玄宗天宝十年（751），镇西节度使高仙芝（？—756）部在怛逻斯（今吉尔吉斯）被阿拉伯军击败，随军工匠被俘，这些匠人把中国先进的工艺，尤其是造纸术带到西亚今伊拉克、叙利亚一带，以后经过阿拉伯人的吸收和再创造，作为"阿拉伯工艺"传到欧洲，对 15—16 世纪欧洲文艺复兴发生巨大影响。

① 《史记·大宛列传》。

② 《后汉书·西域传》。

③ 亦有学者认为，"安敦遣使"可能是在西亚活动的罗马商人借安敦名义到中国求取通商权。但即使如此，也是罗马与中国的一次较为直接的接触，非以往经由安息人、条支人中转所可比拟。

④ 一说"大秦"非指罗马，而指希腊；"大秦景教"为希腊东正教。

东亚文明与东地中海文明接触较晚，长期以来，二者的交往多通过匈奴人、突厥人、安息人、条支人（阿拉伯人）间接进行，因而规模和力度都受到局限。成吉思汗及子孙建立的跨越亚欧两大洲的蒙古汗国，打通了东亚文明、西亚文明与东地中海文明之间的障壁。波斯细密画受中国宋元工笔画影响，便是拜蒙古西征之赐，土耳其作家、2006 年度诺贝尔文学奖得主奥罕·帕穆克（Pamuk 1952—　）的历史悬疑小说《我的名字是红》对此有生动描述。

东西方文明的大规模碰撞和交融，至近代方大规模展开，通道从陆路改为海上。

东亚文明与南亚文明在古代的联系，其深度和广度超过与东地中海文明的交往程度。由于印中两国僧侣和其他人士的长期艰苦努力，印度的佛教文化自西汉末年开始传入中国，经过东汉、魏晋南北朝、隋唐、两宋千余年间与中国本土文化的撞击和交融互摄，铸造出中国化的佛教宗派——禅宗、华严宗、天台宗，以及吸收了佛教成果的新儒学——宋明理学。

学术界把先秦至西汉称为“中国本土文化形成期”，把东汉至宋明称作“中印文化融会期”，把明末以降称作“中西文化融会期”，是不无道理的。中国知悉南亚佛教文化始于公元初年，正式接触欧洲文化迟至明朝末年，即 16、17 世纪之交，这都大大晚于东地中海诸文明之间以及东地中海文明与南亚文明之间相交会的时间。

综上所述，中华民族生活的东亚大陆，远离其他文明中心，周边又多有地理屏障，东濒茫茫无际的太平洋，北临漫漫戈壁和浩瀚的原始针叶林，西方则万里黄沙与高山雪峰相间，西南壁立着世界上最庞大而高峻的青藏高原。这种一面朝着古人难以超越的“大壑”“巨海”——太平洋，其他三面为陆上障壁所阻，而内部回旋余地又相当开阔的环境，对中国文化特质的形成和发展造成的影响，久远而深刻。

（二）独立经历文明发生期的中国的特异性

如上所述，美索不达米亚、埃及、印度、希腊等西亚、北非、南亚、南欧的古老文化，早在公元前两三千年，即诸古文化的发生期便彼此渗透、相互影响。如在古希腊雕塑和文艺复兴时期的意大利雕塑中，可以明显地看到古埃及雕塑风格的痕迹。又如最初产生在美索不达米亚的字母，被人类学家称之为“一个只发生过一次的发明”，这种字母很早就传播到埃及、印度、希伯来、阿拉伯，又经由西亚的腓尼基人带给克里特人，进而为全希腊所接受，又通过希腊人的再创造，形成完备的拼音文字，再传播给整个欧洲。今日流行于世界的英文、法文、德文、俄文、希伯来文、阿拉伯文、梵文，尽管彼此多有歧异，但其字母都大体来自同一渊源。又如神话、哲学、科学，埃及与希腊之间，希腊与罗马之间，亦前后承传，彼此渗透。总之，埃及、美索不达米亚、腓尼基、亚述、希腊、罗马等东地中海诸文明之间，以及它们与南亚诸文明之间，自文化发生期即多有融合，你中有我，我中有你，并无严格的此疆彼界。

中国文化的发生期，大体是在东亚文明圈（汉字文化圈）内部完成的，以文字为例，中国自殷商通用至今的形意方块字，在世界上独成一系。从下图可以得见，埃及、美索不达米亚、伊拉姆、印度、克里特、小亚细亚、叙利亚—巴勒斯坦等民族的文字之间，都曾发生过直接或间接的相互作用，唯独中国文字（汉字）却是在一个独立系统内发展起来的，在其文字的创生和定型过程中，未受外界文字影响。这种情形正是中华文化独自完成文化发生过程的证据。

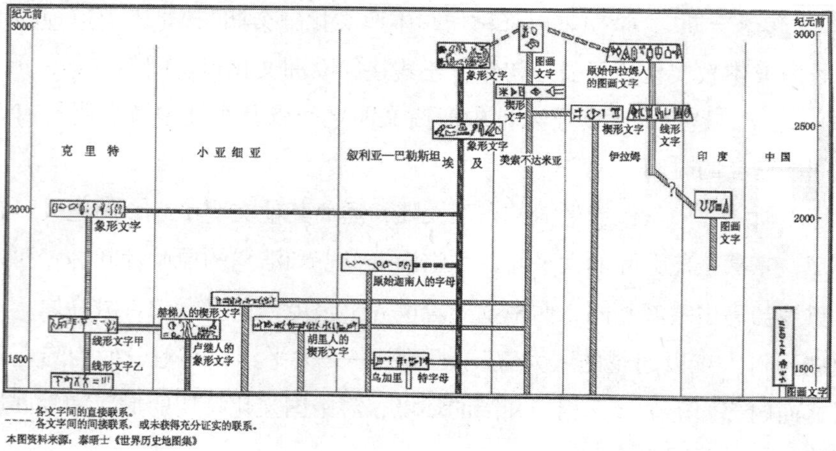

诸文字相互关系图　右侧中国图画文字为独立一支

中国的文学艺术自成风格，也从其起始期即已决定。3000年前，印度、以色列、希腊和中国都几乎同时迸发出最早的诗歌，如印度的《黎俱吠陀》，以色列《旧约》中最早的诗篇——希伯来文的《诗篇》和《雅歌》[①]，希腊的

① 《旧约》大部分以希伯来文撰写，少量以亚兰文写成。诗歌为《旧约》中的一种体例，包括《约伯记》。

《伊利亚特》和《奥德赛》，中国“诗三百篇”——《风》《雅》《颂》。中国最初的诗，虽有商颂中《长发》《殷武》，周颂中《思文》《执竞》那样的史诗式篇目，但更多的是国风中《关雎》《伐檀》，小雅中《采薇》《四月》那样的以世俗生活为题材的抒情诗，不同于印度、希腊那种叙事的，近于小说、戏剧的诗歌，也不同于希伯来那种唱着人生与宗教主题的诗。诚如闻一多（1899—1946）所说：

> 我们的文化大体上是从这一刚开端的时期就定型了。文化定型了，文学也定型了，从此以后二千年间，诗——抒情诗，始终是我国文学的正统的类型，甚至除散文外，它是唯一的类型。[①]

中国的文艺评论传统也大异西方。钱锺书（1910—1998）指出：

> 中国传统文艺批评对诗和画有不同的标准，论画时重视王世贞所谓“虚”以及相联系的风格，而论诗时却重视所谓“实”以及相联系的风格。[②]

钱锺书与杨绛

① 闻一多：《文学的历史动向》，《闻一多全集》第十卷，湖北人民出版社 1993 年版。

② 钱锺书：《中国诗与中国画》，《七缀集》，上海古籍出版社 1994 年版。有论者认为，钱氏“画虚诗实”说失之偏颇，中国画、中国诗的风格皆虚实兼备。

这种评论诗画的准则迥然不同于西方。西方以为诗属心灵，画属自然。达·芬奇说：

诗的领域是伦理哲学，绘画的领域是自然科学。[①]

此语可解读为：西方的诗讲究“虚”，画讲究“实”，恰与中国的“画虚诗实”相反。可见，中西的文艺旨趣大异，文艺评论取向也恰相背反。

中国的哲学也有一整套独特体系，如先秦到两汉提出如下范畴“对子”：

阴与阳、天与人、有与无、名与实、常与变，矛盾观中的一与二，人性论中的善与恶，等等。

魏晋时期玄学家综合儒道两家，增补如下范畴：

体与用、本与末、一与多、言与意、动与静、自然与名教，等等。

欧洲哲学重视本体论和认识论，从柏拉图、亚里士多德到康德、黑格尔，围绕本体论、认识论创立其范畴体系：

实体、数量、性质、关系、地点、时间、姿态、状况、活动、遭受，等等。[②]

中西哲学在立论的角度和侧重点上颇多差异，而各成系统，可以相互比较、借鉴，却不能相互取代。而近代以来实际出现的倾向性问题是以西哲体系框定中国哲学：一些中外哲学史家试图以西方哲学的范畴体系来格义中国哲学，有削足适履之弊。[③]

---

① 戴勉译：《达·芬奇论绘画》，人民美术出版社 1979 年版，第 19 页。

② 见［古希腊］亚里士多德著，方书春译：《范畴篇解释篇》，三联书店 2011 年版。

③ 参见刘笑敢：《中国哲学，妾身未明？——关于“反向格义”之讨论的回应》，《南京大学学报》2008 年第 2 期。

中国科学技术的“实用—经验型”，不同于西方科学的“求智—理论型”，其优长和缺失，都富于民族特色。中国技术创造了中古辉煌，却在16世纪以降自外于科学革命和工业革命，落后于近代西方，皆与经验理性这一中华元素的作用力相关。

当然，如前所述，中华文化的各部类广采博纳外来文化英华，但那是在大体完成文化发生过程，文字、思维方式、社会结构的基本风格和定势确立以后，才渐次与南亚、中亚、西亚及东地中海及西方近代文化相交会。这是双方分别完成文化发生过程的异质文化之间的碰撞与融会，恰如性格定型后的成年人之间的相互影响，毕竟是两个格局和态势已经大定的系统之间的交流，不能与少年儿童性格形成时期受到的刻骨铭心的影响相提并论。

（三）文化独立发展的双重功能

半封闭的大陆—海岸型环境为中国文化提供了独立发展的地理前提。而这种文化发展的独立性在历史上发挥过双重功能。

其一，较完整地保留文化传统，获得前后递进、层层相因的延续性。

中国文化虽然与中亚、西亚的草原—绿洲文化进行过成效卓著的交流，并在相当的深度和广度上采纳南亚次大陆佛教文化的精华，明清之际又与欧洲近代早期文化有所沟通，但截至鸦片战争之前，中国文化并未经受过外来文化提出的根本性挑战，从而一直保持着自身的风格和统系，如学术上的先秦诸子学—两汉经学—魏晋玄学—隋唐佛学—宋明理学—清代朴学；文学上的先秦诸子散文、诗经与楚辞—汉赋与散文—魏晋诗文—唐诗与古文—宋词与古文—元曲—明清小说，其中虽然不乏外来文化的影响，但中国文化的特有情致和韵味却一脉相通，未坠于地。

这种在数千年间文化统绪延绵不断，各主要文化门类代有高峰、此伏彼起的现象，在世界文化史上是绝无仅有的。中国文化没有出现“断层”，而印度文化因雅利安人入侵而雅利安化，埃及文化因亚历山大的继承者托勒密王朝统治而希腊化、恺撒占领而罗马化、阿拉伯人移入而伊斯兰化，希腊、罗马文化因日耳曼蛮族南侵而中绝并沉睡千年。学术界把七个古代文化（埃及文明、苏美尔文明、米诺斯文明、玛雅文明、安第斯文明、哈拉巴文明、中国文明）称作现代文化的“母文明”。而这七个“母文明”唯有中国文明历经四五千年，持续到现在，未见中辍。中国文化这种无与伦比的延续力当然是综合原因造成的，但东亚大陆特殊的地理环境造成的隔绝机制，无疑是一个重要缘由。

由于中华古代文化始终保持着独立的、一以贯之的发展系统，而且长久以来其文化的总体水平明显高于周边地区，这使得中国人把黄河、长江滋润的那片沃土视作唯一拥有高度文明的“化内之区”，而周边及远方则视作荒僻、简陋的教化不及的“化外之地”。作为农耕民族的中原人虽然多次在军事上被“茹毛饮血”的“夷狄”所征服，但由于中原人拥有高度发达的农耕经济、典章制度和艺文哲思，因而在文化上一次又一次演出“征服者被征服”的戏剧。这无疑一再强化华夏—汉人文化上的优越感，他们即或在武功上暂处劣势，也仍然有通过自己的声明文物“光被四表”[①]的信心。

其二，形成“世界中心”意识。

中国与外部世界相对隔离，其文化又长期高于周边地区，这使得华人在长达数千年的时段养成一种“世界中心”意识。由于古代华夏族及后来的汉族多建都于黄河南北，“外薄四海”[②]，处在“四夷”之中，故自称“中国”，与“四方”对称。三千多年前的殷人便以自己的居处为中（中商），将中商的左右前后分为东西南北。先秦典籍还出现“中国民”（中原地区民众）的提法。[③]华人自古还以王城居于六合（东南西北上下）中心，认为王城中轴线即为天下中轴线。中轴线往往和连接南北两极的子午线相一致，两侧建筑物天然对称，体现威严、中正、不偏不倚的正统气质，即《周礼》所谓“惟王建国，辨方正位，以为民极”，《管子》所谓“凡立国都……因天材，就地利”。

华人自古不仅认为自国是世界中心，还是世界主体。明末来华的意大利耶稣会士利玛窦说：

> 中国人认为他们的辽阔领土的范围实际上是与宇宙的边缘接壤的。[④]

---

① 《尚书·尧典》。

② 《尚书·益稷》。

③《尚书·周书·梓材》：“皇天既付中国民越厥疆土于先王（上天既然把中国民众和疆土都托付给先王）。”

④ ［意］利玛窦、［比］金尼阁著，何高济等译：《利玛窦中国札记》上册，中华书局 1983 年版，第 63 页。

外人的这一评说，大体反映了古代中国人的疆域地理观念。

认为本民族生活在世界的中心，并非古代华人独具的观念，几乎所有古民族都有过类似看法。法显在《佛国记》中指出，印度人自认本国为“中国”（即世界中心之国），而将包括中国在内的东亚诸国视作“边地”。此外，希腊人、罗马人、阿拉伯人都曾将自己的国度看作世界中心。不过，由于中国远离其他文化圈，保持封闭状态历时特别久远，因而这种自认处于世界中心的观念也保持得格外强固、悠长。战国以降，中国人的“九州”观、“天下”观、“四海”观渐有变更，但直至19世纪中叶以前，一直把自己的国度看作世界的主体和“天朝上国”，外域不过罗列着若干“蕞尔小国”“蛮夷之邦”。这种见解在中国古人绘制的世界地图上体现得十分鲜明。

中国人自认处于“世界中心”，并非单指地理位置上的中心，还尤其指文化上的中心地位。汉代扬雄（前53—后18）在界定“中国”这一概念时，便强调因其政治—经济要素而赢得中心地位：

> 或曰，孰为中国？曰，五政之所加，七赋之所养，中于天地者为中国。①

这就把“中国”视为文明的渊薮，世界的中心。

此类意识在中国人心目中几乎是毋庸置疑的。“锐意通四夷”的明成祖热心于远航，其出发点不外乎“居中夏而治四方”，永乐元年诏谕各国曰：“帝王居中，抚驭万国，当如天地之大，无不覆载。远人来归，悉抚绥之，俾各遂所欲。”古代中原人一向以“礼仪之邦”自居，认定“人而无礼，虽能言，不亦禽兽之心乎”②！在他们看来，一切不知“礼”，也即没有文化的外域人都非“蛮”即“夷”，理应如众星拱月、百川归海般地聚向中华帝国。“万国来朝”正是自认居于世界文化中心的华人的理想境界；“是以声名，洋溢乎中国，施及蛮貊”③，表明华人乐于以文化布道者身份，将教化充溢于中国，进而扩及野蛮无文化的四面八方。

---

① 扬雄：《问道》，《法言》卷四。

② 《礼记·曲礼上》。

③ 《礼记·中庸》。

自认文化领先，并雄踞世界文化的中心位置，是中国人的一个古老信念。直至近现代，只要出现某种内外条件，有些国人还会油然再生自居“世界文化中心”的幻觉。这是需要我们自警自戒的。

五、“平天下”：中国人的世界主义

惯常说法，西方文化是富于扩张性的外向型文化，这与西欧的海洋—工商型特征，以及西方人信奉基督教的“普世主义”有关；而大陆—农耕型的中国滋生内向型文化。其实，此说失之简单。

元　赵孟頫楷书《大学》拓片（片断）

作为农耕人的华夏—汉族主张和平自守，然而他们的想象力及践行空间又并非禁锢于狭小天地。华人自古便有“一天下”“平四海”的宏愿。

“天下”是中华先民特有的空间概念，字面义为“普天之下”，比“国家”的领属范围更广大，约指中华文化影响所及，由天子的德与力普被的空间，往往是没有边际的。“天下”概念亦为汉字文化圈其他国家所用，如在日本熊本县船山古坟出土的铁刀铭文中有“天下”字样，指大和政权支配的空间，约为倭国领域。[1] 至近古和近代，日本人的“天下”观扩大，与“世界”相当。

华夏古帝王即把“皇天眷命，奄有四海，为天下君”、“无怠无荒，四夷来王”[2] 作为“治道”的高妙境界。在《大学》等经典制订的“格物—至知—诚意—正心—修身—齐家—治国—平天下”的人生目标中，“平天下”是最高层次：

① ［日］西嶋定生：《日本的国际环境》，东京大学出版会 1985 年版，第 77 ~ 78 页。

② 《尚书·大禹谟》。

> 物格而后知至，知至而后意诚，意诚而后心正，心正而后身修，身修而后家齐，家齐而后国治，国治而后天下平。①

这里所称的“天下”，与后来引入的佛教语汇“世界”大略接近，包举全部时空。

要完成“治国平天下”大业，固然有赖武功征伐，然而，如前所述，在华夏—汉族文化系统中极少有以武力征服世界的设想，而“远人不服，则修文德以来之”②，以仁政“陶冶万物，化正天下”③的说法则汗牛充栋。梁启超正是在这一意义上，把和平的“世界主义之光大”作为中华文化的一大特色。他在论及古希腊人忽略于此之后指出：

> 中国则于修身齐家治国之外，又以平天下为一大问题。如孔学之大同太平，墨学之禁攻寝兵，老学之抱一为式，邹衍之终始五德，大抵向此问题而试研究也。虽其所谓天下者非真天下，而其理想固以全世界为鹄也。④

这种非强权的，建立在和平主义、伦理主义基础上的世界主义，是中国人宏阔的空间概念和崇高的理想境界，“天下为公”“行仁义而王天下”皆此之谓也。梁氏关于中国人世界主义的评论十分精彩，但他称西洋人“未有留意”于世界主义，则为失察之议。其实，中西文化的差异不在世界主义的有无，而在各持不同类型的世界主义。

富于扩张性的欧洲文化在希腊化时期便流行普世主义，认为应以希腊文明教导化外之民，使希腊文明普被世界。马其顿人亚历山大（Alexander the Great，前356—前323）及其继承者建立跨越欧亚非的希腊化亚历山大帝国，便是普世主义的实践。⑤后此，承继罗马普世主义的基督教会也奉行“世界主

① 《礼记·大学》。

② 《论语·季氏》。

③ 《汉书·贡禹传》。

④ 梁启超：《论中国学术思想变迁之大势》，《饮冰室合集》之一《饮冰室文集》，中华书局1989年版。

⑤ 参见［美］威廉·弗格森著，晏绍祥译：《希腊帝国主义》第四讲《亚历山大大帝与世界君主国》，三联书店2005年版。

义”，中世纪的十字军东征为其实践。

欧洲较系统的世界主义论著出现在中世纪晚期。在东亚哲人倡导“协和万邦”之后千余年，欧洲文艺复兴前驱、意大利诗人但丁·阿利盖里（Dante Alighieri，1265—1321）针对欧洲中世纪诸侯割据局面，发扬基督的普世精神，在《论世界帝国》一书中提出，为了世界的福利，有必要建立一统天下的世界帝国。因为全人类文明普遍一致的目的是全面地、不断地发展人的智力，这就需要世界和平，而要实现世界和平，就必须建立一个统一的君主国家。[①]西方人世界主义的实践，从亚历山大、十字军以降，直至资本主义的殖民扩张，与军事征服、宗教霸权、商业扩张紧密联系在一起。

东西方的世界主义各具特色，如果说西方是“强力征服的世界主义”，而中国则是“文德徕远的世界主义”。

中华民族的世界主义不仅是一种理想，同时也有相当丰富的实践。华人的主体虽聚居于东亚大陆，但也有不少成员移往海外，尤以中印半岛、南洋群岛为多，对于这些地区的开发其功甚伟。这也可以说是中华文化的“化被万方”吧。近世以来，华人足迹更遍及五大洲，他们在当地经济、文化领域中所起的作用，为列国所公认。身处异邦的华人在汇入当地社会的同时，又保持着中华文化传统，长期结成华人社会。因此，一部完备的中华文化生成史，应包括华侨史在内。

第二节　开辟“丝绸之路”

农耕华人虽眷恋故土，但向来有发达的空间想象力，很早便形成如前所述的宏阔的“天下”观念，一旦获得军事的、商业的或宗教的动因，便激发出域外探险的志向和英勇无畏的远行精神。而华夏人拓疆致远的一个重要方向，便是古称“西域”的亚欧大陆纵深腹地，在此开辟后来称之为“丝绸之路”的大通道。[②]

---

① 见［意］但丁·阿利盖里著，朱虹译：《论世界帝国》，商务印书馆 1985 年版。

② 第二节及第三节内容取材于冯天瑜 1995 年底为《中华开放史》（湖北人民出版社 1996 年版）所撰写的导论，本书有所扩充。

一、军事外交推动“凿空西域”

（一）“西域”及其凿空

中原人在温暖湿润的黄河—长江流域精耕细作，也很早便从西来胡商，尤其是从强悍的戎狄骑兵那里得知，西边有广阔无际的草原、雪山和戈壁。自西汉开始，中原人便把玉门关（今甘肃敦煌市西）、阳关（今敦煌市西南）以西的地带统称“西域”。《汉书》说：

> 西域以孝武时始通，本三十六国，其后稍分至五十余，皆在匈奴之西，乌孙之南。南北有大山。中央有河，东西六千余里，南北千余里。东则接汉，阸以玉门、阳关，西则限以葱岭。[①]

“西域”称谓沿用两千年，直到清代，仍称中亚、西亚为西域，如清道光年间龚自珍倡议天山南北路设省的名文，题目便是《西域置行省议》。

春风不度玉门关（陈利媛摄）

中原到西域固然充满险阻，自古却涌现往返穿越的勇敢者，创立“凿空西域”的不世伟绩。凿者，开也；空者，孔道也。[②]凿空西域，即打破中国西北

① 《汉书·西域传序》。

② 《汉书·张骞传》颜师古注：“苏林曰：‘凿，开也；空，通也，骞始开通西域道也。’师古曰：‘空，孔也，犹言始凿其孔穴也。’”

方向的障壁，开通到达西域的孔道。

逾越长达万里的艰险绝域，须有强大的社会力量驱动。反观悠悠古史，由中原到中亚、西亚陆路的凿通，得力于军事外交和商业贸易双重需求的推进。先论军事外交驱动。

祈望四海一家，化被天下，是中国人早在先秦即已形成的一种诉求。而秦汉大一统帝国的建立，形成“御胡”与“拓疆”战略，至汉武帝时，“勤远略”得以大规模实施，汉民族的活动空间从黄河—长江流域扩展到中亚广袤的草原、沙漠和雪山之间。

鉴于汉朝前期匈奴屡屡入犯塞内，对黄河中游农耕区造成破坏，甚至出现势逼长安的危局，汉武帝即位便用王恢计，诱匈奴入马邑，欲一举歼灭，却事败垂成。以后，汉武帝任大将军卫青（？—前106）、骠骑将军霍去病（前140—前117）多次出塞，大破胡骑，奠定对匈奴的军事优势。[①] 汉宣帝时又“大发十五万骑，五将军分道出”，与乌孙夹击匈奴于天山之北。[②] 此后，匈奴统治集团内部攻杀、分裂，南匈奴臣属汉朝。东汉时，汉匈战端再起，车骑将军窦宪（？—92）率汉军大破北匈奴，追至燕然山，匈人西迁，长达300年的汉匈战争告终，中原农耕文明得到一段安宁。汉朝的文明光辉，与西方的罗马文明相映照，使东亚文明与中亚、西亚、欧洲文明出现陆路交会的可能，这不仅在中华开放史，而且在世界文化交流史上都具有空前的意义。

在古代中国，男耕女织的自然经济占据主导，国家满足于四夷贡献“方物”，朝廷则加倍“颁赐外蕃”，以证明“际天极地皆王臣”，至于以谋利为目的的商品交换，并不是朝廷对外政策的视界焦点，而探察并消弭“夷狄”对“天朝”的军事威胁，才是重心所寄，因此，军事外交构成历朝对外遣使的主要意图。两汉派出的使节，几乎全部肩负军政使命。正是这种军事外交的需求，推动了“凿空”西域的伟业。

（二）执行军事外交的英俊人物

在古代，绝域远行者由牲畜负载，甚至徒步跋涉于荒漠雪峰之间，还会遭遇胡骑袭击追杀，极端艰苦危险。从出使域外的使节中，涌现出一批大智大勇

---

① 见《汉书·匈奴传》。

② 《汉书·常惠传》。

的英俊人物，如西汉的张骞、苏武、傅介子、郑吉，东汉的班超、班勇、甘英，隋朝的裴矩，唐朝的王玄策，他们百折不挠的行迹，显示了豪强超迈的外拓精神，将汉唐雄风发挥到极致。

张骞（？—前114）是这批志在万里的探险者的前驱先路。西汉初，匈奴杀死游牧于河西走廊的月氏人首领，以其头骨作饮器，月氏人衔恨西迁塞种地区（今新疆伊犁河及以西地带），建立大月氏国。主持汉匈战争的汉武帝从匈奴降者处获知中亚的月氏“怨仇匈奴”[①]，便企图联合大月氏夹击匈奴，于是征募穿越匈奴领地寻觅大月氏的使者。汉中人张骞以郎官应募。武帝建元二年（前139），张骞第一次出使西域，出陇西，被匈奴俘虏，留11年，虽“予妻，有子”，张骞仍“持汉节不失”[②]，后逃出，越大漠、逾葱岭（帕米尔高原），找到大月氏。而建都布哈剌的大月氏因“地肥饶”，已无意返回故土复仇，张骞联络其夹击匈奴的目的没有达到，却先后游历大宛（今乌兹别克斯坦东部）、大夏（今阿富汗北部）、大月氏（今塔吉克斯坦及克什米尔）、康居（今土库曼斯坦），经南山（昆仑山）北麓，又被匈奴俘获年余，后趁单于死，得逃出，于元朔三年（前126）回长安。张骞出使时随行百余人，历13年返回时只剩自己和神箭手甘父二人，但他那支几乎脱光了毛的“节”（使者象征）却保存下来，并双手奉还武帝。

以后，张骞又于元狩元年（前122）试图经四川、云南出使身毒国（印度），为蛮族所阻，未果。

元狩四年（前119），张骞拜中郎将，再次出使西域，意在招抚中亚诸国，尤其是说服时在伊犁河、伊塞克湖一带的乌孙回复故地（敦煌、祁连间），以“断匈奴右臂”。在乌孙未决断之际，又分遣副使，出使大宛、康居、大夏、安息（今伊朗）。一年以后，这些国家都遣使与张骞的副使一同来到长安，“于是西北国始通于汉”[③]。此后，汉使便经常出入西域，多者一行数百人，少者百余人，因往来甚众，时常“相望于道”[④]。

张骞在前后二十余年间，两使西域，一使云南，史称其有“凿空”[⑤]之功。张骞在探险途中，详细考察、记载西域及云南的山水、人物、风俗、物

---

① 《史记·大宛列传》。

②③④⑤ 《汉书·张骞传》。

产，《汉书》的《西域传》和《西南夷传》就是根据张骞的报告写出的，中原人获得真切的西域及云南的自然及人文知识，实自张骞始。张骞官至大行，被封“博望侯”，取“广博瞻望”义，名副其实。张骞还因其豪放忠信，深得中外人士敬重，他辞世后，凡出使西域者都自称博望侯，各国因而信任之。[①]张骞是古代中国走向域外，展示出健全、强劲的开放精神的卓越代表。

张骞回京（林凡作）

苏武（？—前 60）是又一位执行军事外交不辱使命的杰出人物。天汉元年（前 100）苏武出使匈奴，被扣，匈奴多方威胁利诱，又流放北海（贝加尔湖），仍“杖汉节牧羊”[②]。其时汉匈战争已连绵百年，争战与通使交替进行，通使的目的也在“相窥观”，即刺探军情，故双方都有扣押对方使者的习惯，如匈奴“留汉使郭吉、路充国等前后十余辈；匈奴使来汉亦留之以相当”[③]。可见那时的对外关系以军事战略为转移。

---

① 《汉书·张骞传》：“诸后使往者，皆称博望侯，以为质于外国，外国由是信之。”

②③ 《汉书·李广苏建传》附《苏武传》。

傅介子（？—前65）出使西域则另有特色。汉昭帝时，楼兰联合匈奴，杀死汉使，傅介子奉朝命，以赏赐为名，携黄金锦绣赴楼兰，在宴席上刺杀楼兰王，令楼兰归附汉。因其“不烦师众”，封义阳侯。[①]

郑吉（？—前49），“以卒伍从军，数出西域”，他的西域行的特点是任为西域都护，治乌垒（今新疆轮台北），开汉朝置西域都护之端。后封安远侯。史称“汉之号令班西域矣，始自张骞，而成于郑吉”[②]。

东汉班超（32—102），史学家班固弟。是西汉外拓事业的自觉继承者。班超年轻时治文墨，后发感叹曰：“大丈夫无他志略，犹当效傅介子、张骞，立功异域，以取封侯，安能久事笔研（砚）间乎？”[③]遂投笔从戎。班超奉朝命，招抚西域诸国，带吏士36人，攻杀匈奴派驻鄯善的人员，又废亲附匈奴的疏勒王，巩固了汉朝在西域的统治。后任西域都护，封定远侯。其子班勇，出生于西域，曾将兵500与龟兹合兵击走匈奴伊蠡王。班勇撰写的《西域记》是最早专门记述西域各族和中亚各国情况的文献。《后汉书·西域传》凡延光四年以前事皆取自班勇所记。

班超任西域都护时，奉命出使大秦（罗马帝国），遣甘英前行。甘英率领使团从龟兹（今新疆库车）出发，经条支（今伊拉克境内）、安息（即波斯帕提亚王国，今伊朗境内），到达安息西界的西海（今波斯湾）沿岸，为海所阻，乃还。[④]这次出使虽未到达大秦，但增进了对西亚各国的了解。甘英是两汉西行最远的人物。

二、时续时断的亚欧大商道

（一）西北通路开辟的又一动因：商业诉求

张骞等人的出使，以军事为目的，但在客观上也助推了亚欧大陆商道的畅达。然若深论之，这条中西通道的开辟，商业之力更在军事外交的先头。

早在张骞西行之前千百年，沿河西走廊、天山南北路的贸易通道早已存

① 《汉书·傅介子传》。

② 《汉书·郑吉传》。

③ 《后汉书·班超传》。

④ 《后汉书·西域传》：（甘英）“抵条支而历安息，临西海以望大秦，拒玉门、阳关者四万余里，靡不阅尽焉”。《晋书·四夷传》亦有载。

在，中国丝织品西传甚早，晋代发现的先秦典籍《穆天子传》载，周穆王赠西王母“锦组百纯”，“锦组”即带花纹的丝织品，此为丝绸西传的最早记述。公元前4世纪的印度著作中有关于中国丝绸的记载；公元前3世纪，希腊、罗马称中国西部为“赛里斯国”，即“丝国”，可见其时中国丝绸已沿着中亚、西亚陆路运至印度、欧洲。

不过，西汉以前从中原到西域只有断续、零星的商贸活动，自西汉起才进为成规模的官民并举的物资人员交流。张骞“凿空”西域以后，从长安至中亚、西亚，使节、商贾穿梭往来；班超、班勇父子在西域的活动，除军政目的以外，已有确保商道畅通的意图在内。但在东汉，这一商道“三通三绝”，并非持续贯通。5—6世纪，南北朝分立，但西北商道大体维持，北魏建国不久即派使者前往西域，中亚各国的贡使、商人集于北魏前期首都平城（今山西大同北），迁都洛阳后，洛阳成为胡商荟萃之地。北齐时胡商入都更多，宫廷亦成为他们的聚集处。

隋唐之际，西北商道进一步繁荣，朝廷派遣使节，除军政任务外，经商、求佛也成为重要使命。如隋代裴矩（547—627）四次往来于甘州、凉州、沙州，目的是招徕胡商，引西域商队前来长安、洛阳，以首都贸易取代边境贸易。裴矩还搜集西域各国山川险易、村长姓族、风土物产等资料，纂成《西域图记》3卷，叙44国事，别造地图，穷其扼要。又由裴矩建议，隋炀帝派李昱出使波斯，韦节、杜行满出使罽宾（今克什米尔）、史国（今乌兹别克斯坦沙赫里夏勃兹）、安国（今乌兹别克斯坦布哈拉）。

唐代经营西域，规模超过汉代，在伊州、西州、庭州设立州县；在碎叶、龟兹、疏勒、于阗设立四镇，丝绸之路较为畅达，中原人西行者愈多。

唐代西行最远者，不是朝廷使节，而是对大食（阿拉伯）作战被俘的杜环。杜环是史学大家、《通典》作者杜佑（735—812）的族人。杜环于唐天宝十年（751）随安西节度使高仙芝（？—756）与大食战于怛逻斯（今哈萨克斯坦江布尔），军败，被俘往亚俱罗（今伊拉克巴格达南库法），行迹达波斯、苫国（叙利亚），于宝应元年（762）附商船回广州，作《经行记》，书佚，杜佑《通典》卷一九三《边防典》摘引数段共1500字，其关于西亚各国社会生活、伊斯兰教信仰的记述真实可信，如言及大食，“女子出门，必拥蔽其面，无问贵贱。一日五时礼天。食肉作斋，以杀生为功德……又有礼堂容数万人。

每七日，王出礼拜，登高坐为众说法”。文中还录下唐朝被俘流落大食的金银匠、画匠、绫绢织工、造纸匠的姓名，是中国工艺西传的直接记载，尤其难能可贵。

（二）“丝绸之路”得名

中国与外部世界的文化联系，得益于汉唐间陆上丝绸之路和海上丝绸之路的开辟，陆、海两条丝路，使中国在一定程度上突破地理障壁，赢得有效的传出—接受机制，中外文化交流得以进行，遂使汉唐华人“放开度量，大胆地，无畏地，将新文化尽量地吸收”[①]。

“丝绸之路”一名，是德国地质学家费迪南·冯·李希霍芬（Ferdinand von Richthofen，1833—1905）创用的。李希霍芬1868—1872年在清朝18行省中的13个行省旅行，足迹东起上海，西抵青藏高原，北自蒙古南至广东，他详记沿途见闻，返德后于1877年出版《中国——我的旅行成果》，其第一卷将中国通往欧洲的贸易之路命名“丝绸之路”，指两汉时期中原与中亚阿姆河—锡尔河流域及印度之间，以丝及丝织品贸易为主的交通线。

1910年，德国历史学家赫尔曼在《中国和叙利亚之间的古丝路》一书中，将丝绸之路的西端延至地中海东岸和小亚细亚。德国地理学家胡森特的专著《丝路》，对此一历史上沟通中西的商道有翔实描述，“丝路”之名逐渐为中外人士所习用，其含义包括了更广泛的内容和地区，约指古代横贯亚洲大陆的交通线，东起黄河流域关中平原，通过河西走廊、塔里木盆地，越葱岭（帕米尔高原），经中亚两河流域，入里海南侧的波斯高原，逾西亚两河流域，抵地中海东岸，转达罗马诸地。自公元前2世纪以后千余年间，以丝绸为代表的多种中国商品经此路西传，“丝绸之路”名实吻合。

时至20世纪后半叶以降，“丝绸之路”的内涵进一步扩大，广义丝绸之路指整个古代联系东西的交通线路，包括“陆上丝绸之路”和“海上丝绸之路”。海上丝绸之路下节另述。

“陆上丝绸之路”，有北方丝路和西南丝路两条线路。

甲、“北方丝路”。约指汉唐间从洛阳、长安出发，呈扇状向西展开的交通线路，分东段、中段、西段。

---

① 鲁迅：《坟·看镜有感》，《鲁迅全集》第一卷，人民文学出版社1981年版，第200页。

东段从洛阳、长安经河西走廊到玉门关、阳关；

中段有南道（沿昆仑山北麓、塔克拉玛干沙漠南沿）、中道（沿天山南麓、塔克拉玛干沙漠北沿）、北道（沿天山北麓的准噶尔盆地）之分；

西段为逾葱岭（帕米尔高原）西行至欧洲的线路，又分南道（沿阿富汗、伊朗高原，至巴格达、大马士革，至东地中海边贝鲁特，航海至罗马各地）、中道（即汉北道，沿阿姆河西行，至德黑兰与南道会合）、新北道（一沿锡尔河西行，至木鹿城与中道会合；一沿今哈萨克斯坦北部草原，经里海北，入小亚细亚半岛，至罗马各地）。

乙、“西南丝路”。由四川成都、宜宾出发，越过岷江（及其支流大渡河）、金沙江（及其支流雅砻江）、澜沧江、怒江及横断山脉（高黎贡山为其一），出腾冲，进入缅甸（掸国）、印度（身毒）的商路，称“西南丝路”，云南处其十字交叉路口，将中原与东南亚、南亚联系起来。

（三）西方对丝绸的认识过程

通过丝路，丝绸、茶叶、铁器等中国产品传往中亚、西亚、南亚和欧洲，向西方世界传布了关于奇妙而富庶的东方文明的消息，其中丝绸尤其耸动视听。古希腊、罗马称中国为 Seres，这个词显然是从中国的“丝”音转化过去的，意为丝绸。古时的欧洲，即或是贵族，也穿着亚麻衣裳，当轻柔华美的丝绸传入，立即引起整个社会的狂喜，不论贵族还是民众都以能穿上丝绸衣服为荣。罗马独裁者恺撒（前 100—前 44）一次身着绸袍出现在剧场，那高贵品相顿时引起全场轰动，达官贵人们个个翘首观望，欣羡不已，以致无心看戏。

由于输入过多的丝绸和亚洲的其他奢侈品，公元 1—2 世纪时，罗马在对亚洲国家的贸易中产生了逆差。

华美轻柔的丝绸，使西方人产生了许多关于东方的猜想，罗马人花了 6 个多世纪才了解丝的来源。有学者陈述这样一段历史：公元前 1 世纪，古罗马诗人维吉尔提出丝是从树叶梳下的精细的羊毛。公元 1 世纪，罗马学者辛尼加多次提到中国人是从树上采摘丝线。同时代的普林尼更认为，中国人是在森林里生产羊毛的民族，他还具体描述怎样从树上取丝到纺线、织布的过程。到 1 世纪末，罗马人认识到丝线不同于棉线。随着罗马商人沿丝路东来，至公元 2 世纪，他们得知丝是来自一种叫“赛儿”的类似蜘蛛的小虫。这种认识比较接近实情。3世纪中叶以后，罗马政局混乱、经济低迷，商人东行大为减少，罗马人对丝的认识又退回到丝从树上梳下来的传说。直至6世纪中叶，印度僧侣将蚕卵带到拜占庭罗马，罗马人对蚕丝的来源方有正确认识，并掌握了养蚕、纺织丝绸的技术。①

上述关于丝的传说和真实描述，发生在公元前1世纪至公元6世纪之间，正是丝路从开辟到初步繁盛的时段。罗马人那些涉及丝之来源的故事，并非全是向壁虚造，文人的描述显然依凭了各种道听途说，而这些道听途说（直至真实情节）是经由丝路这条东西通道得以传递的。可见，丝绸之路既是实体经济的交流通道，也是与之伴随的各种文化信息传播的路径。

以古罗马人对于“丝之来源”认识过程为例，我们可以想象出古代知识的形成过程之一般。

三、传道弘法之路

宗教作为人们对“终极关怀”不倦追求的产物，往往使信徒产生一种排除万难的精神力量，勇于孤行独往、百折不挠地求经、传道，从而成为艰险而悲壮的丝绸之路上的一支异军。如东晋僧人法显“慨律藏残缺”，“至天竺寻求戒律”②，其行迹的遥远连“汉之张骞、甘英皆不至”③。略言之，有以下几类宗教信徒往返于丝路。

（一）外域佛徒沿丝路来华传教

原籍天竺（印度），生于龟兹国（今新疆库车）的佛教高僧鸠摩罗什（344—413），沿丝绸之路长途跋涉至长安传经，与真谛、玄奘并称中国佛教三大翻译家，或与真谛、玄奘、义净并称中国佛教四大翻译家。

达摩趺坐图（西安石刻）

南天竺人菩提达摩（？—528）从南印度沿海

① 见杨共乐：《古代罗马作家对丝之来源的认识》，《北京师范大学学报》2011年第3期。

②③ 章巽校注：《法显传校注》，上海古籍出版社1985年版，第2、26页。

上丝绸之路，航行至广州，北上洛阳，后住嵩山少林寺，创立禅宗。

鸠摩罗什和菩提达摩是外域佛徒沿丝路来华传法的两位著名代表。

（二）中土佛徒西天取经

中国佛教徒不满足于域外佛徒带来的佛学经典，而亲往印度求经的不在少数，卓越者前有东晋法显，后有唐代玄奘。

法显（约 337—约 422），本姓龚，平阳武阳（今山西临汾）人。三岁出家，二十岁受戒。他慨叹律藏残缺，誓志寻求，于东晋隆安三年（399）与慧景、道整、慧应、慧嵬等从长安出发，经河西走廊，涉流沙，越葱岭，到天竺求法。遍历北、西、中、东天竺，获多种梵本佛经。后搭乘商船到师子国（今斯里兰卡），住两年，又获多种梵本佛经。由海路归国，途经耶婆提国（今爪哇），于义熙八年（412）达青州长广郡牢山（今山东青岛崂山），次年到建康，前后凡 15 年，多历艰险，带回多种佛典，又记旅行见闻，撰《佛国记》（又名《历游天竺记传》《高僧法显传》），提供中亚、南亚诸国和中外交通的宝贵资料，开阔了中国人的视野。

玄奘取经

法显是少有的兼历“陆上丝绸之路”和“海上丝绸之路”的旅行家。

玄奘（602—664），本姓陈，洛州（今河南偃师）人，先在国内遍访佛学名师，感到众说纷纭，难得定论，决心远赴天竺，求取真经。唐太宗贞观三年（629），长安饥荒，朝廷令百姓自行求生，玄奘即从长安西行，违反当时出关禁令，经姑臧（今甘肃武威），出敦煌，偷越玉门关，经今新疆及中亚等地，辗转到达中印度摩揭陀国王舍城，入寺，从高僧学诸佛教论典及梵文，不久名声大振。五年后，游历印度东部、南部、西部、北部数十国。贞观十九年（645）返长安。玄奘沿着张骞“凿空”故道[①]，西行求法，往返 17 年，旅程 5 万里，带回大小乘佛教经、律、论共 520 夹，计有：

① 玄奘：《大唐西域记序》，有“博望凿空”之赞语。“博望”指博望侯张骞。

大乘经二百二十四部，大乘论一百九十二部，上座部经律论一十四部，大众部经律论一十五部，三弥底部经律论一十五部，弥沙塞部经律论二十二部，迦叶臂邪经律论一十七部，法密部经律论四十部，说一切有部经律论六十七部，因论三十六部，声论一十三部，凡五百二十夹，总六百五十七部。[①]

此后20年间，玄奘及弟子在长安专心译经。他还把《老子》和《大乘起信论》译成梵文，传入印度，又将入印路途见闻撰《大唐西域记》十二卷，成为沟通中印文化的伟大使者。印度的柏乐天教授研究玄奘译作后记，赞曰："在全人类的文化史中，只好说玄奘是第一个伟大的翻译家。中国很荣幸是这位翻译家的祖国，只有伟大的中国才能产生这么伟大的翻译家"，"他的翻译……是中印两民族的共同遗产"[②]。

唐代朝廷也派官员西出求佛，如王玄策作为使节于唐初贞观十七年（643）至龙朔元年（661）间，三次出使印度求取佛法，礼佛而归，官拜朝散大夫。王玄策带回佛教文物，著《中天竺国行记》。

（三）中土佛徒异域传道

如果说法显和玄奘的主要功绩是"西方求法"，那么鉴真则是"异域传道"的卓越典范。

鉴真（688—763），本姓淳于，广陵江阳（今扬州）人，又称"过海大师""唐大和尚"。唐天宝元年（742），应日本入华学问僧荣睿、普照之邀，决定赴日弘布戒律，但先后五次东渡，或遭官府阻拦，或遇飓风皆未成功。其间又双目失明，荣睿身亡。天宝十二年（753），日本遣唐使藤原清河等人专至扬州向他致礼，邀其赴日本传戒，于是决定第六次东渡。次年，即日本天平胜宝六年（754）在萨摩秋妻屋浦（今日本九州南部鹿儿岛大字秋目浦）登岸，次年被迎入首都奈良东大寺，被授以"传灯大法师'位。鉴真带给日本大量佛教经典、佛像、法物，并有药物、艺术品，又仿唐建筑造唐招提寺，对发展日本佛学、医学、雕塑、美术和建筑均有贡献，被日本人称为"日本文化

① 玄奘：《大唐西域记》卷二一。

② ［印］柏乐天：《伟大的翻译家玄奘》，《翻译通报》第二卷第五、六期，人民出版社1951年版。

的恩人”。

法显、玄奘等高僧求经西天，鉴真等大和尚传戒东瀛，其梯山航海的探险，并未得到朝廷支持或社会赞助，甚至屡屡被官府阻止（如玄奘逾关西行、鉴真东渡都直接违背朝廷命令），故其艰难更在朝廷派遣的使节之上。他们凭着宗教家的顽强信念和超常毅力，历尽艰难险阻，方完成文化传入或文化传出的伟业，确乎是人类开放史上的奇葩，令人景仰。

（四）道教、儒教及其他宗教人士绝域远行

道教同样也有绝域远行的高人。如道教全真道北七真之一丘处机（1148—1227），长期穴居、乞食，周游各地，后创立龙门派，享有盛名，为金世宗、金章宗、金卫绍王、金宣宗和元太祖成吉思汗敬重。元太祖十四年（1219）成吉思汗遣使召之，丘处机率门人弟子赵道坚、宋道安、尹志平、李志常等18人，随军同往西域雪山，劝成吉思汗减少杀戮，敬天爱民、清心寡欲，颇有成效。李志常撰《长春真人西游记》对此记载甚详。

丘处机

伊斯兰教徒和基督教徒为传教而远行四海，其对文化传播的功劳亦不可没，此不赘语。

至于儒教，作为一种“准宗教”，向域外传播，除依靠政府间交往之外，还借助民间儒士之力。如明清之际朱舜水（1600—1682）中年参加抗清斗争，终因复明无望，而循东线海上丝路，渡海入日，在日本传道22年，被水户藩主德川光国尊为宾师，并培养了一批日本学者。日人盛称朱舜水“德贯天人，学极古今”。由于他的渡海讲学，导致“周道兴东”[①]，促进“水户学”的形成，对后来的明治维新起到思想推助作用。

上述诸教高士，或走陆上丝绸之路，或经海上丝绸之路，皆成就弘法远道的伟业，足证丝路不仅是军事外交、商业贸易的必经通路，也是文化传播的宝贵渠道。

在明末中西科技由海上得以沟通以前，丝绸之路还是中西科技的重要传播

① 《朱舜水集》，中华书局1981年版，第732页。

线路。仅以数学为例，中国算术（包括珠算）便经由丝路，通过波斯人、阿拉伯人、印度人传至欧洲，弥补了欧洲数学自古希腊以来长于几何、短于算法的缺陷，在一定意义上，正是从丝路传入的中国算法催生了微积分在欧洲的发明。数学家吴文俊等发起“数学—天文丝路基金研究项目”，获取中国古典数学（包括算法）经丝路西传的实证材料，现已取得成绩。[①]

四、人类文化交流史上恢弘的陆上大动脉

“丝绸之路”早在张骞通西域之前的秦汉之际已初步开通，汉唐达于盛期，一直延绵到明代中叶，截止于西方人实现大西洋—印度洋—太平洋海道大通，在公元前 3 世纪—公元 16 世纪的近两千年间，这条连接亚欧大陆东西两端的大通道，东西长达 10000 公里，南北宽达 3000 公里，主干道绵延 7500 公里，加上诸扩展延伸线路，总长超过 35000 公里，堪称人类文化交流史上规模空前宏伟、延绵时间最久远的陆上大动脉（其间数度中断）。2014 年 6 月，联合国教科文组织第 38 届世界遗产委员会会议上，中国、哈萨克斯坦、吉尔吉斯坦跨国联合申报的“丝绸之路：长安—天山廊道的路网”被列入世界遗产名录（至此，中国世界遗产总数 47 项，位居世界第二）。

丝绸之路不仅是历史陈迹，在经济全球化推动下，正焕发出新的生机，连接亚洲与欧洲的陆上交通正在蓬勃发展，而今日的新丝绸之路由钢铁建造、由电子信息沟通。

新的贯穿亚欧、连接太平洋西海岸与北大西洋东海岸的 4 条货运铁路已筹划 40 年，其中的中路取道土耳其、哈萨克斯坦，经中国新疆、甘肃、陕西，直达江苏连云港，这大体沿着两千年前的丝绸之路运行。2013 年 6 月，哈萨克斯坦新建了一条连接中国和欧洲的过境铁路线。如果说，千年前中国商队用骆驼和马匹载着丝绸、茶叶前往欧洲换取药物、香料和宝石，需数月，如今，满载电子产品、建筑材料的火车只需 15 天就能从重庆经哈萨克斯坦、俄罗斯、白俄罗斯，取道波兰，到达德国鲁尔工业区和杜伊斯堡。[②] 中国—欧洲走海道需 45 天，走西伯利亚大铁路需 14 天，走“新丝绸之路”则最快将不到

---

① 见蒋谦：《在历史中捕捉推动近代科学进步的“中国风”》，《中国社会科学报》2012 年 2 月 27 日。

② 见路透社阿斯塔纳 2013 年 6 月 10 日电。

10天。

时下中国与哈萨克斯坦、乌兹别克斯坦、土库曼斯坦、吉尔吉斯斯坦、塔吉克斯坦等中亚国家共建**“丝绸之路经济带”**，展现宏伟的发展前景。

此外，一条从成都出发，经由缅甸、孟加拉，延至印度的**“新南方丝绸之路”**正在规划之中，已获中、缅、孟、印四国相关部门批准。[①] 这条线路正是两千年前西汉张骞试图从云南进入印度，终因横断山脉阻隔未能成行的又一陆上丝路。

丝绸之路不仅是历史的遗迹，它从苍茫的古史走来，正延展为活生生的现代交通大动脉，联系着亚欧大陆东西两端诸文明。

壮哉丝绸之路，伟哉丝绸之路！

第三节　经略海上

古代中国素以经营陆疆著称，也有颇具声色的海洋业绩，如开辟海上丝路，举行规模空前的郑和下西洋，并在16世纪产生中国式的海洋战略思想，明人郑开阳（1503—1570）在《海防图论》、胡宗宪（约1512—1565）在《筹海图编》中，从防御倭寇袭扰出发，提出“经略海上”构想，这固然局限于近海，又出于防守，却反映了初级的海权诉求，彰显中国悠久的卫海、用海传统。

一、东亚形势：负陆面海、陆呈板块

“负陆面海，南入热带、北至寒国”是中国地理的概貌。

“负陆面海”并非东亚大陆独具的特点，欧洲大陆也基本如此。但从地图上对比东亚大陆与欧洲大陆，很容易发现两者的差别——

东亚大陆呈比较规则的椭圆形板块状，海洋未能深入陆地腹里，除纵深程度较浅的渤海外，基本没有内海切割，这就形成十分辽阔的远离海洋的区域。以太原—洛阳—武汉—长沙—贵阳连线，其西北面距海800公里以上的大陆腹地，约占中国全部版图的70%。至于兰州、玉门等地则离海数千公里之遥，

① 见《印度时报》网站2013年6月9日报道。

而新疆首府乌鲁木齐更是全球距离海洋最远的城市，其东距太平洋、南距印度洋、西距大西洋、北距北冰洋，在 2300～4000 公里之间。

与东亚大陆形成鲜明对照，欧洲大陆则被地中海、黑海、波罗的海、白海等内海所纵深切割，以至西欧实际上是一个延伸出许多二级半岛、三级半岛的庞大半岛，呈现陆—海交错的格局，即使其腹地（如慕尼黑、布拉格、伯尔尼、日内瓦、维也纳）距海也不超过 400 公里。因此，欧洲人无论向北、向西还是向南发展，都立即与海洋照面。

大相差异的陆—海结构，为亚欧大陆东西两端的居民提供了不同的海运条件，这对他们分别铸造各自的文化类型，有着不可小视的影响。

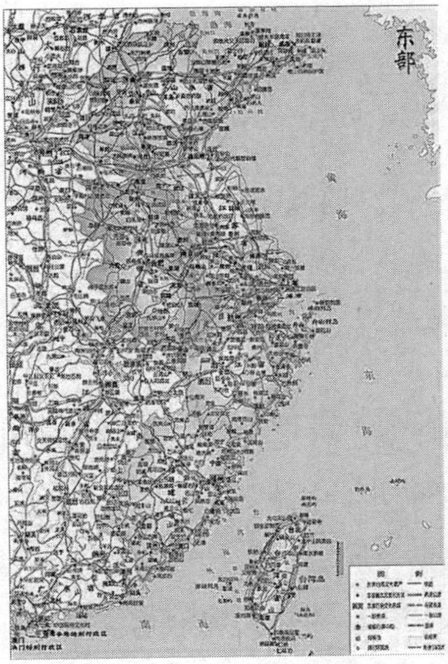

板块状东亚大陆

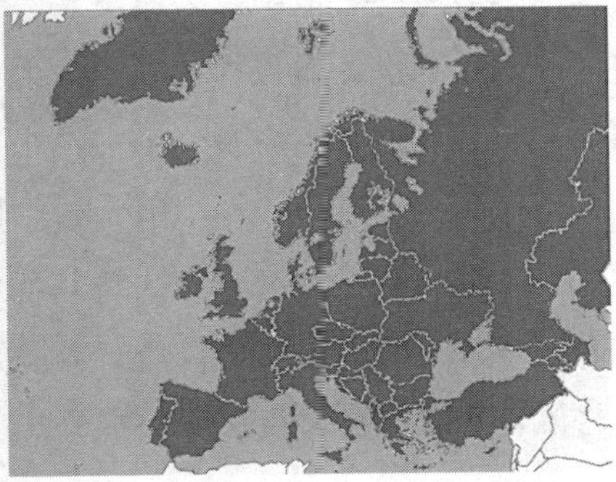

海洋深入切割西欧大陆

海运成本低廉，是一种最经济的、有利于大规模物资及人员交流的运输手段。隋唐时南北漕运经大运河，元代已改由海道。清人魏源曾列举数据，论证“海运之利，非河运比”[①]。海运繁荣，有助于商品经济的发展，反之，商品经济的发展又会促进海运繁荣。而海运首先受到海上航道、水文、气象特征和

① 魏源：《海运全案跋》，《魏源集》上册，中华书局 1976 年版，第 414 页。

海岸地质、地貌、水文、气象等自然要素的制约，进而取决于区间物资交流的状况和外贸需求。

中国虽有漫长海岸线，但近海以外的太平洋一望无涯，彼岸在古代缺乏相对称的文明以供反馈、交流，当人们乘舟离开陆岸，进入波涌际天的大洋时，便有投身无边领域的感受。庄子（前369—前286）曾经这样描写东方的大海：

> 夫千里之远，不足以举其大；千仞之高，不足以极其深。①

这片无垠的水域，永远装不满，也永远充沛，庄子视作“万川归之，不知何时止而不盈；尾闾泄之，不知何时已而不虚”②的未知世界。战国诗人屈原曾对海洋永不满溢的现象发问道：“东流不溢，孰知其故？”③一千年后，唐代思想家柳宗元（773—819）对这个问题的答复，大体停留在庄子的水平上：“东穷归墟，又环西盈。”④

东亚大陆濒临的海洋因辽阔无际而增添神秘性和征服的难度。如果说，较易被驾驭的内海——地中海是埃及人、腓尼基人、希腊人、罗马人、迦太基人的交通走廊，那么，难以横渡的“大瀛海”——太平洋则在相当长的时期构成中国人走向外部世界的障碍。

太平洋的东亚海域，在中国大陆、朝鲜半岛、日本列岛、琉球群岛之间也构成一个不甚完整的内海，有人将其称作“东方地中海”。自古以来，东亚人民沿着“日本海环流路”等自然航道，并借助季风，往返于中国大陆、朝鲜半岛、日本列岛之间，“东方地中海”也就成为以中国大陆为内核，以朝鲜、日本、越南为外缘的东亚文化圈的交通走廊，汉字、儒学、中国化佛教（如禅宗）、中国式律令是这个文化圈共享的文化成果。但由于东亚的海洋条件远比地中海险恶，加之中、朝、日、越等国长期在自然经济轨道内运转，从事大规模商品交换的动力不足，因而在古代，“东方地中海”航运之盛不及希腊、罗马时代的地中海。

中华民族创造过相当辉煌的航海纪录，春秋战国以降，瓯、越、齐等滨海

---

①② 《庄子·秋水》。

③ 屈原：《楚辞·天问》。

④ 柳宗元：《天对》五首之一，《柳河东集》卷一四。

地区发展了海洋文化，人们竞相“逐渔盐商贾之利”[①]，同时还涌现一批“海上之方士”[②]，汉唐以降更有“海上丝绸之路”的开辟，但海洋文化毕竟未能成为中国古代文化的主流；而以三晋文化、齐鲁文化、秦文化、楚文化为代表的大河文化处于主宰地位，并与中亚、西亚、南亚发展各个内陆文化之间的交流，中国文化的主体在相当长期间未能脱出大陆性格，日渐增多的人口基本稳定在精耕细作的农地上。

二、中西海洋观比较

中国人地处一面向海的板块状东亚大陆，自古形成自己的海洋观，与西方海洋观颇相差异。

（一）地中海—北大西洋国家的海洋观

腓尼基人、希腊人自古即被称为“海上民族”[③]，他们利用地中海提供的航运之便，纵横于南欧、西亚和北非。被称作“卓越的商业民族”的西亚腓尼基人（在今叙利亚、黎巴嫩一带），早在3000年前，其商业及殖民活动便遍及地中海沿岸。地处巴尔干半岛南端及爱琴海群岛上的希腊人，从公元前1600年左右的迈锡尼时代，到公元前500年前后的古典时代，以至公元前200年前后的希腊化时代，先后在地中海和黑海（时称好客海）沿岸广建商业基地和殖民城堡，到亚历山大大帝（前356—前323）时期，更建立横跨欧、亚、非三洲的庞大帝国，“希腊化”的范围所及，东至印度边境，西至大不列颠岛，地中海成为亚历山大帝国的“内湖”。这一事业的完成，与希腊人较充分地利用海洋的交通之便颇有干系。

时间进入近代，欧洲的航海业重心从地中海转到更为辽阔的大西洋。先是葡萄牙人、西班牙人，继而是荷兰人（被称为“海上马车夫”）、英国人，掌握了更复杂的航海手段，征服大西洋以至全球四大洋，率先走向世界。西方人从资本的原始积累时期、产业革命时期到现代新技术革命时期，愈益充分利用海洋，将资本繁衍、殖民扩张、商品及技术传播的范围伸抵海角天涯，“美洲

① 《史记·货殖列传》。
② 《史记·封禅书》。
③ 古埃及铭文称腓尼基人、希腊人为“海上民族”。

的发现、绕过非洲的航行，给新兴的资产阶级开辟了新天地”[1]。海洋，为近代工业文明提供了纵横驰骋、争雄比胜的领域。

争夺出海口、制海权，成为世界近代史上的一大主题。原为内陆国的沙皇俄国走向近代的过程，在某种程度上也就是通向海洋的过程。彼得一世（1672—1725）作为俄国近代化之父，其重要实绩就是从瑞典人手里夺取波罗的海出海口。他于1703年在芬兰湾涅瓦河口的三角洲，建立起一座通往海洋的港口城市，1713年又把首都迁到这里，将其命名为圣彼得堡，俄国自此摆脱了内陆国的局限。以后，承继彼得事业的叶卡捷琳娜二世（1729—1796）等又继续扩大对黑海、波罗的海海岸的占领，并向北开辟摩尔曼斯克港，取得通向大西洋的不冻口岸；向东掠取远东滨海地带，并一度侵占中国的大连湾，而且还力求取得波斯濒临印度洋的港口。彼得大帝及其后继者的勃勃雄心是：俄罗斯帝国不满足于做一个陆上强国，它还要角逐大洋，加入海洋民族行列，成为一个海上强国。德意志人和日本人作为后起的资本主义民族，也孜孜不倦地发展海洋事业，与英、法等老牌殖民帝国角逐于大洋之上。

德国哲学家黑格尔秉承从古希腊人到近代西方人眷恋大海的传统，在《历史哲学》绪论之《历史的地理基础》中对海洋发出由衷的赞叹：

> 大海给了我们茫茫无定、浩浩无际和渺渺无限的观念；人类在大海的无限里感到他自己底无限的时候，他们就被激起了勇气，要去超越那有限的一切。大海邀请人类从事征服，从事掠夺，但同时也鼓励人类追求利润，从事商业……他便是这样从一片巩固的陆地上，移到一片不稳的海面上，随身带着他那人造的地盘，船——这个海上的天鹅，它以敏捷巧妙的动作，破浪而前，凌波以行……[2]

这熔哲理和诗情于一炉的文字，把海洋看作导向财富和新世界的通道。这是作为“海上民族”的西方人吟咏的一曲海洋颂。

---

① 马克思、恩格斯：《共产党宣言》，《马克思恩格斯选集》第一卷，人民出版社1995年第2版，第273页。

② ［德］黑格尔著，王造时译：《历史哲学》，三联书店1956年版，第134～135页。

（二）传统中国的海洋观

与西方人大相径庭，中国人同海洋的关系，对海洋的认识和情感，则显示了一种“大陆—海岸民族”的特有风格。

中国人自古即注意发展交通事业，但侧重点在陆上而并非海上。诗云：“周道如砥，其直如矢”[①]，便是对周代陆路交通的赞誉。《左传》载，晋文公修整道路，宾至如归，是他成为盟主的一大因素[②]。单襄公到陈国（今河南淮阳县），看到道路废塞，便断定陈国将灭[③]。这都是古人重视陆上交通的明证。至于海洋交通，却未能提到国家兴亡的高度来看待。

中国并非内陆国，有着漫长的海岸线，中国古代也不乏向海洋谋求民生利益的卓越人物，但他们主要着眼于鱼盐之利，而较少侧重航运的展开。如周初姜尚受封于地瘠民贫的营丘滨海处，“于是太公劝其女功，极技巧，通鱼盐，则人物归之”[④]。春秋时，管仲向齐桓公进“官山海”之策，力主官营食盐的生产和销售，以达富国利民目的。[⑤]在姜尚、管仲利用海洋的谋略中，少有发展海运的内容。

海洋在中国人观念世界所处的地位，也表现出大陆—海岸民族的性格。例如，在被中国人视作“国之大事”的祭祀活动中，名山所获得的贡奉远多于大海，泰山尤其被历代帝王所封禅、拜祭，而海洋却较少受此惠顾。当然，中国人也并未忘记祭水，但河川置于海洋之前，“三王之祭川也，皆先河而后海”[⑥]。这种重陆轻海、先河后海的倾向，很早就熔铸进中国人的世界观念和文化心态，在文学、艺术、哲学中，都有所表现。

> 白日依山尽，黄河入海流；欲穷千里目，更上一层楼。[⑦]
>
> 黄河远上白云间，一片孤城万仞山。[⑧]

---

① 《诗经·小雅·大东》。
② 《左传·襄公三十一年》。
③ 《国语·周语》。
④ 《史记·货殖列传》。
⑤ 《管子·海王》。
⑥ 《礼记·学记》。
⑦ 王之涣：《登鹳雀楼》。
⑧ 王之涣：《凉州词·出塞》。

大漠孤烟直，长河落日圆。[1]

此类名诗所展现的，正是一个大陆民族所特有的视野和壮阔襟怀，与希腊人在荷马史诗中对蔚蓝色的爱奥尼亚海和克里特岛的陡峭岩岸的反复歌咏，格调大异。

中国古代诗文也有议及海洋的，但多以为海洋深不可测，阔无边际。“方行天下，至于海表，罔有不服。”[2]显然以海际为天边。至于“相土烈烈，海外有截”[3]之说，讲到商汤的十一世祖相土功业显赫，使海外威服，但这里的“海外”仅限于渤海等近海的边沿地带（如山东半岛）。中国文学的先导之作《诗经》除有“朝宗于海”[4]、《楚辞》有“指西海以为期”这类偶尔旁及海洋的文字外，并无以海洋、航海为主题的篇章。

先秦诸子也较少论海。孔子、孟子都生活在滨海的邹鲁地区，但他们都没有冒险远航的经历（其他先秦诸子也无远航经历），却长年乘车奔走游说于黄河中下游的列国之间。他们偶尔也提到过海洋，如孔子说：“道不行，乘桴浮于海，从我者其由与！”[5]把海洋作为政治失意后避世的处所；孟子说：“观于海者难为水，游于圣人之门者难为言”[6]，把海洋作为因其深广而叹为观止的对象。总之，孔孟论海，都有虚拟和借喻的意味，而少见海洋知识的具体记述。

秦汉以后，文人描写、议论海洋的不在少数，《海赋》《览海赋》《沧海赋》一类诗文大多把海洋想象为吐星出日，神隐怪匿的世界，这显然是站在大陆岸边向“茫茫沧海”突发奇想，较少有入海弄潮儿的经验谈。如在东汉史家班彪的笔下，海洋里有“三神山”——蓬莱、方丈、瀛洲等，其上呈现这样一番仙景：

风波薄其裔裔，邈浩浩以汤汤，指日月以为表，索方瀛与壶梁。曜金璆以为阙，次玉石而为堂，蓂芝列于阶路，涌醴渐于中唐。朱紫彩烂，

---

① 王维：《使至塞上》。
② 《尚书·立政》。
③ 《诗经·商颂·长发》。
④ 《诗经·小雅·沔水》。
⑤ 《论语·公冶长》。
⑥ 《孟子·尽心上》。

明珠夜光，松乔坐于东序，王母处于西箱。[1]

从战国以至秦汉，列国诸侯，如齐威王（？—前320），齐宣王（？—前301），燕昭王（？—前279）；帝国皇帝，如秦始皇（前259—前210）、汉武帝，都把大海视作神秘之域，以为那里有仙人栖息，有不死药藏于其间，永生的侈心促使那些帝王五次三番派人出海寻觅，最著名的一次是秦始皇派徐福率童男童女东去，据说徐福到达东瀛扶桑，但不死药自然无法获得，结局也只能是"终不见归"。

班彪的海洋观显然与威宣燕昭、秦皇汉武们的幻想一脉相承，神异有余而理性不足。

李白视大海为神秘莫测之乡，其咏海的诗句是：

海客谈瀛洲，烟涛微茫信难求。[2]
历天又入海，六龙所舍安在哉。[3]

唐宋以降，随着航海业的拓展，尤其是"海上丝绸之路"—"海上陶瓷之路"的开辟，中国人的海洋知识趋于具体化。元代宋无曾随元军舰队远征日本，他目睹"碧汉迢遥，一似桴槎于天上"的壮美海景，体验到"银涛汹涌，几番战栗于船中"的航行滋味，其长篇组诗《鲸背吟》将"所历海洋山岛，与夫风物所闻，舟舰所见，各成诗一首"[4]，是海洋知识的汇集。至于明代郑和随行人员的著作，有更丰富的航海实践作基础，如马欢的《瀛涯胜览》、费信（1388—？）的《星槎胜览》、巩珍的《西洋番国志》等，包含大量对海洋的实际考察内容，展示了壮阔的海洋视野。

三、海上丝路·海上瓷路

中国以开拓陆疆著称，然海洋经略也成就不凡，不过以往的主流文化未予

① 班彪：《览海赋》，《古今图书集成·方舆汇编·山川典》卷三一五海部。
② 李白：《梦游天姥吟留别》，《李太白文集》卷一二。
③ 李白：《日出入行》，《李太白文集》卷三。
④ 朱名世：《鲸背吟·序》。

彰显，以致形成中国“和海洋不发生积极的关系”[①]的误断，这是必须加以辨正的。

（一）16 世纪以前中国曾拥有领先世界的造船及航海技术

中华民族很早就掌握制造和驾驭舟楫的能力，在这方面显示出毫不逊色于其他民族的技巧，七千年前的河姆渡遗址已有舟、楫便是明证。传世文献也多载水运事迹，《周易》称，黄帝、尧舜时代即“刳木为舟，剡木为楫，舟楫之利，以济不通”[②]。《墨子》说：“其为舟车何以为？车以行陵陆，舟以行川谷，以通四方之利。”[③]

初民的远航业绩相当惊人，据人类学家、美国哈佛大学教授张光直（1931—2001）等人研究，四五千年前，华人先祖就横渡太平洋，抵达墨西哥、秘鲁。[④]近来有学者提供殷人东渡墨西哥的若干证据。[⑤]当然，这类假说尚需更充分的考古材料证明，而且，即使这类假说成立，华人先祖横渡太平洋，因其没有反馈信息，故并未给中国人的生活及其文化带来实际影响。

古代中国农耕文明发达，官营手工业技术先进、规模宏大。从古代造船及航海技术发明的中西比较，可大略看出中国航海水平在 16 世纪以前曾处于领先地位：

技术项目	中国采用年代	欧洲采用年代
摇橹	前 1 世纪	17—18 世纪
平衡式梯形斜帆	2—3 世纪	15 世纪末
船尾舵	1—2 世纪	12—13 世纪
平衡舵	11 世纪	18 世纪末 19 世纪
水密隔舱	古代	18 世纪
船壳包板	11 世纪	16 世纪以后
车船（轮船）	8 世纪	16 世纪
航海指南针	11—12 世纪	12 世纪末 13 世纪初
利用八面风	12 世纪初	16 世纪

① ［德］黑格尔著，王造时译：《历史哲学》，三联书店 1956 年版，第 135 页。

② 《周易·系辞下》。

③ 《墨子·节用上》。

④ 张光直提出“玛雅—中国文化连续体”假设，认为玛雅文明和中国古代文明是同一祖先的后代在不同时代、不同地点发展的结果。

⑤ 见范毓周：《殷人东渡美洲新证》，《寻根》2011 年第 2 期。

由于太平洋的辽阔无际、难以征服，中国人的海上航行，秦汉以前主要限于“裨海”[①]，即近海、内海。《史记·货殖列传》提及的番禺（广东）的“珠玑、犀、玳瑁、果、布”等，便是经由近海商路，流传到中原的。汉唐以降，这条航道渐至巨海大洋。

1974年泉州出土的宋代海船，长30米，宽10.5米，排水量400~450吨，设有平衡舵和大型铁锚。2007年12月，“南海一号”宋代古沉船整体打捞出水，是迄今为止世界上发现的海上沉船中年代最早、保存最完整的远洋贸易商船，古代造船技术的三大发明舵、水密隔舱和龙骨装置均在此船得见。这三项发明奠定了宋元明时期中国造船及航海技术领先的基础，对世界造船航海技术产生深远影响。

郑和宝船

元代的造船业在宋代的基础上继续发展。元灭南宋期间至元七年（1270）造战舰五千艘，至元九年（1272），造战舰三千艘，至元十一年（1274）—至元二十九年（1292），又造海船九千九百艘，[②]可见元初造船能力之强。元世祖忽必烈企图远征日本列岛（因飓风掀翻舰队而未果），这是中华帝国大规模征服海外国度的唯一一次尝试。

宋明间，“料”（92.5斤）为造船重量单位，郑和宝船长70米，重5000料，排水量约2000吨。而当时西方，最大船只排水量不过1500吨，哥伦布的旗舰“圣·玛利亚”号，长80多尺，排水量约233吨。达·伽马的旗舰“圣·加布利尔”号约400吨。麦哲伦的旗舰“特立尼达’号，仅110吨。郑和拥有近代前夜世界上最庞大精良的船队。

（二）“海上丝绸之路”—“海上陶瓷之路”

古代东亚至南亚、西亚、东非的海运航道，近人习称“海上丝绸之路”。

① 战国末年阴阳家邹衍把近海、内海称“裨海”，把外洋称“大瀛海’。见《史记·孟子荀卿列传》。

② 见《元史·世祖本纪》。

据苏文菁教授考察，此一名称首先是法国汉学家沙畹（1865—1918）提出，他于1903年在所著《西突厥史料》中说："丝路有海、陆两道。"日本考古学者三杉隆敏于1967年出版《探寻海上的丝绸之路——东西陶瓷交流史》中正式创用"海上丝绸之路"一词。1979年，三杉隆敏又出版《海上丝绸之路》一书。华人最先使用此词的是饶宗颐（1917—2018），他1974年6月在台湾《历史语言研究所集刊》第45本4分册上，发表《海上之线路与昆仑舶》一文，提出"海上丝路"称谓，指出这是一条外交、贸易和文化交流的通道。其实，这条航路的名称还可推敲。以运载出口的物品而言，汉唐以丝绸为代表，"海上丝路"名实相符；而宋元以下则以陶瓷茶叶为代表，宜称"海上陶瓷茶叶之路"，或简名"海上瓷路"。若兼及进口，"外国之货日至，珠香象犀玳瑁奇物溢于中国，不可胜用"[1]，此航线又称"香瓷之路"（输入香料，输出瓷器）。

海上航运发端秦汉，兴于隋唐，盛于宋元，明初达到高峰，明中叶以后因"海禁"而衰落。航道略分两线：

甲、"西航线"：从沿海沿江港口明州（宁波）、扬州、广州、泉州出发，南向至南洋群岛，经马六甲海峡后西行，入印度洋，至南亚、西亚、东非。

《汉书·地理志下》载，汉武帝曾派遣使者并招募商贾，从日南（时为汉地日南郡，在今越南中部）、徐闻（今属广东）、合浦（今属广西）乘船出发，沿中南半岛东岸南行，至湄公河三角洲的都元国（今越南南部）、湄南河口的邑卢国（今泰国曼谷南），再南下至马来半岛东岸，登陆，穿越地峡，至马来半岛西岸，步行至达夫首都卢（今缅甸丹那沙林），登船入印度洋，到达黄支国（今印度东南海岸），南下至已不程国（今斯里兰卡），然后东航，驶抵马六甲海峡，泊于皮宗（今新加坡皮散岛），再航行于南海，返回日南郡。[2]《汉书》此段文字，是正史中关于海上丝路的最早记述。

此后的海上航道（包括郑和下西洋）大体是此一线路的沿袭和拓展。这条航线今天仍极具重要性，中国大宗商品的进出口多沿其进行，如每年进口的巨量石油，主要航线为：波斯湾—霍尔木兹海峡—印度洋—马六甲海峡—南海—中国诸港口，故昔日的"海上丝绸之路""海上陶瓷之路"，演为今日的"海

① 韩愈：《送郑尚书序》，《昌黎先生全集》卷二一。
② 见《汉书·地理志下》。

上石油之路”，乃中国经济的命脉。

汉代船舶吨位低，只能沿海岸航行，故紧邻中南半岛的广东徐闻，是汉代开辟的南下航线的起始港，曾有“欲拔贫，诣徐闻”的古谚，可见海上丝路主要是经商致富的航道。唐、宋、元、明，随着海船吨位的增大、航海技术的提高，海路的起始港移往较靠近经济中心的番禺（今广州）、登州（今烟台）、扬州、明州（今宁波）、泉州、张家港等处，航运规模已非汉时可比。宋、元时，侨居广州、泉州的外商多达数万人，广州、泉州、明州堪称世界级巨港。

乙、“东航线”：由沿海沿江港口（广州、厦门、泉州、福州、宁波、舟山、南京、山东等）出发，东行，越黄海、东海，至朝鲜半岛、日本列岛。习常的说法，中国与朝鲜半岛的海上交通始于商周，与日本列岛的海上交通始于汉魏。而征之以大量的考古材料，可以发现，中国与朝鲜半岛、日本列岛的海上交通，利用季风及海洋环流，早在新石器时代即已展开，秦汉以后则较成规模，三国东吴以降，东航线达到较高水平。

东航线除丝绸、陶瓷之外，还有一项商品——书籍。两汉以下，汉籍沿东航线输往朝鲜、日本，助成东亚汉字文化圈的形成。以日本江户时期而言，经由东航线输往日本大量汉籍，影响较大的有《大明律》、《大清会典》、各种地方志、《古今图书集成》、《大藏经》等，还有一批被视为‘禁书”的西学书籍，如《天学初函》《天主实义》《几何原本》等。①

现已认定山东、江苏、浙江、福建、广东、广西的8个城市（蓬莱、扬州、宁波、福州、泉州、漳州、广州、北海）为中国“海上丝绸之路城市”，正用力考察其在海上航道的兴起、发展中的地位与作用。日本、韩国、马来西亚、印度尼西亚等亚洲国家也注目于此项研究。

四、郑和七下西洋

古代中国的航海事业，明初的郑和下西洋达到登峰造极程度，其规模和航海水平，当时都世无其匹。

郑和（1375—1435），本姓马，小字三保（宝），回族，云南昆阳人。其祖父、父亲皆到过伊斯兰教圣地麦加，马氏是一个有着航海远行传统的家族。

---

① 见［日］大庭修著，戚印平、王勇、王宝平译:《江户时代中国典籍流播日本之研究》，杭州大学出版社 1998 年版。

郑和 1405—1433 年率舰队七次从太平洋入印度洋，抵达南亚、西亚、东非

明洪武年间，明军征云南，被俘，入燕王朱棣（1360—1424）藩邸为宦官，参加“靖难之役”，以监军从征有功，赐姓郑，擢内官监太监。朱棣称帝后，于永乐三年（1405）派郑和与副使王景弘出使外洋，从苏州刘家港出发，航行至占城（今越南南部）、爪哇、苏门答腊、锡兰（今斯里兰卡），经印度西岸折回，永乐五年（1407）返国。以后又于永乐五年、七年、十一年、十五年、十九年率船队通使西洋（今印度洋）诸国。宣德六年（1431）最后一次下西洋，八年（1433）返国。前后 28 年间（1405—1433）七次下西洋，遍历中南半岛沿岸、南洋群岛、南亚次大陆沿岸、阿拉伯半岛，最远达东非沿岸和红海、伊斯兰教圣地麦加。

郑和率领当时世界最庞大的舰队：船 300 余艘，率 800 余文官、400 余将校、数十位通事（翻译）、180 名医官及 10000 余士卒、水手、工匠。舰队以旗语、钟鼓联络，浩荡而有序。此后，扬名世界的西班牙“无敌舰队”（1588 年成军）也只有 130 艘兵船与运输船，规模远不及郑和舰队。截至第一次世界大战以前，各国海军亦无规模可比郑和舰队者。郑和晚年在福建的闽江口立碑，纪其远航壮举，碑文曰：

> 我之云帆高张，昼夜星驰，涉彼狂澜，若履通衢者。

踏巨浪若履平地，何等英武豪迈！

然而，这一征服海洋的空前事功却于郑和辞世后戛然而止，留下一个大大的历史疑问。

五、郑和之后何以无“第二郑和”

郑和身后，下西洋屡遭朝野抨击，明成化年间（1465—1487），正值南欧人发起世界性远航的前夕[①]，朝廷却在大肆抹杀郑和业绩：将郑和下西洋的档案销毁，远航“宝船”也不许再造。郑和下西洋以一大“弊政”遭到谴责和制止，宣告终结。这与“实实在在第一次发现了地球”的意大利人哥伦布（约1451—1506）、葡萄牙人达·伽马（约1469—1524）、麦哲伦（约1480—1521）的航海活动一发而不可收的情况形成鲜明对比。

对于中西远洋航行的相反遭际，思想敏锐的梁启超曾唏嘘慨叹不已，并提出一个尖锐的问题：

> 及观郑君，则全世界历史上所号称航海伟人，能与并肩者，何其寡也。郑君之初航，当哥伦布发见亚美利加以前六十余年，当维嘉达哥马发见印度新航路以前七十余年，顾何以哥氏、维氏之绩，能使全世界划然开一新纪元，而郑君之烈，随郑君之没以俱逝。我国民虽稍食其赐，亦几希焉。则哥伦布以后有无量数之哥伦布，维嘉达哥马以后有无量数之维嘉达哥马，而我则郑和以后，竟无第二之郑和。噫嘻，是岂郑君之罪也。[②]

郑和行香碑
郑和第五次下西洋前在泉州灵山伊斯兰圣墓前行香祈求航海平安立碑

这是一个深沉的拷问——

为什么“哥伦布以后有无量数之哥伦布”，“而我则郑和以后，竟无第二之郑和”？

此一发问，人称“梁启超问题”，直逼中国近古—近代历史的症结。

---

① 1492年春，哥伦布奉西班牙女王伊萨贝拉之命，携带致中国大汗的信件，从巴罗斯港起航，横渡大西洋，抵达中美洲的巴哈马群岛；1497年，达·伽马奉葡萄牙国王曼努埃尔一世之命，从里斯本出发，绕过好望角，探求通达印度的新航路。

② 梁启超：《（祖国大航海家）郑和传》，《饮冰室合集》之六《饮冰室专集》，中华书局1989年版，第11页。

哥伦布 1492—1502 年横渡大西洋从西欧抵达中美洲西印度群岛

达·伽马 1497—1524 年三次从大西洋绕非洲好望角进入印度洋，抵达印度半岛

15 世纪初叶的郑和下西洋，在航海史上如彗星现空，灿烂于一时，又转瞬即逝，而且无以后继，中国人终于失去加入 15—16 世纪之交的世界性地理大发现行列的机会，也即退出率先进入近代文明的机会，中国在近古以至近代渐次落伍的历史也由此埋下伏笔。而这种令人遗憾的结局，是由郑和远航的性质所决定的，其背后的因由则须从大陆—海岸民族的生活环境、生产方式、政治制度和观念世界的特征中追寻。

究其实质，郑和下西洋是一次由永乐皇帝发动的政治性远航，这与达·伽马、哥伦布开辟市场的远航性质大相径庭。

郑和下西洋这一空前壮举的真实目的，发动者永乐皇帝并未明确宣示，综合时人的透露和后人的分析，其具体意图似有两项：

（1）联络西洋诸国以共同抗御西亚帖木儿汗国（据称帖木儿有东侵明朝的计划）；

（2）寻找在“靖难之役”中不知所终的建文帝（据传建文帝逃亡暹罗）。

七下西洋的实践表明：这一系列耗费巨大国力的远航，并无向海外作军事征服的意图，主要也不是为着推销商品，赢得经济利益。简言之，发动规模空前的越洋远行，是从侄儿建文帝手里夺取皇位的永乐皇帝企图通过“宣威海外”以提高声誉的一种努力，所谓“振纲常以布中外，敷文德以及四方”[①]，

① 费信：《星槎胜览自序》。

“耀兵异域，示中国富强”[①]。随郑和参加第四、六、七次远航，担任通事和教谕的浙江会稽人马欢在《纪行诗》中说：

皇华使者承天敕，宣布纶音往夷域。[②]

此诗明白表示，郑和下西洋是以向“夷域”“宣布纶音”为目标的御用政治远航。其效果是博得帝王欢喜，向归航者赐爵颁恩：

归到京华觐紫宸，龙墀献纳皆奇珍。重瞳一顾天颜喜，爵禄均颁雨露新。[③]

当然，远航得以进行，自有明代经济发达作后盾，在客观上也促进了中国与南亚、西亚、东非各国的经济文化交流，对当时的社会经济生活产生相当影响，明人严从简万历二年（1574）撰《殊域周咨录》称：

自永乐改元，遣使四出，招谕海番，贡献毕至，奇货重宝，前代所希，充溢库市，贫民承令博买，或多致富，而国用亦羡裕矣。[④]

同时，郑和远航与倡导者朱明皇帝“起于东”，即出身东南近海处有关。明人茅元仪（1594—1640）指出：

唐起于西，故玉关之外将万里；明起于东，故文皇航海之使，不知其几十万里，天实启之，不可强也。[⑤]

这是一种颇有文化地理眼光的分析。

然而，郑和远航的御用政治性注定了其不可延续。“先后七奉使……凡三十余国，所取无名宝物不可胜计，而中国耗费亦不资”[⑥]的郑和下西洋，终

①⑥ 《明史·郑和传》。

②③ 马欢：《瀛涯胜览》。

④ 严从简：《佛郎机传》，《殊域周咨录》卷九。

⑤ 茅元仪：《占度载序》，《武备志》卷二四〇。

因没有获得社会经济生活的有力支持，当倡导者永乐皇帝辞世不久，朝廷中反对下西洋一派便占据上风，洪熙帝朱高炽（1378—1425）于即位之初（1425）便颁诏“下西洋诸番国宝船，悉皆停止”。宣德帝朱瞻基（1398—1435）即位后，主张下西洋一派略有抬头，郑和在宣德六年（1431）进行了第七次，也即最后一次航行。郑和辞世（1435）后，明朝的远航事业终止。明宪宗成化九年（1473）朝廷议下西洋事，一个名叫刘大夏（1436—1516）的朝臣的言论，颇能代表当年士人对海外远航的价值评判：

> 三宝太监下西洋，费钱粮数千万，军民死且万计。纵得奇宝而回，于国家何益？①

站在以农业型自然经济为生计的大陆文化立场上，郑和下西洋确乎是劳民伤财而又无补于国的“弊政”，其戛然中止（甚至下西洋的档案也加以销毁）也就并不奇怪了。

中国在15世纪初叶创造了领先世界的远航伟业，又自废前程，以致自外于15世纪末、16世纪初揭幕的“海洋时代”的大竞争。以后，等待中国的是西方殖民者从海上的入侵。

六、明清“海禁”及近人海洋意识觉醒

秦、汉、唐、宋、元、明诸朝，中国的海洋事业并未落后于世界水平，一度曾领先诸国，然而明中叶以后渐入颓势，这与闭关国策有关。明清两朝的海禁、迁界政策，阻碍海运（尤其是民间海运）的发展。而此间西方海洋事业突飞猛进，中国海洋事业日甚一日地落伍了。

（一）厉行海禁

明朝的海禁政策持续200多年。洪武四年（1371）诏令“濒海民不得私自出海”②，拉开了海禁序幕，进而禁止近海人民建造三桅以上大船下海与外国贸易，违者照谋朝廷叛逆罪处斩。永乐年间官营海运大有发展，郑和下西洋为

① 见严从简：《殊域周咨录》卷八。

② 《明太祖实录》卷七〇。

一时盛举，但民间海上外贸则遭到禁绝，严令“原有海船者，悉改为平头船，所在有司，防其出入”①。平头船无法远航。嘉靖年间，朝廷颁旨“不许制造双桅以上大船，并将一切违禁大船，尽数毁之”。各沿海省地方政府也纷纷下达指令：“私造双桅大船下海者，务必要一切捕获治之”，“查海船但双桅者，即捕之”。“沿海军民，私与贼市，新邻舍不举者连坐。”②

明代压抑海运的苛政，其根本原因当然深藏于自然经济和专制政治之中，而直接缘故往往是朝廷企图以封闭海疆以防御外敌（如倭寇）。顾炎武指出：

> 永乐间，以渔人引倭为患，禁片帆寸板不许下海。后以小民衣食所赖，遂稍宽禁。嘉靖三十年后，倭患起，复禁革。③

清初康熙间，曾开放海禁，沿海商人一度“广置洋船，海上行走”。④但又受到封疆大吏的阻挠，如江苏巡抚张伯行诬上海商人张元隆结交海盗一案⑤，便是典型事例。

雍正以后，尤其是乾隆间，正式实行闭关政策，限定广州一口通商，并对民间海运严加控制，“故有以四、五千金所造之洋艘，系维朽蠹于断港荒岸之间……沿海居民，萧索岑寂，穷困不聊之状，皆因洋禁”⑥。到鸦片战争前后，中国人的海洋事业已大大落伍于世界步伐，当西方殖民者的炮舰驶抵国门之际，中国仍处于“茫茫大海，从无把握”⑦的可悲境地。

（二）近人海洋意识的觉醒

明清厉行海禁，似为护卫海疆，其实明清两朝缺乏“海权”意识。

美国军事理论家马汉（Alfred Thayer Mahan，1840—1914）在1890—1905年撰写后来被称为“马汉海权论三部曲”：《海权对历史的影响1660—1783》

---

① 《明成祖实录》卷二七。

② 见《明世宗实录》。

③ 顾炎武：《天下郡国利病书》，《浙江》下。

④ 《东华录》康熙朝，卷九十四，康熙五十三年十月。

⑤ 见张伯行：《沥陈被诬始末疏》，《正谊堂文集》卷一；《海洋被劫三案题请敕部审拟疏》，《正谊堂文集》卷二。

⑥ 蓝鼎元：《论南洋事宜书》，《鹿洲初集》卷三。

⑦ 夏燮：《中西纪事》卷二三。

《海权对法国革命和法帝国的影响 1793—1812》《海权与 1812 年战争的联系》，提出“海权”概念：

海权即凭借海洋或通过海洋能够使一个民族成为伟大民族的一切东西。①

强调海权与国家兴衰休戚与共。某种意义上，近代国际角逐便是海权之争，而清代中国忽视海权，也无力维护海权，这既是中国近代落伍的表现之一，又是中国近代落伍的原因之一。近代一些先进的人们已意识到这一点。梁启超说：

海也者，能发人进取之雄心者也。陆居者以怀土之故，而种种之系累生焉。试一观海，忽觉超然万累之表，而行为思想，皆得无限自由。彼航海者，其所求固在利也，然求之之始，却不可不先置利害于度外，以性命财产为孤注，冒万险而一掷之。故久于海上者，能使其精神日以勇猛，日以高尚，此古来濒海之民，所以比于陆居者活气较胜，进取较锐……②

这是有了新的世界观念和进取精神的中国人抒发的海洋颂。梁氏还直接呼唤国人走向海洋，学习“海国民族”的开拓精神：

吾闻海国民族思想高尚以活泼，吾欲我同胞兮御风以翔，吾欲我同胞兮破浪以扬！③

孙中山在中国第一部系统完备的现代化总体设计书《建国方略》中，规划了交通事业的发展计划，其中尤其注重海运，“兹拟建筑不封冻之深水大港于直隶湾（即渤海湾——引者注）中”，“使与纽约等大”；在杭州湾建“计划

① ［美］马汉著，安常容译：《海权对历史的影响 1660—1783》，中国人民解放军出版社 2006 年版。

② 梁启超：《地理与文明之关系》，《新民》1902 年第 1 号。

③ 梁启超：《二十世纪太平洋歌》，《饮冰室合集》之五《饮冰室文集》，中华书局 1989 年版。

港”，“作为中国中部一等海港，远胜上海也”；“以上海为东方大港”，“首先解决此泥沙问题，然后可视上海为能永成为一世界商港也”。“改良广州为一世界港”。[①] 此外，还为各海港与内地的陆路和河运联络作了周密设计，其意即在打破封闭，使中国走向海洋、走向世界，与列强争雄比胜。这正切中中国现代化的要害。

“海禁”在近代的突破，固然是中国人自身做出的一个历史选择，而西方资本主义殖民者的东来，无疑也是迫使中国统治者放弃“海禁”的强大外力。“满族王朝的声威一遇到英国的枪炮就扫地以尽，天朝帝国万世长存的迷信破了产……开始同外界发生联系。”[②] 中国“海禁”的突破，标志着地理—人文环境的历史性转变，意味着一个新时代的来临。

21 世纪是“海洋世纪”，强化海洋意识、发展海洋文化，是新时代中国人无可旁贷的使命。

七、通向大洋：从被动开放到主动开放

（一）打破隔绝状态

中国古代不乏突破隔绝状态的有志之士。西北向作陆上突破的代表人物是张骞、玄奘，东向作海上发展的代表人物是郑和、朱舜水。但是，在自然经济、宗法社会和专制政体的桎梏下，这类突破的力度是有限的。个别先觉者打破封闭，力主向西陆、向海外展拓，并没有引起有力度的社会反响。郑和远航从明中叶起即遭贬斥，并且无以为继，是一个明显的例证。类似的悲剧性先驱还有清代康熙、雍正间的蓝鼎元（1680—1733），他曾遍历闽浙沿海岛屿，有较开阔的视野，并针对清代的闭关政策，提出过开放海禁的主张：

> 南洋诸番不能为害，宜大开禁网，听民贸易，以海外之有余，补内地之不足，此岂容缓须臾哉！[③]

---

① 孙中山：《建国方略》，《孙中山全集》第六卷，中华书局 1985 年版。

② 马克思:《中国革命和欧洲革命》,《马克思恩格斯全集》第十二卷，人民出版社 1998 年第 2 版，第 114 页。

③ 蓝鼎元：《论南洋事宜书》，《鹿洲全集》初集，卷三。

蓝鼎元还提出："夫惟知海国情形乃可言弛张利害。"[①]认识到英吉利、法兰西、荷兰等西洋国家"皆凶悍异常。其舟坚固，不畏飓风，炮火军械，精于中土；性情阴险叵测，到处窥觇图谋人国"[②]。此论发于鸦片战争前一百多年、乾隆帝接见英使马戛尔尼（1737—1806）前半个多世纪，诚为未雨绸缪的清醒之见。但在18世纪中国特定的文化氛围里，蓝氏的卓识无人理睬，全然淹没在一片愚妄的老调子之中，蓝氏本人也深知自己无力回天，只能"旁观而窃叹也"[③]。中国人是在吃足了各种苦头（包括割地赔款，几乎被西方列强瓜分，直至接近于被开除球籍）之后，才渐次放弃"中国者，天地之中也"的妄识，脱离封闭。

所谓"封闭"，作为一个文化学概念，指某一文化系统与系统外的隔离。而要消除系统间的隔离状态，其前提就是实行系统间的开放，进而发展系统间的交流。商品的交换、人员的流动，以及与之相随的异质精神文化的彼此激荡，是破除封闭状态，使人们摆脱地理环境限制带来的局限性的强大动力。中国走向现代社会的过程，在一定意义上，就是闭关自守的、与文明世界隔绝的状态被打破的过程。

近人孙宝瑄（1874—1924），在论及中国西北与东南贫富差异时说：

> 我国富饶之区，首推东南，其所以致此者，以水道四通八达，物产易流通，农商之业易兴也。西北无水道，故地方贫瘠异常。[④]

孙氏之论，从隔绝状态被突破的程度来评断地域发展的差异，诚为卓见。

（二）爱国主义升华

对于近代中国人来说，隔绝状态的渐次突破既是一种带来巨大历史性进步的过程，又是一个伴随着传统文化部分失落的痛苦经历。然而，越来越多的人在这一进程中觉醒起来，致力于"中国走向世界，世界走向中国"的事业。这方面的卓越人物林则徐、魏源、徐继畬、王韬、容闳、马建忠、何启（1859—1917）、胡礼垣（1847—1916）、康有为、孙中山、章太炎、梁启超、鲁迅等，

---

①②③ 蓝鼎元：《论南洋事宜书》，《鹿洲全集》初集，卷三。

④ 孙宝瑄：《忘山庐日记》（上），上海古籍出版社1983年版，第364页。

代表了新的时代方向。他们怀着“海纳百川，有容乃大”的开放精神，求新知于异域，逐渐从民族的自我封闭中摆脱出来。而与外界完全隔绝曾是保存旧中国的首要条件，中国社会和中国文化正是在这个“首要条件”逐渐解除的过程中，一步一步纳入世界性现代化进程之中的，中国人一向奉为政治和伦理领域的重要原则——爱国主义也随之得以提升。

传统的爱国主义是各国处于隔离状态的产物。这种爱国主义曾经是支撑中华民族保家卫国、维护文化传统的精神力量，在历史上发挥过重要作用，然而，这种旧式爱国主义，又有封闭、排外、夜郎自大等偏狭之弊。

近代以来，“各民族的原始闭关自守状态则由于日益完善的生产方式、交往以及因此自发地发展起来的各民族之间的分工而消灭得愈来愈彻底，历史也就在愈来愈大的程度上成为全世界的历史”[①]。故而今之爱国主义，必须是不断从地理的、经济的、社会的、观念的诸方面突破封闭状态的爱国主义：

> 然则今之爱国观念，非昔之爱国观念；而今之支那，亦非昔之支那。盖其爱国观念一变，而支那亦因之而变，于是演成“二十世纪之支那”。[②]

这种“今之爱国观念”，是科学的而非蒙昧主义的，人民大众的而非忠君式的，开放的而非狭隘民族主义的。只有这种与国际主义相伴生的爱国主义才能激发国人沿着现代文明道路前进。

（三）开放：以留学生派遣为例

对外开放的一个重要举措是留学生派遣。

近代中国的留学生出洋，始于1847年容闳（1828—1912）等广东青年随美国传教士布朗（1810—1880）赴美留学。也正是这位容闳，从耶鲁大学毕业后返国，从事政治、经济、文化活动，他曾造访太平天国，与干王洪仁玕相过从，后又交结清朝洋务大吏，1868年通过江苏巡抚丁日昌（1823—1882）向清廷上条陈四项，其一为选派青少年赴美留学。参酌容闳条陈，1871年，

---

① 马克思、恩格斯：《德意志意识形态》，《马克思恩格斯选集》第一卷，人民出版社1972年版，第51页。

② 卫种：《二十世纪之支那初言》，《二十世纪之支那》1905年第1期。

曾国藩与李鸿章联衔奏准第一个留学生派遣计划。

清末有多次派遣留学之举：

1872—1875 年由容闳主选 120 名“聪颖幼童”赴美留学；

留学美国幼童

1875 年福建船政学堂派送 5 名学生分赴英法学习海军；

1876 年李鸿章派送 7 名淮军军官赴德国学习陆军；

1877 年沈葆桢与李鸿章联衔奏准派送海军学生留学英法；

1887 年清廷派官员及贵胄子弟游学美国；

1890 年清廷规定出使英、俄、德、法、美各国大臣，每届带 2 名学生出国留学。

清末留美幼童中涌现出科技专家詹天佑（1861—1919）、外交家唐绍仪（1862—1938），留英学生中产生过翻译大家严复、海军将领邓世昌（1849—1894）、林永升（1853—1894）、萨镇冰（1859—1952），留美学生中产生过海军将领蔡廷斡（1861—1935）等。但就总体言之，留学美欧规模尚小，又偏于技艺层面，而且章法紊乱，成效不著。近人对 19 世纪 70—90 年代美欧留学的评价是：

出洋学生，各省各派，各有各章，学生既未考究根底，所派之员，又多不习外国语言学问……废时糜费，莫此为甚。[①]

1894—1895 年爆发的中日战争，中方惨败。深受震撼的中国决计向日本这个新兴的强邻学习。1896 年，清政府选派唐宝锷、朱忠光、胡宗瀛、戢翼翚等 13 人，由驻日公使裕庚与日本外务大臣兼文部大臣西园寺公望接洽，到日本学习日语及普通学科课程。此为清朝官派学生留日之开端。

1898 年春，日本驻华公使矢野文雄为拉拢中国以对付俄国，函告清廷总理各国事务衙门，欢迎选派学生赴日本学堂学习。御史杨深秀奏请朝廷，速议留学日本章程，并强调"中华欲游学易成，必自日本始"。时值湖广总督张之洞选湖北子弟 100 人、湖南子弟 50 人前赴日本学习武备、格致、农商、工艺，兼通各种专门术业。总理衙门也告示招考出洋学生，各省赴日留学生络绎不绝。同年春夏之交，张之洞撰《劝学篇》，其下篇《游学第二》力倡游学，以为"出洋一年，胜于读西书五年""入外国学堂一年，胜于中国学堂三年"。而游学方向，"西洋不如东洋"。张氏列举游学日本的好处：

一、路近省费，可多遣；一、去华近，易考察；一、东文近于中文，易通晓；一、西书甚繁，凡西学不切要者，东人已删节而酌改之。中东情势风俗相近，易仿行，事半功倍，无过于此。[②]

人称张氏《劝学篇下·游学第二》是留学日本的宣言书，实不为过。

当时也有人反对将留学地的重点从欧美移往日本，如户部员外郎恩裕说：

夫我之宜学日本人者，学其实力讲求而已。至于各种西学，则必以步趋泰西为要。盖取法乎上，仅得乎中，我学西人，虽未能遽过西人，然果能如西人，便可胜东人。若学东人，非止不能胜西人，且将不能及东人矣。[③]

① 《光绪政要》卷三八。

② 张之洞：《劝学篇下·游学第二》。

③ 戴家骆主编：《戊戌变法文献汇编》第 5 册，（台北）鼎文书店 1973 年版，第 4 页。

应当说，恩裕的这一意见是有见地的，此后留日热潮出现的弊病也证明此论的部分合理性。但日本路近省费、文化（尤其是文字）与中国接近等优势，吸引着清末大量知识青年以日本为留学首选地，这不是批评意见所能抑制的。其实，提倡游学东洋的张之洞何尝不知恩裕陈述的道理，所以他在阐扬游学东洋之利以后，在《劝学篇下·游学第二》中补上一段不应忽略的后话：

> 若自欲求精求备，再赴西洋，有何不可？

这既是给游学东洋与游学西洋作了一种层次安排，也隐然对恩裕诘问给予举重若轻的答复，显示了张之洞的务实与精明。

朝廷及各省督抚的倡导、莘莘学子对域外新知的渴求，造成清末留学东洋的大潮。1905年科举废除及同年日本击败沙俄，更推波助澜，使留日热达于巅峰。清末十年间，出现官民联袂，父子、兄弟、夫妇同行，举家留日等盛况。时人描述其情形：

> 学子互相约集，一声“向右转”，齐步辞别国内学堂，买舟东去，不远千里，北自天津，南自上海，如潮涌来。[1]

派出留日学生较多的省份有湖北、浙江、江苏、四川等。日本《学制五十年史》载：“中国学生最多时为自明治三十五年顷起至四十一年顷止。在明治三十九年时，其数实超过七千人。其后每年为数渐减。但至四十二年尚不下五千人。然至四十五年，其数乃减至一千四百人。盖因当时清朝有革命之变多样之归国者。”日方材料以明治三十九年（1906）为中国留日学生数的顶峰——7000人。日本汉学家实藤惠秀（1896—1985）在《中国人留学日本史》中说：“以1905与1906两年，留日人数都在8000左右，大概是不错的。”中方材料显示的数字更多，光绪二十八年（1902）学部《通行各省限制游学电》云，“查日本学生一万二三千人，习速成者最占多数”。

19、20世纪之交，中国去日本的留学生累计四万人左右，这不仅在中日

① ［日］实藤惠秀著，谭汝谦、林启彦译：《中国人留学日本史》，三联书店1983年版，第37页。

两国关系史上是空前的，而且在世界文化史上，也创造了一国向另一国派遣留学生的新纪录。费正清编《剑桥中国晚清史》称，清末中国人留学日本是“到此时为止的世界史上最大规模的学生出洋运动”①。留日学生在近现代历史的作用不小，仅以文学界而论，下列名单颇能说明问题：

> 留日：鲁迅、周作人、郭沫若、郁达夫、成仿吾、田汉、张资平、郑伯奇、夏衍、欧阳予倩、丰子恺、穆木天、冯乃超、朱镜我、胡风、周扬等。
>
> 留美：胡适、陈衡哲、冰心、梁实秋、闻一多、林语堂（美、德）、朱湘、徐志摩（美、英）、许地山（美、英）、洪深、熊佛西等。
>
> 留欧：戴望舒（法）、李劼人（法）、巴金（法）、李金发（法）、艾青（法）、王独清（法）、老舍（英）、朱自清（英）、丁西林（英）、钱锺书（英、法）、刘半农（英、法）、宗白华（德）、冯至（德）、聂绀弩（苏）、韦素园（苏）、曹靖华（苏）、蒋光慈（苏）、李健吾（法）、梁宗岱（法）、朱光潜（英）。

民国年间留学欧美的数量二万人左右（其中留美生约一万三千人），20 世纪 50 年代留学苏联、东欧数近三万人。他们皆对中国现代文明建设发挥重要作用。

1953 年留苏预备班合影

① ［美］费正清编：《剑桥中国晚清史》（下），中国社会科学出版社 1985 年版，第 393 页。

突破前史，创造出国留学生数量新纪录的是 20 世纪 70 年代末开始的改革开放。

1978 年中国政府决策，向国外特别是向美国等西方发达国家大量派遣留学生，自此以后的 30 余年间，中国留学生累计 130 万人以上，前往世界 80 多个国家和地区留学。据美国政府统计，2011—2012 年全美各学院、大学的国际学生 764495 人，其中中国留学生 194000 人，占美国国际学生人数的 25.4%，位居榜首。在日本、澳大利亚等国，中国也是海外留学生的最大来源地。

随着中国现代化建设的拓展，出国留学生学成归国比例渐升，20 世纪 90 年代约为二成，2000 年 40% 左右，而 2012 年已达到 72%。

（四）从“被动开放”到“主动开放”

中国“一面向海，三面深入大陆腹里”的地理环境，从古至今没有改变，但人文因素却在不断变化。19 世纪中叶以来，尤其是在 20 世纪 80 年代以来，中国人逐渐走出闭塞状态。近几十年来相继修建的兰新公路、青藏公路、川藏公路，以及由陇海铁路、兰新铁路、北疆铁路组成的“欧亚大陆桥”，加之青藏铁路深入青藏雪域高原，正改变着中国西北、西南腹地的封闭状态。至于那个曾经阻碍中华民族通向外部世界的浩渺无际的太平洋，近代以来日渐成为门户开放的方向，原来“华夷隔绝之天下”，一变而为“中外联属之天下”①。开始，西方殖民者梯海而至，用大炮、鸦片和商品，打破中国自古形成的与外部世界之间的障壁，使中华文化的隔绝状态逐渐解体，强行把中国的自然经济纳入世界市场。继之，中国人逐渐主动地走向世界，脱离封闭。

如果说，第一次鸦片战争、《南京条约》签订，中国“五口通商”，乃“被动开放”之端绪，此后，列强继续逼迫中国政府开放口岸、设立租界，将中国经济及社会渐次纳入资本主义的世界统一市场，此皆“被动开放”。

当然，在此一过程中，中国也渐次有“主动开放”之举。以武汉三镇为例，清咸丰八年（1858）签订的中英《天津条约》第十条规定：“长江一带各口”（共 11 口岸）对英开放，因太平天国战事，除镇江外各口尚未实行。咸丰十一年（1861）上海英领署不待清政府同意，单方面公布《扬子江贸易章程》《长江通商章程汇款》，宣布汉口、九江为开放口岸。湖广总督官文为争

① 《李文忠公文集》奏稿，卷二四。

取自国权益，即向清廷奏请汉口设关，获总理各国事务衙门议准，在汉口青龙巷成立江汉关署，以汉黄德道监督税务，然江汉关管理权落入英国人之手（由英人掌管税务司是中英《天津条约》规定的）。1861 年，英国外交官巴夏礼与汉阳知府刘齐衡勘定汉口滨江处为英租界（此后法、德、俄、日相继在汉口设租界），1863 年 1 月首任江汉关税务司英人狄妥玛向清朝海关总税务司英人赫德报到，作为“被动开放”显例的汉口开埠正式展开。至 19 世纪 90 年代，湖广总督张之洞主持“湖北新政”，湖广会城武昌滨江创设纱、布、丝、麻四局等近代化工厂。光绪二十六年（1900），张之洞因修筑粤汉铁路之需，仿湖南岳州自开口岸通商方案，奏请将武昌城北滨江一带，划地三万亩，作为自开口岸。武昌自开口岸，这是清末“主动开放”之例。

中国大规模“主动开放”，实开启于 20 世纪 70 年代末叶。

中华人民共和国成立后，由于国内形成“左”的政治格局，加之国际上冷战形势的制约，中国在 20 世纪 50 年代向苏联“一边倒”，这无疑造成对外开放的重大缺陷。后来，又由于“反修斗争”和“文革”爆发，更导致 20 世纪 60 年代初期以后陷入全面封闭。70 年代初，中国开始致力打破这种被动局面。经过充满外交智慧的努力，遂有 1972 年美国总统尼克松访华，与毛泽东、周恩来会谈，并在上海签订《中美联合公报》，标志着中美两国关系正常化。随后又有中日建交，中国与西欧多国建交，中国同加拿大、澳大利亚、新西兰建交，以及 1979 年 1 月中美建交。还有此前于 1971 年 10 月 25 日第 26 届联合国大会通过决议，恢复中华人民共和国在联合国合法席位。这一系列举措和成就，是中国下一步大规模对外开放的前驱先路。中苏之间则于 20 世纪 70 年代后期开始谈判，80 年代后期实现关系正常化。

1978 年中国正式提出对外开放方针，宣布在自力更生基础上积极发展同世界各国平等互利的经济合作，并采取两个重大步骤，一是 1979 年 7 月，根据广东、福建两省靠近港澳、华侨众多的有利条件，决定对两省的对外经济活动实行特殊政策和优惠措施；二是决定在广东的深圳、珠海、汕头和福建的厦门设置经济特区。1983 年决定对海南岛实行经济特区的某些政策，给予较多自主权，又于 1988 年 4 月建立海南省，全省作为经济特区。1984 年，进一步开放天津、上海、大连、秦皇岛、烟台、青岛、连云港、南通、宁波、温州、福州、广州、湛江和北海 14 个沿海港口城市。1985 年 2 月，把长江三角洲、珠江三角洲和闽南厦门、泉州、漳州三角地区开辟为沿海经济开放区。而20世纪90年代初正式开展的上海浦东开发，则形成以上海为龙头，整个长江流域为腹地的对外开放区。“经济特区—沿海开放城市—沿海经济开发区—内地”这样一个多层次、有重点、点面结合的对外开放格局波浪式推进，在沿海形成包括2个直辖市、25个省辖市、67个县，约1.5亿人口的对外开放前沿地带，并带动广大内地的对外开放，全国引进外资、先进技术和设备的步伐加快，出口创汇能力增强。而“西部开发”“中部崛起”战略的相继实施，使对外开放在新的规模与深度上展开，成为日益壮大的物质存在与不可阻遏的发展趋势。

与经济领域对外开放互为因果，对外文化交流也方兴未艾，仅从国家大剧院2012年工作计划便可一斑窥豹：该剧院立足首都、环顾全国、放眼世界。以歌剧类演出为例，上演瓦格纳作品是目前世界歌剧舞台最新趋势，国家大剧院以《漂泊的荷兰人》《罗恩格林》等瓦格纳大戏深入参与到和世界音乐的对话中。中外艺术家还合作演出歌剧《图兰朵》。国家大剧院又将推出《运河谣》《洪湖赤卫队》《兰花花》等剧目，促成中国歌剧走向世界。[①] 由中国表演艺术家组成的“文化中国·四海同春”境外演出，在国外受到广泛欢迎。

以对外开放的一个侧面——出国旅游而言，世界旅游组织2013年4月统计显示，中国是出境游增长最快的国家。20世纪80年代初，每年仅有数万人出境，而2012年有8200万中国人境外旅游，成为全球第一大旅游客源国，其消费总额达1020亿美元，成为游客在海外花费最多的国家（并列第二位的德国与美国，游客在海外花费各为840亿美元）。

文化开放的标志之一文化产品的出口额，三十年间从微不足道的基数激增到2012年的217.3亿美元，其中出口视觉艺术品142.1亿美元，出口印刷品28.5亿美元，出口视听媒介产品28.4亿美元，出口乐器14.9亿美元。就总体言之，中国还是文化产品入超国，增进出口尚有广阔空间，其前提是提升文化产品质量。

吸纳世界优秀文化以丰富我们的精神资源，使“天下之宝，一为我用”[②]，

---

① 《努力进军国际市场　国家大剧院公布2012年工作计划》，见《光明日报》2011年12月22日第9版。

② 《管子·地数》。

"以天下之长，补一国之短"[①]，以先进的文明作为我们发展的起点。

（五）通向深蓝大洋

把中国文化限定为大陆型是严重偏误的，从文化地理角度和文化史实际历程审视，皆应将中国文化定位为陆海兼备型。

中国不仅有960万平方公里陆上领土，而且有从鸭绿江口到北仑河口18000公里大陆海岸线、14000公里岛屿海岸线，拥有360万平方公里可管辖海域，并有利用广阔公海的权利。先秦以来，海洋文化不断提升，构成中国文化的重要组成部分。

中国作为一个三面深入亚欧大陆、一面朝向海洋的国度，其发展大势，必须陆海并举：一则沿着张骞、玄奘故迹，打破高山沙漠障壁，谋求陆上开放通道；二则弘扬鉴真、郑和伟业，开辟海上通道，弘扬自国海洋文化遗产，吸纳外域海洋文化精粹，迈向蔚蓝大洋，热爱海洋、善待海洋。

现在中国90%以上的外贸货物、95%的进口原油和99%的进口铁矿石通过海运完成；中国连续23年水产品居世界首位；2012年造船完成量6021万载重吨，国际市场占有率41%；2011年海洋生产总值45000亿元，达GDP一成[②]，中国正在全力建设海洋强国。

中国通往大洋的海道并不顺畅——不同于美国、加拿大、俄罗斯面临大西洋、太平洋、北冰洋三个大洋，澳大利亚面临印度洋、太平洋两个大洋，中国面对的是由一系列半岛与岛屿围绕的半封闭内海，必须穿过第一岛链、第二岛链[③]方可进入太平洋；必须经由马六甲海峡等咽喉地段方可进入印度洋。国际环境一旦有事，中国的经贸路线（包括石油供应线）便有受阻的可能，这对一个开放型经济体而言，切关要害。捍卫海权对现代中国尤具战略意义。

文化生成史提供的一个教训是：对外开放不是免费午餐，需要持之以恒地披荆斩棘、克难而进。凿空西域的张骞、越洋远航的郑和引领前驱，今之中国

---

① 胡耀邦1982年语，转引自高叔静:《胡耀邦与引进国外智力》,《国际人才交流》2010年第9期。

② 见王义桅:《实现中国梦呼唤海洋文明的发展》,《中国社会科学报》2013年8月28日。

③ 1952年，时任美国国务卿的杜勒斯从围堵中国的冷战思维出发，提出西太平洋两岛链说，第一岛链从日本列岛、琉球群岛、中国台湾，南至菲律宾群岛、大巽他群岛，涵盖中国黄海、东海、南海；第二岛链从日本南方群岛（小笠原列岛、硫黄列岛）、美国关岛，南至加罗林群岛。试图以这两条岛链封闭中国的对外联系。

人应当比先贤走得更远，从约束在第一岛链之内的近海国家，冲破重重障壁，拓展为自如出入太平洋、印度洋、大西洋、北冰洋[①]的深蓝海洋国家。

通向大洋

① 2013 年 5 月 15 日北极理事会授予中国等国以正式观察员国身份。

第五章 农耕与游牧

长城以北，引弓之国，受令单于；长城以内，冠带之室，朕亦制之。

——《汉书·匈奴传》载“文帝致匈奴单于书”

游牧世界具有一个农耕世界无法与之比拟的特点，这就是它的流动性，它有相对于农耕世界的较高的机动能力。在军事上，这个特点非常重要。有了这个特点，机动性强的少数就能制胜安土重迁的农耕世界多数。

——吴于廑：《世界历史上的游牧世界与农耕世界》

东亚大陆的气候大势是东南湿润、西北干燥，在一千余万平方公里的广阔区间形成农耕与游牧两种彼此互动的经济形态，西南山地还长期存留山林农牧经济。中华文明是以中原农耕文明为主轴，以西北游牧文明与西南山林农牧文明为两翼，借助传统商业、手工业维系的复合型文明。[①] 而在多种复合因素中，农耕与游牧是最主要的两支，二者的冲突与融会，制约着王朝盛衰，导致人口迁徙，给文化生成的诸多方面打上深刻烙印。

第一节 两种前现代文明类型

东亚大陆东侧雨量充沛，中西部降水稀少，这两个气候迥异的区域，古来形成农耕与游牧两种文明类型，提供了古代两千年历史壮剧的舞台。

---

① 参见姜义华：《中华文明多样性十论》，《学术前沿》2013 年第 1 期下。

一、气候之别与生活方式之异

养育中华民族的东亚大陆与太平洋相邻，由于海陆热力性质不同，加上冬夏行星风带的南北推移，季风现象十分明显，《史记》对不同季节风向之异有明白的记述。①

东亚大陆水汽主要通过来自太平洋的东南季风输送；此外，印度洋为西南地区提供水汽，北冰洋为新疆北部提供少量水汽。对东亚大陆水汽供应起决定性作用的，是来自太平洋的东南季风，这造成东亚大陆降水量分布的基本趋势——从东南沿海向西北内陆渐次递减。广东、福建、海南岛、台湾等东南沿海地区降水量高达2000毫米以上，新疆吐鲁番盆地西侧的托克逊年降水量则低至5.9毫米，而400毫米等降水线，从大兴安岭西坡，沿西辽河上游、燕山山脉，斜穿黄河河套，经黄河、长江上游，直抵雅鲁藏布江河谷。以这条等降水线为界，其东南为受太平洋及印度洋季风影响的湿润地区，其西北为少受甚至不受东南季风影响的干旱地区。这条400毫米等降水线，是东亚大陆湿润带与干燥带的分界线，也大体成为东亚大陆农耕文明与游牧文明的边界。

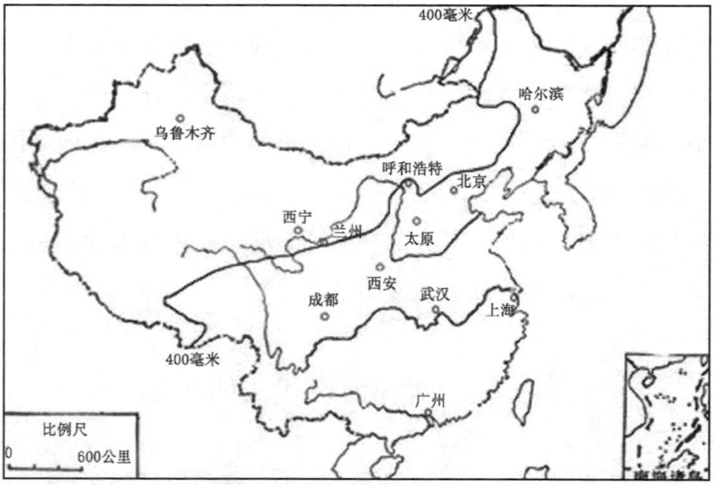

中国湿润带与干燥带示意图

以四百毫米等降水线为界，其东南为湿润带；其西北为干燥带

① 《史记·律书》："不周风居西北"，"十月也"；"广莫风居北方"，"十一月也"；"条风居东北"，"正月也"；"明庶风居东方"，"二月也"；"清明风居东南维"，"四月也"；"景风居南方"，"五月也"；"凉风居西南维"，"六月也"；"阊阖风居西方"，"九月也"。

与降水量直接相关的是，东南湿润带（农耕区）江河纵横，自北而南，有黑龙江、辽河、鸭绿江、海河、黄河（其上游在游牧区）、淮河、长江、钱塘江、闽江、珠江、怒江、澜沧江等；而西北干燥带（游牧区），仅有径流量甚小的内陆河，如塔里木河、弱水等。

因上述气候之别，中华大地可以划分为几个区段。明代万历间人冯应京（1555—1606）说：

> 中华地三分：一自汉蜀江南至海，二自汉江至平遥县（今山西太原南、汾阳东——引者注），三自平遥北至蕃界、北海也。南方大热，北方大寒，中央兼寒热。东西高下亦三别：一自汧源县西至沙洲，二自开封县西至汧源，三自开封县东至沧海。东方大温，西方大凉，寒热不同，阴阳多少不一。①

这是将中华大地按纬度差造成的气温差，自南而北分成三个气候带（南方大热，北方大寒，中央兼寒热）；又按“地高多寒，地卑多热”的地势差造成的气温差，自西而东分成三个气候带。上述差异，造成两个从自然景观到生产方式都大相径庭的区划——

甲、温暖湿润、江河纵横的环境养成的农耕区。

黄河流域、长江流域处于降雨充沛的温带、亚热带，“草木榛榛，鹿豕狉狉”，是动植物繁茂的区域，初民将这遍沃野辟为农田，将野生植物培育为农作物、野兽驯化为家畜，从游耕发展为定居农耕。中原人的农耕生活方式肇端于距今 10000 年至 4000 年的新石器时代。

后世定格的炎、黄二帝，被尊为“人文初祖”，是在长达数千年的新石器时代发明农业的先民群体的代称。这种神话—传说式的述史方式延至父系氏族社会晚期，即唐尧虞舜时代，相传尧帝要传位许由，许由不受，避于箕山务农，可见其时农业的普及。而农耕经济的正式成型，始于夏代，据传说大禹以农立国，“禹平洪水，定九州，制土田，各因所生”②。

---

① 冯应京：《月令广义·方舆高下寒热界》引《内经释》。

② 《汉书·食货志》。

殷商有大量出土文献，证明商人重农，而殷墟虽少见青铜农具，但石斧、石刀多有发现，表明那时普遍使用木石农具。周人始祖后稷教民种植稷和麦，周人早期首领公刘率众耕稼，代殷而起的周代是毋庸置疑的农耕王朝，后世皆称“从周”，除效其礼制外，追随周代的重农务本也为要旨。

乙、干燥寒冷的草原—荒漠培育的游牧区。

游牧生活方式的起源也相当久远，在匈奴、突厥、契丹、蒙古等游牧民族的传说中多有描写，中原诸王朝的文献中也早有关于游牧民的记述，如《诗经》云：“玁狁孔炽，我是用急。王于出征，以匡王国。”[①] 讲到作为游牧民族的狄人的一支玁狁对周朝的军事威胁，周王出征抵抗。又云：“王锡韩侯，其追其貊，奄受北国。”[②] 讲到周宣王任用韩侯讨伐另一支游牧民戎人。此外，《破斧》《出车》《民劳》等篇都涉及华夏与周边游牧民的交互关系。可见，游牧文明早在先秦已是历史舞台活跃的力量。约于秦汉之际，塞北草原荒漠的游牧民由匈奴单于冒顿（前234—前174）统合，冒顿灭东胡、击月氏、并楼烦，“诸引弓之民，并为一家”，游牧民从千余年的“别散分离”首次大体统一[③]，从而与中原农耕王朝相对垒，发生征战—和亲的交互关系。两千年间，匈奴与秦汉，鲜卑与晋，突厥与隋唐，契丹、女真与北宋，蒙古与南宋、明，女真—满与明，冲突与融会交替进行，构成中国历史的一大主题。

二、农耕文明

农业[④] 是利用植物的自然再生产过程获得物质资料的生产门类。而植物的光合作用要求特定的日照、温度和水分，因此，农业较之工业更多地受到气候条件的制约，在生产水平低下的古代尤其如此。中国文化的诞生地——东亚大陆，以温带—暖温带—亚热带为主，北跨亚寒带，南入热带，其绝大多数地段就日照及热能供应而言，都适宜农业发展，因而水量供应就成为各地能否大规模经营农业的决定性自然条件。400毫米降水线东南向的湿润带发育为农耕区，西北向的干燥带发育为畜牧区，其原因盖出于此。

---

① 《诗经·小雅·六月》。

② 《诗经·大雅·韩奕》。

③ 见《史记·匈奴列传》。

④ 广义农业包括农、林、牧、副、渔，狭义农业指种植业。此处主要从狭义农业着眼。

（一）农耕兴起

在气温和雨量适中的黄河中下游和长江中下游，于旧石器时代末期、新石器时代初期，先民开始将野生植物培育为农作物，黄河流域初原农业遗址多有发现，此不赘。长江流域也有旧石器时代晚期的农业遗迹发现，如 1993 年在江西万年仙人洞和吊桶环发现距今 10000 年的古栽培稻遗存，1995 年在湖南道县玉蟾岩发现距今 12000 年的古栽培稻遗存。[①]

在距今 7000～8000 年前，中华先民逐渐超越狩猎和采集经济阶段，进入以种植业为基本方式的农耕时代，形成黄河流域的粟作农业、黄淮地区的粟稻混作农业和长江流域的稻作农业。这大体与世界其他主要古文明同步。

在此一时期，西亚两河流域、北非尼罗河流域、南亚印度河流域与东亚黄河—长江流域先后出现农业集约地区，植物驯化、动物驯养获得显著成就，人口迅速增长，据统计，在公元前 8000 年至公元前 4000 年，地球人口增长了 16 倍，这显然是农业提供可靠的食物源泉和定居生活所致，文明的形成和发展从而获得坚实的物质基础。圣雄甘地（1869—1948）称，印度文化有三要素：一、耕田的犁；二、手工的纺织机；三、印度的哲学。[②] 这前两个要素也即小农业与家庭手工业，同样是构成中国古文化的基础要素。

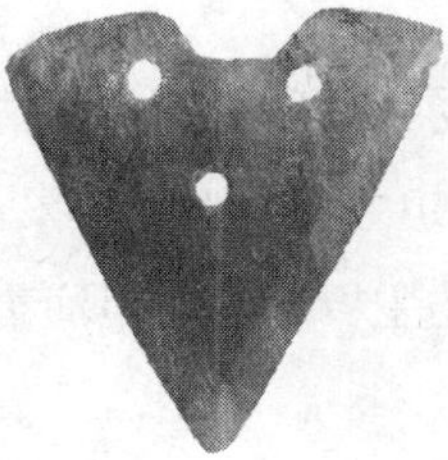

新石器时代的石锄

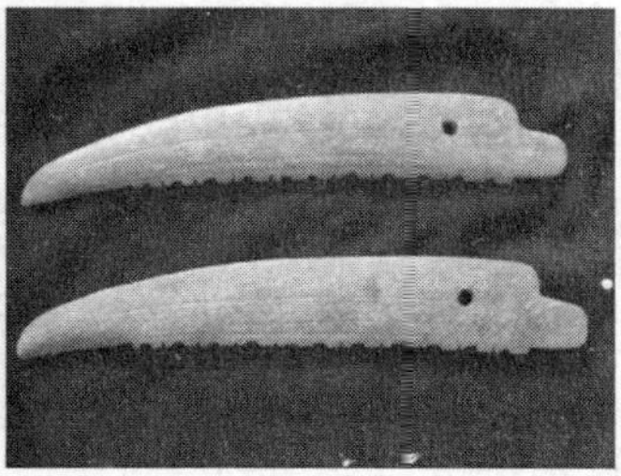

龙山文化　玉琮

新石器时代的农业共同体，在公元前 4000 年兴起于黄河中游的各支流台地上，这里有排水良好而又肥沃的黄壤、适中的雨量和气温，为原始农业发展

① 见朱乃成：《中国早期新石器文化研究的新进展》，《光明日报》2000 年 7 月 28 日。

② 转引自糜文开：《印度文化十八篇》，台湾东大图书有限公司 1984 年版，第 48 页。

创造了较完备的条件。新石器文化的代表——距今五六千年的仰韶文化（分布于黄河中下游），基本实现从渔猎向农耕的过渡，其后的龙山文化（分布于黄河中下游），已经有较大的、经久的村落，农业为主，畜牧业较发达，出现石镰、蚌镰、轮制陶器，社会组织较为固定和严密，宗教仪式也比较精致。这一切都表明，华夏先民在距今4000年前后完成农业革命，或称"新石器革命"。中华农耕文明自此肇始。

（二）商周农业

殷商在3000多年前即进入有文字可考的青铜时代，其农具铜石并用，种植业达到新的水平。殷墟甲骨文中出现黍、稷、麦、稻等各种农作物字样，并多有农事活动记载。殷人发明历法，制定完整的纪时法、纪日法、纪旬法、纪季法、纪年法。此外，后来编入《廿四节气》的"二至"（夏至、冬至）、"二分"（春分、秋分）见于《尚书·尧典》，这些都与先秦农业发展有关。

与殷人大致同先后的周人，也是一个农业部族，他们以后稷即农神为先祖。《诗》云：

> 思文后稷，克配彼天。立我烝民，莫匪尔极。贻我来牟，帝命率育，无此疆尔界，陈常于时夏。①

后稷不分疆界，教民学习农业耕作技术，受到高度赞扬和热情歌颂。周人后来的领袖公刘继承后稷事业，倡导农耕，"周道之兴自此始"②。

殷商西周，农耕业虽然已经成为生活资料的主要来源，但渔猎、采集等直接取自自然的生产方式还占有相当比重。

春秋战国时期，农业得到长足进展。从《孟子·梁惠王》等篇所表现的当时物质生活状况看，谷物生产、蚕桑业及小家畜饲养是人们衣食的基本来源，渔猎、采集经济已不为人所道及。随着"实胜耒耜之利"③的牛耕在中原一带开始出现，铁制农具也渐次采用，所谓"铁器，民之大用也"④，"铁器者，

① 《诗经·周颂·思文》。
② 《史记·周本纪》。
③ 《齐民要术》。
④ 《盐铁论·水旱》。

农夫之死生也”[①]。与此同时，推广良种、防治病虫害也为农人所重视，《诗经》有歌咏“嘉种”的语句，还有“去其螟螣，及其蟊贼”[②]的歌咏。公元前三四世纪，齐鲁地区已实行一年两熟耕作制，孟子说：“今夫麰麦……至于日至之时皆熟矣。”[③]荀子说：“今是土之生五谷也，人善治之，则亩数盆，一岁而再获之。”[④]这是世界上较早关于一年多熟制的记载。广种薄收的粗放耕作被“深耕熟耨”“多粪肥田”所取代，魏文侯（？—前396）时的李悝（前455—前395）倡导的“尽地力之教”为列国所仿效。发展农业生产，成为富国强兵的基础，提倡“耕战”是诸侯们竞相施行的国策。

（三）秦汉以降农业

秦汉以后，大一统的帝国更把“重本抑末”作为“理国之道”[⑤]。列朝帝王都耕籍田[⑥]、祀社稷、祷求雨、下劝农令，以“天子亲耕”，“后亲蚕”[⑦]之类的仪式和奖励农事的政令鼓舞天下农夫勤于耕作。农田水利的兴修、农具的制作、农书的刊行，被视作社会大事。农耕区的范围也随着生产工具和耕作技术的改善，以及朝廷移民拓边屯田政策的推行而不断扩展。

如前所述，黄河、长江流域的农业发生期大体相当，但由于黄河流域特有的自然条件，尤其是细腻、肥沃的黄土层为木石—铜石农具时期发展农耕提供方便，加之粟、稷等旱作物容易生长，使种植业首先在黄河中下游达到较高水平。而长江流域土壤黏结，难以用木石—铜石农具耕作，水稻对种植技术要求又较高，因此，截至秦汉，长江流域基本停留在火耕水耨阶段。《史记》载：“楚越之地，地广人稀，饭稻羹鱼，或火耕而水耨。”[⑧]《盐铁论》载：“荆、扬……伐木而树谷，燔莱而播粟，火耕而水耨。”[⑨]

① 《盐铁论·禁耕》。
② 《诗经·小雅·大田》。
③ 《孟子·告子上》。
④ 《荀子·富国》。
⑤ 《后汉书·桓谭冯衍传》。
⑥ 《吕氏春秋·孟春纪》。
⑦ 《吕氏春秋·季春纪》。
⑧ 《史记·货殖列传》。
⑨ 《盐铁论·通有篇》。

兰州附近黄河边水车

自汉武帝经营南方以后，尤其是东晋南渡，随着铁制农具和牛耕的普及及中原农耕男女的迁入，使长江流域的土地得以开辟和熟化，而一旦耕作技术和劳动力问题得以解决，长江流域丰富的水、热资源优势发挥出来，便迅速演进为农产丰盛的耕作区。隋唐以后，长江中下游成为长安、洛阳、开封、北京等京师漕米、布帛的主要供应地，南宋开始流行的“苏湖熟，天下足”，明清开始流行的“湖广熟，天下足”之类谣谚反映了这一事实。南北运河的开掘，正是为着以新兴的东南农业经济支撑地处北方的政治军事中心。“东南财赋”与“西北甲兵”共同构成唐、宋、元、明、清各朝赖以立国的两大支柱。

（四）农耕区拓展

自唐代以降的千年间，中国农耕区不断扩大，还与各种早熟、耐瘠、高产的异域农作物的传入有关。如早熟稻、玉米、番薯、马铃薯先后从东南亚、美洲传入中国东南沿海，又渐次播散东北、塞外、四川山地、云贵高原，并在这些广大区间获得良好的生产效果，从而使农耕区向东北、西北、西南延伸。

总之，随着中原农人的南迁、农业耕作技术的提高，以及各种高产、耐瘠作物的推广，自汉唐以下，农耕区从黄河流域和长江中下游渐次推向长江上游、长城以外，又向南越过五岭，达到珠江流域及云贵高原。王夫之说：“武帝平瓯、闽，开南越，于今为文教之郡邑。”[1] 又说：

① 王夫之：《读通鉴论》卷三。

> 江、浙、闽、楚文教日兴，迄于南海之滨、滇云之壤，理学、节义、文章、事功之选，肩踵相望，天所佑也，汉肇之也。①

充分肯定了汉以后农耕文明向长江流域和东南沿海、西南高原扩展的意义。

（五）重种植的农业结构

东亚大陆400毫米等降水线东南的广大区间，先后辟为农耕经济区，进而成为声明文物昌盛发达的地域。栖息于这片愈益扩展的农耕区的华夏—汉族，以种植业为物质生活资料的主要来源，同时也发展家畜、家禽的圈养业和家庭手工业，构成一种自给自足的复合型经济。随着人口的增殖，种植业日益与畜牧业争地，以致不仅渔猎退居次要，畜牧业的发展也受到限制。《周礼·大宰》在列举农官的职责时说：

> 大宰之职……以九职任万民，一曰三农，生九谷；二曰园圃，毓草木；三曰虞衡，作山泽之材；四曰薮牧，养蕃鸟兽……

广西梧州水稻插秧

① 王夫之：《读通鉴论》卷三。

如果说，先秦和秦代农—牧配比较为均衡，那么，到了汉代，畜牧业则降为第三位（五谷—桑麻—六畜），以后历朝更偏重谷物，忽视畜牧，农—圃—林—牧的排列次序大体定格。这不仅与游牧民族恰成反照，而且同欧洲中世纪农牧并重相比较，也自成格局。华夏人及后来的汉人的饮食结构特点即由此决定：自殷周以降，渔猎和畜牧的萎缩使动物性食品比较难得，只能为少数统治者所享用，先秦典籍普遍以“肉食者”与“菜食者”分别作为统治阶级与普通民众的代称[①]。而以素食为主的饮食结构又对华夏—汉族的生活习惯乃至民族体质、民族性格造成深远影响，汉人身体较灵活，性格较温顺平和，而强健、剽悍不足，便与此有关。

三、游牧文明

与追求稳定与和平的农耕经济形成强烈对照，在400毫米等降水线西北部，虽然有少量由内陆河与地下水灌溉的绿洲农业，但占压倒优势的是游牧经济。“天苍苍，野茫茫，风吹草低见牛羊。”[②]游牧人在这片广阔的草原—荒漠地带以放牧为生。

（一）逐水草往来的“行国”

古人在称农耕定居国度为“住国”的同时，又称迁徙无定的游牧国度为“行国”：“行国，随畜逐水草往来”[③]。这是一个简练而传神的概括。

13世纪初叶，山东道士长春真人丘处机应成吉思汗之邀前往中亚。丘处机师徒对塞外游牧人的生活环境及生活方式有生动描写：

> 地无木植唯荒草，天产丘陵没大山，五谷不成资乳酪，皮裘毡帐亦开颜。[④]

作为来自农耕区观察者的丘处机发问道：“如何造物开天地，到此令人放

① 《左传》中《曹刿论战》“肉食者谋之”为著名例句。

② 《敕勒歌》,《古诗源》（沈德潜选）卷一四，文学古籍刊行社1957年版，第345页。

③ 《汉书·西域传》。

④ 李志常：《长春真人西游记》，商务印书馆1937年版，第6页。

马牛？”[①]

其实，在丘处机来到这片草原之前很久，“造物”提供的干燥而开阔的原野上，便有“放马牛”的游牧部族栖息。

从先秦到两汉，戎、羌、匈奴出没于黄河河套以西的广大山地和荒原间。《礼记·王制》说：“西方曰戎。”《大戴礼·千乘》说：“西辟之民曰戎。”都是从地理分布上对戎人等游牧民作的概括。《说文》对“羌”的解释是：

> 羌，西戎，牧羊人也，从人从羊，羊亦声。[②]

这是从生产特征上概括游牧人。

（二）以征战为业的“引弓之民”

游牧民族频繁流徙，以逐水草，习于征战。史籍关于匈奴的生活方式记述颇具代表性：

> 匈奴，其先祖夏后氏之苗裔也……逐水草迁徙，毋城郭常处耕田之业，然亦各有分地。毋文书，以言语为约束。儿能骑羊，引弓射鸟鼠；少长则射狐兔，用为食。士力能弯弓，尽为甲骑。其俗，宽则随畜，因射猎禽兽为生业，急则人习战攻以侵伐，其天性也……利则进，不利则退，不羞遁走。苟利所在，不知礼义。[③]

这段文字相当全面地概述了游牧民族的特征：

第一，无城郭、耕地，迁徙无定，游牧为生；

第二，尚处在文明社会的门槛之外，无文字、不知礼义；

第三，全民善骑战，勇猛嗜杀；

第四，畜牧、狩猎和从事掠夺战争，是其生活方式的两个互为补充的方面，而且二者可以随时彼此转化，攻伐为其天性。

---

① 李志常：《长春真人西游记》，商务印书馆 1937 年版，第 7 页。

② 《说文·羊部》。

③ 《史记·匈奴列传》。

《东丹王出行图卷》（局部）（李赞华作）

唐时的突厥，宋时的契丹、女真、党项，以及后起的蒙古，生活方式与匈奴近似。至于东北的夫餘、靺鞨、女真，以及由女真演化而成的满洲，则是半农半牧或半农半猎的骑马民族，也具有游牧人的特性——惯于迁徙，孔武强悍。“胡人以鞍马为家，射猎为俗。泉甘草美无常处，鸟惊兽骇争驰逐。”[①]此话可用以概括游牧人、半游牧人的生活方式。宋代诗人柳开（947—1000）曾生动描绘游牧民族的尚武英姿：

鸣髇直上一千尺，天静无风声更干。
碧眼胡儿三百骑，尽提金勒向云看。[②]

这首诗写道，在晴朗无风的塞上草原，空中一声响箭，三百名生着碧眼的骑手勒马回首，仰望云空。游牧骑士的矫健之态，跃然纸上。

一般而言，当牧区水草丰茂的时候，游牧人满足于自己的草原生活。当然，农耕区的富庶对他们不无吸引力，以畜产品同农耕人交换粮食、茶叶和布帛、铁器，自古在游牧—农耕分界线如长城各关口进行，这种物资交换形式后来称作“茶马互市”。

然而，在草枯水乏之际，饥饿使游牧人躁动起来，他们竞相南下劫掠，来如飙风，去若闪电。如果游牧人建立起比较严密的社会—军事组织，产生具有

① 欧阳修：《明妃曲》，见胡仔《渔隐丛话后集》卷二三。
② 柳开：《塞上》，《五代诗话》卷四，“薛蕴”条。

号召力的领袖（如匈奴单于冒顿，蒙古可汗铁木真），便把短暂的劫掠发展为大规模、长时段的征服战争，甚至“以弓马之利取天下”，入主中原，建立混一游牧区和农耕区的王朝。公元 5 世纪鲜卑拓跋部统一黄河流域，即为一例；公元 13 世纪蒙古人建立的元朝和 17 世纪满洲人建立的清朝更是煌煌巨者。

第二节　农耕与游牧的冲突与融会

一、对垒

（一）亚欧大陆的农耕—游牧分布

农耕区—游牧区划然有别，不仅是中国的地理特色，从更大范围看，整个亚欧大陆古来即存在农耕与游牧这两种迥异的经济类型，生活在亚欧大陆核心部位的游牧人与生活在亚欧大陆东、南、西三方濒海地带的农耕人之间长期发生冲突和交融。

在地球最辽阔的大陆——亚欧大陆的腹里地带，纵横着一片总面积达 1200 多万平方公里的草原—沙漠地带，东起大兴安岭西侧、黄河河套，西抵里海、黑海北岸的伏尔加—顿河草原，南邻帕米尔高原，北沿西伯利亚—北欧寒带森林、沼泽，其东、南、西三方临近东亚、南亚、西南亚、中西欧农耕区。在这片水草并不普遍丰茂的原野，生活着若干支“今日行而明日留，逐水草便畜牧”的游牧民族，或曰骑马民族，主要有西部的斯基泰、萨尔马提亚、阿兰、阿维尔、哈塞尔，中部的乌孙、康居、月氏，东部的匈奴、鲜卑、乌桓、柔然、回纥、契丹、蒙古等。

如果说，农耕民族国家，是在农地这个固定的基础上建立起来的，因而具有稳定性，其典章制度也较为完备，那么，骑马民族国家则是那些四处流徙的游牧人为着掠夺战争的需要，临时组合起来的，由部族而民族，由民族而国家，其兴起和衰落，都如同草原上的沙暴一样神速。

骑马民族曾这样描述他们的生活方式：

> 我们是草原的居民；我们既没有珍奇的东西，也没有贵重的物品；我们主要的财富是马匹，它的肉和皮可供我们作美好的食物和衣服，而对

> 我们最可口的饮料则是它的乳和以马乳做成的马奶酒；在我们的土地上，既没有花园，也没有建筑物；观赏在草原上放牧的牲畜——这便是我们游玩的目的。[①]

骑马民族虽然经济文化处在较原始的阶段，文明发展程度低于其东、其南、其西的农耕民族，然而，在枪炮发明和广泛使用以前的冷兵器时代，由硬弓长矛装备起来的骑兵最具机动性、最有战斗力，而“骑马民族”自幼便养育为骁勇的骑士，他们只需掌握铁兵器，便立即变成令农耕人战栗的武装力量。

（二）胡汉战争·马政重要

春秋时，北边戎狄步战，未构成对盛行车战的中原人的真正威胁，“彼徒我车，惧其侵轶我”[②]？战国时，北边出现惯于骑战的胡人，对秦、赵、燕等北方诸侯国形成威胁，迫使农耕人学习骑战，如赵武灵王下达“胡服骑射”之令，聘请擅长骑兵战术的匈奴军官为赵国训练军队，凭借这支武装，赵国灭亡中山国，攻打楼烦、林胡，扩充领土，“北至燕、代，西至云中、九原”[③]。以后，汉、唐两朝武功盛大，原因之一是承袭胡人骑战之术。

汉代为发起对匈奴的决战，做了长期物资准备，养马是其中重要一项。《史记》称：“天子（指汉武帝——引者注）为伐胡，盛养马。马之来食长安者数万匹，卒牵掌者关中不足，乃调旁近郡。”[④]当汉武帝正式派遣大军远征匈奴时，其壮阔的场景是：“发十万骑，负私从马凡十四万匹。”[⑤]拥有如此庞大的马队，汉军方敢作“绝漠”之战，以至“匈奴远遁，而幕南无王庭”[⑥]。后来，汉军不能继续远征，也是因为马匹损失惨重，“然汉马死者十余万。匈奴虽病远去，而汉亦马少，无以复往”[⑦]。可见当年战争，对马匹的多寡、强弱依赖颇深。

武功盛大的唐代也十分重视马政——

---

① 见拉施特《史集》。拉施特《史集》是中世纪著名的世界通史著作，波斯伊儿汗国宰相拉施特（1247—1317，又译拉希德丁）奉第七代伊儿汗合赞之命主持编纂。成书于1300—1310年。

② 《左传·隐公九年》。

③ 《史记·赵世家》。

④ 《史记·平准书》。

⑤⑥⑦ 《史记·匈奴列传》。

> 天宝后，诸军战马动以万计……议谓秦汉以来，唐马最盛。[1]

长城南北广大山野草场，都是牧马之地，朝廷还一再从中亚购买“善马”。唐太宗便是一位卓越的马匹鉴赏者，后来雕刻在他的陵墓上的“昭陵六骏”，就是随唐太宗南征北讨时的六匹良马英俊形象的写真。唐代因马政发达，唐军拥有强大骑兵，方可与突厥可汗决战塞外。

昭陵六骏（之一）

宋代的经济、文化发展水平超过汉唐，然而，宋代在军事上却一直被动积弱，每年以银 10 万两、绢 20 万匹给辽，银 5 万两、绢 13 万匹、茶 2 万斤给西夏，称“岁币”，以求边境安宁，然而仍一再被辽、金、西夏所攻袭。王安石曾感慨道：“汝生不及贞观中，斗粟数钱无兵戎。”[2]宋代国防不及唐代强固，原因是多方面，也与马政荒怠有关。一方面，幽、燕及宁夏等养马之地为契丹、党项占据；另一方面，因牧马占地较多（一马 50 亩），渐趋增多的农业人口改牧场为农田，导致宋代马政衰敝。欧阳修（1007—1072）称：“唐世养马之地，以今考之，或陷没夷狄，或已为农田。”就是对这一情形的概括。后来，李纲（1083—1140）在分析宋金对垒形势时，也有步兵难以抵御骑兵之说：

① 《新唐书·兵志》。

② 王安石：《河北民》，《王荆公诗注》卷二一。

> 金人专以铁骑胜中国，而吾之马少，特以步兵当之，飘暴冲突，势必不支。①

明代前期军力比较强大，明成祖有“五征漠北”之举，原因之一是，其时朝廷“奄有四海之大，凡中国所谓宜马之地，皆在焉”②。而明代中后期军力衰竭，不能与蒙古、女真（后改称满洲）争锋，原因之一也在于，“自万历以来，马政大坏，而边牧废弛愈不可问”③。

（三）游牧民族的军事优势

以农耕人为主体建立起来的诸中原王朝，虽然国力强弱有别，但就总体而言，在军事上抗御游牧人都是相当吃力的。这与农耕与游牧两种文明类型的特点有关。

成吉思汗战阵图（邵学海作）（采自冯天瑜文、邵学海图《绘图中华文明史》）

① 李纲：《论进兵札子》，《历代名臣奏议》卷二三二。
② 邱濬：《大学衍义》补卷一二四。
③ 《明史·兵志》。

游牧民族军事组织与生产组织是二而一的统一整体，游牧与狩猎就是军事演习，战争和掠夺是他们的生产方式和生活方式，他们以迁徙为业，普通的游牧人与骑兵之间只有一纸之隔：一个游牧部族只需稍加编组，立即可以成为所向披靡的武装。其给养可以随处获取，无需“输将之费”[①]。

农耕民族则不然，为了发展农业生产，趋向兵农分工。如果说，春秋前期尚处在兵农相混、文武不分的阶段，到春秋五霸以后，诸侯们则纷纷采取兵农强制分工的政策，战国时李悝在魏、吴起在楚、商鞅在秦相继使兵农专职，列国竞相实行募兵制，出现脱离生产的职业军人，“齐桓、晋文始为召募科民之法。而是时秦有陷阵；楚有组甲、被练；越有习流、君子之军。迨至战国，益尚骑射，而（齐之）技击，（魏之）武卒，（秦之）锐士，（赵之）胡服、百金之习[②]行于中国，后世诈力之兵用矣”[③]。

汉代晁错（前200—前154）倡导移民实边，在边境地带实行兵农合一的屯垦制，以抗御游牧民族；三国时曹魏实行屯田养兵制，明初实行卫所屯田制，都有兵农合一倾向，但屯田时日一久，即产生兵不习战的后果；同时，军官变成实际上占有屯田和屯卒的农奴主，这种所有制关系较之当时全国早已普及的小农经济和地主土地所有制远为落后，故而不可能长期维持、行之久远。秦汉以后的基本趋势是兵农相分，所谓“秀者必士，朴者必农，剽而悍者必兵”[④]，按人的才性差异实行士、农、兵的分工。中原朝廷主要用募兵方式来抵御“全族皆兵”的游牧民族，这就需要朝廷和民众投入大量财力，“武帝征伐四夷，重赋于民”[⑤]，无限的军事消费与有限的农业生产积累形成巨大矛盾，以至“赋税既竭，犹不足以奉战士”[⑥]。总之，兵农相分的农耕人采取大规模军事行动时，在财政上承受着难以应付的压力，远不如兵牧合一的游牧人那样便捷，在战争生活中游刃有余。

此外，农耕人由定居生活养育出的饮食起居习惯，也无法与“风雨罢（疲）

---

① 《汉书·晁错传》。

② 指赵国实行擒敌将奖赏百金的政策。

③ 陈傅良：《春秋》，《历代兵制》卷一。

④ 王夫之：《读通鉴论》卷二二。

⑤ 《汉书·贡禹传》。

⑥ 《史记·平准书》。

劳，饥渴不困”[①]的游牧人一较短长。必须经过艰巨努力，才能把“三十亩地一头牛，老婆孩子热炕头”的中原农人训练成粗犷无畏、驰骋八方的骑士，这要进行从生活方式到内在心态的重大调整。“匈奴未灭，何以家为”固然是农耕民族英俊男儿的壮阔情怀，但它以牺牲农耕人“安家立业”“妻子同堂”的生活常规为代价，故被视为少数豪杰的突出行为。

晁错曾对比“兵民合”的游牧人与“兵民分”的农耕人所从事的两种截然相异的生活方式：

> 胡人衣食之业不著于地……胡人食肉饮酪衣皮毛，非有城郭田宅之归居，如飞鸟走兽于广野，美草甘水则止，草尽水竭则移，以是观之，往来转徙，时至时去，此胡人之生业，而中国之所以离南亩也。[②]

基于上述，战争优势往往被“往来转徙”“兵民合”的游牧人占据，“兵民分”的农耕人从军则要忍痛“离南亩”，战争对他们而言是被动、不自然的事情。

农耕与游牧这两种经济类型和生活方式，决定了古代中世纪的军事格局：经济、文化先进的农耕人处守势，经济、文化落后而武功强盛的游牧人取攻势。吴于廑（1913—1993）《世界历史上的游牧世界与农耕世界》一文指出：“游牧世界具有一个农耕世界无法与之比拟的特点，这就是它的流动性，机动性强的少数就能制胜安土重迁的农耕世界多数。”[③]对游牧民族在古代中世纪的军事优势作了精当剖析。

二、长城：农耕文明的防御屏障

（一）游牧人两千年间对农耕区的攻袭

战争是政治的延续，同时也受到经济的影响和制约，劫掠方式本身又决定于生产方式。农耕民族从事战争，是为了保护自己的耕作区，或者进而扩大耕地面积、增加农人数额，以便征收更多的赋役，因此，农耕民族一旦赢

---

①② 《汉书·晁错传》。

③ 吴于廑：《世界历史上的游牧世界与农耕世界》，《云南社会科学》1983年第1期。

得战争，便立即着手恢复农业生产。然而，游牧民族射生饮血、逐水草而流徙的生产方式，决定了他们对农业和农人的无所顾惜的破坏性。元太宗窝阔台（1186—1241）当政时，中使别迭等人向窝阔台说："虽得汉人，亦无所用，不若尽去之，使草木畅茂，以为牧地。"[①] 这便是游牧人征服农耕区后的最初心态。古来关于匈奴、突厥屠掠农耕人，蒙古摧毁中亚花剌子模等城市和阿姆河灌溉系统的记载，史不绝书。游牧人对农耕文明的破坏力，又被他们作为"引弓之国""控弦之士"的猛鸷善战所加强，在数千年间构成对东亚、南亚、西南亚和欧洲的农耕民族飓风般的军事威胁。

早在公元前3000年至前2000年之时，来自两河流域西北部操闪米特语的诸游牧部落相继入侵美索不达米亚，公元前729年，巴比伦王国被半农半牧的亚述人所灭。公元前1720—前1570年，埃及被来自西亚的游牧部族希克索斯[②]人征服；几乎同时，印度河流域的哈拉巴文明被北方的游牧部族雅利安人摧毁。

从公元前2世纪左右，亚欧大陆核心部位的游牧人相继脱离原始社会，进入军事民主制阶段，再次发起对农耕区更强劲的攻势。首先是匈奴人进袭汉朝，在西汉到东汉的数百年间，匈—汉战争时张时弛，却不曾止歇，直至公元1世纪，北匈奴开始西迁，东汉大将窦宪（？—92）出塞三千里，大漠内外未见北匈奴踪迹。公元4世纪，西迁的匈奴人袭击罗马帝国东部，欧洲农耕人始闻"匈人"之名。在匈人西进的挤压下，西哥特人越过多瑙河进入西罗马帝国，成为半农半牧的日耳曼蛮族南徙的开端，"这些哥特部落并非不畏惧罗马的大军，可是他们更畏惧突然出现于他们之前的来自中亚的狂暴的骑士。因为这种恐惧，才驱使他们冲破罗马的防线，而普遍侵入罗马各省"[③]，从而敲响了罗马帝国的丧钟，欧洲以此为契机，从古代走向中世纪。

公元10—12世纪，一支新的骑马民族——塞尔柱突厥人对欧洲农耕区造成威胁，一度建立东起锡尔河，西讫黑海、地中海的塞尔柱国家。

13世纪，蒙古人在成吉思汗及其子孙统率下，几乎征服了大半个亚欧大陆，东起朝鲜半岛，西讫中欧腹地、亚德里亚海东岸，西南至大马士革，东南

① 宋子贞：《中书令耶律公神道碑》，《元文类》卷五七。

② 在埃及语中，"希克索斯"意为"牧人王"。

③ ［美］W. M. 麦高文著，章巽译：《中亚古国史》，中华书局2004年版。

达缅甸、越南，南抵爪哇，均为蒙古铁骑的兵锋所至处。

（二）从战国拒胡长城到秦汉长城

抵御游牧民族的骚扰和毁灭性攻击，是亚欧大陆东、南、西三个方向滨海农耕人生命攸关的大事，成为16世纪近代文明兴起以前的一个长达数千年的世界性历史主题。

生活在东亚的华夏—汉人为抵御游牧人的来袭，作过种种努力。当他们相对弱势时，便退守农耕区边界线；相对强势时，则西出邀击，或远征漠北。然而，游牧人朝发夕至，来去无定，农耕区却固定难移，加以“骑兵驰突”，“步人不能抗”[①]。总之，彼动我静，注定了农耕人在军事上的被动状态。为着确立一种退可守、进可攻的态势，中原农耕人在长达两千多年间，历尽艰辛，耗费巨大财力、物力、人力，修筑数以万里计的长城，创造出世界文明史上的一大奇迹。汉代桑弘羊曾论及中原王朝修筑长城的缘由：

> 匈奴背叛不臣，数为暴寇于边鄙。备之则劳中国之士，不备则侵盗不止。先帝哀边人之久患苦为虏所系获也，故修障塞，饬烽燧，屯戍以备之。[②]

从事定居农业的民族筑城自守，几为通例。古波斯和古英国曾修造数百里长墙，以抗御外敌入侵，然而，与东亚的万里长城相比，则不过是小巫见大巫了。

长城始建于春秋战国时期。《诗经》有“城彼朔方”（去筑城堡到北方）[③]之句，此“城”即指公元前9世纪北边配有烽火台的小城。战国时，列国竞相修筑“互防”“拒胡”两种长城。

“互防”长城如齐长城，《史记·楚世家》引《齐书》：“齐宣王乘山岭之上筑长城，东至海，西至济州千余里，以备楚。”与此相应，楚国也修方城，以“备齐”“备秦”“备魏”。此外，燕国修南长城以“防齐”，赵国修南长城

① 《唐荆川左编》卷二七，引（宋）吕颐浩所上《论御虏十事》。
② 桓宽：《盐铁论·本议》。
③ 《诗经·小雅·出车》。

以“防魏”，魏国修河西长城以“防秦”，秦国在洛水西岸筑长城以“防魏”。

战国时，北方的几个诸侯国，如赵、燕、秦与游牧民族（时称胡人）相邻，纷纷筑长城以“限戎马之足”，此为“拒胡”长城，较著名的有秦昭王所筑陇西、北地、上郡长城；赵武灵王所筑云中、雁门、代郡长城；燕昭王所筑上谷、渔阳、右北平、辽西、辽东长城。

秦统一中国后，列国“互防”长城失去意义，被拆除，而列国“拒胡”长城则有必要连成一线。秦始皇在发起北逐匈奴战争的同时，修建万里长城。《史记》载：

> 秦已并天下，乃使蒙恬将三十万众北逐戎狄，收河南，筑长城，因地形，用制险塞，起临洮，至辽东，延袤万余里。[1]

板筑甘肃汉长城（陈利媛摄）

① 《史记·蒙恬列传》。

秦长城是在燕北长城、赵北长城、秦北长城的基础上修复、连贯而成的，西起今甘肃岷县，中经黄河河套以北的阴山山脉，东止于朝鲜平壤西北部清川江入海处，全长7000余公里，即15000华里左右。秦长城将华夏农耕区围护起来，“却匈奴七百余里”，使胡人“不敢南下而牧马”。

秦以后，西汉、东汉、北魏、北齐、北周、隋、辽、宋、金、元、明各代都修筑或增建过长城。其中汉长城东起辽东，经玉门，屏障河西走廊，直达新疆罗布泊以西，全长超过10000公里，即20000华里。[①]

汉代皇帝曾对匈奴单于宣布：“长城以南，天子有之；长城以北，单于有之，有犯塞辄以状闻，降者不得受。”明确规定长城是汉、匈界限，也即农耕人与游牧人的交界线。

汉长城还有掩护丝绸之路的作用，《汉书·张骞传》称：“汉始筑令居（今甘肃永登——引者注）以西，初置酒泉郡，以通西北国。”自汉武帝元狩二年至太初四年，经20年，沿河西走廊筑起烽燧亭障，以保障通往中亚、西亚的道路，这表明长城作为一种防御工事，又有积极进取、保卫对外交通线的功能，这也是我们在考察长城历史作用时所不应忽视的一个重要侧面。

近年汉长城有新发现，如2007年发现横跨中国—蒙古边界的长城；2011年秋天，英国研究长城的专家威廉·林赛在蒙古国境内荒漠发现一段97公里的长城，包括低矮的土墙和高约1.5米的砖墙，[②]可见汉长城不仅西延新疆，而且北伸蒙古高原。

（三）南移的明长城

较完整遗存于世、今人所见的长城，主要是明长城。

明代因蒙古和女真（后更名满洲）先后在北边和东北边造成强大军事压力，一再修造长城。洪武、建文、永乐、正统、天顺、成化、弘治、正德、嘉

---

① 2007年，国家文物局与国家测绘局合作开展了明长城的资源调查工作。根据调查，国家文物局经过各省申报、专家审核、各省复核和专家委员会集体评审的严格程序，认定长城分布于北京市、天津市、河北省、山西省、内蒙古自治区、辽宁省、吉林省、黑龙江省、山东省、河南省、陕西省、甘肃省、青海省、宁夏回族自治区、新疆维吾尔自治区等15个省、自治区、直辖市。并在2012年6月5日举办的长城保护宣传暨长城资源调查和认定成果发布活动上，公布了新的调查，认定长城总长度为21196.18千米。

② 俄罗斯《权力》周刊2012年3月5日报道。林赛的考古发现在《国家地理杂志》2012年3月号发表。

靖、隆庆、万历诸朝均有筑长城之举。明长城是中国最后一道万里长城，也是今日所能见到的万里长城。它东起鸭绿江边，沿燕山山脊巍然耸立，屏护北京，然后斜穿黄河河套，直抵甘肃嘉峪关，全长 7300 公里，即 14600 华里。长城堪称人类最宏伟的建筑。

八达岭砖筑明长城（冯可云摄）

20 世纪 70 年代，美国宇航员阿姆斯特朗（1930—2012）和巴兹·奥尔德林（1930—　）进入太空、登上月球。当时有报道说，宇航员在太空所能辨认的地球上的人工建筑物是中国的万里长城，也即明长城；另一可辨认的人工建筑物是荷兰拦海大堤。经考证，在太空不可能看到宽仅 10 米的长城，宇航员所见燕山山脉的线状物，可能是河流与山脊。后来巴兹·奥尔德林称太空可见长城之说是误解。中国太空第一人杨利伟（1965—　）返回地面后接受媒体采访，有记者问："你在太空看到了万里长城吗？"杨利伟不假思索地回答："没有。"

秦长城和汉长城，都是在黄河河套以北、以西，凭阴山、贺兰山之险及黄河天堑而筑。但明长城却向东南后缩数百公里，沿山西大同、陕西榆林一线逶迤西去。这是自然和人文双重因素造成的变迁。就自然条件而言，在距今 5000 年至 1000 年间，黄河流域的气候发生了由温暖湿润向寒冷干燥的转化。据碳 14 测定，5000 年前的半坡村（今西安附近）多有水獐、竹鼠等亚热带动物；3000 年前的西周丰京、镐京（也在西安附近），多有梅、竹等湿暖地带的植物，而宋代（10 世纪前后）关中已经无竹。12 世纪以后，黄河流域更转向干冷。这样，农耕区与游牧区的分界线有向东南后退的趋势。

黄河河套以内的鄂尔多斯地区，秦汉时本属农耕区，唐宋以后变为荒漠草原，成为游牧区。而作为农耕区—游牧区边界线的长城也就随着这条边界线的南缩而向东南后退了。在秦汉，鄂尔多斯包围在长城以内，明代却已抛弃于长城以外。就人文条件而言，长城的南移又说明游牧民族对中原农耕民族的攻势愈益严峻，黄河河套以外的阴山、贺兰山等天险，中原王朝已无力防守，拱手交与游牧人。农耕人在失去天然屏障的情况下，越来越依赖“峻垣深壕，烽堠相接”[①] 的长城来维系自身的安全。

秦汉长城均系板筑土城，明长城则由砖石砌造，由石灰与糯米黏接，坚固度大增。

一个值得玩味的现象是，明长城的线路，几乎与 400 毫米等降水线相重合（见“明长城与四百毫米等降水线基本平行重合图”）。这恰恰说明，长城是湿润区与干燥区的边界，也即农耕区与游牧区的边界。

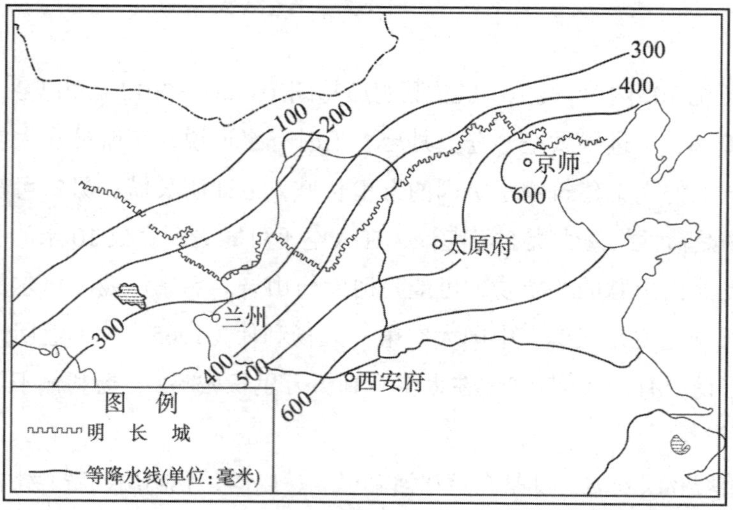

明长城与四百毫米等降水线基本平行重合图

《辽史》有一段关于长城是农耕—游牧两大区域分界线的精要论述：

① 《明史·兵志》。

> 长城以南，多雨多暑，其人耕稼以食，桑麻以衣，宫室以家，城郭以治。大漠之间，多寒多风，畜牧畋渔以食，皮毛以衣，转徙随时，车马为家。此天时地利以限南北。[①]

长城是农耕人护卫农业经济、中原文化的防线，在这一意义上，与其说长城是中国古代若干王朝的北部边界，毋宁说是中华文化圈内农耕与游牧这两大部类文明形态的分界线，它的历史作用是护卫先进的农耕文明，使其不致在游牧人无休止的袭击中归于毁灭。因而无论从中华文明史还是从世界文明史看，长城在历史上发挥的作用是进步的、正义的。孙中山说：

> 长城之有功于后世，实与大禹治水等。[②]

由于长城是农耕区与游牧区的军事分界线，所以，当一个朝代的疆土超迈塞上，将农耕区与游牧区总括宇内，长城便失去效能。如盛大的唐代便没有筑造过长城，曾有臣下向唐太宗提出修复长城的建议，这位被西方诸游牧民族推尊为“天可汗”的贞观皇帝答曰：“安用劳民”，一笑置之。清代疆土更远跨塞外，国防线推移到长城以北、以西数千公里之遥，因而有清 268 年间也无修长城之举，这道昔日的“华夷天堑”已失却边防功能。当臣下提议修缮长城，康熙帝答曰：“修筑长城，实属无益。”他的孙子乾隆帝更进而对“秦人北筑长城，畏其南下，防之愈严，则隔绝愈甚”的做法提出批评。[③] 应当说，这是对农耕—游牧两种文明类型交互关系的历史从一新角度加以考察，其着眼点在于二者的整合，而不是二者的分离。这是雄跨农耕—游牧两大文明区的强者的豪言壮语。

（四）长城昭显农耕人的防御意识

绵延万里的长城是中原农耕人的防卫线。

唐人王昌龄（？—约 756）诗云：

---

① 《辽史·营卫志》。

② 孙中山：《孙文学说》卷一《知难行易》，上海建设社 1920 年版，第 69 页。

③ 弘历：《出古北口》诗注，见《热河志》卷二一《巡典》。

秦时明月汉时关，万里长征人未还。
但使龙城飞将在，不教胡马度阴山。①

此诗表述了农耕人特有的国防意识：修筑长城也好，飞将军李广（？—前119）出征塞外也好，都是为着防范“胡马南度”，呈现一种防御态势。

农耕经济是一种和平自守的经济。由此派生的民族心理也是防守型的。中国的传统礼教，其精义便在于“防”字——“君子之道，辟（譬）则坊（通防）欤？坊民之所不足者也。大为之坊，民犹逾之。故君子礼以坊德，刑以坊淫，命以坊欲”②。这种“防患于未然”的心态表现在军事上便是以防御战略为主。

嘉峪关（陈利媛摄）

中华农耕区虽然不乏卫青、霍去病这样“勤远略”的军事家，产生过汉武帝、唐太宗、清康熙这样开疆拓土的英武勃发的帝王，也有过张骞、班超通西域，郑和下西洋之类的探险壮举，士人中洋溢“宁为百夫长，胜作一书生”③的尚武精神，但国家和民族所孜孜以求的基本战略目标是“四夷宾服”式的

① 王昌龄：《出塞二首》（其一），飞将指西汉飞将军李广。
② 《礼记·坊记》。
③ 杨炯：《从军行》，《盈川集》。

“协和万邦”①。杜甫诗云：“杀人亦有限，列国自有疆。苟能制侵陵，岂在多杀伤。”②反映了讲究“好生之德”③的华人既有抗御外敌入侵的坚强决心，又不热衷于无限扩张疆域、滥杀生灵。作为华夏—汉人国防观念鲜明象征的万里长城，无论可以赋予多少含义，但毕竟是毫不含糊的防御性军事建筑，是农耕民族历来求统一、求和平、固土自守的心理的物质表征。

明代万历年间来华的意大利耶稣会士利玛窦（他来华前曾遍游南欧列国以及印度）指出，明朝的军队是他所见到过的世界上数量最庞大、装备最精良的军队，但他发现，这支军队完全是防御性的，中国人没有想到过要用这支军队侵略别国。④

华夏—汉人所追求的是从事周而复始的自产自销的农业经济所必需的安定，这与中亚、西亚多次崛起的游牧民族以军事征服、战争掠夺为荣耀的心理大相径庭；与以商品交换和海外殖民为致富手段的海上民族对外展拓的意向也判然有别。一些游牧民族，如匈奴、突厥、契丹、成吉思汗时期的蒙古，一些海上民族，如古代的罗马人，近代的英国人、日本人，多次制订过征服全世界的计划，而在华夏—汉人汗牛充栋的经、史、子、集各类典籍中，可以发现先民有过“兼爱”“非攻”“礼运大同”“庄生梦蝶”“归墟五神山”之类美好的理想或奇妙的玄想，唯独难以找到海外扩张、征服世界的狂想。这大概只能用建立在自然经济基础上的大陆—农业民族平实、求安定的文化心理加以解释。

时至近代，中国人面对的“外患”转为由坚船利炮武装起来的西方资本主义殖民者，国防前线的主要段落由西北移往东南沿海。清人龚自珍在 19 世纪 30 年代已敏锐指出，中国的外来威胁是袭击东南沿海的“西夷”。龚自珍的朋友林则徐以钦差身份远赴广州前夕，龚自珍致函林氏，认为对付“英夷”的办法应大不同于昔日对付西北胡人，“至于用兵，不比陆路之用兵”，同英人会战海滨“岂古人于陆路开边衅之比也哉”！⑤

---

① 《尚书·尧典》。

② 杜甫：《前出塞九首》之六。

③ 《尚书·大禹谟》。

④ 见［意］利玛窦、［比］金尼阁著，何高济等译：《利玛窦中国札记》，中华书局 1983 年版。

⑤ 龚自珍：《送钦差大臣侯官林公序》。

清中叶以降，富于忧患意识的士子把眼光投向东南海防。清廷被迫签订《马关条约》割让台湾后，吴獬（1841—1918）自沅州府返故里，应巴陵郡守李荣丙之请，题岳阳楼联云："每眼前望吴楚东南辄忧防海，祗胸中吞云梦八九未许回澜。"①

晚清当然也有从西北内陆方向来的压力，例如沙俄的军事威胁，然而却不再是用长城所能抵御的。左宗棠用兵新疆，平定阿古柏，并未依凭长城。至近代，长城终于失去军事作用，而以一个雄伟的历史古迹、卓越的世界文化遗产，屹立在东亚大陆400毫米等降水线的崇山峻岭间，供人凭吊。

据国家文物局2012年6月5日公布，历代长城总长21196.18千米，"万里长城"实长4万余里，分布在从黑龙江、吉林、辽宁、河北、天津、北京、内蒙古、山西、山东、河南、陕西、宁夏、甘肃、青海、新疆等15个省、直辖市、自治区。建筑物包括长城墙体、壕堑、单体建筑、关堡和相关建筑等，共43721处。②

长城于1987年被列入"世界文化遗产"；2007年7月7日在葡萄牙里斯本举行的评选中，被举为世界"新七大奇迹"之首（其他入选景观为：巴西里约热内卢基督像、约旦佩特拉古城、墨西哥奇琴伊查库库尔坎金字塔、意大利古罗马斗兽场、秘鲁马丘比丘印加遗址、印度泰姬陵）。

逶迤万里、无比壮丽的长城，生动表达了农耕华人国防意识的核心理念——防御。而承袭防御战略，是中国古往今来的传统。《义勇军进行曲》呼唤：

> 起来，不愿做奴隶的人们，把我们的血肉筑成我们新的长城！

国歌洋溢着严正的卫国精神，而长城便是这精神的象征。

三、农耕—游牧互补融会

农耕与游牧这两种经济类型间的交互关系，冲突、战争只是一个侧面，另一侧面是文化互补、民族融合，而且，战争本身也是文化互补、民族融合的一

① 此联悬挂在岳阳楼二楼。

② 见《四万里长城长又长》，《中国艺术报》2012年6月15日。

种激烈形态。

农耕人与游牧人相往来，常常发生互摄性的交流，而这种交流也大体沿着长城一线展开，进而向更广阔的地域伸延。

（一）农耕人从游牧文明获得复壮剂

在古代，中原农耕人学习游牧人的骑射技术，吸收游牧人从远方带来的异域文化，并以粗犷强劲的游牧文化充作农耕文化的复壮剂和补强剂。

颇有“胡气”的唐太宗

隋唐时期的汉族已与秦汉时期的汉族有所不同，是长江、黄河两大流域以汉族为主体的各族人民融合而成的新汉族，不仅民众多有胡汉混血儿，就连隋唐皇帝也有异族血统。隋炀帝杨广（569—618）、唐高祖李渊（566—635）的母亲都是鲜卑族的独孤氏，唐太宗李世民（599—649）生母窦氏也出自鲜卑族纥豆陵氏，故李世民有四分之三的胡人血统。

隋唐的文臣武将，汉化的少数民族为数众多。隋代二品以上官员有少数民族血统的63名。唐代名臣李怀仙，是汉化胡人；大将王武俊、李光弼是汉化契丹人；高仙芝、王毛仲是汉化高丽人；高怀光、高崇文是汉化靺鞨人；史宪臣、李宝臣是汉化奚人；姜公辅是汉化安南人。据陈寅恪考证，诗人李白（701—762）也有胡人血统，陈寅恪1935年发表的《李太白氏族之疑问》一文称，“其人本为西域胡人，绝无疑义矣”；“其父之所以名客者，始由西域之人其姓名不通于华夏，因以胡客呼之，遂取以为名”；李白之父所以自西域迁蜀盖因“六朝隋唐时代蜀汉亦为西胡兴贾区域”，且“至入中国方改李姓也”（此为一说，还有多种考证表明李白是蜀人）。

一说李白生于西域碎叶城（今吉尔吉斯斯坦托克马克附近）。魏颢《李翰林集序》描写李白"眸子炯然，哆如饿虎"，与"碧眼胡僧"相近

唐代有"华夷混合之国家"的称呼，鲁迅在1933年说："其实唐室大有胡气"[①]。隋唐的强盛与胡人的新鲜血液、劲拔的胡文化的注入不无关系。

一些诗人的作品描绘了唐代汉族与周边少数民族密切交往的情景。如岑参（约715—770）的《奉陪封大夫》中有"座参殊俗语，乐杂异四方"的句子，讲到在节度使的宴席上，有操不同语言的各族人员，演奏着各民族不同音乐。岑参的《与独孤渐道别长句兼呈严八侍御》写道：

> 军中置酒夜挝鼓，锦筵红烛月未午。花门将军善胡歌，叶河番王能汉语。

"花门将军"指节度使幕府中的少数民族将领；"叶河番王"指西域少数民族首领，他们参加唐朝军营中的酒宴，在席上演唱"胡歌"，又用汉语交谈。这是何等热烈的民族文化融合的场景。

汉人吸收周边少数民族文化，少数民族学习汉文化，这两个侧面共同构成唐代民族文化大融合的盛况。

如果说李世民是汉胡混血儿，那么同样文治武功堪称一流的清康熙帝玄烨则全然是满人。他们的豪强壮阔不必从体质人类学多作解释，而应当更多地从文化人类学寻求答案：李世民、玄烨们较充分地吸纳、综合了游牧文明的强

① 《鲁迅书信集·致曹聚仁》。

悍、开放与农耕文明的理智、文德。

历史昭显两种文明相结合的丰美果实——

战国时秦学习西戎“击技”（骑马使用兵器进攻防御的格斗术），楚吸取苗蛮、越族文化，赵武灵王“变俗胡服，习骑射”[1]，使秦、楚、赵军力强大起来；

汉代开辟丝绸之路，广采博取中亚、西亚游牧文化及绿洲文化的成果，汉文化光耀四射；

唐代承魏晋南北朝以降汉胡文化融合之势，增添了新的生命活力，构成唐代昌盛繁荣的动力之一；

康熙书法

契丹在战胜回纥时得到西瓜，契丹又把西瓜种植法传给中原汉人[2]；

宋代仿效回回炮，并加以改进推广[3]……

都是农耕区从游牧区获得积极影响的生动事例。

在对待游牧人和游牧文化的态度方面，作为农耕人的汉民族也不乏胸襟博大者，如唐太宗宣称：

> 自古皆贵中华，贱夷狄，朕独爱之如一。[4]
>
> 夷狄亦人耳，其情与中夏不殊。人主患德泽不加，不必猜忌异类。盖德泽洽，则四夷可使如一家。[5]

显示了农耕文明接纳游牧文明的气度。

---

① 《史记·匈奴列传》。
② 洪皓：《松漠纪闻》下。
③ 《宋史·兵志》。
④ 《资治通鉴·唐纪十四》。
⑤ 《资治通鉴·唐纪十三》。

（二）游牧人博采农耕文明成就

自周秦以降，游牧人从农耕人那里广为学习先进的生产方式、政治制度乃至改变生活习俗，促使自身的社会形态发生历史性飞跃。其间尤其引人注目的是，以征服者身份进入农耕区的游牧人在高势能的农耕文化氛围中，往往为被征服者所同化。

魏晋南北朝时期，汉胡交会进入高潮。其时汉族统治阶级腐朽，国力削弱，匈奴、鲜卑、羯、氐、羌等周边少数民族利用这种形势，纷纷进入内地，先后建立20多个国家，历史上称为“五胡十六国”。这一时期，民族矛盾尖锐，斗争激烈，但民族融合的进程也最为迅速。

内迁的鲜卑人、北魏孝文帝拓跋宏（后更名元宏，467—499）热爱汉文化，“雅好读书，手不释卷，五经之义，揽之便讲”[①]。他与其祖母冯太后（442—490）改制，施行三长制、均田制，以中原地区政治—经济制度为楷模，建设北魏政权。又改胡姓为汉姓，禁鲜卑语、从汉语，改胡服为汉装，有力地促进了以鲜卑族为中心的北方各族的汉化过程。

与此同时，长江流域汉、“蛮”诸族也进入大规模融合过程。当北方内乱时，原来世居中原的“中州士女”，举族南迁，从十六国到隋末，竟达百万之众。这一流徙，有力地促进了汉族与秦岭、淮河以南的东瓯、扬瓯、百越、苗族等族的接触和融合。

元代蒙古人入主中原后，渐次皈依汉文化，元世祖忽必烈（1215—1294）将首都从游牧区迁至农耕区的“大都”（即北京），便是归化农耕文明的决定性步骤。

后金首领努尔哈赤（1559—1626），十分注意学习汉文化，“好看三国、水浒二传”[②]，让人把三国译成满文，发给部下阅览，故其用兵谋略，颇得《三国演义》之妙。努尔哈赤的儿子皇太极（1592—1643），在更高层次上以汉文化为师，宣称“满汉之人，均属一体，凡审拟罪犯，差徭公务，毋致异同”[③]。

这些游牧人的领袖都显示了接纳农耕文明的渴求。

---

① 《北史·高祖孝文帝本纪》。

② 黄道周：《博物典汇·四夷附奴酋》卷二〇。

③ 《清太宗实录》卷一。

匈奴、鲜卑、突厥、契丹、女真、蒙古等游牧或半农半牧民族在与先进的汉族农耕文明接触的过程中，几乎都发生了由氏族社会迅速向阶级社会过渡的进步，充分说明，农耕文明作为一种“高势能”文明，对游牧文明的巨大诱导作用。

总之，东亚大陆农耕和游牧两大文明区决非自我禁锢的系统。以迁徙、聚合、战争、和亲、互市等形态为中介，农耕人与游牧人彼此交往，相互融合，不断实行互摄互补，历数千年，方汇成今日气势恢弘的中华文化。

农耕与游牧作为东亚大陆两种基本的经济类型，是中华文化的两个彼此不断交流的源泉。在一定意义上可以说，中国文化是农耕人与游牧人的共同创造，是农耕人与游牧人在长期既相冲突又相融会的过程中整合而成的。而长城正是实现这个整合过程的交会线，迁徙、聚合、战争、互市都在这条交会线上波澜起伏地展开。

四、古代文学表现的汉胡关系——“苏武牧羊”“昭君出塞”与“杨家将”“说岳”

《史记》《汉书》等中国史籍对北方及西北方游牧民族多记有专名（如北狄、西戎、匈奴、鲜卑、羌等），同时往往又将其总称为“胡”，如《史记·赵世家》“吾欲胡服”，《洛阳伽蓝记》“狮子者，波斯国胡王所献也”。诸古籍所述之“胡”，皆指北方及西方诸游牧民族，而中原农耕民族（华夏—汉人）与塞外游牧民族的对应关系史称“汉胡”关系。

汉—胡之间长达两千年间的冲突与融会，是中国历史的重要组成部分，理所当然地成为文学表现的对象。自秦汉以至明清，此一主题的诗词文赋乃至戏曲小说，汗牛充栋，不少篇目流传广远，具有艺术感染力并富于历史认识价值。

（一）军事外交与“和亲”题材——“苏武牧羊”“昭君出塞”

自两汉以下，汉胡间有纷繁多姿的交互关系，流传广远的“苏武牧羊”“昭君出塞”是古代文学表现汉胡外交的著名故事。

甲、苏武牧羊。

汉胡关系的一个重要环节是双方展开军事外交。本来，古有“两国交兵，不斩来使”的约定，但扣压来使仍常有发生。汉匈战争间声名最著的使节被扣事件，便是汉使苏武被匈奴单于长期拘禁。

苏武（？—前60）于汉武帝天汉元年（前100）奉命以中郎将杖旌节送匈奴使返匈奴，被扣，迁北海（今贝加尔湖）边牧羊。匈奴扬言，待公羊生子才可放苏武回汉。苏武留居匈奴19年，持节不屈。直至汉匈和好的始元六年（前81）方获释返汉。“武留匈奴凡十九岁。始以强壮出，及还须发尽白。”[①] 汉宣帝将苏武列入“麒麟阁十一功臣”，彰其节操。

自汉代起，描述苏武事迹的诗文甚多，东汉班固修《汉书》，在《李广苏建传》附《苏武传》，完整记载汉匈和战间苏武出使经历，特别表现其高风亮节：

> 武既至海上（指贝加尔湖——引者注），廪食不至，掘野鼠，去草实而食之。杖汉节牧羊，卧起操持，节旄尽落。积五六年，单于弟於靬王弋射海上。武能网纺，缴檠弓弩，於靬王爱之，给其衣食三岁余。王病，赐武马畜服匿穹庐。[②]

人们熟知苏武牧羊北海的凄苦，然而却很少注意苏武与单于弟於靬王的交谊。《汉书·苏武传》关于苏武以其广博的知识技艺赢得匈奴於靬王的敬重和帮助，是一重要情节。若无於靬王给以衣食、马畜、帐幕，苏武单靠掘鼠、食草实，难以在苦寒的北海生活十九载。苏武与於靬王结为朋友，既是苏武博学聪慧所至，也是匈奴人豪爽热忱的产物。苏武北海经历的这一侧影，展示汉胡关系互助互敬的一面。

当然，苏武故事感动古今，主要因为苏武的“忠节”。班固在《苏武传》后赞曰：“志士仁人，有杀身以成仁，无求生以害仁。使于四方不辱君命，苏武有之矣！”[③]

历代关于苏武故事的诗文甚多。宋代司马光《资治通鉴》载苏武出使事，与《汉书·苏武传》略同，又详记李陵于北海会见苏武情节：

> 武在汉，与李陵俱为侍中；陵降匈奴，不敢求武。久之，单于使陵至海上，为武置酒设乐，因谓武曰：“单于闻陵与子卿素厚，故使来说足

①②③《汉书·李广苏建传》附《苏武传》。

下，虚心欲相待。终不得归汉，空自苦；亡人之地，信义安所见乎！足下兄弟二人，前皆坐事自杀；来时，太夫人已不幸；子卿妇年少，闻已更嫁矣；独有女弟二人、两女、一男，今复十余年，存亡不可知。人生如朝露，何久自苦如此！陵始降时，忽忽如狂，自痛负汉，加以老母系保宫。子卿不欲降，何以过陵！且陛下春秋高，法令无常，大臣无罪夷灭者数十家。安危不可知，子卿尚复谁为乎！”武曰：“武父子无功德，皆为陛下所成就，位列将，爵通侯，兄弟亲近，常愿肝脑涂地。今得杀身自效，虽斧钺、汤镬，诚甘乐之！臣事君，犹子事父也；子为父死，无所恨。愿勿复再言！”陵与武饮数日，复曰：“子卿壹听陵言！”武曰：“自分已死久矣，王必欲降武，请毕今日之欢，效死于前！”陵见其至诚，喟然叹曰：“嗟乎，义士！陵与卫律之罪上通于天！”因泣下沾衿，与武决去。赐武牛羊数十头。①

苏武牧羊（陈立言作）

此一记述表现苏武的义士形象，后此诸作旨意相近。元代文学家杨维桢（1296—1370）的《题苏武牧羊图》曰：

未入麒麟阁，时时望帝乡。
旄尽风霜节，心悬日月光。

苏武持节不屈的故事还成为戏曲、小说题材，以周文彬元杂剧《苏武持节》，明代传奇《牧羊记》为代表。近代京剧《苏武牧羊》马连良主演，是马派传统剧目。豫剧等地方剧种也有同类剧目。

① 《资治通鉴·汉纪十五》。

乙、昭君出塞。

为了求得社会安定，中原地区的汉人政权曾多次对周边游牧民族采取“和亲”政策，其中汉元帝（前76—前33）时的王嫱（昭君，前52—前19）出嫁匈奴呼韩邪单于，便是最著名的故事。

明妃出塞（明　仇英）

历代表现“昭君出塞”的诗文绘画颇多，汉代已有“怜昭君远嫁”的歌咏，[①] 晋代石崇作《王明君词》后，此类诗作更接踵而来，唐代李白、王维、杜牧、白居易，宋代王安石、欧阳修等文学大家竞相创作吟唱昭君的诗篇。这些作品虽各有抒发，但从文化心理上分析，几乎全都流露出对于永别故土的王昭君的无限同情，“一去心知更不归，可怜着尽汉宫衣”[②]，“不识黄云出塞路，岂知此声能断肠”[③]，这正是以安土乐天为生活旨趣的农耕民族别离乡土

① 见《乐府古题要解》。

② 王安石：《明妃曲》。

③ 欧阳修：《明妃曲》，（宋）胡仔《渔隐丛话后集》卷二三。

时特有的情致。

“昭君出塞”诗文甚多，下举代表作。

《王嫱》

（晋）葛洪

（汉）元帝后宫既多，不得常见，乃使画工图其形，案图召幸。诸宫人皆赂画工，多者十万，少者亦不减五万。独王嫱不肯，遂不得见。匈奴入朝，求美人为阏氏，于是上案图以昭君行。及去，召见。貌为后宫第一，善应对，举止闲雅。帝悔之，而名籍已定，帝重信于外国，故不复更人，乃穷案其事。画工皆弃市，籍其家资巨万。

昭君出塞图（清　倪田）

《昭君辞应诏》

（北周）庾信

敛眉光禄塞，还望夫人城。
片片红颜落，双双泪眼生。
冰河牵马渡，雪路抱鞍行。
胡风入骨冷，夜月照心明。
方调琴上曲，变入胡笳声。

《王昭君》

（唐）骆宾王

敛容辞豹尾，缄恨度龙鳞。
金钿明汉月，玉箸染胡尘。
古镜菱花暗，愁眉柳叶颦。
唯有清笳曲，时闻芳树春。

《王昭君》

（唐）李白

汉家秦地月，流影照明妃，
一上玉关道，天涯去不归。
汉月还从东海出，明妃西嫁无来日。
燕支长寒雪作花，蛾眉憔悴没胡沙；
生乏黄金枉图画，死留青冢使人嗟。

《王昭君》（另一）

（唐）李白

昭君拂玉鞍，上马啼红颜。
今日汉宫人，明朝胡地妾。

《咏怀古迹五首》（其三）

（唐）杜甫

群山万壑赴荆门，生长明妃尚有村。
一去紫台连朔漠，独留青冢向黄昏。
画图省识春风面，环佩空归月夜魂。
千载琵琶作胡语，分明怨恨曲中论。

《明妃曲二首》（其一）

（宋）王安石

明妃初出汉宫时，泪湿春风鬓脚垂。
低徊顾影无颜色，尚得君王不自持。
归来却怪丹青手，入眼平生几曾有；
意态由来画不成，当时枉杀毛延寿。
一去心知更不归，可怜着尽汉宫衣；
寄声欲问塞南事，只有年年鸿雁飞。
家人万里传消息，好在毡城莫相忆；
君不见咫尺长门闭阿娇，人生失意无南北。

"昭君出塞"为古来文人反复吟咏，说明汉胡关系确乎是中国历史的一大主题，而以"和亲"方式处理汉胡关系又特别能激发农耕民族士子丰富的诗兴。

如同曾经征战不断的长城，自清代以降已然烽烟止息，如今更演变为世人景仰的宏伟历史建筑一样，"昭君出塞"故事时下也洗去幽怨低回的哀思，展示出民族和睦、友好交往的浓郁亲情。

（二）"御胡"题材——从《诗经》到《杨家将》《说岳》

农耕人与塞外游牧人的争战延绵三千年，"御胡"是中原朝廷的战略性国策，故此题为文史著作反复表现。

甲、古诗文中的"御胡"篇章。

先秦元典中多有描写周人抵御北方游牧人玁狁（后称戎狄）的篇目，如《诗经·小雅·六月》写"玁狁孔炽"[①]（玁狁入侵兵力强盛）、"玁狁匪茹"[②]（玁狁猖狂不自量）。《诗经·小雅·采薇》写周朝战士"靡室靡家，玁狁之故。不遑启居，玁狁之故"（别离家室，由于玁狁侵犯。无暇安居奔走忙，皆因玁狁猖狂）。反映农耕人与游牧人征战的艰辛。《诗经·小雅·出车》写周宣王时人南仲率军出征玁狁的威武：

> 天子命我，城彼朔方。赫赫南仲，玁狁于襄。
>
> （天子出令派遣我，筑堡垒于北方。武功显赫的南仲，扫除玁狁安边疆。）

《诗经·小雅·采芑》写周宣王的卿士方叔率军"征伐玁狁，蛮荆来威"[③]（出师征服玁狁，蛮荆闻威而归心）；《鲁颂·閟宫》写鲁僖公"戎狄是膺，荆舒是惩"[④]（击败戎狄，荆舒受严惩），表现诸侯与北方及南方戎蛮征战，开疆拓土至海邦。

先秦时期农耕人与游牧人皆未建立统一政权，双方间的征伐多为短暂的遭

①② 《诗经·小雅·六月》。

③ 《诗经·小雅·采芑》。

④ 《诗经·鲁颂·閟宫》。

遇战，秦汉以后，长城内外都形成统一而强有力的政权，农耕人与游牧人的争战大规模展开，秦朝派大将蒙恬（？—前 210）率兵 30 万与匈奴交战，收河南地（黄河河套一带），并修筑长城，守卫数年，匈奴不敢南进。汉代秦以后，汉匈战争从西汉延及东汉，达 300 年之久。隋唐时期，中原王朝与鲜卑、突厥、回纥间的争战此伏彼起。

如果说汉唐强势的中原王朝依凭长城一线，与胡人角力尚能胜任，至宋代，中原王朝在汉胡战争中已十分勉强被动，原因在于，自魏晋南北朝“五胡内徙”，加之五代后晋石敬瑭（892—942）将燕云十六州割让契丹，辽国跨长城内外，胡人力量进入农耕区，兼为“行国”和“城国”，既有游牧人优势，又有定居农耕人长处，中原王朝更难抗御，宋神宗（1048—1085）叹息曰：

> 二虏（指契丹与党项——引者注）之势所以难治者，有城国，有行国，古之夷狄能行而已，今兼中国之所有矣，比之汉唐更为强盛。①

经济文化水平甚高的宋代，在军事上屡败于辽（契丹）、西夏（党项）、金（女真）等胡人政权，终于北宋被金所灭，南宋被蒙元所灭，原由略如上述。

正因为宋代抗辽、抗金艰辛，又切关国家兴亡，故有关这一时段的御胡战争故事，成为国人重要的历史记忆，并被多种诗文、戏曲、小说表现，其脍炙人口的是杨家将抗辽故事和岳飞抗金故事。

乙、杨家将抗辽。

记述北宋将领杨业及其子孙抗辽事迹，其本事在《京都事略》《续资治通鉴》中有载，《宋史》有杨氏三代传记。杨业（？—986），又名继业，原为北汉将领，守卫北边，归宋后，曾多次败契丹军，收复云、应、寰、朔四州，不久在河北战败，孤军作战，为契丹军俘，绝食三日卒；杨业长子杨延昭（958—1014）守边 20 余年，智勇善战，契丹畏服，称为“杨六郎”；杨业孙子杨文广（？—1074），曾击败西夏骑兵，又献从契丹收复燕云之策，未报而卒。②

---

① 《道山清话》。

② 见《宋史·杨业传》附《杨延昭传》《杨文广传》。

记杨业父子抗辽事迹的第一名篇，是杨业辞世60年后欧阳修（1007—1072）所撰《供备库副使杨君（琪）墓志铭》，此铭文追述墓主杨琪的先辈杨继业、杨延昭，文称：

> 君之伯祖继业，太宗时为云州观察使，与契丹战役，赠太师，中书令。继业有子延昭，真宗时为莫州防御使，父子皆为名将。其智勇号称无敌。至今天下之士，至于里儿野竖，皆能道之。

杨业父子孙三代抗辽事迹在北宋已为“里儿野竖”道之，家喻户晓。民间传说又加衍绎：延昭子宗保，宗保子文广，均为抗辽名将　杨家故事遂从历史实际的杨业—杨延昭—杨文广三代抗辽，演绎为杨业—杨延昭—杨宗保—杨文广四代卫国故事。

宋元之际的《醉翁谈录》卷一列话本《杨令公》《五郎为僧》，两篇皆佚，但从存目可知杨家将事迹作为民间故事自南宋即已流传，而盛行杂剧的元代，杨家将故事更被广为演出于舞台，戏目有：关汉卿（约1220—1300）的《孟良盗骨》，朱凯的《昊天塔孟良盗骨》，王仲元的《杨六郎私下三关》，无名氏的《私下三关》，无名氏的《谢金吾诈拆清风府》等。

京剧《杨门女将》

至明代，以杨家将故事为题材的讲史小说出现，著名者一为明人熊大木（约 1506—约 1579），作《两宋志传》，其《北宋志传》主要讲杨业、杨延昭、杨宗保三代故事。二为《杨家将》，由《北宋志传》改编而成，不少情节为后来的杨家将戏曲取材。三为《杨家府世代忠勇通俗演义》，八卷 58 则，写杨家将抗击辽、夏的故事，除杨业、延昭、宗保三代外，还增添文广、怀王传说，演为五代杨家御胡故事，为后来的杨家将戏曲又一取材来源。流行至今的杨家将剧目甚多，仅以京剧论，著名剧目即有《洪羊洞》《杨排风》《佘赛花》《杨门女将》《李陵碑》《穆桂英挂帅》《四郎探母》等。

丙、岳飞抗金。

岳飞塑像（杭州岳王庙内）

北宋后期、南宋前期御胡主要对象是女真人建立的金朝，宋金战争涌现宗泽（1060—1128）、韩世忠（1089—1151）、刘锜（1098—1162）、岳飞（1103—1142）等名将，其中岳飞抗金故事播扬久远。

岳飞，字鹏举，北宋末投军，以上书高宗反对南迁，被革职，后随宗泽守开封，宗泽死，从杜充南下。建炎三年（1129）金军统帅兀术（？—1148）渡江南进，岳飞坚持抵抗。绍兴九年（1139）高宗、秦桧与金议和，岳飞上表反对。次年，兀术进军河南，岳出兵反击，在郾城大败金军。高宗、秦桧一心求和，下诏退兵，后诬岳谋反下狱，以“莫须有”罪名将岳飞与子岳云（1119—1142）、部将张宪（？—1142）杀害。宋宁宗时追封鄂王。

岳飞抗金故事南宋即已流传。宋元之际的《醉翁谈录》称：“新话说张、韩、刘、岳”[①]，可见南宋话本便有以岳飞为题材的，后有《岳侯传》述及“诏书十二道，令班师”，此为各种戏曲小说“十二金牌班师”的原本。元代有多种岳飞题材的杂剧，现存剧目《东窗事犯》，为岳飞被陷害的公案剧。明代的现存剧目有《岳飞破虏东窗记》《精忠记》，在抗御强胡、谴责投降外，

① 《醉翁谈录·小说开辟》。

突出忠孝主题。

清人钱彩（约1729年前后在世）撰《说岳全传》，为岳飞故事的集成之作。该书80回，描述岳飞率部抗金，揭露张邦昌、秦桧等与金勾结的罪行。该情节被各种说唱艺术采借，传播甚广。因建立金朝的女真人系建立清朝的满洲人的先祖，言说“抗金”的《说岳全传》曾为清廷查禁，至晚清再度传播，为辛亥革命的“排满革命”所用。民国时期抗日军兴，岳飞故事又一再演绎于戏剧、电影，借以宣传抗战。

民族、国家，都是历史范畴，古代的民族关系、彼此间的战与和也是历史范畴，这里既有游牧民族给农耕民族造成灾难性破坏、农耕民族奋起抵抗的一面（杨家将抗辽、岳飞抗金为著名故事），也有游牧民族向农耕民族学习较先进的文化的一面（魏孝文帝元宏学习汉制，清代自皇太极至康熙广纳汉文化为突出例证），还有农耕民族以游牧文化作为“补强剂”“复壮剂”的一面（唐代的雄强即与吸纳胡文化有关）。上述诸方面共同构成农耕—游牧两大文明系统冲突与融会的壮剧。

以上为汉人对胡汉关系的记述，而《蒙古秘史》（又名《元朝秘史》）、《江格尔》、《格萨尔王传》及《乌古斯传》等少数民族文献，也是观照汉胡关系丰富内容的重要侧面。

第六章　领主制—地主制递变

三代而上，天下非天子所得私也，秦废封建而始天下奉一人矣。三代以上，田产非庶人所得私也，秦废井田而始捐田产以予百姓矣。

——（宋元之际）马端临：《文献通考·自序》

封建的经济组织，至秦已经被毁。秦王政二十六年灭齐，六国悉亡，乃称始皇帝。政治上既归统一，经济上亦遂由封建的领域经济，渐入国民经济时期。

——李剑农：《中国经济史讲稿》第一篇

第一节　封建“领主制”·非封建“地主制”

农耕文明时代，土地是财富的根本，所谓“有人此有土，有土此有财，有财此有用”[①]，故土地制度是农耕时代的基本制度。研讨土地所有制演变，是考察中国文化生成史的重要门径。

一、农耕时代的两种土地所有制

在近代工商业经济得到充分发育以前，世界各主要文明民族的生产方式，大体为农业自然经济，其间又呈现两种形态：

一为土地国有或村社所有的、集体劳作的农业经济。如苏美尔的公社所有经济和神庙所有经济，埃及的法老—国家经济，印度的村社经济，欧洲中世纪的贵族庄园经济，皆属领主经济。中国的殷商西周时代也盛行土地国有及公社

① 《礼记·大学》。

所有的领主经济，史称“三代井田”。东周时井田制趋于瓦解，周秦之际以降，领主经济逐渐失去主导地位，但在秦汉至唐初（尤其是东汉和魏晋南北朝），国家（王权）对土地私有权保留种种干预，贵族领主仍占有颇大土地份额。

二为土地由地主和自耕农所有、个体劳作的农业经济。从战国到唐中叶，是领主经济向地主经济交叉过渡阶段；唐中叶均田制瓦解到清民之际，土地私有制进一步发展，国家（王权）对土地私有权干预减弱，地主经济成熟。战国至清，以中唐为界，前段为领主制—地主制交混经济，后段为租佃契约制地主经济。主导社会经济的阶层，前期的封建性“领主”与后期的非封建性“地主”。故在讨论中国社会形态演绎和文化走势时，应当区分既有共时性交叉、亦有历时性递变的“领主制”与“地主制”。

“领主”之“领”，有治理、统率、管领之意。领主指受封赐在一个区域世袭掌握政治权力和土地所有权的统治者，可称之“封建领主”。与领主对译的英文 hlaford，又可译作“养主”，原意为给面包的人，引申为庇护贫弱并给予衣食的主人。中西语境中的“领主”大意近似：领主的领地得自帝王或上级领主的封赐，称“封地”“采邑”。领主占有土地是一种政治特权，不得转让与买卖。领主在领地享有行政权、司法权，所辖庶众对领主有着法定的人身依附。领主制为封建制度的构成要素，“封建领主制”是其完整名称。

“地主”不同于领主，土地并非自上而下封赐所得，其田土是自经营、自买卖的私产。广义地主，指一切拥有私田者（包括自耕农）；狭义地主，指拥有较多私田者，他们将一部分或全部田土租佃给农民进行小农经营，或雇佣无地者耕种。农民向地主交租（劳役地租、实物地租和货币地租），少有法定人身依附，却保持一定程度的宗法依存关系。秦汉至明清，土地国有（王有）与地主、自耕农占有土地并存，后者是一种实际运作的形态，但土地国有（王有）作为一种上位观念（所谓“普天之下，莫非王土”）仍具备控制意义（理论上的，有时也是实际的）。

秦汉以下两千余年农业劳动者，身份状况虽多有起伏，但有相当程度的人身自由。秦汉以下由于土地自由买卖及王权与庶众直接对接，土地拥有权与人身占有权分离，因而农民一般并未背负法定的人身依附枷锁，改事他业、迁移住地在法律上不成问题，这与欧洲及日本中世纪的没有人身自由的农奴（俄国作家屠格涅夫的《猎人笔记》《木木》等作品作过生动描述）颇有差异。

美国汉学家费正清（1907—1991）比较中—欧—日土地制度后说：

> 封建主义这个词就其用于中世纪的欧洲和日本来说，所包含的主要特点是同土地密不可分。中世纪的农奴是束缚在土地上的，他自己既不能离开也不能出卖土地，而中国农民则无论在法律上和事实上都可自由出卖或购进土地（如果他有钱的话）。①

费正清所论，用于“不抑兼并”的宋代以后是正确的，但宋以前则不尽然，如唐代实行均田制，对百亩之内的二十亩“永业田”一般不允许出卖。但费正清揭示了封建性与非封建性制度的分水岭：土地可否买卖，农业劳动者是否身份自由。这种区分，应当说抓住了要领。

中国乡村土地买卖有多种方式，据美籍华裔学者黄宗智（1940—　）对华北三个村庄的调查，明清以降土地买卖的方式有“典卖”（以典当转让土地）、“绝卖”（彻底出卖）、“租佃”（以出租方式转让土地）等形态。围绕这种交易而引起的纠纷和诉讼不少，清代和民国的地方法庭对此类案例多有受理。② 围绕土地买卖这样的一次性交易，常有中介人居间调解，而这些中介人并非职业性经纪人，而是由自有他业的村民临时担任。③ 这都是土地自由买卖成为惯例的表现。

应当指出的是，战国以降的土地买卖是有限度的，国家干预土地所有权，试图直接掌控土地的努力始终没有放弃，即使在宋代，虽然国有土地可以买卖，但朝廷通过职役收夺，又在实际上把部分土地权收归国有；明代还广设“皇庄”，帝王直接占有大量田土。但是，秦至清土地可以转让买卖，毕竟成为大势，与封建领主制之下土地不得转让买卖的情形颇有差异。

简言之，中国的农耕文明大略区分为前期的领主经济和后期的地主经济，与之相对应的政治制度是前期的宗法封建制（夏商周）和后期的宗法君主集权制（秦汉至明清）。

---

① ［美］费正清著，张理京译：《美国与中国》，商务印书馆 1987 年版，第 26 页。

②③ ［美］黄宗智:《民事审判与民间调解: 清代的表达与实践》，中国社会科学出版社 1998 年版，第 37 ~ 42、56 ~ 57 页。

二、殷商、西周：土地王有及公社所有、集体劳作的领主经济阶段

殷商西周是中国农业自然经济发展的第一个大的段落——封建领主经济时期。先秦文献关于这一时期的土地制度和社会经济生活有几种论说。

（一）“王土”说·“在官”说

古代中国土地制度，有所谓“溥天之下，莫非王土；率土之滨，莫非王臣”①说，又有所谓“古者田皆在官”②说，皆指土地国有（王有）制。

土地国有（王有）是古代东方普遍实行的制度，如印度《政事论》记载，古印度“通晓经典的人承认，国王是土地和水的所有者”。《摩奴法典》第八卷第三十九条载：“国王是万物之主。”缅甸国王则冠以“耶弥欣”（水和土地的主人）。在殷商西周，广大庶众“上无通名，下无田宅”③，国家为实施对土地的管理和贡赋的收取，在地官司徒之下设有载师、闾师、县师、遗人、均人等职官。这种国有土地又通过“天子建国，诸侯立家”的形式，层层分封给各级贵族，形成领主所有制。西周时，诸侯和卿大夫只有土地使用权，而无所有权，周天子或诸侯可随时将土地收回，或转赐别人，从法理言之，唯天子才拥有土地的最终所有权。

（二）“三代井田”说

与土地王有相并立，“八家共井”④的农村公社土地所有制在殷商西周也普遍存在，此即所谓“三代井田”说。“三代”中的夏尚属传说时代，商周则有“文献可征”，土地国有（包括王有和领主所有）加上土地农村公社所有，共同构成商周时期土地所有制的大貌。《晋书·地理志上》载：“古者六尺为步，步百为亩，亩百为夫，夫三为屋，屋三为井，井方一里，是为九夫。”三屋（家）九夫（一家三个男劳力，约为父与二子。三家九夫）共耕。此为三代井田的规范描述。

到西周后期，“公田”“私田”分野出现，诗云“雨我公田，遂及我私”⑤。

---

① 《诗经·小雅·北山》。

② 王淑英：《资治策疏》，《昭代经济言》一。

③ 《商君书·徕民》。

④ 《周礼·地官》。

⑤ 《诗经·小雅·大田》。

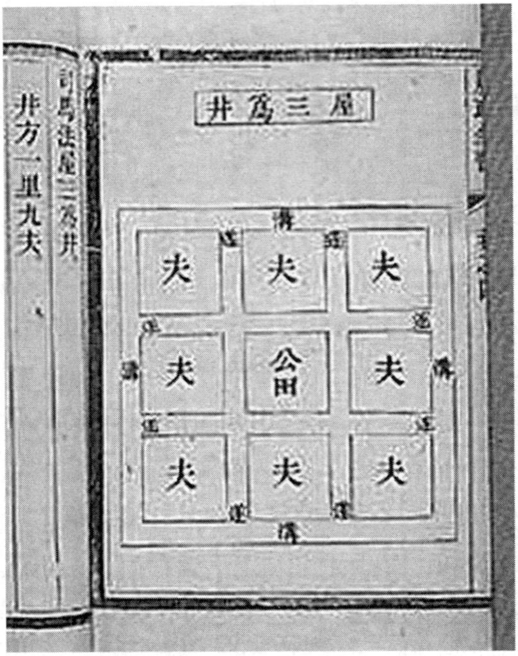

（明）徐光启《农政全书》“屋三为井”图

这里的“公田”指天子、诸侯、卿大夫或公社大家长（《诗经》中出现的“曾孙”）以“公”的名义占有的田地；“私田”指公社小家长及其管理下的农夫实际耕种的田地，并非农夫私有财产。当时的劳动者要先耕耘公田，然后耕耘私田。战国时的孟子将这种制度称作“井田制”，并加以理想化追述：

> 方里而井，井九百亩，其中为公田。八家皆私百亩，同养公田。公事毕，然后敢治私事，所以别野人也。[①]

明代徐光启《农政全书》作“屋三为井”图表现此种土地制度。

作为封建主的各级贵族通过村社形式管理土地与农夫，农夫耕作，先公田，后私田。这是华夏农业经济的一个重要发展阶段，可称之“三代井田”时期。它是在氏族公社解体，进入初期阶级社会时，血缘贵族保留土地公有制外

① 《孟子·滕文公上》。

的一种经济制度。后来，社会生产力前进，井田制趋于解体，但因为它所具有的土地公有的均平形态，以及人们“先服公田，然后服其私田”[①]的君子国式的劳作方式，对后世追怀往古的人士，有着无穷的吸引力，特别是当土地兼并剧烈，社会贫富极度不均时，更成为那些“先天下之忧而忧”的人们的一种渺远而富于魅力的梦想。因此，在井田制消解以后历朝历代，都一再有“复井田”之议。这种君主集权时代人们对三代经济模式的追慕，与向往氏族民主制（所谓“尧舜之治”）互为表里。

（三）“田里不鬻”

殷商西周时期，实行土地不得买卖的分封采地制度，土地（连同其上的农奴）是非卖品，所谓“田里不鬻（音育，卖）”[②]，而且不得私相授受，即使贵族，在封地之外另求土地以传子孙也不可能，诚如清人张英（1637—1708）说：“三代以上，虽至贵巨富，求数百亩之田贻子及孙，不可得也。”[③]与之相联系的，是职业世袭制，《管子》所称“农之子恒为农”（农人不许转作他业），《左传·昭公二十六年》所称“农不移”，《孟子·滕文公上》所说“死徙无出乡”（农人至死不得迁移出本乡），都是对封建时代土地制度及农民身份状态的表述。这种情形至西周末开始发生变化。《卫鼎》等西周金文显示，周恭王时田土可以论价交易，但需经法定手续，订立契约，得到官方认可。[④]

（四）“千耦其耘”

殷商西周盛行集体耕作。殷墟甲骨文有“王大令众人曰‘协田’”的卜辞。“协”字在甲骨文中像三耒共耘（锄草），“众人”“协田”是殷商时期集体耕作的反映。《诗经》的一些篇章有西周前期集体劳动场面的生动描写：

从宗族长老、青壮男子到妇女儿童，在广阔的田野一同耕作，“载芟载柞，其耕泽泽，千耦其耘”[⑤]，“耦”即二人，“千耦”即一千对，“千耦其耘”，意为千对农夫锄草；

人们一同收获谷物，并将集体的谷仓堆满，“获之挃挃，积之栗栗……以

① 《夏小正》。

② 《礼记·王制》。

③ 《恒产琐言》，《文端集》卷四四。

④ 参见杨宽：《西周史》，台湾“商务印书馆”1999年版，第205～209页。

⑤ 《诗经·周颂·载芟》。

开百室，百室盈止”[①]。这是一幅大集体耕作的风情画。

《周颂》中的一篇描绘周初成王时期集体农耕的景象：

> 噫嘻成王，既昭假尔。率时农夫，播厥百谷。骏发尔私，终三十里。亦服尔耕，十千维耦。[②]

“十千维耦”，即万对农夫并力耦耕，与前引“千耦其耘”都是极言集体耕作时人数之多。

田产公有和集体耕作，与那一时代社会生产水平低下相适应，也是原始社会末期氏族公社集体生产方式的沿袭，同时又与分封制直接相关。《周礼》称：

> 诸公之地，封疆方五百里，其食者半。诸侯之地，封疆方四百里，其食者三之一。诸伯之地，封疆方三百里，其食者三之一。诸子之地，封疆方二百里，其食者四之一。诸男之地，封疆方百里，其食者四之一。[③]

这当然是对周代各方国领地的模式化概括，实际情形决非如此整齐划一，但公、侯、伯、子、男各级贵族分别从周天子那里受封大小不等的领地，既占有土地，又占有在土地上集体耕作的农人，却是实际情形。诚如一位楚国官员所说：“封略之内，何非君土？食土之毛，谁非君臣？”[④]

三、周秦之际：土地制度变革

东周以后，在新生产力推动下，封建性的领主经济逐步向非封建的地主经济转化。

（一）牛耕与铁器使用

春秋、战国，中原地区开始实行牛耕和使用铁制农具，农业劳动生产率显

---

① 《诗经·周颂·良耜》。
② 《诗经·周颂·噫嘻》。
③ 《周礼·大司徒》。
④ 《左传·昭公七年》。

著提高，开始进入以使用金属农具和畜力为标志的“高级农耕文明”时期。

相传为春秋晚期左丘明纂集的《国语》称：牛乃“宗庙之牺，为畎亩之勤”[①][畎（quǎn）亩：田间、田地]，记载齐晋一带把在宗庙里作祭祀用的牛，用于田间耕作，这是春秋时实行牛耕的明确文字证据。1923 年在山西浑源县李峪村晋墓出土的陶制“牛尊”，其牛鼻穿环，也表明至迟在春秋，牛已被用作农耕。

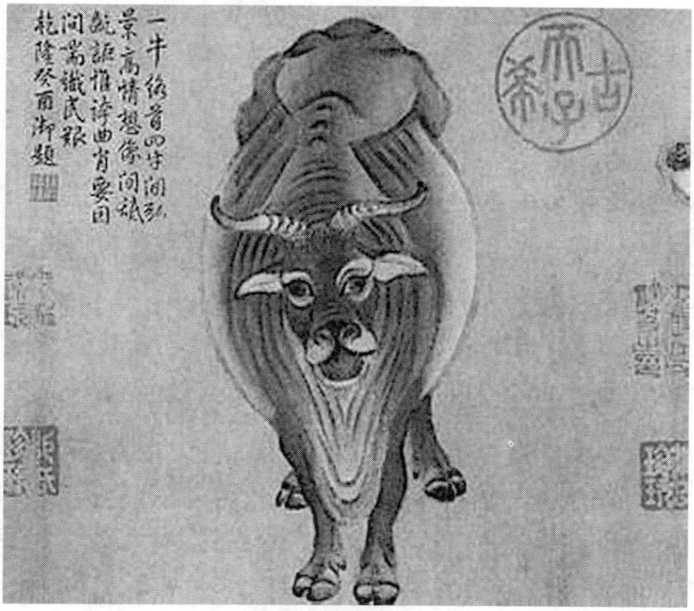

五牛图（局部）（唐　韩滉）

上有收藏此画的“古希天子”清乾隆帝对耕牛及农民艰辛的赞辞

《国语》又载：“美金（指青铜）以铸剑戟，试诸狗马；恶金（指铁）以铸钼夷斤斸，试诸壤土。”[②]钼即锄，夷为锄类农具，斤为斧，斸为大锄。这段文字是春秋时齐国以铁器作农具的证据；战国时的孟子也有“铁耕”之说。[③]

牛耕及铁农具使农业生产力水平提高，农地的剩余产品增加，领主争夺土地的战争日益频繁，“争地以战，杀人盈野；争城以战，杀人盈城”[④]。领主

① 《国语·晋语》。

② 《国语·齐语》。

③ 《孟子·滕文公上》：“许子以釜甑爨，以铁耕乎？”

④ 《孟子·离娄上》。

们还发现，解除人身依附关系、拥有私有财产的农民具备更高的生产积极性，这促使列国通过变法，加速从领主所有制朝地主所有制转化，由集体生产向个体生产过渡。

（二）“土可贾焉”

春秋战国以降，土地国有（王有）与私有并存，总的趋势是土地所有权与政治权力渐相分离，与“土地占有—政权占有”合一的封建领主制逐渐分道扬镳。

土地转让始于西周中期，西周青铜器铭文有记载。据格伯簋铭文，周孝王时，贵族格伯以30块田换取别人4匹马，这是以物易田的记述；此前的卫盉铭文载，周恭王三年，贵族矩伯以田换朋（货币），用朋换取玉璋、虎皮等物，这种田物交易，用货币（朋）作为中介计价。

至春秋，晋国有“爰田”现象[①]。爰田，即易田、换田，是土地买卖的先声。有学者将田土转让、交换称为土地私有化的表征。也有学者指出，春秋“有土地运动，却无土地市场”[②]，“土地运动主要是在诸侯与诸侯、诸侯与卿大夫、卿大夫与卿大夫之间进行的”，其方式有封赏、迁徙土著以重分土地、索取、以土地作政治性交换、对土地作政令性调整等。[③]记载春秋时期土地买卖（“贾”）的材料仅有《左传》上的一条：“戎狄荐居，贵货易土，土可贾焉。”[④]韩非子说，春秋末年“中牟之人，弃其田耘，卖宅圃”[⑤]，此语常被引作田土买卖的例证，但不一定可靠，因为该文本所说的是出卖宅圃（住房及其周边的菜园）与抛弃农田，并未言及出卖农田。总之，记述春秋时农田买卖的原始材料较薄弱。

至战国，在土地封授之外，土地渐可买卖。《汉书》载，战国中期秦“用商鞅之法，改帝王之制，除井田，民得买卖，富者田连阡陌，贫者亡立锥之地”[⑥]。这是东汉班固对西汉董仲舒（前179—前104）评论商鞅变法（时在前356年至前338年）的追记，强调的是土地“民得买卖”必然导致土地兼

① 《左传·僖公十五年》：“晋于是作爰田。”

②③ 刘泽华：《中国的王权主义》，上海人民出版社2000年版，第21、21～22页。

④ 《左传·襄公四年》。

⑤ 《韩非子·外储说左上》。

⑥ 见《汉书·食货志上》董仲舒语。

并。而董仲舒的“民得买卖”之说，是以汉代土地制度比附战国时秦国的情状，不一定能视为战国的原始状态。事实上，战国七雄仍然土地国有，实行国家授田制，诸侯拥有土地，按制授田予民。以秦国为例，商鞅变法并无“民得买卖”田土的明文规定，只是认可“名田”（以名占田，指人民向国家登记户口并呈报所占田亩数），即确认赏得田宅以个人名义占有，并可传给子孙，故“民得买卖”是名田制的实际后果。《史记》载赵括的母亲上书赵王，称赵括（？—前260）不宜为将，原因之一，是赵括将赵王赏赐的金帛“归藏于家，而日视便利田宅可买者买之”[①]，这讲的是实在的土地买卖，然已是战国末年的事情。总之，战国时田土“可买者买之”，并出现拥有小片土地的编户农人，不过他们还有一定程度的人身依附。

（三）“私田”渐广

如果说土地“民得买卖”在先秦罕见载籍，那么土地私有制行于春秋则多有证据，《诗经》的“雨我公田，遂及我私”[②]（好雨落到公田里，同时也落入私田），便是著名的文本记述（也有学者指出，此篇的“公田”指上级领主的田土，“私田”指下级领主的田土。此说不无道理，但《大田》言及田土的公私之分，显示的土地私有的走势，则是显而易见的）。其时出现向国家缴税后垦殖者可以自耕、自获的“私田”，春秋晚期鲁国收取现物地租的“初税亩”[③]，齐国最先实行的由“同养公田”的“助法”变为“履亩而税”的“彻法”[④]，以及“郑子产作丘赋”[⑤]，均为记载私田纳税的例子，表明当时在封建领主制的“公田”之外，已别开“私田”局面。而春秋时晋国实行爰田（易田、换田），则昭示着田土的私有化与可转让性。

春秋以前，土地国有和公社所有是普遍的社会存在，春秋以后则发生公田、私田交错现象。《春秋公羊传》所载郑庄公以玉璧向鲁国借田的故事，便是列国诸侯争夺公田的写照。战国时期土地所有制更处于混乱状态，总趋势是由土地国有走向土地私有。商鞅变法的一项重要内容就是“制土分民”[⑥]，促

① 《史记·廉颇蔺相如列传》。
② 《诗经·小雅·大田》。
③ 《左传·宣公十五年》。
④ 《公羊传·宣公十五年》。
⑤ 《左传·昭公四年》。
⑥ 《商君书·徕民》。

进土地私分。其他各诸侯国的变法也相类似。荀子则从理论上论证私分的必然性和合理性：

> 人之生，不能无群；群而无分则争；争则乱，乱则穷矣。[①]

成书战国的《管子》更倡导“均地、分力”[②]，认为通过“分货”，使百姓们“审其分”（了解私人占有的好处），方能达到“民尽力”“民不惮劳苦”[③]的目的。

战国时列国变法，多鼓励垦殖荒地以作私田，如魏文侯（？—前 396）时的李悝（前 455—前 395）变法，即主张“尽地力之教”。楚悼王（？—前 381）时的吴起（？—前 381）变法，齐威王（？—前 320）时的邹忌改革，韩昭侯（？—前 333）时的申不害（约前 385—前 337）改革，都有此类题旨。而秦孝公（前 381—前 338）时的商鞅（约前 390—前 338）变法，更使土地私有制得以普及。商鞅一派论者所作《商君书·徕民》，记述秦国招徕三晋之民开发秦国荒地，使私田大增，“任其所耕，不限多寡”。地主—自耕农经济兴起，令秦“国富兵强天下无敌”。至秦统一天下，私田制得到正式承认。

秦始皇三十一年（前 216），“令黔首自实田”[④]，是一个历史标志性政令。“黔”为黑色，“黔首”指皮肤黝黑的庶众，“自实田”指按实际占有土地的数额向政府呈报，朝廷据此征收赋税。这意味着在全国范围肯定土地私有。元人马端临为此一史料作注：“是年始令黔首自实田以定赋”[⑤]，指出秦朝实行此制，目的是把征赋坐实到土地拥有者（黔首）身上，土地私有正式有了法律体现。

（四）家庭耕作制

春秋战国以降，领主经济逐步向地主经济转化，宗族集体生产渐次向农户个体生产过渡。西周时期那种“千耦其耘”“十千维耦”的大规模集体耕作制，到春秋变为“二十五家为一社”的小规模集体耕作制；到战国则演成“百亩

---

① 《荀子·富国》。

②③ 《管子·乘马》。

④ 《史记·秦始皇本纪》。

⑤ 马端临：《文献通考·田赋》。

之田，匹夫耕之，八口之家，可以无饥”[①]的家庭耕作制；发展到秦汉，则以“一夫挟五口，治田百亩”[②]的小家庭耕作制为主。一个家庭内，“男子力耕”，“女子纺绩”，“一夫不耕，或受之饥；一女不织，或受之寒”[③]。这种男耕女织、以织助耕的封闭自足的农户，成为农耕社会机体一个个彼此雷同的细胞。

战国是个体农户出现并且推而广之的关键阶段。为了促进生产力的发展，列国先后采取措施，鼓励农业生产小家庭化和土地私有化，所谓“制民之产”[④]，所谓“名田宅”[⑤]，都是允许并鼓励在私人名下占有田宅。与私营产业相随相伴，个体生产的优越性也日益为统治者所认识。商鞅变法的一项重要内容，就是斩断宗法纽带、瓦解生产过程中的集体关系，下令“民有二男以上不分异者，倍其赋”[⑥]，以国家力量促进个体农业经济的发展。

战国诸子中不乏肯认家庭耕作的论说。墨子述及个体农民辛勤劳作的原因：

> 今也农夫之所以早出暮入，强乎耕稼树艺，多聚叔粟，而不敢怠倦者，何也？曰：彼以为强必富，不强必贫；强必饱，不强必饥，故不敢怠倦。[⑦]

荀子更力主“分田而耕”[⑧]，认定土地私分、个体劳作方能调动农民的生产积极性。

自主耕作可获得温饱富庶，这正是土地私分后个体农民劳动生产率高于强制性集体耕作的因由所在。

自主劳作的小农户生产方式的优越性不仅从晚周以降即显示出来，而且直至机械化大农业普及之前的现代中国仍未消弭，20世纪70年代后期取代人民公社制的家庭联产承包制成为改革先声，证明农民自主劳作是农业兴盛的题中之义，而21世纪初叶中国农业进步主要仰赖规模逐步扩大的家庭农场，进一步证明此点。

---

① 《孟子·尽心上》。

②③ 《汉书·食货志》。

④ 《孟子·梁惠王上》。

⑤⑥ 《史记·商君列传》。

⑦ 《墨子·非命下》。

⑧ 《荀子·王霸》。

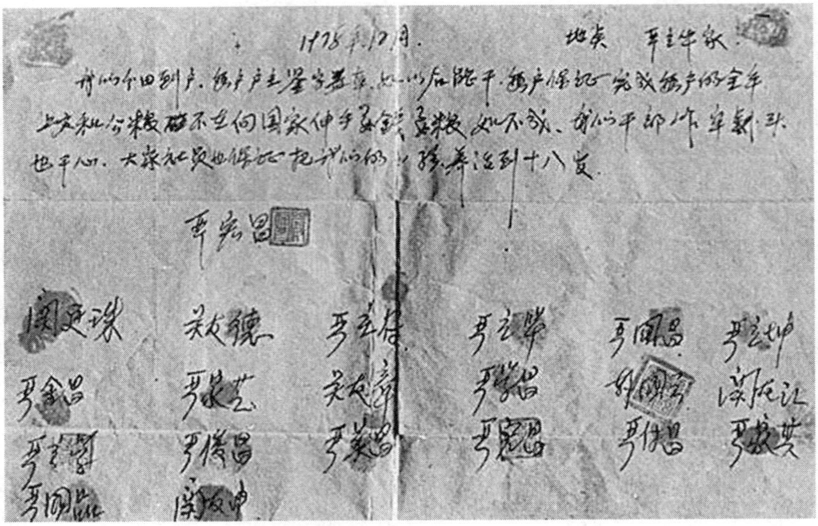
1978年12月　地点　严立华家
我们分田到户，每户户主签字盖章，如以后能干，每户保证完成每户的全年
上交和公粮，不在向国家伸手要钱要粮，如不成，我们干部作牢杀头
也甘心，大家社员也保证把我们的小孩养活到十八岁。

1978年安徽凤阳县梨园公社小岗生产队农民在严立华家签字并按手印的家庭承包土地字据

四、两汉—明清：土地私有、个体劳作的地主经济阶段

秦汉以降，封建领主制解体，土地所有制几经调整，可谓起伏跌宕，而地主—自耕农制渐成趋势。

（一）土地王有、私有并存

秦汉至明清两千年间，土地王有、民有并存。

（1）土地王有始终是名义上的最高制度理念，《诗经》“普天之下莫非王土”之说风行历代，秦汉以下两千年间几乎无人挑战此一经典题旨，唐人陆贽（754—805）称：“土地，王者之所有；耕稼，农人之所为”[①] 乃通常之论。

（2）“王土”说不仅在虚拟意义上流行于汉唐宋元明清，列朝还实际保留由朝廷掌控的国有土地，如屯田、营田、官庄、皇庄、没入田、旗地等，此外还有庙产、族产、学田等集体所有土地。《明史》所说“明土田之制，凡二等：曰官田，曰民田”[②] 颇有代表性，不限于某一朝代，而通行列朝列代。

秦朝实行国家授地制，罕见土地自由买卖。汉唐时期朝廷分田给耕者一再

① 陆贽：《陆宣公集》卷二。

② 《明史·食货志一》。

发生（主要在朝代之初抛荒土地较多时实行）。秦以下的国家授地制，是中央集权国家将土地授给直接耕作者，不同于封建制的上级领主将土地和人民封赐给下级领主。北魏至隋唐实行“均田”（国家将土地计口分配给耕作者），规定“永业田”不得买卖，但随着豪强势力的超经济剥夺，“土地兼并”渐烈，“兼并”与“抑兼并”成为列朝的一大政策之争。而“均田”与“抑兼并”，都是维护大一统专制皇权对农民的直接掌控，与皇权直达庶众的官僚政治是一脉相通的。

（二）地主—自耕农制渐居主导·庶族地主与豪族地主

秦汉以至明清，在土地王有（国有）制约下的土地私有制趋于定型。宋元之际史学家马端临揭示秦汉以下土地制度的非封建性，秦代在强化政治集权，变“公天下”为“私天下”的同时，在土地所有制上废“公田”为“私田”：

> 古之帝王未尝以天下为私也……三代而上，天下非天子所得私也；秦废封建而始以天下奉一人矣。三代以上，田产非庶人所得私也；秦废井田，而始捐田产以予百姓矣。①

这一过程春秋战国已经开始，不过秦代颁法令使成定制。在此后两千年间，中国的经济形态起伏变化，要言之，秦至中唐为地主经济、领主经济交错阶段，中唐至明清为土地私有的地主经济定型阶段。秦汉魏晋隋至唐初，拥有政治特权的豪族地主（如隋唐的“关陇豪族”）维系着领主经济，而中唐以下，尤其在宋代，庶族地主所代表的地主经济渐显优胜，但总体而论，秦汉至明清，豪族地主侵凌庶族地主和自耕农的现象始终存在，且每一朝代初期豪族势力受抑制，中后期豪族恶性膨胀，财赋的主要创造者和提供者——庶族地主与自耕农遭打击，社会生产力当然破坏深重。这是历朝由盛转衰的原由之一。

曹魏时期的大规模屯田，是秦汉以后国家干预土地私有制最突出的一次。然而，这是利用战乱后出现大量无主荒地实行的，是一种历史的特例。而且，曹魏屯田后几十年，土地私有浪潮重新席卷社会，魏晋之际的豪强世族狂占田产，西晋朝廷则力图把屯田与小农土地所有制扯平，晋初的“占田制”以及北

---

① 马端临：《文献通考·自序》。

魏至唐中叶的“均田制”，都是在国家干预下趋向土地私有。而均田制取消后，土地私有化更在民间以经济方式普遍展开，民田为主、官田为辅的土地占有状况形成。据明代正德初年颁布的《大明会典》载，弘治十五年（1502），全国耕地4.288亿亩，其中官田0.598亿亩，为总耕地的14.1%；民田3.63亿亩，为总耕地的85.9%。这个比例反映了两宋至明清各朝官田与民田所占比例的一般情况。

土地私有又分地主土地所有和自耕农土地所有两种形态。

以唐中叶均田制被破坏为界线，此前国有土地和自耕农土地尚占较大比重，此后国有土地减少，自耕农土地难逃被兼并的厄运，地主土地所有制愈益占据优势。以明、清两朝为例，初期自耕农所占耕地都在一半左右，到中后期，则只占十分之一二，大量田产转为地主占有。而此时的地主又多半不具备特权身份，顾炎武指出，汉唐土地多为“豪民”所有，宋以后占有土地的多称“田主”[①]，这表明土地占有者日益由具备政治权势的豪族地主转向平民化的庶族地主。

土地私有化倾向，尤其是土地的地主占有倾向，渐成主潮，追逐私人田产，以获得富足、安定生活的保障，成为人们争相求索的目标。宋人周辉（1126—？）转述时人言论：

> 人生不可无田，有则仕宦出处自如，可以行志。不仕则仰事俯育，粗了伏腊，不致丧失气节。有田方为福，盖福字从田、从衣。[②]

有了田产便可衣食丰足，洪福齐天。这种“田产崇拜”，在秦汉以来的两千余年间，尤其是中唐以后的千年间，十分流行。自耕农当然要千方百计保住自己的小块田产，地主则尽力扩大田产，仕宦、商贾一旦赢得较多钱财，也要购置田产充作“永业”，有的甚至为了“与人争数尺地”而“捐万金”[③]。土地，成为社会各阶层人们争相获取，同时又有可能获取的最重要的私有财产。

五代宋以降，土地私有化向纵深发展还有一重要表现，便是官田的私田化

---

① 顾炎武：《苏松二府田赋之重》，《日知录》卷十。

② 《清波杂志》卷一一。引者按：福字从示，象征祭祀，从衣说是错误的。

③ 《五杂俎·地部》。

和官租的私租化[①]，即国家所占有的一部分田产，也要按照比较先进的私田方式进行经营和征收田租。这从又一侧面证实了地主经济较之领主经济所具有的优越性和不可抗拒的吸引力。

（三）田产转换加剧

初唐实行均田制，给天下丁男授田，其十分之二为永业田，传子孙，不得买卖，其余为口分田，可收入官、转他人。以后法令弛坏，渐行兼并。从右图武则天执政的垂拱三年（687）杨大智田契可以得见，当时民间已有以口分田相互租佃的做法。

（唐）杨大智田契

唐中叶以后，随着均田制的终结，地权转移、土地买卖重新成为社会通例，地主制恢复并发展。宋代更出现田产频繁转手现象，所谓“贫富无定势，田宅无定言，有钱则买，无钱则卖”[②]。到明清时，更有“千年田，八百主”的谣谚[③]。明人海瑞称：“田宅无分界，人人得以自买自卖”[④]。明人张萱记载反映当时土地买卖转手频繁的一首诗：

> 一派青山景色幽，前人田土后人收。后人收得休欢喜，还有收人在后头。[⑤]

从秦汉至明清，皇帝赏赐勋贵，除金银财宝和奴婢外，也有土地。但这些土地一经落入贵族之手，也可以典质、变卖，汇入土地转让、买卖的洪流之中。

自秦汉以至于明清，土地买卖的频繁程度加剧，加上诸子分户析产，以及

---

① 参见赵俪生：《中国土地制度史》，齐鲁书社 1984 年版，第 386～393 页。

② 《袁氏世范·治家》。

③ 辛弃疾《最高楼（吾衰矣）》：“千年田换八百主，一人口插几张匙。”

④ 《海瑞集》下编，中华书局 1981 年版，第 316 页。

⑤《西园闻见录·田宅》。一说此为宋人范仲淹作《书扇示门人》诗，另元末陶宗仪《说郛》称是宋代谶语，非范仲淹诗。

频繁的改朝换代，导致权力和财产不断再分配，不像中世纪欧洲和日本那样有着稳定的土地占有关系，这给中国社会带来两大后果——

其一，贵族等级制度渐趋淡化，没有出现欧洲及日本中世纪普遍存在的世袭贵族政治和严格的等级结构。自秦汉至明清，中国各朝代虽仍在皇室、贵族中保有封赐的世袭爵秩、勋位，但社会的等级结构已然松弛。与经济上的“人之贫富不定之去来无常”[①]相呼应，政治上的买卖爵位也司空见惯，“纳粟拜爵”[②]秦时多有，“以赀为郎”[③]、“民得卖爵”[④]汉时常见，清时买官鬻爵更成通例，甚至将官职以明码实价标示，成为朝廷财政收入之一项。更重要的是，官僚选拔摆脱等级身份制，走向愈益规范的考选制。

其二，土地私有的地主—自耕农经济形成大势，编户齐民（中央政府登录入籍的农民）成为农业劳动者主体、朝廷赋役的基本来源。这种农民不像欧洲中世纪的农奴那样有着严格的人身依附关系，但地权并不稳定，破产或成为地主的佃农，或成为贵胄的佃户。列朝初期，朝廷于战乱后掌控土地，用授田、均田等方式招募农人耕作或分田给农民自种，自耕农比例上升，以后土地兼并渐烈，还发生贵胄以至皇帝的超经济土地兼并。以明代为例，太祖赐勋臣公侯丞相以下庄田多者万亩，亲王田十万亩，群臣力争，乃减其半。[⑤]孝宗、熹宗时勋戚庄田达数百万亩，神宗更广占民田为皇庄，并欲封赐爱子福王四百万亩。[⑥]但就总体而言，上列情形并未扭转土地私有的地主—自耕农制基本格局。

（四）小农户男耕女织

秦汉以降诸王朝，局部推行过“徙远方以实广虚”[⑦]的集体生产的屯田制，这多半带有军事屯垦性质，而在全社会占主导地位的经营方式，则是生产与消费的全过程大体在单家独户内自我完成的小农经济。列朝多倡导农业生产小家庭化，与此同时，手工生产的主体也转入小家庭。朝廷保留官营手工业，以提

① 李光坡：《答曾邑侯问丁米均派书》，《皇清经世文编》卷三〇。

② 《史记·秦始皇本纪》。

③ 《史记·司马相如列传》。

④ 《汉书·文帝纪》。

⑤ 见《明史·食货志一》。

⑥ 见《明史·食货志一》。原文土地面积皆用“顷”，一顷为一百亩，四百万顷即四亿亩，此“顷”当为“亩”之误。

⑦ 《汉书·晁错传》。

供兵器和贵胄的奢侈品，而满足庶众需要的用品则仰赖家庭手工业，尤其是提供衣被之用的纺织业，虽有少量官营或私营手工工场，但占优势的却是家内纺织业。农家妇女操作的纺车和织机供应着中国大多数人的服装材料。这便妨碍了手工业的专业化发展，强化了自然经济的生命机制。小农业与家庭手工业相结合的男耕女织的经济形态，构成古代中国生产方式的广阔基础。战国末期成书的《管子》称：

上农挟五，中农挟四，下农挟三；上女衣五，中女衣四，下女衣三……一农不耕，民有为之饥者，一女不织，民有为之寒者。[①]

西汉间成书的《淮南子》也强调耕织并举：

耕之为事也劳，织之为事也扰，扰劳之事而民不舍者，知其可以衣食之。人之情不能无衣食，衣食之道，必始于耕织。[②]

东汉史学家班固撰写的《汉书》立《食货志》，内称：

洪范八政，一曰食，二曰货。食谓农殖嘉谷可食之物；货谓布帛可衣及金刀龟贝所以分财布利通有无者也。二者生民之本。[③]

从此，“食”“货”并称成为惯例，这恰恰是小农业与家庭手工业紧密结合的中国经济特征的简洁概括。

“以农桑为本”[④]、耕织并重的谋生方式，是在一个个小农户内独立完成的。成书于西汉的《盐铁论》称：

匹夫之力，尽于南亩，匹妇之力，尽于麻枲，田野辟，麻枲治，则

---

① 《管子·揆度》。
② 《淮南子·主术训》。
③ 《汉书·食货志》。
④ 王符：《潜夫论·务本》。

上下俱衍，何困乏之有矣。[1]

“匹夫”尽力农耕，“匹妇”尽力纺织的耕织并重的小农户，是组成秦汉以降中国社会的千万个细胞。中国著名的民间故事《牛郎织女》，固然含有反对等级特权、追求婚恋自由的思想，而其生活理想依然是囿于男耕女织的小农经济所包容的范域之内。

清末杨柳青年画《农人自乐》

南宋范成大（1126—1193）的一首诗将男耕女织的情景描绘得十分生动：

昼出耘田夜绩麻，村庄儿女各当家。
童孙未解供耕织，也傍桑阴学种瓜。[2]

农家儿女忙于耕织，不分昼夜，连贪玩的小孙子，也在桑树阴下捏泥巴，作农活演习了。

（五）“闭门而为生之具以足”

男耕女织、农业副业相结合的农耕经济，其社会效能是达成封闭式的自给

① 《盐铁论·园池》。
② 范成大：《四时田园杂兴》（六十首之一），《石湖诗集》卷二七。

自足。东汉今文经学家何休（129—182）说：

一夫一妇受田百亩，以养父母妻子。五口为一家……种谷不得种一谷，以备灾害；田中不得有树，以妨五谷。还（环）庐舍种桑荻杂菜，畜五母鸡，两母豕，瓜果种疆畔（田界空地），女工蚕织，老者得衣帛焉，得食肉焉，死者得葬焉。[①]

何休对衣食自供的小农户的描述，较之战国中期孟子的名论更为具体。

南北朝时期北齐人颜之推（531—约590以后）概括当时的经济生活状态：

生民之本，要当稼穑而食，桑麻以衣。蔬果之畜，园场之所产；鸡豚之善，埘圈之所生。爰及栋宇器械，樵苏脂烛，莫非种植之物也。至能守其业者，闭门而为生之具以足，但家无盐井耳。[②]

一个农户可以自我供应衣、食、住、用各方面的物资，除盐要外购，几乎可以关起门来百事不求人。

自给自足的小农业与家庭手工业结合的经济结构，自战国出现，秦汉确立，其后虽多有起伏变化，而基本格局一直沿袭至明清。

自秦汉以降的两千年间，中国社会广阔而坚实的基础，是小农业与家庭手工业相结合的自然经济与此相辅相成的地主—自耕农土地占有制和豪族地主土地占有制，以及地方小市场在城乡的普遍存在，地主、商人、高利贷者的三位一体，形成中国前近代经济从生产、流通到分配的完整结构。[③] 这种经济结构形成完备的自给自足的封闭系统，拥有自发的调节能力，特别是因其大大缩短了原材料与生产过程的距离，也缩短了产品与消费过程的距离，从而具有廉价性，对商品经济有着强劲的抗御力，因此显得十分坚韧、稳固。

这种经济结构一再诱导社会财富投向土地，而不是转向商业资本，甚至

① 《春秋公羊解诂》“初税亩”条。引文括号内文字为引者所加解释文。

② 《颜氏家训·治家第五》。

③ 参见方行：《中国封建社会的经济结构与资本主义萌芽》，《历史研究》1981年第4期。

商业资本也情不自禁地趋向投入土地，如明清两代的徽商、苏商、晋商竞相追逐土地，“多置田产”，“以末致富，以本守之”成为商人的普遍心理，他们“多买田宅”为的是“以长子孙”，因为有了田租这种“固利”，可以避免经商的风险，“宴然享安逸之利”[①]。而土地拥有者，着力点也不是追加投资，提高劳动生产率，而是扩大地产，并通过培养子弟沿着科举之径，从庶民地主变成官僚地主，这便是中国人古来标榜的“耕读传家”的真实意义。这一切经济的及社会心理的原因的综合，使得中国在16世纪资本主义萌芽产生以后，一直未能进入资本的原始积累阶段；并与自然经济在中国特别难以解体，互为因果。

小农业与家庭手工业相结合构成古代中国自然经济的基本形态，可以表现为自然经济占统治地位的最原始的经济结构，也可以表现为商品经济获得某种程度发展的过渡形态，如明清时漳州等地家庭手工业产品较大规模涌入商品流通市场，从而促成手工业由家庭副业走向独立的手工业，进而向工场手工业转化。与此同时，自产自销的小农业也向商品性、专业性农业转化。不过，这一过程在中国发展缓慢，而且在地区上不平衡。

第二节　地主经济下的历史宿命

小农业与家庭手工业相结合的地主—自耕农经济养育并制约着中国前近代文化。前近代文化难以走出地主—自耕农经济规定的范域。

一、城乡经济同一，城市依赖农村

中国前近代生产方式的一个显著特点，是城市不具备自立的经济，而与乡村在经济上同一，这种同一性的基础是，城市在政治上统治乡村的同时，经济上却依赖乡村，没有发展成独立于乡村之外的经济中心。

在世界各地，城市都起源于政治中心和军事堡垒，并在经济上依赖农村。《吴越春秋》所说“筑城以卫君，造郭以守民”[②]，昭示古代城市作为保卫统治者的防御堡垒的特性，东西方概莫能外。然而，进入中世纪，欧洲城市走上

① 张履祥：《补农书·运田法》。

② 《吴越春秋·吴王阖闾内传》。

独立于封建政权和领主经济之外的道路。这是因为，便于对农奴的控制，封建领主的政治—军事中心由城市转移入农村，他们在自己的采邑、庄园筑起坚固的城堡，以就近获取贡赋徭役，并防卫受其榨取的农奴的反抗和异邦力量的入侵，而城市则转变为经济上独立的工商业中心，行会制度也发达起来，逐渐成为自外于僧俗领主的、由市民（行会成员）控制的自治—自由城市。这样，就出现了城乡分裂的局面，在封建国家内部形成城市与庄园两个经济中心。这两个经济中心之间，不断进行工业品与农产品的双向交流，城市经济便成为以自给自足为特征的封建经济的离心力量、破坏力量。

然而，前近代中国城市却一如既往地保持着作为帝王及官僚的政治中心—军事堡垒的基本属性，无论是天子驻跸的都城，还是地方大吏主持的郡邑、州治、县城，都是按照国家政权的政治—军事需要修筑起来的。城市的结构模式，也严格遵循礼制，如国都一律“择国之中而立宫，择宫之中而立庙”[①]，宫殿置于全城中轴线上，市场受官府控制，置于宫殿宗庙背后，所谓“左祖右社，前朝后市”[②]。地方性城市的格局也仿效都城，官府设于中轴线上。这些城市，都是国家政权（中央一级或地方各级）所在地，其主要职能是实施对全国或地区的政治统治和军事控制，至于工商业，在宋以前的城市生活中不过是政治的附庸而已。

古代中国城市，无论是都城还是州县所在地，与乡村的经济联系，主要是单向性的，即城市从乡村征收贡赋、调集劳役，一般较少向乡村提供产品，广大乡村则在男耕女织的自然经济规范内生存。国与野、都与鄙、城与乡之间，政治上是前者对后者的压迫与控制，经济上则是后者对前者财富和劳力的供应。这使中国古代城市不仅是政治性的，而且是消费性的，城市手工业基本是为官府服务的官营手工业。

宋以前，中国城市普遍实行市坊—厢坊制，规定各种作坊、商店必须开设在市区某一街区，交易聚散有时间规定。自宋代开始，城市的经济功能加强，民间活力日增，限制民间商业发展的厢坊制度被突破，代之以市、集镇、瓦子等商业贸易场所，出现宋人张择端（1085—1145）《清明上河图》所展现的那

① 《吕氏春秋·慎势》。

② 《考工记解》卷下。

《清明上河图》(局部)　北宋东京(今开封)汴河边繁华街市

种繁盛的市井社会。北宋都城东京打破“坊”“市”界限，出现夜市和早市，以及市民娱乐场所“瓦肆”，打破前代都城对商业活动的种种限制。东京拥有四通八达的交通网，汴河连接大运河、长江，连通江淮、两浙、荆湖、岭南、川蜀，成为内外贸易中心。

20世纪初叶，日本学者内藤湖南(1866—1934)依据唐宋间经济衍化，提出“唐宋变革”说，认为宋代中国已迈入近世门槛。[①]20世纪70年代，美国学者施坚雅(1925—2008)进而提出“中世纪城市革命”说，对唐宋城市的商业化走势给予颇高评价。[②]内藤湖南、施坚雅所论皆有一定依据，然通观全貌，尚难以作出中国自宋代已全面进入近世社会的估量。

唐宋以降某些城市(包括北宋都城)确乎发生向工商中心的转化，然而并未导致全面性更革，直至明清，中国城市作为政治中心、军事堡垒的性质并未发生普遍变化，正如明清之际孙承泽(1592—1676)所说：“历代建国，必有高城深隍，上以保障宗社朝廷，下以卫捍百官万姓，其所系甚重，其为功不少。”[③]

① 内藤湖南1910年在日本《历史与地理》第9卷第5号发表《概括的唐宋时代观》，认为唐代是中世结束期，宋代是近世开始期。

② 见[美]施坚雅主编，叶光庭等译：《中华帝国晚期的城市》，中华书局2000年版。

③ 孙承泽：《春明梦余录》卷三九，见《景印文渊阁四库全书》第868册，第622页。

包括宋以后的整个古代中国城市，未能摆脱帝王—官僚的直接控制，没有成为自然经济结构的离心力量，并始终是宗法—自然经济社会的核心部位和统治中心，城市也就不可能提供瓦解自然经济的强大动力，而只是无止境地由乡村掠取产品和劳役。

反映清代社会生活的《红楼梦》，其五十三回描述，宁国府的租佃区域黑山村庄头乌进孝上呈贾珍的缴租单子可以得见，一次缴租物品有——

> 大鹿三十只，獐子五十只……活鸡、鸭、鹅各二百只……熊掌二十对，鹿筋二十斤，海参五十斤，鹿舌五十条……银霜炭上等选用一千斤、中等二千斤，柴炭三万斤；御用胭脂米二担，碧糯五十斗，白糯五十斗……下用常米一千担……①

黑山村只是宁国府众多庄园之一，村中农民皆为宁国府租户，即使荒年歉收之际，其缴租物品仍如此之盛，但贾珍却对乌进孝贡物的数量质量颇不满意。

城乡间单向性的物资流动（农村年复一年向城中“老爷”进贡，城市并无物资反馈农村），只能加剧农村贫困化，使广大乡间封闭在小农业与家庭手工业相结合的自然经济小天地之内。而城市自身，一方面是贵族、官僚依凭盘剥农村而过着膏粱锦绣的寄生生活，另一方面是城市工商业受到抑制，难以获得健康发展，无以形成欧洲中世纪城镇那样强有力的行会制度。中国城市的行会受到国家力量和宗族力量的双重制约，显得十分软弱，在保护同业权益、抗御统治阶级的超经济掠夺方面，表现出妥协性，因而社会对生产过程的干预，主要不是来自行会，而是来自朝廷和宗族。

朝廷实行官立市场制度，又通过商贾律、告缗令等抑商政策，对商贾加以限制。至于手工业者，更身受各种形式的劳役强制，直到明初，还颁令把手工业者编入匠籍，称“轮班匠”“住坐匠”等，不得自行脱籍。中国手工业者比农民受到更深重的人身压迫和限制，清代以前，官营手工业工匠名籍官府，无异于帝王及官僚的家奴。朝廷通过官营手工业制造所需要产品，不足者要求

---

① 见《红楼梦》第五十三回，人民文学出版社 1973 年版。

民间无偿贡献，即所谓“任土作贡”。官营工业和民间贡献，都不属于创造交换价值的商品生产。而私营手工作坊和个体手工业，均规模狭小，技艺代代相传，世守家业，往往产销兼营，“前店后厂”，有着明显的封闭性和保守性。此外，朝廷还实行榷酤制度、专卖制度，将盐、铁、茶等有利可图商品的生产和销售权收归官营。与此同时，宗族势力则通过拥有公田、义仓等物质条件，操纵地方经济。每有以风水为由，禁止开矿、烧石灰、建工场等举止，并以族有市场、乡有市场垄断商品交换。总之，类似欧洲中世纪晚期封建王权赞助城市工商业者以对抗割据诸侯的政策，在中国整个前近代基本没有出现，通常发生的，只有专制政权及族权对城市民营工商业的限制以至扼杀，著名者如明代后期以盘剥民间工商业为能事的“矿监”“税使”等恶政。

古代中国的城乡关系，政治上城市是宗主，乡村是附庸；经济上，乡村是财富来源地，城市是财富消耗处。从国家机制看，城市高高凌驾于乡村之上；但从经济看，城市并未能获得独立运行的生命机制，不过是农业经济的附属物，自给自足的农业经济成为乡村和城市赖以存身的共同基础。

正是在这一意义上，我们把传统的中华文化的主体称作“农业文明”。自然经济难以解体，社会一再往复交替出现“恢复—高涨—危机”三阶段周期循环，而迟迟未迈入新的运行轨道，市民阶层晚成，市民文化单弱等现象，均与城乡经济的同一性，城市未能形成独立的、与农村相制衡的经济中心，有着不能解脱的内在联系。①

二、生活资料生产与人口再生产比例的周期性失调

（一）生活资料生产与人类自身生产

作为历史决定性因素，同时也作为文化发展终极动力的生产活动，包括两个相互关联着的方面，一为生活资料（衣、食、住、行）以及为此所必需的工具的生产，二为人类自身的生产，即人口再生产。在中国历史上，这两种生产之间的比例多次发生剧烈的起落升降，一再经历“协调—失调—严重失调”的

① 参见傅衣凌：《关于中国资本主义萌芽的若干问题的商榷》，《明清社会经济史论文集》，人民出版社 1982 年版；又参见傅筑夫：《中国古代城市在国民经济中的地位和作用》，《中国经济史论丛》（上），三联书店 1980 年版。

周期性变化，这种变化周期与整个社会的兴衰周期大体同步。[①] 考察中国文化生成史，不可不注意这一至关紧要的经济—社会现象。

人类自身生产与物质资料生产相适应，是文化健康发展的重要前提，这是一个不争的事实。而两种生产相适应则意味着：一、作为消费者的人口总量要同消费资料生产总量相适应，人口增长速度不得超过消费资料生产增长速度；二、作为生产者的劳动人口数量和构成，要与当时社会所拥有的劳动手段和劳动对象相适应，劳动人口的质量要同当时的生产技术水平相适应。人类自身生产与物质资料生产的比例，是社会生产过程中各种比例关系中最基本的比例关系，这种比例的协调或失调，直接影响文化的发展。

（二）两种生产的协调与失衡

中国历史上两种生产比例的协调与失调，与王朝的盛衰兴替几成对应，二者间互为因果。各个王朝多是在经历农民战争或民族战争之后，在一片废墟上建立起来的，因而王朝初期往往人口稀少，连一向繁华的中原地区也“百里无人烟”。如曹操（155—220）建安二年（197）诗作表现东汉末军阀混战导致人丁锐减，“白骨露于野，千里无鸡鸣。生民百遗一，念之断人肠”[②]。又如经历隋唐鼎革战争的魏徵（580—643）说：“今自伊、洛之东，暨乎海、岱，萑莽巨泽，茫茫千里，人烟断绝，鸡犬不闻，道路萧条，进退艰阻。”[③]

由于土地大量抛荒，社会经济无以运转，繁衍人口便成为列朝初创之际恢复经济的当务之急，人口再生产与物质资料生产之间形成互相促进的共向性增长，出现诸如汉代“文景之治”的“畜积岁增，户口寖息”[④]，唐代“贞观之治”的“天下大稔，流散者咸归乡里”[⑤]，宋初的由五代“田园荒尽”变为“稻穗登场谷满车，家家鸡犬更桑麻”[⑥]。这是两种生产协调发展的良性状态。

以自然经济为主体的前近代社会扩大再生产的能力有限，经济发展规模经过几十年、百余年的“休养生息”，便大体接近极限（这首先由耕地面积的有

① 参见王守稼：《论中国封建社会的周期性危机》，中国史研究编辑部编：《中国封建社会经济结构研究》，中国社会科学出版社 1985 年版。

② 曹操：《蒿里行》。

③ 《贞观政要·论纳谏》。

④ 《汉书·刑法志》。

⑤ 《资治通鉴·唐纪九》。

⑥ 滕白：《观稻》。

限性所决定）。

地主—自耕农经济的一大特点是，财富生产依赖劳动力的再生产。因为，个体小生产不是通过科学技术的提高来维持及增加产量，而是依靠扩大劳动量的投入，所以劳动力数量便至关紧要，人们就用早婚、多育的方法来缩短人口再生产的周期。早婚、多育（特别是多生儿子，即男劳动力）便成为以农民为主体的中国人的传统心理。因此，每当一个朝代承平数十年、百余年，人口便数倍甚至十余倍增长，而且增长率高于物质资料的增长率，发生两种生产比例失调现象，由此带来一系列社会问题，如土地问题、赋役问题、流民问题等。这样，当人口繁盛之际，恰是一个朝代盛极而衰的转折点。“天下户口之盛，历代稽考，莫甚于隋大业，唐开元，宋庆历，而明嘉隆之间为更盛。”① 隋炀帝大业间（605—617）、唐玄宗开元间（713—741）、宋仁宗庆历间（1041—1048）、明世宗嘉靖间（1522—1566）、穆宗隆庆间（1567—1572），正是隋、唐、宋、明几朝社会危机酝酿或发展的关头。其之所以如此，原因当然是多方面的，却与这些时期两种生产的比例开始失调大有干系。当社会危机发展到隋末、唐末、宋末、明末，终于激起大规模农民战争，或北边游牧人大举南下，每每进入长达十几年、几十年的战乱时期，使得人口锐减，从而自发地调节两种生产的比例，这种自发调节皆付出社会经济严重破坏的代价。

各朝正史多有人口官方统计，以清代为例，《清史稿·食货志一》载，顺治十八年，“会计天下民数，千有九百二十万三千二百三十三口”，康熙六十年，“二千九百一十四万八千三百五十九口”，乾隆六十年，“二万九千六百九十六万五百四十五口”。显然所载与人口的实际状况大有出入，因“当时民册恐不免任意填造之弊”②，学者对此多有考订。据何炳棣（1917—2012）等人的研究，中国人口演变大体如次：

> 汉平帝元始二年（公元 2 年）六千万，中间起伏跌宕。
>
> 北宋首次达到一亿。
>
> 宋元之际剧跌，明永乐初年（15 世纪初）六千五百万。

① 王棠：《燕在阁知新录》卷二〇。

② 《清史稿·食货志一》。

人口总数大幅度提升发生在明代中后期，万历三十年（17 世纪初）一亿五千万。

清初顺治间人口剧降，康熙四十年（18 世纪初）回复到一亿五千万。

经过康熙（1661—1722 在位）、雍正（1722—1735 在位）、乾隆（1735—1796 在位）百余年承平，人口更增至三亿左右（乾隆五十八年三亿一千三百万），道光三十年四亿三千万。[①]

现代中国庞大人口的基础在清中叶奠定。

清中叶前后百余年人口十倍激增期间，耕地面积却所加有限，小生产方式又束缚着经济向深度和广度进军，人口生产增长率便超过物质资料生产增长率，两种生产比例失调之势铸成。乾隆皇帝本人便深感问题的严重性，他说：

> 朕查上年各省奏报民数，较之康熙年间，计增十余倍。承平日久，生齿日繁，盖藏自不能如前充裕。且庐舍所占田土，亦不啻倍蓰。生之者寡，食之者众，朕甚忧之。[②]

乾隆以降“生齿日繁，地不加益”，两种生产比例失调现象昭著天下，因而乾嘉年间研究人口问题的学者颇多，其中以洪亮吉、恽敬最为著名。

清中叶学者洪亮吉揭示“治平”时代的一大矛盾：户口在百年、百数十年间激增 10 倍、20 倍，而衣、食、住等物质资料所增有限，以至“田与屋之数常处其不足，而户与口之数常处其有余也”[③]。水旱疾疫等自然灾害可消减一部分人口，洪亮吉称之为“天地调剂之法”；朝廷实施善政（如赞助垦荒、减

洪亮吉（1746—1809）

① Ping ti Ho. *Studies on the Population of China*，*1368—1953*. Harvard University Press，1959.

② 《清史稿·食货志一》。

③ 《洪北江遗集》，光绪三年授经堂重刊。

轻赋役、赈济灾荒、抑制兼并等）也可缓和矛盾，洪亮吉称之为“君相调剂之法”[①]。他认为，这两种调剂之法都不可能从根本上解决两种生产比例失调的矛盾，从而陷入绝对人口过剩的悲观论。

稍晚的恽敬（1757—1817）对两种生产比例失调的剖析，有一层新见。他认识到，这种“失调”不但表现在人口再生产速率高于物质资料生产速率，而且还表现在非生产人口增长速率高于生产人口增长速率。为此，他提出“十四民”说，其中农、工、商三民是物质资料的创造者，其他十一民是物质资料的消耗者，所谓“农工商三民为之，十四民享之”[②]。恽敬又补论：“三民”（农、工、商）加上士为“四民”，“四民”皆有益社会，故恽敬在“三民”与“十一民”对称之外，有时又以“四民”与“十民”对称。恽敬指出，“生之者寡，食之者众”的局面本是古来即有的，问题发生在“后世四民之数日减，十民之数日增，故农工商三民之力不能给十一民而天下敝矣”[③]。

恽敬的观察，是有历史涵盖性的，这类问题不仅发生在清代，其他朝代也往往发生。如明代宗室数量的膨胀，速度大大超过人口平均增长率，成为明代中末叶的一大困局，奉养宗室的“宗禄”问题“极敝而大可虑”[④]。明万历间大学士徐光启（1562—1633）经过数学统计指出：

> 洪武中亲郡王以下男女五十八位耳，至永乐而为位者百二十七，是三十年余一倍矣。
>
> 隆庆初丽属籍者四万五千，而见存者二万八千；万历甲午丽属籍者十万三千，而见存者六万二千，即又三十年余一倍也。[⑤]

据此，徐氏推测“百余年而食禄者百万人，此亦自然之势，必不可减之数也”。届时，“为禄当万万石”，“竭天下之力，不足以赡”[⑥]。除宗室外，乡宦权贵也过着锦衣玉食的生活，往往妻妾成群，子孙繁茂，奴仆如云，所占人口比率日增。

---

① 《洪北江遗集》，光绪三年授经堂重刊。

②③ 恽敬：《大云山房文稿》。

④ 《明史·食货志》。

⑤⑥ 《处置宗禄查核边饷议》，《徐光启集》卷一。

朝廷的各级官僚机构也恶性膨胀，冗官、冗员、冗兵愈益加多，诚如明人何良俊（1506—1573）所说："昔日乡官家人亦不甚多，今去农而为乡官家人，已十倍于前人矣。昔日官府之人有限，今去农而蚕食于官府者，五倍于前矣。"① 如此等等，都造成"生之者寡，食之者众"，也即恽敬所称"农工商三民之力不能给十一民而天下敝矣"。

总之，前近代中国的两种生产都处在自发阶段，人口增殖呈无政府状态，物质资料生产扩大的天地又受到局限，因而两种生产的比例很容易失调，而对这种失调的人为控制（即洪亮吉所说"君相调剂之法"），其作用毕竟有限，历史往往通过战争、瘟疫、饥荒来大量消灭人口，使两种生产比例失调重新得以缓和，而与其相伴的是经济、文化的惨重损失，这便对中国社会进程造成周期性破坏，成为中国文化健康发展的严重障碍。

（三）近现代关于两种生产协调问题的探讨

两种生产的协调问题，不仅长期困扰古人，更紧迫地提上近人日程。

清末历史地理学家汪士铎（1802—1889）认为土地资源的开发利用是有限的，"天地之力穷矣"，而人口却以几何级数增长，"天下人丁三十年加一倍"。他明确指出，"国家人浮于地者数倍"，"人多则穷［地不足养］"②。至于解决之方，汪士铎基本同于洪亮吉，主张用"君相调剂法"和"天地调剂法"克服人口暴增，甚至主张杀光"乱民"，强行限制婚配，提倡溺婴，其法与英国经济学家马尔萨斯（1766—1834）《人口原则》的设计相类似，故现代人称汪氏为"中国马尔萨斯"。

洪亮吉、恽敬稍早于马尔萨斯，汪士铎比马尔萨斯晚生半世纪，洪、恽、汪等清代学人与马尔萨斯同处18、19世纪交接之际，都无缘接触对方论说，却在东方与西方各自独立提出类似的人口论，原因在于：两种生产的失调同样困扰东西方，东西方学人不约而同地揭示此一关乎人类发展命运的大问题，然而又只能提出一些非人道的丛林式解决方案。

19世纪中末叶以降，随着工业文明走向成熟，较为理性的人口论应运而生，如薛福成（1838—1894）主张用发展商品经济来应对人口增长，主张通过

① 《四友斋丛说》卷一二。

② 汪士铎：《乙丙日记》卷三。

建立和发展大机器工业，采矿，振兴商务，对外移民等，来消化中国过于庞大的人口。[①] 但薛氏只强调发展物质资料生产一个侧面，对控制人口再生产则很少涉及。

翻译家严复在马尔萨斯人口论、赫胥黎进化论基础上，致力解决中国现实的人口问题。他在译著《天演论》中介绍马尔萨斯人口论的基本观点：人口以几何级数增加，生活资料以算术级数增加，只有提高人口死亡率方能使人口和生活资料之间保持平衡。又在译著《原富》中以“人口消长的治乱循环论”解释中国社会问题，提供了一种新的历史阐释角度。严复并不认同马尔萨斯杀灭人口的解决方案，而力主控制人口数量，提高人口质量，革除多子多福、早婚、多妻等积习，倡导计划生育。

经济学家马寅初（1882—1982）1955 年根据在浙江、上海等地进行的人口调查和中国的国情提出关于人口问题的设想，于 1957 年 4 月在北京大学大饭厅就人口问题发表首次演讲，题为《控制人口与科学研究》。同年 6 月，马寅初将自己的演讲整理成文，作为一项提案，提交一届人大四次会议，并于 1957 年 7 月 5 日在《人民日报》上全文发表，这就是著名的《新人口论》。马寅初指出，我国人口增加太快，力倡限制人口数量、提高人口质量。然而，此种理性、科学的人口观被诬称为马尔萨斯人口论，遭到批判，康生 1958 年用“人手论”攻击马寅初的“人口论”，其后果是中国人口漫无节制地膨胀。

时至 20 世纪 70 年代初，面对严重的人口过剩问题，国家紧急实行计划生育政策，并由两子化发展为一子化，人口剧增势头得以遏制。但因 20 世纪 40 年代末至 70 年代中多子时期出生人口基数巨大，至 21 世纪初，中国人口突破 13 亿，耕地、淡水、矿产资源人均占有量都大大低于世界平均水平，“人口—资源”比例失衡的形势严峻。

同时，因为三十余年来实行独子化政策，固然收到遏制人口膨胀的实效，却又带来人口老龄化提前降临的新病灶。美、日、韩当初达到中国 2011 年老龄化水平，其人均 GDP 在 15000 美元左右，而中国 2011 年人均 GDP 为 4300 美元，这便是所谓“未富先老”。而在经济及社会发展水平较低之际迎受人口

① 见薛福成：《出使四国日记》，中国社会科学出版社 2007 年版。

老龄化，较之发达国家更为困难。

总之，两种生产的协调问题紧迫地摆在中国人面前，容不得半点疏失。

第三节　乡村式文化旨趣

人们通常把以自给自足的农业经济为主体的文明形态称作“农业文明”，以区别于产业革命启动的“工业文明”。

所谓“工业文明”，当然不是说构成这种文明的成分中没有农业，而是指现代工业在整个国民经济中占主导地位，包括农业在内的其他经济门类从属于现代工业，其组织形式和经营方式也日趋工业化。

同样，所谓“农业文明”，也并非说构成这种文明的成分中没有工业，而是整个文明基础的主导面和支配力量是在自然经济轨道中运行的农业——

> 在从事定居耕作（这种定居已是一大进步），而且这种耕作像在古代社会和封建社会中那样处于支配地位的民族那里，连工业、工业的组织以及与工业相应的所有制形式都多少带着土地所有制的性质。①

中国传统文化的主体，无论是作为精英文化的诸子百家学说，文人雅士的笔墨生涯，还是作为大众文化的民间信仰和风俗，大多可以归结到这种“耕作居于支配地位”、社会分工不充分的农业文明的范畴之内。中国传统文化的一系列基本性格，其根源都深植于这样一种经济生活的事实之中。

一、尚农重本

在以农业为生存根基的中国，农业生产的节奏早已与国民生活的节奏相通。华夏—汉族的传统节日，如清明节、中秋节等，包括最隆重的春节，皆来源于农事，是由农业节气演化而成的，并不像许多其他民族那样，节日多源于宗教。在这样的文化氛围内，重农主义的产生便是顺理成章的事情。中国人很

---

① 马克思：《〈政治经济学批判〉导言》，《马克思恩格斯选集》第二卷，人民出版社 1995 年第 2 版，第 25 页。

早就认识到农耕是财富的来源。《周易》有言：

《象》曰：不耕获，未富也。[1]

一些古圣先贤留下许多关于农业生产是国家命脉的名言。中国“礼”文化的创导者周公说：

呜呼！君子所，其无逸。先知稼穑之艰难，乃逸，则知小人之依。[2]（呜呼！君子做官，不可贪图安逸享乐。首先了解耕种收获的艰难，然后再逸乐，就会知道老百姓的痛苦。）

认为统治者要求的社会安定，首先必须懂得农耕的重要和农人的艰辛。

战国中期的商鞅更把“尚农”作为富国强兵的基础，力倡“农不败而有余日”[3]，以便专力耕作。为此，他免三晋客民军役三世，使其安心农业生产；又让农人固定居住，不得迁徙，以防脱离生产；还采取种种措施，令各类非农业人口转入农事，以制止“不作而食”[4]，由此形成的“重农抑商”政策，对后世影响深远。

“尚农”不仅是统治者的政策需要，也成为华夏—汉人的一种普遍心理。对农村生活的追怀和思乡之情，是中国文学的无尽主题。宋初诗人王禹偁（954—1001）写道：

马穿山径菊初黄，信马悠悠野兴长。
万壑有声含晚籁，数峰无语立斜阳。
棠梨叶落胭脂色，荞麦花开白雪香。
何事吟余忽惆怅？村桥原树似吾乡。[5]

① 《周易·无妄》。
② 《尚书·周书·无逸》。
③ 《商君书·垦令》。
④ 《商君书·画策》。
⑤ 王禹偁：《村行》，《小畜集》。

一片白雪般的荞麦花，原野中的树，村边的桥，都激起诗人无法遏止的乡情。“世为农家”的王禹偁巧妙地写出自己从“野趣”到“思乡”的心理转化。这是只有对农村生活怀着刻骨铭心的钟爱之情的人，才能产生的思绪。

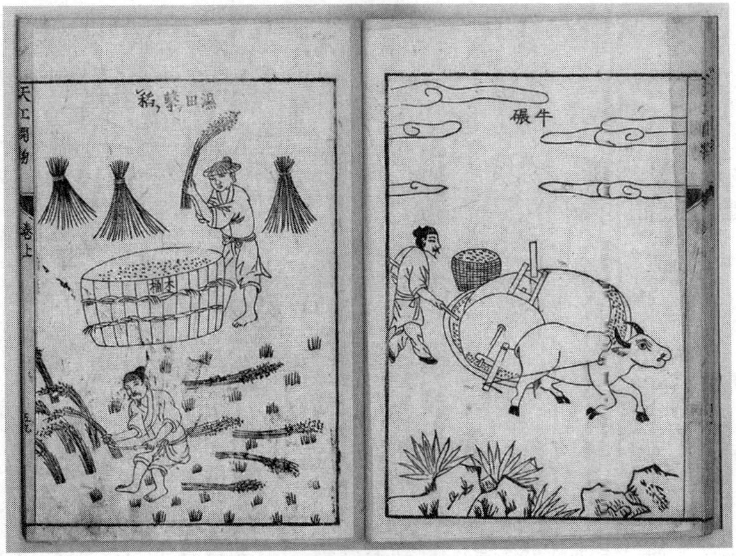

《天工开物》农事图

成书于战国末年的《吕氏春秋》则从理论上发挥重农思想：

> 霸王有不先耕而成霸王者，古今无有，此贤者不肖之所以殊也。[1]

确认发展农业是成就霸业的基础。《吕氏春秋》的重视农业，不单着眼于获得农产品，还因为农人朴实，便于驱使，可赖以守战：

> 古先圣王之所以导其民者，先务于农，民农非徒为地利也，贵其志也。民农则朴，朴则易用。[2]

① 《吕氏春秋·贵当》。
② 《吕氏春秋·上农》。

《吕氏春秋》重农思想与《商君书》重农思想多有相通之处，却也有明显区别。《商君书》把研习诗、书、礼、乐的士人视为发展农业的祸害，决计加以革除；而《吕氏春秋》却倡导诗、书、礼、乐，以为士人正是农耕文明不可缺少的组成部分。这种经《吕氏春秋》修正过的重农主义，成为秦汉以降的主潮，农人和儒士共同构成中国式农耕文明“俗”与“雅”两个相互补充的层次。

大约成书于西汉初年的《管子》认定“孝弟力田者”，也即农人，是社会中坚[①]，高倡以农为“本”，以工商为“末”，反复劝诫统治者“务本”以“安邦”，“重本”而“抑末”：

> 明王之务，在于强本事，去无用，然后民可使富。[②]
>
> 民事农则田垦，田垦则粟多，粟多则国富，国富者兵强，兵强者战胜，战胜者地广。是以先王知众民、强兵、广地、富国之必生于粟也。故禁末作，止奇巧，而利农事。[③]

秦汉以下思想家中阐扬重农的更不胜枚举，东汉王符（约85—162）认为“民为国基，谷为民命”[④]，进而指出：“夫富民者，以农桑为本，以游业为末”[⑤]，力主“困辱游业”“宽假本农”，如此“则民富而国平矣”[⑥]。

王符还把“农本商末”的观念推而广之，连类比附：

> 教训者，以道义为本，以巧辩为末；辞语者，以信顺为本，以诡丽为末；列士者，以孝悌为本，以交游为末……[⑦]

这就清楚地道明了儒家“正其谊不谋其利，明其道不计其功”之类的伦常观念正是中国式的农业社会“农本商末”经济结构的衍生物。

---

① 《管子·山权数》。

② 《管子·五辅》，注：“本事谓农桑也，无用谓末作也。”

③ 《管子·治国》。

④ 《潜夫论·叙录》。

⑤⑥⑦ 《潜夫论·务本第二》。

农书也阐扬重农的必要。如《氾胜之书》说：

神农之教，虽有石城汤池，带甲百万，而无粟者，弗能守也。夫谷帛实天下之命。[①]

《齐民要术》说：

舍本逐末，贤者所非。[②]

帝王们也深知农业繁荣是国固邦宁的根底所在。汉文帝刘恒（前202—前157）诏曰：

农，天下之大本也，民所恃以生也。而民或不务本而事末，故生不遂。[③]

力田，为生之本也。[④]

汉昭帝刘弗陵（前94—前74）诏曰：

天下以农桑为本。[⑤]

以后历朝帝王颁发重农、劝农诏书无计其数。

统治阶级还以耕织垂范天下，建于明清都城北京的先农坛和先蚕坛，分别是每年皇帝行亲耕礼、皇后行亲蚕礼的祭坛。两坛相互呼应，象征着男耕女织的小农业是中国社会的根基所在。

① 《艺文类聚·粟》。
② 《齐民要术·序文》。
③④ 《汉书·文帝纪》。
⑤ 《汉书·昭帝纪》。

北京先农坛

明永乐十八年（1420）建，明清两代帝王行亲耕礼的祭坛

二、重实黜玄

华人的主体——农民在农业劳作过程中领悟到一条朴实的真理：利无悻至，力不虚掷，说空话无补于事，实心做事必有所获。这种“一分耕耘一分收获”的信念是农耕生活导致的群体趋向，农民如此，文化人也受其影响，“大人不华，君子务实”[①]是先哲们的一贯倡导。章太炎概括华人秉性曰：

> 国民常性，所察在政事日用，所务在工商耕稼，志尽于有生，语绝于无验。[②]

章氏的这一描述，刻画了以农民为主体的中国人“重实际而黜玄想”的民族性格。正是这种民族性格发展了实用—经验理性，以“经世致用”自命，而不太注重纯科学性玄思，亚里士多德式的不以实用为目的，而由探求自然奥秘的好奇心所驱使的文化人，较少在中国产生，也不大为社会推崇。

① 王符：《潜夫论·叙录》。

② 章太炎：《驳建立孔教议》，《章太炎政论选集》（下），中华书局1977年版，第689页。

“重实际而黜玄想”的性格制约着中国人的宗教观。自周秦以后的两千余年间虽有种种土生的或外来的宗教流传，但没有陷入全民族的宗教迷狂，世俗的、入世的思想压倒神异的、出世的思想。

就主流而言，中国人的“终极关怀”，即对生命终极意义的追求，并未导向去彼岸世界寻解脱，而是在此岸世界求得“不朽”。

《左传》载，晋国执政者范宣子（？—前548）问鲁国大夫叔孙豹（？—前538）：“古人有言曰‘死而不朽’，何谓也？”（古时候有人说，有的人死了却能永不磨灭，这说的是一种什么情况呢？）叔孙豹答：

> 豹闻之，太上有立德，其次有立功，其次有立言，虽久不废，此之谓不朽。①
>
> [我听说，最高目标是树立德业，第二层次是建立功勋，第三层次是著书立说，（此三项）即使经历再长的时间也不被废弃，这就叫作永垂不朽。]

立德、立功、立言“三不朽”观，表现了中国文化主流的非神文性，昭示了中国人终极意识的人文特色。

农耕民族从小农业的简单再生产过程中形成的思维定势和运思方法是注意切实领会，并不追求精密谨严的思辨体系，却较早完成了贯穿自然、社会、人生的世界观的构筑。

华人还被西方人称赞为东方民族中“最善于处理实际事务的”，这些皆是农业民族务实性格的表现。

三、安土乐天

安土乐天、和平主义的生活情趣，是从农业文明中生发出来的国民精神。

华夏—汉人作为一个农业民族，采用的主要是农业劳动力与土地这种自然力相结合的生产方式，他们建立的自然经济社会是一种区域性的小社会，与外

---

① 《左传·襄公二十四年》。

部世界处于封闭状态，所谓“鸡犬之声相闻，民至老死不相往来”[①]。农民固守在土地上，起居有定，耕作有时，既是士农两大基本人群的生活需要，又是他们的精神渴求。

安土重迁是华人的固有观念。《周易》称：

> 安土敦乎仁，故能爱。[②]

《礼记》称：

> 不能安土，不能乐天；不能乐天，不能成其身。[③]

古来华人所追求的是在自己的故土从事周而复始的自产自销的农业经济所必需的安宁和稳定，以“耕读传家”自豪，以穷兵黩武为戒。所谓“善人为邦百年，亦可以胜残去杀矣”[④]。所谓“若使天下兼相爱，国与国不相攻，家与家不相乱，盗贼无有，君臣父子皆能孝慈，若此则天下治”[⑤]，便是农业社会古圣先贤和庶民百姓的理想。虽然中国自古以来多次出现“执其兵刃毒药水火，以交相亏贼”的“天下大乱”时期，但农业民族心向往之的是社会安定，是“饥则得食，寒则得衣，乱则得治，此安生生”[⑥]。

农耕人“早出暮入，强乎耕稼树艺”[⑦]，也许是世界各种职业者中最追求稳定与和平的人群。成书于东汉、魏晋之际的《四民月令》描绘中原农村那种耕织并重、耕读传家的田园牧歌般的生活方式——男子耕田，妇孺养蚕；成童以上的青年男子农闲入学读书，农忙从事农业生产。[⑧]一首著名的古谣《击壤

---

① 《老子·八十》。
② 《周易·系辞上》。
③ 《礼记·哀公问》。
④ 《论语·子路》。
⑤ 《墨子·兼爱上》。
⑥ 《墨子·尚贤下》。
⑦ 《墨子·非命下》。
⑧ 《四民月令》：正月“农事未起，命成童以上入大学，学五经”。十月“农事毕，命成童入大学，如正月焉”。

歌》描写农民的典型生活方式：

> 日出而作，日入而息，凿井而饮，耕田而食，帝力于我何有哉！[①]

这首古谣前半段反映了农民世世代代固着在土地上自给自足、周而复始从事简单再生产的情形，而最后一句“帝力于我何有哉”不过是文人的想象和期望，其实农民毕竟逃避不了帝王的控制和掠夺，农民是国家赋役的主要承担者，穷年累月向朝廷提供粟米之征、力役之征、布缕之征，成为社会上层建筑赖以立足的基础、文化生长发育的根底。《管子》说，“孝弟力田”者是社会中坚[②]，完全符合中国社会实际。中国文化的荣光和恒久、局限和弱点，都与经济生活中占主导地位的农业、人口中居大多数的农民有着难分难解的关系。

几千年间，华夏—汉族聚居区如果不是出现大灾荒、大战乱，人民甚少流徙。当然，他们常被朝廷征调外出服役，因而《诗经》有“君子于役，不知其期”的叹息，杜甫有《三吏》《三别》的悲歌，但作为基本生产和生活单位的农户，一般较少移动，与“朝山阴、暮山阳”的游牧民族和漂泊海角天涯的海洋—商业民族的生活方式殊异。

农耕人少有流徙，是就常态而言，由于灾荒、战乱等原因，农民也有大规模迁徙之举，如明清间的“江西填湖广”“湖广填四川”，动辄以百万人计（笔者先辈即于明初从江西迁到湖北麻城，明中叶麻城县析出黄安县。据方志载，黄麻又有大批农民于明末清初迁至四川）。

此外，在东亚农耕区，与占人口多数的广大农民的固土重迁相同时，也有少数经常东西南北跋涉的人们，诸如行商、军士、游方僧及宦游士人。史学家司马迁曾“西至崆峒，北过涿鹿，东渐于海，南浮江淮”[③]，有广泛的游历记录；李白等诗人也是足迹遍天下，他宣称，“大丈夫必有四方之志，乃仗剑去国，辞亲远游”[④]。明代旅行家徐霞客（1587—1641）也说：“大丈夫当朝碧

① 《帝王世纪·击壤歌》，《古诗源》（沈德潜选）卷一，文学古籍刊行社1957年版，第1页。
② 《管子·山权数》。
③ 《史记·五帝本纪》。
④ 《上安州裴长史书》，《李太白全集》卷二五。

海而暮苍梧”[①]，表述的都是中国社会中为数甚少的浪迹天涯、志在四方的人们的情趣。那一时代有限的社会信息传播使命，主要由这一小部分人承担。

农耕人追求安土乐天，不仅要防范游牧人的骚扰，更多的则是抗拒或逃避暴政的肆虐。晋代陶渊明的《桃花源记》所描绘的那个质朴宁静、几近“无差别境界”的乌托邦世界，正表达了处于乱世流离间的农耕人对和平安宁的执着渴求。唐代王维作《桃源行》则以桃源为仙源，“初因避地去人间，及至成仙遂不还”；刘禹锡的《游桃源诗一百韵》和韩愈的《桃源图》，都极尽仙家之乐，曲折表达了安土乐天的意趣。宋代王安石的《桃源行》点明桃源人来此“避秦”也即逃避暴政的意图，并抒发了“重华一去宁复得”（虞舜之后不再有安宁太平了）的感慨。[②]这类一往情深地企望和平宁静的思想情感，在农耕人中千古不衰。

“采菊东篱下”的陶渊明

正因为安土乐天是广大华夏—汉人的生活渴望，所以“安民以固邦本”成为中国一条传之久远的治国方略，所谓“民为邦本，本固邦宁”[③]，所谓“安民可与行义，而危民易与为非”[④]，所谓“审几度势，更化宜民，救时之急务也”[⑤]，讲的都是这个道理。

四、兼容并包

固土重迁的习性，使华夏—汉族在几千年间养育出受容性颇强的文化心

① 徐霞客此语从《西游记》中脱出，《西游记》写道，祖师告孙悟空，应当像仙人那样“朝游北海暮苍梧”。

② 参见《唐宋诗词探胜》，浙江人民出版社 1981 年版。

③ 《尚书·五子之歌》。

④ 贾谊：《过秦论》，《新书》卷一。

⑤ 张居正：《陈六事疏》，《张居正集》第一册，湖北人民出版社 1988 年版。

态。先民因为必须附着在小片土地上周而复始地精耕细作，无以产生强烈的创新和开拓欲望，故而发展了保守性；又由于农耕人安居一地，少有退路及转徙之处，只得在故土安之若素地接纳各种外来文化，从而发展了受容性。

这种受容性表现为对外来文化的兼容精神，例如中国人对于外来的几大世界性宗教，如佛教、基督教、伊斯兰教都有所容纳，甚至一人可以同时信仰几种宗教、崇仰几个宗教的至上神，缺乏强烈的一元神论的宗教意识。《圣经》说："我是耶和华，你的神，曾将你从埃及地为奴之家领出来。除了我以外，你不可有别的神。"[①]诸如此类排他性的宗教观念，在中国人那里并不发达，而逢神便拜、祭神如神在，则是中国普遍存在的散漫、宽容的宗教—文化意识。中国大多数老百姓可能有宗教意识，却又相当朦胧含混。

笔者1983年在道教中心湖北武当山询问过往"香客"：欲拜何神？敬香者几乎都说不明白究竟是朝拜哪一宗教的神灵，多说是去"拜老爷"（约指拜太上老君），而香客们所携带的纸钱上无一例外地都印有"佛"字（因为山下及路边商店卖的只有这种纸钱）。这种拿佛教纸钱祭拜道教尊神的做法，若发生在宗教观念比较严格的地区，可能会酿成冲突、争斗，但在宗教观十分宽容、散漫的汉人聚居区，却是见怪不怪的平常事。

农耕华人的文化受容性并非对外来文化无所抉择地一味收受，更不意味着对自身文化传统的任意放弃。事实上，在以农民为主体的中国人那里，始终深蕴着执着的本位文化精神，他们往往以冷峻的态度迎候外来文化的纷至沓来，在骨子里却抱定一种"以不变应万变"的信念，"以我化人"而不轻易"以人化我"。故汉民族虽广为受容外来文化，却未能造成双向性优化组合，没有出现农耕文化与游牧文化、农耕文化与海洋—工商业文化相激相荡而成的新结构文化，而是以农耕文化为本位，单向性吸纳和同化游牧文化与海洋—工商业文化，农耕文化不过是在补入若干异质文化因素的情况下变得更加完备自足。

五、圜道循环

与农业文明存在深刻内在联系的，是思维方式上的循环论。

作为农业民族的华夏—汉人受到农业生产由播种、生长到收获这一循环状

① 《圣经·旧约全书·申命记》第五章。

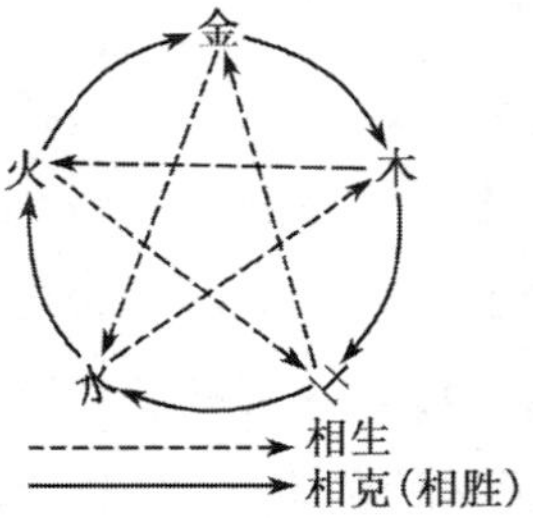

况以及四时、四季周而复始现象的启示，产生一种循环的思维方式。正如《易传》所概括的："寒往则暑来，暑往则寒来。"政治生活中朝代的周期性盛衰更迭、治乱分合的往复交替，所谓"天下大势，分久必合，合久必分"，以及人世间"白云苍狗"式的变幻离合，更强化了人们的循环观念，而金、木、土、水、火"五行相生、相克"的公式，便是循环论自然观和社会观的哲学表征。董仲舒说："天有五行，木、火、土、金、水是也。木生火，火生土，土生金，金生水"①，这是"五行相生"；五行还是相克的（或曰"相胜"）：金胜木、水胜火、木胜土、火胜金、土胜水②。这就推导为封闭式的，统一有序、环环相扣的循环系统（见左上图）。

五行相生、相克的思想类似于希腊哲人赫拉克利特的观念。赫拉克利特认为："火生于土之死，气生于火之死，水生于气之死，土生于水之死。"③后来，柏内特将其概括为"四元素循环说"（见右图）。

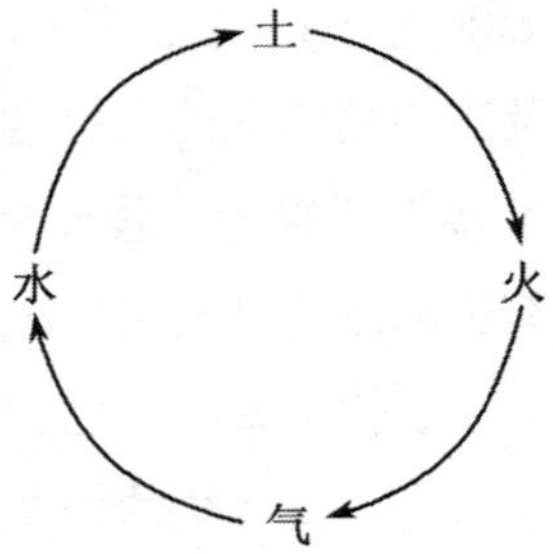

所不同的是，古希腊的元素循环说是自然哲学的产物，而古代中国的循环模式则与农业生产以及建立在农业社会基础上的政治伦理学说关系密切，是为农业社会的政治伦理学说作论证的。如董仲舒在论述了五行相生之后，立即引申到父子伦常关系，并强调："父授之，子受之，乃天之道也。故曰夫孝者，天之经也。"④他还从五行相胜推衍出五种官职（司农、司马、司营、司徒、司寇）的彼此相生、相克关系：司农为五行之木，使谷类丰收，木生火；司马为五行之火，诛伐得当，天下安宁，火生土；司营为五行之土，以忠信事君治民，保四境安定，土生金；司徒为五行之金，使民以仁义行事，金生水；司寇为五行之水，使君臣长幼各以礼节行事，水生木。如果五官违背仁、智、信、义、礼，就发生相克（相胜）的连锁反应：司农为奸，

①④ 《春秋繁露·五行对》。

② 《春秋繁露·五行相胜》。

③ 《赫拉克利特著作残篇》，转引自北京大学哲学系外国哲学史教研室编：《西方哲学原著选读》上卷，商务印书馆 1984 年版，第 21 页。

被司徒所诛，这是金胜木；司马为谗，被司寇所诛，这是水胜火；司徒为贼，被司马所诛，这是火胜金；司寇为乱，被司营所诛，这是土胜水；司营为患，人民叛离，这是木胜土。五官之间的相生相克关系，接近于一个循环系统，只是缺木克土这一个环节。然而，司农的职守是使五谷丰登，而五谷丰登方能人民康泰。因此，司营为患，人民叛乱，可以解释为司农（通过人民）对司营的惩罚，也即木克土，这样，“五官相克”就构成一个完整的循环系统。（见右上图）

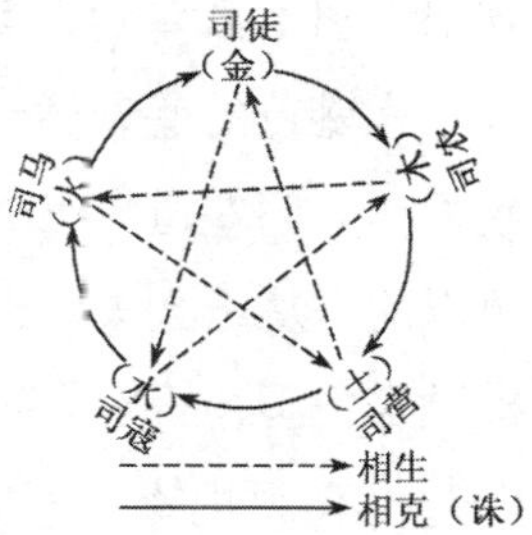

董仲舒构筑循环论系统，是替大一统的农业社会作理论论证的一种努力。当然，在董仲舒以前，先秦儒学中已有由伦理中心主义派生出来的循环论思想的雏形，如《大学》说：“知止而后有定，定而后能静，静而后能安，安而后能虑，虑而后能得。”从外观看，这是一种直链状推导：知止—有定—能静—能安—能虑—能得。宋代理学家从这段话中挖掘出循环论的内质。朱熹在《四书集注》中对这段话做了如下注释：“止者，所当止之地，即至善之所在也，知之，则志有定向。‘静’谓心不妄动，‘安’谓所处而安，‘虑’谓虑事精详，‘得’谓得其所止。”这样，就把这个链状推导的结尾——“得”，与开端——“止”（止于至善）衔接起来，从而构成一个首尾相连的修养循环：由定而静，由静而安，由安而虑，自虑而得，达到“得其所止”的佳境，也即回到“止于至善”的起点（见左下图）。

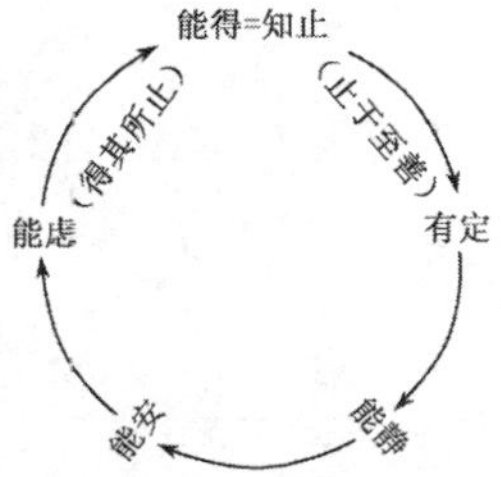

这种以伦理观念为出发点，最后又归结到伦理观念的循环模式，是盛行于农业社会的一种“推原思维”。这种思维的特点是出发点与归宿点合一或曰“重合”。这恰恰是农业生产周期和植物从种子到种子周而复始衍化所暗示的。这类循环模式长期制约着中国人的思想方法。汉、晋后流行中国的佛教，其因果报应、修行解脱说，也是一种循环论。而将儒、佛、道三教汇合的宋明理学，其史观也是循环论，邵雍的“元、会、运、世”周而复始的模式即是典型。在中国古代，突破循环论，提出进化史观的先有战国时的韩非子，后有明清之际的王夫之。王氏从“气化日新”的自然

观引申出由禽兽到人类，由夷狄之“野”到华人之“文”的文明演进论[①]，打破古来盛行的盛衰循环论，开创“日进无疆”的进化史观。然而，韩非子长期被视作旁门左道，王夫之的著作当时大都没有出版，谈不上社会影响。鸦片战争以前，从士大夫到老百姓，流行的仍然是循环史观。直至近代工业文明大规模进入中国，否定之否定的“圆圈”式思维形制揭示出事物发展是螺旋状上升的这一客观规律，方突破平面循环的思维模式；而当代兴起的网状（或称树状）思维形制，则展现了事物间错综复杂的、彼此制约的多元关系，如生态平衡问题以及种种社会现象，只有运用网状思维方能解释，从而使平面循环观相形见绌。

六、求久顺变

农业社会中人满足于维持简单再生产，缺乏扩大社会再生产的动力，社会运行缓慢迟滞，在这样的生活环境中，容易滋生永恒意识，认为世界是悠久静定的。中国人由于某些原因的策动，可能在某一阶段做出暴烈的行为，急于在一个早上改变现状，然而，在更多的时候则表现出习故蹈常的惯性，好常恶变。反映在精英文化中，则是求“久”观念的应运而兴，所谓——

> 可久可大。[②]
> 悠久成物。[③]
> 天长地久……深根固蒂，长生久视。[④]
> 道之大原出于天，天不变，道亦不变。[⑤]

反映在民间心态中，便是对用具追求“经久耐用”，对统治方式希望稳定

---

① 见王夫之：《思问录·外篇》，《读通鉴论》卷二八。

② 《周易·系辞上》：“有亲则可久，有功则可大。可久则贤人之德，可大则贤人之业。”

③ 《中庸》二十六章：“故至诚无息，不息则久，久则征，征则悠远，悠远则博厚，博厚则高明。博厚，所以载物也；高明，所以覆物也；悠久，所以成物也。博厚配地，高明配天，悠久无疆。如此者，不见而章，不动而变，无为而成。”

④ 《老子·七》：“天长地久，天地所以能长且久者，以其不自生，故能长生。”《老子·五十九》：“是谓深根固蒂，长生久视之道。”

⑤ 《汉书·董仲舒传》。

守常，对家族祈求延绵永远，都是求“久”意识的表现。

当然，农业生产也向人们反复昭示着事物的更化和生生不已，因此，与恒久观念相辅相成的是顺应变化观念，通变、化生说在中国源远流长，影响深远，如《易传》谓：

> 富有之谓大业，日新之谓盛德，生生之谓易。①
>
> 刚柔相推而生变化。②

再如老聃论道：

> 有物混成，先天地生，寂兮寥兮，独立不改，周行而不殆，可以为天地母，吾不知其名，字之曰道，强为之名曰大，大曰逝，逝曰远，远曰反。③

这个“可以为天地母”的混成物“道”是一个整体，而道的主要含义是“逝”，这就把最高本体的道与变化流逝，亦即整体与过程联系起来。庄周也将“天地之大全”视为一个整体，而天地之间的万物都在变化转移之中，“物之生也，若骤若驰，无动而不变，无时而不移”④。总之，“为变所适”是中国文化生机不竭的奥秘所在。

《归去来兮图卷》（明　李在）

①② 《周易·系辞上》。

③ 《老子·二十五》。

④ 《庄子·秋水》。

这种恒久观与大化流行的变易观在中华文化内部统一的主要形态是寓变易于保守之中，如汉武帝采纳董仲舒、贾谊、晁错的策论，实行“复古更化”，“复古”是承继尧舜三代道统，“更化”是以儒学哲理改变秦代遗留的恶俗；又如王安石变法、张居正改革、康有为变法，当代“新儒家”呼唤的“返本开新”，都是某种程度的“托古改制”。这种复古以变今的思路，正是农业经济养育的中华文化在古与今、常与变问题上的独特表现。

七、中庸调和

“中庸”是华人的基本精神之一。而中庸之“中”，为适应之谓；中庸之“庸”，为经久不渝之谓。可见，中庸与上述产生自农业社会的恒久意识是相通的，它又进而演为不偏不倚，允当适度之意。

华夏一汉人崇尚中庸，少走极端，是安居一处，企求稳定平和的农业型自然经济造成的人群心态趋势，集中到政治家和思想家那里，中庸之道就成为一种调节社会矛盾使之达到中和状态的高级哲理，所谓：

> 极高明而道中庸。
>
> （舜）执其两端，用其中于民。①

中庸章句序

中庸何爲而作也子思子憂道學之失其傳而作也蓋自上古聖神繼天立極而道統之傳有自來矣其見於經則允執厥中者堯之所以授舜也人心惟危道心惟微惟精惟一允執厥中者舜之所以授禹也堯之一言至矣盡矣而舜復益之以三言者則所以明夫堯之一言必如是而後可庶幾也蓋嘗論之心之虛靈知覺一而已

《礼记·中庸》书影

这种中庸之道施之于政治，是裁抑豪强，均平田产、权利；施之于文化，则是在多种文化相会时，能异中求同，求同存异，万流共包；施之于风俗，便是不偏颇、不怨尤、入情尽理、内外兼顾。而这种中庸精神既发端于农业社会，又效力于农业社会，替这个社会赢得所必需的稳定与祥和。

与中庸之道密切相关，农业社会的理想人格，不是强烈的自我表现，而是

---

① 《礼记·中庸》。

执两用中、温顺谦和的君子风，这甚至发展到对于“辩才”的猜忌。农业型自然经济对商品交易的排拒，对社会公共关系的疏远，导致人们普遍推崇诚信，鄙弃口辩，所谓“君子讷于言而敏于行”[1]，所谓“敏于事而慎于言”[2]，都是这类意向。人们虽有对“辩才无碍”的推崇，但更多的是往往把能言善辩视作“巧舌如簧”，是狡猾的别名，张仪一类“辩士”素来被列为狡诈之徒，是“巧言利辞，行奸轨以倖偷世者”[3]。这同工商业发达、实行城邦民主制的古希腊社会的风尚大相径庭。古希腊因城邦林立而流行价值相对论、多元主义与怀疑主义，演说术是直接民主制之下各类活动分子必备的技能，故希腊盛产诡辩家（sophists），苏格拉底（前469—前399）是著名代表。

八、自然节奏

农业生产须顺应自然规律，按季节行事，这使得中国人在潜意识里就注意与自然节奏合拍，形成一种类似候鸟、蛰虫那样的对自然节奏的敏锐感受。一个有经验的农夫可以从一朵云彩推测天气，从一棵嫩芽估算年成。这种“农夫式”的智慧，对文化人也有熏染，不少文学家在观察和描述自然景象时，多与节令相应，唐人张九龄（678—740）《感遇》云：

> 兰叶春葳蕤，桂华秋皎洁。
> 欣欣此生意，自尔为佳节。

将兰叶与春之生机、桂花与秋之皎洁相匹配。

《秋山问道图》
（五代、宋初　巨然）

诗人还常常将动植物的生态与农业生产周期联系起来。南宋诗人陆游（1125—1210）描述鸟啼时，就与农业节气相贯通：

① 《论语·里仁》。
② 《论语·学而》。
③ 《韩非子·诡使》。

野人无历日，鸟啼知四时；
二月闻子规，春耕不可迟；
三月闻黄鹂，幼妇闵蚕饥；
四月鸣布谷，家家蚕上簇；
五月鸣鸦舅，苗稚忧草茂。[①]

另一南宋诗人翁卷也善于将动植物的季节性活动与农事节奏联系起来，构成一幅生机盎然、勤奋劳作的农业社会图景：绿遍山原白满川，子规声里雨如烟。乡村四月闲人少，才了蚕桑又插田。[②] 类似的诗作还有方岳（1199—1262）的《农谣》：春雨初晴水拍堤，村南村北鹁鸪啼。含风宿麦青相接，刺水柔秧绿未齐。[③]

陆游、翁卷、方岳都深谙大自然语言，又通晓农事节奏，这正是农耕社会文人的特征，在游牧生活与工商业经济环境中成长的人不大可能有这样的观察和感受。由于自幼形成的钟爱自然的情趣，也由于中国古代城市尚未与大自然隔离，所以即使在描写城市生活时，陆游这样的自然之子、农耕文明之子，其诗作也跃动着自然节律：

世味年来薄似纱，谁令骑马客京华。
小楼一夜听春雨，深巷明朝卖杏花。
矮纸斜行闲作草，晴窗细乳戏分茶。
素衣莫起风尘叹，犹及清明可到家。[④]

这小楼听春雨、深巷卖花声，活现出细腻的大自然生命节奏，其间正透露出农耕文明的特有韵律，正所谓“悠然自得，天趣盎然”。二十四节气的拟定及广泛而长久使用，正是农耕中国人自然节奏感的生动体现。

---

① 陆游：《鸟啼》，《剑南诗稿》，《陆放翁全集》。
② 翁卷：《乡村四月》，《苇碧轩诗集》。
③ 方岳：《农谣五首》（其一），《秋崖集》。
④ 陆游：《临安春雨初霁》，《陆放翁全集》。

第七章　农耕文明的发展水平

在有历史记载的近几千年中，我国的农业，经过无数次大大小小的天灾人祸的考验，始终没有出现过由于技术指导上的错误而引起的重大失败。这件事实，雄辩地证明了这一科学技术知识体系的优越性。

——石声汉：《中国农业遗产要略》

如果诺贝尔奖在中国的古代已经设立，各项奖金的得主，就会毫无争议地全都属于中国人。

——［美］罗伯特·坦普尔：《中国，文明的国度》

指南针、火药、印刷术的出现改变了人类前进的步伐，而发明它们的中国人却没有意识到，他们已经掌握了足以无限扰乱地球安宁的方法。

——［法］瓦莱里：《盛成〈我的母亲〉序》

农耕时代的中国文明水平处于何种世界地位，可从一例略见端倪——

意大利人马可·波罗（约1254—1324）13世纪晚期东游元初中国17年，返回故土后口述东方见闻（成书得名《马可·波罗游记》），介绍元大都的兴盛，以及西安、开封、南京、镇江、扬州、苏州、杭州、福州、泉州等城市和商埠的繁荣景况，充满对中华物质文化、制度文化、精神文化的赞叹，表达了那时欧洲人“自愧不如”的情绪。15世纪以降，进入“大航海”时代的欧洲人越洋探险，所希望抵达的目的地便是马可·波罗描述的那个富饶的中国。

中华文化所取得的高度成就，蜚声世界，被认为是人类史上的第二个高峰（第一个高峰：奴隶制基础上的城邦民主文化，其代表为希腊、罗马；第二个高峰：宗法皇权制文化，其代表为中国；第三个高峰：资本主义文化，其代表为意大利、尼德兰、英国、法兰西），这归因于中华农业社会的发达和成熟，归因于农民和士人的实用理性。

一、农业与农学

中国种植业及家畜养殖业的起始与埃及和巴比伦相当，就农业发展的后续力而言，又超过埃及和巴比伦，而与印度、印第安并列为农耕文明的三大典范。历经新石器时代的创始，商、周的发展，秦汉以降的深度经营，中国的农业达到当时世界的先进水平，农业技术体系颇具规模，后来又在这个基础上不断改进、完善。

（一）卓异的农业技术

古代中国农业显示出多方面的先进性：

> 当欧洲人还在使用木犁时，中国在战国已经使用铁犁，汉代进而推广。
>
> 欧洲人在18世纪才使用条播机，中国却早在公元前2世纪末的汉初便发明用作条播的耧犁。
>
> 当欧洲农业还实行耕地休闲制时，中国已进入轮作复种阶段。
>
> 欧洲人长期实行畜禽放牧，中国早就家畜、家禽舍饲。

农学家石声汉（1907—1971）这样评价中国古代农业技术：具有精耕细作优良传统的中国传统农业，犹如一棵根深蒂固的大树，砍断一个大枝，很快又长出新的大枝来代替，不但依然绿阴满地，而且比以前更加繁茂了。①

中国古代农业科学技术的特点是：

> 循环利用，低能消耗；
>
> 多种经营，综合发展；
>
> 以种植业为主，重视植物蛋白利用；
>
> 用养结合，使地力常新，集约耕作，提高土地利用率。

① 见石声汉：《中国农业遗产要略》，中国农业出版社1981年版。

云南哈尼梯田　2013年列入“世界文化遗产”

间作套种、桑基鱼塘、稻田养鱼、梯田耕作、坎儿井、庭院果蔬等生态农业运作千百年。这些经验不仅在古代发挥作用，而且对于当下乃至未来农业都具有启示意义。仅以梯田而论，较之坡耕，既提升了农业产量，又有助于水土保持，是劳动人民的伟大创造。2013年6月22日举行的第37届世界遗产大会通过审议，将中国云南红河哈尼梯田文化景观列入联合国教科文组织世界遗产名录，这是对中国传统农耕的崇高评价。[①] 当然，对传统农业技艺的继承与保护，需要通过经济发展得以实现，没有发展的保护是不可持续的。[②]

柜田（明　徐光启《农政全书》卷五）

（二）古代农业成就举例

在培育作物、家畜良种以及制作精巧农具，利用自然力，特别是农田水利方面，中国有不少举世瞩目的创造——

（1）农田水利建设规模大、建设早、收益宏。

① 2013年哈尼梯田文化景观列入联合国教科文组织世界遗产名录，至此，中国共有45处“世界遗产”（文化遗产27处、自然遗产10处、文化自然双遗产4处、文化景观4处），仅次于有48处“世界遗产”的意大利，列世界第二位。

② 见李慧：《农业文化遗产：千年记忆如何传承》，《光明日报》2013年6月1日。

早在公元前 6 世纪，楚庄王（？—前 591）的令尹孙叔敖（约前 630—约前 593）主持修芍陂（在今安徽寿县）；公元前 256 年（秦昭襄王五十一年），秦蜀郡太守李冰主持修筑驰誉世界的都江堰，与战国时的郑国渠、秦代的灵渠皆为两千多年前建成，至今发挥重要作用的大型水利工程。

（2）最早的水稻生产国。

1973 年，考古学家在浙江省余姚县河姆渡村新石器时代遗址中，发掘出大量炭化稻谷，经专家测定，距今已有 6700 多年。目前发现世界最早的稻谷遗址在江西万年县的仙人洞（距今 10000 年）、湖南道县的玉蟾岩（距今 12000 年）。相传在三千年前的周代，水稻开始从我国传到国外。

（3）饲养家蚕、织造丝绸。

早在五六千年前的新石器中期，我们的祖先就在河北、河南一带养蚕缫丝。春秋至秦汉，丝绸生产已遍及全国。远在公元前 2 世纪的西汉时期，质地精美的中国丝绸就通过著名的"丝绸之路"源源不断输往西亚和欧洲各国。

（4）茶叶之国。

同丝绸相辉映，我国是世界上种茶、制茶和饮茶最早的国家，相传早在四千多年前我国就用茶叶治病，间有啖之者。秦汉以后饮茶之风逐渐传开。唐人陆羽（733—约 804）系统编著世界第一部茶叶专著——《茶经》，记述茶的历史、种植、加工、生产工具和饮茶风俗，陆羽因而被后人尊为"茶圣"。

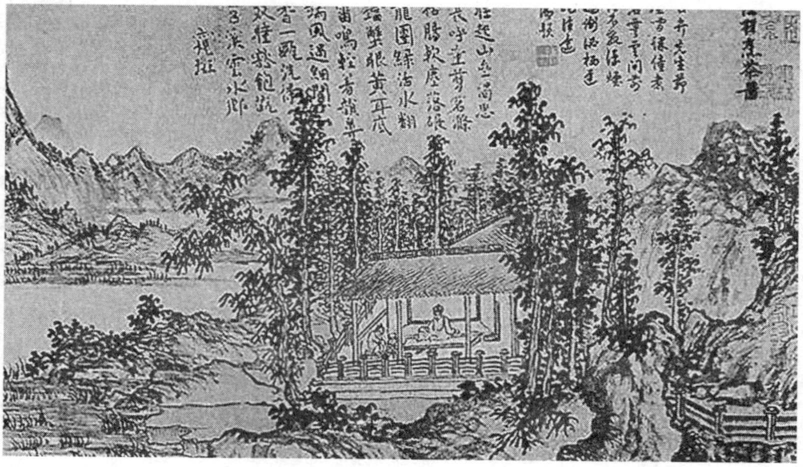

陆羽烹茶图（元　赵元）

公元 5 世纪时，我国茶叶输出到亚洲一些国家，16—17 世纪时输往欧洲各国。茶叶一经出口，立即受到输入国人民的珍视，以致有人为了买到茶叶，“其价几何，在所不惜”。茶叶成为与咖啡、可可并称的世界三大饮料。19 世纪末叶以前，我国茶叶在市场上还是独一无二的。1886 年创最高输出量纪录，达 13.4 万吨，值银 5220 万两，占出口总值半数以上。我国不仅输出茶叶，而且向很多国家提供茶树或茶籽。公元 9 世纪初茶树传入日本，17 世纪茶籽传入爪哇，18 世纪茶籽传入印度，19 世纪茶树先后传入俄国和斯里兰卡等国。荷属爪哇和英属印度还分别在 1883 年和 1834 年从中国运走茶工和制茶工具，试种茶树和制茶。

采茶

茶是世界三大饮料之一。英语单词 tea 和法语的 thé 都来自汉语的 té，这是中国福建省方言中对茶的称呼。俄语单词 cuat 则来自 chà，这是中国北方“茶”的发音，蒙古人、土耳其人、波斯人和现代希腊人所使用的相似的单词，也都来源于 chà 字。

（5）蔬果之乡。

我国蔬菜种类繁多，品种丰富，总数大约 160 种，其中一半是我国原有品种，不少流传海外，深受各国人民欢迎，如营养丰富、利用价值高的大豆，约在 1790 年传入欧洲。四时供应的大白菜和小白菜，因原产地是中国，所以它们的学名分别叫 Brassica Chinensis 和 Brassica Pekinehsis，即在芸薹属后边加上了中国和北京的字样。日本从 1875 年开始由我国引种白菜，现在产量和种植面积都占蔬菜的第二位。我国很早就不断引进外国蔬菜，经过精心培育，逐渐改变它们的习性，创造出许多新的、优良的类型和品种。如辣椒原产美洲，后来经由欧洲传入我国，不过三四百年。但经过培养、创造，我们已有了世界上最丰富的辣椒品种，其中北京种柿子椒已引种到美国，命名为“中国巨人”。

中国还是世界上最大最早的果树原产地之一。如桃是古老的栽培果树，《诗经》中便有“桃之夭夭，灼灼其华”[①] 的诗句。大约在公元前 1 世纪到公元 2 世纪之时，桃由我国西北经由中亚传入伊朗，再由伊朗传到希腊，以后再传到欧洲各国。19 世纪后半期，日本、美国等又从我国引种水蜜桃和蟠桃，在此基础上培育了许多新品种。原产于中国的甜橙也是在 16 世纪由葡萄牙人引种到里斯本，在这以后西方各国才开始大量栽培，逐步传播到世界各地。

（6）六畜兴旺。

中国古老的畜牧业也有颇高成就，“六畜（马牛羊猪犬鸡）兴旺”成为农业繁荣、家道殷实的美称。下举六畜之一的猪为例。中国猪种向以早熟、易肥、耐粗饲和肉质好、繁殖力强著称于世，汉、唐以来，广为欧亚人民所称赞。当时大秦（罗马帝国）的本地猪种生长慢、晚熟、肉质差，遂千方百计引入中国华南猪以改良本地猪种，育成了罗马猪。英国在 18 世纪初，引入中国的广东猪种，到 18 世纪后期，英国本地土种猪已渐趋绝迹，代之以中国猪血统的猪种了。如大约克夏猪，是英国最著名的腌肉用猪，这种猪是用中国华南猪和美国约克夏地方的本地猪杂交改良而成。1818 年这种猪曾被称为“大中国种猪”，以示不忘根本。现今世界上许多著名猪种，几乎都含有中国猪的血统，故达尔文指出：“中国猪在改进欧洲品种中，具有高度的价值。”中国古代还很早就发明了阉割术，受到国外畜牧兽医界的高度重视。在丹麦哥本哈根农牧学院所筹建的一所兽医博物馆里，陈列了很多兽医器械，其中有一件是用于给三周龄小猪阉割的工具，它是 18 世纪末由一位瑞士商人从中国带到欧洲去的。日本人川田熊清曾专门研究了我国古代马的阉割术，认为世界上马的阉割，以中国为最早。

---

① 《诗经·国风·周南·桃夭》。

中国的农业生产力在宋代已入佳境，这在很大程度上是由长江中下游的水田稻种植技术的高度发展造成的，如早熟籼稻的推广，矮株桑的普及和植桑园林化，使“男耕女织”的小农经济在地主—自耕农土地所有制的轨范下，生产潜力得到充分发挥。以至从宋到清初的六七个世纪间，中国的食品和衣被供给优于欧洲，这导致中国人口长期增长趋势始于北宋（11 世纪），而欧洲人口长期增长趋势迟至 18 世纪产业革命方才开始。[①]

（三）农书：量大质高

中国农业发达，总结农业技艺的农学源远流长，秦汉时期已初成系统，以后又不断创进、完善。

中国古代典籍多有关于农业的记述，例如：

> 《诗经》多篇“农事诗”（反映西周前期《周颂》的《噫嘻》《臣工》《载芟》《良耜》，西周后期《小雅》的《信南山》《甫田》《大田》，春秋时期的《豳风》《七月》等）；
>
> 《尚书》的《禹贡》；
>
> 《商君书》的《垦令》《徕民》《外内》；
>
> 《吕氏春秋》的《上农》《任地》《辩土》《审时》；
>
> 《管子》的《地员》《度地》《乘马》等篇。

如果说先秦和汉初，农学论述散见于各种综合性著作之中，那么，自两汉以降，更有众多专门的农书编纂，它们是农耕经济、农业技术的真实记载和精当阐发。

据王毓瑚《中国农学书录》载，中国有古农书 542 种，流传至今的有 300 多种。而北京图书馆（今国家图书馆）主编的《中国古农书联合目录》共收农书 643 种。

古农书分综合类、专业类。仅就全国性综合类农书而言即洋洋大观，著名者为五大农书：

① 参见许涤新、吴承明主编：《中国资本主义的萌芽》，人民出版社 1985 年版，第 8 页。

西汉《氾胜之书》
北魏贾思勰《齐民要术》
宋代《陈敷农书》
元代《王祯农书》
明代徐光启《农政全书》

《农书》书影

比较重要的全国性综合类农书还有元代大司农《农桑辑要》。

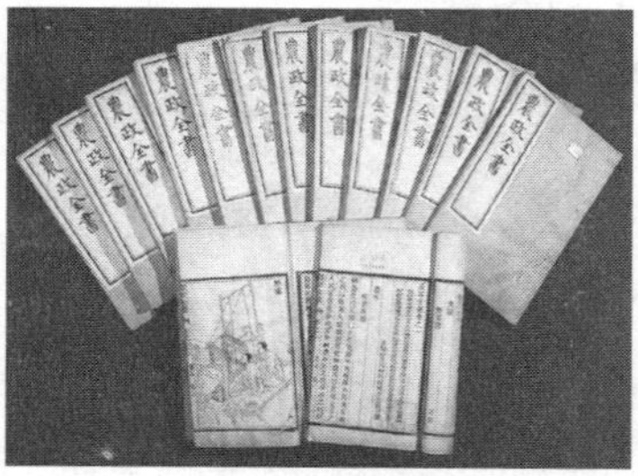

《农政全书》书影

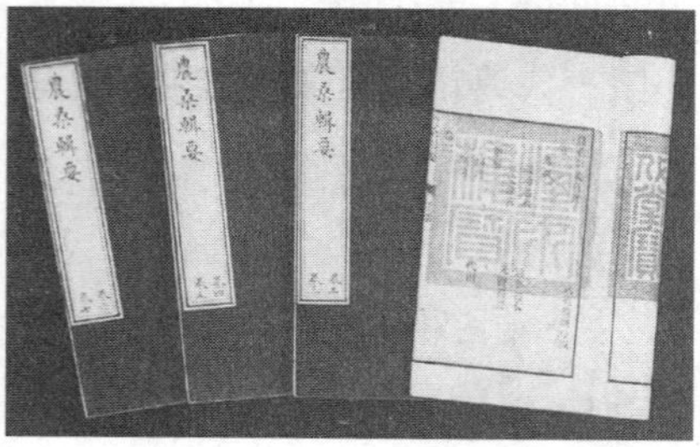

《农桑辑要》书影

此外，地方性农书（《江南催耕课稻篇》等），月令类农书（《四民月令》等），专业性农书（《茶经》《蚕书》《果谱》《花史》《种树书》等）也不乏精彩之作。

诸农书总结农业经验，达到很高水平，如西汉《氾胜之书》提出“区田法”，综合发扬深耕、施肥、密植、保墒、灌水、中耕除草等一系列丰产措施。东汉《四民月令》逐月论述农桑活动，实为“农家历”，仅以蚕桑而言，即循时以记春蚕养育过程，如三月，“清明节，令蚕妾治蚕室”；四月“蚕大食……蚕入簇”。北魏《齐民要术》广泛采用经传资料、农谚资料、老农生产经验、作者“验之行事”的试验，成为承先启后的农书，涉及作物生产、园艺、畜牧、加工，其关于轮作、绿肥、恢复地力的论述尤具价值。①

国外学者评论道，中国早在公元6世纪就形成了即使从全世界范围内看也是卓越的、系统完整的耕作理论。这从前述古农书中有清晰展示。

① 参见《中国农学史》上册，科学出版社1959年版。

二、采矿与冶炼技术

在农业文明时代，中国曾经走在世界前列的技术成就不胜枚举——

世界第一个给风力定级的是唐代李淳风；

雨量器和测湿仪的发明者是中国人；

隋代工匠李春设计的赵州桥是世界上最古老的保存完善的石拱桥，它首创世界上“敞肩拱”的新式桥型，1200多年后，这种桥型才在欧洲出现；

隋代开凿的京杭大运河，是世界上开凿最早、规模最大、里程最长的航行运河；

至于气势雄伟的万里长城，更是人类建筑史上的奇观……

领先全球的技术成就，较突出的例举以下几项。

（一）矿物燃料采用

中国是较早使用矿物燃料的国度。

甲、煤炭。

公元前5世纪中国开始用煤作燃料，西汉时河南等地已有相当规模的煤田开采。

2000多年前的《山海经》记载：“女床之山，其下多石涅。”“涅”即黑色，“石涅”即黑色石头，六朝以前“涅”读音为“泥”，后转音为“煤”，丘濬《大学衍义补》记作“石煤”。日本的遣唐使把唐人用作燃料的黑色石头称为“石炭”，此名在日本沿用至今。元初马可·波罗在其《游记》中载，他亲见中国北方用黑色石头（煤炭）作燃料，而那时的欧洲人尚不知煤为何物。

煤炭开采始于西汉时的河南，宋代采煤已有完整技术，从河南鹤壁古煤矿遗迹可知，当时先凿深达40米多圆形竖井，再依煤层分布开掘巷道，并有地下水排出设施。明末清初宋应星（1587—？）《天工开物》有详尽的采煤技术记载，并记述用竹筒排毒气的方法。

乙、石油。

中国是世界上最早发现石油的国家之一。东汉班固撰《汉书》载，“（上郡）高奴，有洧水，可蘸”[①]，称上郡高奴县（今延安）的洧水（今延水）有

① 《汉书·地理志下》，颜师古对“蘸”的诠释是“蘸，古然火字”。

可蘸（可燃）物质溢出。东汉时人又在酒泉南山流出的泉水中，发现“始黄后黑”，有如漆状的液体，当地人称“石漆”，不仅“燃之极明”，而且可以做车轴的润滑剂，“膏车甚佳”。[①]北魏和唐代，新疆库车和甘肃玉门一带，也相继发现此类物质，时称“石脂水”。977年由李昉、扈蒙、李穆等奉宋太宗之命编纂的《太平广记》首次将其命名“石油”。而确记石油性状的是北宋科学家沈括（1031—1095）。

1080年冬，沈括出任鄜延经略安抚使兼知延州，途经陕北，对延河两岸居民烧石脂水取暖的情景颇感兴趣，欣然赋《延州诗》：“二鄜山下雪纷纷，旋卓穹庐学塞人。化尽素衣冬未老，石烟多似洛阳尘。”沈括考察了石脂水的产地、用途，称其“石油”，记曰：

> 鄜、延境内有石油，旧说高奴县出脂水，即此也。生于水际，沙石与泉水相杂，惘惘而出，土人以雉尾挹之，乃采入缶中，颇似淳漆，燃之如麻，但烟甚浓，所沾帷幕皆黑。予疑其烟可用，试扫其煤以为墨，黑光如漆，松墨不及也，遂大为之。其识文为延川石液者是也。此物必大行于世，自予始为之。盖石油之多，生于地中无穷，不若松木有时而竭。[②]

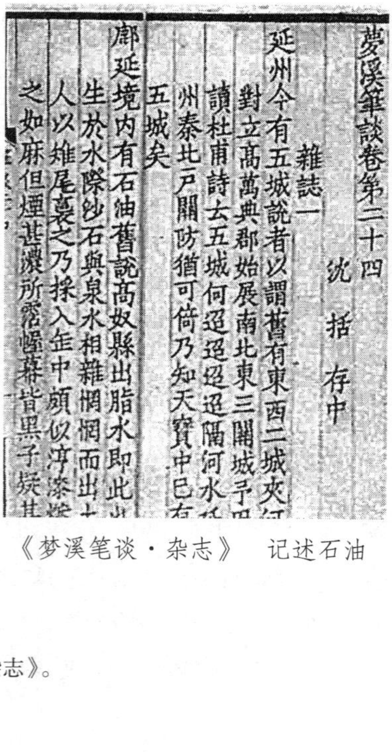
夢溪筆談卷第二十四　沈括　存中
雜誌一
延州今有五城説者以謂舊有東西二城夾
對立高萬典郡始展南北東三關城予
讀杜甫詩去五城何迢迢迢迢隔河水
州泰北戸關防猶可倚乃知天寶中已
五城矣
鄜延境内有石油舊説高奴縣出脂水即此
生於水際沙石與泉水相雜惘惘而出
人以雉尾裛之乃採入缶中頗似淳漆
之如麻但煙甚濃所霑幄幕皆黑予疑

《梦溪笔谈·杂志》　记述石油

① 《后汉书·郡国志》。
② 沈括：《梦溪笔谈·杂志》。

沈括指出石油“必大行于世”，此乃远见卓识。但称石油“生于地中无穷”，可用之不竭，则为夸张之词。

中国还是世界上最早用石油于战争的国家。早在秦汉，今延安一带的高奴县人民便将这种可燃液体“接取用之”。隋唐五代时，石油已广泛用于军事。北宋时，京都汴梁的军器监中，专门设有“猛火油（石油）作”，制造火器。当时还发明了一种用石油产品沥青控制火药燃烧速度的方法。这个重大发明比外国早了近1000年。直到20世纪，英美等国才在固体燃料的火药炮中采用沥青来控制燃烧速度。

南宋时，石油的一种固态照明产品——石烛问世。元代还出现利用石油制烛的灌烛工场。明代初步掌握了从石油中提炼灯油的技术；人们还广泛援用石油作药治疗小儿惊风，医治箭伤和疥癣等皮肤疾病。

油井的开凿之早，中国也堪称世界之最。元代在陕北延长县“有凿开石油一井，其油可燃，兼治六畜疥癣”①。明代正德十六年（1521），四川峨眉山下的嘉州（今乐山），凿成一口石油竖井，深度达几百米（可能利用了天然岩缝）。这个成就比北美和欧洲早300多年。美国到1859年才钻成一口深21米多的油井。

（二）青铜冶炼铸造

中国冶金历史十分悠久，虽然不是最早发明炼铜和炼铁的国家，但冶炼技术后来居上，在人类冶金技术的6000年历史中，相当长时期中国人充当前驱先路。

东周青铜器陶范

战国青铜货币（冯永轩藏）

① 《大元大一统志》卷五四二。

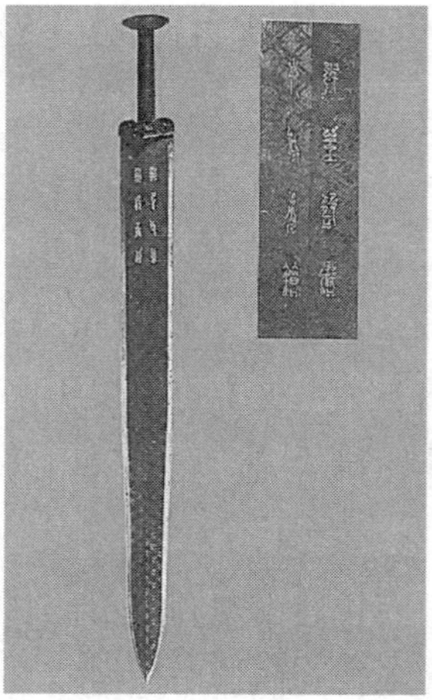

越王勾践剑　1965年湖北江陵望山出土（湖北省博物馆藏）

人类冶铜术最早在西亚地区出现（公元前4000年初），而青铜的使用在西亚地区却和中国几乎同时（公元前3000年初）。早在公元前14世纪的殷商时代，中国便掌握了青铜冶铸技术，以后又不断发展。铸造工艺有范铸法、分铸法、镶铸法、失蜡法（发明于春秋战国之交），制范材料有石范、泥范、陶范、铁范、铜范，型范的结构有单面范、双面范、复合范、叠铸范，世界罕见的重达875公斤的司母戊青铜大方鼎和精美的四羊方尊便产生在商代。

《周礼》收入之《考工记》，详载世界最早的青铜配比和性能、用途关系的规律：

> 金有六齐：六分其金而锡居一，谓之钟鼎之齐；五分其金而锡居一，谓之斧斤之齐；四分其金而锡居一，谓之戈戟之齐；三分其金而锡居一，谓之大刃之齐；五分其金而锡居二，谓之削杀矢之齐；金锡半，谓之鉴燧之齐。①

西周早期青铜提梁卣　湖北随州叶家山2013年7月出土（冯天瑜摄）

罗列金（铜）锡合金青铜的六种配比（“六齐”），及由此产生锋利及坚韧程度不等的各种青铜器具（钟鼎、斧斤、戈戟、大刃、削杀矢、鉴燧）。

（三）冶铁技术

冶铁术最早发明于公元前12世纪的地中海东岸、两河流域上游地区，但长期停留在原始的块炼技术而得不到发展。中国在公元前7世纪的春秋时期进入铁器时代，约在公元前3世纪的战国中期以后达到世界冶铁技术的先进水

① 《周礼·考工记》。

平，其中比块炼铁质量先进的铣铁冶炼技术领先于西方约1800年。为了改进生铁性能，先民早在东周就掌握了可锻铸铁的生产技术，将白口生铁经高温退火后得到高强度展性铸铁，而西方发明这种铸铁是在两千多年后的公元1722年。在可锻铸铁中有一种性能优良甚至可以代替铸铜的球墨铸铁，这种铸铁所含的石墨呈分散的小球状。现代冶炼球墨铸铁技术是在1948年左右发明的，而在河南铁生沟汉代冶铁遗址中出土的铁镬以及河南渑池出土的汉魏铁斧，竟然是具有球状石墨组织的退火铸铁件，这一考古发现震惊世界冶金界。从战国晚期到南北朝时期，创造了一整套炼钢技术，包括渗碳钢、铸铁脱碳钢、炒钢、百炼钢和灌钢等。英国在18世纪中叶发明了以生铁为原料的炒钢技术，在产业革命中起了巨大作用，具有划时代的意义。而这项革新在我国1—2世纪已经出现。此外，熔钢技术早于欧洲一千多年。

我国还是世界最早冶炼金属锌，制出苗铜（铜锌合金）、白铜（铜镍合金）和铁合金的国家。在合金冶炼方面，中国古代一直处于世界领先地位。中国古代冶金技术的兴盛，使金属产量达到年产成万吨的水平，支撑了高级农业文明的运行。

我国古代冶金业之所以长期处于世界先进水平，原因之一，是探矿经验丰富，成书战国的《管子》称，“山上有赭者，其下有铁，山上有铅者，其下有银……此山之见荣者也”[①]。晚唐段成式（约803—863）记曰：“山上有葱，下有银；山上有薤，下有金；山上有姜，下有铜锡；山有宝玉，木旁枝皆下垂”。[②]

原因之二，是最早采用高炉冶炼。如河南郑州古荥镇的一座汉代冶铁高炉，复原后炉高4.5米，容积约44立方米，日出铁0.5～1吨，在2000年前，这是惊人产量。高炉鼓风也是一项杰出成就。战国时，已开始采用人力压动的皮风囊鼓风，汉代出现了马排、牛排（即用马、牛带动的皮风囊），特别是东汉初年，发明了水力鼓风囊——水排，先于欧洲1200多年。在明代出现了活塞式木风箱。活塞式木风箱能产生较连续的压缩空气，从而扩展风区，增大风量，强化了冶炼。欧洲在18世纪后期才发明活塞式鼓风箱，比我国晚了一

① 《管子·地教》。

② 段成式：《酉阳杂俎》卷一六。

个多世纪。此外，我国冶金燃料发展很快。汉代冶炼遗址中已发现煤饼；晋代时，用煤冶铁已有明确记载。南宋末年，我国开始使用焦炭。广东新会一处13世纪后期的冶炼遗址中出土的焦炭，是目前世界上发现最早的焦炭。在欧洲，英国至公元1788年才开始用焦炭炼铁，比我国晚了五百多年。

汉朝通西域后，中国钢铁通过“丝路”运往西方。印度梵文中的钢，有一词作“Cinaja”（秦地生，“秦地”指中国）显示了中国钢铁对印度的影响。公元1世纪，罗马博物学家普林尼在其名著《自然史》中说：“虽然铁的种类很多，但没有一种能和中国来的钢相比美。”此说确非虚誉。有人估计，北宋元丰年间（11世纪后期），中国铁年产量达12.5万吨，平均每人3.9磅，而欧洲的铁产量在17世纪才达到这个水平。

三、炼丹术与陶瓷术

利用火改变矿物结构，形成新物象，是炼丹术与陶瓷术的功劳。

（一）炼丹术

炼丹图

作为化学的原始形式的炼丹术在我国起源很早，它跟后来出现的本草学一起，构成中国古代化学研究的基本内容。在我国的炼丹术和本草学中，含有关于无机强酸、有机酸、植物碱、无机盐、铅、汞、硫及其化合物等方面的丰富的化学知识。炼丹术的目的虽然是反科学的，但炼丹者用铅、汞、硫等及其化合物与其他物质一起烧炼，利用各种实验手段实现了许多化学转变和无机合成，为化学的发展积累了相当丰富的资料。化学史上最早的人工合成物的记载，便见于中国古籍。公元2世纪，东汉魏伯阳著《周易参同契》记载炼丹家们把红色硫化汞加热分解成水银，将水银和硫黄加热，升华成红色硫化汞，这是化学史上最早的人工合成化合物的方法。

现代化学是在欧洲中世纪炼丹术的基础上发展起来的，而欧洲炼丹术导源于阿拉伯炼丹术，阿拉伯炼丹术又是从中国传去的。中国炼丹术很早就使用的硝石，在阿拉伯和埃及都叫“中国雪”，在波斯叫“中国盐”。此外，阿拉伯和波斯炼丹家都在七种金属中列入“中国金属”或“中国铜”。故李约瑟认为：“整个化学最重要的根源之一（即使不是唯一最重要的根源），是地地道道从中国传出去的。”①

（二）陶瓷烧制

由于化学知识的积累和不断丰富，中国古代在陶瓷器、漆器、酿酒、染色、兵刃、农具、货币等方面的制造技术上相应取得突出成就。其中陶瓷器制造尤为出色，为中国文明增添了灿灿光华。

瓷器过釉图（《天工开物》）

陶器是人类首次利用火改变矿物结构，形成新物象的制作物。以往的认识，制陶术是与原始农业同时诞育的，约有万年历史。新近在江西仙人洞遗址发现距今两万年的陶片，中国与美国科学家鉴定是迄今世界发现年代最古远的陶片。②两万年前地球处于末次冰期的盛冰期，那时农业尚未出现，人类尚在狩猎或渔猎阶段。

距今8000年至距今6000年间，即新石器

① ［英］李约瑟著，翻译小组译：《中国科学技术史》，科学出版社1978年版。

② 美国《科学》杂志2012年6月28日披露，转见杨雪：《陶器串起世界文明史》，《光明日报》2012年12月24日。

时代中期，陶器需求量大增，在生产、生活实用性要求之外，其艺术性、观赏性提升，专门的陶艺家涌现。

在制陶术的基础上，又发展出制瓷术。陶器在 800 摄氏度下烧制而成，瓷器则是在 1200 摄氏度 ~ 1500 摄氏度下烧制而成的。早在新石器晚期，中华先人已经开始利用瓷土做原料，经高温烧制成精美的硬陶，商代又发明玻璃质釉（青釉）。2013 年 7 月在湖北随州叶家山发掘的西周早期曾侯墓中，发现一批施釉陶瓷。

瓷土的采用，釉的发明，烧造温度的提高，开辟了我国瓷器的新纪元。此后，随着原料和烧造技术的不断改进和完善，“原始瓷器”成熟发展经历了从青瓷—白瓷—彩瓷等几个阶段，日臻精美，不仅具有广泛的实用价值，而且成为具有审美价值的艺术品。

西周早期陶瓷器　湖北随州叶家山 2013 年 7 月出土（冯天瑜摄）

唐代的白瓷类雪似银，杜甫在《又于韦处乞大邑瓷碗》一诗中赞美道：

大邑烧瓷轻且坚，扣如哀玉锦城传；
君家白碗胜霜雪，急送茅斋也可怜。

宋钧窑瓷器（李寿昆藏）

质地“轻且坚”、扣声“如哀玉”、色泽“胜霜雪”，尽写白瓷之优雅。

宋代制瓷，各大名窑的瓷器在胎质、釉色、花纹等方面各具特色：

河南钧窑，异军突起，烧成蓝中带红或带紫的色釉，色泽如玫瑰、海棠、晚霞，极为艳丽，光彩照人；

河北定窑白瓷，胎薄质细，釉色洁白，造型优美，以刻花、画花、印花等加以装饰，艺术水平很高；

江西景德镇窑，别开生面，烧出釉色明澈温润、白中泛青的影青瓷，誉满全球。以往认为景德镇制瓷业始于五代，近年景德镇兰田窑窑址考古发掘证明，瓷都景德镇制瓷业创始于中晚唐；

浙江龙泉窑向有哥窑、弟窑之称。哥窑，利用胎和釉在烧制时收缩率有差别，烧成釉面有疏密不同裂纹的“百圾碎”。弟窑，釉青莹无纹片。南宋官窑的青瓷，器口及底部露胎处呈灰色或铁色，被称为“紫口铁足”；

江西吉州窑，运用剔花、洒釉、印花、贴花等多种手法装饰瓷器，具有民间艺术风格，而剪纸贴印则是它的独创；

河北磁州窑烧出白底黑花瓷，以人们喜闻乐见的人物、山水、花鸟等作装饰内容，别具一格，生动活泼。

清代的粉彩瓷与珐琅彩瓷兼领中西艺术及技艺成就，达到新的高度。粉彩烧后，颜色深浅不同，浓淡协调，绚丽多姿。珐琅彩是用油画的技法，用化学方法精炼配制的珐琅彩料在瓷器上作画。烧造后的画面瑰丽精美，富有立体感。

精美的中国瓷器在世界上拥有颇高声誉，受到各国人民的广泛欢迎。

> 自太古以来，几乎所有的人类都会用粘土烧制陶器碗、盘、瓮等物品，但是瓷器却被公正地作为中国人独具的多智慧的产品而受到赞誉。①

南宋绍兴二十四年（1154）阿拉伯地理学家埃垂（Eletrisis）著书说：“中国面积很大，人口极多……艺术作品以绘画和瓷器为最精美。”南宋乾道七年（1171）埃及王萨拉丁用40件中国瓷器赠给大马色国王努尔奚丁，表明中国瓷器是甚为外人珍视的物品。宋以后，中国瓷器已大量远销国外，间接传播到遥远的非洲。西方人看到中国瓷器精巧的制作，美丽的图案和丰富的色彩，赞叹羡慕备至。不少外商来到中国，大量购买瓷器，贩到西方各国，追逐利润。明万历三十二年（1604），葡萄牙船加塞里那号载去各种各样的瓷器。万历四十二年（1614），东印度公司的克德兰德号载去碗、碟、盘等69057件，值荷币11545.11弗拉仑。欧洲统治阶级还向中国订造大批瓷器。法王路易十四命宰相马札兰（Mazarin）创立“中国公司”，派人到广东定做带有法国甲胄、

① ［美］德克·卜德著，孙西译：《中国物品西传考》，复旦大学出版社1985年版。

纹章的瓷器。俄国彼得大帝也在中国定做瓷器，故宫博物院有康熙年间景德镇制造的五彩茶罐，上有俄国双鹰国徽，便是这时制造的。英国瓷器发展得较晚，所以更是大量吸收中国瓷器。清康熙十二年（1673）英人维代尔（Veddell）在广州收买中国特产，其中瓷器就有53箱，比他所收买的绸缎，几乎多过两倍。美洲、非洲、澳洲也都有人直接来中国购买瓷器，中国文化艺术伴随着瓷器输出而传到世界各个角落。

中国瓷器远销国外，其制作方法也传往世界各地。朝鲜、日本、阿拉伯等国相继学习、掌握制瓷技术，烧造瓷器。15世纪后半期，中国制瓷技术传到意大利威尼斯，为欧洲造瓷历史开辟一个新纪元，其影响播及至今。《英国大百科全书》（1977年美国编刊的第15版）中乔治·萨维奇（George Savage）所撰长篇《陶瓷》条目指出："陶瓷在全世界，再没有像在中国那样，具有如此重大的意义，而中国瓷器对于欧洲后期的陶瓷的影响至今还是很深的。"正因为如此，中国在英语中称为"China"（"China"在英语中又是瓷器、陶器的意思）。"China"的双重意义鲜明地标示了中国作为"世界瓷国"的独特地位。

四、医药学

秦汉以降，确立"大一统"帝国格局，有可能调动巨大的人力、物力，发展与国家事业相关的应用科技门类（如医药学、天文观测及地震预测等）取得一系列独创性成就。

中医用象数思维，其"象"超越具体物象，是功能、关系之象，动态之象，如脏象、脉象、舌象、证象、药象等，并与数术相结合，形成"气—阴阳—五行"模型，据此辨证施治。注重整体、功能、直觉的中医，与注重分析、结构、实验的西医大相径庭。故有学者认为存在"中医现代化悖论"，即中医不可能按西医模式实现"现代化"，只应按照中医本身的规律发展。①

中医还独创经络学说，这是从经络分布及其功能阐述人体内脏与体表、内脏与内脏以及体表各部分之间相互关系和气血运行的理论。先秦成书的《黄帝内经》描绘了人体14条经络循行线，经现代科学研究证明，完全符合实际。后世医家对经络说加以发展，形成完备的医学系统，包括经脉、络脉、奇经、

① 见张其成：《中医里面的国学》，《光明日报》2013年7月1日。

经别、经筋和皮部的起止、循行、络属、交会，以及腧穴的主治等，并说明其运行气血营卫，反映病理变化的作用。经脉学说同脏腑学说构成中医学基础理论，体现了中医学的整体观、辨正施治，并对针灸、推拿有指导意义。

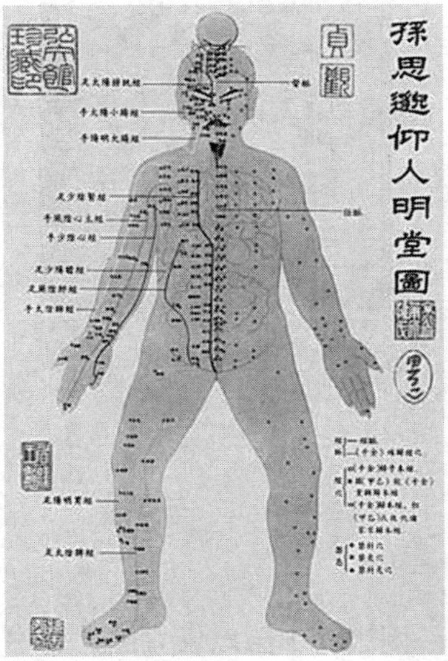

经络图

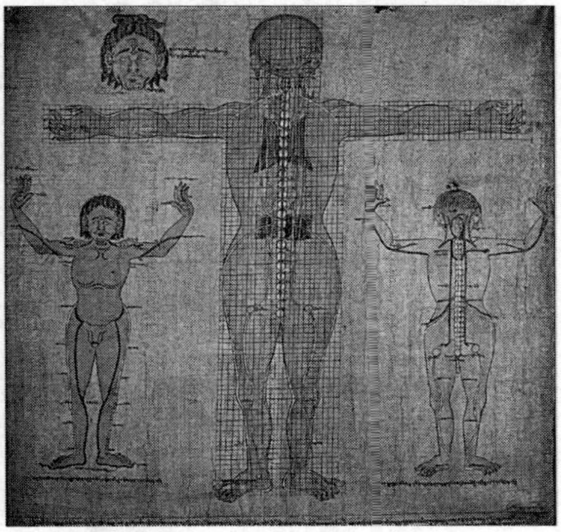

藏医穿刺疗法

中医的至境是“致中和”，即《中庸》所谓“致中和，天地位焉，万物育焉”。中医讲究“阴阴和合”“阴平阳秘”，以精气学说、阴阳学说、五行学说解释生命奥秘，指导施治，在医疗、保健诸方面创造了多种治疗手段，诸如针灸、气功、推拿、拔罐、刮痧、火疗、药茶、药酒、药浴等。

中药从自然物取材，其中以植物（尤其是草本植物）为主。所谓“诸药以草为本”，故中药称“本草”，又兼及动物、矿物。中药学形成完整系统，药性究阴阳、正治兼反治、补益有哲理、用药讲中和、配伍如兵法、讲究君臣佐使。中药炮制有水制、火制、水火合制。明人李时珍撰《本草纲目》52 卷，载药 1892 种（新增 374 种），分 16 部 60 类，类下分纲目，附方 11096 首，图数千幅，为中药学集大成之作。

中医药为中华民族的生存繁衍作出重大贡献，是昭显中国文化特色的医种，藏族、蒙古族、回族等少数民族也有卓异的医学，共同丰富了人类医药知识系统。

李时珍（1518—1593）

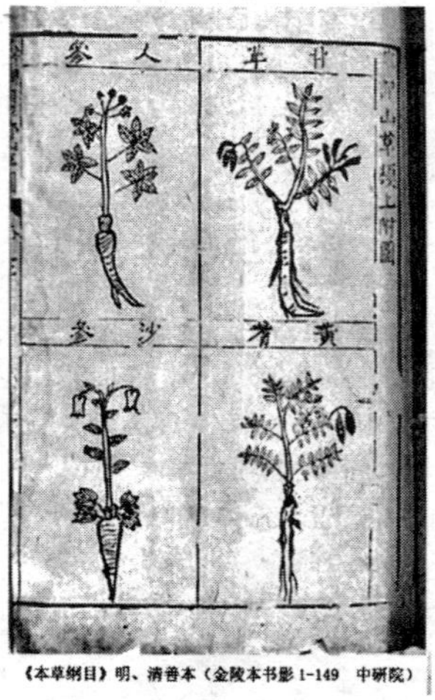

《本草纲目》草药图（金陵本书影
台湾“中央研究院”藏）

五、天文观测与地震测定

天文是古代中国特别重视的自然领域，一则因为中国以农立国，而农业需要天候、历法知识；二则因为统治者认为“受命于天”，天象昭显得位之正，并预示着人间政事变迁，故观天、测天、祭天是国之大事，自三代以降都专设职官务此，积累了丰富的天文知识。

《尚书》的首篇《尧典》便讲古帝王尧命羲和掌天地四时，“历象日月星辰，敬授人时”[①]。《周易》的“革”卦有“君子以治历明时”的名论。先秦已能区分“经星”（恒星）和“纬星”（行星），《穀梁传》曰：“夏四月，辛卯，昔。恒星不见。恒星者，经星也。”[②]并有“五纬”（五行星）的辨识，《史记》曰：“水、火、金、木、填星，此五星者，天之五佐，为纬。”[③]

古代中国的天文观测有多项卓异成就——

《竹书纪年》“夏帝癸十五年，夜中星陨如雨”，是世界上对流星雨的

① 《尚书·虞夏书·尧典》。
② 《穀梁传·庄公七年》。
③ 《史记·天官书》。

最早记载。

《汉书·天文志》"元光元年五月，客星见于房"，是第一颗见于史载的新星。

《左传·哀公六年》"有云如众赤鸟，夹日以飞"，最早发现并记录日珥和日冕现象。

《左传·文公十四年》"有星孛入于北斗"，是世界上第一次对哈雷彗星的文字记载。

《竹书纪年》"周昭王末年，夜清，五色光贯紫微"，最早发现并记录极光。

《周易·丰》有"日盈则食"之说，《诗经·小雅》载某日月偏食，是最早的月食记录，而西汉末刘向《五经通义》有"日食者，月往蔽之"的判断，东汉张衡在《灵宪》中更指出，月光来自日光所照，大地遮住日光，月食生焉。

简仪

元代天文学家郭守敬于公元1276年创制的一种测量天体位置的仪器

因为天文观察的准确，中国历法制订长期领先世界，干支记日法从春秋鲁隐公三年（前720）二月己巳日起，至今沿用2700年不辍。《尚书·尧典》已载置闰月，二十四节气产生后，置闰精确，又经东汉末刘洪（约129—210）、南北朝祖冲之、唐李淳风（602—670）的考订闰周，置闰更趋合理，沿用至今。

中国的地震测定也有悠久历史。晋代出土的《竹书纪年》载有帝舜时期“地坼及泉”、夏桀末年“社坼裂”的现象，可能是关于地震的记载。公元前3世纪成书的《吕氏春秋》记载了“周文王立国八年（前1177），岁六月，文王寝疾五日，而地动东西南北，不出国郊”，明确指出地震发生的时间和范围，是中国地震记录中具体可靠的最早记载。此外，在《诗经》《春秋》《国语》和《左传》等先秦典籍中都有关于地震的记叙，保存了不少古老的地震记录。秦汉以后，地震记录史不绝书，自《汉书》开始，就把地震作为灾异列入五行志中。

地动仪

在不断记录地震、积累地震知识的基础上，东汉杰出的科学家张衡（78—139）发明了世界上第一台测定地震方向的仪器——地动仪。这台仪器用精铜制成，形似带盖凸肚茶杯，仪器内部中间设有都柱一（即中枢机械），柱的旁边通着八条道，每条道上都设有活动机关。仪器外部铸着八条龙，对准东、南、西、北和东南、东北、西南、西北八个方向，垂直向下，翘着头、嘴含一粒小铜球，呈欲吞若吐状。地上对准龙嘴蹲着八个铜蛤蟆，仰着头，张嘴接铜球。哪个方向发生地震，仪器上对着这个方向的龙机就震动起来，龙嘴张口吐出铜球，落入铜蛤蟆嘴。依凭这台仪器，地震发生的时间与方位一目了然。张衡的地动仪是当时世界上遥遥领先的发明，1700年后，西方才制造出类似仪器。当代中外学者高度评价这台仪器，认为它是利用惯性原理设计制成，其基本构造符合物理学原理，能探测出地震波的首先主冲方向。

张衡又著《浑天仪图注》，对先秦以来以浑天仪测定天体位置的技术加以完善，展现了中国古代天文观察的高超水平。

六、科学发现

发明指制成新事物、首获新方法，而发现指对既成事物及发展规律的首次认知。[1]

有论者认为，中国经验技术发达，而科学缺如。此说有道理，较之成就斐然的工艺发明，中国的科学思维确乎不系统，没有数学化、公理化，这与中国流行经验理性相关，也与主流文化忽略自然哲学相关，然而，又不能断言中国没有科学发现——先贤对自然现象及其规律也有若干令人惊叹的洞见，往往与晚近的实验科学获得的科学结论庶几相近。

（一）地动说、地自转说

大地以相对静止的状态呈现于人，中外古人多信从"地静"说。[2]然而，中国先哲早有"地动"猜想。汉代纬书称：

> 地有四游。冬至地上行北而西三万里；夏至地下行南而东三万里；春秋二分其中矣。地恒动不止而人不知，譬如人在大舟中，闭牖而坐，舟行而人不觉。[3]

"地有四游""地恒动不止"皆指地球绕太阳旋转，其动若"舟行而人不觉"之喻十分贴切。

另两种纬书则提出地球自转的设想：汉代《易纬·乾凿度》"坤母运轴"，意谓地球（坤母）绕轴而转；《春秋纬·元命苞》"地右转"，《河图·括地象》"地右动"，更直接明白地指出地球向右自转。

近代天文学观测证明中国古人的地动说及地球自转说、地球右旋说的正确性。

（二）月不发光，借日光照射乃明

中外古人多以日月为两大发光体。而中国先哲透见到月亮自身并不发光，汉代纬书说：

---

① 参见冯天瑜：《发明发现——创造性思维的奇葩》，《武汉大学学报（哲学社会科学版）》1996年第1期。

② 认为地球静止地居于宇宙中心，太阳、月球、行星和恒星都绕地球转动的学说，又称"地心说"或"地静说"，中国古人多认为"天动地静"。古希腊欧多克斯和亚里士多德等有类似观点。后来，约在公元140年，亚历山大城的天文学家托勒密总结并发展此说，长期影响古代及中世纪。

③ 《尚书纬·考灵曜》。

月为阴精，体自无光，藉日照之乃明。[1]

宋人沈括有类似推测：

月本无光，犹银丸，日耀之乃光耳。[2]

此诚卓异先见。欧洲人至15—16世纪，方有达·芬奇指出月亮本身不发光，月光是太阳光的反射。

（三）物体无限可分

先秦时人惠施（约前370—约前310）揭示事物的无限可分性说：

一尺之棰，日取其半，万世不竭。[3]

在无精密实验仪器的古代，能作出此种天才推断，凭借的是发现事物底蕴的洞察力和想象力。这是掌握了强大的工具理性的今人应当虚心向古人学习的所在。

（四）陆海变迁说、江源金沙说

宋人沈括通过对晋东南贝壳化石的观察，推断太行山麓昔时曾为海滨，并进而设想太行山以东的华北平原“皆浊泥所湮耳”[4]，即华北平原由河川所携泥沙积淀而成。这一论断已为现代地质史学证明其正确，是中国先哲睿智的发现。

中国古来误以为，长江发源于岷山，《禹贡》早有“岷山导江”说，长期被人信从，而明人徐霞客“问奇于名山大川”，经考察发现，“第见《禹贡》‘岷山导江’之文，遂以江源归之”，实为误判。徐氏指出：

---

① 《春秋纬·元命苞》。
② 沈括：《梦溪笔谈·象数》。
③ 《庄子·天下》。
④ 沈括：《梦溪笔谈·杂志》。

不知禹之导，乃其为害于中国之始，非其滥觞发脉之始也。导河自石，而河源不始于积石；导江自岷山，而江源亦不出于岷山，岷流入江，而未始为江源，正如渭流入河，而未始为河源也……故推江源者，必当以金沙为首。①

清人陈体静称，徐霞客《江源考》原本已失，现存文本从志书录出。前人谓《江源考》有数万言，“今所存者，仅千有余言而已”②。可以推测，徐霞客《江源考》关于长江源于金沙必有实考的详细记载，正是基于实考，徐氏方能纠正“江源岷山”的流行说，获得“江源金沙”的卓异发现。

中国不仅是技术发明大国，也有卓异的科学发现。

七、数学成就

数学被称作“科学的女王”，它对科技诸侧面的发展乃至人的思维能力的提升有着不可估量的贡献。

中国曾经产生过世界第一流的数学成果。从公元前 2 世纪直到 18 世纪，中国涌现出一批划时代的数学家，如刘徽、祖冲之、贾宪、秦九韶、李冶、杨辉、郭守敬、朱世杰、徐光启、梅文鼎、年希尧、明安图等。

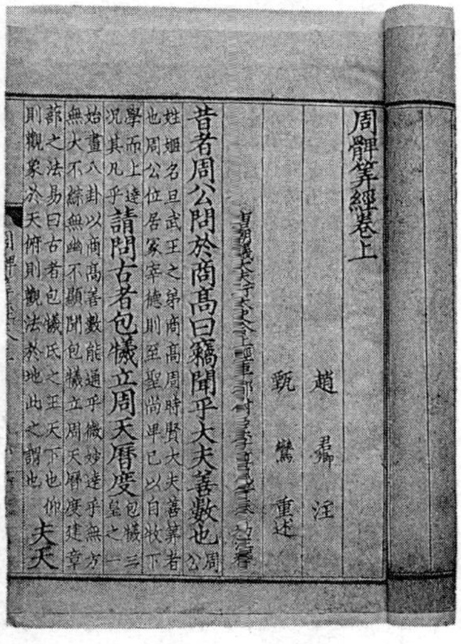

《周髀算经》书影

约成书于公元前 1 世纪，原名《周髀》，我国最古老的天文历算著作

（一）十进制记数法

中国古代数学对世界文化的重大贡献首推“十进位值制记数法”。

古今中外的记数法，可以分为两类，一类是位值制，一类是非位值制。前者以现行的阿拉伯数码记数法为代表，后者以

① 徐霞客：《溯江纪源》（一作《江源考》），《徐霞客游记》卷十下，上海古籍出版社 1982 年版，第 1129 页。

② 《溯江纪源》文后陈体静按语，见《徐霞客游记》卷十下，上海古籍出版社 1982 年版，第 1131 页。

罗马记数法为代表。所谓位值制，就是一个数码表示什么数，要看它所在的位置而定。如 23 中的 2 表示 20，32 中的 2 表示 2，等等。非位值制与此不同，每一个较高的单位是用特殊的符号来表示。例如 3888，罗马记数法要写成 MMMDCCCLXXXⅧ，采用这种记数法，不利于思维过程的表达，用它作加减运算非常困难。这种笨拙的记数法在 12 世纪以前盛行于欧洲，不难想象当时数学运算的笨拙。中国用筹记数，早就使用 10 进位值制，和阿拉伯记数法相比，只是符号不同罢了。中美洲的玛雅人虽然懂得位值的道理，但用的是 20 进位值，巴比伦人也知道位值制，但用的是 8 进位制。印度到 6 世纪末才有 10 进位值制记数法。

使用位值制而又是 10 进位的，以中国人为最早。李约瑟指出：

> 在西方后来所习见的“印度数字”的背后，位值制早已在中国存在两千年了……
>
> 如果没有这种十进位制，就几乎不可能出现我们现在这个统一化的世界了。[①]

这是并不夸张的评价。

（二）运筹如飞

有了先进的记数法，简捷的四则运算就不难得到。再加上广泛地使用口诀，于是能够“运筹如飞”。在这个基础上又出现了开平方、开立方的法则。这在世界上也是最早的。3000 多年以前埃及纸草书虽然已有分数，但所有分数都化为单分子分数，计算非常复杂。巴比伦人用 8 进分数，运算也颇麻烦。欧几里得《几何原本》提到分数，但没有提出运算方法。欧洲直到 15 世纪以后才逐渐有现代分数算法，晚于中国 1000 多年。

有了一整套简捷的运算方法，可以建立优选办法。例如，在被称为“各国时代的数学才能的量度”[②] 的圆周率研究领域，中国古代数学家便成果斐然。

---

①② ［英］李约瑟著，翻译小组译：《中国科学技术史》第三卷，科学出版社 1978 年版，第 32～33、222 页。

（三）圆周率（“祖率”）

首先在圆周率研究上取得重大突破的是魏晋之际的刘徽。他在为数学名著《九章算术》（一作《九章算经》）作注时，提出“周三径一”不是圆周率值，实际上是圆内接正六边形周长和直径的比值。[①]经过深入研究，刘徽发现圆内接正多边形边数无限增加的时候，多边形周长无限逼近圆周长，从而创立割圆术。刘徽根据割圆术从圆内接正六边形算起，边数逐步加倍，相继算出正 12 边形、正 24 边形……以至于正 96 边形的边周长。当他算到 192 边形时，得出如下结果：π =3.14124，他又继续割圆，计算到圆内接正 3072 边形时，得出了更为精确的 π 值，$\pi=\frac{3927}{1250}=3.1416$。这两个 π 值的精度已超过古希腊学者阿基米德和托勒密取得的成果。其计算方法只用圆内接多边形面积而无需外切多边形面积，这比阿基米德圆内接和外切正多边形计算，在程序上要简便得多。刘徽提出的方法，如果有必要，还可以继续“割”下去，就是在现代，仍具有实用意义。

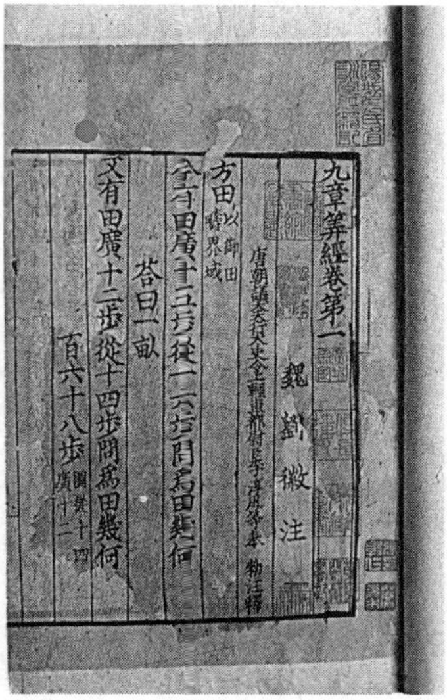

刘徽注《九章算经》书影

继刘徽之后，南北朝的祖冲之（429—500）把圆周率推算到更加精密的程度。祖冲之应用割圆术，在刘徽的计算基础上继续推算，求出了精确到第七位有效数字的圆周率 $3.1415926 < \pi < 3.1415927$。[②]其精确度走在世界前列。李约瑟曾将与祖冲之同时代的世界上其他学者对圆周率研究的成果加以比较：“与祖冲之和祖暅同时代的圣使满足于 3.1416，一个世纪以后的梵藏则采用 3.1620，在欧洲，与沈

“祖率”创制者祖冲之

① 见刘徽：《九章算术注》。
② 见《隋书·律历志》。

括同属 11 世纪的列日的弗兰科得出一个很可怜的数值 3.24”[①]，直到 1000 年后，15 世纪阿拉伯数学家阿尔·卡西（al-Kashi）于公元 1427 年著《算术之钥》和 16 世纪法国数学家维叶特（Viete）于公元 1540 年和 1603 年才求出更精确的数值。祖冲之的时代，小数点后的数一般都用分数表示。祖冲之对圆周率确定了两个值，一个是约率，$\pi=\frac{22}{7}$，另一个叫密率，$\pi=\frac{355}{133}$，这一密率值是世界上第一次提出。在欧洲，16 世纪的鄂图和荷兰人安托尼兹才得到这个数值。因此，有人建议，把$\pi=\frac{355}{133}$称为“祖率”，以纪念这位杰出的数学家，这是有充足理由的。

（四）“大衍求一术”

中国古代对一次同余式的研究也在世界数坛上遥遥领先。南宋数学家秦九韶（约 1208—约 1261）于淳祐七年（1247）成《数书九章》，提出“大衍求一术”，便是中国古代数学家对这一问题研究的结晶。[②]在欧洲，最早接触一次同余式的，是和南宋秦九韶同时代的意大利数学家裴波那契，但其研究水平远低于秦九韶。直到 18—19 世纪，数学家欧拉于 1743 年、高斯于 1801 年，对一般一次同余式进行了详细研究，才重新获得和秦九韶“大衍求一术”相同的定理。但是却晚了 500 多年。因此，秦九韶的“大衍求一术”传到西方后，受到西方学者的高度评价。德国著名数学史家康托称誉秦九韶为“最幸运的天才”。美国科学史家萨顿在评价秦九韶的贡献时称他为“他那个民族、他那个时代，并且确实也是所有时代最大的数学家之一”。在世界数学界，“大衍求一术”获得“中国剩余定理”之称。

（五）其他多项领先成就

处于世界前列的中国古代数学成就还有多项。

数学名著《九章算术》记载了负数概念和正负数的加减法运算法则，这在世界数学史上是第一次。同书所记载的关于联立一次方程解法十要比欧洲同类算法早出 1500 多年。

南北朝时祖冲之之子祖暅所提出的关于球体体积的“祖暅公理”，直到约

---

① ［英］李约瑟著，翻译小组译：《中国科学技术史》第三卷，科学出版社 1978 年版，第 228 页。

② 见秦九韶：《数书九章》。

1000年后的17世纪才以卡瓦利里原理形式重现，成为微积分得以创立的关键一步。

11世纪上半叶数学家贾宪所提出的“开方作法本源图”（“贾宪三角”），比欧洲巴斯加提出同样成果早600多年。

由北宋贾宪首先提出，南宋秦九韶最后完成的“秦九韶程序”——增乘开元法，把中国的高次方程数值解法推进到一个新的阶段。在欧洲，直到1819年英国人霍纳才创造了类似的方法，比秦九韶晚572年，而比贾宪晚700多年。

中国早在两汉时期就能解一次联立方程组。把“天元术”（即根据问题所给已知条件列写包含所设未知数的方程的普遍方法）应用于联立方程组，先后产生二元术、三元术和四元术，这是13世纪到14世纪初中国数学家的又一辉煌成就。在欧洲，解联立一次方程开始于16世纪。

（六）缺陷

中国古代数学也存在缺陷：

其一，长于算数，短于几何。明末徐光启与利玛窦合译《几何原本》是对此缺陷的弥补。

其二，囿于实用、经验。古埃及、巴比伦的几何学也以实用为主，但这些数学成就转移到希腊以后，便从实用折入演绎推理研究的轨道。古希腊的数学家泰利斯、毕达哥拉斯、柏拉图、亚里士多德、欧几里得，无一不是哲学家或教师，他们把数学发展成纯理论性的独立科学。而中国古代数学家多是计吏或掌理天文的畴人，数学用于天文、农业、赋税、商业，较少作纯数学探讨。中国古代数学也有自己的演绎体系，如公元3世纪的刘徽在《九章算术注》中使用归纳法与演绎法，将《九章算术》上百个公式、解法变为数学演绎体系。[①]但刘徽一类努力的结果未能推广，中国传统数学重于计算、轻于逻辑的趋向未能扭转。

其三，没有充分完成数学抽象。数学进一步发展，要求以抽象的符号形式来表示数学中各种量、量的关系、量的变化以及在量之间进行推导和运算。而中国传统的筹算和珠算只能借助文字来叙述其各种运算，妨碍了数学语言的抽

① 见谢方：《纪念刘徽注〈九章算术〉1750周年》，《中国社会科学报》2013年6月19日。

象化，四元术之所以成为中国古代方程式发展的极限，关键原因也正在于筹算法所能提升的天地过于狭小。日本学者上野清认为，“西洋算学与时俱进，中国从来不再进一步，其原因，即在斯也”。

14 世纪以后，中国数学停滞不前，除社会原因外，与中国数学自身的缺陷也直接相关。

八、中技西传

中国是世界文明古国之一，而且以文化的连续性著称。从轴心时代至 16 世纪的两三千年间，中国大体一直处在文化高势位，是世界上重要的“文化源地”之一。中国人保持着“原创性”特色，有气魄、有能力直面宇宙、社会、人生，作出探索性思考和实践，又吸纳异域英华，参校之、比勘之，因而其发明、发现层出不穷，如群星璀璨，蔚为壮观。

中国的发明发现通过文化传播，惠及外域。科学史家李约瑟的《中国科学技术史》列举机械与技术从中国向西方传播的项目，并指出中国发明物在时间上的领先地位（见下表）。

名称	西方落后于中国的大致时间（以世纪计算）
1. 龙骨车	15
2. 石碾	13
用水力驱动的石碾	9
3. 水排	11
4. 风扇车和簸扬机	14
5. 活塞风箱	约 14
6. 提花机	4
7. 缫丝机（使丝平铺在纺车上的转轮在 11 世纪时出现，14 世纪时应用水纺车）	3—13
8. 独轮车	9—10
9. 加帆手推车	11
10. 磨车	12
11. 拖重牲口用的两种高效马具：胸带	8
套包子	6
12. 弓弩	13

续表

名称	西方落后于中国的大致时间（以世纪计算）
13. 风筝	约 12
14. 竹蜻蜓（用线拉）	14
走马灯（由上升的热空气流驱动）	约 10
15. 深钻技术	11
16. 铸铁	10—12
17. 游动常平悬吊器	8—9
18. 弧形拱桥	7
19. 铁索吊桥	10—13
20. 河渠闸门	1—17
21. 造船和航运的许多原理	多于 10
22. 船尾的方向舵	约 4
23. 火药	5—6
用于战争的火药	4
24. 罗盘（磁匙）	11
罗盘针	4
航海用罗盘针	4
25. 纸	2
雕版印刷	10
活字印刷	6
金属活字印刷	1
26. 瓷器	11—13

在列举以上成就后，李约瑟强调指出："我写到这里用了句点。因为二十六个字母都已经用完了，可是还有许多例子可以列举。"[①]20 世纪 70 年代初，李约瑟在香港中文大学发表专题演讲，再次高度赞扬中国古代科学对世界文化的重要贡献：有"震撼世界的十个、二十个或三十个发明及发现"，它们"并不是始于欧洲，而是从远处的东方传来"。

承接李约瑟研究的美国学者德克·卜德（Derk　Bodde，1909—2003）有一基本判断：

从公元前 200 年到公元后 1800 年这两千年间，中国给予西方的东西

① ［美］德克·卜德著，孙西译：《中国物品西传考》，复旦大学出版社 1985 年版。

超过了她从西方所得到的东西。[①]

中国科技的实用—经验型特点，也给世界各国有所启示。不少科学史家，如英国李约瑟、日本薮内清都认为，中国文明重视经验、长于实用的特点，经由蒙古西征的渠道传到阿拉伯及欧洲后，帮助西方实现理论与经验、科学与技术的结合。

九、"四大发明"的世界性贡献·乏于科学理论的技术成就的局限

人类在历史进程中有多种创造发明，就古代而言，最具战略意义的几项，17世纪的英国科学家培根在《新工具》中列举火药、指南针、印刷术，19世纪的马克思承袭其说，高度评价这三大发明对于文明的近代转换发挥的革命性作用。但培根和马克思都没有说明哪国人作出此三项发明。19世纪末，来华传教士艾约瑟（Joseph Edkins，1823—1905）补入造纸术，与火药、指南针、印刷术并称"四大发明"，但仍没有明确指出它们是中国的发明。直至20世纪50年代，李约瑟在《中国科学技术史》中首先提出，造纸术、火药、活字印刷、指南针这"四大发明"系中国人的创造。[②]

（一）造纸术

造纸术是我国古人的一项卓越创造。造纸术发明以前，古代埃及取用纸草茎部的薄皮作书写材料。欧洲人则在羊皮纸上书写。我国曾以龟甲、兽骨、金石、竹木乃至丝帛作为书写材料。

西汉时，人们使用丝絮制成薄片，叫作絮纸。1957年在西安东郊的灞桥出土公元前2世纪的古纸，这种用麻和苎麻纤维制纸，是造纸术的开端。由于丝麻珍贵，絮纸原料来源窄狭，人们在实践中又采用麻纤维制成的薄片，亦即植物纤维纸。到东汉时期（2世纪初），宦官蔡伦（约62—121）集中前人的造纸经验，反复试验，创造了利用树皮、麻头、破布、旧渔网等废物制成的植物纤维纸，于元兴元年（105）奏报朝廷，时有"蔡侯纸"之称。[③]这种造纸方法，使造纸原料的来源大大扩充，造纸的成本降低，因此很快推广开来。蔡

---

① ［美］德克·卜德著，孙西译：《中国物品西传考》，复旦大学出版社1985年版。

② 参见江晓原：《关于四大发明的争议和思考》，《解放日报》2011年9月11日。

③ 见《后汉书·蔡伦传》。

伦遂成为后世所认定的造纸发明人。

至晋朝时，纸张已为人们普遍使用，从而取代简、帛的地位，成为我国主要的书写材料。公元 6 世纪开始，这种造纸术传入朝鲜、越南、日本。公元 751 年传到中亚细亚的撒马尔罕，以后又传到西亚的大马士革。阿拉伯纸大批生产后，源源不断输往欧洲的希腊、意大利等地。1150 年西班牙开始造纸，建立欧洲第一家造纸工厂，此时离蔡伦的发明已有 1000 多年。后来法国、意大利在 13 世纪开始造纸，德国（1391）、英国（1495 或 1498）、荷兰（1586）、美国（1690）都先后设厂造纸。16 世纪，纸张方流行欧洲。

《天工开物》造纸工序图

（二）印刷术

印刷术是我国古代劳动人民的又一伟大发明，它经历了雕版印刷与活字印刷两个阶段。雕版印刷是在古代刻石和印章的基础上产生的。隋代初期（7 世纪初），民间已经开始用雕版印刷佛像等数量较多的宗教画。到了唐代又逐渐用雕版印刷流通较广的书籍。1900 年，敦煌千佛洞发现一卷唐懿宗咸通九年（868）王玠印刷的《金刚经》，长约 533 厘米，由 7 个印张黏接而成。卷首是一幅释迦牟尼说法图，卷尾题有“咸通九年四月十五日王玠为二亲敬造善施”。此卷雕刻精美，刀法纯熟，印刷清晰，是目前存世的最早印刷物，而发明雕版印刷术当在公元 868 年以前。欧洲现存最早的有确切日期的雕版印刷品，是德国南部的《圣克利斯托菲尔》画像，日期是公元 1423 年，晚于王玠印制《金刚经》约 600 年。五代后唐宰相冯道（882—954）等奏请雕印《九经》（世称“五代监本”），这是由国家雕版印刷儒家经典的开始。于是，雕版印刷更广泛地得到应用。由于雕版印刷费工费料，印刷业遂产生改进技术的意向。

活字印刷技术首见于沈括《梦溪笔谈》的记述：

版印书籍，唐人尚未盛为之。自冯瀛王始印五经，已后典籍，皆为版本。庆历中，有布衣毕昇，又为活版。其法用胶泥刻字，薄如钱唇，每字为一印，火烧令坚。先设一铁板，其上以松脂蜡和纸灰之类冒之。欲印则以一铁范置铁板上，乃密布字印。满铁范为一板，持就火炀之，药稍熔，则以一平板按其面，则字平如砥。若止印三二本，未为简易；若印数十百千本，而极为神速。常作二铁板，一板印刷，一板已自布字。此印者才毕，则第二板已具。更互用之，瞬息可就。每一字皆有数印，如之、也等字，每字有二十余印，以备一板内有重复者。不用则以纸贴之，每韵为一贴，木格贮之。有奇字素无备者，旋刻之，以草火烧，瞬息可成。不以木为之者，木理有疏密，沾水则高下不平，兼与药相粘，不可取。不若燔土，用讫再火令药熔，以手拂之，其印自落，殊不沾污。昇死，其印为余群从所得，至今保藏。①

沈括称，刻字工人毕昇（？—约 1051）发明活字印刷，并详介其技术。这是世界上关于活字排版印刷术的最早文字记载。

元人王祯约于元成宗大德四年（1300）撰写《农书》，附《造活字印书法》，记述木活字印刷术。可见，在 11 世纪至 14 世纪间，陶制及木制的活字印刷术在中国时有试行。还有人用锡、铜等金属制成活字。但由于汉字数量巨大，制活字远较拼音文字困难，故活字印刷术在中国迟未推广，直至近代西方印刷术传入前，中国主要使用雕版印刷。

王祯木活字印刷术

① 沈括：《梦溪笔谈·活版》。

我国的雕版印刷术大约在公元8世纪传到日本，12世纪或略早，传入埃及。波斯也很早便熟悉了中国的印刷术，并曾经用来印造纸币。著名历史学家拉希德·丁（Rashid-Cddin）在其1310年完成的著作《世界史》中，还专门介绍中国雕版术。活字印刷14世纪在朝鲜半岛已开始使用，韩国青州发现印刷于1377年的《白云和尚抄录佛祖直指心体要节》，此为世界最早的金属（铜）活字印刷品。

欧洲接触中国印刷术当在13世纪（元代），此时，中西交通活跃，不少欧洲旅行家远涉中国，亲眼看到中国人用雕版印刷图书、纸币和纸牌，从中受到启发，于是，14世纪，雕版印刷开始流行于欧洲，15世纪初日耳曼人约翰内斯·谷登堡（Johannes Gensfleisch zum Gutenberg，？—1468）发明金属活字。1466年意大利出现印刷厂，活字印刷商业化，欧洲各国的印刷业如雨后春笋般生发起来。

（三）火药

古人在长期的生产实践中发现硝石和硫黄的功能，为火药的发明奠定基础，而炼丹术的一种方法“火法炼丹”，直接与火药发明相关。晋代葛洪在《抱朴子》中记载火法七步：煅（长时间高温加热）、炼（干燥物质的加热）、灸（局部烘烤）、熔（熔化）、抽（蒸馏）、飞（又叫升，就是升华）、优（加热使物质变性）。这些化学方法是制造火药的先导。唐初（7世纪末）名医孙思邈（581—682）在所著《丹经》（又称《诸家神品丹方》）中，记述一种火药配方，把硫黄、硝末、木炭制成一种药粉，用来发火炼丹。[①]表明我国最迟在唐朝已经发明火药。以后提炼纯硝的技术不断提高，它的燃烧性、爆炸性逐渐显示出来，于是，火药开始用于军事。唐朝末年（10世纪初），出现“飞火”，也就是火炮、火箭。

管形火器

① 见孙思邈：《诸家神品丹方》卷五“丹经内伏硫黄法”一节。

南宋初，抗金将领陈规（1072—1141），约于1132年用火药填入大竹筒，临阵发射，这是最初的管形火器，近代枪炮就是从原始的管形火器发展起来的。北宋末年（12世纪初期），出现“霹雳炮”，火药的爆炸力和破坏力增强。《水浒传》中的“轰天雷”凌振，则是元末明初文学作品刻画的一位北宋末火炮专家。

1161年南宋与金朝在山东半岛附近的黄海海域展开海战，南宋水师3000人，金军达70000之众，然而南宋水师大胜，因其拥有弓射火箭、火毬、火蒺藜、霹雳炮、突火枪等火器。以后，蒙古人在对南宋、金作战中学会制造火药、火器的方法，阿拉伯人在同蒙古人作战中也掌握制造火药、火器。欧洲人于13世纪后期，从阿拉伯人的书籍中获得火药知识。14世纪前期，又从对伊斯兰教国家的战争中学到制造、使用火药火器的方法，于是掌握了火药的秘密。以此为端绪，战争由“冷兵器时代”进入“热兵器时代”。

（四）指南针

磁性的发现，诱导了指南针的发明，是世界航海业中划时代的事件。

早在战国时期，中国人已经发现天然磁石吸铁和指示南北方向的现象。《韩非子》记曰：

> 先王立司南以端朝夕。[①]

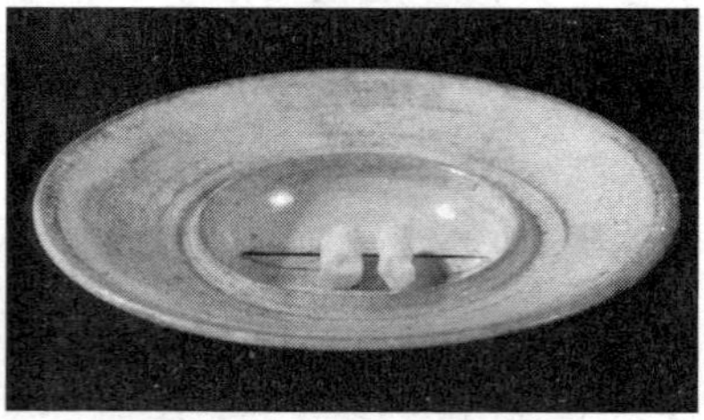

指南针

此为传世文献中对方向指示器最早的记述。

据传，司南以天然磁石用人工琢玉办法琢成勺形器，底圆，可在平滑的地盘上旋转，静止时，勺柄指向南方，故称“司南”。

汉以后发明人工磁化方法，产生较高级的磁性指向器。北宋初，曾公亮（999—1078）编《武经总要》，介绍“指南龟”：用薄铁叶裁成龟形，用地磁场磁化法，使其带磁性，置水中浮动，浮于水面的磁性铁叶龟指南；稍后，沈括著《梦溪笔谈》，记载4种指南针装置法，指南针以天然磁石摩擦钢针制得，

① 《韩非子·有度》。

可以指南。此后又出现磁针与方位盘连成一体的罗经盘，简称罗盘。南宋曾三异（1146—1236）的《因话录》详记罗盘构造。

宋代已有“指南针导航”这一全新的航海技术。北宋末年（12世纪初）地理学家朱彧在《萍州可谈》中提到，他曾在广州看见“舟师”——

有指南针导航才能远航大洋

识地理，夜则观星，昼则观日，阴晦则观指南针。

这是世界航海史上使用指南针确定方向的较早纪录。

宋朝以来，中国商船在南洋、印度，西至波斯湾一带，颇为活跃。同时波斯和阿拉伯的船只也在红海和波斯湾一带航行，阿拉伯人在12世纪末（1180年左右）从中国人那里学会采用指南针来指导航向，以后经过阿拉伯人指南针又传播到欧洲。

（五）“四大发明”改变人类历史进程

“四大发明”是中华民族奉献给世界并改变了整个人类历史进程的伟大技术成果，反映了中国古代文明的辉煌灿烂。

发明、发现是一个历史过程，许多重要发明往往都经过多个人、长时段的创造和再创造，渐臻成熟。例如，造纸术的发明权一般都归之东汉宦官蔡伦，此说不差，但造纸源头还可上溯到西汉用大麻纤维制造的灞桥纸。造纸术大大便利了文化传播，“纸对后来西方文明整个进程的影响无论怎样估计都不会过分”[①]。中世纪欧洲尚流行以羊皮记载信息，据估计，一本羊皮纸《圣经》，至少需要300多只羊的皮，文化传播因材料昂贵受到极大限制。物美价廉的纸的生产，为文化教育普及提供了有利条件。从这一意义而言，“世界受蔡侯的恩惠要比许多更知名的人的恩惠更大”[②]。

被称为“文明之母”的印刷术，先有隋唐的雕版印刷，后有北宋工匠毕

①② ［美］德克·卜德著，孙西译：《中国物品西传考》，复旦大学出版社1985年版。

昇发明陶活字印刷术，稍后，朝鲜人又创造铜活字，进而制作铅活字。印刷术经过复杂的中介传入欧洲，经欧洲人完善，活字印刷得以普及，把学术、教育从基督教修道院中解放出来。印刷术的发明以及商业发展的迫切需要，改变了只有僧侣才能读书写字、接受较高教育的状况。从此，欧洲的学术中心由修道院转移到各地大学。印刷术的出现为欧洲的宗教改革运动和反封建斗争提供了有力的武器，对于资本主义生产方式的确立和思想文化的交流传播起了巨大作用。

火药传入欧洲也发生巨大影响：

> 火器一开始就是城市和以城市为依靠的新兴君主政体反对封建贵族的武器。以前一直攻不破的贵族城堡的石墙抵不住市民的大炮；市民的枪弹射穿了骑士的盔甲。贵族的统治跟身披铠甲的贵族骑兵队同归于尽了。[①]

火药武器的使用，促成冷兵器时代的终结、热兵器时代的来临，导致诸侯据守的城堡坍塌，统一民族国家因以建立，同时帮助城市市民以枪械武装战胜刀剑甲胄的封建骑士。

指南针的发明，并由中国传播到阿拉伯，进而传播到西欧，是世界文明史划时代的事件。磁针罗盘的使用，为远洋航行创造有利条件。若没有磁针罗盘，15 世纪、16 世纪之交哥伦布发现美洲新大陆的航行、达·伽马环绕非洲到达印度的航行、麦哲伦的环行全球，是不可想象的。新航线的开辟，殖民地的建立，导致了世界市场的出现，刺激了欧洲的工业生产。这一切又都促进了新兴资产阶级的成长壮大和封建贵族的没落衰亡。

四大发明的文化价值世所公认。17 世纪的英国哲学家、近代文化的奠基人弗兰西斯·培根（1561—1626）论及印刷术、火药、指南针——

> 这三种东西曾改变了整个世界事物的面貌和状态，第一种在文学上，第二种在战争上，第三种在航海上，由此产生了无数的变化。这种变化

① 恩格斯：《反杜林论》，《马克思恩格斯选集》第三卷，人民出版社 1972 年版，第 207 页。

是这样的大，以致没有一个帝国，没有一个教派，没有一个赫赫有名的人物，能比这三种机械发明在人类的事业中产生更大的力量和影响。①

马克思从文明的近代转型视角揭示火药、指南针、印刷术的历史价值：

火药、指南针、印刷术——这是预告资产阶级社会到来的三大发明。火药把骑士阶层炸得粉碎，指南针打开了世界市场并建立了殖民地，而印刷术则变成新教的工具，总的来说变成科学复兴的手段，变成对精神发展创造必要前提的最强大的杠杆。②

三大发明的创作、流变十分复杂，17世纪的培根、19世纪的马克思都未深究其来龙去脉。直至20世纪中叶，英国学者李约瑟经过长期研究，确认火药、活字印刷、指南针皆为古代中国的创造，又补入造纸术，在《中国科学技术史》中称之中国的“四大发明”。以后，美国学者德克·卜德完整论述造纸术、火药、活字印刷、指南针这“四大发明”的世界性贡献：

倘使没有纸和印刷术，我们将仍然生活在中世纪。如果没有火药，世界也许会少受点痛苦，但另一方面，中世纪欧洲那些穿戴盔甲的骑士们可能仍然在他们有护城河围绕的城堡里称王称霸，不可一世，而我们的社会可能仍然处在封建制度的奴役之下。最后，如果没有指南针，地理大发现的时代可能永远不会到来，而正是这个地理大发现的时代刺激了欧洲的物质文化生活，把知识带给了当时人们还不了解的世界，包括我们美国。③

称“四大发明”开辟了人类近代化进程，是毫不夸张的。

---

① 转引自［英］李约瑟著，翻译小组译：《中国科学技术史》第一卷第一分册，科学出版社1978年版，第42～43页。

② 马克思：《机器、自然力和科学的应用》，人民出版社1978年版，第67页。

③［美］德克·卜德著，孙西译：《中国物品西传考》，复旦大学出版社1985年版。

（六）“四大发明”在东西方的不同命运

世界文明的近代转型是在西欧率先进行的，发端于中国的四大发明传入西欧，适时地发挥促进科学复兴、工业文明诞生的作用，变得生机勃勃、一发而不可止歇。然而，徘徊于中古文明的中国，由于自然经济和宗法专制政体的难以突破，社会发展停滞不前，技术成就难以转化为新生产力，包括四大发明在内的古典技术成就未能在中国本土产生革命性的社会效应，长期处于一种自生自灭的状态。一个深层原因也不可忽略：依凭经验理性取得的技术成就，如果不能获得科学理论的指导，升华为普遍性规则，便难以推广和运用，无法进入学科教育体系传播与成长。

法国作家雨果（1802—1885）说：

> 像印刷术、大炮、气球和麻醉药这些发明，中国人都比我们早。可是有一个区别，在欧洲，有一种发明，马上就生气勃勃的发展成为一种奇妙的东西，而在中国却依然停滞在胚胎状态，无声无嗅。中国真是一个保存胎儿的酒精瓶。[①]

鲁迅沉重指出：

> 外国用火药制造子弹御敌，中国却用它做爆竹敬神；外国用罗盘针航海，中国却用它看风水。[②]

称“四大发明”在中国全然没有进入社会经济运用轨道，并不十分公道，前文已经介绍，造纸术、印刷术、指南针、火药在经济、文化、军事、航运诸领域的践行情况。然而，“四大发明”在发明地中国推广面和提升度均十分有限，未能引起深刻的社会变革，却是不争的事实——

火药虽自宋代以降用于军事（宋元战争已用火炮），但并未引起冷兵器向热兵器的总体转换，直至19世纪中叶，中国军队主要装备仍是刀枪剑戟，终于惨败于坚船利炮的西洋列强。前辈中国人对火药的熟悉，更多地得之于鞭炮、焰火的燃放。

---

① ［法］雨果：《笑面人》。

② 鲁迅：《伪自由书·电的利弊》，《鲁迅全集》第五卷，人民文学出版社1981年版，第15页。

鞭炮

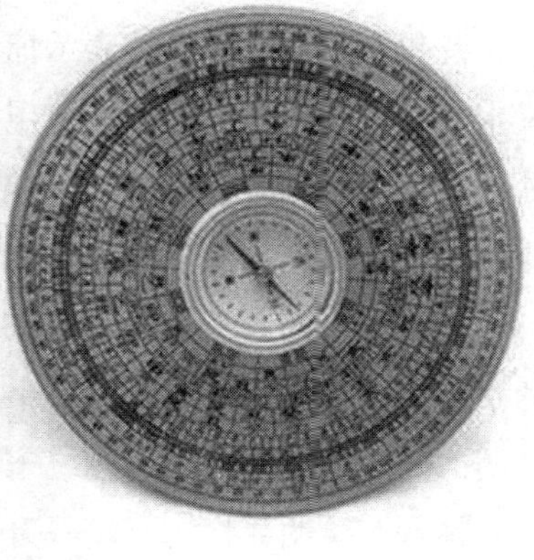
风水罗盘

活字印刷的命运与火药类似，此一重大发明首现于北宋，却罕有人知，更未能得到推广运用，明代中叶以前普遍使用的仍是木版雕刻印刷。如果不是沈括在《梦溪笔谈》中对工匠毕昇的活字印刷成就加以记载，世人无法得知 11 世纪的中国有这样惊人的创造。

具有革命意义的发明湮没于自国历史的积尘中，而传到欧洲的火药和指南针“应用在枪炮和航海上，给本师吃了许多亏”①，这确实是在研讨中国传统文化时值得深省的痛处。

第二节　农耕文明优势终结

中国古文化的灿烂辉煌，建立在农耕经济充分发育的基础之上。而中国文化在近代落伍，又恰恰是小农业与家庭手工业相结合的自然经济向工业文明转型迟缓造成的结局。

一、商品经济发展迂缓，小农业裹足缓行

中国商品经济产生甚早，商代出现端绪，到宋代已达到相当水平，无论是地方小市场（墟集贸易），还是城市市场，区域市场乃至全国市场，其繁荣程

① 鲁迅:《集外集拾遗·〈近代木刻选集〉(1)小引》,《鲁迅全集》第七卷，人民文学出版社 1981 年版，第 319 页。

度都居当时世界先进地位，元初来华的意大利人马可·波罗对大都（北京）、泉州、杭州等处商业的发达表示惊诧和赞佩，便从一个侧面显示当时中国经济发展水平明显高于中世纪欧洲（包括马可·波罗生活的热那亚、威尼斯等中世纪欧洲发达地区）。

然而，这种商品经济毕竟是小农业与家庭手工业相结合的自然经济的辅助物，在自然经济的总框架未获突破以前，其发展程度是有限的，如明清商品经济的水平较之宋元并无飞跃，整个社会的劳动生产率也只有些微进展。

明清的农业劳动生产率较之宋元，大体处在同一水平线上，按一些研究者估算，粮食产量明盛世（嘉靖—万历间）较宋盛世（元丰间）约增长五成，清盛世（乾隆间）又比明盛世增长二倍以上[①]，但这主要是靠扩大耕地面积和增加劳动力投入取得的，而“一夫产量”（一个农业劳动力的产量，代表劳动生产率）却基本没有增加（从宋至明几无进展，从明至清有所下降）；每个人口的粮食占有量，从汉代以后，也在徘徊中渐趋减少。另有经济史统计表明，中国粮食产量汉以后持续缓慢增长，反映农耕时代基本生活水平的指数——人均粮食占有量，宋、明及清初达到高峰，因人口增长超过粮食增速，清中叶人均粮食占有量开始下降，从清末、民国直至20世纪70年代，大体在晚清水平线徘徊（见下表）。

历代人均粮食占有量（市斤）[②]

时期：	汉代	盛唐	北宋	晚明	清康雍乾	晚清
人均：	456	1256	1333	1741	1705	705

随着人口的日趋增长，耕地面积又难以持续扩大，农业劳动生产率徘徊不前，人均粮食占有量在晚明至清中期达到峰值，清民之际降至低位，此后也一直在清末的水平线上下浮动。

在以小农业为基础的自然经济束缚下，社会生产力不可能有大的展拓，商品经济也难以长足进展。19世纪初叶，当西欧资本主义突飞猛进，其商品走

① 参见许涤新、吴承明主编：《中国资本主义的萌芽》，人民出版社1985年版，第8页。

② 据以下论著综合：曹贯一：《中国农业经济史》，中国社会科学出版社1989年版；张显清：《明代后期粮食生产能力的提高》，《学术探索》2005年第5期；余也非：《中国历代粮食平均亩产量考略》，《重庆师院学报》1980年第3期；吴慧：《历史上粮食商品率商品量测估》，《中国经济史研究》1998年第4期；唐启宇：《中国农史稿》，中国农业出版社1985年版。

向天涯海角之际，中国商品经济仍裹足不前，鸦片战争前夕，中国国内市场主要商品流通量估计数为3.9亿两白银，以当时四亿人口计算，每人不到一两白银商品交换额。而且，商品第一位为粮食，约占42%；第二位是棉布，约占24%；第三位是盐，约15%[①]。这种以粮食为主，以布、盐为辅的交换，不过是小农业与家庭手工业相结合的自然经济的补充，因为布的主要生产基地仍然在男耕女织的小农户之内，专业织户只不过占较小比例。

总之，中华文化昔日的风采，其源源不绝的物质基础和动力，主要来自农耕经济；中华文化走向近代的历程坎坷崎岖，其根源也在于这种自给自足的封闭型农耕经济难以突破，以及这种经济形态到宋代以后大体达到极限，在发生经济形态转型之前，生产力水平已不可能出现飞跃，整个文明也就只能在原有格局内缓慢运行。

小农业是中国传统文化得以滋生繁衍的土壤，其历史贡献不容抹杀。即使在三十多年改革历程中，联产承包和小农户经营也发挥着重要作用。然而，随着现代化的推进，农业经营规模狭小日益成为农业机械化、产业化、专业化、商业化的障碍。2007年中国每个农业劳动力占有耕地0.4公顷，美国、加拿大、澳大利亚等发达国家农业劳动力人均耕地面积42.5公顷，超过中国百倍。农业劳动生产率中国约为发达国家的七十分之一，2010年中国农业劳动力人均产值545美元，高收入国家农业劳动力人均产值38347美元。[②]

走出数千年小农业故辙，实现农业规模化经营（以家庭农场为主），是中国通向现代文明的必由之径。

二、16世纪以降文明创发源地西移

公元1世纪至15世纪的千余年间，中国曾是多种文明成就的创发源地。然而，中国古代科技存在缺陷，妨碍着近代转化。物理学家吴大猷（1907—2000）指出：

> 我国有些人士以为科学“我国自古有之”，看了英人李约瑟大著《中

① 参见许涤新、吴承明主编：《中国资本主义的萌芽》，人民出版社1985年版，第17页。

② 见郭熙保、白松涛：《农业规模化经营：实现“四化”同步的根本出路》，《光明日报》2013年2月8日。

> 国之科学与文明》(即《中国科学技术史》——引者注)而大喜，盖其列举许多技术发明，有早于西欧数世纪的，足证超于西欧也。然细读该书，则甚易见我国的发明，多系技术性、观察性、纪录性、个别性……弱于抽象的、逻辑的、分析的、演绎的科学系统……
>
> 一般言之，我们民族的传统，是偏重实用的。我们有发明、有技术，而没有科学。①

自16世纪开始，尤其是18世纪以降，西方乘上近代文明快车，发扬自古希腊科学理性传统，实现科学革命，科技发明的策源地从中国转到西方。16世纪以降，显著改变人类思想观念、改变人类生活方式和生产方式的科技成就，皆由西方创发：

16世纪，哥白尼(波兰人)提出地球绕太阳转的宇宙观；伽利略(意大利人)等建立近代物理学。

17世纪，牛顿(英国人)力学说诞生，引发第一次科技革命(科学革命)。

18世纪，蒸汽机和机械发明，代表人物瓦特(英国人)，引发第二次科技革命(技术革命)。

19世纪，进化论诞生，代表人物拉马克(法国人)、达尔文(英国人)；元素周期表，代表人物门捷列夫(俄国人)；发电机和电动机发明，引发第三次科技革命(电力和运输革命)，代表人物爱迪生(美国人)。

20世纪，爱因斯坦(德国—美国人)等的相对论和量子论诞生，引发第四次科技革命(相对论和量子论革命)；计算机和互联网发明，引发第五次科技革命(电子和信息革命)。② 代表人物比尔·盖茨(美国人)、乔布斯(美国人)。

21世纪，将发生以生命科学为基础，融合信息科技和纳米科技的第六次科技革命，目前仍由西方领先。③

一个民族或国度不可能自由地选择生产力，而只能在自己原有生产力的基础上创造新的生产力。中华民族通往现代化的基点，是以小农业为主体的经济

---

① 转引自《传统与超越——科学与中国传统文化的对话》，江苏人民出版社2000年版，第45页。

②③ 参见何传启：《第六次科技革命的三大猜想》，《科学与现代化》2011年第4期，第1、3页。

形态。逐步促成这种经济形态的现代转型，以及随之发生整个文明的现代转型，是近现代中国面对的一个战略性主题。

反顾16世纪以来的5个世纪，中国无缘前四次科技革命，逐步跌落为欠发达国家。19世纪中叶以降，中国开始追迹工业文明，自20世纪下半叶开始，更因势利导，跻身新科技革命，取得显著进步，但与世界前沿仍然存在较大差距。以农业而论，经过改革开放30年努力，至2008年，中国在化肥使用密度、水稻单产、人均蛋类供给、农村电视普及等方面达到农业现代化的发达水平，而在农业劳动生产率、农业劳动力比例、农民人均产肉产粮等指标，皆处于欠发达水平。据中国科学院中国现代化研究中心统计，中国农业劳动生产率只是工业的10%，约为世界农业劳动生产率平均值的47%，仅为发达国家的2%（约为美国的1%）。[①]

随着21世纪中国的长足进展，攀登第六次科技革命制高点责无旁贷，在利用后发优势，继续跟踪先进科技的同时，还需努力迈向创新之路，如此，中国方可望对人类文明再度作出较大贡献。

三、近人对农耕文明历史地位的认识

古代中国人是在农耕文明与游牧文明的比较中，把握汉民族与周边民族各自文化特质的，而近代中国人则通过对比东方的大陆型农业文明与西方的海洋型工业文明，对自己文化的特质重新加以界定。

19世纪中叶以来，中国人从器物文化、制度文化到心态文化诸层面逐渐深入地把握东西文化的类型区别；20世纪初叶，进而探究造成这种区别的缘故，着手考察东西文化各自的生成机制，这就把研究的触角伸向“文化生态”领域。

五四运动时期，进行这类努力的颇不乏人。如杜亚泉（笔名伧父，1873—1933）在《东方杂志》发表文章，把中西文化的区别视作“性质之异，而非程度之差”，而造成这种差异的原因是民族斗争的有无和地理环境的区别。杜氏认为：

第一，“西洋社会，由多数异民族混合而成”，常常“叠起战斗”；中国民族虽非纯一，但各族“发肤状貌，大都相类”，彼此争夺，“仍为一姓一家兴

① 见《农业已成为现代化的短板》，《光明日报》2012年5月17日第6版。

亡之战，不能视为民族之争”。

第二，西洋文明发源于地中海沿岸，这里“交通便利，宜于商业，贸迁远服，操奇计赢，竞争自烈”。而中国文明发达于黄河沿岸，这里“土地沃衍，宜于农业，人各自给，安于里井，竞争较少”。

这两方面的差别，导致东西方社会现象“全然殊异”，造成文化的大相分歧：西洋“以自然为恶”，“注意人为”，中国“以自然为善，一切皆以体天意遵天命循天理为主”。由此派生出西洋的“主动文明”，中国的“主静文明”。“两种文明，各现特殊之景趣与色彩。即动的文明，具都市的景趣，带繁复的色彩，而静的文明，具田野的景趣，带恬淡的色彩。”[①]

杜亚泉认为，东西文化只有类型之别，而无先进落后之差；李大钊则明确指出，西方工业文明高于东方农业文明整整一个历史时代。可见，杜、李二氏分别强调文化的民族性之别和时代性之差。然而，在剖析东西文化之别的原因时，李氏却与杜氏的说法难分轩轾。李大钊认为，“东洋文明主静，西洋文明主动”。继而他又将人类文明区分为“南道文明”（中国本部、日本、印度、埃及、波斯等）和“北道文明”（欧洲各国及蒙古、满洲），“南道文明者，东洋文明也；北道文明者，西洋文明也。南道得太阳之恩惠多，受自然之赐予厚，故其文明为与自然和解、与同类和解之文明。北道得太阳之恩惠少，受自然之赐予啬，故其文明为与自然奋斗、与同类奋斗之文明”[②]。这显然是从纬度差导致的气候差出发，解释东西文化的特性。

早年主张向西方文明学习，晚年力倡以东方文明拯救西方的梁启超，在分析东西文明类型差别的缘故时，与杜氏、李氏的观点和方法也大同小异，他主要从濒海性来区分东方大陆文化与西方海洋文化的差异，从地形地势来把握欧亚两种文明类型的生成机制。[③]

五四运动时期对文化类型的生成机制有较深入观察的是初步掌握唯物史观的陈独秀等人。陈氏在肯定地理环境对历史文化具有影响的同时，还注意从社会制度的不同来剖析东西文化的优势。他认为，在古代专制政体下，中西文化并无大异，到了近代，西方发生资产阶级革命，“群起而抗其君主，仆其贵族，

① 伧父（杜亚泉）：《静的文明与动的文明》，《东方杂志》第十三卷，第十号。

② 李大钊：《东西文明根本之异点》，《言治》季刊第三册。

③ 见梁启超：《地理与文明之关系》，《饮冰室合集》之二《饮冰室文集》，中华书局 1989 年版。

列国宪章，赖以成之”，而东方社会仍迟滞不前，“自游牧社会，进而为宗法社会，至今无以异焉；自酋长政治，进而为封建政治，至今亦无以异焉”，这样，东西文化便产生了鲜明差异——西方已是近代社会之“近代文明”，而东方仍然是“宗法社会”“封建政治”之下的旧式文明，未能脱出“古代文明之窠”[①]。这就注意到文化的时代性问题，而不是像杜亚泉那样一味强调文化的地域性、民族性。陈氏还提出，以“家族为本位”的宗法制度，是中国文化类型形成的重要因素。他说：

陈独秀（1879—1942）

> 忠、孝者，宗法社会封建时代之道德，半开化东洋民族一贯之精神也。

李大钊（1889—1927）

陈氏企图从社会内部寻找造就中华文化特征的原因，他对文化生态的考察已不限于地理环境，而开始进入经济生活和社会制度层次，并由此揭示中华文化的宗法伦理型特质。

如果说，“五四”以前李大钊考察中华文化生成机制，主要视角是地理唯物论，那么，“五四”以后，他更多地转向经济和社会分析。李氏1920年指出：

> 东洋文明是静的文明，西洋文明是动的文明……
>
> 中国以农业立国，在东洋诸农业本位国中占很重要的位置，所以大家族制度在中国特别发达。原来家族团体一面是血统的结合，一面又是经济的结合……中国的大家族制度，就是中国的农业经济组织，就是中

① 陈独秀：《法兰西人与近世文明》，《独秀文存》卷一，安徽人民出版社1987年版。

> 国二千年来社会的基础构造。一切政治、法度、伦理、道德、学术、思想、风俗、习惯，都建筑在大家族制度上作他的表层构造。看那二千余年来支配中国人精神的孔门伦理，所谓纲常，所谓名教，所谓道德，所谓礼义，那一样不是损卑下以奉尊长？[①]

李大钊还明确表示对“第三新文明”的向往，超越传统的东方文明（“灵的文明”）和当代西方文明（“肉的文明”），企望“灵肉一致之文明”[②]。

20世纪30—40年代，冯友兰（1895—1990）创立文化类型说，以生产方式作为划分文化类别的尺度，并注意社会结构特征，指出近代西方是“以社会为本位的社会”，中国则是“以家为本位的社会”[③]，中西文化差异性的基因蕴藏于此。大约同期，梁漱溟则以“意欲”之别，区分文化类型，梁氏《东西文化及其哲学》一书指出，西方文化、中国文化和印度文化是三种不同“路向”的文化，西方文化是“意欲向前”的路向，印度文化是“意欲向后”的路向，中国文化是“意欲自为调和持中为根本精神”的路向，三种文化平行发展，没有优劣之分。[④]

四、新生转进：城镇化与城乡二元结构走向融合

中国传统的农耕文明新生转进，已历百余年，现在仍处于进行时。而此种转进向深度广度拓殖，当下的一大契机，便是城镇化的大规模展开。直至20世纪末叶，中国的城镇人口仅占总人口的二三成，2012年已超过一半，城镇化率达到世界平均水平。再过二三十年，城镇率可望达到七八成，接近发达国家水平。故21世纪上半叶是中国城镇化的关键时段，必须好自为之，借以消弭已历两千年的城乡二元结构，开辟知识经济引领的城乡融合的现代文明之路。然城镇化过程须防范环境破坏、人伦异化、乡村凋蔽，而以城市文明带动乡村文明，实现城乡并荣。

---

① 李大钊:《由经济上解释中国近代思想变动的原因》,《李大钊选集》，人民出版社1959年版，第296页。

② 《李大钊文集》上卷，人民出版社1984年版，第184页。

③ 见《新事论》，商务印书馆1940年版。

④ 梁漱溟:《东西文化及其哲学》，商务印书馆1999年版。

冯天瑜文存

中国文化生成史（下册）

长江出版传媒
湖北人民出版社

第八章　宗法传统

周人嫡庶之制，本为天子诸侯继统法而设，复以此制通之大夫以下，则不为君统而为宗统，于是宗法生焉。

——（清民之际）王国维：《殷周制度论》

吾中国社会之组织，以家族为单位，不以个人为单位，所谓家齐而后国治是也。周代宗法之制，在今日其形式虽废，其精神犹存也。

——（清民之际）梁启超：《新大陆游记》

美国人格心理学家普汶（A.Pervin）说："人类心智广大的可塑性，近乎全然为他周围的一切所决定，其中最大的影响力也许来自个人所生存的社会。"①人是社会动物，人的心性由社会所养育，因而社会透视、社会结构分析，直逼文化生成机制的内层。

第一节　宗法社会

一、宗法：从唐虞至近代

影响中国人生活方式、思维方式至远至深的，莫过于绵延数千年的宗法结构。

（一）宗・宗法・宗法制

宗法制之"宗"，甲骨文作，乃会意字，字形表示：屋宇内置祖先神主

① ［美］普汶著，郑慧玲译：《人格心理学》，（台北）桂冠图书股份有限公司 1985 年版。

牌位，可会意成祭祖之处，引申为尊崇祖宗。《说文解字》释“宗”为“尊祖庙也。从宀，从示”。东汉班固撰《白虎通义》释“宗”：

> 宗者，何谓也？宗者，尊也。为先祖主者，宗人之所尊也。①

于省吾（1896—1984）《甲骨文字释林》解析“宗”字：“宀”为屋宇，“示”像神主，“宗”当是屋中立神主之形，意谓“同在一庙祭祀祖先”。

“宗”与法度、法式之“法”连用成词较晚，北宋理学家张载《经学理窟》中的一篇《宗法》，为此词合成之首出处。张载说：

> 宗法不立，则人不知统系来处……宗子之法不立，则朝廷无世臣，且如公卿，一日崛起于贫贱之中，以至公相，宗法不立，既死，遂族散，其家不传……如此则家且不传，又安能保国家。②

这里的“宗法”是“宗子之法”的省称。所谓“宗子”，指宗族的嫡长子，因被认作宗族始祖的嫡系继承人，为族内兄弟所共宗（尊），故称“宗子”或“宗主”，即世袭族长。宗子之法（宗法）讲的是族长的确立、继承、权力的行使等，其要领在于规范嫡庶系统，实行嫡长子继承制，以定亲疏、别统绪。在张载看来，此制不仅可以维持家室、宗族（特别是世家大族），而且与朝廷政治的延绵、国家的安固大有干系。

作为宗族组织法的宗法制，由父系氏族制演化而来，《尔雅·释亲》谓“父之党为宗族”。此制初奠于殷商，成型于西周，与封建制、等级制互为表里，构成王室及贵族世袭制，且成为民间家族的制度性精髓。少数民族也有通行宗法制的，如朝鲜族亲戚制度“寸数法”，亲戚远近谓“寸数”（寸数愈少，血缘愈亲）。父子之间为一代叫一寸。祖父与孙子是第二代叫二寸，曾祖父与曾孙为第三代叫三寸。兄弟之间为二等亲叫二寸，叔侄之间为三等亲叫三寸，堂兄弟之间为四等亲叫四寸。这种表示亲戚关系远近的“寸数法”，是以

---

① 《白虎通义·宗族》。

② 《张载集》，中华书局 1978 年版，第 259 页。

血缘宗族为纽带，以父系为中心，兼及母系及姻亲关系，组合成宗法系统。笔者 2013 年夏访问延边朝鲜族自治州时，从朝鲜族朋友处得知，他们可以根据寸数法找到自己及直系、旁系亲戚在宗族所处位置，明确相互关系。

（二）宗法制长期延传

由血缘纽带维系着的宗法社会及其遗存和变种长期延续，此为中国社会史的一大特色。

当然，三千年间宗法社会亦有流变，大趋势是宗法组织由贵族化走向庶众化。商周宗法在王室及贵族中有严格体现，君统与宗统二而一。战国秦汉以军功论权位，与宗法承袭相互交错。魏晋南北朝隋唐形成士族宗法。宋元明清在保持皇统宗法承袭的同时，宗法下移庶众，普遍建立以祠堂、宗谱、族田为纽带的民间宗法组织。

在广土众民的中国，基层社会的宗族制保留状况并不整齐划一。20 世纪末叶长沙走马楼吴简（数达 9 万余枚）昭示，孙吴时期存在着“非宗族化”社会，多姓杂居一丘（村），一姓散居多丘（村），村无主姓，姓无主村。乡吏（如“劝农椽”“录事椽”）执官府之职，对上级官府（郡县）负责，不对乡土、宗族负责。[①] 社会学家李景汉（1895—1986）20 世纪 20—30 年代在河北定县的调查表明，诸姓混居的现象在华北较为普遍。综览全国，一姓聚居盛行于东南沿海，而华北、关中盛行多姓杂居。宗族制在商品经济发达的东南沿海较完备，次之江南，再次之是自然经济占主导的华北等内地，呈现一种“逆逻辑发展”现象。因此，我们在肯认宗族制在中国基层社会广泛存在的同时，还必须观照“非宗族”社会的大量存在。

中国传统社会是宗族性的血缘组织与非宗族性的地缘组织（如秦汉的乡、亭、里，北朝的邻、里、党，宋至明清民国的保甲，中华人民共和国时期的派出所、居民委员会）并存，宗族性组织与地缘性组织的实际作用力彼此消长，但始终没有一方全然取代另一方。

二、中西比较

人类文明演进的大致趋势，是社会组织由血缘向地缘、业缘转化。这一

① 见秦晖：《传统十论》，复旦大学出版社 2003 年版，第 6 ~ 17 页。

点，在世界各民族文化史上都有所体现，不过因为各个民族的具体情况不同而有所差异。

（一）希腊社会：血缘转向地缘的典型

古希腊是由血缘社会转变为地缘社会的典型。

生活在海洋型地理环境中，较早从事工商业活动的希腊人，跨入文明社会（以文字及金属工具的发明和使用为标志）以后，逐渐挣脱氏族社会的血缘纽带，以地域和财产关系为基础的城邦组织取代以血缘关系为基础的宗法组织。这与古希腊人漂洋过海，到地中海沿岸建立一系列殖民城邦的经济活动直接相关。英国历史学家汤因比（1889—1975）分析道：

> 海上迁移有一个共同的简单的情况：在海上迁移中，移民的社会工具一定也要打包上船然后才能离开家乡，到了航程终了的时候再打开行囊。所有各种工具——人与财产，技术、制度和观念——都不能违背这一法则。凡是不能经受这段海程的事物都必须留在家里，而许多东西——不仅是物质的——只要携带出走，就说不定必须拆散，而以后也许再也不能复原了。在航程终了打开包裹的时候，有许多东西会变成“饱经沧桑的，另一种丰富新奇的玩意了……”①

汤因比进而指出：

> 跨海迁移的一个显著特点是不同种族体系的大混合，因为必须抛弃的第一个社会组织是原始社会里的血族关系。一个船只能装一船人，而为了安全的缘故，如果有许多船同时出发到异乡去建立新的家乡，很可能包括许多不同地方的人——这一点同陆地上的迁移不一样，在陆地上可能是整个血族男女老幼家居杂物全装在牛车上一块儿出发，在大地上以蜗牛的速度缓缓前进。
>
> 跨海迁移的另一个显著特点是原始社会制度的萎缩。②

①② ［英］汤因比著，曹未风等译：《历史研究》（上），上海人民出版社1966年第2版，第129、130页。

跨海旅行的苦难所产生的刺激，导致史诗和英雄故事，达到希腊文学上的顶点。同时还有另一重要后果：

> 跨海迁移的苦难所产生的另一个成果……是在政治方面。这种新的政治不是以血族为基础，而是以契约为基础的……在这样建立的海外城邦里，新的政治组织"细胞"应该是船队，而不是血族。他们在海洋上的"同舟共济"的合作关系，在他们登陆以后好不容易占据了一块地方要对付大陆上的敌人的时候，他们一定还同在船上的时候一样把那种关系保持下来。这时在陆地同在海上一样，同伙的感情会超过血族的感情，而选择一个可靠的领袖的办法也会代替习惯传统。①

古希腊人的血缘纽带因频繁迁徙而迅速解体，血族关系代之以契约关系的情形，还可以从古希腊神话中找到旁证。泰顿巨族夫妇争权、父子夺位；迈锡尼阿伽门农为妻所杀，其子俄瑞斯忒斯又杀母为父报仇；黑暗之神爱莱蒲司逐父娶母等故事，无不形象地表现了古希腊这一时期氏族制解体、血缘纽带断裂的史实。

（二）血缘纽带难以解体的中国社会

前引汤因比论述，是为了作比较：与古希腊人不同，中华先民氏族社会的演化，是在血族并未崩解的背景下进行的。

中华先民栖息于东亚大陆辽阔的原野间，很早就从事定居农业。华人的主体——农民世代相沿，大体稳定地聚族而居，"一村唯两姓，世世为婚姻，亲疏居有族，少长游有群"②是中国广大农村长期沿袭的情形。这种生活方式培养了中国人对于土地的一种执着、深厚的亲情，先秦人这样赞美大地：

> 至哉坤元，万物资生，乃顺承天。坤厚载物，德合无疆，含弘光大，品物咸亨。③

① ［英］汤因比著，曹未风等译：《历史研究》（上），上海人民出版社1966年第2版，第132页。

② 白居易：《朱陈村》，《白氏长庆集》卷一〇。

③ 《周易·坤卦·彖传》。

如果说先民对苍天敬畏如严父，那么对大地则亲近如慈母，“乾，天也，故称乎父；坤，地也，故称乎母”[①]。先民对天地的情感分别为“尊天”与“亲地”。《礼记》说：

> 地载万物，天垂象，取财于地，取法于天，是以尊天而亲地也。[②]

以农事耕作为主要生活来源，以及由这种生活方式决定的对于土地的深深眷恋，使中华先民养成“固土重迁”的习惯，而绝少像古希腊人那样视海疆为坦途，以征伐为乐事，所怀抱的往往是“鸟飞反故乡兮，狐死必首丘”（鸟儿高飞终要返回旧巢啊，狐狸死时头一定向着狐穴所在的方向）[③]式的对家乡故土的一往情深。除少数行商走贩和“宦游”士子外，占人口绝大多数的农民，终身固着于土地之上，“日出而作，日入而息”，男耕女织，安居乐业。除非严重的灾荒或战乱，他们是不愿离乡背井，远走他乡的。即便是为了躲避一时的灾祸而出走的农民，只要条件可能，又总是期待回归家园。“故土难离”“落叶归根”，几成中华民族数千年一贯的心理定势。

由于中华先民以定居农耕形态经历着氏族制度转化的过程，而不是如同古希腊人以海外殖民、工商贸易形态经历这一过程，因此从氏族社会遗留下来的、主要由血缘家族组合而成的农村乡社，得以保存。中华先民的文化演进过程中，社会组织血缘纽带的解体，不如古希腊那样完全、充分。而这正是宗法制度在中国数千年不衰的历史渊源。

中华先民跨入文明社会，大约从公元前 21 世纪的夏朝开始，带有原始民主遗存的氏族部落酋长职能向王权转变，但不论是夏人内部还是被征服的部族方国内，氏族血缘关系基本未遭破坏地保存下来。

公元前 16 世纪，商人取夏而代之，形成以商王为最高族长的血缘家族系统对国家的统治。农业生产的基本组织形式还是以血缘关系为纽带的农村公社，其直接生产者“族众”虽然也可视为隶农，但却与古希腊社会中的债务奴隶、战俘奴隶大不一样，而是那种家长制公社关系下的农人。这便是西方古典

① 《周易・说卦》。

② 《礼记・郊特牲》。

③ 屈原：《楚辞・九章・哀郢》。

劳动奴隶制与东方家庭农人制的区别，而后者恰恰是以血缘家族关系存留、血缘纽带解体不充分为首要特征的。

希腊、罗马奴隶制是社会严格分工和商品交换较发达造成氏族公社解体、氏族内部发生对抗性矛盾、出现大量债务奴隶而实现的。希腊、罗马不是以血族关系，而是以地域（城邦）来组成国家。

在中国夏商两代，商品交换因素起着次要作用，畜牧业与农业分工后，战争掠夺成为补充财富的重要手段，每一氏族内部并未出现明显分裂，而是构成一个个军事单位，每一族众都作为族的一员而生存、而战斗。殷墟甲骨文中，奴与隶大多冠以族名。这种由氏族转化而来的国家，保留了氏族社会对内的聚合力和对外的排斥力。这种国家性格，对中国后世影响颇深，“非我族类，其心必异”[①]，“神不歆非类，民不祀非族”[②]，“君子以类族辨物”[③]，成为沿袭久远的传统观念。而“方以类聚，物以群分”[④]的社会组织原则，正是宗法制度的灵魂。

三、西周确立宗法制

宗法制源于原始社会晚期的父家长制，家庭公社成员之间的亲族血缘联系，与社会政治等级关系交融、渗透，固结成宗法关系。经过夏商两代近千年的孕育，宗法制在西周得以规范化。正如王国维所说：

> 周人制度之大异于商者，一曰立子立嫡之制，由是而生宗法及丧服之制，并由是而有封建子弟之制，君天子臣诸侯之制；二曰庙数之制；三曰同姓不婚之制。此数者，皆周之所以纲纪天下，其旨则在纳上下于道德，而合天子诸侯卿大夫士庶民以成一道德之团体。[⑤]

① 《左传·成公四年》。
② 《左传·僖公十年》。
③ 《周易·同人卦》。
④ 《周易·系辞上》。
⑤ 王国维：《殷周制度论》，《观堂集林》卷十，中华书局 1959 年版，第 453～454 页。

王国维（冯天瑜绘）

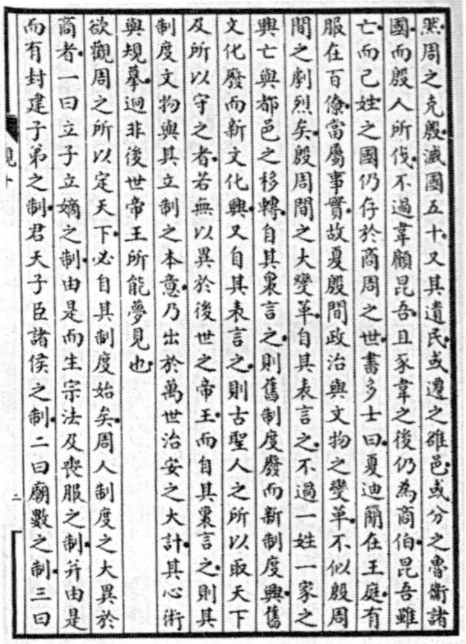

然周之克殷滅國五十又其遺民或遷之雒邑或分之魯衛諸國而殷人所伐不過韋顧昆吾且豕韋之後仍為商伯昆吾雖亡而己姓之國仍存於商周之世書多士曰夏迪簡在王庭有服在百僚當膚事實故夏殷間政治與文物之變革不似殷周間之劇烈矣殷周間之大變革自其表言之不過一姓一家之興亡與都邑之移轉自其裏言之則舊制度廢而新制度興舊文化廢而新文化興又自其表言之則古聖人之所以取天下及所以守之者若無以異於後世之帝王而自其裏言之則其制度文物與其立制之本意乃出於萬世治安之大計其心術與規摹迥非後世帝王所能夢見也

欲觀周之所以定天下必自其制度始矣周人制度之大異於商者一曰立子立嫡之制由是而生宗法及喪服之制并由是而有封建子弟之制君天子臣諸侯之制二曰廟數之制三曰

《殷周制度论》书影

关于嫡庶制是否发端于周，学界其说不一。甲骨文材料显示，殷末已行嫡庶制，帝乙（商朝第 30 代国王，夏商周断代工程把他的在位时期定为公元前 1101—前 1076 年）开始实行嫡长子继统法，故宗法制西周方形成的判断可适当修正，但王国维称嫡庶制为宗法制核心，又由此产生封建制之说，系不刊之论。周朝通过分封，将宗法制扩展至四方，形成以周天子（姬姓嫡长子）为大宗，各诸侯（余子，或称别子）为小宗的宗法统治网络。诸侯在本国又为大宗，嫡长子继承国权，余子再分封为卿大夫。卿大夫在其领地也依此法，宗法网络逐次展开。周秦之际成书的《礼记》曰：

> 别子为祖，继别为宗，继祢者为小宗，有百世不迁之宗，有五世则迁之宗。[①]

这里讲的是：某诸侯有数子，嫡长子袭为诸侯，其余儿子谓“别子”，各自开宗为祖，后继者谓之宗。宗有大小，大宗（长嫡）累世承袭，为百世不迁之宗；小宗（别子）历五代则迁，所谓“君子之泽，五世而斩”[②]。这样，诸

① 《礼记·大传》。

② 《孟子·离娄下》。

侯为一国群宗所共宗；天子又为群侯及群侯国内各宗所宗。[①]

如此构造的“宗法”，不仅是“君统”之法（周天子与诸侯的继统法），也是“宗统”之法（各级贵族乃至平民的血亲关系法），宗法制由君统而宗统：

> 周人嫡庶之制，本为天子诸侯继统法而设，复以此制通之大夫以下，则不为君统而为宗统，于是宗法生焉。[②]

宗法制度定型于西周，其标志有三。

（一）嫡长子继承制

嫡长子继承制是宗法制度的核心。如果不规定嫡长子继承王位的特权，不严格区分嫡长子与非嫡长子（即“别子”），那么大、小宗关系便无由确定，全部宗法制度便无从谈起。

夏、商两代，社会组织结构上的血缘联系基本保持，但在政治权力尤其是国家最高权力的承递上，并没有一定之规。以商为例，从汤至纣，共三十一王，王位递嬗三十次，其中兄终弟及者十四，父死子继者十六，几乎各占一半。依商朝“兄终弟及”的继承制度，兄死，王权由弟继承，直至少弟死后，再由长兄之子继王位，重行“兄终弟及”。但是，自第十一王仲丁之后，这一制度发生危机。继位之弟死，弟之子却不肯还王位于兄之子，王室一片混乱，“废嫡而更立诸弟子，弟子或争相代立”。[③]

周人一改“兄终弟及”为“父死子继”，是为了利用家族父子血亲情感来维系王权的秩序性，以避免王位继承的纠纷。但是，君王们后妃成群，儿子有嫡、庶之分，嫡子又有长幼之别，为了防止诸子争位，于是又有“立子以贵不以长”（嫡子先于庶子）、“立嫡以长不以贤”（嫡长子先于嫡次子）的王位继承制度。[④]这样，从政治关系看，君主是天下的共主；从宗法关系看，又是天下的大宗。君王之位，由嫡长子继承，世代保持大宗地位。其余王子（嫡系

① 参见李剑农：《中国经济史讲稿》第三章“一、封建与宗法之意义”，中华书局 1943 年版。

②④ 王国维：《殷周制度论》，《观堂集林》卷十，中华书局 1959 年版，第 458、457 页。

③ 《史记·殷本纪》。

非长子及庶子）则被封为诸侯，他们对于位居王位的嫡长子为小宗，但各自在其封域内又为大宗，其位亦由嫡长子继承，余子则封卿大夫。卿大夫以下，大、小宗关系依上例。宗法制也适用于异姓贵族。西周行同姓不通婚制，因此，同姓之间是兄弟叔伯系统，异姓之间多为甥舅亲戚，形成宗法网络下的政治联姻。

（二）分封制

宗法制直接派生出分封制（或称封建制），以维系王权政治。

嫡长子继承王位，也就意味着继承天下的全部土地、人民和财富。作为嫡长子的天子又将若干土地连同居民分封给诸弟，给予诸弟享有对这一部分土地、居民的统治权和宗主地位。这在政治上是"授土授民"，在宗法上是"别子为祖"。二者合一，是为分封制。此制"建母弟以屏藩周"，处理好嫡长子与别子的关系，对于巩固嫡长子的最高统治权力和天下宗主地位，大有裨益。就此而言，"宗法即兄弟之法"。

西周封建经文王、武王、周公三次完成，尤以成王时的周公封建较为系统完整，并明确封建诸侯为周天子的臣子，"由是天子之尊，非复诸侯之长，而为诸侯之君"[①]。此一要领为后世继承，君权至上赢得宗法制的支撑。[②]

（三）宗庙祭祀制度

宗法之"宗"，其义为"尊祖庙也"[③]。宗法制度以血缘亲疏来辨别同宗子孙的尊卑等级，以维系宗族秩序，故十分强调"尊祖敬宗"。而隆重庄严的宗庙祭祀制度是达成"尊祖敬宗"的必要形式。商人已有繁复的祭祀典仪，但不像周人祭典那样具有严格的宗法意义。西周时代，祭祖是大宗的特权，小宗不能染指。所谓"支子不祭，祭必告于宗子"[④]。又所谓"庶子不祭祖者，明其宗也"[⑤]。大宗的尊贵地位以及重大责任，通过隆重庄严的宗庙祭祀制度鲜明体现出来，这就是所谓"大宗者，尊之统也；大宗者，收族也"[⑥]。"收

---

① 王国维：《殷周制度论》，《观堂集林》卷十，中华书局 1959 年版，第 467 页。

② 详见冯天瑜：《"封建"考论》（修订本）第一章，中国社会科学出版社 2010 年版。

③ 许慎：《说文解字》。

④ 《礼记·曲礼下》。

⑤ 《礼记·丧服小记》。

⑥ 《仪礼·丧服》。

族”，就是“别亲疏，序昭穆”，组织、团结族人。

宗法制度下，君王是天下大宗，故君王主持的宗庙祭祀，意义极为重大，制度也极为严密。西周前期，天子的宗庙为“五庙”，即：

考庙——父庙①；

王考庙——祖父庙；

皇考庙——曾祖父庙；

显考庙——高祖父庙；

太祖庙——又称太庙，供奉始祖以及始祖以下、高祖以上各代祖先的神主。

到了西周中期，尽管文王、武王开国功业辉煌，但按世系的排列，已不属当朝天子的考、王考、皇考、显考辈，按制不当单独立庙受祀。周人追念文、武功业，“有德之王，则为祖宗，其庙不可毁”②，故增设文武二世室庙，将文武以下、显考以上诸神主供奉于其中，这样便成为“七庙”，即《礼记·王制》所载：“天子七庙，三昭三穆，与太祖之庙而七。”其排列严格有序。太祖庙居中，以下逐代分列左右，昭辈居左，穆辈居右。三昭为武世室、显考庙、王考庙，三穆为文世室、皇考庙、考庙。

“左祖右社”：天安门左右之太庙、社稷坛

① 《礼记·曲礼下》：“生曰父，死曰考。”

② 《太甲下》，《尚书注疏》卷七。

周代严格的宗庙祭祀制度，对于维系以家族为中心的宗法制度和巩固王权，发挥过显著作用。这一传统被后世统治者承袭，以至于后来“七庙”成为王室或国家的代称，贾谊《过秦论》称“一夫作难，而七庙隳”，便以七宗庙的毁灭喻示秦王朝的覆亡。

历代君王都十分重视宗庙的营建，将其与社稷并重，共同作为国家权力的象征。王宫之前，左宗右社的制度一直沿袭至明清。今北京天安门居左的“劳动人民文化宫”原为明清的太庙，居右的“中山公园”原为明清的社稷坛，呈“左祖右社”格局。“左祖”是宗法的标志，“右社”是国土的象征，它们共同喻示王朝的血缘系统和对全国土地、臣民的统治。

四、东周以后宗法制流变

说西周宗法制度奠定中国传统社会结构大势，并非意味着后世承袭了西周宗法制的全部内容。事实上，严格意义上的宗法制度在西周末年已趋式微。反映周幽王时期生活的诗篇说：

> 宗子维城，无俾城坏。[①]
> （群宗之子就像邦国的城垣，莫使这城垣毁坏。）

透露出西周末年宗法制崩析的音讯。

春秋战国以后，西周时代由氏族贵族血缘纽带攀联而成的统治体系进一步崩溃，周初“兼制天下，立七十一国，姬姓独居五十三人”[②]，而历经春秋兼并，到战国时所存七雄，其中仅燕国王室为姬姓，其余六国均由异姓掌权。秦汉以降，分封制被郡县制取代，除帝王继统仍由皇族血缘确定之外，行政官员的选拔、任用，实行荐举、考试制，即以“贤贤”取代“亲亲”，西周的宗法制消解多半。

（一）宗法制变态

“宗法”与“封建”本是互为表里的、二而一的两种制度，封建借宗法维

---

① 《诗经·大雅·板》。
② 《荀子·儒效》。

系，宗法借封建张大。在西周珠联璧合的“宗法”与“封建”，至东周以降，逐渐发生复杂的离合变迁，总趋势是“封建”走向衰微；‘宗法”则从政制向社会组织转移，并由与“封建”结合改变为与“君主专制”结合。

春秋战国，郡县制逐渐取代封建制，命官、流官制取代世卿世禄制，加之嫡、庶的紊乱（不少公卿将妾提升为正妻，庶子得以继承爵位），导致“嫡长子继承”这一宗法制核心内容的破坏，促成宗法制呈解体之势，所谓“封建废，而宗法格不行”[①]。这是二者“一损共损”的情形。战国时法家以“尊尊”代“亲亲”，以“法治”代“礼治”，即反映了这种趋向。以“兴灭国，继绝世”为要务的儒家则维护宗法礼治，高倡“复礼”“归仁”。管仲学派综合儒、法，主张兼行礼、法，试图将宗法制与君主专制统一起来。汉代新儒家则集此论之大成。两汉以降的中国社会大体走着这样一条路径。这是“宗法”在“封建”衰微后走向与专制政制结合的道路。

秦汉以下的社会实态是，封建制被郡县制取代，社会结构的基本单位由“宗族”变为“家族”，而宗法制却并未随风逝去，社会基层多为半宗法、半地域性的组织形式，这并非是某些学派鼓吹的结果，乃是曰社会经济格局所铸就：在自然经济条件下，聚族而居的生活方式长期维系，根据血统远近区分亲疏的继承规则及相应礼制，得以沿袭，尤其是宗族精神（即宗法观念）长期延传。而汉儒、宋儒以“亲亲”为本，推及“尊尊”的伦理—政治观，与长期延续的宗法制度、宗法思想相互匹配，构成社会主流。

秦汉以下的宗法制，已不是西周那种严格的、规范化的宗法制，而是一种较宽泛意义上的宗法制，或曰变态宗法制。这种“变态”的一大表现，是“忠君”压倒“孝亲”，从而大异于先秦以孝为先的宗法意识。郭店楚简《六德》，作为儒家早期文本，保存了周代宗法思想的要领，简文曰：

> 仁，内也；义，外也；礼乐，共也。内立父、子、夫也，外立君、臣、妇也……为父绝君，不为君绝父；为昆弟绝妻，不为妻绝昆弟；为宗族杀朋友，不为朋友杀宗族。人有六德，三亲不断。[②]

① 许三礼：《补定大宗议》。

② 转引自武汉大学中国文化研究院（中国传统文化研究中心前身）编：《郭店楚简国际学术研讨会论文集》，湖北人民出版社 2000 年版，第 386 页。

这里的“绝”“杀”皆丧服用语，意谓守丧时丧服级别的减杀。当服父丧与服君丧发生矛盾时，可减省服君丧的丧服，而不能相反。这是强调以宗法血亲为上，父子关系高于君臣关系。然而，进入皇权时代，孝道虽被继续强调（汉代号称“以孝治天下”），忠孝视作互动关系（所谓“求忠臣于孝子之门”），但当二者必取其一时，“忠君”便压倒“孝亲”，此谓之“忠孝不两全”。这是皇权至上的皇权时代不同于宗法封建时代的所在。

（二）宗法精神延传

皇权时代虽然宗法观念发生变态，但改造过的宗法精神笼罩秦以下两千余年社会，表现在以下几个方面：

（1）父系单系原则广泛实行；

（2）大体沿用宗法结构的家族制长盛不衰；

（3）家国同构，宗法制与专制君主制合一，宗法维系皇权。

宗法式的礼制是秦汉至明清列朝皇统及贵胄继承的必遵之制，如皇帝及王侯的继承，宗法的“近支”原则是理当遵守的，违背此一原则，即被视作“乱制”“违礼”，不少朝代为此引发过激烈政争，明代嘉靖间的“大礼议”、清代光绪初年的同治帝身后继嗣继统之争，均为显例，论争双方赖以为据的，都是宗法礼制。又如《红楼梦》所描写的荣国府贵族大家族，荣国公死后，由长子贾代善袭爵，代善有二子：长子贾赦、次子贾政，代善死后，平庸的贾赦承爵，较富才识的贾政只能通过科考取得功名。[①] 这一切都严格遵循宗法制的“嫡长子继承”原则。小说所表现的，正是明清贵胄社会的生活实态。

宗法礼制在民间也保有物质形态及规范方式（如祖庙、祠堂、宗谱、族田、族学、族规等），并有自治化趋势，诚如张载说：“宗子法废，后世尚谱牒，犹有遗风。”[②] 宗法制直至近代仍发挥着重要作用（如曾国藩创办湘军，宗法组织是一大依凭，宗法观念是重要精神支柱）。宗法观念（表现为崇祖、孝悌、移孝为忠、守节、同族一气，等等）既流衍民间，又加工提升为国家观念，如宋代皇帝诏曰“原人伦者，莫大于孝慈，正家道者，无先乎敦睦”[③]，

---

① 见《红楼梦》第二回，人民文学出版社 1973 年版。

② 张载：《经学理窟 · 宗法》。

③ 《宋会要辑稿 · 刑法二》。

即为典型表述。宗法伦理自庙堂之高，至江湖之远，莫不奉作圭臬。

试看一部《水浒传》，那些揭竿而起的好汉，在某种程度上挣脱纲常名教，集结在号称“四海之内皆兄弟”的“义”旗之下，成为宗法—专制社会的体制外人群。但此一体制外人群或许背离“君—臣”一伦，打家劫舍，与官军对垒，然而，他们可以暂时反叛朝廷，却极少有违背宗法的记录。《水浒传》中“逼上梁山”的英雄们大都是孝子、仁弟，从宋江、林冲，以至于武松、李逵，无不服膺宗法伦理。小说对宋江“孝道”（有“孝义黑三郎”之称）与“由孝及忠”（导致受招安）的详尽铺陈；对武松“悌道”（对善良而懦弱的兄长极尽尊敬，并为之复仇）、李逵“孝母”的生动描绘，活现出一群造反者的浓烈宗法意识。而且，正是这种柔性、坚韧的宗法意识，驱使性格豪强的造反者最终归附家国同构的宗法—皇权体制，重做朝廷忠臣、顺民。帝制时代这些边缘化人物尚且如此，主流社会更为宗法观念所笼罩。

（三）今之中国人犹“宗法之民”

近人严复在《〈社会通诠〉译序》中论列中国宗法制延传数千年的情形，将人类社会的进程分为三大段落：“始于图腾，继以宗法，而成于国家。”图腾（氏族时代的崇拜物）是渔猎经济的产物，宗法是农耕经济的产物。就中国言之，农耕自然经济的早成与长期延续，使宗法制特别绵长。严复把宗法制与定居农耕经济联系起来，确为卓识。严氏进而指出：秦废封建、立郡县以后，“又二千余岁矣，君此土者不一家，其中之一治一乱常自若”，而其间中国人的风俗习惯、言论与思维，皆不出宗法规范，“封建”取消后的中国社会（指秦至清）“宗法居其七，而军国居其三”。既然宗法占据主导，故严氏在译序中指出：

严复（1854—1921）

> 由唐虞以讫于周，中间二千余年，皆封建之时代，而所谓宗法亦于此时最备……乃由秦以至于今，又二千余岁矣，君此土者不一家，其中之一治一乱常自若，独至

于今，籀其政法，审其风俗，与其秀桀之民所言议思维者，则犹然一宗法之民而已矣。①

严复揭示中国社会史的两个关键问题：

其一，中国封建社会所历时段在周末以前的两千年（夏、商、周三代），周秦之际以下为非封建的“霸朝”“军国社会”，也即皇权专制社会。②

其二，秦汉以下，“封建”不再是政制主体，而“宗法”却得以延续，直至严复所处时段（清末），中国人仍为“宗法之民”。中国的宗法社会历时久远，从封建时代（夏、商、周）直至专制帝制时代（秦汉至明清），余韵流风延及近现代。

梁启超有类似论说：

吾中国社会之组织，以家族为单位，不以个人为单位，所谓家齐而后国治是也。周代宗法之制，在今日其形式虽废，其精神犹存也。③

考之以中国社会史，严复、梁启超之说大体不差。

笔者故乡湖北黄安（今名红安），直至现代，宗族共同体的印迹仍斑斑可见。以冯氏为例，自明初从江西迁至黄安（原属麻城，明中叶析出设黄安县），于城关附近形成冯姓聚居的冯家畈，本着“同姓不婚”原则，与相距百里的吴氏聚居的吴家大湾通婚，世代结成“亲家”。冯氏多务农，也有经商者（贩茶、卖牛等），聚族居此六百余载，世代未挪窝，祠堂、族谱、族田、族规传至现代。先父家贫，因学业优秀，被族人共举升学，学费由族产供给。先父后来在外教书，多年资助族人，乃回报当年族中助学之恩。这种聚族而居的宗法社会，其深层结构即使历经20世纪20—40年代的内战和抗日战争，以及50—70年代频繁的政治运动亦变化不大。而20世纪70年代末以降的改革开放浪潮，尤其是1990年以后大批青壮年劳动力入城务工（60万人口的红安县，现有10余万人外出打工，加上家属，占总人口的多半），百姓们开始脱出聚族

① 严复：《〈社会通诠〉译序》，《社会通诠》，商务印书馆1981年版。

② 详见冯天瑜：《“封建”考论》（修订本），中国社会科学出版社2010年版。

③ 梁启超：《新大陆游记　节录》，《饮冰室合集》之七《饮冰室专集》，中华书局1989年版。

而居的“宗法之民”的故辙。

宗法制度与宗法伦理构成一种坚韧的系统，即使改朝换代、战乱兵灾，宗法社会的实存，也能在一定程度上使基层社会保持稳定，并通过民间教化维系人心祥和。长篇小说《白鹿原》展示了宗法制度在近代中国的延绵与变迁。中国文化延展、从未中绝，与宗法制度、宗法伦理的长存不辍存在关联性。简单抛弃、全盘否定宗法伦理，正是近现代中国心理建设方面的一个教训。

第二节 家与国

宗法制度兼备政治权力统治和血亲道德规约的双重功能，此制框定中国传统社会结构大势。虽然春秋战国以降西周式的完备宗法制式微，但宗法社会的基本架构及其宗法精神却长期传袭下来。这表现在以下几个方面。

一、父系原则承传不辍

西周宗法制在公共职务和私有财产的继承方面，根据的是严格的父系单系世系原则。所谓“父系单系世系”，是指血缘集团世系排斥女性成员的地位。世界文明史表明，在由原始社会过渡到阶级社会的最初阶段，父系社会取代母系社会，家庭关系突出父系单系世系似乎是各民族的普遍现象。如古罗马的《十二铜表法》（公元前 5 世纪）在财产继承权方面就只承认父系亲，而不承认姻亲。在这一法律的“当然继承人”概念中，包括子女和妻子，但不包括已婚女儿。而印度的《摩奴法典》（公元前 3 世纪）则对于未婚女儿也不给予继承权。但事实上，古希腊和古印度社会对于姻亲的继承权仍有变相的承认，准许无子者认外孙为孙，梭伦变法更在男系亲属之后承认女系亲属的继承权。

在中国西周时代，父系单系世系原则的奉行较为严格。王位、君位、卿大夫爵位的继承，绝不超出父系亲范围，而且规定嫡长子为第一继承人。在家庭财产继承权方面，周代不同于印度《摩奴法典》“长子继承产业全部”的规定，允许几个儿子共同享有继承权，但不允许女性后裔和配偶继承财产。

严格的父系单系世系原则，在西周以后的悠悠岁月广泛实行。就政治权力继承而言，不仅不允许母系成员染指，而且不传给本系女性后裔。俗语“牝鸡之晨，惟家之索"[①]，便是对政治权力旁落女性的严厉警告。在欧洲列国和印度，女王、女皇司空见惯，而中国除在"胡气"颇盛的初唐有武则天（624—705）称帝一例之外，从未有女性为帝王者，偶有女后专权，如西汉初的吕后、清末慈禧太后擅权，则被视作异常，遭到朝野訾议和史家抨击。在家庭财产继承方面，也没有女性地位。"嫁出的女儿泼出的水"，女儿出嫁，连姓氏都要随夫，当然无权继承父系遗产。甚至在某些专业特种技艺的传授方面，也有"传媳不传女"的家规，传媳可以为本家族增创财富，传女则意味着技艺财富流入异姓他族。

二、家族制度长盛不衰　祠堂·宗谱·族田

周代以降，中国社会历经动乱，社会经济形态、国家政权形式多有变迁，但构成中国社会基石的，始终是由血缘纽带维系着的宗法性组织——家族。《白虎通义》称：

> 族者，何也？族者，凑也，聚也。谓恩爱相流凑也。上凑高祖，下至玄孙，一家有吉，百家聚之，合而为亲。生相亲爱，死相哀痛，有会聚之道，故谓之族。[②]

由一个男性先祖的子孙团聚而成的家族，因其经济利益和文化心态的一致，形成稳固的、往往超越朝代的社会实体，成为社会机体生生不息的细胞。这种家族制度虽几度起伏，却不绝如缕，贯穿于西周以下数千年间。此类记录不绝于书。仅以清代、民国的方志、宗谱为例，就不胜枚举——

> 家多故旧，自唐以来数百年世系，比比皆是。[③]
>
> 兄弟析烟，亦不远徙，祖宗庐墓，永以为依，故一村之中，同姓者至数十家或数百家，往往以姓名其村巷焉。[④]

---

① 《尚书·牧誓》。

② 《白虎通义·宗族》。

③ 《光绪安徽通志》卷三四引《徽州府志》。

④ 《同治苏州府志》卷三引《县区志》。

乡村多聚族而居，建立宗祠，岁时醵集，风犹近古。[①]

每逾一岭，进一溪，其中烟火万家，鸡犬相闻者，皆巨族大家之所居也。一族所聚，动辄数百或数十里，即在城中者亦各占一区，无异姓杂处。以故千百年犹一日之亲，千百世犹一父之子。[②]

家族制度仰赖祠堂、家谱和族田三者得以维系。

祠堂供奉祖先的神主牌位，每逢春秋祭祀，全族成员在此隆重祭祀先祖，这是祠堂的首要功能。祠堂还是向族众灌输族规家法的场所，“其族长朔望读祖训于祠”[③]，“每月朔望，子弟肃衣冠先谒家庙，行四拜礼，读家训”[④]。对于违反族规家法的不肖子孙实行惩处，也在祠堂内进行，“合族中设有以卑凌尊，以下犯上，甚至辱骂殴斗，恃暴横行者，须当投明族长及各房宗正，在祠堂责罚示戒”[⑤]。祠堂之设，在强化家族意识、延续家族血脉、维系家族团结方面发挥巨大作用，正如清人全祖望（1705—1755）所言

安徽歙县鲍家花园祠堂“慎终追远”匾额下供奉鲍叔牙等先祖

① 《民国福建通志》卷二一引《乾隆邵武府志》。

② 《光绪石埭桂氏宗谱》卷一载潘叙。

③ 《同治广州府志》卷十五引《广东新语》。

④ 蒋伊：《蒋氏家训》，《借月山房汇抄》第七十二册。

⑤ 陈士瑶：《训诫》，《义门陈氏大同宗谱·彝陵分谱》卷一。

而宗祠之礼，则所以维四世之服之穷，五世之姓之杀，六世之属之竭，昭穆虽远，犹不至视若路人者，宗祠之力也。[1]

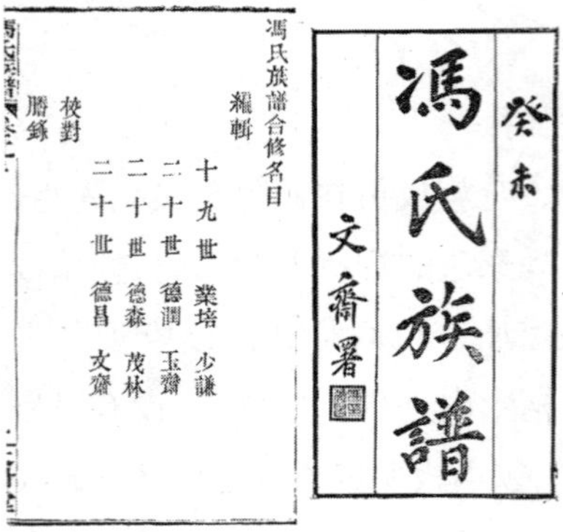

黄安冯氏族谱

家谱（宗谱）是家族的档案、经典、法规。“族各有谱，凡支派必分列以序昭穆，故皆比户可稽，奸伪无托。”[2]家谱详细记载全族的世系源流、子嗣系统、婚配关系、祖宗墓地、族产公田、族规家法。家谱的首要作用是防止因年代久远或居处异动而发生血缘关系的混乱，从而导致家族的瓦解。其次它还是解决族内纠纷、训诫子孙的文本依据。家谱是家族文化史典，其存史价值和教化功能不可低估。

宗谱

族田是家族公共的田产，又分为祭田、义田、学田几类。族田主要用于招佃收租，但为防止族众对其侵蚀，一般规定本族中人不得承租，亦不得作租佃的中人。学田收入供族内儿童作学费，义田收入用以赈济贫困灾病，祭田收入

① 《桓溪全氏祠堂碑文》，《鲒琦亭集》外编卷一四。
② 《嘉庆宁国府志》卷九引《旌县志》。

用于开支祭祀的牺牲、礼仪、宴席。此外，有关族众公益的费用，也都从族田收入内支付。族田是家族制度的物质基础。如果说祠堂、家谱主要用于从精神上训导族众“尊祖敬宗”，那么族田则主要通过物质利益关系来达到“收族”的目的。《礼记》曰：“亲亲故尊祖，尊祖故敬宗，敬宗故收族。”[①] 清人说，凡宗族离散，皆由不设义田宗祠之故。[②]

一个家族合影，相框中人为其先祖

在社会心理方面，宗法结构给中华民族打上深刻烙印，还表现为对于血缘关系的格外注重。这一社会心理的外化，突出体现在亲属称谓系统的庞大而精细。这一系统不仅如同世界诸多民族一样纵向区分辈分，而且在父母系、嫡庶出、年长幼等横向方面也有严格细微的规定。英语中的 uncle，汉语对应词有伯父、叔父、舅父、姑父、姨父，aunt 的汉语对应词有伯母、婶母、舅母、姑母、姨母。而汉语中意义截然不同的姐夫、妹夫、大伯、小叔、姻兄弟，在英语里均由 brother-in-law 笼而统之。在亲属称谓方面不厌其烦地“正名”，为着意强调血缘亲疏、统系区别，这是宗法社会的产物。

① 《礼记・大传》。

② 《宗规》，载《读易楼合刻》第一册。有关祠堂、家谱、族田的功能，参见左云鹏：《祠堂族长族权的形成及其作用试说》，《历史研究》1964 年第 5、6 期合期。

三、宗族制与考选官僚制相契合

（一）收族与尊宗

在中国传统宗法意识里，宗与族是两个不同的概念。《白虎通义》说：

> 宗者，何谓也？宗者，尊也。为先祖主者，宗人之所尊也。族者，何谓也？族者，凑也，聚也。谓恩爱相流凑也。[①]

“族”指全体有血统关系的人，并无主从之别；“宗”则指在亲族中奉一人以为主，宗有根本、主旨之意，指宗族长老，又引申为政权的宗法之长，历代帝王，开国君主称“祖”（如汉高祖、宋太祖、明太祖之类），以下君主称“宗”（如唐太宗、宋神宗、明宣宗、清高宗之类），可见宗法制与君主制的相通性。又如宗族中居尊长地位的“父”，古形为，《说文》称：“父巨也，家长率教者也，从又举杖。”与古代官吏之通称的“尹”字字形极近，尹在金文作，《说文》称：“尹从又、丿，握事者也。”而加口于尹，合于“口以发号”，则为“君”。父—尹—君古字的相通，生动地喻示着宗法族权与专制政权之间的血肉关系。

（二）耕读传家

社会学家潘光旦（1899—1967）在《人文选择与中华民族——两个制度的讨论》中指出，中国传统社会由两种文化力量支撑，一是家族单位主义和家庭制度，达成“收族”效应，使人相亲爱、社会基层稳固；二是考选官僚制度，使优秀人才和领袖得到更多的生存、生殖的保障。家族制度和选举制度所依凭的社会哲学也是相通的，讲亲亲有别、尊贤有等，与近代人文生物学有暗合之处。

家族制与考选官僚制这“两大制度”，在传统社会互为表里，家族制是考选官僚制的根脉所在。宗族的共同信条是“耕读传家”，“耕”指宗族制下的小农家庭勤勉耕作，以提供生活资料；“读”指宗族子弟努力攻读经典，为考选作准备，而由考选入官是宗族的最大荣耀。这反映了族权与政权的内

---

① 《白虎通义·宗族》。

在联系。

中国君主制—考选官僚制所依凭的社会基础是盘根错节、无所不在的族权。

族权是以血缘关系为纽带而形成的一种特殊的社会权力，它是从氏族社会家庭公社的父权中引申出来的，随着家族制度的完善而膨胀起来，终于成为与政权、神权、夫权比立而四的强劲的社会维系力量。

（三）族权与政权的离与合

西周宗法制度，族权与政权合一。秦汉以后，随着郡县制取代分封制，政权与族权渐趋分离。这一变动，给予族权以双重影响。一方面，国家政治权力从诸多方面制约着族权，不让它直接干涉、损害政权，使它从属于政权，例如宗族首领的官僚化，便是国家逼迫宗族为在君主政体下生存所付出的必要代价；另一方面，又因为族权与政权分离，促使族权以独立形态获得发展，在社会生活中产生影响。最明显的例证，便是东汉末年至南北朝时期出现的以宗族为核心、俨然与政权分庭抗礼的“壁主”“宗部”“宗主”等族权组织形式。

宋明以后，随家族制度的日趋完善，族权的社会功能愈益坐实。宋人张载提出“立宗子法”，“管摄天下人心，收宗族，厚风俗”[①]。程颐进而指出：

> 若立宗子法，则人知尊祖重本，人既重本，则朝廷之势自尊。[②]

南宋朱熹设计了“敬宗收族”的宗子法方案：每个家族王寝之东设立一个奉祀高、曾、祖、祢四世神主牌片的祠堂四龛。现有田产每龛取二十分之一以为祭田，另有墓田，皆由宗子主之，以给祭用。祠堂、族田、祭祀、家法、家礼、族长等家族制度的结构形态均有具体规定。[③]

理学家的这些努力，是宋以后族权不断完善和发展的社会现实的概括，而家族族权又因这些“管摄天下人心”的宗法伦理的理论指导，朝着自觉巩固宗

---

① 《宗法》，《张子全书》卷四。

② 《通礼杂录·祠堂》，《朱子家礼》卷一。

③ 见《朱子家礼》卷一。

法制的方向发展——

首先，族权形成严密的、固定的组织形式。清人刘献廷（1648—1695）记述，镇江赵氏宗族“有二万余丁，其族有总祠一人，族长八人佐之。举族人之聪明正直者四人为评事，复有职勾摄行杖之役事者八人。祠有祠长，房有房长。族人有讼，不告之官而鸣之祠，评事议之，族长判之，行杖者决之”[①]。

其次，族权与地方绅权结合。族权的人格化代表是祠长、族长、房长。（陈忠实的《白鹿原》有生动描写）一般这些职务均被“岁入五百元以上者”“罢官在籍者”“生员”等绅衿土豪把持，而并非严格依宗法血缘秩序由“宗子”担任。[②]这也是后世家族制有别于西周宗法制的特点之一。

再次，族权与国家政权结合。这是宋明以后族权膨胀的主要原因和表现形式。应该指出，宋明以后族权与国家政权的结合并非恢复到西周宗法制下二者的完全合一，而是表现为族权在宣扬宗法伦理、执行宗法礼教、维护宗法秩序、巩固宗法统治方面与国家政权的目标一致，并以自己的特殊功能来弥补国家政权的缺陷。

（四）族权的功能

在弘扬宗法伦理、执行宗法礼教方面，族权凭借自己的血缘宗法特性，较之政权的强制举措，更易收到“管摄天下人心”的效力。

血缘之“族”是“生相亲爱，死相哀痛，有会聚之道”[③]的自然群体，族权对族众的感化力在官府之上，所谓“立教不外乎明伦。临之明宗，教其子孙，其势甚近，其情较切；以视法堂之威胁、官衙之劝诫，更有大事化小，小事化无之实效”[④]。族权在执行礼法方面，其效力往往在地方官员和家长之上，因为族长与族众有血缘关系，比官吏更切近族众；族长又不必像父兄那样碍于亲情，可对族众无所顾虑地施加教化，所谓“牧令所不能治者，宗子能治之，牧令远而宗子近也；父兄所不能教者，宗子能教之，父兄可从宽而宗子可从严也”[⑤]。对于违犯族规家法，也即叛逆礼教者，族权施以惩贷。

① 刘献廷：《广阳杂记》卷四。

② 陈宏谋：《寄杨朴园景素书》，《皇朝经世文编》卷五八。

③ 《白虎通义·宗族》。

④ 《族事例》，《桂林陈氏家乘》卷七。

⑤ 冯桂芬：《复宗法议》，《校邠庐抗议》下卷。

古代中国有“国权不下县”的传统，乡里间秩序的维系由族权承担。宗族凭借血缘亲属关系和约定俗成的乡规民约，有效地实现社会管理。明代苏州范氏家族“设公案听断一族之事，立有钤记。死或他故，则更以钤记授后人。交替时必着公服，一若官府之受代然”①。又据胡朴安《中华全国风俗志》下篇卷五载，清代安徽合肥地区家族“宗法极重”，族人争讼，取决于族绅，重大案件虽诉之官府，但“官之判断仍须参合族绅之意见”。由于族权多把持于豪绅之手，一旦发生战乱，族权便充当政权补充。这在明清两代尤为普遍。

明末山西沁水农民造反，张道“合族姓义故三百人”与之对抗。河南地区大姓地主奉官府之命，组织同姓丁壮为乡兵，且以“乡约”规定：“各姓每月朔望必要点名齐演，如人怠惰不点者，察出重罚不贷。”②清道光十年，江西哥老会活跃，清廷下令：“该处通省皆聚族而居，每姓有族长绅士，凡遇族姓大小事件，均听族长绅士判断……其子弟有无入会匪等情……如有不法匪徒，许该姓族长绅士捆送州县审办。”③

清末以宗法关系编组的团练

① 瞿兑之：《大族制》，《人物风俗制度丛谈》甲集。

② 中国历史博物馆存河南某地《团练乡约》，末署崇祯十五年十月初一日。

③ 《宣宗实录》卷一八一，道光十年十二月戊戌。

太平天国军兴，清廷在南方诸省的统治岌岌可危，为稳定局势，清廷下令“凡聚族而居，丁口众多者，准择族中有品望者一人立为族正，该族良莠责令察举”[1]，建立“保甲为经，宗法为纬”的军政网络。各姓绅士纷纷组织以族众为基本力量，以族规为法令约束，以族权为指挥系统的“团练”武装，与太平军抗争。太平天国军事上的失败，宗法性团练武装（湘军、楚军、淮军为其大者）纷起与之对抗是重要原因之一。

四、家国同构

中国自产生国家后，出现过神权制、贵族制、君主制等几种形态，其间以君主制历时最久。然这几种制度皆以宗族共同体为社会基础。自战国以降，宗法制度的古典形态渐趋解体，然其遗存却长期保留，并深藏于政权、族权、神权、夫权之中。在中国延续时间甚长、获得完备形态的君主专制制度与宗法制度的遗存互为表里，形成一种宗法—专制社会系统。这种社会系统与中国的农耕型自然经济相适应、相应援，深刻影响着中国文化的外在风貌和内在品格。

严格的宗法制虽然在东周以后式微，但由宗法制导引出的“家国同构”体制却运行于自商周以下的三千年中国社会。

“家国同构”，是一种家族与国家相通约的社会组织结构，它是氏族社会血缘纽带解体不充分保留的遗产。在这种结构内，无论家与国，其组织系统和权力配置都遵循父家长制，地缘政治、等级制度始终未能独立于血亲—宗法关系之外。在一定意义上可以说，周代封建社会是宗法封建社会，秦汉以降的专制帝制社会是宗法皇权制度，中国历史上的封建国家和专制皇权国家，始终是父家长制延伸、扩大的变体。这是前近代中国社会的一大特色。

印度同样是在氏族制度解体很不充分的情况下跨入阶级社会的，但印度没有建立中国式的父系家长制宗法制度，而是形成独具特色的种姓制度。种姓制是严格的社会等级制度。婆罗门（僧侣）、刹帝利（武士）、吠舍（自由民）、首陀罗（被征服的土著居民）四大种姓判然有别，不同种姓间严禁通婚。每一种姓都有长老会议，有权裁判本种姓成员。由此观之，印度的血亲关系在家庭乃至种姓内部依然存在，但在整个社会结构的维系方面却作用不大。社会结构

---

① 《咸丰户部则例》卷三，《保甲》条。

的严格等级制与家庭结构的血亲制判然有别，因此也无从出现“家国同构”现象。古代欧洲的贵族、平民、奴隶之间，等级差异亦十分鲜明；中世纪的僧侣、贵族、平民形成权利义务判然有别的三级次，地缘政治、等级政治高于血缘政治。

中国的情况与印度、欧洲诸国大不相同。中国传袭久远的宗法制度基于同族的血缘关系与同乡的地缘关系二者的结合。正如先秦典籍所称：“胙之土而命之氏。”[①]在亲缘、地缘的基础上，又产生出神缘（共奉神祈宗教）、业缘（同业、同学）、物缘（由生产同种物品而结成的行会、协会）。这种种带有浓厚宗法意味的关系网，其母体是亲缘关系。中国“五伦”（君臣、父子、夫妇、兄弟、朋友）之中，亲缘占三，而且君臣、朋友关系也由亲缘关系推衍出来。总之，中国的社会伦理、国家伦理是从家族伦理演绎而来的[②]。孝亲是中国道德的本位，又由孝亲推及为忠君，所谓“君子之事亲孝，故忠可移于君；事兄悌，故顺可移于长；居家理，故治可移于官”[③]。宗法家族成为“国”与“民”之间的中介，“国”与“家”因而彼此沟通，君权与父权也就互为表里，社会等级、地缘政治始终被笼罩在宗法关系的血亲面纱之下。社会赖以运转的轴心，是宗法原则指导下确立的以父子—君臣关系为人格化体现的伦理—政治系统。这便是中国社会的“家国同构”格局。

家是小国，国是大家。在家庭、家族内，父家长地位至尊，权力至大；在国内，君王地位至尊，权力至大。父家长因其血统上的正宗地位，理所当然地统率其族众家人，而且这一正宗地位并不因其生命的终止而停辍，而是通过血脉遗传，代代相继。同样，君王自命“天子”，君王驾崩，君统不辍，由其嫡长子自然承袭，如是者不绝。

父家长在家庭内君临一切，“家人有严君焉，父母之谓也”[④]。君王是全国子民的严父，“夫君者，民众父母也”[⑤]。而且，“正如皇帝通常被尊为全中国的君父一样，皇帝的官吏也都被认为对他们各自的管区维持着这种父权关

---

① 《左传·隐公八年》。

② 参见林其锬：《“五缘”文化与纪念吴本》，《上海道教》1989 年 3、4 期合刊。

③ 《孝经·广扬名》。

④ 《周易·家人卦》。

⑤ 《新书·礼三本》。

系”①。各级地方政权的行政首脑亦被视为百姓的“父母官”。

简而言之，父为“家君”，君为“国父”。正因为君与父互为表里，所以治国与齐家也相互为用。所谓“治国必先齐其家者，其家不可教而能教人者无之。故君子不出家而成教于国”②。君父同伦，家国同构，宗法关系因之而渗透于社会整体，甚至掩盖了阶级关系、等级关系。

中华元典《周易》画龙点睛地指明国家制度与家庭的相互关系：

> 有天地然后有万物，有万物然后有男女，有男女然后有夫妇，有夫妇然后有父子，有父子然后有君臣，有君臣然后有上下，有上下然后礼义有所错。③

（清）天地君亲师牌位
许多家庭厅堂供奉

把家庭关系作为国家关系的先导和基石，又与天地比配，加上尊师，合成“天地君亲师”位，被各阶层顶礼膜拜。东汉《太平经》最早出现“天地君父师”提法，北宋初正式使用。明末以来，民间广为祭祀“天地君亲师”。清雍正初，以帝王和国家名义，确定“天地君亲师”次序。民国衍出“天地国亲师”和“天地圣亲师”。

在传统伦理中，对于家庭成员和国家子民品质的要求是同一的，即所谓“忠孝相通”。忠与孝的服膺对象，一为君主，一为家长，但都是对于自上而下权力的绝对顺从，方有“求忠臣于孝子之门”之论。《孝经》说：“故以孝事君则忠。”《礼记》甚至将忠君视作“孝”的题中要义、大节：“事君不忠，非孝也；莅官

① 马克思:《中国革命和欧洲革命》,《马克思恩格斯全集》第十二卷，人民出版社 1998 年第 2 版，第 114 页。

② 《礼记·大学》。

③ 《周易·序卦传》。

不敬，非孝也。”[①] 相形之下，尊重、服侍长辈成了“孝”的次要内容。理学家进而将行孝分作“上、次、再次”三等：

> 孝有大小，有偏全。扬名显亲，上也；克家干蛊，不坠先人之志，次也；服劳奉养，又其次也。[②]

可见在皇权社会，通过效忠君主达成扬名显亲，才是孝道的最高目标。宗法归附皇权，孝亲服从忠君，这正是“忠孝同义”的内蕴所在。

第三节　伦理型文化

中国是在血缘纽带解体不充分的情况下步入阶级社会的，加之聚族而居的生活方式延传不辍，使宗法制度形变而神存，“六亲”（父子、兄弟、夫妇）、“九族”（父族四、母族三、妻族二）构成社会关系的基轴，血亲意识形成普适性的伦理道德，甚至上升为法律条文（如“不孝”成为犯法的“首恶”），长久地左右着社会心理。

一、法祖尊统

在中华宗法系统里，作为“合族之道”的基本观念，与“尊天”并列的是“法祖”。“法祖”是宗法伦理的核心。

（一）法祖原型——生殖崇拜

中华宗法伦理的出发点是“万物本乎天，人本乎祖”[③]。

荀子曾这样概括几种高等级尊崇对象的神圣性：

> 天地者，生之本也。先祖者，类之本也。君师者，治之本也。无天地，恶生？无先祖，恶出？无君师，恶治？[④]

---

① 《礼记·祭义》。

② 张习孔：《家训》。

③ 《礼记·郊特牲》。

④ 《荀子·礼论》。

敬祖是殷商即已确立的一种传统。据统计，殷墟甲骨卜辞中关于祭祀祖先的多达 15000 多条，其中关于上甲的 1100 多条，成汤的 800 多条，祖乙的 900 多条，武丁的 600 多条。可见，敬奉先公先王，是商人的第一等要务。进入周代，敬祖意识更趋强化，而且有所变异。在殷商，对男性祖先崇拜固然已占优势，但祭典中先妣（即殷先王的配偶）的地位仍相当显赫，殷墟卜辞中多见“中母”“少母”“多妣”“多母”字样。而在宗法制度进一步确立的周代，对祖先神灵的尊崇主要限于男性先祖。

法祖观念的原型是生殖崇拜，这是人类最古老的崇拜之一——对生命源泉的崇拜。《周易》在论及人类起源、万物化生以及文明发端时，每以两性交媾比附之，其乾卦的《象传》有“云行雨施，品物流形”之谓。

《诗经》《楚辞》也多以“云雨”比喻性爱；《礼记》则称“天地合而后万物兴焉”[①]。这都是早期的生殖崇拜给两周时期创作元典的人们的启示。

应当一提的是，在盛行祖先崇拜的殷周，论及“帝”或“上帝”的不亚于“祖”。而“帝”与“祖”基本上是近义的。在甲骨文中，“帝”字是花蒂的象形，“帝”即“蒂”，指果实的发生处，用以象征种族的本根，与“祖”以男根象征种族的本根相似，不过前者以植物器官象征之，后者以动物（人）器官象征之。故对“帝”的崇拜实际上也就是对“祖”的崇拜，可见当时的天帝崇拜与祖先崇拜大体是同一的。

（二）“古训是式”

法祖又演化出对“古训”的崇尚。《尚书·盘庚》载，商王盘庚在对民众训话时，为强化自己言词的权威，一再说“古我先王”“古我先后”“古我前后”，都是以先祖的训诫为颠扑不破的最高指示。《诗经·大雅·烝民》在赞颂周代贤大臣仲山甫时，特别肯定了他的“古训是式”（遵循古训无差错）和“缵戎祖考”（祖先事业你继承）。这种对“古训”的崇尚，也即对传统的极端尊重，是一种氏族社会的遗风。氏族制度的血缘宗族关系和狭窄生活范围使人们以传统规则为圭臬，思想与行为必须在古典那里求得指导和检验。中华先民在跨入文明门槛以后，血缘纽带未曾崩解，宗法式社会得以长期延续，恪守“古训”也就成为中国的一种历史惯性，政治上尊崇“正统”，思想学术上

① 《礼记·郊特牲》。

讲究“道统”，文学上推尊“文统”，艺术和手工业技艺上则追求“家法”“师法”，这都是“古训是式”的表现，连佛教在传入中国以后，也逐渐接受这种思维范式，中国化的佛教宗派禅宗便以“古教照心”作为基本态度。①

宗法结构下的社会心理还表现在对传统的尊重。氏族制度的遗风“使人的头脑局限在极小的范围内，成为迷信的驯服工具，成为传统规则的奴隶”②。“离经叛道”是传统社会最严厉的贬词，论证国祚正统是历代帝王、大臣的头等要务，为此不惜借助谶纬之说。

学者讲究学说的承传性，所谓“统之有宗，会之有元”③。汉初承秦火之难，从朝廷到民间都有续接先秦学术的强烈愿望，发掘前代经典（如从孔壁寻出周末故籍）、继续经书学脉，为一时之盛。秦始皇焚书，秦博士伏生（约前268—约前178）将《尚书》藏匿壁中。汉兴，伏生出遗书二十九篇，以年九十余教学齐鲁间（名臣晁错亦奉汉文帝旨前来就学），西汉今文《尚书》学者，多出其门。此为续传古道的名例。

伏生授经图　（明　杜堇作　美国大都会博物馆藏）

汉唐以下不乏将传扬“道统”作为人生目标的文士。从唐人韩愈（768—824）到程朱陆王等宋明理学家，皆以“尧—舜—禹—汤—文—武—周公—孔—孟”这一道统的继承者自居。

骚人墨客则推尊“文统”，“文必秦汉，诗必盛唐”的复古主张成为千年不绝的文学史主题。

艺术流派和工艺行帮更讲究“家法”“师法”，把“无一字无出处”，“无一笔无来历”视为艺术和技能的极致。“祖传秘方”，更是医家招徕患者，祛邪扶正的法宝。

① 见《百丈清规》卷六。

② 马克思:《不列颠在印度的统治》,《马克思恩格斯选集》第十二卷，人民出版社1998年第2版，第143页。

③ 王弼:《周易略例·明象》。

从积极方面而言，对传统的尊重强化了中国文化的延续力，使之成为世界罕见的不曾中断的文化系统；从消极方面看，它又形成向后看的积习和因循守成的倾向。中国人长期以宗法氏族社会传说中的圣人尧舜为圣人，以宗法氏族社会的“大同世界”为理想社会模式，“言必称三代”是立论的最有力依据，即使是那些革故鼎新的改革家，也往往用“托古”推行“改制”，以赢得社会认可和民众拥护。

二、教民追孝

在盛行祖先崇拜的中国，孝亲观念发达。同中国强调“孝道”相径庭，印度文化有着极富想象力的神灵崇拜，却少有祖先崇拜，古印度法律规定，必须敬重宗教长老，如《摩奴法典》说：“谦恭礼侍长老者都将大大增强他的四‘法’——长寿、学识、安乐与力量。”但印度法律却缺乏关于侍奉父母和崇敬祖先的具体规定。以“孝亲”为社会伦理的枢纽，是中国文化的特色所在。

（一）“追孝”要义：“无改父道”

由敬祖观念推演出的一个重要伦理范畴是“孝”，《礼记》所谓“修宗庙，敬祀事，教民追孝也”①。

甲骨文中“孝”字仅一见，且用于地名，可见殷代“孝”的观念尚未发育。而周金文多有“孝”字，《尚书》则是传世文献较早言“孝”的：

> 岳曰：“……以孝烝烝，义不格奸。”②
>
> （四方酋长之首答复尧帝说：“……舜能以孝行感化父母兄弟，不流于邪恶。”）

《诗经》《国语》中也多处论“孝”，往往与神灵及祖先崇拜、祭祀相联系，并由子女报答父母生养之恩进而引申出尊重传统的题旨，孔子发挥孝道维系传统的特殊含义说：

> 三年无改于父之道，可谓孝矣。③

---

① 《礼记·坊记》。
② 《尚书·虞夏书·尧典》。
③ 《论语·学而》。

不轻易改变前辈的行为准则便是“孝”，足见孝的精义在于强化道的线性延续。这与孔子的“信而好古”[①]说是一脉相通的，而所谓“好古”便是求知于传统。孔子否认自己的知识与生俱来，毫不含糊地指出，知识从历史经验中求得，“我非生而知之者！好古，敏以求之者也”[②]。“古”字在甲骨文、金文上均作，《说文》释为“古，故也。从十口，识前言也”。此处之“古”可以理解为历史，是知识和智慧的源泉。司马迁说，孔子有感于“周室微，而礼乐废，诗书缺”，决心“追迹三代之礼，序书传”[③]。我们且不深论《周礼》及《书传》是否为孔子所作，但说孔子怀着“续亡继绝”之念去“追迹三代”，切合先秦哲人们的心态，如老子也讲“执古之道，以御今之有”[④]，充溢着“续亡继绝”“执古御今”的意识。

（二）“百善孝为先”

宗法结构下的社会心理集结为浓烈的“孝亲”情感。这种情感不仅体现为对死去先祖的隆重祭奠以祈求他们保佑后代人丁兴旺、家族昌盛，更体现为对活着的长辈的顺从、孝敬，与“万恶淫为首”对称的，是“百善孝为先”。“孝亲”成为道德本位。

汉人虽然也崇拜天神，但绝没有希伯来人、印度人、欧洲人、阿拉伯人那样虔诚和狂热。耶稣受难曾激起欧洲人无以名状的心灵震撼，而中华民族却以“如丧考（父）妣（母）”来形容悲伤至极的情感。正是由于“孝亲”这一宗法意识笼罩全社会，才使得炎黄子孙少有“六亲不认”“无父无子”的狂热宗教徒。

在中华文化系统内，孝道被视为一切道德规范的母体，忠君、敬长、从兄、尊上等都是孝道的分泌物，“以孝事君则忠”，“夫孝，始于事亲，中于事君，终于立身”[⑤]，点明了宗法伦理的个中精义。

为弘扬孝道，儒生编撰多种通俗读物，如元代郭居敬编录《全相二十四孝诗选》，记历代二十四个孝子行孝故事，从时间上看，有虞、周、汉、魏、晋、唐、宋；从层次地位上看，有帝王、大夫、书生、百姓；从年龄上看，有

①② 《论语·述而》。

③ 《史记·孔子世家》。

④ 《老子·十四》。

⑤ 《孝经·开宗明义》。

老者、成人、儿童；从内容上看，有至贫孝亲的、有危难救亲的、有显贵孝亲的。以后，又有人刊行《二十四孝图诗》《女二十四孝图》等，流传甚广。在传统的木雕、砖雕和刺绣上，常见这类题材的图案。

《二十四孝图》之“卧冰求鲤”（砖雕）

《大学》在论述“齐家”一目时，强调“孝”“悌”“慈”。孝道与慈道是协调下辈对上辈和上辈对下辈的垂直统序，悌道是协调同辈间的横向关系。协调这些上下左右关系，则家族和睦，推而广之，这些原则还可以协调君与臣、君与民，以及臣子间、民众间的关系。齐家与治国皆统合在宗法伦理之内。

三、人文史乘[①]

在中华文化系统中，由“敬祖”推演出“重史”，而这种重史又是人文取向的。人文性史著延绵不绝，是中华文化的一大特色。

历史学在各民族文化系统中的地位各不相同。与忽略敬事祖先相关联，印

① 《孟子·离娄下》：“晋之《乘（shèng）》，楚之《梼杌》，鲁之《春秋》，一也。”《乘》《梼杌》《春秋》为晋、楚、鲁三国之史籍名，后泛称史书为“史乘”，有“垂史乘芳”之意。

度元典精神追求的是永恒的普遍法则，如“梵天”“佛性”等，而对于具体历史事实的记述和历史经验的总结则相当漠然。正如奥登博格在《源出印度》一书中所指出的：“对印度人来说，历史不是一门真正的学问。一般来讲，他们脑海中的学问是指导人们的行为适合规范体系的技术。”印度古代典籍甚众，而史书却不多。在这些为数较少的史书中，包括被认为最详尽的历史著作《大史》、克什米尔王朝的编年史《王统谱》，都掺杂着大量夸张的、神奇的传说，文字华美而史实不确。总之，在印度人那里，时间、地点、事件的错讹并未被当作问题，反之，记诵《吠陀》圣典稍有差误，则被看成严重过失。正因为如此，印度一直没有形成统一的记载历史的体系，出现过 20 种以上的划分历史时期的方法，史学著作往往与神异的传统、绚烂的诗篇相混淆。印度的民族精神多寄寓在史学之外的诸因素（如宗教、艺术）之中。

希伯来元典系统法祖重史传统也未能获得充分发展，其唯一神——耶和华上帝并不是祖先神，《圣经》的主旨也不是祖先崇拜。《圣经》虽然创立了直进史观，却并没有提供一部理性化的，以具体历史事实为依据的史学线索。《圣经》所述的犹太史曾在欧洲中世纪当作经典史学被崇奉和研习，但那毕竟不是真实的历史。我们固然不否认《圣经》在象征、比拟意义上所具有的史学价值，然而，只有在依据其他历史文献和考古材料的基础上，《圣经》提供的象征性“史影”才能作为恢复真实犹太史的一个参校性材料使用。

希腊的历史意识比较浓厚。古希腊神话的众神之父宙斯与记忆女神谟涅摩辛结合，生下九位文艺女神缪斯，其居首的便是司勇士之歌的女神克丽奥，她的标志为一卷纸草或羊皮纸，寓“记载”之意。到了元典创生期（前 6—前 4 世纪），克丽奥被确立为司历史的女神，逐渐成为西方作家笔下“历史”或“历史学”的代名词。正在克丽奥被认作司历史女神的时期，希腊人摆脱神话史观的束缚，以理性眼光看待历史，产生了希罗多德（约前 484—约前 425）记述希波战争的《历史》、修昔底德（约前 460—约前 400）记述伯罗奔尼撒战争的《伯罗奔尼撒战争史》、色诺芬（约前 430—约前 355）记述曼提亚战争的《希腊史》及记述色诺芬本人军事经历的《远征记》等卓越的史著。古希腊人重视史学，一是为了“保存功业”，二是为了“垂训后世”。希罗多德申明，著史“是为了保存人类的功业，使之不致由于年深日久而被人们遗忘”，并把历史事件的因由记载下来，“以永垂后世”，给后人评判美丑善恶的道德教训。而要完成这两项使命，史著应力求“真实”、“客观”、秉笔直书。希腊“求真”“垂训”的史学传统在罗马时期得到发展，然而，到了中世纪，随着古典文化的式微，希腊的历史精神也遭横厄，而代之以“上帝”史学，即基督教神学解释的历史，以《圣经》的神话传说与历史相糅合，出现“神圣”的历史与“世俗”的历史相并列的史书。由神学家奥古斯丁（354—430）开其端，所著《上帝之城》将历史描述成“天上王国”与“地上王国”斗争的历史，这便是所谓“双城史”。直至文艺复兴以后，尤其是18世纪启蒙运动以后，西方史学才“重新回到希罗多德”，恢复其人文主义史学传统。

印度与希伯来，历史理念被宗教情怀所掩盖；在希腊，历史意识一度勃兴，却又未能一以贯之地保持下去；而中国重人文历史的传统强劲，几千年间浩荡前行，这归因于中国“慎终追远”的民族性格，以及力图从先例中发现生活规则的社会心理。这种民族性格和社会心理因其植根于相对稳定的农业—宗法社会的土壤之中，更增进了坚韧性和延续力，所谓“人道亲亲也，亲亲故尊祖，尊祖故敬宗，敬宗故收族”[1]。“尊祖”是“人道亲亲”的宗法社会派生的意识，对于本宗族既是血统上的追念祖先，同时也进而扩展为对宗族历史以至国家历史的记忆、怀念和延续的决心。

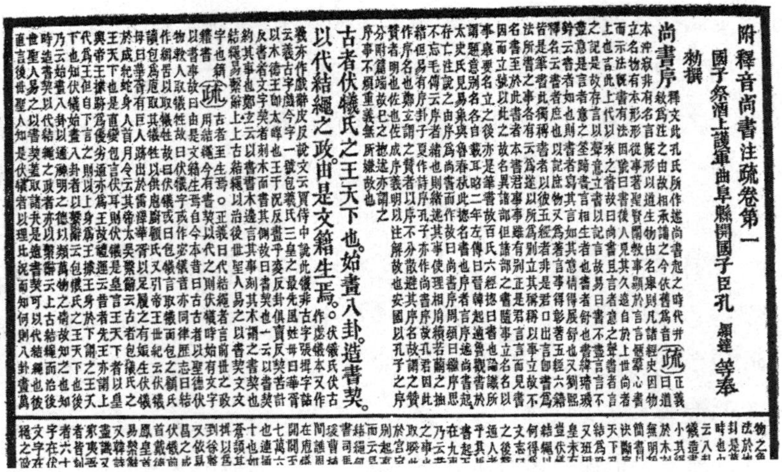
附釋音尚書注疏卷第一
國子祭酒上護軍曲阜縣開國子臣孔穎達等奉
勅撰
尚書序
古者伏犧氏之王天下也。始畫八卦，造書契，以代結繩之政，由是文籍生焉。
尚書正義　卷一

最早的官方史料集成《尚书》

① 《礼记·大传》。

《诗经》中《大雅》里的《生民》《公刘》《绵》《皇矣》《大明》诸篇，便是通过对周人祖先（后稷、公刘、太王、王季、文王、武王）的追念赞美，叙述并歌咏周族创业开国历史。如《生民》对后稷“艺之荏菽，荏菽旆旆”的稼穑之功的歌颂；《公刘》对公刘“干戈戚扬”“于京斯依”的武功及迁徙的铭记；《绵》关于古公亶父率周民由豳迁岐，使周道兴盛的描写（“古公亶父，来朝走马。率西水浒，至于岐下”）；《皇矣》对古公亶父至文王征服敌国，“王此大邦”业绩的陈述；《大明》对武王“牧野洋洋，檀车煌煌”的灭殷壮举的重彩描摹，构成一幅“肆伐大商”的宏伟历史画卷。这些诗篇都堪称“史诗”或“诗史”。“追祖”与“述史”在这里融为一体。

作为中华元典的《诗》《书》《春秋》，开创了“章往所以察来”的“历史—现实—未来”一以贯通的思路。

早在春秋末年成书的《春秋》是记述247年的鲁国编年史，又寓有褒贬之意，后世称“春秋笔法”。以后有解释《春秋》的史著涌现，主要为《春秋左氏传》《春秋公羊传》《春秋穀梁传》，其中《春秋左氏传》（简称《左传》）多用各国史料丰富《春秋》，提供了翔实的春秋历史脉络，成为编年史书的范例。

春秋左傳杜注卷第一
華亭姚培謙學
隱公
傳惠公元妃孟子
孟子卒
繼室以聲子
生隱公
宋武公生仲子
仲子生而有文在其手
曰爲魯夫人
故仲子歸于我
生桓公而惠公薨
是以隱公立而奉之
經元年春王正月

《左传》读本

史記集解序
裴駰
班固有言曰
司馬遷據左氏國語

《史记》书影

汉武帝时成书的司马迁撰《太史公书》(后称《史记》)则首创纪传体，记事起于传说的黄帝，讫于汉武帝，纪史三千年。东汉班固仿纪传体，作西汉断代史《汉书》。此后列朝皆修前朝史，续有纪传体断代正史撰著，遂成“二十四史”“二十五史”“二十五史补编”，时下国家正在编纂《大清史》。

“鉴往知来”是中国史著的一个重要精神，如西周末年，幽王乱政，诸侯多叛，深感不安的郑桓公便向史官太史伯询问建国的地点，太史伯根据已有的历史知识，断言“独雒之东土，河济之南可居”；郑桓公又问：“周衰，何国兴者?”太史伯明确指出：“齐、秦、晋、楚乎!”[①]太史伯以周代王室与各诸侯力量消长的历史趋向为据，认为齐、秦、晋、楚将相继称雄，而这些预测与后来的春秋史大体吻合，足见史学“章往察来”的准确性，这是与当时盛行的神秘主义的“卜筮预测”相并行的另一条预测路子，可以称之“鉴史预测”。中国史学的人文性确立甚早，这一点法国启蒙大师伏尔泰特别叹服。他辛辣讽刺基督教神学统治下的欧洲史学充满神异性内容，而“中国人的历史书中没有任何虚构，没有任何奇迹，没有任何得到神启的自称半神的人物。这个民族从一开始写历史，便写得合情合理”[②]。

百衲本二十四史

① 《史记·郑世家》。

② [法]伏尔泰著，梁守锵译:《风俗论》上册，商务印书馆1996年版，第74页。

因人文精神强大而特别重视史学，史学中又贯穿着中国式的人文精神。这便是中国人文传统的显著表征。

四、德治主义

以维系血缘纽带为职志的“孝亲”说，是中国传统伦理的核心，形成有别于世界其他民族文化的独特的德治主义传统。

一则幽默故事：以大象为题令人作文，德国人写的是《大象的思维》，法国人写的是《大象的情爱》，俄国人写的是《俄罗斯大象是世界上最伟大的大象》，而如果有《大象的伦常》一篇，作者定然是中国人。

又一则幽默故事：一幢多族杂居的楼房失火，犹太人首先背出钱袋，法国人立即抢救情妇，中国人则奋不顾身地寻觅老母（这是指传统中国人，时下国人能否如此，不敢确论）。

（一）道德论与本体论、知识论、认识论互摄互涵

伦理学的同义词是道德哲学，它的理论指向是道德的本质、起源、发展，它的现实使命是解决人生之中最实际的德行问题——人与人的关系问题。人与人的关系准则并非学者闭门造车所能成就，而是人类群体实践的结晶。从语源学意义上探究，古希腊文、拉丁文的伦理学概念 ethika，ethos，正是指的“习惯”或“风俗”。伦理学者们不过是把体现在习惯、风俗之中的人际关系准则加以抽象、概括，使之系统化，理论化。

如前所述，氏族制血缘关系在中国解体不充分，而氏族社会的特点是，人们的思想行为以千百年来形成的生活经验和习惯为准则，“历来的习俗就把一切调整好了”[①]，这些生活经验和习惯在成文为法律之前，便已䌷缊化育为伦理观念，左右着宗法社会中人的思想行为；而且，当成文法出现之后，“宗法之民”仍然乐于，或者说更习惯于以伦理观念制约自己，而让成文法退居幕后。商鞅、韩非等法家企图用“前刑而法”取代“先德而治”[②]，结果只见效一时而不能行之久远。宗法社会选择的文化主流，是德治主义的仁政王道学说，充满血缘亲情的哲理，渗透到炎黄子孙心灵深处。

① 恩格斯:《家庭、私有制和国家的起源》,《马克思恩格斯选集》第四卷，人民出版社 1995 年第 2 版，第 95 页。

② 见《商君书 · 开塞》。

中华文化的德治主义体现于学术文化领域，便是道德论与本体论、认识论、知识论互摄互涵，畛域不清。而在宗法血缘纽带解体较充分的希腊、罗马，社会秩序更多地仰仗契约、法律维系，人们关注的重心不再是人际的伦常关系，转而以更大的兴趣去探索大自然和人类思维的奥秘，主体与客体两分、心灵与物质对立的观念应运而生，宇宙理论、形而上学得以发展。在古希腊人那里，伦理哲学不过是整个学术文化体系中与其他门类彼此鼎立的一足。以柏拉图为代表的古希腊哲学体系便包括思辨哲学、自然哲学和精神哲学（又称道德哲学），以后的斯多噶派明确区分哲学为逻辑学、物理学（即自然哲学）、伦理学（即精神哲学）。近代黑格尔正是在承袭这种三分法的基础上，建立起自己庞大哲学体系的。总之，从古希腊到近代西方，以“求真”为目标的科学型文化范式一脉相传。在这种范式中，宇宙论、认识论与道德论各自独立发展，虽互有联系，却并未相为容涵、混同。

“道法自然”的老子

中国别具一格，形成天人合一范式——人伦效法自然。

老子谓“人法地，地法天，天法道，道法自然”①；

自然被人伦化。

天人之间攀上血亲关系，君王即为“天子”，从而形成天人合一、主客混融的局面；

知识论未同道德论划分畛域。

“学”的基本含义在求“觉悟”，《说文解字》训“学”为“觉悟”。《白虎通义》亦称：“学之为言觉也，以觉悟所不知也。”而所谓觉悟，是指打开心灵的混沌，焕发德行的潜力。“学”的另一释义是仿效，《尚书大传》说：“学，效也”，仍然指的人伦道德上的仿效。政治观念成为伦理道德观念的引申，政事被归结为善恶之别、正邪之争、君子小人之辨，而很少置于知识论的基础之上加以考察、评析。

自然天象也被赋予伦理色彩，地震、陨石被视为“上天示警”，洪涝灾害发生，君王每每下“罪己诏”以谢国人。史载共79位皇帝下罪己诏，汉15

① 《老子·二十五》。

位，三国3位（曹魏2位、孙吴1位），晋7位，南朝14位，北朝1位，隋1位，唐8位，五代6位，宋7位，辽1位，金1位，元4位，明3位，清8位。著名者有周成王、秦穆公、汉武帝、唐德宗、宋徽宗、清世祖。以荒唐著称的明武宗朱厚照（1491—1524）曾因乾清宫火灾颁罪己诏。明朝末代皇帝崇祯（1611—1644）下过六次罪己诏。

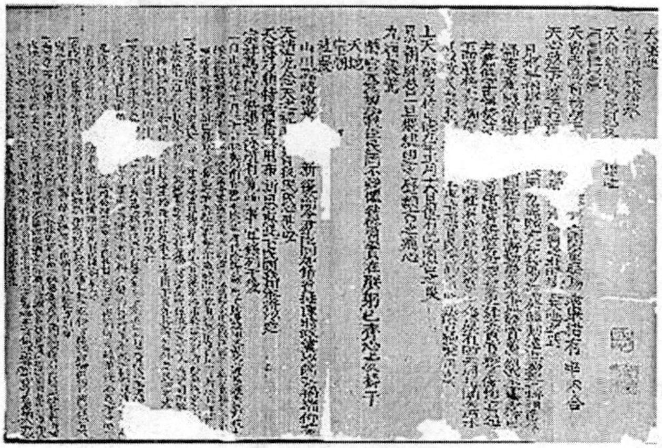

明武宗正德九年颁“罪己诏”

（二）德智一体的“德性文化”

如果说，西方是重在“求真”的“智性文化”，那么中国则是重在“求善”的“德性文化”。

这种“求善”的德性文化范式决定着中国的“治道”要津不在“法”治，而在“人”治，而“人”治又特别注重道德教化的作用。“以身训人是之谓教，以身率人是之谓化”[①]，尊者、长者尤其要讲究以表率服人。所谓“父不慈则子不孝，兄不友则弟不恭，夫不义则妇不顺”[②]，这一思想的通俗化、大众化的表达，则是“上梁不正下梁歪”。

氏族社会没有成文法，氏族长老靠“榜样”的力量和道德感召来团结、调动全社会。他们常常向氏族成员检讨工作，并进行道德上的自我批评，以求得谅解和支持。以后，国家建立，相继颁布成文法，但在宗法社会里，道德的威力始终被看得比法律更有效。孔子所说“道之以政，齐之以刑，民免而无耻；

① 管同：《与朱干臣书》，《因寄轩文初集》卷六。

② 《颜氏家训·治家》。

道之以德，齐之以礼，有耻且格”[①]，正是“德治主义”的精辟表述。儒家的“儒”，也即“濡”，取德化浸润，如水润物之义[②]；“儒”又含有“柔”“优”之义，表示安人而令人心服[③]。

中国的治人者一般不单以法律治理国事，而往往格外强化伦理训条，其中影响广远的是“四维”说——

> 国有四维……一曰礼，二曰义，三曰廉，四曰耻。
> 四维不张，国乃灭亡。[④]

与此相应，每一个社会成员首先考虑的也不是遵从国家法律，而是如何在错综复杂的人际关系中履行自己的伦理义务。

中国的德性文化并不排斥智慧，而是包含智慧。狭义的“智慧”约指认识世界、改造世界的聪明才智，与“贤德”相对称，故有“智性之知”与“德性之知”的分野。区分“智性之知”与“德性之知”确有必要，如果两相混淆，则知识论与道德论便混为一谈，然而，强作两分，把二者割裂开来，又有悖人类精神的整体性。中国“智慧”，并不限于狭义智慧，而涉及广义智慧，或曰“大智慧”，包举才与德、兼容智与贤，追求二者的统一，偏执一面、陷入偏锋者则每遭诟病——多智而无德者（如曹操）被斥为“狡智”的“奸雄”；有德性追求却丧失智性者（如宋襄公）则被视为不足取的蠢材，这两类人都不是中华智慧的代表。中国人所推崇的文化英雄（如周公、姜子牙、诸葛亮）都是智者与贤人的整合，是智、仁、勇的统一体。从此种“大智慧”视角方可逼近中华智慧的真髓。

五、灵肉不二

追求彼岸超生是许多宗教的共有现象。但中华纲常伦理立足此岸，不大用心彼岸超生，如同一具庞大严密的“思想滤清器”，淡化了宗教精神对国民

① 《论语·为政》。

② 见（汉）郑玄：《三礼目录》及《论语·雍也》皇侃疏。

③ 见（汉）郑玄：《三礼目录》及（汉）许慎：《说文解字》。

④ 《管子·牧民》。

意识的渗透。大多数宗教都漠视世俗的人伦关系，如佛教主张无君无父，一不敬王者，二不拜父母，三不受礼教约束，“口不言先王之法言，身不服先王之法服，不知君臣之义、父子之情”[①]，而注重血亲人伦关系的中华宗法精神恰恰不能容忍这一点。晋人庾冰（296—344）批评佛教“矫形骸，违常务，易礼典，弃名教”，[②]便颇有代表性。因之，伦理型文化范式内的中国宗教，在禁欲、绝亲等关乎世俗人伦方面，总是留有充分的余地，而不像西方、印度、中东宗教那样绝对。

《庄子·逍遥游》开启道教“肉身升天”之想

作为中国本土宗教的道教，与世界其他宗教分裂灵魂与肉体，划分此岸与彼岸的学说体系大有不同之处，在于它是一种现世的宗教，其信仰目标并非到彼岸做尊神，而是“羽化登仙”，以现世享受荣华的肉身飞升天际；道教还专设功名禄位的尊神——文昌帝君，以满足教徒们对现世荣华的追求。文昌本为六星总名，古代星相家释为主大贵的吉星，道教将其尊为主宰功名禄位之神，又叫文星。隋唐开始实行科举制度，文昌星被视为“职司文武爵禄科举之本”，民间广有信众。文昌帝君崇拜，即现世功名利禄崇拜，是道教精义之一，深为朝野信从。鲁迅 1918 年 8 月 20 日《致许寿裳》说：

> 前曾言中国根柢全在道教……以此读史，有多种问题可以迎刃而解。[③]

此诚一语破的之哲言也！

作为外来宗教的佛教的中国化教派，正是由于在尽孝、尽忠这伦理的两大端上有所修正，方获得国人的认同，得到顺利的发展。按照佛教教义，佛法在

① 韩愈：《论佛骨表》，马其昶校注：《韩昌黎文集校注》卷二，上海古籍出版社 1998 年版。

② 庾冰：《代晋成帝沙门应尽敬诏》，《弘明集》卷一二，《四部备要·子部》。

③ 鲁迅：《书信·致许寿裳》，《鲁迅全集》第十一卷，人民文学出版社 1981 年版，第 353 页。

职司功名禄位的文昌帝君

诸天之上，但中国化的佛教宗派允许祭天大礼存在；佛教鼓励出家，本与孝道相悖，但中国化的佛教宗派也讲尽孝，其轮回观念竟演为父母死后作超度的佛事，汉地佛典甚至编撰《父母恩重经》，阐发孝道，宣扬忠君。这也是佛教入华后的“入乡随俗”吧。

基督教在中国的传播也有类似情形。明末入华耶稣会士利玛窦等人鉴于中国文化的特色，允许中国教徒在信奉基督教教义的同时祭祖、祀孔，此种传教方针被称之“利玛窦规矩”，也是基督教对中国文化的一种适应政策。而清初发生的“中国礼仪之争”，则是基督教原教旨主义与此一适应政策的冲突。

此外，宗教大多讲出世，不主张直接参与世务，这一特征也为中国文化传统所难以接受，士子们往往嘲讽出家人“出世”而不得，如南宋杨万里（1127—1206）给一位修苦行的僧人赠诗云：“沥血抄经奈若何，十年依旧一头陀。袈裟未著愁多事，著了袈裟事更多。”[①] 这是站在入世士人的立场，劝诫企图出世的宗教徒：你本来是为着解除尘世烦恼遁入空门的，可是十年抄经，以求来世福根，又何曾一日得到解脱呢！正因为中国是一个讲究入世—经世的国度，所以讲出世的佛教入华以后，逐渐在教义中宣扬入世和功德度人，并增添许多南亚原始佛教所没有的人生实务，其宗教“原版性”发生重大变化。

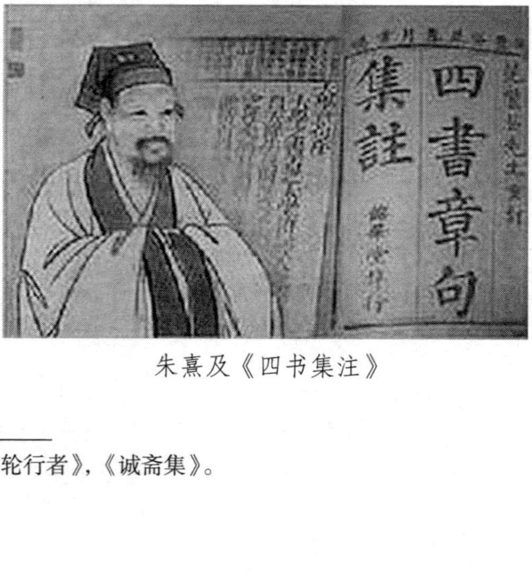

朱熹及《四书集注》

① 杨万里：《送德轮行者》，《诚斋集》。

遍记圣贤之言，却没有创世记，没有对彼岸世界（天堂、地狱）描述的“四书”（《大学》《中庸》《论语》《孟子》），经朱熹（1130—1200）等理学家阐释，成为后期宗法社会的“圣经”，这正体现了以世俗人伦关系为基本探究主题的中华文化的特征。

六、取义成仁

宗法制度与伦常道德之间，并非一种简单、直接的因果对应关系。中华文化系统内的伦理学说，虽然是从宗法制度这一客观的社会存在中引申出来的，然而思想家们在加工制作伦理体系时却要借助天道自然来加强说服力。中国的道德起源论完成于《易传》（成书于战国末年）。《易传》称：

> 天尊地卑，乾坤定矣；卑高以陈，贵贱位矣。[①]

本来，《易传》是从人类社会等级结构中概括出尊卑观念，并以此解释自然万物存在方式和运动规律的，但为了强化人伦关系中尊卑观念的不可置疑性，《易传》反因为果，将人类宗法社会的等级秩序归源于宇宙法则，似乎道德是在仿效自然。这便是汉儒董仲舒所称：“仁义制度之数，尽取之天。”[②]

可见，宗法制度下的等级、尊卑秩序，通过神圣高妙的天道自然这一中介，来构筑其伦理体系，从而将宗法伦理道德本源化，使人们信从、尊奉无疑。

经由天道自然证明的伦常道德观念，深刻影响着中华文化的各个分支——

文学高度强调教化功能，成为“载道”的工具。宋代理学家周敦颐说：“文所以载道也，轮辕饰而人弗庸（用），徒饰也，况虚车乎？”[③]并不承认文学在传播政治—伦理学说之外，还自有独立的价值。一些文豪也称：“文章一小技，于道未为尊”，[④]不敢以文章写得好而自尊自傲；清代桐城派所论“义理、考据、文章”中，文章居于末位。

① 《周易·系辞上》。

② 董仲舒：《春秋繁露·基义》。

③ 周敦颐：《通书·文辞》，《周元公集》。

④ 杜甫：《贻华阳柳少府诗》。

史学往往以“寓褒贬，别善恶”“惩恶扬善”为宗旨。

教育更以德育居首，智育次之，所谓“首孝悌，次见闻”[①]，所谓“弟子入则孝，出则悌，谨而信，泛爱众而亲仁，行有余力则以学文”[②]，认为掌握文化知识，不过是德行训练的“余事”，以智为“小知”，德为“天德良知”，显示了重德轻智的倾向，与希腊德寓于智的传统大相径庭。

哲学则与伦理学相混合，构成一种道德哲学，这一点在儒学中体现得尤为鲜明，诚如梁启超所说：“儒家舍人生哲学外无学问，舍人格主义外无人生哲学。”[③]

宗法社会所特定的德性文化，自有其积极效用。在中华文化系统里，强调在道德面前人人平等，孟子曰“人皆可以为尧舜”[④]，荀子曰“涂之人可以为禹”[⑤]，竺道生（355—434）曰“一阐提皆得成佛”[⑥]，王阳明（1472—1529）曰“满街皆圣人”[⑦]，都是申述普通人可以在道德修养方面达到最高境界。东汉蔡邕（133—192）提出“人无贵贱，道在者尊”[⑧]的命题。与之同时，对于统治者，包括最高统治者，在中国政治体制中虽缺乏制约因素，但在道德方面却有严格要求。自周朝开始，天子死后有谥号，群臣根据其德行政绩加一概括语，褒者如成、康，贬者如幽、厉，这便是一种人格评判。《诗经》的美与刺，《春秋》的褒与贬皆是对统治者实施训诫，意在要求帝王“修德”“勤政”[⑨]。这类道德制约在缺乏政治分权制的中国，可发挥一定的社会调节功能。

晚周以降的两千余年间，中国思想界一直围绕天人关系、历史之变、心性、治乱、道德、生死等主题展开论战，而较少神学性探究，士子追求的是

---

① 《三字经》。

② 《论语·学而》。

③ 梁启超：《先秦政治思想史》，《饮冰室合集》之九《饮冰室专集》，中华书局 1989 年版。

④ 《孟子·告子下》。

⑤ 《荀子·性恶》。

⑥ “一阐提”是梵文音译，意为“不具信”“断善根”。“一阐提皆得成佛”，指断绝善根的人通过修行也可成佛。

⑦ 李贽谓：“圣人不责人之必能，是以人人皆可以为圣。故阳明先生曰：‘满街皆圣人。’佛氏亦曰：‘即心即佛，人人是佛。’夫惟人人之皆圣人也，是以圣人无别不容己道理可以示人也，故曰：‘予欲无言。’夫惟人人之皆佛也，是以佛未尝度众生也。”（《焚书·答耿司寇》）

⑧ 蔡邕：《劝学篇》，《全上古三代秦汉三国六朝文》。

⑨ 罗钦顺：《困知记》卷上。

“圣化”而非“神化”。所谓“神化”，是企求超越自我，成为彼岸世界永生的一员；所谓“圣化”，则希望最大限度实现自我，在此岸升华为完人，通过道德实践，争做贤人、仁者、大丈夫、君子，最高目标则是成为圣人。而所谓圣贤，又是天道自然的发布者，“夫圣人为天口，贤人为圣铎，是故圣人之言，天之心也；贤者之所说，圣人之意也”[①]。

红霞古寨岁寒交　吴昌硕作

中国文士每以自然物的某些性状比拟人品，如用松竹梅“岁寒三友”借喻高士的圣洁风格。从孔子“岁寒而知松柏后凋”，到苏东坡“风泉两部乐，松竹三益友”的吟咏，莫不是以寒冬时节仍保持顽强生命力的植物象征高尚人格，这已成为文学艺术的一种德化表现范式。

中华德性文化在特定历史条件下，能鼓舞人们自觉维护正义，忠于国家民族，抵御外来侵略，保持高风亮节。千百年来，无数“杀身成仁”“舍生取义”的民族英雄都从传统伦理思想中汲取积极的营养，立德、立功，彪炳千秋。正如文天祥（1236—1283）所热情赞颂并英勇践行的：

> 时穷节乃见，一一垂丹青：在齐太史简，在晋董狐笔，在秦张良椎，在汉苏武节；为严将军头，为嵇侍中血，为张睢阳齿，为颜常山舌；或为辽东帽，清操厉冰雪；或为《出师表》，鬼神泣壮烈；或为渡江楫，慷慨吞羌羯；或为击贼笏，逆竖头破裂。[②]

这里赞颂了不惜生命“秉笔直书”的史家，刺杀暴君的勇士，痛斥奸佞、犯颜直谏的忠臣，绝不向侵略者屈膝的民族志士，大义凛然、不辱国命的外交使节，“鞠躬尽瘁、死而后已”的贤相。他们不愧为传统伦理精华铸造的“民族的脊梁”。

① 王符：《潜夫论·考绩第七》。
② 文天祥：《正气歌》，《文山全集》卷一四。

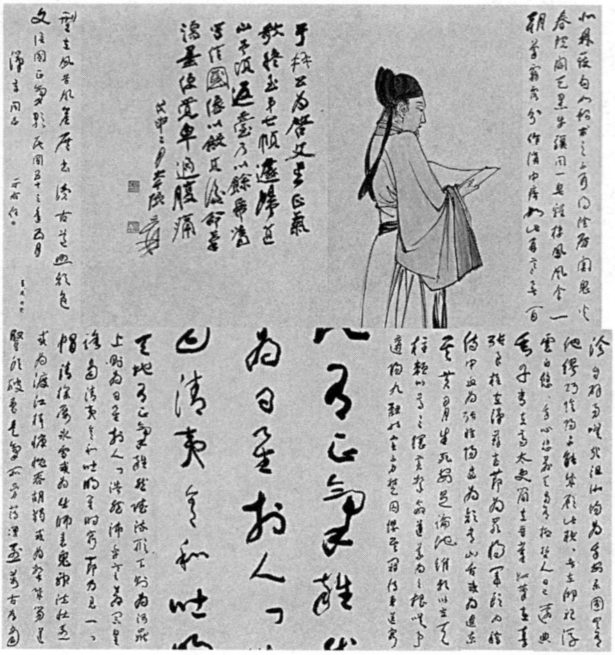

张大千草书《正气歌》(片段)

七、“五伦”“三纲”分梳

自两汉以来，人们习惯于将“三纲”与“五伦”[1]并列论之(所谓“三纲五常”“纲常名教”)。东汉《白虎通义》设《三纲六纪》一目，并论纲纪：

> 三纲者，何谓也？谓君臣、父子、夫妇也。六纪者，谓诸父、兄弟、族人、诸舅、师长、朋友也……
>
> 何谓纲纪？纲者，张也。纪者，理也。大者为纲，小者为纪。所以张理上下，整齐人道也。[2]

无论是汉至清对“纲常名教”的推崇，还是近代将其在“旧礼教”名下加

---

① “五伦”或指仁、义、礼、智、信五种德目，或指君臣、父子、夫妇、兄弟、朋友五种伦常关系，本书取后义。

② 《白虎通义·三纲六纪》。

以摒弃，都是把“三纲”与“五伦”捆绑在一起。其实，置之概念生成史考察，“三纲”与“五伦”虽然都是宗法制度的产物、宗法观念的表现，有着相通性，但二者又颇相差异，分别代表中国伦常观念的两种走势，不宜笼统对待，而应予分梳，区别对待。

（一）伦理观的两种旨趣

宗法的人伦观，有单向独断论和双向协调论两种系统，形成两种传统。一种传统以“三纲”说为代表，最典型的表述为：

> 君为臣纲，父为子纲，夫为妻纲。[①]

认定尊者、长者拥有绝对权威和支配地位，卑者、幼者唯有屈从的义务。近人张之洞说：

> 故知君臣之纲，则民权之说不可行也；知父子之纲，则父子同罪、免丧、废祀之说不可行也；知夫妇之纲，则男女平权之说不可行也。[②]

足见“三纲”说作为单向独断论的绝对主义伦理观念，构成专制政治的伦理基础，抵制民主、平权诉求。

另一种表述则是“五伦”说，所谓：

> 父子有亲，君臣有义，夫妇有别，长幼有序，朋友有信。[③]

其间包含着人际间的温情、理解和信任，而且是相对性的、双向性的要求。这种“五伦说”集中反映在《尚书》《左传》《孟子》《老子》等先秦典籍的民本主义表述中。

简言之，民本主义的上下关系论要领有二：

---

① 孔颖达疏引《礼纬·含文嘉》。

② 张之洞：《劝学篇·明纲》。

③ 《孟子·滕文公上》。

第一，下是上的基础，民众是立国根本。

《尚书》的“民可近，不可下。民惟邦本，本固邦宁”[①]，是此一精义的著名表述。老子从贵与贱、高与下的辩证关系立论：“故贵必以贱为本，高必以下为基。是以侯王自谓孤寡不穀，是以贱为本也。”[②]正是从这种下是上的基础，民众是立国根本的认识出发，孟子发出千古名论：“民为贵，社稷次之，君为轻。”[③]

第二，民意即天意，民心即圣心。

《尚书》载周武王语：“天视自我民视，天听自我民听。”[④]《尚书》又称：“天聪明，自我民聪明；天明畏，自我民明畏。”[⑤]老子则说：“圣人无常心，以百姓心为心。”[⑥]

以君臣一伦而言，“五伦”说对君与臣两方面都提出要求，如孟子所指出：

> 君之视臣如手足，则臣视君如腹心；君之视臣如犬马，则臣视君如国人；君之视臣如土芥，则臣视君如寇仇。[⑦]

民本主义者的一个经常性论题，是“爱民”“利民”，反对“虐民”“残民”。孟子反复劝导国君“保民而王”[⑧]，荀子则有警句：

> 君者舟也，庶人者水也。水则载舟，水则覆舟。[⑨]

八百载后，唐太宗与魏徵君臣对中的“水可载舟，亦可覆舟”[⑩]的名论承

① 《尚书·五子之歌》。
② 《老子·三十九》。
③ 《孟子·尽心下》。
④ 《尚书·泰誓》。
⑤ 《尚书·皋陶谟》。
⑥ 《老子·四十九》。
⑦ 《孟子·离娄下》。
⑧ 《孟子·梁惠王上》。
⑨ 《荀子·王制》。
⑩ 《贞观政要》。

袭于此。

至于夫妇一伦，“五伦说”则以“义”为标准，“夫妇以义事，义绝而离之”[①]，“夫不义，则妇不顺矣”[②]。这里强调的是一种双向性要求。

在父子一伦上，主张“父慈子孝”，双向要求；

在兄弟关系上，主张“兄友弟恭”，也是双向要求；

朋友关系则讲究互利互助，“交友之旨无他，彼有善长于我，则我效之；我有善长于彼，则我教之。是学即教，教即学，互相资矣”[③]。倡导朋友间互相取长补短，推崇的仍然是双向互济关系。

梁启超慧眼卓识，将“五伦”的精义称之“相人偶”，也即人际间对偶关系的相敬互助。他指出：

> 五伦全成立于相互对等关系之上，实即“相人偶”的五种方式。故《礼运》从五之偶言之，亦谓之“十义”（父慈子孝，兄良弟悌，夫义妇听，长惠幼顺，君仁臣忠）。人格先从直接交涉者体验起，同情心先从最亲近者发动起，是之谓伦理。[④]

这种对人际间在权利与义务两方面提出双向互助性要求，以形成较为和谐的人伦关系，在利益驱动的现代社会尤其显得宝贵与急需。20世纪下半叶，东亚国家、地区创造经济奇迹，除利用最新科技成就，借用西方市场经济的竞争与激励机制以外，一个重要原因是东亚伦理的人际和谐精神得到现代式发挥，将企业和社会组合成风险共担、利益均沾的“命运共同体”，使管理者与劳作者在“和”的精神凝聚之下，形成长久、牢固的“合力”，而不是短暂的利用关系。这正是对东亚和合精义的创造性发挥，暗合了孟子的名论——

> 天时不如地利，地利不如人和。[⑤]

① 司马光：《家范·夫妇》。

② 颜之推：《颜氏家训·治家》。

③ 王肯堂：《交友》。

④ 梁启超：《先秦政治思想史》，《饮冰室合集》之九《饮冰室专集》，中华书局1989年版，第75页。

⑤ 《孟子·公孙丑下》。

也暗合了荀子的名论——

上不失天时，下不失地利，中得人和而百事不废。[①]

与佛教的“丛林共住精神”也彼此契合——在管理架构上“各守其分，各尽其职”；在生活上，以众靠众，实践互敬互勉、无诤共住的和合僧团精神，共同遵守“六和敬”——

身和同住，口和无诤，意和同悦，戒和同修，利和同均，见和同解。

此皆为可久可大的和谐之道。

（二）“五伦”说先于“三纲”说

“三纲”说与“五伦”说的生成机制、成说时代，有性质之差、先后之别。

大体言之，“五伦”说形成于先秦，是宗法封建时代（本义上的“封建”，而非泛化的“封建”）的产物，较多地保留了氏族民主遗存和封建分权之义，蕴蓄着血亲温情，讲究的是“情理”。

“三纲”说（君为臣纲，父为子纲，夫为妇纲）酝酿于战国，形成于秦汉，是皇权时代的产物，体现了君主专制覆盖下的垂直式独断，强调的是上对下的等级威权以及下对上的无条件屈从。

人类在跨入阶级社会之前，经历了漫长的无阶级的氏族社会，其间孕育了氏族内部以血缘纽带维系的原始民主，在跨入阶级社会初期，如中国的商周时代建立的宗法封建社会，还保留着若干原始民主的痕迹，并在两周历史条件下演化为“民本”说与“五伦”说。而“三纲”说定形于秦汉以降的专制君主制时代，其强势的独断论为专制帝王和尊者、长者所喜好、所运用，虽然受到历代民本主义者和异端思想家的批判，然其主流地位从未动摇。时至近代，“三纲”说的元典性成为各思想流派争论的焦点。

张之洞在 1898 年撰写的《劝学篇》内篇中亟言“三纲说”来源于圣人之

① 《荀子·王霸》。

道，肯定其元典性：

> “君为臣纲，父为子纲，夫为妻纲”，此《白虎通》引《礼纬》之说也。董子所谓“道之大，原出于天，天不变，道亦不变”之义，本之《论语》“殷因于夏礼，周因于殷礼”。注：“所因，谓三纲五常。”此《集解》马融之说也，朱子《集注》引之。《礼记大传》：“亲亲也，尊尊也，长长也，男女有别。此其不可得与民变革者也。”①

何启（1859—1914）

近代启蒙思想家则以“三纲说”为扬弃对象，如活动于香港的何启（1859—1914）、胡礼垣（1847—1916）在1899年撰写的《劝学篇书后》批评张之洞《劝学篇》内篇宣扬的“三纲说”，指出三纲说有悖于人道，认为君臣、父子、夫妇之间应是平等关系，只应服从情理，不应以绝对的垂直纲纪加以强力控制。何启、胡礼垣特别揭示三纲说的非元典性：

> 三纲之说非孔孟之言也。
>
> 三纲之说，出于《礼纬》，而《白虎通》引之，董子释之，马融集之，朱子述之，皆非也。夫《礼纬》之书，多资谶纬。以谶纬解经，无一是处，为其无实理之可凭也。
>
> 三纲者，不通之论也。②

何启、胡礼垣在批评“三纲”说的同时，陈述“五伦”说的合理性，称其“通明”“不偏”，保存了血亲和谐的双向互动理念。又进而指出，“五常之道，在孔子二千余年之前而已然”，即源自上古；同时，“凡尚理学如希腊等国，亦莫不以五伦为重”，足见五伦说是古今中外之通义。③

---

① 张之洞：《劝学篇·明纲》。

②③ 何启、胡礼垣：《劝学篇书后·明纲篇辩》。

胡礼垣（1847—1916）

梁启超在《先秦政治思想史》中，也区分“三纲”与“五伦”，他指出：

> 后世动谓儒家言三纲五伦，非也，儒家只有五伦，并无三纲。[①]

这里说的“儒家”当然是指先秦原始儒家。梁氏此一辨析，与何启、胡礼垣相类似。

综上可见，古人、近人都不乏对“三纲”说与“五伦”说加以分梳的努力，我们今日更应超越混淆二者的粗率思维，在扬弃“三纲”说的同时，用力开掘“五伦”说的宝贵精神资源，以发挥其社会协调功能。

（三）“五伦”说指示双向协和的社会秩序

“五伦”说有别于专制主义政治伦理，它阐发的是对尊与卑、上与下的双向要求，具有协和性。所谓“君使臣以礼，臣事君以忠”[②]，分别对君和臣提出要求，“君礼”与“臣忠”互动，方能达成君臣和谐，同舟共济。所谓“父子有亲，君臣有义，夫妇有别，长幼有序，朋友有信”[③]，为“五伦”关系分别树立了“亲、义、别、序、信”等富于理性和人情的准则，并无绝对主义的要求。成书秦汉之际的《礼记·礼运》篇对先秦的“五伦”说作了总结，将父子、兄弟、夫妇、长幼、君臣这五组社会人际关系的双向互动概括为：

> 父慈子孝　兄良弟悌　夫义妇听　长惠幼顺　君仁臣忠

此后，关于“五伦”的双向性要求，还有多种大同小异的说法，最流行的是：

---

① 梁启超：《先秦政治思想史》，《饮冰室合集》之九《饮冰室专集》，中华书局1989年版，第75页。

② 《论语·八佾》。

③ 《孟子·滕文公上》。

君惠臣忠　父慈子孝　兄友弟恭　夫和妇顺　朋谊友信

“五伦”说主要强调上下关系的协调，而“各守职分”（处在“五伦”关系诸层级的人各有责守，必须各尽义务）是达成和谐关系的要义所在。这一思路包含“良性互动”“双向要求”诸要义，既是对专制独断论的一种抑制，也是对无政府及民粹倾向的一种防范与救治，有助于处理社会人际关系，如政府与民众关系、劳资关系、民族关系、医患关系、家庭关系等，以构建和谐社会。

以政府与民众关系为例，片面的单向要求，或者是上对下的“专断”，或者是下对上的“民粹”，都将导致社会矛盾的激化，国家丧失稳定祥和。

再以劳资关系为例，资方如果一味追逐利润最大化，置劳方利益于不顾，必将激化劳资矛盾，劳方如果强索超越企业承受力的要求，均有损于企业的生存与发展。

三以民族关系而论，大民族的沙文主义与少数民族的分离主义，都不利于民族团结、和谐共存。

环顾社会的诸种双边关系，五伦说阐扬的“互动”与“双向要求”至关紧要。

当然，传统的“五伦”说作为宗法等级社会的产物，侧重强调“义务”，尤其是下对上的义务，而基本没有涉及“权利”问题，没有对民众享受权利和行使权利（所谓“民享”与“民治”）给予肯认，故中国传统社会不可能充分实现社会和谐，秦以下专制皇权社会两千余年间，社会动乱此伏彼起，便是明证。社会主义的本义便在于实现社会公平正义，促成人际关系的祥和。我们今日创建和谐文化，应继承前人的优秀遗产，如“五伦”说在人际关系上的双向观照；同时也要超越前人，有所创发，如在义务与权利的统一上，实现上下层级的良性互动，这是社会长治久安、实现可持续发展的关键之一。

第九章　“尊君”“重民”角力的皇权文化

民可近，不可下，民为邦本，本固邦宁。

——《尚书·五子之歌》

汉兴以来，承用秦法以至今日者多矣。

——（明清之际）顾炎武：《日知录·秦纪会稽山刻石》

第一节　“周制”与“秦制”：传统中国的两种政制类型

跨入文明门槛以前，东亚大陆曾实行过氏族民主制，《尚书》等中华元典将其追记为“禅让”“谋于其众”的“通贤共治”[①]。先哲对这种初原制度作理想化描述，称为“尧舜之治”，那是一种“天下为公”的“大同”境界[②]，是善政的极致。

跨入文明门槛以后，进入“天下为家，各亲其亲，各子其子，货力为己，大人世及以为礼”的小康社会[③]，这种财产私有、世袭“大人”统治的阶级社会，延传三千余年，其间又包蕴着相反而又相成的两种政制类型——周制与秦制。

① 《尚书·皋陶谟》。

② 见《礼记·礼运》。

③ 《礼记·礼运》。

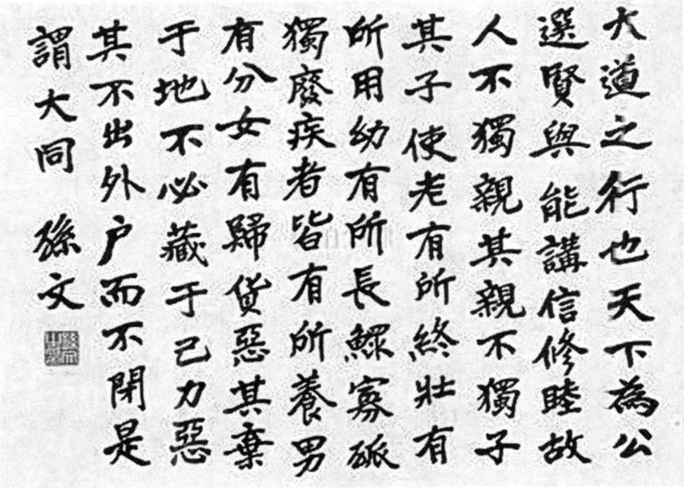

孙中山手书“礼运大同”

“周制”即周之制度，战国即流行此语，《左传·昭公二十三年》：“叔孙曰：‘列国之卿，当小国之君，固周制也。’”《国语·周语中》：“周制有之曰：‘列树以表道，立鄙食以守路。’”

接续“尧舜之治”的夏商周三代，已由“公天下”转为“私天下”，强横者初领世袭君权，因掌控力的限定，只能实行“宗法封建”的分权政制，王与贵族共治天下，庶民承担国家赋役，但基本生活运行于宗族共同体之内。“三代之治”保有若干原始民主遗意，是由“众治”向“君治”转化的过渡阶段，其完备形态是文武周公创定的“周制”。

“秦制”又称“秦法”。指秦代确立的大一统专制君主集权政治，史称“汉承秦制”即是对此词的运用。

周秦之际以降，君主集权制兴起，郡县制取代封建制，官僚制取代贵族制，君主“独治于天下而无所制”①。君主集权孕育于春秋战国，成型于秦代，推衍于两汉至明清各朝（所谓“历代皆行秦政制”），可称之“秦制”。

中国前近代社会一直笼罩在周制与秦制共构的皇权政治大纛之下。

传统政治哲学固然仰望“天下为公”的“大同”，却因其过于高远，退而求其次，寻觅比较切近的“私天下”的“小康”，在“周制”与“秦制”之间

① 《史记·李斯列传》。

徘徊，儒家倡言周制，法家力行秦制，而历代执政者的主要方略是：兼领周制与秦制，儒表而法里，霸王道杂之。研讨中国政治文化的生成奥秘，须从考析“周制”与“秦制”的异同及其互动入手。

一、宗法封建的“周制”——儒家范式

（一）“周制”说的历史依据

先秦以降儒者乐道的“周制”，并非圣贤的向壁虚造，而有其历史依据，这便是继氏族民主制而起的宗法封建制。此制大约兴起于商代、成熟于西周，封建性的贵族政治与封建性的领主经济是其基本构成。宗法封建制春秋战国式微，然其余韵长期延存。

周人伐殷时，只是六七万人口的西鄙小族，去古未远，实行封建贵族制，仍保有若干原始民主痕迹——

创立“周制”的周公

一如臣僚对国君的辅贰制（设立第二个君主以约束君主行为的制度，系原始军事民主的双头制遗迹）；

二如君主与众卿共同商议大事的朝议制（大政交付朝廷会议讨论决定的制度，系由氏族会议制沿袭而来）；

三如国人参政制（自由民参与国事的制度，所谓“朝国人而问焉”[①]、“致众而问焉”[②]、“盟国人”[③]）。

当时君主与自由民（主要是与贵族）共商的问题有三类：“一曰询国危，二曰询国迁，三曰询立君。”[④] 皆涉及国政根本。可见周制的王权保有原始民

① 《左传·定公八年》：“卫侯欲叛晋，朝国人，使王孙贾问焉。”《左传·哀公元年》：“吴召陈怀公，怀公亦朝国人而问”，此皆“询国危”。

② 《左传·哀公二十六年》：“文子致众而问焉。”

③ 《左传·襄公二十五年》。

④ 《周礼·秋官司寇第五·小司寇》。

主遗存[①]，二者综汇成封建贵族制。

中国古来即普遍使用的专词“封建”，是“封土建国”的简称。《说文》云：“封，爵诸侯之土也。”“建，立朝律也。”封建，指帝王以爵土分封诸侯，使之在其封定区域建立邦国。商代已开始分封诸侯，而“周初大封建”令封建制系统展开。这种封建制与宗法制及等级制相为表里。被封诸侯在封国内有世袭统治权，世袭方式则依宗法制规定。周天子是各封国诸侯的“大宗”，作为“小宗”的被封诸侯对周天子必须服从命令、定期朝贡、提供军赋力役，周天子则保障作为“亲戚”的诸侯的宗法地位。

在周公等王室贵族主持下，西周确立宗法封建的典章制度，战国末年儒生编纂整理的《周礼》展现这种政制的理想形态，特征是天子与贵族分权共治，可称之“周制”。由宗法序列组成的天子—公—卿—大夫—士等各级领主的世袭权利，通过逐级封建获得，其权利与义务受到礼制的保护和制约。

西方中世纪的“封建制度”（Feudalism）与中国的“三代封建”有可比性。

西欧各国及日本的中世纪社会，实行贵族政治和领主经济，其文化的若干特点，如王权旁落、政权分裂、等级制度、武士传统、农奴制度、人身依附、复仇观念等，皆为封建制度的派生物。

中国的周制大体与西欧中世纪的封建制相类（吴于廑便以西周封建制与西欧中世纪加洛林王朝封建制作类比[②]），二者时间相距千余年，而实行权力分散的贵族政治、领主经济却大体近似（当然也有差别，中国是宗法封建，西欧是契约封建）。故兼通东西文化的近现代中国学人（从严复、梁启超到雷海宗、齐思和、吴于廑等）、日本学人（从西周助、福泽谕吉到内藤湖南、谷川道雄等）以古典汉字词“封建”对译 Feudalism，较为准确。然而，在五种社会形态单线直进说导引下，20 世纪 30 年代前后开始流行中国的泛化“封建”观，将非封建的秦汉以下两千年社会称之“封建”，则全失“封建”本意与 Feudalism 译意。[③] 这种概念与所指错位的“削足适履”做法[④]，混淆了整个中国历史分期，

---

① 参见徐鸿修：《周代贵族专制政体中的原始民主遗存》，《中国社会科学》1981 年第 2 期。

② 见吴于廑：《士与古代封建制度之解体》，《封建中国的王权与法律》，武汉大学出版社 2012 年版。

③ 见冯天瑜：《“封建”考论》（修订版）第三章，中国社会科学出版社 2010 年版。

④ 批评泛化封建观“削足适履”，见钱穆《国史大纲》，商务印书馆 1994 年版。

导致“语乱天下”[①]。复归“封建”本义与国际通用义，方为正途。[②]

（二）儒家孕育于宗法封建制向君主集权制过渡之际，以弘扬周制为使命

东周以下，宗法封建趋于解纽，君主集权逐渐取代贵族分权，制度主流从贵族政治、领主经济渐次向官僚政治、地主经济转化。然而，由于聚族而居的村社经济并未解体，宗族血缘纽带顽强维系民间社会机体，帝王及贵胄世系仍按宗法封建故法承袭，宗法制及宗法观念在调整后存留下来；封建制虽被郡县制逐出政制主位，但封建余荫并未断绝。这一切使得秦汉以下，秦制虽显强势，周制也保有不弱影响力。而恰在晚周这一政制转化的节点，儒家诞生，并为周制复兴奔走呼号。

受周代礼乐文化滋养的儒家，初成于春秋末年，正值宗法封建的周制解体之际。儒家创始人孔子哀叹世风不古，认为周制借鉴夏商两代，礼制昌茂丰盛，声言追从周制而不渝，其名论是：

周监于二代，郁郁乎文哉！吾从周。[③]

“从周”的孔子
（前551—前479）

孔子以周文王、周武王和周公继承者自任，特别景仰制礼作乐、创建周制体系的周公，晚年体衰之际仍以“不复梦见周公”为最大遗憾。[④]《汉书·艺文志》称儒家的主旨是“游文于六经之中，留意于仁义之际，祖述尧舜，宪章文武”，此论甚得要领。不过，“祖述尧舜”、实现“大同”，太过渺远，儒家实际争取的是“宪章文武”，达成“小康”的周制，如荀子所称，孔子“一家得周道……故德与周公齐，名与三王并”[⑤]。

① 批评泛化封建观“语乱天下”，见侯外庐《中国思想通史》第2卷上册，三联书店1950年版，第374页。

② 见冯天瑜：《“封建”考论》（修订版）第五章，中国社会科学出版社2010年版。

③ 《论语·八佾》。

④ 见《论语·述而》。

⑤ 《荀子·解蔽》。

儒家创派于“礼崩乐坏”的春秋末叶，对宗法封建的周制有温和的批评，如孔子不赞成“后进于礼乐”、凭身份做官的世卿世禄制[①]，但对周制的基本要义（仁与礼）执着维系，试图“兴灭国，继绝世，举逸民”[②]，这显然与创建一统帝国，确立郡县制的时代趋势格格不入。东晋陶渊明在《饮酒诗》中评议孔子：“汲汲鲁中叟，弥缝使其淳”，把春秋末叶的周制比作生裂缝的墙，孔子汲汲于弥合现实社会的裂缝。孔子的遭际是：四处碰壁，“已而去鲁，斥乎齐，逐乎宋、卫，困于陈蔡之间”，“累累若丧家之狗”[③]。孟子经历类似，时人称其“迂远而阔于事情”[④]。孔孟在其当世皆被视为博学而迂腐的老先生，当然他们也不乏通变，故又被称为“圣之时者”。

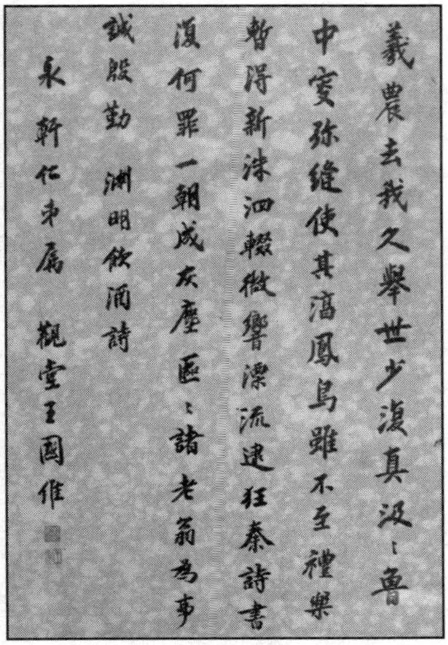

陶渊明《饮酒诗》
王国维书赠冯永轩（冯天瑜藏）

从“马上得天下”变为“马下治天下”的君王，对儒学由藐视转而青眼相加，儒家也就从边缘上升为主流，孔孟获得“圣人”“亚圣”桂冠。这种转折大约发生在汉初至汉中叶（高祖至武帝的近百年间），以后列朝继续完成这种衍化。导致此一戏剧性变更的原因是多方面的，要者略如：

其一，儒家推崇周制的“天下有道”“礼乐征伐自天子出”[⑤]，主张天下“定于一”[⑥]，切合皇权帝国的“大一统”诉求；

其二，儒家力倡“仁政”“王道”，企望上有执礼之明君、中有尽忠之贤臣、下有守序之顺民，这种和谐上下、缓解社会矛盾的施政理念，有益于社会稳定；

其三，儒家向往并通晓礼乐文化，力辟“邪说暴行”，为身份等级正名，

① 见《论语·先进》。
② 《论语·尧曰》。
③ 《史记·孔子世家》。
④ 《史记·孟子荀卿列传》。
⑤ 《论语·季氏》。
⑥ 《孟子·梁惠王上》。

高度重视道德价值，是对祥和秩序的肯定、对过往文明的承袭，可以满足文化建设的需要；

其四，儒学的“仁、义、礼、智、信”，“修己爱人”，“己所不欲，勿施于人”等教言，提供了人格修养的资源，适应心理建设的要求。

概言之，儒学是宗法—农耕社会（兼跨周制与秦制）符合中道、为朝野共认的，可以广而告之的社会学说。

二、君主集权的“秦制”——法家楷模

周制盛行西周，至东周开始解体，周天子尸位素餐，诸侯力政，宗法封建形同虚设，一种通过暴力争夺获得执政地位的君主政制驾临天下。这种信奉丛林法则的政制并非在周王室诞育，而是在一些诸侯国纷然形成的。在你死我活的争霸、兼并战争威迫下，列国竞相“变法”（如魏国的李悝变法、齐国的邹忌变法、韩国的申不害变法、秦国的商鞅变法、楚国的吴起变法、燕国的乐毅变法等），谋求富国强兵，走出宗法封建故辙，迈向君主集权。变法较彻底的秦国赢得兼并战争的胜利，分权的封建性周制正式让主位于君主集权的秦制。

“千古一帝”秦始皇（前259—前210）

公元前247年，13岁的秦王嬴政即位。自公元前230年至公元前221年，秦先后灭亡韩、赵、魏、楚、燕、齐六国，建立起统一的秦帝国，定都咸阳。嬴政认为自己的功劳胜过之前的三皇五帝，与大臣议定尊号“皇帝”，自称“始皇帝”，期以万世传袭。

秦将各个诸侯国集结为非封建的大帝国，在全中国范围以郡县制取代封建制。又统一六国文字，统一法律、度量衡、货币，修驰道、筑御胡长城，确立中央集权的专制帝国规模。其大一统制度，沿用两千余年，正所谓“历代皆行秦政制”。

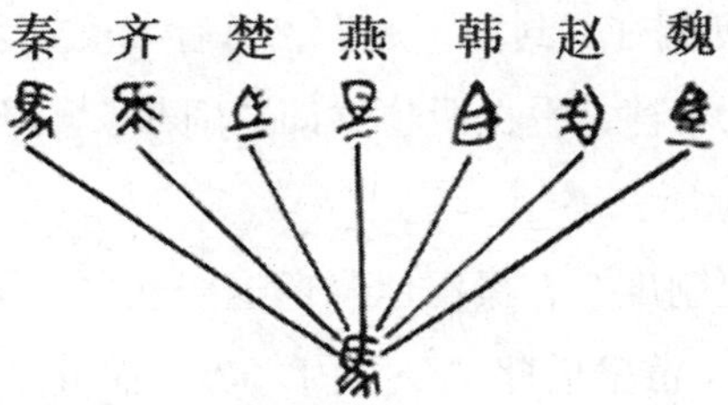

统一文字（以马字为例）

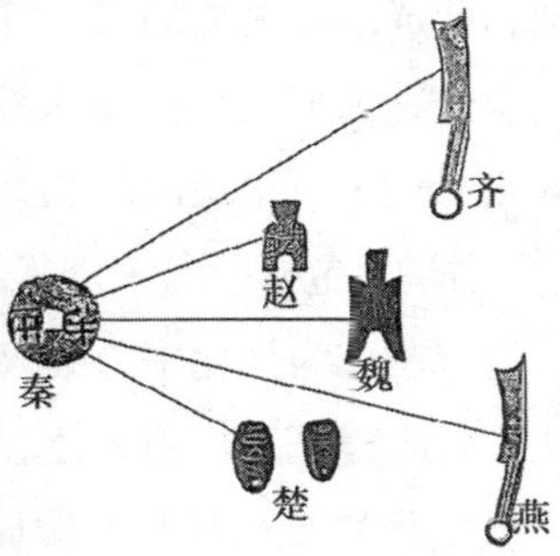

统一货币

秦在厉行专制一统之际，严刑苛法，横征暴敛，又连年用兵，激化社会矛盾，庶众揭竿而起，六国旧贵族也乘势兴兵，秦朝行年十五，二世而亡，是中国历时最短的统一王朝。

汉初总结秦代速亡教训（所谓“过秦”[①]），除指责秦政“暴虐”外，儒生多归咎秦皇不行封建，朝廷孤立无援。这后一则教训，在封建余音传响的时代颇有感召力，故汉高祖刘邦试图兼采郡县制和封国制，在设置郡县的同时，先后广封异姓王侯和同姓王侯[②]，并给予王侯“掌治其国”的权力。然而，这些王侯很快成为与朝廷相抗衡的割据势力，汉王朝在尝到异姓王和同姓王叛乱的苦果之后，断然翦灭异姓王，削减同姓王治国之权，“使藩国自析”，到武帝时，“诸侯惟得衣食租税，不与政事”[③]。这便是只能效忠皇帝的“食封贵族”。

秦汉以下，列朝力行郡县制，但帝王仍对皇亲国戚和功臣宿将封侯赐土，以期拱卫皇室，但明令王侯们“食土而不临民”，即只对封土拥有赋税权，而没有政治管理权，但也多有王侯执掌军政实权，西汉、西晋、明代、清代皆有显例，并一再导致尾大不掉的藩王起而作乱的事变，如汉初的“吴楚七国之乱”、西晋的“八王之乱”、清初的“三藩之乱”等。唐代后期授军政大权于

① 西汉初期“洛阳少年”贾谊作《过秦论》，评论秦始皇、秦二世、子婴三代过失，总结秦亡教训。司马迁推崇这篇政论，载于《史记》的《秦始皇本纪》后，《陈涉世家》引用第一段。

② 据《汉书》之《王子侯表》《功臣表》《外戚恩泽侯表》载，汉代共封王子侯 408 人，列侯 283 人，恩泽侯 112 人。

③ 《汉书·诸侯王表》。

节度使，酿成藩镇割据局面，实质近于藩王之乱。连君主集权政治达于极端的明朝，也在建文间发生燕王朱棣策动的“靖难之役”，宣宗时的汉王朱高煦之乱，武宗时的宁王朱宸濠之乱。因而列朝在“封藩”之后，每有“反封建”的“削藩”之举（包括以藩王夺得帝位的朱棣，登极后也立即“削藩”），并把郡县制、流官制作为强化中央集权的命脉所在。

从“封土建国”一意论之，“封建制度”在秦汉以降即退居次要，郡县制则成为君主集权政治的基本构成部分，帝王借此“令海内之势，如身之使臂，臂之使指，莫不制从，诸侯之君，不敢有异心，辐辏并进，而归命天子”[①]。郡县制同选举—科举制度一起，削弱了世袭性、割据性的贵族政治，维护了帝国的一统性，并使中国在两千年间发育出具有真实意义的、世所罕见的统一文化（书同文、车同轨、行同伦等）。这是诸侯割据、封臣林立的中世纪欧洲、日本，土王如云的印度所不可比拟的。

秦制的皇权拥有高度的威势和执行力，可以“办大事”（如筑长城、修驰道、掘运河以及统一度量衡、编纂《永乐大典》《四库全书》等令古今人叹为观止的大制作），同时，又竞相运用其强势权力驱使、敲剥臣民，造成一个接一个的“暴政”。秦汉之际人们以“暴”形容秦制，“西汉鸿文”贾谊的《过秦论》为其名篇。《过秦论》通过对秦国盛衰的回顾，指出秦因变法图强而得天下，又因“仁义不施”而失天下。文曰：

> 秦王怀贪鄙之心，行自奋之智，不信功臣，不亲士民，废王道而立私爱，焚文书而酷刑法，先诈力而后仁义，以暴虐为天下始。

贾谊概括秦王的特点：刚愎专断、疏远臣民、严刑峻法、迷信诈力、暴虐天下，这也是一切皇权暴政的共有禀性。贾谊同时指出，对比周、秦二制，周制较为稳固，有利于长治久安：

> 故三王之建天下，名号显美，功业长久。[②]

---

① （汉）贾谊：《论治安疏》。

② （汉）贾谊：《过秦论中》。

显然，贾谊是在向当朝执政推荐周制，力拒以“暴虐”为特征的秦制。

宋代理学家崇尚周制，批评秦制，程颢说：

> 三代之治，顺理者也。两汉以下，皆把持天下者也。[①]

这种赞扬周制顺天理、指斥秦制厉行集权（“把持天下”）之论，是一种伦理主义的评判，宋明间儒者多持此说。

纵观两周以下，如果说宗法封建的周制，其理论形态是儒学；那么君主集权的秦制，其理论形态便是法家学说。

法家由“法术之士”组成，从为君主设计掌控国家及臣民的理官演化而来，自春秋末以至战国，约略形成早期的管仲学派、中期的商鞅学派、晚期的申韩学派。后人称其学说为“申韩之学”。太史公评断曰：“法家不别亲疏，不殊贵贱，一断于法，则亲亲尊尊之恩绝矣。可以行一时之计，而不可长用也，故曰‘严而少恩’。若尊主卑臣，明分职不得相逾越，虽百家弗能改也。”[②]商鞅变法是秦制的一次系统实践，奠定了秦统一天下的基础。

法家吸纳儒、墨、道诸家学说，在刑名学基础上，建立“法—术—势”一体的理论体系，为绝对君主集权作论证。秦制的集大成者韩非以及秦制重要的实行者李斯，皆为儒家一派荀子的学生。“荀学”通览内圣与外王，正是帝王术的集合，韩非在此基础上锻造更为坚利酷烈的帝王统治术。

秦代实行韩非、李斯的法家学说，获“大一统”之成功，又不免“二世而亡”之惨败，汉以下诸朝吸取教训，以韩非、李斯师父荀子的“隆礼重法”学说为治国之旨。

三、综汇周制、秦制的皇权政治

皇权政治自秦汉定格，除秦代宣称厉禁儒术，“以法为教”“以吏为师”[③]之外，列朝帝王大都以“崇周”“尊儒”布达天下。一个显例是，明清两代的

---

① 《河南程氏遗书》卷一一。

② 《史记·太史公自序》。

③ 《韩非子·五蠹》：“故明主之国，无书简之文，以法为教。”又，《史记·秦始皇本纪》载，秦始皇三十四年（前213），采纳丞相李斯建议，禁止私学，规定“若欲有学法令，以吏为师”。

帝宫——北京紫禁城诸殿阁悬挂的匾额与对联，多选自儒家经典。

乾清宫正殿御座两侧楹柱上的楹联为：

表正万邦慎厥身修思永
弘敷五典无轻民事惟难

乾清宫内景

此为集句联，“表正万邦”语出《尚书·仲虺之诰》；“慎厥身修思永”语出《尚书·皋陶谟》；“弘敷五典”语出《尚书·君牙》；“无轻民事惟难”语出《尚书·太甲下》。意谓帝王要仪表天下，法正万方，就要慎修其身，思长久之道；向人民弘扬五常之道，不要轻视人民劳作之艰难。

乾清宫正殿北楹柱楹联为：

克宽克仁，皇建其有极；
惟精惟一，道积于厥躬。

此为集句联，也是择自儒家经书，意谓皇帝要能宽能仁，为万民树立最高准则，精粹纯一，完美道德会集君主自身。[1]

① 见韩崇文：《紫禁城楹联赏析》，《对联》2006 年第 8 期。

此外，乾清宫“正大光明”匾（顺治帝题）、养心殿“中正仁和”匾（雍正帝题）、养心殿西暖阁旁的“三希堂”匾（乾隆帝题，取义宋儒周敦颐的“圣希天，贤希圣，士希贤”），皆以儒家精义宣示天下。

然而，实际情况却是：两汉以降两千年间的统治者几乎没有一个纯用儒学、单行周制的。汉以下的帝王虽然采纳“罢黜百家，独尊儒术”建策、申言奉行周制，但并未一味信从儒家，多半视周政为虚应故事、儒生为不合时宜的空谈家，而借重秦制的实效性。如汉宣帝（前92—前49）便很不放心太子（后为汉元帝，前75—前33）的“柔仁好儒”，当太子建言‘陛下持刑太深，宜用儒生”时，宣帝颇为恼怒，告诫太子说：

> 汉家自有制度，本以霸王道杂之，奈何纯任德教，用周政乎！且俗儒不达时宜，好是古非今，使人眩于名实，不知所守，何足委任！[①]

汉宣帝关于“汉家自有制度”的这番私房话，道出了帝王统治术的真谛——既以儒家颂扬的“周制”（仁政、王道乃至井田封建之类）号召天下、收揽人心，又毫不含糊地坚执霸道钢鞭，用“秦制”威镇臣民。

秦汉以降，形成大一统的君主集权政制，要义有三：一者君主独制，二者地方集权中央，三者任用不世袭的流官。[②]这些制度多兼采周制与秦制，如倡导兼听独断的谏议制度，侦察官吏、守廉肃贪的监察制度，不计身份选贤与能的选举—科举制度，等等，皆或以周制为基础吸纳秦制，或以秦制为基础吸纳周制。

柳宗元（773—819）

唐人柳宗元名篇《封建论》肯定郡县制取代封建制的历史作用，并对周秦二制作出历史性评判——

① 《汉书·元帝纪》。可略加补充的是，以“仁柔好儒”著称的太子登极后（是为汉元帝），施政颇不仁儒，但优柔无断却是其贯穿到底的风格。元帝时是西汉走向衰败的节点。

② 参见王家范：《中国历史通论》，华东师范大学出版社2000年版，第281页。

周制“失在于制不在于政”[①]，即周的仁政、王道固然好，但制度（封建制）不利于国家统一，导致诸侯争战不休，故制度应予更革；

秦制“失在于政不在于制”[②]，即秦政暴虐，激化社会矛盾，二世而亡，其政决不可取，然其制度（郡县制）有利于国家统一、社会稳定，故延绵千载。

明清之际王夫之的《读通鉴论》与柳宗元的《封建论》近似，而且有更明晰的历史进化观念。周制实行封建，属于早期国家发展阶段。上古时代，人自为君，君自为国，万其国者万其心。周人大封同姓，才逐渐有合一之势。而秦制实行郡县，进一步强化国家的统一，这有利于文明进步，故王夫之称：

> 郡县之制，垂二千年而弗能改矣，合古今上下皆安之，势之所趋，岂非理而能然哉！[③]

柳宗元、王夫之对周、秦二制的辨析没有止步于道德评判，而是置于大历史视角，并且对“政”与“制”加以区分，在谴责秦政之“暴”时，并不忽略秦制中合乎历史发展需求的制度性合理内容；在赞赏周制之“仁”时，也不放松对不利国家统一的封建制的严肃批评。

明清之际的另一哲人黄宗羲有强烈的重民思想，他不止于批判秦政（暴政），对于秦制（郡县制）也有非议，认为郡县制一味强化中央集权，政治上军事上弊端甚多，主张以“方镇”“封建”削减极端的中央集权。[④]

同期的顾炎武认为封建制、郡县制各有利弊：

> 封建之失，其专在下；郡县之失，其专在上。[⑤]

主张加强地方守令职权，“寓封建之意于郡县之中”[⑥]。清末民初的地方自治论、联省自治论，既吸纳欧美自治主义，又承袭黄宗羲、顾炎武遗义，含有以

---

①② 柳宗元：《封建论》，《柳先生集》三。

③ 王夫之：《读通鉴论》卷一。

④ 见黄宗羲：《明夷待访录》的《方镇》《封建》诸篇。

⑤⑥ 顾炎武：《郡县论一》，《亭林文集》卷一。

周制调节秦制的意向在。

时至近代，民主主义者批判秦制，而在追究秦制的生成机制时，将根源追至荀子。谭嗣同说：

> 二千年来之政，秦政也，皆大盗也；二千年来之学，荀学也，皆乡愿也；惟大盗利用乡愿，惟乡愿工媚大盗。二者交相资，而罔不托之于孔。①

就政治制度言之，两千年来以秦制为主，兼采周制，二者彼此渗透、相互消长，呈现一种有限专制君主政治；就政治学说而言，则以儒家为本，法家道家辅助。谭嗣同称“二千年来之政，秦政也”，大抵如此；“二千年来之学，荀学也”，确为至论。“荀学”是一种王霸杂之、儒主而法辅的学说，汉至清两千年间政学的主流大体如是。谭氏之前两千年成文的《易传》已明白昭示：

谭嗣同（1865—1898）

> 天地之大德曰生，圣人之大宝曰位，何以守位曰仁，何以聚人曰财。理财正辞，禁民为非曰义。②

这是在儒学语汇系统内，用“仁”“义”诠释威权政治。而这种既盛称仁义又力行威权的刚柔相济体制，正是两汉至明清的皇权政治的常态。

四、现代政治视野下的周秦二制

周制、秦制是中国传统政制的两种形态。置诸世界政治制度古今演变的大格局审视，此二制当作怎样的评判呢？

---

① 谭嗣同：《仁学》二十九。

② 《周易·系辞下》。

（一）周、秦二制与近代宪政的距离

东亚大陆跨入文明门槛以后，大略经历了“宗法封建社会”和“宗法皇权社会”（或曰“皇权郡县社会”）两大阶段。前者已是两千多年前的旧梦，后者方是中国前近代的现实。“宗法皇权社会”呈现两重格局——

一方面，皇权撇开贵族阶层，通过官僚系统直接辖制庶众，“君—民”关系成为基本的社会关系，“尺土之民”皆“自上制之”[①]。当朝廷的剥削压迫深重，庶众便揭竿而起，故中国反朝廷的农民战争次数之多、规模之大，都世无其匹，统治者需要紧握“秦制”利剑；皇权又要警惕武人夺权、地方分权，也需要紧握“秦制”利剑，并且不能任其旁贷。

另一方面，由于宗法关系长存，可以消解阶级对立，而且，皇权制度颇具调节能力，通过实施“仁政”，推行“让步政策”，使社会危机得以缓和，破败的经济得以恢复和发展。皇权制度还善于制造全民性的文化偶像，如圣人、佛、仙、关帝、明君和清官，令大众顶礼膜拜，给各阶层以精神慰藉，这也从文化上增进了皇权社会的弹性与和谐性。这些又是“周制”的余韵。在通常情形下，皇权起着维护国家统一、社会安定的作用，保证地主自耕农经济运行，有利于文化的传承发展。

秦晖提出，从分权制约角度看，周制离现代宪政民主较近，因为周制下的庶民与贵族拥有传统的权利，帝王不能过多干预。但从现代国家需要统一的法律，需要个人直接面对国家法律而言，秦制更接近现代国家。秦制强调统一的“王法”，“王法”直接面对“民”，取消中间环节的贵族。由于社会的各种中间结构被打碎，直面“王法”的“民”已经相当原子化，其过程与资本主义社会在西欧的发展历史有类似处，人们从小共同体的束缚中进入大共同体（秦制没有攻破的只剩家族制度，国家权力没有全然控辖家族内部，所以这个“民”还没有完全原子化）。但秦制固守君主专制，力阻跨向现代宪政国家。

综合比较周、秦二制，周制走向现代宪政国家似较易，从世界史观之，能顺利进入现代宪政国家的，几乎都是封建传统（相当于周制）深厚的国家。反之，大一统帝国（相当于秦制）要转进现代宪政社会，其过程更为曲折艰难。[②]

---

① 马端临：《文献通考·封建》。

② 见秦晖：《从“周秦之变”到“新启蒙”》，2011 年 5 月 14 日召开的广东信孚研究院、《开放时代》杂志社联合举办的“第二届儒家学术研讨会：儒学与现代社会治理”的录音整理稿。上引其大意。

上述判断庶几切近历史实际。需要补充说明的是，周制深植宗法土壤，与君权及等级制存在盘根错节的关系，迈向宪政民主亦大不易。另外，秦汉以下儒者一再吁请抑制秦制、复兴周制（如恢复众卿朝议制、太学监国制以及国人参政制、学校议政制），然效果不彰，而君主独裁则愈演愈烈，其原因不能仅仅归结为帝王强化权力的私欲，背后还有秦制对维护国家大一统的实效性在发挥作用。故昔之善政不能简单归结为周制与秦制中的一种。

现代政治文明建设，只能是对周制与秦制的双重选择性吸纳，其间还必须包括对宪政民主的借鉴，方能实现周制与秦制的新生转进。

（二）从“郡县—乡里社会”到“单位社会”

秦制之下形成“宗法皇权社会”，又可称之“郡县—乡里社会”，这是一个包容性很强的机体，可以使陈旧的与新生的、本土的与外来的文化因素相与共存，如自然经济与商品经济，农耕与游牧，王道与霸道，儒家与法家，儒学与佛学等似乎水火不相容的东西，竟然可以为这同一制度所容纳——儒释道三教并而信之，皇帝、可汗兼而任之（如唐太宗兼称大唐皇帝和天可汗，元世祖兼称大元皇帝和蒙古汗国可汗），老百姓对孔圣人、张天师、如来佛、玉皇大帝、关帝爷、赵公明轮番顶礼。诸异质文化在互相排斥、互相制约中共存共荣，自然经济和专制政治等社会基本要素，一以贯之地延绵下来。

自秦至清，制度多起伏跌宕，然以帝王为轴心的官僚政治（郡县制为其地方政治形态），加上基层由乡规里约组合而成为宗法乡里共同构建的“郡县—乡里社会”，其基本格局是，上有中央集权的朝廷与郡县，下为分散而自治的乡里。这种社会结构一直延绵下来，直至现代仍于变革中保留神髓，其显在形态便是1949年以后“单位社会”的出现。有学者指出：

> 现代中国社会极其独特的两极结构：一极是权力高度集中的国家和政府，另一极是大量相对分散和相对封闭的一个个单位。长期以来，国家对社会的整合与控制，不是直接面对一个个单独的社会成员，更多地是在这种独特的单位现象的基础上，通过单位来实现的。[①]

① 李汉林：《关于中国单位社会的一些议论》，《社区研究和社区发展》，天津人民出版社1996年版，第1152页。

这种“单位社会”是“郡县—乡里社会”在现代特有条件下的变种：既保留着传统社会的基本元素，如中央集权的郡县制存留乃至强化，同时，又因公有制经济（国有经济或集体所有经济）对生活资料分配的掌控，中央威权可以通过“单位”的组织力量渗透到基层社会物质生活、精神生活诸层面，这较之“郡县—乡里社会”朝廷政令止于县衙这一级，是大为强化了。在1949年以后的三十多年间，“单位”是城镇中国人政治生活、经济生活、社会生活、家庭—个人生活的基本空间，乡村人20世纪70年代末以前在合作社、人民公社治下，现在辖于村委会。城镇人的生、老、病、死，婚丧嫁娶乃至住房、医疗等生活福利，皆由“单位”掌理，个人的思想状况以及周边情态也须向单位汇报。

有一位走出国门的中年人著文说，他到异国后，多日不安，又不知何故，后来方悟出：在国外找不到“单位”了，而离开安生立命多年的“单位”，感到很不自在。此君的感受，正说明“单位社会”对国人思想方式、生活方式影响之深。

当代中国从计划经济向市场经济转化，“随着资源配置手段和社会结构的变革，单位体制的解体和个人化的发展是同样不可避免的”[①]。时下中国正在脱离“单位社会”的故辙，进入“后单位社会时代”，新的社区建设勃然兴起，然而单位组织与非单位组织仍然交叉并存，单位社会的若干基因还将在相当时期发挥作用，不过这种作用渐趋变态。

第二节　中国皇权政治的特点

一、起点早，持续久

（一）王权早成

中国的王权政治可追溯到久远时代，在国家初成期便已现端倪。早在三千多年前，商王盘庚准备迁都于殷，遭到留恋故土的贵族、平民的抵制，盘庚异常严厉地对臣民发出威胁：

① 曹锦清、陈中亚：《走出“理想城堡”——中国“单位”现象研究》，海天出版社1997年版。

乃有不吉不迪，颠越不恭，暂遇奸宄，我乃劓殄灭之，无遗育，无俾易种于兹新邑。往哉！生生！[①]

声言违抗君王命令者不仅自身受诛，且祸及子孙。俨然一个强横的君王。

商周之时，各部族间的征战是社会政治生活的重要内容，而到了春秋时期，诸侯逐鹿中原、争夺霸权更是时代的主题。政权是军事征服的直接产物，军事征服的胜利者方可登上统治者的宝座。屡验不爽的实例促成政治家对军事暴力的迷信，而一旦军事征服成功，军事首长的绝对权威便转化为专制王权。“中国古代世袭而握有最高行政权力的王，也是以军事首长为其前身的。”[②]据考证，“王”字本为斧钺之形，而斧钺不仅是兵器用于战争，而且也是执行死刑的刑具用于刑法，它不仅是军事统帅，而且是政治首脑的象征。以斧钺之形演变而成的“王”字，便既指军事统帅，又是对国家君主的称谓，而两者的相通之处，正在于他们都拥有权力，这种权力的基础是暴力。王权可以说是暴力集团的代表，虽然它往往饰以神圣光环或温情脉脉的说辞。

（二）皇权大一统延绵久远

王权政治的高级形态——大一统的专制皇权，在中国自秦及清，延绵两千余年，其间虽有跌宕起伏，总趋势是愈益强化。

在西欧，从希腊、罗马的古典时代到中古直至近代民族国家的兴起，呈现出鲜明的阶段性，并无一以贯之的皇权政治。罗马帝国的皇帝庶几近于专制帝王（亦受教会和贵族院制衡），中世纪则呈封建分权状态，虽然一度出现有皇帝的领地辽阔的“神圣罗马帝国”，但它在绝大部分时间内不过是一个空名，西欧史学家称其“既不神圣，也不罗马”，充其量不过是一个“军事行政联合体”，不能与中国秦汉直至明清的大一统皇权帝国相提并论。中世纪晚期，西欧方出现专制王权（以法国“太阳王”路易十四为代表）。

以英国而论，其君主专制政体运行于16—18世纪，即西欧封建社会晚期，是在资本主义萌生、发展时期产生的，新兴资产阶级由弱而强，封建贵族由强而弱，二者暂处势均力敌阶段，“斗争的任何一方尚未压倒另一方”，“以致

① 《尚书·盘庚中》。

② 林沄：《说王》，《考古》1965年第6期。

国家权力作为表面上的调停人而暂时得到了对于两个阶级的某种独立性。17世纪和18世纪的专制君主制，就是这样，它使贵族和市民等级彼此保持平衡”[①]。英国君主制度的阶级基础既包括僧、俗封建主，又包括资产阶级新贵族。专制君主调停封建贵族与新兴资产阶级的矛盾，既维护封建贵族的传统地位与既得利益，又拉拢资产阶级，鼓励工商业活动和海外贸易，从而在客观上促进、推动和保护资本主义生产方式的孕育和成长。

在英国君主专制出现之前约两千年，中国君主专制在战国时期便已萌生，秦汉间正式确立。战国生成的君主政治包括两方面的含义，一方面，列国诸侯在自己的封疆内实行君主专制，用郡县制逐步取代封建制，以官僚制取代世卿世禄制；另一方面，列国诸侯还要力争控制周天子，以号令天下，在更大的范围实行君主专制，如张仪（？—前309）曾向秦惠王（前356—前311）建策："据九鼎，按图籍，挟天子以令天下，天下莫敢不听，此王业也。"[②]秦王嬴政统一全国后，更厉行中央集权，"天下之事无大小皆决于上"[③]，君主专制开始施之于疆域广大的一统国家。

中国的皇权政治延续时间之长，世界罕见其匹：自公元前221年嬴政统一天下，称制"始皇帝"为端绪，至1912年清朝末代皇帝溥仪（1908—1912年在位，年号宣统）逊位止，共有494个皇帝（包括死后被追封为皇帝的73人），帝制历时2133年（前221—1912），这较之西欧300年的王权时期漫长得多。

中国自秦汉以降皇权政治一以贯之，然并非两千余年凝固不变，其间也有所波动——

秦汉时期，中央集权形成，官僚制取代世卿世禄制，郡县制取代分封制，皇帝是国家元首，由三公九卿组成中央政府，皇权一统基本形成；

始于东汉，盛于三国两晋南北朝，门阀贵族政治抬头，皇帝与贵族分权；

隋唐时期，君主集权明显加强，相权逐步削弱，三省六部制确立。隋唐帝国依凭关陇贵族集团起家，贵族政治仍然占有地位，但科举制度实行，庶族士子登上政治舞台，强化了皇权的社会基础；

---

① 恩格斯:《家庭、私有制和国家的起源》,《马克思恩格斯选集》第四卷，人民出版社1995年第2版，第172页。

② 《战国策·秦策》。

③ 《史记·秦始皇本纪》。

中唐以下至两宋时期，中央集权进一步发展，宋太祖"杯酒释兵权"，削夺武人权力、防范地方割据，军权、政权、财权、司法权悉归朝廷；

元代以太子任中书令，执掌朝政，实行朝廷垂直管辖的行省制度；

延至明清，中央集权更达于极端，相权被废止，六部尚书直接对皇帝负责，号称"无宰相之名，有宰相之实"的明清内阁以及清代的军机处，不过是皇帝的办事机构。皇权专制达于顶峰。

二、植根碎片化的小农社会

中国皇权社会是一个经济高度分散与政治相对集中的综合体。

自周秦之际以降，绵延两千余年的皇权政治，建立在分散的、自给自足的农业经济基础上。在东汉及魏晋南北朝，出现过类似中世纪西欧诸国的领主庄园经济，而在大多数时段，尤其是中唐以后，自耕农的小土地占有和地主将土地分块出租给农民耕种（租佃经济），是普遍形式，其显在特征是自给自足的小规模经营。

高度分散、缺乏主体性的小农经济是政治集中的皇权专制植根的土壤。马克思在论及法国中世纪末叶以农民为多数的社会时说：

> 小农人数众多，他们的生活条件相同，但是彼此间并没有发生多种多样的关系。他们的生产方式不是使他们互相交往，而是使他们互相隔离。①

"法国国民的广大群众，便是由一些同名数简单相加形成的，好像一袋马铃薯是由袋中的一个个马铃薯所集成的那样。"这样的国民"不能以自己的名义来保护自己的阶级利益"②——

> 他们不能代表自己，一定要别人来代表他们。他们的代表一定要同时是他们的主宰，是高高站在他们上面的权威，是不受限制的政府权力，

①② 马克思：《路易·波拿巴的雾月十八日》，《马克思恩格斯全集》第十二卷，人民出版社1995年第2版，第228、229页。

这种权力保护他们不受其他阶级侵犯，并从上面赐给他们雨露和阳光。所以，归根到底，小农的政治影响表现为行政权支配社会。[①]

中国由为数众多的小农构成的碎片化社会情形也类似于此：缺乏政治自主意识的农民，如同一个个同质而又彼此不相关联的“马铃薯”，鸡犬之声相闻，老死不相往来，农民“不能以自己的名义来保护自己的阶级利益”，需要高高在上的政府权力主宰一切，寄望于“明君”和“贤臣”“为民做主”，民众无政治自主性可言，皇权占据至高地位，一面不断促成社会的碎片化，一面强化朝廷对社会的全面掌控。这便是皇权政治的运行机制。

在小生产状态下的自耕农和佃农，抵御自然和社会灾祸的能力十分有限，弱小经济地位决定了他们屈从并迷信皇权。而王朝在某些时段（特别在开国之际或土地兼并剧烈时）采取限田、均田等种种措施，抑制兼并，保护自耕农，同时也防止佃农大量与土地相分离，成为扰乱社会安定的“流民”。将小农固着在土地上，是历朝通用之策，唐代的“两税法”，明代的“一条鞭法”，清代的“摊丁入亩”等法令，都是为此而颁行。

地主阶级将土地划成小块出租给佃农，从而使得对土地的占有权与经营权相分离。为了保证自己对于佃农的控制、剥削，地主阶级也需要一个强有力的政权力量支持和保护，特别是在农民奋起造反时，更是如此。

中国的君主专制，正是地主与农民力量彼此消长的调节器，如同西方近代前夜的君主专制是封建贵族和新兴资产阶级的调节器一样。无论是豪强地主兼并土地太甚，逼迫成千上万的自耕农、佃农失去生计，流离失所，还是佃农“抗租罢耕”，危及地主阶级的根本利益，君主专制政体都会出来干预，使得地主—自耕农—佃农的生存状态保持一种动态平衡，从而确保国家获得稳固可靠的赋税、徭役来源，而地主—自耕农—佃农也分别从皇权政治中得到经济地位的保护。上层建筑保护经济基础，经济基础支撑上层建筑，自给自足的小农经济（包括自耕型和租佃型两大类）与皇权政治相互为用，这便是传统社会内部小农经济与皇权政治长期协调共存的秘密所在。

---

① 马克思:《路易·波拿巴的雾月十八日》,《马克思恩格斯全集》第十二卷，人民出版社 1995 年第 2 版，第 229 页。

三、君主政治理论早成而完备

古希腊最博学的哲人亚里士多德在《政治学》中，对政体作两个层级分类——

第一级分类，按执政目的分为两类：为全邦共同利益的是正宗政体，为统治者私利的是变态政体。

第二级分类，按执政者人数，正宗政体一人执政为君主政体、少数人执政为贵族政体、多数人执政为共和政体。

变态政体一人执政为少数人执政为寡头政体、多数人执政为平民政体。①

亚里士多德是根据古希腊的城邦政治作出政体分类的，然其政体三分说（一人主治为君主政体，少数人主治为贵族政体，多数人主治为民主政体）具有较广泛的概括性，我们权且借此框架评析传统中国政体。

中国跨入文明门槛以前的上古时期出现过原始民主，传说中的禅让、众议的“尧舜之治”，即为多数人主治的氏族民主制。另外，周边少数民族曾保持着军事民主制，如东汉时期乌桓人“各自畜牧营产，不相徭役”②；蒙古人的“忽里勒台”制度（各部联盟会议，推举首领，决定征战等大事）等。

少数人治理的贵族政体，在夏、商、周三代时期不同程度地出现过。

一人主治的君主政体，或曰君主集权政体，则在中国沿袭甚久，发育最充分，为君主集权作论证的政治学说也最为发达。

东西方先后创发王权政治理论，而中国是先期提出系统完备的君主专制论的国家。

欧洲君主专制主义的阐发者，是文艺复兴时期的意大利政治思想家马基雅维利（1469—1527），他的名著《君主论》问世于16世纪初，正在西欧君主专制形成时期，成为专制君主教科书，故马基雅维利有“魔鬼的教师”之称（“魔鬼”指专制君主）。而中国君主专制理论的集成之作，是公元前4世纪的《商君书》、公元前3世纪的《韩非子》，先于马基雅维利《君主论》1800—1900年，恰值中国君主专制的形成时期。马基雅维利反复论证，专制君主可

① 见［古希腊］亚里士多德著，吴寿彭译：《政治学》，商务印书馆1965年版。

② 《后汉书·乌桓传》。

韩非子（约前 280—前 233）

以不择手段地推行专制统治[1]，而此前千余年，韩非就用简洁明快的语言点明君主专制的精髓：“能独断者，故可以为天下主。”[2]

中国君主专制理论形态十分饱满、精密。韩非在总结前人的基础上，将法（政令）、术（策略）、势（权势）三者有机结合起来：

势者，君之马也，无术以御之，身虽劳犹不免乱，有术以御之，身处佚乐之地，又致帝王之功也。[3]

君无术则弊于上，臣无法则乱于下，此不可一无，皆帝王之具也。[4]

“术”与“法”作为“帝王之具”，成为专制君主须臾不可离的护身法宝。韩非还反复申述君主的权威不可动摇，臣子必须无条件服从君旨：

人主虽不肖，臣不敢侵也。[5]

贤者之为人臣，北面委质，无有二心，朝廷不敢辞贱，军旅不敢辞难，顺上之为，从主之法，虚心以待令，而无是非也，故有口不以私言，有目不以私视，而上尽制之。[6]

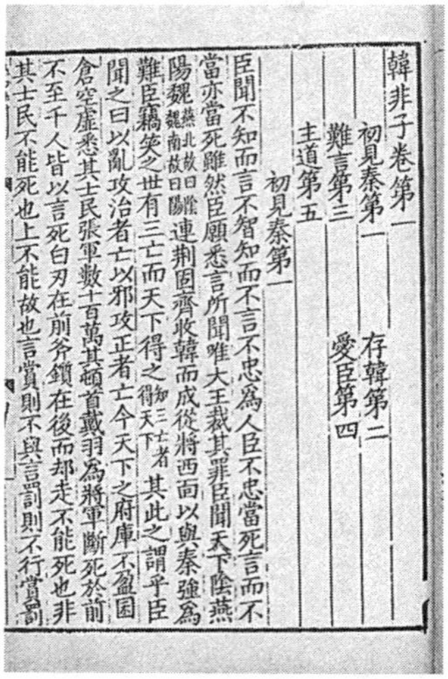

韓非子卷第一

初見秦第一 存韓第二

難言第三 愛臣第四

主道第五

初見秦第一

臣聞不知而言不智知而不言不忠爲人臣不忠當死言而不當亦當死雖然臣願悉言所聞唯大王裁其罪臣聞天下陰燕陽魏（燕北故曰陰魏南故曰陽）連荆固齊收韓而成從將西面以與秦強爲難臣竊笑之世有三亡而天下得之（知三亡者得天下）其此之謂乎臣聞之曰以亂攻治者亡以邪攻正者亡今天下之府庫不盈囷倉空虛悉其士民張軍數十百萬其頓首戴羽爲將軍斷死於前不至千人皆以言死白刃在前斧鑕在後而却走不能死也非其士民不能死也上不能故也言賞則不與言罰則不行賞罰

君主专制主义集成之作《韩非子》

① 见［意］马基雅维利著，潘汉典译：《君主论》，商务印书馆 1985 年版，第 73 ~ 74 页。

② 《韩非子 · 外储说右上》。

③ 《韩非子 · 外储说右下》。

④ 《韩非子 · 定法》。

⑤ 《韩非子 · 忠孝》。

⑥ 《韩非子 · 有度》。

相传秦王嬴政见韩非子之书，欣喜至极，曰：“嗟乎，寡人得见此人与之游，死不恨矣！”[①] 专制君主对独裁理论的钟爱之情，跃然纸上。

两汉以下，皇权政治获得新儒学的神学化说明，“君权天授”被反复指证；两宋以下皇权政治又获得理学的形上学论证，程颢、程颐、朱熹有以“天理”抑制君权的构想，致力于以“周制”限定“秦制”，然其皇权政治理学化的努力，仍然落实到为皇权神圣性作论证。二程谓：“上下之分，尊卑之义，理之当也，理之本也。”[②] 朱熹谓：“君尊于上，臣卑于下，尊卑大小，截然不犯。”[③]

完备的皇权理论，与长期延续的中国皇权政治相为表里，影响力深远。

四、“君权神授”与“民为邦本”

“尊君”与“民本”相互依存，是中国皇权政治的基本特征。

（一）以“君权天授”为理论柱石的尊君主义

农业社会由千百个彼此雷同、极端分散的村落和城镇组成。但是，对外抗御游牧人的侵袭，对内维持社会安定又是这个农业社会的全民性需求，这就有建立统一的、权威巨大的帝国的必要。同时，自给自足的小农经济决定了，不能指望以商品交换形成的纽带来维系广土众民的联系性，而主要得依靠君主集权将国家大一统变为现实。这一切社会需求养育了尊君主义。

在中国古代，除少数异端思想家（多有道家或农家倾向），如阮籍（210—263）、鲍敬言（相传两晋之际人）、无能子（唐人）、邓牧（1247—1306）等人发表过犀利的非君论说外，多数学派和思想家都有不同程度的尊君思想。当然，绝对尊君论由法家制造，战国晚期的韩非是集大成者。他从天下“定于一尊”的构想出发，提出“事在四方，要在中央，圣人执要，四方来效”[④] 的中央集权政治设计。韩非身后不久建立的大一统嬴秦帝国，就是以韩非思想为蓝图构筑起来的。

---

① 《史记・老子韩非列传》。

② 《程氏易传》。

③ 《朱子语类》卷六八。

④ 《韩非子・扬权》。

尊君论并非法家独有，先秦儒学便阐述过温和的尊君思想；《左传》也有“国不堪贰”[①]，“臣无二心，天之制也”[②]的记述，后之儒者如韩愈等的尊君论已与法家不相上下。

帝王君临天下权力的获得，归根结底当然依凭暴力：天下是“打”下来的，开国皇位是“夺”得的，维护朝廷的最后力量是军队。但由暴力获得、支撑的君权需要一套说服天下人的理论体系，其中垂之久远的是“君权神授”说，或曰“君权天授”说。君王称“天子”，便是君权天授说的画龙点睛之笔。

从周金文到先秦诸子，多有君权神（天）授论说，秦汉以降，随着皇权政治的不断强化，君权神（天）授说愈益发达。此说的系统构建由吸纳阴阳家和谶纬说的新儒家完成，西汉董仲舒是集成者。董氏称：

> 为人主者法天之行，是故内深藏所以为神，外博观所以为明也。[③]

君主的行径内藏以“神”，外显于“明”，而神明源于天——

> 天之所大奉使之王者，必有非人力所能致而自至者，此受命之符也。[④]

董仲舒还据天地阴阳说创制“三纲”理论：

> 君臣父子夫妇之义，皆取诸阴阳之道。君为阳，臣为阴；父为阳，子为阴；夫为阳，妻为阴。[⑤]

这种君权神授说将神权、君权、父权三者合一，为中国皇权政治的至论。

此后，程颢、程颐、朱熹等理学家以更加富于思辨性的理论体系，为“君权神授”作论证，将“君为臣纲”归结为“天理”。这种绝对君权主义到了明代更在社会实践上达到登峰造极的程度。

---

①② 《左传·隐公元年》,《左传·庄公十四年》。

③ 《春秋繁露·离合根》。

④ 《汉书·董仲舒传》引《天人三策》。

⑤ 《春秋繁露·基义》。

秦汉以来的帝王以“君权神授”说为依据，将君王专制在实行层面渐次推向极致。明太祖朱元璋（1328—1398）为了“收天下之权归一人”[①]，废除沿袭一千多年的丞相制和沿袭七百多年的三省制，将相权并入君权；撤销行省，设立分别直接受制于朝廷的“三司”（布政使司、按察使司、都指挥使司，分管政务、监察、军事）；废大都督府，分设五军都督府，同兵部分掌军权；此外，还有“不衷古制”的廷杖和厂卫的设立。这一切，将君权扩张到了极点，真正达到“朕即国家”的程度。

总之，中华农业社会需要并供奉一个君主集权政体，而这种君主集权政体一经形成，即成为超乎社会之上的异己力量，它不仅掌控民众，并抑制外臣权力，把军、政、财、文及思想大权集中到朝廷以至皇帝个人手中，形成马克思、普列汉诺夫及马克斯·韦伯、魏特夫等论述的在“亚细亚生产方式”土壤中生长出来的“东方专制主义”。

（二）以“民为邦本”说为基础的民本主义

与皇权主义的强劲而悠长相伴生，中国的农业社会又培育了另一影响深远的基本意识，这便是“重农主义”的孪生兄弟“民本主义”。

中国自先秦即已勃生的“民本主义”是一个具有特定历史含义和民族文化特征的概念，在使用时应当与西方文化系统内的“人文主义”和“人本主义”等概念加以区分。

产生于欧洲文艺复兴时期（14—16世纪）的“人文主义”，是同维护封建统治的宗教神学（即神本体系）相对立的人性论和人道主义；至19世纪，由德国哲学家费尔巴哈（1804—1872）提出的“人本主义”，其要旨在于：抽去人的具体的历史条件和社会关系，这种“人”具有普遍生物性，因而是平等的。而中国的民本主义则是不同的一个历史范畴。

民本主义在形成过程中，经历了在神—民关系上近民而远神的阶段（《左传》所反映的春秋时代出现的“天道远，人道迩”一类思想），在君—民关系上的重民轻君阶段（《孟子》所反映的战国时代出现的“民为贵，社稷次之，君为轻”一类思想）。但从经济生活土壤进行分析，两周即已出现，又延绵两千多年的民本主义植根于尚农、重农的社会心理的深层结构之中，从而与重农

① 王世贞：《弇州史料》卷一。

主义相为表里。

农业社会存在和发展的前提，是农业劳动力——农民的“安居乐业”。农民得以安居乐业，农业生产方能稳定有序，朝廷的赋役就可以源源供给，“天下太平，朝野康宁”的“盛世”便有保障。反之，如果以农民为主体的广大庶众失去起码的生存条件，出现“民不聊生”“民怨沸腾”的状况，“民溃”“民变”层出不穷，“国削君亡”就难以避免。当饥寒交迫的民众“揭竿而起”之时，专政手段再强大的王朝也将陷入土崩瓦解的厄运。

“民变”是历代统治者永远的梦魇。富于远见的人士认识到民众不可侮，所谓“众怒难犯，专欲难成”[①]。基于这类考虑，中国的“圣君”“贤臣”们很早就认为君主只有礼遇臣民，臣民才会追随君主。[②]《尚书》的名论最简要地指明此一精义：

> 安民则惠，黎民怀之。[③]
> 民可近，不可下，民为邦本，本固邦宁。[④]

时至晚周，民本思想在诸子中各有阐发。

老子认为，统治者必须顺应民意——

> 圣人无常心，以百姓心为心。[⑤]

谴责“以百姓为刍狗”（“刍狗”是古代祭祀时用茅草扎成的狗，祭后弃去）是“不仁”[⑥]。

孔子劝诫统治者“节用而爱人，使民以时”[⑦]，并有“修己以安人”“修

---

① 《左传·襄公二年》。
② 《周易·随卦》：“《彖》曰：随，刚来而下柔，动而说。”
③ 《尚书·皋陶谟》。
④ 《尚书·五子之歌》。
⑤ 《老子·四十九》。
⑥ 《老子·五》。
⑦ 《论语·学而》。

己以安百姓”[①]之倡；他理想中的“圣人”是“博施于民而能济众”的仁者；他所倡导的“仁政”，以“裕民”为前提，不能无视民众的利益，“因民之利而利之”[②]。这是对西周德治主义的发挥。

战国的《左传》《孟子》《荀子》诸书包含愈益丰富的民本思想，《孟子》尤有系统论说：

> 民为贵，社稷次之，君为轻。是故得乎丘民而为天子，得乎天子为诸侯，得乎诸侯为大夫。[③]
>
> 桀纣之失天下也，失其民也。失其民者，失其心也。得天下有道，得其民斯得天下矣。得其民有道，得其心斯得民矣。得其心有道，所欲与之聚之，所恶勿施尔也。[④]

孟子提出“民为贵”和“政得其民”“得民心得天下”诸命题，进而建策——

> 轻刑薄税
> 制民之产
> 听政于国人
> 与民同乐等

其民贵君轻、得失天下取决于民心向背的观念，卓绝千古。

稍晚于孟子的荀子则有“载舟覆舟”的名论。

孟子
卷一梁惠王上
孟子見梁惠王王曰叟不遠千里而來亦將有
以利吾國乎孟子對曰王何必曰利亦有仁義
而已矣王曰何以利吾國大夫曰何以利吾家
士庶人曰何以利吾身上下交征利而國危矣
萬乘之國弑其君者必千乘之家千乘之國弑
其君者必百乘之家萬取千焉千取百焉不為

《孟子》书影

① 《论语·宪问》。

② 《论语·尧曰》。

③ 《孟子·尽心下》。

④ 《孟子·离娄上》。离娄为传说中的黄帝时人，明察秋毫。孟子从“离娄之明”议及王者洞悉民心民意。

荀子对君民关系的这一形象比喻，给历朝统治者以深刻印象。唐太宗李世民（599—649）与魏徵（580—643）、房玄龄（579—648）等大臣的对话中，就论证过民水君舟，水可载舟，亦可覆舟的道理，一再强调“载舟覆舟，所宜深慎”[①]，“为君之道必须先存百姓”[②]。

李世民还深有感慨地说：

> 天子者，有道则人推而为主，无道则人弃而不用，诚可畏也。[③]

这些议论是“圣君”—“贤臣”相互唱和的名言，道出英明的统治者为保全皇位、达成长治久安而信奉“民本”论的真谛。

总之，“民为邦本”“民贵君轻”等民本命题是中华农业社会的一种传统政治思想，反对“杀鸡取卵”“竭泽而渔”的“仁政”“王道”学说由此派生出来。

五、与宗法制结合——宦官干政、外戚专权简析

中国的皇权政治与宗法制之间，存在着血肉相依的密切联系。

最早的君主便由氏族家长演变而成。在宗族社会内，社会成员的政治关系与血缘关系相为表里，君权与父权合二而一，“家无二主，尊无二上”[④]是国与家同样绝对的原则。由于皇权由宗法而生，君统与宗统、血统直接相关，君权的“血脉”传承至关紧要，被称之“国本”[⑤]。宗法皇权社会围绕“继统”问题发生过多次“廷争”和内廷恶斗，甚至屡屡出现父子加害、母子相残、兄弟火并的惨剧。也正是为了保证皇权宗统的绝对“纯洁”，中国宗法皇权制度派生出极不人道的宦官制度和由裙带关系引出的外戚制度，并导引出宦官干政和外戚专权。

（一）宦官干政

宦官，或曰宦者、寺人，先秦和秦汉泛指在宫廷内侍奉帝王及其家属的官

①② 《贞观政要·论君道》。

③ 《贞观政要·论政体》。

④ 《礼记·坊记》。

⑤ 中国古称确定皇位继承人为国本。《唐大诏令集·册遂王为皇太子文》：“建立储嗣，崇严国本。”

员（不一定去势），古代即有“宦者四星，在皇位之侧”[①]的说法，其名借用拱卫天帝星旁的一个叫“宦者”的星宿。周代置官，宦者已在其列，《周礼》对寺人的职责规定是，“寺人掌王宫之内人及女宫之戒令”[②]。当时的宦者并非全由“刑余之人”担任，而且规定宦者不得介入国家政务。到了晚周，宦官干预政务的情况渐多，《左传》记载，春秋时寺人掌理宫室内政、官令，曾直接介入齐、楚、晋、宋等国国君的更迭废立。

秦代宦者干政以赵高（？—前 207）为甚[③]。赵高本赵国人，“进入秦宫，管事二十余年”，是秦始皇宠信的宦官，亲近秦始皇少子胡亥。公元前 210 年，始皇死，与李斯伪造遗诏，逼始皇长子扶苏自杀，立胡亥为二世皇帝，任郎中令，居中用事，控制朝政，后杀李斯，任中丞相；不久又杀二世，立子婴为秦王，旋为子婴所杀。介入秦末一系列政治大事。

西汉宦者多用“刑余之人”，司马迁即以刑余撰史。

从东汉以后，宦官“悉用阉人，不复杂调它士”[④]，从此，宦官专指被阉割失去性机能的内臣，其称谓甚多，有寺人（宫寺之“寺”）、阉人、阉官、宦者、中官、中涓、内官、内铛、内侍、太监、内监、黄门等。宦官之所以被选作皇宫、王府内的差役，是因为他们具有男性的劳动力，可以担当繁重的杂役，满足帝王、皇族骄奢淫逸的生活要求，而阉割之后失去性机能，绝对不会发生后宫“淫乱”之事，混杂皇族血统，导致君统与宗统的分离。

宦官为内廷侍从，本不得干预朝政，但其上层分子因是帝王最亲近的奴才，每能占据要津，执掌权柄。特别是当帝王行使极端君权时，更需抑制朝臣，宠任宦官，而宦官也借此攫取国家权力，胡作非为，酿成巨祸。这种情形，史不绝书，名例有秦二世时的赵高专政，“指鹿为马”，权倾一时；唐玄宗时的高力士擅权，朝野趋奉。宦官干政，列朝皆有，而“东汉及唐明三代，宦官之祸最烈”[⑤]。

东汉末，宦官“窃持国柄，受握王爵，口衔天宪”[⑥]，太监单超、左悺、

①④ 《后汉书·宦者传》。

② 《周礼·天官·冢宰第一》。

③ 有学者考证，赵高不是宦官出身。此取常说。

⑤ 赵翼:《廿二史劄记·宦官之害民》。

⑥ 《资治通鉴·汉桓帝永兴元年》。

具瑗、徐璜、唐衡五人同日封侯，并称“五侯”，贪婪残暴，老百姓咒曰：“左回天，具独坐、徐卧虎、唐两堕[①]。”东汉末的十常侍乱政更为人们耳熟能详。

隋唐以下，地位高的宦官称太监。唐中叶以后，内乱频仍，太监趁机执掌禁军、监军和枢密大权。代宗、德宗时，太监鱼朝恩、窦文场、霍仙鸣典领禁军，专横跋扈，连皇帝也不放在眼里。“宦官之权，反在人主之上，立君、弑君、废君有同儿戏。”[②] 宪宗以后，除敬宗是以太子继位外，穆、文、武、宣、懿、僖、昭帝皆由宦官拥立，宪宗、敬宗更死于宦官之手。

北宋末年，太监童贯与太师蔡京勾结，排挤朝臣，把持军政，时称“公（指蔡京）媪（指童贯）二相”。童贯独领兵权20年，对将领多有掣肘。北宋与辽、金作战屡败，与太监监军颇有关系。

今北京的东厂胡同　原为明代东厂所在地

明代君主集权达于极峰，更大肆任用宦官监理军政，宦官势力恶性膨胀，自成独立系统，有十二监、四司、八局，总称二十四衙门。十二监的第一监司礼监，不受外廷政府统辖，仅听命于皇帝，凌驾于国家纲纪法律之上。明初设“锦衣卫”，后增设“东厂”（又设“西厂”），太监主持的厂卫专司监察官民，是皇帝直辖的特务系统。太监权高势大，英宗称太监王振为“先生”，无事不

① 《后汉书·宦者传》。

② 赵翼：《廿二史劄记·宦官之害民》。

从。宪宗时，汪直掌军政大权，以致“今人但知汪太监”[①]，不知有皇上。武宗时，司礼太监刘瑾狂妄宣称：“满朝公卿，皆出我门。”[②]熹宗时，魏忠贤专政，更达登峰造极地步，自内阁、六部至四方督抚，都由其党徒把持，他们称魏忠贤为“九千岁”“九千九百岁”，吹捧魏“与先圣并尊，并以忠贤父配启圣公祠”[③]。

清朝接受前明教训，严禁宦官出任宫外政事，但君主近侧的太监弄权仍屡屡发生，清末慈禧太后执政四十年间，太监安德海、李莲英权势逼人，王公大臣亦为之侧目。

太监李莲英（1848—1911），在清宫五十二年，受慈禧太后宠信

总之，宦官干政，是中国宗法皇权政治中的必有现象，它的久禁不绝，与中国君主制度与宗法制的紧密结合直接相关。

作为接近皇权核心的宦官，也出现过卓异之士，西汉宣帝时精通法律的弘恭、石显，东汉时发明造纸术的蔡伦，明代率舰队七下西洋的郑和、支持张居正改革的冯保，清代创始八卦掌的董海川，皆有贡献于国家大政或文化建设。

① 《明史·宦官传》。

② 《明史纪事本末·刘瑾用事》。

③ 赵翼：《廿二史劄记·魏阉生祠》。

梁启超曰：

> 论人不可有阶级之见存，刑余界中，前有司马迁，后有郑和，皆国史之光也。[①]

此为平允之论。

（二）外戚专权

与宗法制紧密结合的皇权政治派生出的另一现象，是外戚专政的频烈。

宗法制下君主之位的继承原则，只看血统是否正宗，不顾实际治国能力，因此多有几岁幼儿登基之事。每当这种时候，便由其母后临朝。“女主临朝，不得不用其父兄子弟以寄腹心”[②]，这些后妃的亲戚便是“外戚”。他们大多是世家豪门，与皇家联姻，本已显赫于世，此时更借母后临朝之机，把持朝廷，“于是权势太盛，不肖者辄纵恣不轨，其贤者亦为众忌所归，遂至覆辙相寻，国家俱敝”[③]。

由外戚夺皇位的王莽
（前 45—后 23）

西汉末年，汉元帝皇后侄儿王莽以外戚擅权，毒死成帝，后称帝，改国号为“新”。“新莽”为外戚篡位之显例。

东汉又多次发生外戚擅权，和帝 10 岁即位，由窦太后临朝，其兄弟窦宪、窦笃身居显要，刺史、守令多出其门，其奴客更仗势凌人，为世人所诟。顺帝至桓帝在位期间，梁商、梁冀父子相继掌国柄，外戚势力达于极峰。梁冀位居大将军，骄横无忌，年幼的质帝说梁冀“跋扈将军”，竟被梁毒死。梁冀专权近 20 年，作恶多端，怨声载道。及失势家灭，财产被拍卖，值 30 余亿钱，相当于朝廷岁入的一半！

① 梁启超：《（祖国大航海家）郑和传》，《饮冰室合集》之六《饮冰室专集》，中华书局 1989 年版。

②③ 赵翼：《廿二史劄记・两汉外戚之祸》。

年幼的皇帝长大成人，自然与专权外戚发生矛盾，于是每每依靠自己的亲近家奴宦官的力量来对抗、消灭外戚势力。等到这个皇帝死后，另一母后及其父兄又利用机会选立幼小的皇子或比较疏远的皇族做皇帝，把政权攫取到外戚手里。幼小的皇帝长大后，又依靠另一批宦官消灭外戚，如汉桓帝与宦官单超等合谋诛杀外戚梁翼，立即从外戚专政变为宦官专政。这样的斗争反复循环，外戚和宦官走马灯似的交替掌握统治权力。这种宫廷内部的残酷争杀，几乎无代无之，尤以东汉、唐末为甚，给社会带来动乱。

宦官擅权和外戚专政，是中国皇权与宗法制结合而滋生出的并蒂毒瘤，为祸千载，成为中国皇权时代的顽症。

六、君主集权趋于强化——相权由盛转衰

秦汉以降皇权政治皆实行中央集权，且其程度愈演愈烈。

（一）军政大权集于帝王

皇帝集立法、司法、行政、军事权于一身，此为中国皇权政治的特点。

从秦始皇开始，“天下之事无大小皆决于上”[①]。直至宗法皇权社会末期的清朝，这一传统从未断绝。清代康熙帝称：

> 今大小事务，皆朕一人亲理，无可旁贷。若将要务分任于人，则断不可行。所以无论巨细，朕心躬自断制。[②]

清嘉庆帝总结这种君主政治：

> 我朝列圣相承，乾纲独揽，皇考高宗纯皇帝临御六十年，于一切纶音宣布，无非断自宸衷，从不令臣下阻扰国是。即朕亲政以来……令出惟行，大权从无旁落。[③]

皇帝集权的法律形式是“口含天宪”，言出法行。一言兴邦，一言丧邦，

---

① 《史记·秦始皇本纪》。

② 《康熙朝东华录》卷九一。

③ 梁章钜：《枢垣纪略》卷一四。

全在帝王意志的须臾闪念之中。这种任性的“个人意志”以法律的形式表达出来，使得法律失去原来的意义，成为帝王手中随意捏搓的面团。“前主所是著为律，后主所是疏为令，当时为是，何古之法乎！”[①] 明太祖朱元璋亲自主持制定《大明律》，但他自己却往往不依明律行事。朱元璋在位 30 年，“无几时无变之法”，“或朝赏而暮戮，或忽罪而忽赦”，全凭个人一时的好恶行事。[②] 而“人治”压倒“法治”、取代“法治”，使集权君主成为真正的“孤家”“寡人”，所谓“高处不胜寒”，诚如黑格尔所说：

> 在东方只是一个人自由（专制君主）……但在东方那唯一专制的人也不能自由，因为自由包含别的人也是自由的。[③]

古往今来的专制帝王都是孤独的，他们自己也是绝对权力的奴隶。

（二）相权盛衰与三公制及三省六部制变迁

与“乾纲独揽”的君权相联系的是丞相制和三公制、三省六部制，它们与郡县制共同构成以皇帝为顶端的权力金字塔（见示意图）。

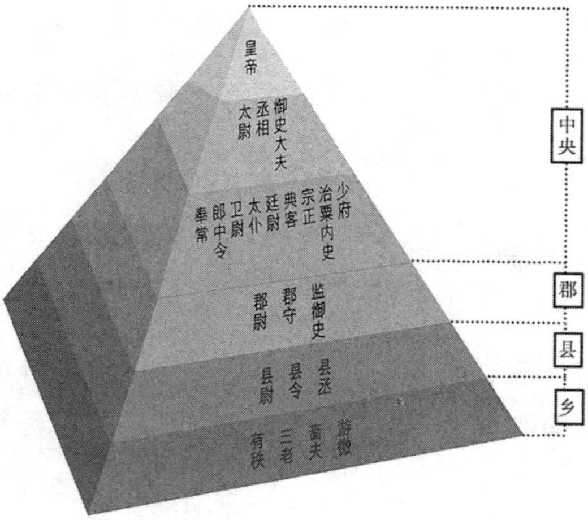

君主集权制示意图

① 《汉书 · 杜周传》。

② 解缙:《大庖西上皇帝封事》,《皇明文衡》卷六。

③ ［德］黑格尔著，贺麟、王太庆译:《哲学史讲演录》第一卷，三联书店 1957 年版，第 99 页。

以帝王一人之精力（且不论其智商高下、能力大小），要治理地广数百万平方公里，人口几千万乃至上亿的广土众民国度内的庞杂政务，必无可能。因此，“自古帝王之兴，曷尝不建辅弼之臣所与共成天功者乎”[①]！历代君主也都注意选拔贤能，“掌佐天子助理万机”[②]，统理中央行政，调度各方机构协调运转。这样一种“提纲而众目张，振领而群毛理”的“建辅弼之臣”，首推丞相。

丞相一职，历朝称制不尽相同。秦称相国、丞相，汉称丞相，隋、唐、宋称宰相，元、明初又称丞相。丞相总理中央行政，在皇权政治体系中，处在“一人之下，万人之上”的关键地位。本来，相权作为君权的工具而设立，但在实际行使过程中，二者却往往有抵牾之处。其根本原因，在于君权的自私性和排他性。君权既不得不依靠丞相等大臣来贯彻自己的意志，又时时刻刻提防相权架空自己。综观中国宗法皇权社会，君权与相权始终处在这种微妙的博弈关系之中，而其基本发展趋势，则是君权日益增强，相权逐步削弱。

西汉初期，丞相职权范围宽广，“上佐天子理阴阳，顺四时，下育万物之宜，外镇抚四夷诸侯，内亲附百姓，使卿大夫各得任其职焉”[③]。内政、外交、民政、立法、司法、用人、赏罚，均在其管辖之内，确实有职有权，“汉典旧事，丞相所请，靡有不听”[④]。但即便在汉初，皇权对相权依然多有防范。刘邦（约前247—前195）为汉王时，与项羽争战，长年率兵在外，屡屡遣使慰问留守后方的丞相萧何。萧何不解其意，“鲍生谓丞相曰：‘王暴衣露盖，数使使劳苦君者，有疑君心也。为君计，莫若遣君子孙昆弟能胜兵者悉诣军所，上必益信君。’”[⑤]左右

汉初丞相萧何
（前257—前193）

① 《汉书·高惠高后文功臣表》。
② 《汉书·百官公卿表》。
③ 《史记·陈丞相世家》。
④ 《后汉书·陈宠传》。
⑤ 《史记·萧相国世家》。

要萧何以子孙昆弟为人质，以换取刘邦的信任。萧何素以恭忠谨慎著称，尚且见疑于君主，正如唐人卢照邻（约630—680后）诗云“专权判不容萧相”[①]，由此可推及一般。

至西汉中期，丞相的权势便有所削弱——

其一，行政分权战国已经开始，秦代更设立丞相、太尉、御史大夫，三者互相制衡，但秦代及汉初丞相作为最高行政长官，地位在太尉、御史大夫之上。汉中叶以后，原来地位在丞相之下的太尉、御史大夫地位提高，与丞相平起平坐，三者改称大司徒、大司马、大司空（谓之“三公”），分掌民政、军事、土木营造，互不统属，均对皇帝负责，原由丞相掌理的行政权被一分为三。

其二，将秦代始设的监察机构御史台加以强化，代表君权对丞相及官僚系统实行监督、制约。

其三，出现“内朝”与“外朝”的对峙。武帝时，选拔职位远低于丞相的内廷办事人员（包括高级宦官）参与朝政，形成宫内决策机构，称“内朝”，与以丞相为首的“外朝”行政系统相对应。这种对相权的明显制约，是武帝的发明，以后列朝多效法之。

东汉以三公（大司徒、大司马、大司空）为丞相，但权力大减，“今之三公虽当其名，而无其实”[②]，而“内朝”地位进一步上升，掌管内廷文书的尚书机构扩大，正式称尚书台，“出纳王命，赋政四海，权尊势重，责之所归”[③]。仲长统（180—220）说，丞相职权“曩者任之重而责之轻，今者任之轻而责之重”[④]，其变化原因，正在于君权对相权的疑忌与限制。

隋朝中央政权确立三省六部制，唐沿袭之。尚书、门下、内史三省长官并为宰相，共议国政；尚书省下分设吏、民、礼、兵、刑、工六部（唐以后避讳李世民之“民”字，民部改称户部），每部又辖四司，进一步分割相权。

唐承隋制，但改内史省为中书省。因三省长官名位太高，皇帝往往故意将其空置，而以副职或其他官员代行三省长官的宰相职务，其人数多达十余人，其目的显然在分割相权而制约之。

---

① 卢照邻：《长安古意》，《卢升之集》。

② 《后汉书·陈宠传》。

③ 《后汉书·李固传》。

④ 《后汉书·仲长统传》。

三省六部制

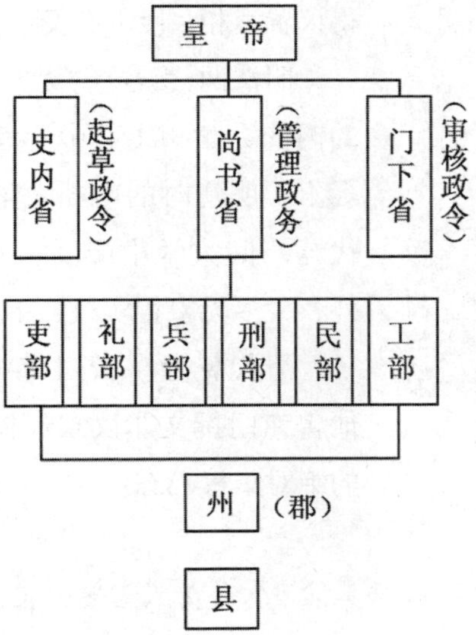

宋神宗时丞相王安石（1021—1086）

宋朝用“分化事权”“官与职殊”的手段来抑相权、扬君权。枢密院掌军事，中书门下省掌行政，三司徒掌财政。中书门下省长官称“中书门下平章事”，行宰相权，无权过问军事、财政，且事事须请示皇帝，不仅大政方针，而且具体措施，也要由皇帝裁决，宰相权力越来越小。

元朝废尚书省、门下省，以中书省为最高行政机关，其长官中书令，由皇太子亲任。“惟皇太子立，必兼中书令”[①]，中书令之下，才设丞相，更体现君权对相权的直接控辖。

明代君主集权走向极端，朱元璋在胡惟庸案之后，废除丞相职位，由皇权兼行相权，规定六部尚书直接对皇帝负责，君主全然囊括相

① 《辍耕录》卷二四。

明万历首辅张居正
（1525—1582）

权职事。朱元璋还颁布诏令，“以后嗣君，其毋得议置丞相，臣下有奏请设立者，论以极刑”[1]。

明清两代设立“无宰相之名而有宰相之实”的内阁大学士（其中要者为首辅）之职，但实际上，明清时的内阁大学士除个别情况（如明代嘉靖间大学士严嵩、万历间大学士张居正）外，大多无宰相实权，不过是皇帝的秘书而已。

清代乾隆皇帝对宰相握有实权十分疑忌，他曾专门撰文非议宋代权相，充分表述了帝王的绝对集权心态：

> 夫用宰相者，非人君其谁乎？使为人君者，但深居高处自修其德，惟以天下之治乱付之宰相，己不过问，幸而所用若韩、范，犹不免有上殿之相争；设不幸而所用若王、吕，天下岂有不乱者，此不可也。且使宰相者，居然以天下之治乱为己任，而目无其君，此尤大不可也。[2]

乾隆在这里流露出对敢于“上殿相争”的韩琦等宋代宰相的不满，更表达了对王安石、吕惠卿一类权相的恼恨，还谴责二程等宋儒的以天下之治乱为己任、不为国相即为国师的精神，认为是“目无其君”。乾隆并不喜欢士人有政治抱负，而希望他们成为君王的文学侍从、广闻博识的书蠹。纪晓岚（1724—1805）是乾隆亲近的文臣，但纪氏略一议政，即遭乾隆呵斥。乾嘉学派的趋于训诂考订一途，秦汉以来沿袭千余年的丞相制度消亡于明清，均与君主集权政治发展到登峰造极地步大有干系。

秦汉以至明清，诸朝不断以“分权”来削夺相权，达到帝王“集权”目的。相权由盛而衰最终取消的过程，恰是君权不断强化以至于走向极端的对应结局。中国的皇权政治是一种“分权基础上的集权”，分权并非为着制衡君权，而是为了强化君权，使中央集权得以畅达运行。明清之际的黄宗羲撰批判专制

① 《明史·职官志》。
② 乾隆御制《书程颐论经筵札子后》。

皇权的《明夷待访录》，特列“置相”一篇，开宗明义曰“有明之无善治，自高皇帝罢丞相始也”。指出宰相制是救正世袭君主制弊端的一法

天子之子不皆贤，尚赖宰相传贤足相补救，则天子亦不失传贤之意。[1]

这种试图通过以丞相为首的朝官系纪制约君权，是秦汉以来有识之士的一贯设想，如果说汉唐宋此一精义有部分实施，那么在君主集权达于极端的明清已全无可能。君主集权制只会沿着自身的轨迹奔向末路。

七、“君本位”与“官本位”

（一）“君—官—民”三级结构中的“君本位”

以周代为典范的中国宗法封建社会是一个十分繁复的、多层次的等级社会，《左传》曰：

天有十日，人有十等。下所以事上，上所以共神也。故王臣公，公臣大夫，大夫臣士，士臣皂，皂臣舆，舆臣隶，隶臣僚，僚臣仆，仆臣台。[2]

天子之下有公、卿、大夫、士等贵族阶层，底层为庞大的庶众和没有人身自由的皂隶仆台等。

秦汉以降继宗法封建社会而起的皇权社会，简约了等级层次，其时虽保留分封贵族，但养尊处优的贵族阶层大体被排除在朝政之外。概言之，皇权社会阶层关系的主线为“君一官（臣）—民”三级结构。唐人韩愈的名篇《原道》在批判佛家的“无君无父”时，这样规范君、臣、民三者的关系：

君者出令者也，臣者行君之令，而致其民者也。民者出粟米麻丝、作

① 黄宗羲：《明夷待访录·置相》。
② 《左传·昭公七年》。

器皿、通货财以事其上者也。君不出令则失其所以为君。臣不行君之令而致之民，则失其所以为臣。民不出粟米麻丝、作器皿、通货财以事其上则诛。[①]

韩愈此一名论，直白地把“君—官—民”结构中三个级次的社会地位及其功能作了简练明快的概括：

“君”高高在上，掌握军政财文大权，号令天下；

“臣”（官）代行君令，临民行权；

“民”是劳作者、赋役贡献者，有供奉物质财富的义务，却无权可言，被排除于政治生活之外。

三者的上述关系决定了，秦至清是一个以君主为国家权力根本的社会，可称之“君本位”社会。先秦以来，“民本”是热门议题（“民为邦本”“民贵君轻”为著名表述），但那是强调民众乃立国根本，是国君实行统治的基础，而并无关乎民权的任何规定。周秦之际以来都是“君本位”社会，先秦以来的“民本”说所试图维护的，是较为清明有序的“君本位”社会，却与“民本位”社会相去甚远。

（二）君尊臣卑

在“君—官（臣）—民”三级结构中，君对民、君对臣拥有绝对权力。韩非的论说将此种关系规定得明白：

君上之于民也，有难则用其死，安平则尽其力。[②]

夫所谓明君者，能畜其臣者也；所谓贤臣者，能明法辟、治官职，以戴其君者也。[③]

国君拥有无上威权，对臣民畜养以供驱使；而臣民对君则必须唯命是从。臣民不具备独立人格，视、听、言、动皆以君主旨意为转移。前引之韩愈《原

① 韩愈：《原道》，《韩昌黎文集》首篇。

② 《韩非子·六反》。

③ 《韩非子·忠孝》。

道》的“君—臣—民”关系说，与韩非千年前的“君—民”“君—臣”之议别无二致。

宋代理学家有诱导君主实行周制的诉求，然其落脚处仍在尊君，二程申言“宇宙之间一理而已……其张之为三纲，其纪之为五常，盖皆此理之流行，无所适而不在”①，“父子君臣，天下之定理”②。宋明以下，君主专制愈趋酷烈，与理学化的“君尊臣卑”论互为表里。

两千年的皇权政治及其文化专制，在社会心态层面造成深厚积淀。“君尊臣卑”，不仅是精致的学说，而且浸润民间，成为普遍流行的社会心理。“官无私论，士无私议，民无私说，皆虚其胸以听于上”③，举国上下，皆以君主之是非为是非，“三代以下，天下之是非一出于朝廷。天子荣之，则群趋以为是；天子辱之，则群摘以为非”④。

君主本身成为是非标准，“有功则君有其贤，有过则臣任其罪”⑤，“善归于君，恶归于臣”⑥，人们习惯于把帝王的“圣旨”看作无可怀疑、无可更改、必须无条件执行的“绝对理念”。

由于长期皇权政治的压抑和专制文化的熏陶，社会对于凌驾于自身之上的君权，形成一种莫名的敬畏心理。一般百姓当然无缘觐仰“龙颜”，而即便是帝王的“肱股之臣”，面对“真命天子”，又何尝不是战战兢兢，以致语无伦次。素以“开明之君”著称于史的唐太宗李世民，曾询问魏徵：“群臣上书可采，及召时，多失次，何也？”答曰：“臣观有司奏事，常数日思之，及至上前，三分不能道一，况谏者拂意触忌，非陛下借之辞色，岂敢尽其情哉！”⑦

自秦汉以至明清，君尊臣卑愈演愈烈，以朝廷的君臣礼仪为例即可见一斑。两汉时期，皇帝对丞相待之以礼。丞相觐见时，皇帝依礼赐丞相座。丞相生病了，皇帝还要亲自前去探视。隋唐时期的官员上朝奏事也均有座。至宋代，官员上朝站立奏事。而明清，大臣必须跪奏。明代自洪武间，就明文规

① 《程氏文集》卷七〇。
② 《程氏遗书》卷五。
③ 《管子·任法》。
④ 黄宗羲：《明夷待访录·学校》。
⑤ 《韩非子·主道》。
⑥ 《春秋繁露·王道通三》。
⑦ 《纲鉴易知录》贞观七年。

定，“大朝仪”“众官皆跪”。清朝的官僚上朝时跪地时间长，大臣们都特别备有护膝。从朝仪规制大臣“坐—立—跪”的变化得见，两汉以降，皇帝的权威越来越高，而官员的地位却不断下降。

清人唐甄说：

> 圣人定尊卑之分，将使顺而率之，非使亢而远之。为上易骄，为下易谀；君日益尊，臣日益卑。是以人君之贱视其臣民，如犬马虫蚁之不类于我；贤人退，治道远矣……于斯之时，虽有善鸣者，不得闻于九天；虽有善烛者，不得照于九渊。臣日益疏，智日益蔽……而国亡矣。①

对君主的恐惧和服从，是皇权政治得以长期延续的重要社会心理。而君权的漫无限制，言路的严重堵塞，民族智慧的重重困厄，又决定了皇权必然衰亡的命运。

汉殿论功图（明　刘俊作）

（三）“君本位”派生“官本位”

帝王“乾纲独断”，君临天下，然“天下不能一人而治”，必须“设官以治之”②。

“官”的金文作，本义馆舍，引申为掌握权力的处所，即官署、任所；又引申为掌握权力的人，即官吏。《说文》：“官，吏事君也。”③孔颖达（574—648）疏：“官者，管也。”郭沫若《管子集校》对《管子》书论“官”的文字作按亦曰：“官，犹管也。”点化出“官”之要义。“官”为“管”字的假借，含管理、掌管之义，其掌管对象是民，马端临说：“役民者，官也；役于官者，民也。郡有守，县有令，乡有长，里有正，其位不同而皆役民者也。”④在

① 唐甄：《潜书·抑尊》。

② 黄宗羲：《明夷待访录·置相》。

③ 《礼记·王制》。

④ 马端临：《文献通考·自序》。

汉语系统中，官当然兼指文武官员，但主要指文官。“文官”语出《后汉书》：“立春，遣使者赍束帛以赐文官。”[①]

官是君的臣仆，其官职、禄位皆君权所赐（或论功行赏，或因才授职）。官又受君之命，治理民众，是实施君治的具体环节。在临民施治的过程中，官僚获得许多法内乃至法外特权，拥有名位、财富，成为社会食利者和权力主导者。如果说，殷周时代特权阶层的主体是世袭贵族，那么，秦汉以下两千多年间，尤其是唐宋以降，特权阶层的主体是经由考选入仕的士人精英——官僚集团，于是，由“君本位”派生出“官本位”，这是一种与“民本位”相对应的本位论。

“本”指事物的根源与根基。“本位”略指事物的发端处和基本点。“官本位”并非古已有之的提法，作为一个流行语，大约出现于20世纪80年代，是仿照近世经济学术语“金本位”（以黄金为本位货币去衡量各种商品价值的货币制度）拟定的新名词，意谓以做官与否、官阶高下衡量人的社会地位和人生价值。人们以官为贵，尊官畏官，视做官为无上尊荣，官员享有的特权遂成为艳羡和嫉妒的对象，官员的权力更成为人们热衷攀附和崇拜的目标，官员的行政级别及其官僚做派亦成为人们竞相效仿的标准。由此，社会上也就产生种种怪现状，如官称的流行，官德的败坏，官威的生猛，官权的放肆，行政级别的广为套用，官场礼仪的尊卑等级有序，官员身价在婚丧嫁娶、人情世故和权力寻租活动中或明或暗的礼俗化，由此又衍生出罔顾民生的政绩工程，滋生腐败的灰色收入，权钱、权色交易的权力滥用，裙带庇护等众多现象。[②]

“官本位”虽是新近提法，然此种现象却有着久远深厚的历史渊源。

中国的官僚政治是专制王权的派生物和基础所在，官僚是君主统治庶众的有效工具。宋人文彦博（1006—1097）一针见血地指出官僚（士大夫）的特殊地位：

> （帝王）为与士大夫治天下，非与百姓治天下也。[③]

---

① 《后汉书·礼仪志》。

② 见林存光：《观念与体制背反的历史生存悖论——“官本位”的政治文化解读》，《学术前沿》2012年第13期。

③ 《续资治通鉴》卷二二一。

宋元之际的马端临（约 1254—1323）说：

> 役民者，官也；役于官者，民也。郡有守，县有令，乡有长，里有正，其位不同而皆役民者也。[①]

此皆在君—官—民三者关系中，为官定位，实乃“官本位”的点睛之笔。

从士人一侧言之，在君权至上时代，报效君王而出仕是“正途”、是最重要的出路。孟子在回答时人“古之君子仕乎”的问题时，毫不犹豫地答曰“仕”（做官）。并引述“孔子三月无君，则皇皇如也”作证。[②] 充分说明，依附君权而为官，是儒者的本分。孟子进而打比方说：

> 士之失位也，犹诸侯之失国家也。
> 士之仕也，犹农夫之耕也。[③]

当然，孟子的出仕是有原则的：“古之人未尝不欲仕也，又恶不由其道。不由其道而往者，与钻穴隙之类也。”[④] 守道出仕，是儒者的理想。而现实中出仕违道者又所见多多。

总之，在君权至上时代，士人出仕，既有买方市场（朝廷招官），又有卖方市场（士人竞官），构建一个有序的官僚生成机制。秦汉以下，形成规模庞大的以“役民”为务的官吏队伍，据《通典》《续通典》《文献通考》及几种《续通考》提供的材料统计，列朝官吏数约为：

西汉　132805 人
东汉　152986 人
晋　　118672 人
隋　　195937 人
唐　　368668 人
（以上包括官员及属吏）

---

① 马端临：《文献通考·自序》。
② 见《孟子·滕文公下》。
③④ 《孟子·滕文公下》。

宋 24000 人

元 16425 人

明 24683 人

清 10000 余人

（以上仅指有品级的官员）

大体言之，诸王朝的官吏阵容，都经历了一个从王朝初期相对简约，到王朝末期庞大臃肿的演变，与之伴随的是从吏治较清明到吏治腐败的转化，成为王朝由盛而衰的表征。

秦以后，中央集权的君主政治的总趋势是愈益强化，官与民的区隔也愈益明显。清人牛应之说：

> 同治季年，朱克敬寓长沙，致书某方伯曰：三代已前，官之去民尚近，汉唐之时，官之去民未远，元明以来，官民之情愈隔，上下之分愈严，而治愈弗良。[①]

官员高高在上，收益丰厚且稳定，“好处”多多，所谓“一任清知府，十万白花银”[②]，又所谓“一人为官，鸡犬升天”，为官可以一呼百应，有着愉悦无比的权力快感，故官位的吸引力经久不衰，以至于今为烈。王国维说：

> 吾中国下等社会之嗜好，集中于一利字，上中社会之嗜好，亦集中于此，而以官为利之表，故又集中于官之一字。[③]

由于官僚政治的土壤尚存，当下仍随处可见“官本位”的身影，在某些层面甚至愈益盛炽，不仅官场一切以官阶排序，“官大一级压死人”，而且多个领域的待遇皆向官阶比靠，素称清净、清高的宗教界、教育界，竟有“科级道士”“处级和尚”“厅级校长”“副部级校长”之类令人哑然失笑的设置。官本

① 牛应之：《雨窗消意录》卷二。

② 此语或曰“三年清知府，十万白花银”，首出宋朝，在明朝的话本中更多有出现。

③ 《静庵文集》，辽宁教育出版社 1997 年版，第 187 页。

位广受诟病，然而羡慕做官又是普遍的社会心理，多种传媒的民调显示，时下大学毕业生多以公务员为首选，试看今日公务员考试的热烈程度便表明官本位的现实魅力。

王亚南概括官本位传统的三大来源：

王亚南（1901—1969）

> 由于儒家的伦理政治学说教了我们一套修齐治平的大道理；
>
> 由于实行科举制而鼓励我们“以学干禄”热衷于仕途；
>
> 更基本的理由，却是长期的官僚政治，给予了做官的人、准备做官的人，乃至从官场退出的人，以种种社会经济的实利，或种种虽无明文确定，但却十分实在的特权。①

此乃贯视古今的通识。

（四）悖论及出路

官僚制是文明社会的必然产物，如马克斯·韦伯所称，科层化官僚制（bureaucratization）具有理性化、照章办事、稳定性、层级性、专业化、职业化诸特征，是现代社会为维持生存不可或缺的组织手段，其精确、稳定而严格的对事不对人的法律与规章制度，能有效处置文明社会复杂的行政管理事务，迄今还找不到替代文官制的治国方法。然而，官僚政治从诞生之日起，又“表现出笨拙的无效率和咄咄逼人的权力”，“一方面是无能、官僚主义，另一方面是操纵、拖延和拜占庭式的阴谋诡计”，故“官僚制不可或缺，然而又问题百出，这就是它使我们面临的悖论”②。

对于文明社会而言，官僚制利弊并存，正可谓“成也萧何，败也萧何”。

官僚系统具有重要的、不可替代的社会功能，取缔官僚制的无政府主义决非出路；同时，官僚系统又导致以权谋私、慵懒低效等诸多弊端，遭到万众诟

① 王亚南：《中国官僚政治研究》，商务印书馆 2011 年版，第 111 页。

② ［英］戴维·毕瑟姆著，韩志明、张毅译：《官僚制》（第二版），吉林人民出版社 2005 年版，第 1 页。

病。这两个侧面形成的悖论，演绎于古今中外，当下中国也倍受困扰。有识之士力陈化解官民对立、实现官民共治的方策。[①] 笔者以为，必须分阶段进行切实的政治体制改革，将权力关进法治笼子，防止权力滥用，近期目标当是：将直选范围从村官扩大到中高层政府官员，提升差额选举比例、增加高层选举竞争度，在政治生活中引入真实的民意成分，振拔舆论监督力度，提高预算及其他决策的透明度，治庸反腐，建设廉洁高效的服务型政府。

八、“贵”—“富”互动：“官商旋转门”

与广大庶民相对应的官僚，其“贵”自不待言，一些官僚还借助权势，对庶民实行超经济掠夺，占有巨额社会财富，贵而且“富”，这是皇权制大纛之下官僚政治的一大后果。

2001 年《华尔街日报》（亚洲版）刊登《纵横一千年》专辑，评选千年来世界最富有的 50 人，入选中国人 6 位：成吉思汗、忽必烈、和珅、刘瑾、伍秉鉴、宋子文。其他国家入选者除个别帝王、高官，大多是银行家、商人（洛克菲勒、比尔·盖茨等）。而中国的 6 位，除伍秉鉴是巨商（广州十三行之一怡和行的行主）外，其他 5 位非帝王即高官。

明正德间司礼太监刘瑾（1451—1510）勒索百官，聚 33 万公斤黄金、805 万公斤白银，私财为国库数倍。

清乾隆间领班军机大臣和珅（1750—1799）之富可敌国，名声最著。嘉庆帝抄其家产，总额惊人。晚清外交官薛福成《查抄和珅家产清单》一文，载和珅被抄家产：房屋 3000 间，田地 8000 顷，银铺 42 处，当铺 75 处，赤金 60000 两，大金元宝 100 个，小银元宝 56600 个，银锭 900 万个，洋钱 58000 元，制钱 150 万文，铜钱 150 万文，吉林人参 600 余斤，玉如意 1200 余柄，桂圆大珍珠 10 粒，大红宝石 10 块，大蓝宝石 40 块……[②] 查抄时把和珅的家产编为 109 号，前 26 号估价两亿六千四百万两白银。有学者作谨严统计，和珅家产数千万两白银，多于清廷一年总岁入。[③] 而对和珅等巨贪资产的查抄，并未用于改善民生，全部落入皇家府库，所谓“和珅跌倒，嘉庆吃饱”。

---

① 参见俞可平：《走向官民共治的社会治理》，《东方早报》2011 年 5 月 9 日。

② 薛福成：《庸庵笔记》卷三。

③ 参见商全：《清代大贪官和珅家产考实》，《北京大学学报》（哲学社会科学版）1989 年第 1 期。

如果说乾隆间的和珅是“依贵得富”的典型，道光间的伍秉鉴（1769—1843）则是“由富而贵”的显例。

19世纪“世界首富”、由商入官的伍秉鉴

伍秉鉴从其父伍国莹手中继承的怡和行，是官府招募的对外贸易商行，伍秉鉴的商名“浩官”便带官字。这位粤商向清廷捐巨款，换得三品顶戴，入高官行列。怡和行主营茶叶出口，赢得巨利，道光十四年（1834）伍家累财200万银元，相当清廷半年财政收入。《南京条约》规定向英国赔款200万银元，怡和行摊派110万银元，后传说，伍秉鉴支付全部赔款，被洋人称之“世界首富”。[1]

与伍氏相类，徽商胡雪岩（1823—1885）、滇商王炽（1836—1903）等亦与官府结合，成就大产业，之后又以巨款捐得官位，是附官而富，又以富买得高位显爵的“红顶商人”。盛宣怀（1844—1916）则以封疆大吏李鸿章的幕僚身份，经办洋务实业，而致高官，并成为清民之际超级财阀。民国间的孔祥熙、宋子文皆大官僚（孔、宋皆做过财政部长、行政院长），弄权而成富可敌国的大财阀。上述诸人皆走着权钱互动，由富而贵、由贵而富的路径，是宗法专制社会中特权拥有者操弄财政、入己私囊的显例。

权力宰制财富、掌权者与富有者互为表里，因贵而富、富可买贵，这是官本位社会的通例。“升官发财”一词朗朗上口，角逐者以为当然。

当今世界，由官而商，因贵而富的现象列国皆有，西方将官商身份互换称之“官商旋转门”。如前所述，这种“旋转门”中国古已有之，于今为烈，成为权力—财富交换的通道。“官商旋转门”的弊害深重，它既是政治腐败之源，又是经济失调的导因，各国皆在摸索监管良策（包括从行政监管到立法禁止）。处在现代化关键期的中国尤须用力于此。

要让商品经济健全发展，要建设清明均富的现代社会，非打破此一“富贵转化、富贵合体”的怪圈不可！

① 参见［美］马士著，张汇文译：《中华帝国对外关系史》，上海书店出版社2006年版。

第三节　皇权专制及其限定性辨析

周秦之际以下，中国政制既与尧舜时代的“众治”揖别，也同三代宗法封建的“礼乐之治”渐行渐远，帝王日益专权，不仅未曾出现古希腊雅典式的城邦民主制，亦罕见西欧、日本式的中世纪贵族政制，统驭万民的是掌握生杀予夺之权的君王。这种“王权决定社会”的体制规约下的政治观念，包括极端尊君论（为“秦制”作则）和民本—尊君论（为“周制”作则）两大理路，呈现以周制为表、秦制为里的基本格局，二者共同组成中国式皇权制度的一体两翼。这一延传两千余年的政治文化，战国初萌，秦汉定型，唐宋得以完备，明清强化到极致，近现代余韵犹存。

一、“专制”释义

近代新史学兴起后，论者多认定周秦之际以降的皇权政治属于专制制度。但也有不同看法，如钱穆认为：

> 中国自秦以来，立国规模，广土众民，乃非一姓一家之力所能专制。①

钱穆指出，秦汉以降“‘王室’与‘政府’逐步分离，‘民众’与‘政府’则逐步接近”②，故不宜将中国传统政治以“专制黑暗”一语抹杀。

法国汉学家谢和耐（Jacques Gernet，1921—2018）在《中国国家权力的基础和局限》中说，中国帝王受到礼制和官僚体制的限约，其专制程度不及西欧中世纪晚期的某些君主。宣称“朕即国家”的法王路易十四（1638—1715），其专制性便在清朝康熙皇帝之上。谢和耐之论与钱穆类似。

讨论周秦之际以下的皇权政治，需要界定“专制”，进而考察中国皇权政治的专制程度。

作为汉字古典词，“专制”有独享、独占、独断专行之意。略举古典论专

①② 钱穆：《国史大纲》修订本，商务印书馆1994年版，第14页。

制的几例——

婴儿为君，大臣专制。[①]

范雎言宣太后专制，穰侯擅权于诸侯……于是秦昭王悟，乃免相国。[②]

周公事文王也，行无专制，事无由己。高诱注："专，独；制，断。"[③]

权臣专制，擅作威福，是诛之而已也。[④]

上述诸文献所用"专制"一语，多指在国君幼小、孱弱的情形下，贵戚、大臣独断专行，所谓专固君宠而擅权，如《申子·大体》说"一臣专君，群臣皆蔽"。战国时的商鞅一派直接论及君主专权：

权者，君之所以独制也……权制独断于君则威。[⑤]

"权制独断于君"已接近于"君主专制"旨趣。但周秦之际以下虽普行君主专权，却并无君主专制一名出现。这大约因为那时认定帝王本应专权，所谓"天下事无大小，皆决于上"[⑥]，故无需议论帝王（即"上"）专制。在汉字文化系统，"君主专制"在近代方正式结构成词。

清末民初，受西欧及日本概念的影响，"专制"的含义扩大为一种政体的名称，梁启超将作为政治制度的"专制"定义为：

专制者，一国中有制者，有被制者，制者全立于被制者之外，而专断以规定国家机关之行动者也。[⑦]

---

① 《韩非子·亡征》。

② 《史记·穰侯列传》。

③ 《淮南子·泛论训》。

④ 苏轼：《策略第一》。

⑤ 《商君书·修权》。

⑥ 《史记·秦始皇本纪》。

⑦ 梁启超：《开明专制论》第二章"释专制"，《梁启超全集》第3册，北京出版社1999年版，第1454页。

近代日本人用汉语旧名“专制”对译英语absolutism，井上哲次郎（1855—1944）等编译的《哲学字汇》，在absolutism条目下，对应的汉字词为“专制主义”。[①]

在西方，absolutism（“专制主义”或“专制制度”）是法国18世纪启蒙思想家孟德斯鸠（1689—1755）在《论法的精神》中提出的一种政制形式。孟德斯鸠在古希腊亚里士多德（前384—前322）的三政体说（君主政体、贵族政体、民主政体）基础上，提出“共和政体、君主政体、专制政体”三分法。君主政体、专制政体都由一人主政，然而君主政体的君主遵循成文法治国，专制政体则不然：

> 专制政体是既无法律又无规章，由单独一个人按照一己的意志与反复无常的性情领导一切。[②]

孟德斯鸠又将“主权者以胁吓为主义”的政体称“专制制度”，以与“主权者以温和为主义”的政制相区别。

严复于清末翻译孟德斯鸠《论法的精神》，书名译作《法意》，其三种政体的国家分别译名为：公治国、君主国、专主国。严复在《孟德斯鸠列传》中还陈列《法意》的三政制：

> 曰民主，曰君主，曰专制。其说盖原于雅理斯多德。

关于政治体制，近代日本的分类为：君主专制、君主立宪、贵族专制、民主制。[③]通常认为，专制制度多与君主政体相共生，也可以依存于贵族政体、共和政体，其特点是最高统治者独揽国家大权，实行专断统治。另外还有“暴民专制”。

古希腊将波斯等亚细亚国家归为“东方专制”，后衍为欧洲人对亚洲的一种传统看法。至18世纪启蒙运动时代，依据16、17世纪入华耶稣会士带回的

---

① ［日］井上哲次郎等编：《改正增补哲学字汇》，东洋馆1883年版。

② ［法］孟德斯鸠著，张雁深译：《论法的精神》上，商务印书馆1978年版，第8页。

③ 参见［日］福泽谕吉著，北京编译社译：《文明论概略》，商务印书馆1959年版，第34页。

材料，欧洲人对中国政制有了较积极的评价，伏尔泰、魁奈等启蒙大师称中国政制为“开明君主制”。孟德斯鸠则认为中国的专制制度与君主政体结合在一起，合称“专制君主政制”。19 世纪初以降，欧洲人的中国观以“东方专制”说占主流。此说当加辨析。

二、制约皇权的形上因素：“天—理”与“法—礼”

中国延续两千多年的皇权政治，行王道的“周制”与行霸道的“秦制”彼此消长、交融互摄，兼行两制的帝王君临天下，似乎皇权无限，其实也有若干限制因素发挥作用。

（一）“形上之道”（“天”“理”）限制君权

中国皇权政治历来以“受命于天”赢得合法性，故尊君论用“天意赐予”为皇权神圣提供形上学证据（每一王朝兴起，无不制造帝位“天与神授”“奉天承运”的故事），而与此同时，也不断有人试图以“天”对君权加以制约，《尚书》说：

> 皇天无亲，惟德是辅。民心无常，惟惠之怀。[①]
>
> （上天无亲疏，只辅佐有德之君。老百姓心中没有固定的君王，他们总是归顺仁者）

这是以“天”限定君权的名论。

董仲舒用“百神之太君”的“天”[②]来制衡、训导君主；董氏论述“民—君—天”的关系：

> 《春秋》之法，以人随君，以君随天……故屈民而伸君，屈君而伸天，《春秋》之大义也。[③]

董仲舒试图以至高无上、大公无私的“天道”制衡君权，确有“复古更

① 《尚书・蔡仲之命》。
② 《春秋繁露・郊语》。
③ 《春秋繁露・王道通三》。

化”、创建善政的意愿，但以天制君，失之抽象、空泛，董氏之论终究坐实于“屈民伸君”。

程颢（1032—1085）　　程颐（1033—1107）
“二程”以“格君心之非”为己任

孟子是“王者师”之祖，他的“一正君而国定”说[①]，为后儒所发挥。从董仲舒希望通过垂训天意，使帝王“畏天”，到宋代理学家以永恒存在的精神本体——“天理”教化君主，施行天道限君的儒者，每以“帝王师”自命，认为“正君心是大体”[②]。程颐更把以天理救正君心视作治国、治官的根本——

惟从格君心之非，正心以正朝廷，正朝廷以正百官。[③]

明人罗钦顺（1465—1547）认为，“论治道当以格君心为本”，而所谓“格君心”，就是要求帝王“修德”“勤政”[④]。

以“形上之道”（“天”“理”）限制君权，以道德制约帝王言行，在缺乏政治分权制的中国，可发挥一定的社会调节功能。

① 《孟子·离娄上》。
② 《朱子语类》卷一百八。
③ 《程氏遗书》卷一五。
④ 罗钦顺：《困知记》卷上。

（二）礼俗、家法、祖制、律法约束帝王言行

礼俗传袭有年，朝野多遵循之。家法、祖制为一朝开国初期制订的成文或不成文规矩，多从维持朝廷长治久安着想，遥令继承者遵从。这类家法、祖制对皇权有一定制衡作用。

丁宝桢（1820—1886）

唐初夺皇位的“玄武门之变”，李世民射杀其兄李建成、刀斩其弟李元吉，此为李世民的终生道德包袱，每每担心史书记载，有损英名，时想干预史官记述。然而，传统史法规定，帝王不得阅览当朝帝纪，更不得更改史官记述，但李世民仍屡作试探。贞观十三年（539），他问兼知起居注的褚遂良（596—658）：“朕有不善，卿必记耶？”遂良曰：“臣闻守道不如守官，臣职当载笔，何不书之！”黄门侍郎刘洎曰：“人君有过，如日月之蚀，人皆见之。设令遂良不记，天下人皆记之矣。”[①] 李世民在坚持修史传统的史官那里碰钉子后，又转而找主修实录的宰相房玄龄（579—648），仍为房玄龄婉拒，房玄龄进呈高祖实录、当朝实录各 20 卷，关于“玄武门之变”的记述颇多“微文”。李世民无奈，既不敢惩处违逆君意的褚、房等大臣（因他们坚守祖制），又不愿劣迹记入史书，后来只得直接指令史官修改，颇失天子颜面。此例说明，礼法、祖制并非虚应文字，还是能在一定程度上约束帝王的。

又如清末慈禧太后放任宠信太监安德海（1844—1869），久为贵胄官僚诟病。一次安德海受慈禧指令，出京采办，沿途为非作歹，怨声载道，行至济南，山东巡抚丁宝桢将安德海就地正法，先斩后奏，慈安太后、恭亲王表示称许，曾国藩赞丁宝桢为“豪杰士”，李鸿章等封疆大吏一片叫好，民间则盛称“丁青天”，慈禧太后痛在心头却也徒唤奈何，因为丁宝桢依凭的是清朝的“祖训”：太监不得私自离京。狂妄的安德海在帝王家法面前嚣张气焰顿失，慈禧也碍于祖制，容忍丁宝桢的先斩后奏。19 年后，丁宝桢在四川总督任上辞世，慈禧还题写“国之宝桢”四字以示旌表。

---

① 《贞观政要》卷七。

三、制约皇权的社会结构因素：贵族、官僚体制与民间自治

秦汉以降有两种由皇权派生，又相对独立的政治力量，这便是贵族与官僚。

（一）贵族势力制约皇权

三代行贵族政治，晚周贵族政治向官僚政治过渡，秦汉以后官僚政治占据主导，然贵族仍有相当势力，这在东汉、魏晋南北朝以至唐前期较为显著，如晋朝门阀士族“操人主之威福，夺天朝之权势”[①]，以致“君道虽存，主威久谢”。关陇军事贵族集团是西魏、北周、隋、唐四朝的统治柱石，其发端是西魏八大柱国：宇文泰（李世民外曾祖父），元欣（西魏皇室诸王之首），李虎（李渊祖父），李弼（李密曾祖父），赵贵（以德智而成其功名），于谨（北周三老之一），独孤信（杨坚岳父，李渊外祖父），侯莫陈崇（三子皆为北周猛将，而其兄侯莫陈顺更是十二大将军之一）。唐初帝王仰赖关陇贵族，即使豪强如唐太宗，有时也不得不让贵胄三分。中唐以后，随着官僚政治完备化，贵族制衡帝王的力量渐趋减小。明代初期藩王势力强大，建文帝深受掣肘，试图削藩，遂有燕王兴兵“清君侧”，燕王朱棣夺得皇位（是为永乐帝），进而削藩。这是皇权与贵族博弈的显例。清代因保有八旗制度，王公贵族任事军政，尤其在清初，颇能牵制皇权。清末恭亲王奕䜣一度令慈禧太后感到威胁，慈禧颇用心力方夺去恭亲王奕䜣权势，光绪帝亲政又试图借助恭亲王抑制慈禧。总之，皇帝与贵族间的角力，贯穿于皇权政治始终。

西汉法学家张释之

（二）皇权尤其被官僚体制限定

官僚体制本来是帝王削弱封建性的贵族势力、厉行中央集权的工具，其权势由帝王授予，是皇权的执行者，却又具有相对独立性，往往成为君权的制衡力量。

以西汉“文景之治”为例，其休养生息、经

① 《晋书·刘毅传》。

济繁荣常为后世称道，而尤其值得记取的是政治相对宽平，帝王能接受大臣的依法之议。文帝时的廷尉（九卿之一，掌刑狱）张释之多次驳回文帝重判的旨意。皇帝直接介入的案件，一旦进入司法程序，张释之便坚持依法规适度定罪，屡逆“龙鳞”，文帝始而“大怒”，回头一想，又采纳张释之的意见。在君臣论争时，张释之讲的一番话颇有深意：

法者，天子所与天下公共也。今法如是，更重之，是法不信于民。[①]

指出法是帝王与天下人共有的，言下之意是不能帝王一个人说了算。法规清清楚楚放在那里，如果帝王恣意重判，法规便失信于民。文帝思前想后，“乃许廷尉”[②]。司马迁称赞张释之和另一直谏之臣冯唐：

张季之言长者，守法不阿意；冯公之论将率，有味哉！有味哉！语曰“不知其人，视其友”。二君之所称诵，可著廊庙。书曰“不偏不党，王道荡荡；不党不偏，王道便便”。张季、冯公近之矣。[③]

明代“大礼议”抵制嘉靖皇帝旨意的宰辅杨廷和

两汉以降，为调解君旨与法规及社情民意之间的矛盾，汉唐设有“封驳”制，宋明承袭之。

“封驳”是指封还皇帝失宜的诏命，驳正臣下违误的奏章的制度。此制汉时已有，但无专职掌管，至唐始由门下省掌管，对失宜诏敕可以封还，有错误者则由给事中驳正。封驳制使官员有可能限定帝王权力，略有“帝王与士大夫共天下”的意味。如西汉哀帝封董贤，丞相王嘉“封还诏书，因奏封事”[④]。东汉明帝时，锺离意为尚书仆射，亦“独敢

①② 《汉书·张释之传》。

③ 《史记·张释之冯唐列传》。

④ 《汉书·王嘉传》。

谏争，数封还诏书"[①]。唐睿宗时太后武则天掌权，不经中书门下直接下诏，受到宰相刘炜之的诘问和制止。五代废此制。宋太宗时复唐旧制。明朝罢门下省长官，诏敕有不便者，由六科（吏、户、礼、兵、刑、工六部的简称）给事中驳正。清代给事中与御史职掌合并。因有"封驳"制度，历朝可于皇帝诏敕下行和百官章奏上行以前进行驳正和封还，是一种对立法和决策的事先预防性监督。

即使在皇权达于极致的朝代，帝王意志也难免遭遇朝臣的封还、清议的批评。嘉靖帝（1507—1567）要将原为兴献王的本生父朱祐杬尊为皇考，以确立新帝系，宰辅杨廷和（1459—1529）、毛澄等大臣以为不合礼法，一再抵制，演为长达三年的"大礼议"，此为朝官制衡皇权的名例。

（三）皇权在乡里基层被民间自治稀释

秦汉以下的皇权政治大约只将权力伸及郡、县，乡里基层的社会生活，则由宗族长老掌控，按乡规民约运行。宗族权有"相对独立性"，在宗族范围里，往往有部分"立法"及"司法"权力，并有相当强的执行力，呈现所谓"天高皇帝远"的实态。费孝通基本肯定前近代中国实行的是"专制政治"，又认为不宜对中国专制政治作简单化解释。他说："中央集权的行政制度在中国已有极长的历史。自从秦始皇废封建、置郡县以后，地方官吏在原则上都是由中央遣放的。"[②] 费氏进而指出：

> 中国以往的专制政治中有着两道防线，使可能成为暴君的皇帝不致成为暴君。第一道防线是政治哲学里的无为主义。
>
> 第二道防线……那是把集权的中央悬空起来，不使它进入人民日常有关的地方公益范围之中。中央所派遣的官员到知县为止，不再下去了。自上向下的单轨只筑到县衙门就停了，并不到每家人家大门前或大门之内的。[③]

费孝通把中国传统政治概括为"中央集权和地方自治两层"，"中央所做

① 《后汉书·锺离意传》。

②③ 费孝通：《乡土中国》，上海人民出版社 2006 年版，第 146、147～148 页。

的事是极有限的，地方上的公益不受中央的干涉，由自治团体管理”①。而地方自治团体大体是由“宗法”组织承担，乡绅（或称“绅士”）在其间起主导作用。这正是秦汉以下皇权政治限定性的又一重要表现，也是中国传统社会的基本架构。时至近古以至近代的保甲制度，则将“第二道防线”即“在专制和集权名义所容忍着的高度地方自治”冲溃，费孝通说：

> 保甲制度是把自上而下的政治轨道筑到每家的门前，最近要实行的警管制更把这轨道延长到了门内。②

故在近古（明、清）以至近代，中国的专制集权政治有增无减，以致将基层社会纳入集权政治的掌握之中，真正令专制统治达于登峰造极的程度。

综论之——

中国的皇权政治受到天道—祖训—贵族—礼制—官僚制度—宗法绅权及民间自治等多重因素的制约，然而，这些因素缺乏法制规范，对高高在上的皇权的制衡力有限。

（1）秦汉以后，尤其是中唐以下，贵族权力常被限制甚至剥夺（如明代藩王不得相互联络，未应诏不得离封地入京，不得过问地方军政财事务），难以构成对皇权的常规性制约。

（2）礼制与官僚体制虽自具格局，然总体上又臣服于帝王，“命为制，令为诏”的帝王时或可以变制，罢官换将更是家常便饭，因而掌控“六柄”（生、杀、富、贫、贵、贱）的皇权，其权威性是至高无上的。前引之明代“大礼议”，是朝臣据礼制与皇帝的恣意妄行相抗衡的一例，然群臣哭阙力争，嘉靖帝竟下狱134人，廷杖致死十余人，谪戍、致仕多人，双方抗衡相持三年，最后嘉靖帝仍把原为藩王的父亲追尊为皇考恭穆献皇帝，完成了新帝系的确认，并重用附和帝旨的佞臣，明朝政治走向腐败。

（3）帝王们大多并不乐意“帝师”的教导，儒者以“天”“理”及祖训加以劝诫，帝王多半反感，甚至欲除之而后快，如明朝万历皇帝幼时，“帝师”张居正执政十年，万历帝暂时隐忍，亲政后终于对张居正刨坟扬尸，一吐当

①② 费孝通：《乡土中国》，上海人民出版社2006年版，第149～150、150页。

年受制的恶气。慈禧太后虽碍于“祖制”，宠信太监安德海京外被杀，她无可奈何，然此后变得更加专横，挪用海军衙门巨款修颐和园，无任何官员敢于阻止，致使北洋水师无钱添购装备，这是甲午海战中方惨败的原因之一。可见，在皇权淫威之下，种种制约因素多软弱无力。自秦汉以下，皇权虽受种种约束，然皇权拥有无上尊威，却是一个不争的事实。

（4）至于乡里长老，在基层社会虽有长期影响，但或受朝廷旌表，或遭朝廷打压，一旦直面皇权，即显得卑微，对皇权制衡力亦有限度。

（5）皇权固然与宗法制相为表里，但皇权下的政治等级关系往往比宗法关系更加强势。《红楼梦》第十八回描写贾元春省亲荣国府，“贾赦领合族子弟在西街门外，贾母领合族女眷在大门外迎接”，祖母（贾母）、伯父（贾赦）、父亲（贾政）、母亲（王夫人）见了贵为帝妃的元春，或“路旁跪下”，或“帘外问安”，所谓“未叙家人之情，先行君臣之礼”，这正是皇权至尊、至上的表现。行过君臣大礼之后，接下来才是孙女（女儿）元春“一手搀贾母，一手搀王夫人”，以行孝敬，祖孙三代洒泪话别。[①] 文学杰作的这一描写，典型地反映了宗法社会内部皇权压过宗法关系的社会实景。

总之，秦汉以下两千年皇权专制是一种基本的客观存在，但皇权并非不受制约，是一种有限定的君主专制，而并非绝对皇权。

四、解构专制：近古思想界的努力

如果说，战国的诸子争鸣，在政治文化层面是为方兴未艾的非封建的君主集权政治提供精神支撑、理论指导，当然其间又有儒家温和的民本—王道论和法家强硬的君本—霸道论之别，那么，降至近古（如明清之际），当中央集权的皇权政治运行两千余年，其专制性弊害昭彰于世之际，对其作理论清算（或称“解构”），是时代向近古思想界提出的使命。

法国哲学家德里达（1930—2004）撰写的《文学语言学》《书写与差异》《声音与现象》等论著中，阐发解构主义。所谓“解构”，指对现存理论的结构加以解体，打散诸成分，使之游离，然后重组。德里达的“解构”针对的是理论上的专制。后来人们使用“解构”一词，泛指否定、破坏原有制度或思想

① 见《红楼梦》第十八回，人民文学出版社 1973 年版，第 201 ~ 205 页。

的既定结构，以谋求体系的重组、内涵的更新。

黄宗羲（1610—1695）

明清之际的黄宗羲（1610—1695）是解构君主专制的健将，他扬弃君权天授说，从“有生之初，人各自私，人各自利”的功利观出发，论述君主制产生于强权争夺，此为恢复历史本真的至论。黄氏比较古今君主，认为“古之君”（即原始社会的氏族领袖，如尧、舜、禹）“以千万倍之勤劳而己又不享其利”，故深获民众爱戴；“今之君”（秦汉以来的专制君王）则“以天下之利尽归于己，以天下之害尽归于人”，“今天下之人怨恶其君，视之如寇仇，名之为独夫”[①]，清初的唐甄（1630—1704）更把专制君主称为“天下之大害”、杀人之“巨手”[②]。这是对专制君主作整体式谴责，较之孟子限于指斥夏桀、殷纣为独夫民贼，大进一步。

黄宗羲还力辟君臣主奴观，认为君臣联手治理天下，应为同事协作关系：“夫治天下，犹曳大木然，前者唱邪，后者唱许。君与臣，共曳木之人也。”[③]并主张“公是非于学校”，以学校为社会舆论发纵单位，以改变朝廷独断是非的状况。[④]

顾炎武（1613—1682）《日知录》区分“天下”与“国家”，为解构绝对君权的千古至论：

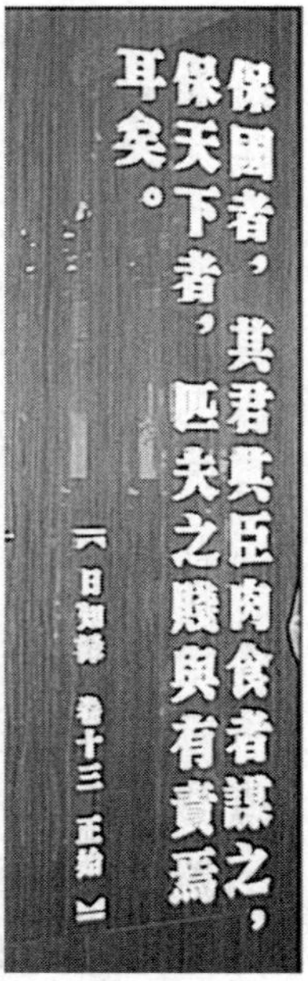

《日知录》语

> 有亡国，有亡天下。亡国与亡天下奚辨？曰：易姓改号，谓之亡国，仁义充塞，而至于率兽食人，人将相食，谓之亡天下……保国者，其君其臣肉食者谋

---

① 黄宗羲：《明夷待访录·原君》。
② 唐甄：《潜书》。
③ 黄宗羲：《明夷待访录·原臣》。
④ 黄宗羲：《明夷待访录·学校》。

之，保天下者，匹夫之贱与有责焉耳矣。[①]

近人梁启超将顾氏语简括为“天下兴亡，匹夫有责”，流播广远。

与黄、顾同时期的王夫之有权力制衡构想，主张“以法相裁，以义相制，以廉相率，自天子始而天下咸受裁焉”[②]。反对将一姓兴亡置于万姓生死之上，他说：

天下者，非一姓之私也，兴亡之修短有恒数，苟易姓而无原野流血之惨，则轻授他人而民不病。魏之授晋，上虽逆而下固安，无乃不可乎！[③]

其义与顾炎武区分“天下”与一姓“国家”之论相似，皆为新民本观的发挥。

王夫之（1619—1692）

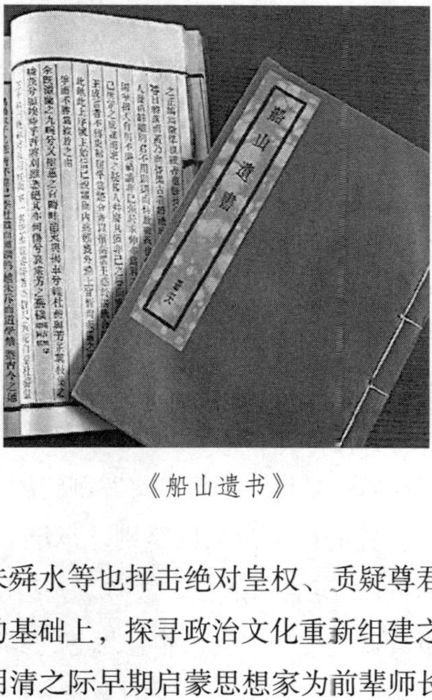

《船山遗书》

此外，李贽、何心隐、傅山、朱舜水等也抨击绝对皇权、质疑尊君卑臣之论，都是在“解构”两千年君主制的基础上，探寻政治文化重新组建之径。

因是之故，近代民主志士都视明清之际早期启蒙思想家为前辈师长。1903

① 顾炎武：《正始》，《日知录》卷十三。
② 王夫之：《读通鉴论》卷二九。
③ 王夫之：《读通鉴论》卷一一。

年，蔡元培在《绍兴教育会之关系》中，尊黄宗羲为“东方卢梭”；1908年章太炎在《王夫之从祀与杨度参机要》中，称黄宗羲为“立宪政体之师。观《明夷待访录》所持重人民、轻君主，固无可非议也”[①]。以后，胡滚将《明夷待访录》比拟为“中国的《民约论》”；谢国桢、侯外庐皆称《明夷待访录》蕴藏中国最早的代议制思想。此类评议虽难免中西比附之弊，却有若干切实的道理。明清之际非君思想启迪了新时代的觉醒者，晚清维新派、革命派接过晚明遗献的思想火炬，与来自西方的民主思想相结合，迈往近代民权主义，这是真实的历史理路。梁启超在论述《明夷待访录》这部奇书的启蒙功效时说：

> 梁启超、谭嗣同辈倡民权共和之说，则将其书节钞，印数万本，秘密散布，于晚清思想之骤变，极有力焉。[②]

孙中山在宣传民权主义时，也借助《明夷待访录》，曾将该书的《原君》《原臣》两篇抽出印行，广为散发。

值得注意的是，作为解构专制先驱的明清之际哲人，较卢梭、孟德斯鸠整整早一个世纪，黄、顾、王、唐是在没有接触西方民主宪政理念的情形下，依凭中华文化资源（如先秦的民本论、汉唐宋元的非君论、明代中末叶士人议政之风和市民文化），在当时的历史条件下突破皇权政治轨范的。这可以救正一种流行说：民主主义全然是舶来品。这种“民主舶来”说，既来自全盘西化论者，也来自拒斥西学论者，而这两种极端论者都忽略了民主主义的民族文化根据，无视中国文化自身存在奔向民主主义的潜能与趋向。

明清之际哲人以巨大的学术勇气，从学理层面挑战庞大而森严的君主专制体系，其具体进路是：解析君主专制的病端，猛烈抨击其两翼之一的极端尊君论，对另一翼的民本论加以辨别，承继、发挥“重民”“恤民”部分，扬弃、更替“尊君”“卫君”部分，这样，先秦以降的民本思想获得改造与升华，达成一种略具近代性的“新民本”思想，其与《左传》《孟子》以来的民本论有因有革；而作为“解构专制”的未完成形态，“新民本”既同近代民主存在差

① 《章太炎政论选集》，中华书局1977年版，第427页。

② 梁启超：《清代学术概论》，上海古籍出版社1998年版，第18页。

异，又是近代民主最切近的民族文化资源与前驱先路。[1]

在皇权传统深厚的中国，解构专制是一项十分曲折艰难的历史任务，明清之际哲人率先努力于此，清初以降，因皇权专制的高压和学风转向，“非君”政论隐伏下来，黄宗羲著述称之“待访录”，唐甄著述称之“潜书”，颇为传神地点化出此种窘境困局。

清末以降，新的时代风云际会再度提出“解构专制”这一大主题。近代政治思想变革的基本任务，是突破皇权主义及其各类近代变种，从龚自珍、魏源、王韬、郑观应、何启、胡礼垣，到孙中山、章太炎、宋教仁、邹容、陈独秀诸人，以至今之仁人志士，分别在不同层级上推进此项未竟之业。

第四节 周制与秦制的文化功能

殷商西周是宗法封建时代，文化权掌握在宫廷，所谓“学在王官”；至东周（春秋、战国），与诸侯力政相适应，发生从“学在王官”到“学在私门”的转变，进入一个因学术下移而多元发展的阶段。此为周制对文化的影响。

秦并山东六国，建立一统帝国以后的两千余年间，除分裂时期相对松动外，学术文化受到强大的中央集权政治的控摄、支配，形成“大一统”的学术格局。此为秦制对文化的影响。

一、百家争鸣何以发生在春秋战国

先秦分权的“封建制”和秦汉以降集权的“皇权制”这先后递进的两种政治制度，分别对中国文化的演变产生不同的影响，这是研讨文化生成史时必须观照的一大题目。

（一）封建分权与思想学术多元创发

古今思想者品评“封建”的长短得失，多从政治架构着眼，尤其从“分治”—“统合”这两种政制给国家治理带来的利弊加以判断，柳宗元的名作《封建论》为其代表。

---

① 参见冯天瑜、谢贵安：《解构专制——明末清初“新民本”思想研究》，湖北人民出版社 2003 年版。

然“封建”的意义不限于政治上的分权，它也导致思想文化领域的多元走势，所谓“道术将为天下裂”①。不过，思想文化多元发展的情形，并未出现在宗法封建的鼎盛期西周，因为那时虽然向同姓及异姓诸侯分权，但周王室掌控大政，并拥有精神生产优势，所谓“天下有道，礼乐征伐自天子出”②。时至东周（春秋、战国），周天子不仅无力掌握军政，而且随之丧失学术文化威权，出现“天子失官，学在四夷”③的局面。这一转折点约在产生老、孔的春秋末年，至战国便大规模展开。章太炎揭示此一关节：

老聃仲尼而上，学皆在官；老聃仲尼而下，学皆在家人。④

袁枚（1716—1798）

春秋战国之际，私学规模渐大，各执主见的学派竞相生发。西汉史官司马谈（约前165—前110）将先秦至汉初诸子归纳为阴阳、儒、墨、名、法、道德六家，各有“所从言之异路”。⑤其后，西汉末刘歆（？—23）又将诸子归纳为儒、墨、道、名、法、阴阳、农、纵横、杂、小说十家。⑥哲理、政见各别的诸子，呈现“和而不同”⑦的彼此驳难而又相互包容的博大气象。

关于分权的封建制与先秦诸子勃兴的关系，清人袁枚有精彩点评。袁枚指出，封建制政治多元，使各类人才获得生存空间，诸种学术自有拓展天地。他列举孔子，认为圣人不可能在思想一统的郡县制、科举制条件下抒展，其学说的光大弘扬，得益于晚周列国并立的封建格局。袁枚说到孔子：

---

① 《庄子·天下》。
② 《论语·季氏》。
③ 《左传·昭公十七年》。
④ 章太炎：《国故论衡》。
⑤ 见《史记·太史公自序》。
⑥ 见《汉书·艺文志序》。
⑦ 《国语·郑语》。“和而不同”详见本书第十一章第三节。

赖有封建，然后栖栖皇皇，之卫、之齐、之陈蔡、之梁、之宋、之滕，几几乎有可行之势，而诸侯敬，子弟从，则声名愈大，千万年后，犹知遵奉为师。使圣人生于郡县之世，三试明经不第，则局促于一邦，姓氏湮沉，亦遁世无闷已耳，安见其有以自立于天下耶？[①]

近人戴季陶（1890—1949）有与袁枚相似的评说：

周之制度，封建制度也……中国文明之发达，至于周已阅千有余年矣。然发达之最盛者，则为周。周以后则浸微矣。汉之学术，多为穿凿。唐之学术，多为铺张。宋之学术，多为空迂……而周代文明所以发达如彼之甚者，则以中央无专横之政，地方之［有］自由之权。竞争盛而进步亦速……故孔孟与乎诸子百家，所以先后皆产生于是时者，非孔孟与诸子百家有天生之聪明……时代之产物也。[②]

戴季陶并非封建制的推崇者，他认为“封建”不利于国家统一，但又指出“封建”为思想学术的自由发展提供了较为宽松的环境。戴氏说：“封建非良制度也”，然因其分权，“实有足助社会文化个人身心之发达者”。反之，中央集权制度“于社会文化个人身心之发达实多阻碍”[③]。戴氏的结论是：

是故中国文化之发达，由于地方分权；而文化之退步，由于中央集权。[④]

哲学史家冯友兰（1895—1990）持见与袁枚、戴季陶略同。对于先秦封建时代学术繁荣的原因，冯友兰引述古典——“时君世主，好恶殊方”[⑤]；“天下之人各为其所欲焉以自为方”[⑥]。进而概括道：

---

① 袁枚：《再书封建论后》，《小仓山房文集》卷二一。

②③④ 唐文权、桑兵编：《戴季陶集》，华中师范大学出版社 1990 年版，第 765 ~ 766、766、766 页。

⑤ 《汉书·艺文志》。

⑥ 《庄子·天下篇》。

上古时代哲学之发达，因于当时思想言论之自由，而其思想言论之所以能自由，则因为当时为一大解放时代，一大过渡时代也。[①]

冯友兰指出，秦汉以下专制一统，“言论思想极端自由之空气于是亡矣”。[②]袁枚、戴季陶、冯友兰陈述了封建分权形势有利于思想文化多元发展的情形。

（二）国民智力成熟于内，政治纷乱乘之于外，提供诸子竞鸣的条件

晚周出现诸子竞存、文化多元发展的盛况，与如下历史条件有关：

第一，其时去古未远，保有较多原始民主遗存，“处士横议”[③]被视为当然，对于激昂的抨击君主的议论，王侯们洗耳恭听，虽未必赞同，却不曾弹压，未如后来的专制皇权那样对思想异端以“大逆”严惩。

第二，其时文武士人大多怀着“干求利禄”的热望，待价而沽，如苏秦所谓“安有说人主，不能出其金玉锦绣，取卿相之尊者乎”[④]！与此同时，周天子尸位素餐，列国各行其是，“诸侯力政，时君世主，好恶殊方”[⑤]，于是百家诸说可在列国诸侯中找到热心的拥护者和实践者，且此国不容，彼国迎纳，正如荀子所说：“诸侯异政，百家异说，则必或是或非，或治或乱。”[⑥]政治多元为文化多元提供了条件。

王国维1905年在《论近年之学术界》中，对战国诸子竞起的因由有一精要说明：

周之衰，文王、周公势力之瓦解也，国民之智力成熟于内，政治之纷乱乘之于外，上无统一之制度，下迫于社会之要求，于是诸子九流各创其学说，于道德政治文学上，灿然放万丈之光焰，此为中国思想之能动时代。[⑦]

---

①② 冯友兰:《中国古代哲学之政治社会的背景》,《三松堂学术文集》，北京大学出版社1984年版。

③ 《孟子·滕文公下》。

④ 《战国策·秦策》。

⑤ 《汉书·艺文志》。

⑥ 《荀子·解蔽》。

⑦ 《静庵文集》，辽宁教育出版社1997年版。

在政治多元、相对宽松的社会条件下，各持一家之说的诸子可以自由地往返列国之间，弘道讲学——

墨子（约前476—前390）“平生足迹所及，则尝北之齐，西使卫，又屡游楚”[①]。

孟子（约前372—前289）游说二十余年，“后车数十乘，从者数百人，以传食于诸侯”[②]，行迹至宋、齐、鲁、滕、梁（魏）等国。

张仪（？—前309）、苏秦（？—前248）更游说列国，相事诸侯。同类的纵横家有周最、苏厉、苏代、蔡泽、鲁仲连、齐明、虞卿、冯谖、荆轲、唐雎等。

诸子活跃于波澜壮阔的政治舞台，并积淀思想精粹于著述层面。

如近人刘师培（1889—1919）所言：春秋战国间，“舍道家而外，莫不伺贵显之门，居奔竞之途，以自售其说”[③]，这正是诸子迭兴的生存环境。

战国涌现“九流”（儒、墨、道、名、法、阴阳、农、纵横、杂家）、“十家”（“九流”加小说家），而且各家内部又有分野，韩非子称“孔墨之后，儒分为八，墨离为三”[④]，诸派别各从不同的学术立场出发，提出异彩纷呈的治国平天下方略，竞呈各种宇宙观、人生观和知识论。

宗法封建时代为思想学术提供了较为宽松的运行空间，当年士子普遍富于批判精神，战国儒士借孔子之名批评当道“苛政猛于虎”[⑤]；墨子怒斥“今王公大人”“至其国家之乱，社稷之危”[⑥]；孟子有“不仁哉梁惠王”[⑦]之批评，有“民之憔悴于虐政”[⑧]的抗议，更谓：“贼仁者谓之贼，贼义者谓之残，残贼之人谓之一夫。闻诛一夫纣矣，未闻弑君也”[⑨]，认定推翻暴君是正义行动，而并非“弑君”。老子揭示：“民之饥，以其上食税之多，是以饥”[⑩]，警告统治者：“民不畏死，奈何以死惧之。”[⑪]这种率直的社会批判增强了诸子学说的

① 孙诒让：《墨子后语上·墨子传略》，《墨子间诂》，上海书店1986年版，第40页。
② 《孟子·滕文公下》。
③ 《刘师培辛亥前文选》，三联书店1998年版，第450页。
④ 《韩非子·显学》。
⑤ 《礼记·檀弓下》。
⑥ 《墨子·尚贤中》。
⑦ 《孟子·尽心下》。
⑧ 《孟子·公孙丑》。
⑨ 《孟子·梁惠王下》。
⑩ 《老子·七十五》。
⑪ 《老子·七十四》。

锐利性，并超越时地，留传久远。

反之，君主集权、舆论一律的秦汉，实行文字狱的明清，断无绚烂多姿的百家之学的生成环境。以汉代为例，武帝削夺淮南王刘安（前179—前122）、衡山王刘赐（前177—前122）时，逮捕二王的宾客党羽，牵连致死数万人。与此同时，朝廷兴太学、举孝廉，“征天下举方正贤良文学材力之士，待以不次之位”[①]，文士只能歌功颂德，“润色鸿业”[②]，战国时代那种“诸侯异政，百家异说”[③]的格局不复存在。

除春秋战国以外，中国历史上几次政权分裂期间，也有皇权对文化掌控力消减的情形，学术文化获得相对自由的伸展空间，如魏晋南北朝、明清之际、清民之际，都出现思想文化异彩绽放的局面。昔人云，“国家不幸诗家幸”[④]（国家动乱，于国于民自然大不幸，却为诗人提供书写不朽篇章的素材和激情，于诗人又是“有幸”），套用此语也可以说：政乱、权分，国家因离析而不幸，却为思想文化多元发展提供可能，此为思想者之幸。明清鼎革，天下大乱，这“天崩地裂”的情势，孕育了黄、顾、王、傅的早期启蒙思想。辛亥后军阀混战，北洋政府无暇控制文化，为新文化运动的勃兴留下空间。

宋太祖（927—976）

当然，较佳状态是：统一、繁荣的盛世又有较自由的氛围，任学术文化发展。中古史上的唐宋，庶几出现过此种局面。以宋代而言，遵循太祖赵匡胤“誓碑”遗训，终朝“不得杀士大夫及上书言事人”，“子孙有渝此誓者，天必殛之”[⑤]。

① 《汉书·东方朔传》。

② 班固：《两都赋序》。

③ 《荀子·解蔽》。

④ 赵翼：《题遗山诗》，全句为“国家不幸诗家幸，赋到沧桑句便工”。

⑤ 叶梦得《避暑漫抄》载：“艺祖受命之三年，密镌一碑，立于太庙寝殿之夹室，谓之誓碑，用销金黄幔蔽之，门钥封闭甚严。因来有司，自后时享（四时八节的祭祀）及新太子即位，谒庙礼毕，奏请恭读誓词。独一小黄门不识字者从，余皆远立。上至碑前，再拜跪瞻默诵讫，复再拜出。群臣近侍，皆不知所誓何事。自后列圣相承，皆踵故事。靖康之变，门皆洞开，人得纵观。碑高七八尺，阔四尺余，誓词三行，一云：‘柴氏子孙，有罪不得加刑，纵犯谋逆，止于狱内赐尽，不得市曹刑戮，亦不得连坐支属。’一云：‘不得杀士大夫及上书言事人。’一云：‘子孙有渝此誓者，天必殛之。’后建炎间，曹勋自金回，太上寄语，祖上誓碑在太庙，恐今天子不及知云。”

宋代文化政策较为宽松，士大夫敢于直谏，崇尚气节。苏东坡（1037—1101）屡遭贬谪又屡被起用，终生落拓不羁，豪迈奔放。唐宋文化盛况空前，原因是多方面的，包括前代奠定的文化基础、经济繁荣、对外来文明的吸收借鉴等，而比较宽松的文化政策（当然只是皇权专制下的相对宽松），是李唐、赵宋为中国古典文化“造极”的缘由之一。

苏东坡回翰林院

二、皇权时代浩大的文化建设——以《永乐大典》《四库全书》为例

与分权的“封建制”相对应，集权的“皇权制”对文化则产生别样的影响，这影响当然是双刃剑，利弊并存。先议其积极的、建设的方面。

中国较早确立中央集权政体，较之西欧列国中世纪长期处于诸侯割据状态，有助社会安定、经济繁庶，促成统一文字、统一度量衡，实现文化大一统，并兴办宏大的文化事业，仅以典籍编纂而言，皇权制度下的中国创造了中古世界罕见其匹的伟绩。

（一）《永乐大典》等巨型类书的编纂

巨型类书的编纂，是“大一统”王朝的文化综汇工程，昭显了中国古代文献的宏富、图书事业的兴旺发达。

类书是一种分类汇编各种材料以供检查的工具书，通过广为采择经、史、子、集中的语词、诗文、典故以及其他各种资料，分门别类，编次排比，汇辑成书，类似现代的百科全书。如唐欧阳询（557—641）主编《艺文类聚》第五十八卷“杂文部”内“纸”的条目下，列举蔡伦造纸的传说，韦诞、陈寿、葛洪等人有关纸的故事，以及晋成的《纸赋》，梁刘孝威的《谢樒宫纸启》。把有关纸的多种材料辑录在一起，以供选择，正表明了类书的作用。

有人统计，截至清末，类书有三百多种。中国最早的类书起源于三国时代，魏文帝曹丕令儒臣编纂的《皇览》被认为是中国类书之祖。以后历朝都重视类书编纂，要者如：

唐代《北堂书钞》《艺文类聚》《初学记》《白氏六帖》四大类书；

宋代《太平广记》《太平御览》《册府元龟》《文苑英华》四大类书，规模均超过唐代。

明清时期所编纂的大型类书，其规模又超迈前代。

明代永乐年间，明成祖朱棣命解缙（1369—1415）、姚广孝（1335—1418）主持编辑一部空前庞大的类书——《永乐大典》。

根据明成祖“毋厌浩繁”指示，调动全国力量，编纂者“旁搜博采”[①]，极图书汇集之盛。一方面，以皇家图书馆文渊阁中五代十国、宋、辽、金、元至明初500年来累积的“中秘藏书”为基本；另一方面，派遣官员如苏叔敬等分赴各地，“购募天下书籍”[②]。在短时间内，汇集上自先秦、下讫明初的各类著作七八千种，经、史、子、集、释藏、道经、北剧、南戏、平话以及医学、工技、农艺等，“无不类而别之”[③]。

《永乐大典》内容宏富而成系统：按韵目分列单字，按单字依次辑入与此字相关的文字记载。

如“六模”韵的“湖”字内“西湖”一项，采摘了十几部书关于西湖的叙述，用了两卷半的篇幅作解释，其中引用县志，录，文人词、赋对西湖的记录有36处，其详细周全可见一斑；

再如，“七皆”韵的“台”字内，收集了有关元代御史台的几种记载，可供研究官制之参考；

“二十九尤”韵的“油”字内，罗列中国古代各种油质及其制法、用途的说明，可供经济技术研究之参考；

“九真”韵的“耸”字内，汇集各种字形及许多图式，对古代钟鼎彝器之研究颇有参考价值。

---

①② 《成祖御制序》。

③ 全祖望：《钞〈永乐大典〉记》。

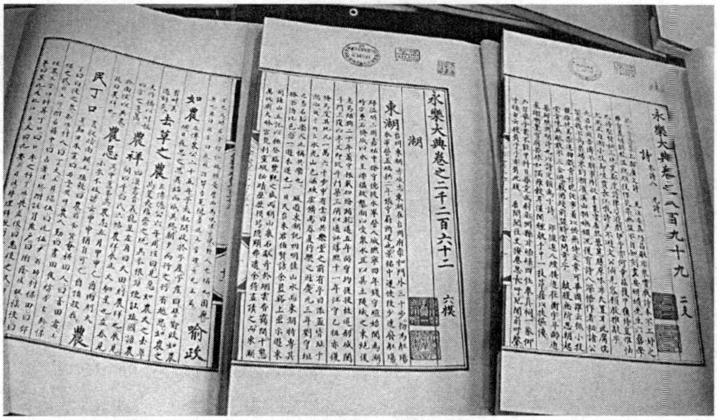

《永乐大典》书影

《永乐大典》还保存了大量珍贵的文化典籍。如“水”韵下的《水经注》，是目前流传最古的本子。

又如南戏除“荆”“刘”“拜”“杀”和《琵琶记》外，较古戏文都失传了，但在《永乐大典》“戏”字韵里，可找到《小孙屠》《张协状元》《宦门子弟错立身》三种不同时代的南戏。

中国最早的平话《薛仁贵征东》，久已失传的宋金词人张子野、贺云回、吴彦高、范成大的长短句，都可以在《永乐大典》中找到。

宋时《双渐赶苏卿》的故事，在古代文学作品唱本和戏剧中流传很广，但元以后逐渐失传。而《永乐大典》“苏”字韵，引宋人小说《醉翁谈录》详载其事，并收有双渐和小卿赠答的两首情诗。

《永乐大典》还收有许多向为人们轻视而失传的工技、农艺一类书，如元人薛景石的《梓人遗制》载有各种车子和机子（小有卧机子、罗机子、立机子）制造法，并附有详细的图和说明书。元以后逐渐失传，但《永乐大典》“匠”字韵下，可以找到半部《梓人遗制》。

宋人吴赞的《种艺必用》、张福的《种艺必用补遗》是两部相当重要的有关农业和园艺专著，《永乐大典》均将它们收入“种”字韵下。

尤其可贵的是，《永乐大典》在辑录各类材料时，据原书整部、整篇、整段地收入，一字不改，即所谓“直取原文，未尝擅改片语”[①]。许多古籍，特

① 全祖望：《钞〈永乐大典〉记》。

别是宋、元以前的佚书、珍本因此得以完整保存。正如《四库全书总目提要》称《永乐大典》："元以前佚文秘典，世所不传者，转赖其全部全篇收入，得以排纂校订复见于世。"

明成祖称《永乐大典》：

> 包括宇宙之广大，统会古今之异同，巨细精粗，粲然明备，其余杂家之言，亦皆得以附见，盖网罗无遗，以备考索。①

姚广孝等在进《永乐大典表》时，也称"博采四方之籍""广纳中秘之储"的《永乐大典》"上自古初，暨于昭代，考累朝之逸典，搜罗百世之遗言。名山所藏，金匮所记，人间之所未睹，海外之所罕闻，莫不具其实而陈其辞，参于万而会于一"。

《永乐大典》是一部卷帙宏伟的百科全书，共22877卷，外加凡例、目录60卷，装成11095册，总计3.7亿字，作为世界最大规模百科全书的记录，保持了整整六个世纪，直至2007年才被维基百科所超越。②

《永乐大典》因篇幅巨大，编成后未能付印，原本11095册存文渊阁。明嘉靖年间照原本抄写一部，称副本，藏皇史宬（皇家档案馆）。明亡时文渊阁被焚，《永乐大典》正本随之遭毁。清雍正年间《永乐大典》副本从皇史宬移翰林院。1900年八国联军入侵北京，作为孤本的《永乐大典》副本，或被毁烧，或被掠走，残存本散藏海外，现日本55册，美国45册，英国38册。我国经多年搜求，得226册，不足原本的3%。

《古今图书集成》

清康熙、雍正年间，"陈梦雷原编，蒋廷锡奉敕校补"大型类书《古今图书集成》。雍正称其"贯通古今，汇通经史，天文地理，皆有图记，山川草木，百工制造，海西秘法，靡不具备，洵为典籍之大

① 《明太祖实录》卷二〇。

② 见［英］尼尔·弗格森著，曾贤明、唐颖华译：《文明》，中信出版社2011年版，第6页。

观”。乾隆称其为“书城巨观，人间罕观”。

由于《永乐大典》后遭列强破坏、掠走，现存类书中，《古今图书集成》是搜罗最博、规模最大的一部。

（二）《四库全书》等巨型丛书编辑

中国古代除编纂百科全书性质的类书外，还将多种著作整部编印在一起，谓之“丛刻”，亦即“丛书”。丛书的功能在于广泛网罗散逸书籍，“苍蕞古人之书，并为一部”，对于保存文化遗产具有重要意义。

在历代汇编丛书中，以清中叶乾隆时的《四库全书》规模最为浩大。这部巨型丛书，“穷搜博采”，在312000册的规模中，收集著录之书3457种，79070卷；总目中仅存书名，而未收其书者6766种，93556卷，集中国古代典籍之大成。

四库馆编修图

这套浩大丛书的编订，将自晋代开始的四部分类（晋初荀勖始分甲、乙、丙、丁四部）精确化，经部下分10类（易、书、诗、礼、春秋、孝经、五经总义、四书、乐、小学），史部下分15类（正史、编年史、纪事本末、别史、杂史、诏令奏议、传记、史钞、载记、时令、地理、职官、政书、目录、史评），子部下分14类（儒家、兵家、法家、农家、医家、天文算术、术数、艺术、谱录、杂家、类书、小说家、释家、道家），集部下分5类（楚辞、别集、总集、诗文评、词曲），从而将浩大繁复的学术文化部勒成系统。

在编订《四库全书》的同时，纪晓岚（1724—1805）等学者撰写《四库全书总目提要》，形成一套“古来之所未有”[①]的反映群籍版本、文字、内容的提要，介绍作者及籍贯，以论世知人；次考书之得失，权众说之异同。其分类之系统、考订之精详、评论之允当，皆达到很高水平。《四库全书总目提要》已然成为学术史经典。

《四库全书》卷帙浩繁，清代无力刻印，乾隆间抄写若干份，藏于七阁：

收藏第一部《四库全书》的文渊阁

文渊阁 位于北京紫禁城内的主敬殿后（主敬殿为文华殿后殿），建成于乾隆四十一年（1776）。乾隆四十六年十二月（1782），第一部《四库全书》缮毕，入藏阁内。民国时期，藏于文渊阁的《四库全书》由故宫博物院接管。

1933年春天，日寇侵略热河，北平危急，故宫博物院将文渊阁本《四库全书》装箱南迁上海。抗日战争全面爆发，又辗转运抵蜀中。抗战胜利后运抵南京。国民党政府败退大陆时，运往台湾，现藏台北“故宫博物院”。

文溯阁 在辽宁沈阳故宫内。乾隆四十七年（1782），第二部《四库全书》缮成，送藏阁内。民国时期，文溯阁《四库全书》辗转流徙，现文溯阁本《四库全书》藏于甘肃。

文澜阁 杭州圣因寺行宫原有《古今图书集成》藏书堂一处，乾隆四十七年（1782）在堂后改建文澜阁贮《四库全书》，咸丰十一年（1861）太平军第

① 《四库全书总目提要·凡例》。

二次攻下杭州，文澜阁《四库全书》大量散逸。杭州藏书家丁申、丁丙兄弟收集残余，得到8140册，仅及原书四分之一。1864年太平军退走，丁氏兄弟又不惜重金从民间收购。光绪六年（1880）在旧阁原址重建文澜阁。丁氏兄弟将书送还，并陆续钞补。民国后，归浙江省图书馆皮藏。1914年、1923年，两次组织人力就丁氏兄弟钞补未全者予以补钞。文澜阁本《四库全书》渐复其原，现藏浙江省图书馆。

文宗阁　位于镇江金山寺，第一次鸦片战争中，文宗阁本《四库全书》遭英军破坏。

文汇阁　一名御书楼，位于扬州天宁寺西园大观堂，文汇阁及其所贮《四库全书》被太平军焚毁。

文源阁　在圆明园内“水木明瑟”之北稍西处，文源阁本《四库全书》乾隆四十八年（1783）抄毕入藏。咸丰十年（1860），英法联军入侵，大肆焚掠圆明园，文源阁本《四库全书》化为灰烬。

文津阁　乾隆三十九年（1774）在热河行宫（今河北省承德市）避暑山庄修建文津阁，与文渊阁、文溯阁、文源阁合称“北方四阁”。乾隆四十九年（1784）第四部《四库全书》（北方四阁最后一部）入藏。1913年，文津阁本《四库全书》由国民政府运归北京，藏于文华殿古物陈列所。1915年，拨交新成立的京师图书馆（今国家图书馆）。文津阁本是七部《四库全书》中保存最完整的。其他存世三阁本后来均据文津阁本补钞配齐。

（三）规模空前的图书集成

明清两代纂辑类书、丛书，不仅在中国文化史上气象空前，在世界文化史上也罕见其匹。《古今图书集成》同《永乐大典》《四库全书》相比算是小个子，但与约3500万字的《大英百科全书》比较起来，仍可称为皇皇巨帙，因而在国外获得“康熙百科全书”之称。如与18世纪中叶法国狄德罗主编的著名的《百科全书》比较，更可得见明清类书、丛

《续修四库全书》

书规模的宏伟。

以狄德罗《百科全书》（2268 万字）为参照，可见明清类书、丛书规模之宏大——

明《永乐大典》三亿七千万字，约为《百科全书》字数的 12 倍。

清《古今图书集成》一亿六千万字，约为《百科全书》字数的 7 倍。

清《四库全书》九亿九千七百万字，约为《百科全书》字数的 44 倍。

若将《四库全书》的 4000 万页摊开，逐页相接，可以绕地球一周又三分之一圈。

自《四库全书》纂修迄今，无论中外，尚无一部书籍的规模可与之相比。正因为如此，有人把《四库全书》比作东方文化的金字塔，将其与万里长城、大运河相并列。

清乾隆间编成《四库全书》之后，今之学者编《续修四库全书》，沿袭《四库全书》体例，分经部 260 册，史部 670 册，子部 370 册，集部 500 册。《续修四库全书》的收录范围包括，对《四库全书》成书前传世图书的补选，《四库全书》成书后著述的续选。它与《四库全书》配套，构筑起一座中华基本典籍的大型书库，1911 年以前的重要典籍，大致荟萃于此。

中国古代的图书事业，无论在规模上还是制度上都曾居于世界前列。这是中国传统文化博大而深厚的表现。

三、文化统制

与西欧政权、神权分离（所谓“恺撒管恺撒的，上帝管上帝的”[①]）相区别，中国皇权则兼领政权与神权，直接干预观念世界，厉行文化统制。关于帝王推行文化统制，下面从一个极端例子谈起。

（一）“明祖排孟”

百家争鸣只能发生在政治多元的封建时代，而在皇权一统时代是不可想象的。

战国诸侯梁惠王、滕文公、齐宣王等当权者虽然不一定喜欢高调民本论，却尚能洗耳恭听孟夫子“民贵君轻”的教诲，与此形成鲜明对照的是，独掌全

① 语出《圣经·新约》：“Give back to Ceasar what is Ceasar’s and to God what is God’s。”

国军政大权的明太祖朱元璋却容不得千余年前哲人对君王的告诫，不仅将孟子从孔庙祭祀中排除，并多次对近臣流露，若此老（指孟子）生在当下，必死于刀锯。朱元璋还下旨删削《孟子》中的民本之论：

> 洪武二十三年十月，命修《孟子节文》，凡不以尊君为主，如谏不听则易位，君为轻之类，皆删去。①

哲学史家容肇祖（1897—1994）撰《明太祖的〈孟子节文〉》，详述“今北平图书馆藏”洪武二十七年刊《孟子节文》所删85条，将其归纳为：

> 尊民抑君之禁止也；
> 人民批评统治阶级之禁止也；
> 人民批评政治之禁止也；
> 人民反对苛敛之禁止也；
> 反对内战之论禁止也；
> 谴责官僚政治之禁止也；
> 败坏善良风俗，当由君主负责之说之禁止也；
> 抨击虚伪，亦在不能许可之列矣。②

政治一元的君主集权时代文化专制主义的霸道、蛮横，可见一斑。

（二）“上亲称制临决”学术论争

皇权推行思想大一统，莫过于帝王直接出面，干预学术论争。汉武帝以后，“罢黜百家，独尊儒术”的局面已经形成，但儒学内部，尚有派别之争，“虽曰师承，亦别名家”③，异说纷纭，争讼不休。汉宣帝甘露三年（前51），“诏诸儒讲五经同异，太子太傅萧望之等平奏其议，上亲称制临决焉”④，“平

① 彭孙贻：《明史纪事本末补》卷一。

② 见容肇祖：《明太祖的〈孟子节文〉》，《读书与出版》第二卷第四期，上海主活书店1947年版。

③ 《后汉书·章帝纪》。

④ 《汉书·宣帝纪》。

定五经同异”，史称“石渠阁议”[①]。“上亲称制临决”，以绝对君权的威势，裁定学术是非，推行思想一统。此例一开，后世仿行不辍。

东汉章帝建初四年（79）“如孝宣甘露石渠故事”，皇帝亲自主持儒臣会议，这便是规模更大，影响更巨的“白虎观会议”。会议间诸生“讲议五经同异”，仍由“帝亲称制临决”，这一回“孝章永言前王，明发兴作。专命礼臣，撰定‘国宪’，洋洋乎盛德之事焉”！[②]留下一份类似“会议纪要”的文献《白虎议奏》，后通称《白虎通义》（班固撰），是帝王亲自主持学术思想订定的典型材料。

白虎通義卷一

扶風班固孟堅撰

爵

天子者爵稱也爵所以稱天子者何王者父天母地爲天之子也故援神契曰天覆地載謂之天子上法斗極鉤命訣曰天子爵稱也帝王之德有優劣所以俱稱天子者何以其俱命於天而主治五千里內也尚書曰天子作民父母以爲天下王何以知帝亦稱天子也以法天下也中候曰天子臣放勛書無逸篇曰厥兆天子爵何以言皇亦稱天子也以其言天覆地載俱王天下也故易曰伏羲氏之

白虎通義　卷一　一　關中叢書

“帝亲称制临决”的《白虎通义》

东汉时谶纬风行。白虎观会议所钦定的群臣、诸儒奏议，其实质是将谶纬“国教化”，制定以谶纬神学作理论依据、巩固绝对君权的国家法典。谶纬神学内容荒诞，理论怪异，但其政治意蕴却十分明确：以影射性的图谶符命，为君主提供“受命于天”的神学依据。如“天乃虹郁起，白雾摩地，赤虹自上下，化为黄玉，长三尺，上有刻文。孔子跪受而读之。曰‘宝文出，刘季握，卯金刀，在轸北，字禾子，天下服’”[③]。以此类神异故事为刘氏皇权裹上“君主神授”的迷彩服。剥去《白虎通义》的神学装饰，其为绝对君权立法的“国宪”面目便大白于天下。

石渠阁议、白虎观议，都没有提供多少新的思想，其学术价值有限，而值得注意的是，帝王控摄文化、权力干预学术的方式从此正式登台。

（三）弘扬学术兼含文化统制

前文论及中国图书收藏之丰，为世所罕见，然而，这类弘扬学术的举措背

---

① 石渠阁，长安未央宫北藏秘书的地方，“诸儒讲五经同异”的会场。

② 《后汉书·曹褒传》。

③ 《春秋纬·汉含孳》。

后，常有帝王润色“盛世”的侈念，更包藏着强化文化统制的设计，与某种特定的政治目的相关。

明成祖从侄儿建文帝手中夺位后，立即组织修纂《永乐大典》，意在给自己树立偃武修文、一统天下的形象，以此说服臣民。正如他在《〈永乐大典〉御制序》中所写，“大一统之时，必有大一统之著作”。

乾隆帝下令编订《四库全书》，是切望通过空前规模的丛书，显示自己垂意典籍、“稽古右文”，以与“十全武功”相辉映。更重要的是，乾隆帝企图通过搜罗天下图籍，达成一次全方位的学术文化汰选。“四库馆”遵循帝旨，对搜集到的图籍，剪除“异端”，凡“以纲常而非古人之书”①，及其他“违碍”图籍，一概“销毁”与“抽毁”。故编订《四库全书》既有保存古籍之功，也有绞杀之过，表现了“文化统制”的严厉风格。章太炎认为，乾隆编《四库全书》之际禁毁图籍的祸害，在秦始皇焚书之上。

当代印行的《四库禁书精华》书影

此外，中国图书事业虽称繁盛，然公共图书制度迟未建立。这也是“文化统制”的一种表现。帝王视典籍为皇室私有，皇家虽藏书丰富，却秘而不宣。偶尔出示群臣，即被称颂为“圣恩”。南朝梁武帝（464—549）藏书23000余卷，曾在文德殿陈列数日，让王公大臣翻阅，被称作“旷典”。唐玄宗（685—762）时抄集民间书籍50000余册，编成后额外加恩，方准百官进乾元殿参观阅读。而在一般情况下，皇家图书士子是无法接近的。

私人藏书家也不轻易将书示之外人。西汉经学家匡衡，少时好读书，却因家贫，无力购书，乃为邑中“家富坟籍”的大户帮佣而“不求偿”。主人惊异地询问缘故，“衡曰：‘愿得主人书遍读之。’”②可见当时私人藏书是不易借到手的。再如明代天一阁藏书家范钦（1506—1585）规定“代不分书，书不

① 钱基博：《选印四库全书评议》，《光华大学半月刊》1933年第2卷第1、2、4期。

② 葛洪：《西京杂记》卷二。

出阁”，违者赶出族外，子弟念书都得上阁，不准拿出去，更不准外借，此为天一阁定制。近代图书学家缪荃荪（1844—1919）曾言及天一阁阅览的情形：“余欲登阁观书，闰枝于八月间与范氏订约，至次年始得复。司马后人一百有二家，须均允乃得登，旧例也。”[①]可见要一窥天一阁藏书，实非易事，这固然是藏书家珍惜秘籍善本的防范措施，但图书不向公众开放，显然是农业社会自给自足、限制信息交流的表现。因此，中国古代藏书虽然宏富，但因缺少流通，未能发挥其应有的社会效力。

宁波天一阁

西方有较久远的公共事业传统（早有大型公共剧场、公共图书馆、公共浴场等），公共图书馆可追溯至两千年前，古罗马的国家图书馆向城市自由民开放。中世纪后期，贵族、僧侣、资产者的私人图书馆向学者和部分市民开放。16 世纪宗教改革家马丁·路德创设的德意志城镇图书馆为市民服务。18 世纪英、美等国设立会员图书馆，19 世纪诸西方国家广兴近代意义的图书馆。随着西学东渐的展开，公共图书馆的雏形见于 19 世纪末叶维新派人士兴建的藏书楼，学会藏书楼对部分公众开放；1901 年基督教中华圣公会在武昌办对教民开放的书报阅览室“日知会”（后来演为革命团体）；1902 年古越藏书楼对公众开放；1903 年武昌文华公书林建立并对外开放。规定意义上的公共图书馆，

① 缪荃荪:《艺风堂文漫存·天一阁始末记》，闰枝为荃荪之内兄。范钦官至兵部右侍郎，称司马，“司马后人”指范钦后人。

指由国家（中央或地方政府）资助、支持和管理的免费为社会公众服务的图书馆（如较早的公共图书馆湖北省图书馆和湖南省图书馆，始建于 1904 年）。

此外，禁锢图书还往往造成某些书籍仅有稀少抄本，而战乱一起，一旦祸及集中的藏书点，这些珍贵书籍便毁灭殆尽，不能再行之于后世。这是许多典籍失传的缘故。

中国古代藏书还有一显著特点，即官私藏书均以经史文学书籍为主，农工一类科技书籍大受冷落。如明末清初杰出的科学家薄珏，其学精微博奥，但他手订的《浑天仪图说》《天体无色辨》等 25 种重要著作，却无人刻印出版。在出版家与藏家看来，经史文学大有益于世道，而科技则为雕虫小技。在这种社会氛围里，大量有价值的科技成果被淹没。又如明末科学家宋应星（1587—1666）的巨著《天工开物》，在国外有广泛影响，曾先后被译成日、法、英等国文字出版。然而在中国却受到冷遇，宋应星称，《天工开物》“丐大业文人弃掷案头，此书于功名进取毫不相关也”。此语不幸而言中，《天工开物》出版后颇受冷落，以致在国内失传 300 多年之久，直到 20 世纪初，方从日本“逆输入”回来。在中国古代，此类事例甚多，许多科技著作因默默无闻而湮灭。

“古人日已远，青史字不泯。”重新审视中国古代图书事业的辉煌成就及其弊端，对于透视中国传统文化的特质，从中吸取经验教训，不无裨益。

四、“民治论”缺如，“治民术”发达——户籍·里甲·地籍及其他

秦汉以下的皇权政治与先秦宗法封建政治的一大差别是，宗法封建时代在天子与庶民之间存在繁复的领主贵族阶层，由这些领主贵族世袭管理庶民；而皇权时代朝廷直接面对百姓，需要用力于“治民”。在君主的观念中，“夫牧民者，犹畜禽兽也”[①]，治理民众，犹如放牧家禽牲畜一般。“牧”的本义，是“养牛人也”，而汉、魏、六朝所设的州郡行政长官，皆称“牧”。

皇权治理天下的前提是治理百姓。商鞅学派讲得直白：“能制天下者，必先制其民者也。能胜强敌者，必先胜其民者也。故胜民之本在制民，若冶于金，陶于土也。”[②]

在中国皇权政治的大系统中，人民没有自治权，排斥在政治生活之外，选

---

① 《淮南子·精神训》。

② 《商君书·画策》。

举权、被选举权皆与民众无关，故可以说，中国的皇权政治不知“民治”为何物，其政治文化“民治论”缺如，一个语义学的实证是：传统中国并无人民自主意义上的“民主”一词，古典中的“民主”，意为“民之主”，即人民的主人，与“君主”同义。①

皇权政治体系得以充分发挥的是“治民术”，它不仅体现于汗牛充栋的学理言说中，更表现在各种朝政的实施上。

（一）户籍掌控

一切君主的权力，都是“由他的臣民的人数决定的”②，最大限度地控制子民户籍，是皇权政治的要点之一。

中国是世界上最早实行人口统计和户籍管理的国家。周代专设大司徒一职，“掌建邦之土地之图，与其人民之数”③，并载明性别、出生时间、住址。人死还要申报注销户口。战国时，秦国颁布关于户籍管理的法律《傅律》，规定每个人都必须著籍官府，否则为“脱籍”，要受罚治罪。秦末，刘邦率军攻入咸阳，萧何“独先入收秦丞相御史律令图书臧之。沛公具知天下厄塞，户口多少，强弱处，民所疾苦者，以何得秦图书也”④。可见在汉代之前，朝廷管理全国户籍，而掌控户籍即在相当程度上掌控天下。

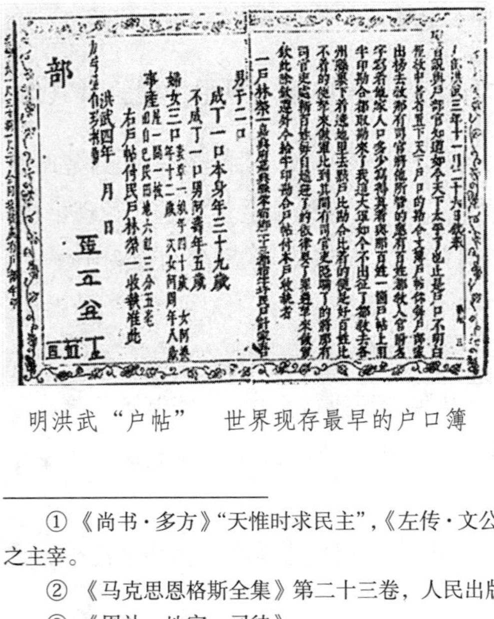
部
洪武四年　月　日
男子二口
成丁一口本身年三十九岁
不成丁一口男阿寿年五岁
妇女三口
户帖付民户林荣一收执准此

明洪武“户帖”　世界现存最早的户口簿

中国地域宽广，又加之水旱兵燹，灾祸连绵，人口变迁剧烈，因此历朝都重视对人口数量的稽查核实。这方面的记载，史不绝书。周代的“料民”，春秋时楚国的“大户”，东汉的“算民”，隋代整顿清理户籍的措施“大索貌阅”（按户籍上登记的年龄和本

① 《尚书·多方》“天惟时求民主”，《左传·文公十七年》“民主偷必死”诸例之“民主”，皆指民之主宰。

② 《马克思恩格斯全集》第二十三卷，人民出版社1972年版，第785页。

③ 《周礼·地官·司徒》。

④ 《汉书·萧何传》。

南京玄武湖黄册库藏 明代各地黄册

人体貌核对，检查是否谎报年龄。通过检查，大量隐漏户口被查出，增加了政府控制的人口和赋税收入)，唐代人口普查的“团貌”[①]，均是这种举措的不司名称。稽查核实人口，要求十分严格。如汉代“算民”，由主管官吏亲自当面核对姓名、性别、年龄、籍贯、长相、高矮、胖瘦乃至特殊生理标志。如有意作弊，将给予严厉处罚。明朝为征调赋役而编制户籍册，因上交户部的一份为黄色封面而得名“黄册”。明清两代沿用黄册制度。

（二）里甲管制

在精细户籍管理的基础上，严密的基层行政系统——里甲制度建立起来。而里甲制度又往往与前述宗法制相结合，因而更加牢固，“令五家为比，使之相保；五比为闾，使之相受；五闾为族，使之相葬；五族为党，使之相救；五党为州，使之相赒；五州为乡，使之相宾”[②]。如果说这一记载弥漫着宗法人情味的话，那么下面的文字则反映出里甲制度严厉的一面：

> 十家为什，五家为伍，什伍皆有长焉。筑障塞匿，一道路，博出入，审闾闬，慎筦键。筦藏于里尉。置闾有司，以时开闭。闾有司观出入者，以复于里尉，凡出入不时，衣服不中，圈属群徒，不顺于常者，闾有司见之，复无时。[③]

严密的户籍、里甲制度，牢牢地控制一切社会成员于皇权统治网络之下，“奔亡者无所匿，迁徙者无所容”[④]，居民的自由流动，几无可能，而国家赋

① 《唐会要·团貌》记载，团貌每年一次，隔三年编造一次户籍，一式三份：一份报尚书省户部，两份存州、县。

② 《周礼·大司徒》。

③ 《管子·立政》。

④ 《管子·禁藏》。

税、徭役得以顺利征收、摊派，军队的兵源也有了可靠的保证。清末曾国藩与太平军作战时实行“保甲连环”，民国推行保甲制，皆深得此一控摄社会网络传统之旨。

（三）人身、土地、生计三者一并收控

中国皇权制度有效控制人身，其关键的一条，在于从控制人的生计下手，“画地为牢”，倾力将人身固着于土地之上。“理民之道，地著为本。故必建步立亩，正其经界”[①]，国家建立严格的土地管理制度，并将人民束缚于田畴之中，“殴民而归之农，皆著于本”[②]，同时“禁民二业”[③]，“山泽江海皆有禁，盐铁酒茗皆有禁，布绵丝枲皆有禁，关市河梁皆有禁”[④]。这绝不仅仅是一个产业政策问题，同时更是控制人身自由的最好法宝。个中奥秘，不难洞见：

> 不农则不地著，不地著则离乡轻家，民如鸟兽，虽有高城深池，严法重刑，犹不能禁也。[⑤]

正因为如此，历代专制君主都将人身、土地、生计的控制紧密地结合在一起。《诗经·小雅·北山》称“溥天之下，莫非王土；率土之滨，莫非王臣”，很早就将“王土”“王臣”并列为君主囊中的两大财富。周天子分封诸侯，也是“授民授疆土”一并进行。所以孟子总结道：“诸侯之宝三——土地，人民，政事[⑥]。”

使人身、土地、生计合而为一，具有双重意义。对于君主来说，“有人此有土，有土此有财，有财此有用”[⑦]，只有将劳动者（农民）与劳动对象（土地）紧紧连在一起加以控制，才能有效地掌握财富和权力。而对于老百姓来说，离开土地则无以为生。故君主一旦控制了土地，也就控制了农民（人民的主体）。所以《周礼·地官·大司徒》称：“以天下土地之图，周知九州之地

①② 《汉书·食货志》。
③ 《后汉书·刘般传》。
④ 石介：《徂徕集·明禁》。
⑤ 《汉书·食货志》。
⑥ 《孟子·尽心下》。
⑦ 《礼记·大学》。

域广轮之数，辨其山林、川泽、丘陵、坟衍、原隰之名物”，“以土均之法，辨五物九等，制天下之地征，以作民职，以令地贡，以敛财赋，以均齐天下之政”。周秦以来，历朝政府都规定对土地详行登记造册，以作征田赋依据。宋元之际的《文献通考》载，秦始皇三十一年（前 216）“令黔首自实田”，即让“黔首”（面黑之人，指劳动人民）向官府自报所占田亩，以便官府据以征收赋税。如此，政府一并掌握人口、土地的准确数量，以确定赋役额度。东汉章帝时，山阳太守秦彭将其治下田亩的多少、肥瘠情况详加记载，编簿归档，以加强对土地的管理。朝廷首肯此举，通令各州郡仿行。[①] 这是与“户籍”制并重的“地籍”制的开端。

周秦到唐中叶，历朝制度多有损益，但基本原则是计口授田，土不离人，人不离土。唐人陆贽（754—805）说：“国朝著令赋役之法有三：一曰租，二曰调，三曰庸……有田则有租，有家则有调，有身则有庸。”[②] 人口、田亩同为政府财源。

唐中叶以后，推行两税法，规定“户无主客，以居者为簿；人无丁中，以贫富为差”[③]，限令人口按居住地立簿，人丁、土地共为征赋依准。

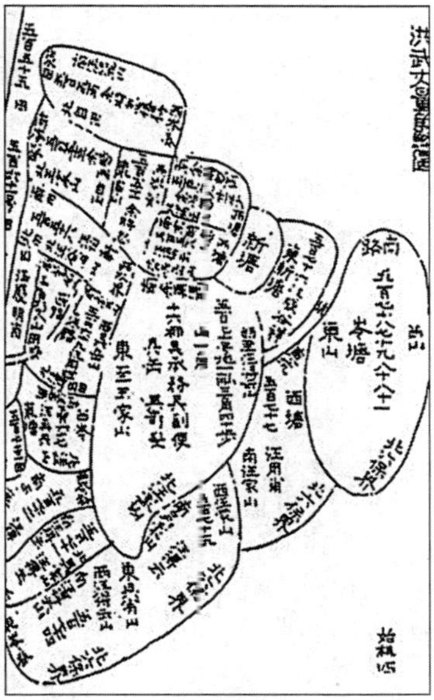

明洪武间丈量鱼鳞图册

宋代以降开始实行的鱼鳞图册制度，是更严密的土地赋税管理办法，清册详细登记每块土地的编号、主人姓名、亩数、四至及土质肥瘠。将每块土地形状绘制成图，每册前面又有土地综图，如鱼鳞状，故称“鱼鳞图册”。此制最早出现在宋代农业经济发达的浙、闽等地。明洪武十四年（1381），朱元璋发现因土地隐匿给国家税收造成损失，编造完整的鱼鳞图册，查明地权、清理隐匿。明洪武二十年（1387），令各地编制“鱼鳞图册”。明清两代沿用此制。

① 见《后汉书·秦彭传》。

② 陆贽：《中书奏议》，《翰苑集》卷二一。

③ 《新唐书·食货志》。

明万历以后，推行“一条鞭法”；清康熙年间，又行“摊丁入亩”，两法的共通之处是地丁合一，政府赋税管理效率更高，而对人口、土地的控制也更便捷易行。

五、驭士策：招纳与恫吓——诱以官禄，恫以文字狱

皇权政治不仅用力于治理民众，而且特别重视对官员及其基础——士阶层的控制。

中国的知识阶层，在殷商西周称之巫、史、祝、卜，大体包括宗教职业者（巫祝）和文史工作者（巫史），至晚周始称“士”。由巫史和下级贵族组成的士，以知识、智力承载者的身份，自春秋战国开始登上历史舞台，发挥不可小视的政治及文化作用，成为诸侯力政的争取对象，“故君人者，爱民而安，好士而荣，两者无一焉而亡”[①]，富于才识的士子，对政权兴衰有直接干系。因此，控制士人这一社会的“思想库”“人才库”，使之效力朝廷，是皇权政治的要务。为此皇权娴熟地运用招纳与恫吓相结合的士人政策。

（一）学优登仕，入君王之彀中

朝廷接纳士子，要法为“学优登仕”制度的实施。

“学而优则仕”，是皇权社会为士子设定的“正途”。为此，士人“两耳不闻窗外事，一心只读圣贤书”。“不闻窗外事”，自然就不会去危及皇权统治，“只读圣贤书”，书中又多是纲常名教“大义”，耳濡目染，士人便成为顺从君子，不会构成对于君主的威胁。士子将自己的富贵名声，乃至身家性命都与皇权政治挂起钩来，自觉自愿地为之效命。

秋夜读书图 （清 蔡嘉作）

君主通过考选取士，牢牢控制士子于股掌之中，故而唐太宗李世民看着考进士的举子们鱼贯而出殿试试场，得意洋洋地说：

① 《荀子·君道》。

天下英雄尽入吾彀中矣。[①]

以考选令士子“尽入吾彀中”，岂止是唐太宗一人的“长赏”，历代帝王多熟用之。

明清时，科举趋于刻板，其时考试专用一种文体，称八股文，又称制义、时文，“专取四子书及《易》《书》《诗》《春秋》《礼记》五经命题”[②]，宗旨是“代圣贤立言”；在形式上愈益程式化。八股文必须由破题、承题、起讲、入手、起股、中股、后股、束股八部分组成，各部分的写法，乃至用字，都有严格规定。在其束缚下，考生的新鲜活泼思想无由生发表达；加之试题本身往往是“牵上连下，毫无义理”，这样的考试，已失去考核公平、选拔人才的意义。因此，考生写出“天地乃宇宙之乾坤，吾心实中怀之在抱。久矣乎，千百年来已非一日矣”之类的废话，就不足怪了。《红楼梦》里贾宝玉批评这种文字游戏，“原非圣贤之制撰，焉能阐发圣贤之奥，不过是后人饵名钓禄之阶”[③]，并痛斥迷恋功名者为“禄蠹”[④]、为“国贼禄鬼”[⑤]。

（二）文字狱

与以考选制网罗士人的怀柔政策相匹配的，则是皇权对知识阶层的恫吓政策，突出体现为“文字狱”。秦始皇以“诽谤”“妖言以乱黔首”等罪名，坑儒生460余人于咸阳，还只能算是小试牛刀，以下两千年间更有“文字狱”不绝如缕，而明清更演至极端。

明太祖朱元璋出身微贱，曾削发为僧，又是由农民起义的“草寇”登上帝位，因此他对于文章、奏议、贺表中出现与“僧”“贼”等音近的文字，近乎病态地敏感，总疑心作者是在隐喻、挖苦、攻击自己，必斩之而后快，由此酿成无数冤案。据《闲中古今录》载：

杭州教授徐一夔作贺表，恭维朱元璋“光天之下，天生圣人，为世

① 王定保：《唐摭言》。

② 《明史·选举志》。

③ 《红楼梦》第七十三回，人民文学出版社1973年版。

④ 《红楼梦》第十九回，人民文学出版社1973年版。

⑤ 《红楼梦》第三十三回，人民文学出版社1973年版。

作则”，岂料朱览之大怒，曰：“生者，僧也，以我尝为僧也。光则剃发也。则字音近贼也。”①

如果明确限定某字、某句不许使用，倒也罢了，更令人防不胜防的是朱元璋主观随意的推论、引申、联想功夫——

怀庆府学训导吕睿作《谢赐马表》，文中“遥瞻帝扉”句，被读作“遥瞻帝非”；尉氏县学教谕许元作《万寿贺表》，文中“藻饰太平”句，被读作“早失太平”，吕、许二人因此而枉作屈死鬼。有人作诗，内有“殊域及自惭，无德颂陶唐”句，朱元璋硬要“鸡蛋里挑骨头”，说“汝用‘殊’字，是谓我歹朱也。又言无德颂陶唐，是谓我无德，虽欲以陶唐颂我而不能也”。遂斩之。

清雍正帝厉行文字狱，却在《大义觉迷录》中申言正义

正因为朱元璋“恩威不测，每因文字少不当意，辄罪其臣”②，臣辅动辄得咎，上奏行文更是战战兢兢，不知某字某句拂逆龙鳞，招致杀身之祸，只得请求皇上亲降格式，以便遵守。“京官每旦入朝，必与妻子诀。及暮无事则相庆，以为又活一日。”③

清代文字狱之森严可怖，更在明代之上，要案迭兴，仅康熙、雍正、乾隆三朝，见诸史籍的就达 108 起之多。康熙初年，兴“庄廷鑨明史稿案”，因庄撰《明书辑略》，以南明作正统，被视为大逆不道，庄廷鑨被掘坟戮尸，其父死狱中，其弟及子孙，年十五以上均处斩，妻女发配为奴。据郎潜《纪闻》卷十一载，“庄氏私撰明史一案，名士伏法者二百二十二人。庄故富人，卷端多列诸名士，本欲借以自重。相传此二百余人中，多半未与编纂之役”。

① 野史载，徐一夔洪武年间被处死，然陈学霖《徐一夔刑死辩诬兼论明初文字狱史料》一文，用徐氏自己的文字证实徐氏在建文年间尚存。

② 《静志居诗话·苏伯衡》卷二。

③ 叶子奇：《草木子》。

雍正年间的“查嗣庭试题案”震慑朝野。雍正四年（1726），查嗣庭任江西正考官，出试题“维民所止”，其语出自《诗经·商颂·玄鸟》：“邦畿千里，维民所止”，意为王者之都，舆地宽广，皆是臣民所居之地。有人参奏称“维”“止”是去“雍正”之首，大逆不道。雍正帝大怒，指查嗣庭“显露心怀怨望”，下令抄其寓所，又得其日记中有“悖乱荒唐”“大肆讪谤”语。查因此冤死狱中，被枭首示众，且株连子孙。又因查原籍浙江，雍正帝下令停该省乡会试六年，以示惩戒。曾静—吕留良案更旷日持久，株连极广。雍正帝亲自编《大义觉迷录》，汇集审讯问答、口供等，成一文字狱案例的详细记录，因披露宫闱黑幕，乾隆时列为禁书，表明专制帝王在实施文字狱时的进退失据。

乾隆年间，工部主事陆生楠作《人生论》，称“人愈尊，权愈重，则身愈危，祸愈烈。盖可以生人、杀人、赏人、罚人，则我志必疏而人之畏之必愈甚”。乾隆帝认为是“借古非今，肆无忌惮”，“心怀怨望，讽刺时事”，将陆斩首。礼部尚书沈德潜作诗《咏黑牡丹》：“夺朱非正色，异种也称王”，被认定是影射清朝以异族夺朱明皇位，剖棺锉尸。

文字狱迭兴，令知识阶层惊恐莫名，无所措手足。清人梁诗正总结出如此经验：“不以字迹与人交往，无用稿纸亦必焚毁。”在这样一种朝不保夕、人人自危的空气之下，“学者渐惴惴不自保，凡学术之触时讳者，不敢相讲习”①，只得走上史籍考订、音韵训诂的脱离现实生活的学术之途。“避席畏闻文字狱，著书都为稻粱谋”②，知识阶层的思想活力被窒息，言路被堵塞，君主集权制得以在“万马齐喑”之中延续。

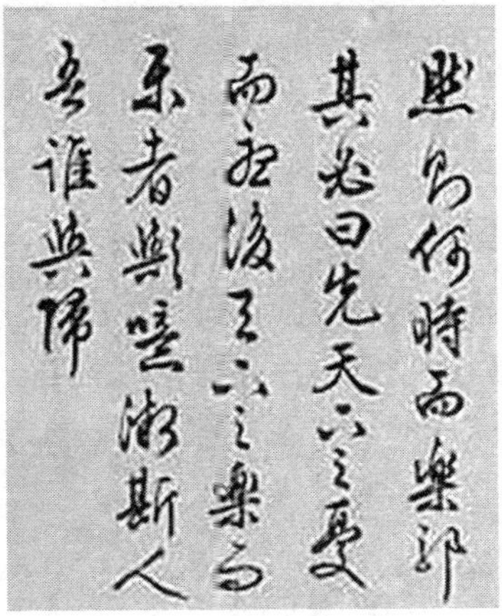
《岳阳楼记》行书（片断）
（明 文徵明撰）

（三）士人志向：在朝美政，在野美俗

自汉代始，儒学取得独尊地位，儒者成为知识阶层的泛称，儒学的“入世—经世”传统，也从此成为知识阶层较普遍的人生方向。宋人范仲淹《岳阳楼记》抒发忧患意识：

① 梁启超：《清代学术概论》，上海古籍出版社 1988 年版。

② 龚自珍：《咏史》。

> 居庙堂之高，则忧其民；处江湖之远，则忧其君。是进亦忧，退亦忧。然则何时而乐耶？其必曰：“先天下之忧而忧，后天下之乐而乐乎。”①

这是孟子“忧以天下，乐以天下”②思想的发挥。

士人们的志愿是，“在本朝则美政，在下位则美俗”③，以治国平天下为自己学术成就与人生价值的最高实现。“学者自身不知学术独立之神圣。譬如文学自有其独立价值也，而文学家自身不承认之，必欲攀附《六经》，妄称‘文以载道’，‘代圣贤立言’以自贬抑。”④文化学术功能被政治功能所掩盖。士人拥有的学问、知识，必须附丽于朝政，通过“经世”的政治实践来验证其价值。因此，由士而仕，投身宦海，成为士人的角色认同。一旦在官场上丧失一席之地，沉重的失落感便压迫得他们惶惶不可终日。

华阳寄隐图（王问作）

当然，“入仕”虽是士人追求的主要目标，但又并非独一无二的志趣。在“求仕”而不得时，则有“归隐”一途留作后路。从老、庄到陶渊明、李太白都曾将“归隐”的妙趣表述得淋漓尽致，所谓“采菊东篱下，悠然见南山”⑤，所谓“人生在世不称意，明朝散发弄扁舟”⑥，所谓“自顾无长策，空知返旧

① 范仲淹：《岳阳楼记》。

② 《孟子·梁惠王下》。

③ 《荀子·儒效》。

④ 陈独秀：《随感录·学术独立》，《陈独秀著作选》第1卷，上海人民出版社1984年版，第389页。

⑤ 陶渊明：《饮酒二十首》之五。

⑥ 李白：《宣州谢朓楼饯别校书叔云》。

林”[1]，都透露了此类消息。甚至像杜甫这样执着的入世者，在“致君尧舜上，再使风俗淳”[2]的理想破灭后，也唱出“儒术于我何有哉？孔丘盗跖俱尘埃”[3]这样的出世之歌。这些志在治平的士人，当理想幻灭时，每每面对历史漫长、天地悠久，发出人生短暂的兴叹，从屈原的“惟天地之无穷兮，哀人生之长勤。往者余弗及兮，来者吾不闻”[4]，到陈子昂的“前不见古人，后不见来者；念天地之悠悠，独怆然而涕下”[5]，都是这类心态的写照。

如果说，以经世为矢的的儒家精神是“提得起”，那么，以遁世为去路的道家精神则是“放得下”。在人生哲学方面，儒与道互补，仕与隐相随，兼济与独善交替，共同维持着中国人的精神平衡。不过，“提得起”的经世意识、求仕渴望，是传统士大夫的思想主潮。

---

① 王维：《酬张少府》。
② 杜甫：《奉赠韦丞丈二十二韵》。
③ 杜甫：《醉时歌》。
④ 屈原：《楚辞·远游》。
⑤ 陈子昂：《登幽州台歌》，《陈拾遗集》。

第十章　中国文化特质及其世界影响

中华民族那种吃苦耐劳的精神、那种感觉上的敏锐性以及他们精湛的艺术，都将永远受到世人的称赞。在瓷器、丝绸、火药和铅的发明制造方面，或许还有指南针、活字印刷术、桥梁建筑、造船工艺方面，中国人都领先于欧洲人，只是他们在精神上缺乏一种对几乎所有这些发明艺术做进一步改进完善的动力。

——［德］赫尔德：《中国科学技术史》

有的人爱中国，有的人恨中国，我尊敬中国。

——［美］本杰明·史华慈

第一节　中国文化的结构性特色

文化是一个大系统，组成系统的诸元素形成特定的结构。一种文化的承载和传递功能、认知功能、教化功能、塑造民族精神功能、意识形态功能，皆与文化的结构性特征相关联。因而探讨文化生成史，考析文化结构是必要的一途。

一、从民族性格说开去

诸民族的文化是特殊性与普遍性的统一。使用语言、会劳作、组成社会等，是人的普遍性，也是诸民族文化共同具备的特征，人类因此区别于包括动物在内的一般自然物；由于种族、国家、阶级、时代等差异，人类又显现异彩纷呈的各别形态。

文化的有与无，是“人猿相揖别”的处所；而文化的结构性多歧，则导致文化类型的种种分野。

东方人之与西方人相区别，华人、印度人、西班牙人、扎伊尔人的大有差异，不仅显示在发肤状貌上，还尤其表现于语言文字、思维方式和行事风格之间，也寄寓在民族文化包蕴的文化元素的结构性差异之中。

任何民族，包括那些有着漫长而复杂的发展历史的民族，其文化形态尽管纷繁多彩，却可以寻觅到文化的主色调、主旋律。唯其如此，才有英国人绅士风度说、德国人精确高效率说、美国人开放说、日本人善采异邦说、俄国人沉毅豪放说、中国人勤谨中庸说，等等。之所以我们可以从芸芸众生中大致辨识各民族的特性，是因为一个有着共同语言、共同地域、共同经济生活和共同历史渊源的民族，其内部固然存在着繁复多样的差别，同时也深藏着表现于共同文化上的共同心理素质，这便是由特定的文化元素按特定结构化育而成的“民族精神”。我们在与海外华人、台湾同胞相遇时，往往会特别强烈地感受到这种“表现于共同文化上的共同心理素质”，是何等强有力地团聚着生活在不同制度下，有着相异经历的中华子孙。

这种体现出共同心理素质的民族性格，是在这个民族赖以形成和发展的自然—社会环境中养育而成的，因而认识民族性格及其变异，必须深入对文化的结构性特征作历时性考察。

二、“内圣”与“外王”：伦理—政治同一

中国政治文化的结构性特征，一种突出表现是伦理与政治未完成明晰分野，二者长期保持同一。

（一）“道—学—治”一体

伦理与政治联姻，自先秦以降一以贯之。至少从周代开始，二者合一便得到国家制度的肯定。王国维在《殷周制度论》中揭示周代制度典章与伦理道德之间的不解之缘：

> 其所以祈天永命者，乃在德与民二字……文武周公所以治天下之精

义大法，胥在于此，故知周之制度典礼，实皆为道德而设，而制度典礼之专及大夫士以上者，亦未始不为民而设也。

周之制度典礼，乃道德之器械，而尊尊亲亲贤贤男女有别四者之结体也，此之谓民彝。[①]

就文化的精英层面——学术言之，政治学与伦理学互为表里，相互渗透，共同塑造一种“治学一体”的统系，清人龚自珍（1792—1841）将其概括为：

一代之治，即一代之学也。一代之学，皆一代王者开之也……是道也，是学也，是治也，则一而已矣。[②]

在这种“道—学—治”一体的格局下，文化成就须仰仗政权力量的荫庇得以播扬；文化人怀抱异常强烈的“经世”意识，“穷则寓治于教，达则寓教于治”，“学”与“仕”合二而一，“夫古人为学者以自治其身心而以应天下国家之事，故处则为大儒，出则为大臣，未有剖事与心为二，剖学与行为二者也”[③]。当然，这种“道—学—治”一体的学术，在先秦与秦汉以下又呈现不同的状貌。

春秋战国时，思想文化界空前活跃，诸子并出，异说纷纭，争讼不已，却共同遵循“道—学—治”一体路径。

其一，诸子百家政见各异，但都用心“治道”，多热衷于政治实践。儒家孔子声言：“苟有用我者，期月而已可也，三年有成”[④]。孟子宣称：“如欲平治天下，当今之世，舍我其谁也”[⑤]。墨家主张兼爱、非攻，其弟子直接参加宋国的反侵略战争。法家更是以实行政治专制、推进社会变革为宗旨，导演各国的变法活动。即便是“其学以自隐无名为务”[⑥]的道家，也并非与政治无涉，老子提供了一种阴柔的帝王术，庄子更有“应帝王”的种种设计。

① 王国维：《殷周制度论》，《观堂集林》卷十，中华书局1959年版，第476～477页。
② 龚自珍：《治学》，又题《乙丙之际箸议第六》。
③ 程晋芳：《正学论三》，《皇朝经世文编》卷一《学术一》。
④ 《论语・子路》。
⑤ 《孟子・公孙丑下》。
⑥ 《史记・老庄申韩列传》。

其二，诸子各派都重视道德伦理，并使之服务于“治道”。儒家以“仁”为“至德”。“仁”，从人从二，讲的是如何处理人际关系。它以“亲亲”为出发点，推及“尊尊”“孝悌”“忠信”。孟子更将孔子道德学说条理化为“父子有亲，君臣有义，夫妇有别，长幼有序，朋友有信”。墨家分析“天下大乱”的起因：“当察乱何自起？起不相爱。臣子之不孝君父，所谓乱也。”“若使天下兼相爱，国与国不相攻，家与家不相乱，盗贼无有，君臣父子皆能孝慈，若此则天下治。”① 道家也注重伦理探讨。老子反对儒家的仁义忠孝说教，倡导“贵柔”“知足”“不为天下先”“不争”等道德信条。法家以严峻冷酷著称，但也提出“臣事君，子事父，妻事夫”为“天下之常道”②，《管子》更以“礼义廉耻”为民族精神的“四维”（四根支柱），认为“不恭祖旧则孝悌不备，四维不张，国乃灭亡”③。

（二）“内圣—外王兼济”

中国文化有“内圣”与“外王”两种线路，二者分行又相互应援。

就儒学而论，包括内在的人的主观伦理修养论和外在客观政治论这样两个彼此联系着的组成部分，前者即所谓“仁”学，或“内圣”之学；后者即所谓“礼”学，或“外王”之学。在孔子那里，这两个侧面浑然一体，他强调修己与安人、安百姓相贯通④，讲究二者的“兼济”，认为像舜帝那样“恭己正南面”⑤是理想境界。

在“道术将为天下裂”的战国年间，诸子林立，而且同一学派内部也有分化，如儒家便有八分：“有子张之儒，有子思之儒，有颜氏之儒，有孟氏之儒，有漆雕氏之儒，有仲良氏之儒，有孙氏（荀子）之儒，有乐正氏之儒。”⑥ 其中影响最大的是孟子和荀子两派。“孟氏之儒”侧重发展儒学原教中的“内圣”之学，“孙氏之儒”侧重发展儒学原教中的“外王”之学。当然，孟、荀两派各自也都追求着内圣与外王的统一，并非只是孤立地发展一个侧面。

---

①《墨子·兼爱上》。
②《韩非子·忠孝》。
③《管子·牧民》。
④《论语·宪问》。
⑤《论语·卫灵公》。
⑥《韩非子·显学》。

孟子“平治天下”的要义，在“正人心”以“息邪说，距诐行，放淫辞”[①]，因此，他对“外王”之学即“礼”学并不重视，“诸侯之礼，吾未之学也”[②]，孟子把“仁”学引申到政治领域，提出“仁政”学说，认为只要将人内心固有的仁义礼智“四端”掘发、培育起来，便“足以保四海”[③]。所以思孟学派的代表作《大学》称，“自天子以至于庶人，壹是皆以修身为本”。

荀子则将着眼点放在对自然、社会外部世界的征服上，即所谓“物畜而制之”，“制天命而用之”[④]。他强调人的社会性，强调建立人群秩序的基础在于“分”与“辨”，即划分等级尊卑，而将“分”与“辨”条理化、制度化，这便是“礼”。荀子申述“礼”的功能：

> 人无礼则不生，事无礼则不成，国家无礼则不守。[⑤]
> 规矩者方圆之至，礼者人道之极也。[⑥]

荀子所要建立的，是一个等级分明、秩序井然而又充满外在事功成就的世界：

> 一天下，财万物，长养人民，兼利天下，通达之属，莫不从服。[⑦]

显而易见，秦汉大一统帝国的建立，正是这种“外王”方略的成功实践。

“外王”路线指引下建立起显赫的文治武功，秦皇汉武的威权和功业都超越前代。但是秦皇好大喜功、二世而亡的教训告诉统治者，仅有外在的事功是不够的，也是不牢靠的，还需要按照“顺民”模式塑造人们的灵魂，训练勤谨而又安分的百姓。而士子们除了要让老百姓“灭心中贼”外，还希望通过心灵修养教化统治者，直至皇帝本人，通过“格君心之非”促使其“行善政”，此

① 《孟子·滕文公下》。
② 《孟子·滕文公上》。
③ 《孟子·公孙丑上》。
④ 《荀子·天论》。
⑤ 《荀子·修身》。
⑥ 《荀子·礼论》。
⑦ 《荀子·非十二子》。

即所谓“为人君者正心以正朝廷，正朝廷以正百官，正百官以正万民，正万民以正四方”[1]。于是，在大一统政治基本稳固之后，思孟学派的“内圣”之学重振旗鼓，遇时而兴，“修齐治平”成为士人们背得滚瓜烂熟的信条，《大学》更被视为“君天下者之律令格例也。本之则必治，违之则必乱”[2]。荀子的“外王”之学反倒退居幕后，尽管继续为统治阶级实际运用，却不太为人所称道。

随着宗法皇权社会的推移，孟子地位愈趋提高。汉代赵岐首尊孟子为“亚圣”，唐代韩愈认定孟子是孔学衣钵的嫡传正宗，提出“尧—舜—禹—汤—文—武—周公—孔—孟”的“道统”论，他对比荀、孟之学，称前者“大醇小疵”，而后却“醇乎醇者也”[3]。宋代理学家程颐从理论上阐扬“道统”，发展孟子“内圣”之学，将其进一步与“外王”之学分离，明确提出内本外末，修身为始，治平为终的观点：

> 学莫大于知本末终始。致知格物，所谓本也，始也；治天下国家，所谓末也，终也。治天下国家，必本诸身。其身不正，而能治天下国家者，无之。[4]

总之，秦汉以后，儒学沿着“内圣”“外王”两个方向发展。近人康有为概括道：

康有为（1858—1927）

> 孔子之学，有义理，有经世。宋学本于《论语》，而小戴之《大学》《中庸》及《孟子》佐之，朱子为之嫡嗣，凡宋明以来之学，皆其所统，宋元明及国朝学案，其众子孙也，多于义理者也。
>
> 汉学则本于《春秋》之《公羊》《穀梁》，

① 《汉书·董仲舒传》。
② 真德秀：《大学衍义序》。
③ 韩愈《读荀子》：“孟氏，醇乎醇者也；荀与杨，大醇而小疵。”
④ 《河南程氏粹言》卷一。

而小戴之《王制》及《荀子》辅之，而以董仲舒为《公羊》嫡嗣，刘向为《穀梁》嫡嗣，凡汉学皆其所统，《史记》、两汉君臣政议，其支脉也，近于经世者也。[①]

康氏所论，大体勾勒出儒学的两大主潮，但尚需补充和订正。

其一，康氏所说的儒学两派，并非仅义理一派本于《论语》。经世派的崇尚《论语》绝不下于义理派。从荀况以至宋代的叶濬、陈亮，明清之际的顾炎武、黄宗羲、王夫之以至于清代中后期的龚自珍、魏源等力倡经世实学的学者，也都是以《论语》为其学术圭臬的，他们在力斥理学空疏之时，往往以《论语》的救世精神为指针。

其二，宋明理学虽然激烈批评荀学的"外王"路线，但无论程朱还是陆王，都并未抛弃儒学经世的基本宗旨。如二程便一再申述儒学的经世致用传统，朱熹则强调内圣之学兼有"修身"及"治平"双重功能。他发挥孔子"下学而上达"之义，认为应当在深研人事的"下学"方面多用气力，"上达"方有根基。[②]陆九渊（1139—1193）、王阳明（1472—1529）亦以平治为己任，时人称王阳明"事功道德，卓绝海内"[③]。可见孔子以后儒学两翼的差别，并不在于要不要经世，而是如何经世——是通过"内圣"之径达到经世目的，还是直接着力于"外王"事功。

其三，康有为论经世派，只到汉董仲舒等为止。事实上与义理派抗衡的经世派，汉以后还有重要发展。如宋代，与朱陆相抗衡，陈亮（1143—1194）、叶濬（1150—1223）高举儒学经世旗帜，以政治、军事、经济等社会实际问题为研究重点，决不讳言事功。叶濬不仅批评朱陆，而且非议孟子：

世以孟子传孔子，殆或庶几。然开德广，语治骤，处己过，涉世疏，学者趋新逐奇，忽亡本统，使道不完而有迹。[④]

① 康有为：《长兴学记》，《康有为学术著作选》，中华书局 1988 年版，第 16 页。
② 朱熹：《朱子语类》。
③ 《千百年眼》卷一三。
④ 《宋元学案·水心学案上》。

元明两朝，“内圣”之学大盛天下，其片面性也推向极致——“道问学”的程朱派日趋空疏，“尊德性”的陆王派流于禅释，导致明末“空论亡国”。不过，王阳明本身有强烈的经世精神，明清之际的顾炎武高擎经世大旗，尖锐抨击心性之学“置四海困穷不言，而终日讲危微精一之说”，对于孔学真谛“茫不得其解也”。[①] 黄宗羲推崇阳明学，所撰《明儒学案》是以王门为主的学案，对经世及心性同时关注。及至清道光咸丰年间，更有龚自珍、魏源等一派士人，“以经术为治术”，留心民情政务，谋求富强之策。

传统的“伦理—政治型”范式，与农业型的自然经济、宗法皇权的社会结构，相辅相成，组合为“内圣”与“外王”统一的自足体系。而当西力东渐、近代工业文明兴起，致使“中国小农经济和家庭工业的整个基础的破坏”[②]，原有的文化体系必须重组、调整，以在新的经济基础上，实现内圣（完善主体）与外王（征服外物）之间的统一，达成现代意义的“正德，利用，厚生”[③]，统筹精神文明与物质文明的协调发展。

三、“阳儒”与“阴法”

自汉代以后，儒学独尊地位确立，但被汉以后各朝统治者奉为典则的儒学，已经不是先秦儒学的原始形态，而是吸收其他各派思想成分的“统合型”新儒学。武帝以来所独尊的“儒术”，其实吸收了颇多阴阳家思辨及法家治国方略。汉代以降皇权政治密码，潜藏在“阳儒阴法”四字之中。

战国晚期的荀子是“阳儒阴法”的构筑者。作为儒家一翼的荀子修正孔子的“仁政”学说，提出恩威并举、宽猛相济的“听政之大分”。并重礼与刑的荀子（约前313—前238）培养出韩非（约前280—前233）、李斯（？—前208）这样赫赫有名的法家巨子，便不足为怪了。

韩非说：

> 天下皆以孝悌忠顺之道为是也，而莫知察孝悌忠顺之道而审行之，是以天下乱……臣之所闻曰：“臣事君，子事父，妻事夫，三者顺则天下治，

---

① 《亭林全集·与友人论学书》。

② 《马克思恩格斯论中国》，人民出版社1997年第3版，第126页。

③ 《尚书·大禹谟》。

三者逆则天下乱。此天下之常道也。”明王贤臣而弗易也，则人主虽不肖，臣不敢侵也。[①]

这里强调的是君对臣、父对子、夫对妻的单向威权，而汉儒以下的纲常伦理说教，与韩非大体相通，不过增加了神学化处理。

汉以后君主治道皆行“阳儒阴法”，连绵两千年不辍，然而，儒法二者间又包藏深刻的矛盾。章太炎论及明、清政治时说：

明太祖诵洛（程）闽（朱）儒言，又自谓法家也。儒法相渐，其法益不驯……清宪帝（雍正）亦利洛闽，刑爵无常，益以恣难。[②]

章太炎认为儒法不相容，兼采二者将导致帝王统治学说的自相矛盾，即所谓“任法津而参洛闽，是使种马与良牛并驷，则败绩覆驾之术”。专制帝王欲并用洛闽之学（洛学即二程之学、闽学即朱熹之学，可泛指理学或儒学）和法家厉法，好比用马与牛并驾车辆，只能导致倾覆。章氏揭示了帝王兼采儒法的统治术难以自圆其说的内在矛盾性。

四、“民本”与“君本”相反而又相成

中国政治文化结构性特征的又一表现，是民本主义同君本主义形成矛盾统一体。

一方面，以“爱民”“重民”“恤民”为旗帜的民本思想，与王权政治的极端形态——“残民”“贱民”“虐民”的暴政思想和绝对君权论是相互对立的，历来抨击暴政的人们几乎无一例外地引述民本主义的警句名论。

另一方面，民本主义与王权政治的一般形态又彼此依存、相互补充，组合为“明君—顺民”有机整体：明君“重民”“惜民”，民众则顺从君王，将安定温饱生活的希望寄托于明君。唐人罗隐（833—910）明白地点出此义：

万姓所赖在乎一人，一人所安资乎万姓，则万姓为天下之足，一人

① 《韩非子·忠孝》。

② 章太炎：《释戴》，《太炎文录初编》卷一，上海书店出版社 1992 年版，第 83 ~ 84 页。

为天下之首也。[1]

民本主义清楚划分“一人”与“万姓”，即“治人者”与“治于人者”的此疆彼界，它是从治人者的长治久安出发，注意民众的力量和人心向背的。

在中国古代，民本学说只能作为绝对君权的抑制剂、制动刹发挥作用，而不可能直接导向主权在民的以社会契约论为基石的民主政治轨道，故与主权在民的民主主义不可同日而语。无论是孔子还是孟子，更不用说李世民和魏徵，都一无例外的是尊君论者，他们既强调“国以民为本”，又强调“民以君为主”，坚持“君臣大义”，维护“君君臣臣，父父子子”秩序。论述“民水君舟”的荀子便毫不含糊地说：“君者，天地之参也，万物之总也，民之父母也。”[2]

总之，民本主义和尊君主义是矛盾的统一体，它们共同组合为农业宗法社会政治思想的主体——

> 民本与尊君是“一对”（double）而非“两个”（two）的关系，民本思想无论新旧，都是维护君主制度的政治思想，是建立以君主政治为核心，易于操作的政治制度。[3]

元杂剧关汉卿《窦娥冤》

“开明君主”（或曰“好皇帝”）制驭天下，使民众得以温饱，达成国泰民安，是民本主义勾绘的理想图景。

重民心、顺民意的民本思想作为一种重视民心向背、关切民生疾苦的理论体系，不仅为统治者所用，更构成富于人民性的文士

---

① 罗隐：《两同书 · 损益》。

② 《荀子 · 王制》。

③ 冯天瑜、谢贵安：《解构专制——明末清初“新民本”思想研究》，湖北人民出版社2003年版，第10页。

经久不衰的精神支柱。从屈原“哀民生之多艰”，杜甫“朱门酒肉臭，路有冻死骨”的吟叹，白居易对“卖炭翁”的深切同情，关汉卿对窦娥悲惨身世的不平之鸣，无不跳跃着民本主义的脉搏，较之唐太宗一类统治者“重民以固本”思想，更切近民间、民心。①

五、“政学”与“技艺”合与离——从赞颂“圣人创物”说到儒家贬抑劳力的“小人末技”说

中国传统文化又一结构性论题，是劳力—劳心之辨，此与政学—技艺地位安置直接相连。

劳力—劳心关系，约略经历了三个阶段：

第一阶段：原始社会，体力劳动与脑力劳动尚未分离，传说中的上古帝王，如神农、黄帝、大禹等，都兼具生产技艺和精神文化双重创造者的身份，这是人类童年时代劳力—劳心彼此携手的表征。

第二阶段：跨入文明门槛后，专业文化人（巫、史、祝、卜等）从沉重的体力劳动中解放出来，劳心、劳力分工，殊途发展，这是文化史的一大进步，文学、艺术、哲学、政治学、伦理学的发展仰赖于此。这一转变挖掘了工匠之手与哲人之思之间的鸿沟，如果这种鸿沟过于深阔，又会障碍文化的健康成长和人的全面发展。

第三阶段：工业文明兴起，自然科学和生产技艺的重要性日渐张大，因商品经济的发展和重视实证科学的近代教育的进步，在学者之思与工匠之手之间的鸿沟上架设起桥梁，劳心与劳力逐渐走向新的统一。

通常所说的“中国传统文化”，主要处在劳心—劳力殊途发展阶段，手脑关系从合一走向分离。

（一）手脑合一阶段的“圣人创物”说

在前文明和文明初期，体力劳动与脑力劳动大体合一，由此派生出“圣人创物”说，洋溢着对劳力的尊重、对技艺创造的景仰，这可见之先秦典籍的记述。

一如先秦史官修撰的《世本》（“世”指世系，“本”指起源，记载上古帝

---

① 参见冯天瑜：《近世民主的民族文化渊源》，《近代史研究》1994 年第 4 期。

王、诸侯和卿大夫家族世系传承的史籍）。《世本·作篇》将一系列技艺发明归之古圣贤——

> 燧人出火，庖牺氏作瑟，伏羲作琴，伏羲臣芒氏作罗网，神农和药济人，神农作瑟，蚩尤以金作兵器，黄帝见百物始穿井，黄帝遣火食、旃冕，羲和占日，常仪占月，后益作占岁，隶首作算数，伶伦造律吕，容成造历，仓颉作书，史皇作图，伯余作衣裳，胡曹作冕，雍父作舂杵臼，胲作服牛，相土作乘马，揭作驾，共鼓货狄作舟，女娲作笙簧，夷作鼓，挥作弓，夷牟作矢，祝融作市，巫成初作医，舜始陶，垂作耒耜，鲧作城郭，禹作宫室，奚仲作车，仪狄始作酒醪，辨五味，杜康遣酒，逢蒙作射，公输作石允，尧作围棊，周武王、暴辛公、苏成公、秦穆公、鲁昭公制作各种乐器，韩哀作御（车）等。

伏羲女娲造物

《世本·作篇》可称之表彰先民技艺发明的名录及年表。[①]

又如《周易》的《系辞下》，把创制器具称作“圣人四道”之一[②]，认为圣人的本领是模仿自然之象的变化原理进行发明创造，实现从“象”到“器”的转化，而圣人制作一系列生产—生活器具，皆与卦象对应——

> 作结绳而为网罟，以佃以渔，盖取诸“离”。
>
> 庖牺氏没，神农氏作，斫木为耜，揉木为耒，耒耨之利，以教天下，盖取诸“益”。

---

① 参见夏保华：《中国古代赞美发明家的传统》，《中国社会科学报》2013年3月25日。

② 《周易·系辞下》：“《易》有圣人之道四焉：以言者尚其辞，以动者尚其变，以制器者尚其象，以卜筮者尚其占。”

炎帝神农发明农业医药

日中为市，致天下之民，聚天下之货，交易而退，各得其所，盖取诸“噬嗑”。

刳木为舟，剡木为楫，舟楫之利，以济不通，致远以利天下，盖取诸“涣”。

服牛乘马，引重致远，以利天下，盖取诸“随”。

断木为杵，掘地为臼，臼杵之利，万民以济，盖取诸“小过”等。[①]

《易传》将先民的发明创造神圣化、哲理化，把“开物成务”的功勋归之圣人的仰观俯察、亲履亲为，从而给农、工、商、交通诸劳作成就及其技艺以崇高定位。

三如先秦工艺集成《考工记》，更具体肯定手工劳作的重要地位，所谓“国有六职，百工与居一焉”。《考工记》约7000字，记述木工、金工、皮革工、染色工、玉工、陶工6大类、含30个工种，其中6种失传，后又衍生出1种，实存25个工种的内容，涉及车舆、宫室、兵器以及礼器、乐器的制作工艺和检验方法，蕴含数学、力学、声学、冶金学、建筑学等方面的知识和经验总结，并记载一系列生产管理和营建制度。西汉整理经书《周官》（即《周礼》），缺《冬官》，而以《考工记》补入，使这篇具论手工技艺的专文跻身经典，得以流传。《考工记》说：

轩辕黄帝发明农工商诸业

知者创物，巧者述之，守之世，谓之工。

百工之事，皆圣人之作也。烁金以为刃，凝土以为器，作车以行陆，作舟以行水，此皆圣人之所作也。

① 《周易正义》卷八。

《世本·作篇》《周易·系辞》《周礼·考工记》等先秦文献一再申述：手工劳动及其创造品皆属圣人之道、圣人之作。创物的“圣人”，其实是先民集体的代称，几千年来被推尊为人文初祖、文化英雄。这种“圣人劳作观”“圣人制器观”是体力劳动与脑力劳动分工尚不严格的文明初萌时代的观念遗存，保留了对文明创制的高度尊崇。这是中华文化的一大优良传统，特别值得珍视。

（二）手脑分离阶段的“小人末技”说

在第二阶段中后期，“劳心、劳力分离论”登上舞台，政学以优势地位压倒生产技艺。在社会主流意识的评价系统中，体力劳动及其技能从圣贤伟业跌落为小人末技。这从孔子及所创之儒学的价值倾向显示出来。

孔学“道大，无所不包”。孔子阐扬的仁、礼、德、孝、悌、忠、恕、中庸等政治伦理观念，给中国的政治制度和中国人的民族性格以深刻影响。在这个庞大体系里，自然知识相对贫乏；儒家治学、执教，“游文于六经之中，留意于仁义之际”[①]，很少涉及生产技艺和理论性自然知识的研究与传授。孔夫子“轻自然、斥技艺”的文化取向，在中国宗法皇权社会特有的气候土壤条件下，得到滋生蔓衍，给两千余年的文化教育，以至整个社会生活，都带来深广影响。

自然科学是人类向自然界争取自由的武器，是生产劳动知识的结晶。“科学的发生和发展一开始就是由生产决定的。”[②] 生产劳动的需要决定着科学的发展顺序，生产发展的水平决定着科学发展的水平。最古老的科学部门，如天文学、数学、力学，便是由人类早期的生产活动——农业、畜牧业、建筑工程和手工业诱发产生的。那些在自然领域里有所建树的学派或学者，都注意研究生产问题，有的还直接参加生产活动，如代表手工业者的墨家便在自然科学诸方面（力学、光学、机械制造等）卓有建树，其“学”以物理为对象，所谓“知也者，以其遇物而能貌之，若见”[③]。但这类知识论并未成为传统中国的主流。

---

① 《汉书·艺文志》。

② 恩格斯：《自然辩证法》，《马克思恩格斯全集》第二十卷，人民出版社1971年版，第523页。

③ 《墨子·经说上》。

（三）儒者贱视生产劳动

农业是古代社会决定性的生产部门，是人类谋取生活资料的主要手段，孔子作为殷周文化的承继者，对农业生产持有一种矛盾的态度。

一方面，殷人和周人都是农业部族，有着重农传统。在殷墟甲骨卜辞中，常可看到“求禾”“求黍”“受黍年”“告麦”一类字样，表明殷统治者把发展农业生产作为祈祷天地鬼神的一项重要内容。至于周人的重视农业，则更为突出，从文王起，“卑服即康功田功”[①]（周文王穿着平民衣服，从事开山垦荒、耕田种地的劳作）。孔子是一个替“治人者”长治久安做周密构想的政治家。他承袭殷周统治者的“农本思想”，将农业生产和农业劳动者作为国家物力和人力的基本来源。他强调治国者必须重民时，告诫统治者驱使民众服劳役不要贻误农时[②]，并提出著名的“庶—富—教”[③]原则，表现出一种注重社会经济问题的现实态度。

另一方面，周人东进克商，成为统治部族以后，主要注意力已从发展农业生产，转向政治治理和道德教化。周金文的诰命中，便极少涉及农业知识，而多是宗法思想的阐扬。上承周礼的孔子，其学说的重点当然也在“德化”和“礼治”。他以为，农业固然于社稷国家至关紧要，但只要将尊卑、贵贱、长幼、亲疏的礼制调理好了，农业的发展、生产者的顺从，是不成其为问题的。关于这一层意思，孔子在斥责要求“学稼”“学圃”的弟子时所说的一番话，表述得很清楚。

> 樊迟请学稼。子曰：“吾不如老农。”请学为圃。曰：“吾不如老圃。”樊迟出，子曰：“小人哉，樊须也！上好礼，则民莫敢不敬；上好义，则民莫敢不服；上好信，则民莫敢不用情。夫如是，则四方之民襁负其子而至矣，焉用稼！”[④]

这段记载似乎与前面所说的孔子的“重农”倾向相抵牾，其实不然。孔子

---

① 《尚书·无逸》。
② 《论语·学而》：“使民以时。”
③ 《论语·子路》：“庶之，富之，教之。”
④ 《论语·子路》。

的重视农业，是出于一个务实的、精明的统治者的考虑，而并非主张亲为农业技艺。他以为，农业技艺是"小人之事"，决非"君子之学"。君子所要探讨的问题，只是"何为则民服"。他们的学习任务也就是通晓使民众"心悦而诚服"的礼制，至于耕稼之艺，则无需亲自问津。

与农业相比，手工业更是殷周统治者所鄙视的"贱业末技"，儒家直接秉承这种传统。子夏说："百工居肆以成其事，君子学以致其道"[①]，明确地把读书人追求的"道"与劳动者尽力的"事"对立起来。子夏还说："虽小道，必有可观者焉，致远恐泥。"[②]子夏在孔门以"多艺"著称，为此而受到孔子"无为小人儒"的警告。但即使是子夏，虽承认技艺尚有"可观"之处，但也以为不必多求，否则便会悖逆于君子追索的"大道"。可见，孔门把手工技艺与儒家的政治伦理学说视为不相容的对立物。

孔子还低评经商。他一方面从"结驷连骑""家累千金"的门徒子贡那里获取资助，另一方面又对子贡的经商表示不以为然，批评子贡"不受命而货殖焉"[③]，将商业活动列入违背天命的不轨行为。孔子这种对待商业的两重态度，也是祖述先人的。殷周贵族一方面依靠商贾提供奢侈品，所谓"商不出则三宝绝"，但同时又抑制民间商业的发展，指责经商活动是"非命"。

（四）"劳心"与"劳力"对立

承袭殷周文化传统的孔子，虽然看到经济活动在整个社会生活中的作用，但他又认定，物质生产、商品交换这类社会经济活动，以及与此相关的技能、学艺，都是"小人"才去从事的"末业""小道""君子"不必为之，"君子之学"不包括农、工、商等实际技艺。于是，"君子不器"，成了儒门的一条教规。许多关注实际技艺的弟子，往往被斥为"小人""小人儒"。究其根本，这种观念是脑力劳动与体力劳动相分离、脑力劳动成为统治阶级专利品的社会存在的反映。

孔子开创的儒家学派继承殷商、西周以来形成的劳心与劳力相分离的传统，又进一步将二者的对立推向绝对化。孟子以职业分工的必要性，批驳许行"贤者与民并耕"的说法，并进一步发挥道：

---

①② 《论语·子张》。

③ 《论语·先进》。

有大人之事，有小人之事……或劳心，或劳力，劳心者治人，劳力者治于人；治于人者食人，治人者食于人：天下之通义也。[1]

“劳心”与“劳力”分工说，反映了跨入文明门槛以后社会的必然走势，强调“劳心”与“劳力”分途，是孟子的重要理论贡献。然而，把“分工说”推演到极致，贬抑、贱视“劳力”及其生产技艺，又成为孔孟以降儒学的一大弊端。

儒学另一支脉荀子也同样低看体力劳动和生产技艺，他说：

农精于田而不可以为田师，贾精于市而不可以为市师，工精于器而不可以为器师。有人也，不能此三技而可使治三官，曰精于道者也，[非]精于物者也。[2]

荀子还认为，“物之理”不是认识的终极目的，“圣也者，尽伦者也；王也者，尽制者也，两尽者足以为天下极矣”[3]。把伦常法制看作认识的最高峰。认识世界为的是成为具有统治经验的“圣”“王”，至于“物理”探求，则是等而下之的事情。

儒门多杂，孟、荀以及其他儒家后学，在许多问题上歧见迭出，但在崇尚政治人伦之“道”、贬抑探索天地自然的“物理”及生产技艺这一点上，却是一脉相通的，这就构成“重政务、斥技艺”的儒学传统。正是这一传统，堵塞了儒家通往自然科学的道路。

自然科学大体分为两个部分：一是直接的生产技术，将实际的生产经验和技能一代代流传下来；二是理论科学，侧重于研讨自然规律。在古代，前者由农民、工匠保存和发展；后者则由书吏、祭司阶层探讨和传播。自然科学的这两个部分本是相互联系、相互促进的，但随着阶级的划分、脑力劳动与体力劳动的分离，二者又相互脱节。古代文化人作为脱离生产实践的脑力劳动者，一般都轻视生产技术方面，较为重视其理论方面，这种理论性的自然知识又与哲

---

① 《孟子·滕文公上》。

②③ 《荀子·解蔽》。

学互为表里，构成“自然哲学”。而儒家渊源于“司徒之官”，任务是辅佐人君，擅长于“讲政治、立德范”，至于宇宙本体论的探讨、天文历算学的研究，则是另一些文化人——出于“史官”的道家和出于“羲和之官”的阴阳家的任务。这样，儒家与社会生产实践相脱离的程度更为彻底，不但排斥生产技艺，连理论性的自然知识也不大过问。天道自然极少成为孔子论学、授业的内容，子贡说：“夫子之言性与天道，不可得而闻也。”① 这样，探索天地自然奥秘的学问，便被排斥在儒家所追求的“道”之外。其结果如梁启超所说：

> 儒家舍人生哲学外无学问，舍人格主义外无人生哲学也。②

黑格尔也指出，孔子的学说“是一种道德的哲学”③，自然科学未能进入这个“道德哲学”的殿堂。

儒家为了使自己的“道德哲学”形成一个坚固的、不受异端思想侵袭的体系，还发起“义利之辨”，把与社会经济生活相关的各种事务，概括为“谋利”，而“利”又被说成是一种与“道义”互不相容的东西，非君子所应追求。孔门弟子回忆孔子谈吐的特点是，“子罕言利”④。孔子本人也说：“君子喻于义，小人喻于利。”⑤ 又说：“君子谋道不谋食”，“君子忧道不忧贫”⑥。把“义”与“利”、“道”与“食”对立起来。孟子更将这种观点推向极端，他对梁惠王说：“王，何必曰利，亦有仁义而已矣。”⑦ 尔后，董仲舒又发挥道：

> 正其谊不谋其利，明其道不计其功。⑧

---

① 《论语·公冶长》。

② 梁启超：《先秦政治思想史》，《饮冰室合集》之九《饮冰室专集》，中华书局1989年版，第69页。

③ ［德］黑格尔著，贺麟、王太庆译：《哲学史讲演录》第一卷，三联书店1957年版，第119页。

④ 《论语·子罕》。

⑤ 《论语·里仁》。

⑥ 《论语·卫灵公》。

⑦ 《孟子·梁惠王上》。

⑧ 《汉书·董仲舒传》。

此类“崇义斥利”的论调，在儒家典籍中可谓汗牛充栋。

儒家反功利的学说，还包含着某种禁欲主义的成分。这种禁欲主义的特点是，忽视社会经济活动不可替代的第一性作用，夸大政治和道德的功能，企图通过政治强力和道德制约，去对社会生活的各个方面起压倒一切的作用，特别是以观念性的道德的力量，去抑制人们追求物质利益的愿望。这一点，从儒者攻击墨家的言论中可以看出端绪。

作为小生产者思想代表的墨家，其学说以人类生存问题为核心，所以他们十分坦率地强调物质利益，决不讳言功利，“兼而爱之，从而利之”[①]便是他们的口号；墨家还说，“功，利民也”[②]，明确指出，所谓“功”，就是对民众有利的行为。墨家学说既以人类的生存活动为出发点，因此对于由生存活动发生的经济活动给予较大的关心，倡导生产，精研技艺，便成为墨学的重要组成部分。而儒家把墨家的这种学说斥之为贱人之学、“役夫之道”[③]，讥讽“鸡鸣而起，孳孳为利者，跖之徒也”[④]，将“为善”与“为利”对立起来，并进而把与经济生活相关的科学技术，列为谋求功利的卑贱、不洁的行径。

如果说，先秦儒家为脑力劳动与体力劳动分离的合理性所作的申述，以及对许行等人“反分工论”的批驳，顺应了时代发展的要求，具有进步意义的话，那么，当儒家将这种“分工说”推向极端，走到忽视社会经济生活、排斥与社会经济生活紧密相关的科学技术的程度，便陷入荒谬，在以后漫长的岁月中，起着阻滞生产技艺发展的作用。

（五）多有拟人化的自然而少有客观对象的自然

有人可以从《论语》中举出数以十计言及自然与技艺的条目，证明孔子注重自然及技术知识的传授。另外，据《国语》《史记》《孔子家语》等典籍记载，时人遇到难解的自然现象，往往向孔子求教，而孔子居然也能有问必答。凡此种种，似乎都表明孔子重视自然知识。但是，如果我们对孔子的思想言论作具体分析，就会发现，情形并非如此。

孔子渊博，不仅熟悉古代典籍，而且有丰富的生活知识，这与他早年的下

---

① 《墨子・尚贤下》。
② 《墨子・经上》。
③ 《荀子・王霸》。
④ 《孟子・尽心上》。

层经历有关。但当孔子成熟以后，对自己的“多能”“多艺”却并不肯认。《论语》对孔子的这一心情作过明白无误的记载：

> 太宰问于子贡曰：“夫子圣者与，何其多能也？”子贡曰：“固天纵之将圣，又多能也。”子闻之曰：“太宰知我乎？吾少也贱，故多能鄙事。君子多乎哉？不多也。”
>
> 牢曰：“子云：‘吾不试，故艺。’”①

孔子在这里谈到自己的“能”和“艺”时，决无炫耀之心，反倒有一种如怨如诉的韵味：是少年时贫贱的生活，迫使我去从事那些鄙下的工作，而这类技艺，君子是不必多懂的。可见，孔子熟悉某些技艺是一回事，不主张研究和传授技艺又是一回事。

至于《论语》中谈及自然的语录，虽为数不多，却涉猎颇广，从天文、地理、气象，到物理、化学、生物等诸多领域，都有论列。然而，只要我们对这些条目略加寻检，便可看出这样的特点——孔子不过是利用某些现成的自然知识，去比附人伦政务，增添其政治道德训言的论证力量，而并未正面探讨自然物和自然现象本身。总之，自然在孔子手中，只是作为类比逻辑中的借喻物，并未成为客观的研究对象。兹举几例——

> 为政以德，譬如北辰，居其所而众星共之。②

以众星拱卫经年不移的北极星，比喻德政的稳固。此条并无探讨天象的意思。

> 天何言哉，四时行焉，百物生焉。天何言哉！③

这段话的主旨并非论述自然规律本身，而是以自然界不事声张的运行，比喻执政者和施教者的无言之训。

---

① 《论语·子罕》。
② 《论语·为政》。
③ 《论语·阳货》。

知者乐水，仁者乐山。[①]

此论显然不是对山、水自然性状的探求，乃是“观物比德”。

《尚书大传》卷六对“仁者乐山”有更详细的叙述：“子张曰：‘仁者何乐于山也？’孔子曰：‘夫山者，岿然高’，‘岿然高，则何乐焉？’‘夫山，草木生焉，鸟兽蕃焉，财用殖焉，生财用而无私为，四方皆伐焉，每无私予焉。出云雨以通乎天地之间，阴阳和合，雨露之泽，万物以成，百姓以食。此仁之乐于山者也。’”刘宝楠在《论语正义》中说：“此注言乐于山者，言仁者愿比德于山，故乐山也。”即是说，在孔子看来，岿然屹立的山与仁者的美德有相似之处，所以“仁者乐山”。水有与智者的美德相似之处，故“知（智）者乐水”。这全然是对山水作诗性描述和哲理比附。

此外，《论语》中还有以“日月之食”比喻“君子之过”[②]；以松、柏、栗三种树木象征夏、商、周三代制度[③]。这类句式，作为文学的“比”“兴”手法，不乏精彩之处，但皆把自然界当作“比”“兴”的材料，只有拟人化的自然，而没有作为科学研究对象的、客观的自然，故谈不上对自然界的探求。

《论语》中涉及技艺多处，也同样是用作比喻，而并非考究手工业技巧本身。“如切如磋，如琢如磨”[④]，以玉工琢玉的勤谨、细腻，说明治学时互相研讨、精益求精的必要。“大车无輗，小车无軏，其何以行之哉？”[⑤]以造车缺乏部件，隐喻无信之人寸步难行。

《论语》中也提到过做生意，如“子贡曰：‘有美玉于斯，韫椟而藏诸？求善贾而沽诸？’子曰：‘沽之哉！沽之哉！我待贾者也”[⑥]。以经商求贾的经验，告诫士子应待价而沽，以攫取更多的功名富贵。此条不过是围绕“干禄之术”所作的生动阐发，并非研讨商业行情。

孔子提到学诗可以“多识于鸟兽草木之名”[⑦]。这是《论语》中所仅见的

---

① 《论语·雍也》。
② 《论语·子张》。
③ 《论语·八佾》。
④ 《论语·学而》。
⑤ 《论语·为政》。
⑥ 《论语·子罕》。
⑦ 《论语·阳货》。

孔子要求弟子学习自然知识的言论，但也不过限于从书本上了解动、植物的名称等常识而已，尚未论及对动物、植物进行实地观察研究。

至于某些史籍所载孔子回答时人有关自然现象的问难，也不能说明孔子重视自然知识的研究和传授。

《史记·孔子世家》载："季桓子穿井得土缶，中若羊，问仲尼云'得狗'。仲尼曰：'以丘所闻，羊也。丘闻之，木石之怪夔、罔阆，水之怪龙、罔象，土之怪坟羊。'"显而易见，孔子对求问者的答复，并非真正的动物学知识，而是颇带神秘色彩的臆想性奇谈。

《史记·孔子世家》又载："吴伐越，堕会稽，得骨节专车。吴使使问仲尼：'骨何者最大？'仲尼曰：'禹致群神于会稽山，防风氏后至，禹杀而戮之，其节专车，此为大矣。'"吴军讨伐越国时，在会稽发现极大的动物骨骼，这很可能是恐龙化石，孔子当然不可能有这种古生物学知识，却讲了一大套禹时的传说故事，以应询者。

这两个故事，《国语》亦有记载。①

这些故事似乎与孔子"不语怪力乱神"的原则相矛盾，清人崔述在《考信录》中曾对此类记载表示怀疑，他认为，"孔子不语神怪"，"穿土得羊"之说，"与《论语》之言相刺谬"；解释会稽骨节，也非"圣人之所为"。这些故事大约都是后人的附会。然而，这些附会的故事所塑造的孔子形象，也是古代传闻逸事的熟知者，而并非自然知识的博学者。这大约符合孔子的本来面目。

纵观《论语》及其他记述孔子言行的典籍，可以看到，孔子论"学"，不外乎"学易""学文""学干禄""学诗""学礼"；孔子强调的"多见"，则不出"见善""见贤"；"多闻"，也在"闻道""闻义"范围之内。至于天道自然，没有真正成为孔子研讨的对象，即或偶有涉猎，也从未具有独立的意义，而不过是儒家政治论、道德论、人生论的比喻性附庸。董仲舒曾点明此种儒学精义：

> 能说鸟兽之类者，非圣人所欲说也；圣人所欲说，在于说仁义而理之。②

① 见《国语·鲁语下》"季桓子穿井""仲尼论大骨"二目。

② 《春秋繁露·重政》。

儒家的学术取向，确如斯言。

（六）“轻自然，斥技艺”对文化发展的阻滞

如果说，在百家林立的先秦，儒家的“轻自然、斥技艺”只是一个学派的主张，重视科技的墨家与儒家还可以同列“显学”，那么，到了西汉以后，随着“儒学独尊”局面的形成，儒家排斥自然知识的主张便演为君临社会的统治观念。

宗法皇权社会建立在保守的生产方式的基础上。规模狭小的、供个人使用的劳动工具，小农业与家庭手工业相结合的自然经济，使得社会仅维持着简单再生产，扩大再生产的速度缓慢，在这里，“交换是有限的，市场是狭小的，生产方式是稳定的，地方和外界是隔绝的”[①]，这一切经济条件，对于科学技术的发展不可能提出紧迫的要求。《庄子》记曰：子贡从楚国到晋国的路上，看到一个老农亲自入井取水，灌溉菜圃，“用力甚多而见功寡”，子贡问他怎么不使用一种名叫“槔”[②]的机械，“用力甚寡而见功多”呢？这个老农说，用机械劳作，是投机取巧，“吾非不知，羞而不为也”[③]。庄子喜作寓言，这个“抱瓮入井”的寓言，正是小生产者不愿采用新技术成就的保守性格的表现。

阻碍科技发展的另一重要原因，是中国的教育制度和官僚制度把儒家“重政务、斥技艺”的传统，用行政的强力固定下来。隋唐以后沿袭千余年的科举制度，以考选方法拔录平民为官，有重大进步意义（本章第三节详论），然此制也有负面效应，这便是诱使士子攻读应试经书，以求“蟾宫折桂”，其学问限于政术，自然知识被排除在视野之外，生产技艺更为士林不齿。

早在科举制之前，《礼记·王制》已厉禁士人研习技艺：

> 凡执技以事上者……不与士齿。作淫声、异服、奇技、奇器以疑众，杀。

① 恩格斯：《反杜林论》，人民出版社 1970 年版，第 270 页。

② “槔”是一种利用杠杆原理的取水设施。

③ 《庄子·天地》。

汉儒郑玄在注释这段话时，便把战国时的著名工匠公输班（即鲁班）列为“作奇技奇器”应杀的罪人。《汉书·艺文志》将方技三十六家（医术、匠艺等），列于卷尾；刘歆总天下群籍而奏《七略》，其中“方技”列于七略之末。《新唐书·方技传》说：“凡推步（指天文、数学）卜相医巧，皆技也……小人能之”，其鄙薄科技之意，流于言表。还有一些古代科学家如张衡等人，备尝艰辛，致力科技研究，却被人攻击为“玩物丧志”，是从事“于国事无补”的“屠龙术”。史书的这类记载，正是中国皇权时代科学技术地位低下的写照。

以德行觉悟为求学的主要目标，既是中国传统文化伦理型性格的表现，又助长了中国传统文化的伦理化走向。而客观的外在事物，尤其是自然界既然未被当作独立的认识对象与人伦相分离，以外物为研究对象的科学便遭到压抑。

清初学者刘献廷（1648—1695）谈及中国地理著作时指出：

> 方舆之书所记者，惟疆域、建置沿革、山川、古迹、城池、形势、风俗、职官、名宦、人物诸条耳。此皆人事，于天地之故，概乎未之有闻也。①

这里揭示了中国传统学术的一种带共性的倾向——重人事而忽视“天地之故”（自然规律）的研究。在这种文化氛围内，自然科学、思辨哲学都难以获得充分发展。

两千年来，中国社会的治理者是朝廷通过选考拔擢的“士”，他们之中的绝大多数，穷毕生精力于文字学习和研讨由政治伦理学说构成的经书上，正如明末入华，对中国士人有直接观察与交往的利玛窦（1552—1610）所说：

> 在这里每个人都很清楚，凡有希望在哲学领域成名的（指通过科举做官——中译者注），没有人会愿意费劲去钻研数学或医学。除非由于家务或才力平庸的阻挠而不能致力于那些被认为是更高级的研究。钻研数

① 刘献廷：《广阳杂记》卷三。

学和医学并不受人尊敬，因为它们不像哲学那样受到荣誉和鼓励……[①]

利玛窦之后三百多年的美国社会学家帕森斯（Talcott Parsons，1902—1979）对中国士人的评议如出一辙，他讲到中国的科层制官僚体系时说：

它不是一个专门化的官僚科层制；它对某一特殊职位没有任何特定的技术限定，所必需的基本训练根本不是专门化的或技术性的。必需的是有关经典的知识，人人都读同样的经典。[②]

这种科层官僚制显然沿袭“重政务，轻自然，斥技艺”的传统，以研习伦理政治经书为业的儒生治理社会，管理一切专门化的、技术性领域。从中可以看出，“外行领导内行”说的渊源之久远。

如果说，上古社会分工不明显，尚处在原始的手脑一体阶段，生产技艺被视为“人文初祖”的伟绩；而中古及近古劳心与劳力分工，手—脑分离是主流文化大势；至近现代，又走向新的手脑结合。这种劳心与劳力的“合—离—合”，是一个否定之否定的辩证过程。

六、“哲人之思”与“工匠之手”结合的墨学中绝及近代复兴

中国人勤劳智慧，古代即显示科技方面卓越的创造能力，16世纪以前的两千余年间在农学、医药学、天文历算、地学、数学、水利学等领域取得世界领先地位，涌现过墨子、张衡、祖冲之、沈括、李时珍、徐光启、徐霞客、宋应星等精研自然科学及生产技艺的卓越士人，他们可谓“哲人之思”与“工匠之手”结合的先驱。

然而，在小生产和宗法社会条件下，在“重政务、轻技艺”的文化氛围下，精研自然科学及生产技艺的先驱们往往被忽视，“哲人之思”与“工匠之手”结合的典范——墨学，自秦汉以降被视为“小人之学”，几乎灭绝，清

① ［意］利玛窦、［比］金尼阁著，何高济等译：《利玛窦中国札记》上册，中华书局1983年版，第34页。

② ［美］帕森斯著，张明德、夏翼南、彭刚译：《社会行动的结构》第2卷，译林出版社2003年版，第545页。

墨子（约前468—前376）

人汪中对墨子略加褒评，即被斥为“名教罪人”。直至晚清孙诒让（1848—1908）著《墨子间诂》方重振墨学，抉发墨子的贡献。

中古、近古先驱们的科技成就很少转化为社会普及知识，相关论著或作为一般笔记小说聊供谈资（如沈括的《梦溪笔谈》），甚或全然被弃置、遗忘（如宋应星的《天工开物》），即使徐光启以内阁大学士之尊所著《农政全书》，也未入学术主流。中国古代科学技术的一系列成就，除天文历法、农学、水利、河工受到朝廷重视外，大多委屈于民间底层，如同大石镇压下的小草，无法雄强壮大。受到重视的天文历法、农学、水利、河工，也只由少数专门家授受，工匠农人实施，没有引进官学、私学的教学系统，多数士人并不闻问。手脑分离、崇思鄙行的大势，弥漫于文化教育界并影响全社会。

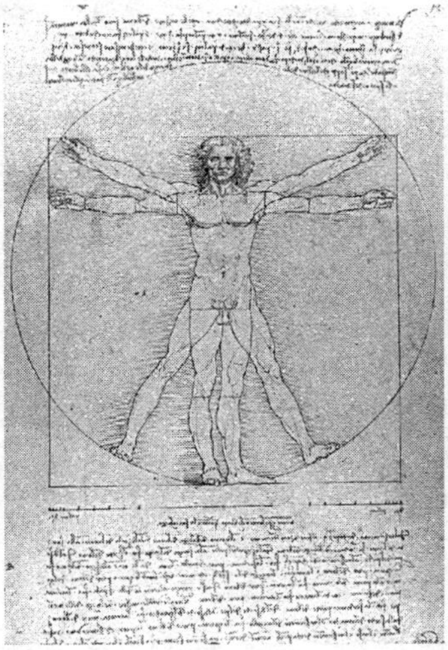

达·芬奇作品是艺术与科学的完美结合

在西方学术史上，科学技术的受重视程度也有起伏变化。古希腊对自然哲学的关注不亚于对人文学的关注，科学技术是知识阶层研习的重要领域，以亚里士多德为例，他对力学、天文学、植物学皆有专门研究，并将探讨自然界的论著总括入《物理学》之中，哲学称之“物理学之后”。中世纪欧洲神学统治精神领域，自然科学沦为神学的“婢女”，生产技艺被压抑和扭曲。发展生产力是近代文明强劲的社会需求，科学及生产技艺的重要性日益昭显，知识界逐渐走向哲思与技艺结合，文艺复兴的巨匠们承袭希腊精神，将“哲人之思”与“工匠之手”结合起来，成为近代文化的典范。

以“文艺复兴三杰”之一的达·芬奇（1452—1519）为例，他不仅以《蒙娜丽莎》《最后的晚餐》被世界公认为伟大的美术家，同时又是成就卓异的发明家、生物学家、解剖学家、力学家、地理学家、建筑工程师、军事工程设计家，他最早用蜡表现人脑内部结构，设想用玻璃、陶器制作心脏与眼睛，发明水下呼吸装置，创制发条，最早提出利用太阳能构想，他关于人体比例及内部结构的研究，即使在今日看来也堪称精密。他是把科学、人文学与艺术完美结合的范例。

英国文艺复兴时期科学家、哲学家培根（1561—1626）在《知识的进步》中提出建立综合性知识体系的设计，实用科学、手工艺与抽象学术并列，纳入新知识体系。

至 18 世纪，法国启蒙运动代表思想家狄德罗（1713—1784），与法国物理学家、天文学家达朗贝尔（1717—1783）编纂《百科全书》，全名《百科全书，或科学、艺术和工艺详解词典》（1772 年完成），重视生产技术知识，增设实用科学、工艺、技术和贸易词条。当时的法国知识界主流仍崇思鄙行，生产技艺不入学问之门，而狄德罗、达朗贝尔力纠此弊，推崇“机械艺术”，将大量生产技艺词条收入百科全书中，该书的名称即突出对“科学、艺术和工艺”的“详解”，“从制造一枚缝衣针到冶铸大炮、制造一架羽管琴键，巨细工艺悉数包罗，呈现 18 世纪法国传统技术工艺的知识全景”[①]。为了收集整理生产技术知识，“狄德罗遍访法国各行业最好的作坊和工匠，观察、采访、记录，亲自操作复杂的工艺，将所得第一手资料分析编纂成图文，再回访提供资料的作坊与工匠，讨论修正，甄别异说”[②]。以百科全书派为代表的努力，运用新知识体系整理法国传统生产技艺，完成了进入工业文明时代的技术准备，法国在18—19 世纪之交紧随英国成为世界科学及工业强国，与此大有关系。

近代初期的中国，“轻自然、斥技艺”传统尚未扭转，处于生产第一线的劳动者无力采用先进技艺，而“临民”“治世”的士大夫阶层则漠视科技，这种状况在清末显得十分突出。19 世纪中叶，魏源指出：

> 英夷船炮，在中国视为绝技，在西洋各国视为寻常。广东互市二百年，始则奇技淫巧视之，继则邪教毒烟受之。独于行军利器，则不一师其技，是但肯受害，不肯受益也。[③]

---

①② 见姚雅欣：《启蒙光耀下的法国传统技艺》，《中国社会科学报》2012 年 5 月 7 日。

③ 魏源：《海国图志》卷二。

谭嗣同更具体揭露清末当政者科技常识方面的无知：

> 然问以大小炮数百种，形式若何？运用若何？某宜水？某宜陆？某利攻？某利守？某利山林？某利平地？其左右前后之炮界何在？昂度低度若何？平线若何？抛物线若何？速率若何？热度若何？远近击力若何？以及水雷旱雷炮台地营一切攻守之具，无一人能知，且并其名亦不能辨。又况西人政事法度之美备，有十倍精于此者。某国当与？某国当拒？某国善良？某国凶狡？吾之联之而备之者，其道何在？更无一人知之矣！①

清末当政者这种对科技的无知，不仅使中国连连惨败于船坚炮利的西方列强，而且，当政者将现代科技视为败坏心术的“奇技淫巧”“形器之末”，加剧了他们政治上的冥顽不灵。

晚清以降，工业文明初萌，涌现李善兰、徐寿等兼通中西、学贯文理的新士人，走上“哲人之思”与“工匠之手”结合之路。

序
天文之學、其源遠矣、太古之世、既知稼穡、每覩天星、以定農時、
赤道諸牧國、地炎熱、多夜放羣羊、因以覩天、間嘗上攷諸文字
肇有書契、即記及天文、如舊約中屢言天星、希臘古史亦然、而
堯典亦言中星、歷家據以定歲差焉、其後積測累推、至漢太初
而立七政統母諸數、從此代精一代、至郭太史授時術、法已美
測器未精、得數不密、此其缺陷也、中國言天者三家、曰渾天、曰
曰宣夜、然其推歷、但言數不言象、而西國則自古及今、恒依象
昔多祿某謂地居中心、外包諸天、層層硬殼、傳其學者、又創立
均輪諸象、法綦繁矣、後代測天之器益精、得數益密、往往與多
不合、歌白尼乃更創新法、謂太陽居中心、地與諸行星繞之、第
識其非、然恒得確證、人多信之、至刻白爾推得三例、而歌氏之

伟烈亚力、李善兰译《谈天》

對數探源卷一　則古昔齋算學三
海甯李善蘭學
正數以乘除爲比例對數以加減爲比例正數連比
例之率以前率與後率遞減之則所餘者仍爲連比
例之率且仍如原率之比例對數連比例之率以前
率與後率遞減之則所餘者必爲齊同之數是故有
對數萬求其逐一相對之正數則爲連比例萬率其
理夫人而知之也有正數萬求其逐一相對之對數
則雖歐羅巴造表之人僅能得其數未能知其理也
間嘗深思得之歟其精微玄妙且用以造表較西人
《對數一》　一

李善兰著《对数探源》

① 《谭嗣同全集》，中华书局 1981 年版，第 291 页。

中国近代数学前驱李善兰（1811—1882），幼阅《九章算术》，14岁自学欧几里得《几何原本》前6卷，走上会通中西数理之路，著《椭圆正术解》《椭圆新术》《椭圆拾遗》《史器真决》《尖锥变法解》《级数四术》《垛积比类》等，汇集《则古昔斋算学》13种24卷。又译介西方天文学、力学、植物细胞学等新成果，介绍传入中国，对促进近代科学的发展做出卓越贡献。他在京师同文馆从事数学教育十余年，审定《同文馆算学课艺》《同文馆珠算金鍼》等数学教材，培养一批数学人才，是中国近代科技教育的鼻祖。

严复译述赫胥黎《天演论》

严复（1854—1921）是清末民初人文—科技双轮并进观的创导者，他将西方的社会学、政治学、经济学、哲学和自然科学介绍到中国，其译著是中国20世纪重要启蒙读物。严译《天演论》介绍“物竞天择，适者生存”的生物进化论，并将“天演”规则推及社会，力主变法以图存。这是人文社会科学与自然科学会通的早期名作。

随着现代文明的演进，中国人对科技重要性的认识与日俱增，在文—理取向上发生很大变化，“学好数理化，走遍天下都不怕”成了流行语，“重理轻文”则为时尚。这是“重政务，轻自然，斥技艺”传统的反向运动。“重理轻文”当然包蕴着别样的偏颇，而此种倾向的出现，肇因于近百年间政治强势干预人文学，导致人文学失范和人们对人文学的疏离，而科学技术的社会实效性及超然于政治之外，给人们以吸引力。而文理并重方为正途。诺贝尔物理学奖得主李政道在中央美术学院演讲中说：

> 科学和艺术是不可分割的，就像一枚硬币的两面。它们共同的基础是人类的创造力，它们追求的目标都是真理的普遍性。[1]

人文与科技不可偏废。“重政务，斥技艺”与“重理轻文”是两种极端

① 见《李政道文录》，浙江文艺出版社1995年版。

的取向，而科技文化与人文文化的互动共进，达成二者的协调发展，方是健全的现代文明的前进方向。[①]

李政道（1926—　）

七、文化表里结构协调及其近代遭遇挑战

中华传统文化曾长期处于不停息的“自组织”运动之中，不断与自然的、经济的、社会的环境条件发生物质、能量和信息的交换，使其里结构与表结构保持动态平衡，相与和谐。

中华文化的古典形态，其里结构（相对封闭的大陆—海岸型地理环境、长期延续的宗法社会），与其表结构（牢固的小农业与家庭手工业相结合的自然经济、大一统的皇权社会）是彼此般配、相互适应的。家族道德成为维系社会秩序的精神支柱，所谓“正家而天下定矣”[②]。国是家的放大，君与父同伦，包括政治意识在内的各类观念多以家族道德为原生点。每个人都在这种家国同构的社会关系网中接受制约，实行道德自律，从而满足农耕—宗法社会所需要的稳定性和文化自我维护能力。

这种深层结构的协调性，保证了中华文化结构与功能的统一。其对环境条件的适应性，对天下“定于一”的不倦追求，对外来文化的包容性，民族精神方面的忧患意识、实用理性，以及尊生、健动、敬群、尚德，思维方式上的重整体、任直觉、道中庸，无不与此相关。中华文化之所以具有顽强的再生力，成为世界文化史上罕见的未曾中断过的延续性文化类型，其根本原因就在于表里协调，以及由此产生的结构与功能的整体性。

中华文化这种结构与功能的统一性在近代受到严峻挑战。这是因为，曾经与小农经济及宗法皇权社会相适应的传统文化，与纷至沓来的近代工业文明发生“错位”，传统的精神文明与日新月异的物质文明间不再丝丝入扣，而屡生扞格；固有的思维框架被亿万人的社会实践所突破；而在精神文明内部，传统与现代之间的遗传与变异，衍生出千变万化、林林总总的过渡类型。这一切使

---

① 参见冯天瑜：《两种文化协调发展随想》，《月华集》，中国社会科学出版社 2000 年版。

② 《周易·家人卦》。

中华文化进入一个转型过程。中国近代文化史上一再发生的“古今之争”“中西之辨”，以及近百年来一再出现的深刻而广泛的社会冲突、变革和革命，都是这种文化转型的复杂表现。

中华民族拥有生生不已、刚健自强的生命机制，催动着它勇敢地迎接挑战，选择有利于发展生产力、实现社会公正和提高全民族精神面貌的路径。承袭着悠久而辉煌的文化传统的中华民族，又吸纳外来文化营养，“借远西为郯子，申禹、周之矩积”[①]，在新的经济—社会条件下，通过对中外古今文化素材的融会、吞吐，一定可以实现结构与功能新的统一，达成可持续发展。

第二节　中国文化的世界影响

中国有着延绵不绝、高峰迭起的文化系统，它以卓异的风格、多方面的成就使世人叹为观止——

2007 年评定新的“世界七大奇迹”，横亘于中国北方燕山山脉至河西走廊的万里长城，以第一名当选；

随着工业化在世界范围展开，运河已不胜枚举，而 1300 多年前开掘的中国南北大运河，其里程迄今仍居通航运河首席；

各国在古代、中世纪、近代都曾集中能工巧匠，修建许多精美壮观的宫殿，而北京紫禁城是其中的佼佼者，其规模的宏大，使凡尔赛宫、克里姆林宫相形见绌。

本书第七章对中国古典科技成就已有述评，以下侧重介绍传承不辍的史学、睿智的古典哲学、洋溢着民本激情的文学的世界性贡献。

一、史学域外播扬

中国古代史学传扬世界，东亚文化圈内，日本受影响颇深。日本的第一部史书——《日本书记》(成书于 8 世纪)，就是模仿中国正史的敕撰史书，其体例仿照中国《史记》的本纪，按天皇立卷，编年记事。书中还多处摘抄中国古史的原文。自《日本书记》始，学习中国正史，以之为范本，成为日本古代

① 方以智:《物理小识 · 总论》。

史学的传统。日本学者清原贞雄曾对《日本书记》《日本后记》《续日本后记》《文德实录》《三代实录》等“六国史”的编撰加以评论：

> 六国史专仿中国史记、汉书以下诸史中的本纪而编。中国历代正史所谓二十四史，都是某朝把灭亡了的前朝的历史加以编纂……日本朝廷一系相传，并不似中国有彼亡此兴的事实，却也模仿中国，只记到前代为止，而不记当代的事。①

日本自古设立史官，也仿效汉唐。史学家日柳秀湖指出：“史官的位置，是中国文教传来最显著的结果。”一如日本平安朝初年，专设“撰日本纪所”（后改称“撰国史所”“修国史局”），陆续编成《日本后记》等五种国史。

受中国文化启发，日本学者的修史宗旨在于作政治借鉴和人伦规范；史观取儒家的道德史观，宣扬大义名分，劝善惩恶。体裁取中国史书范例，如德川时代两大史书——幕府编《本朝通鉴》取编年体，水户藩编《大日本史》取纪传体。史笔或春秋笔法，字字寓意褒贬，如《元亨释书》；或“据事直书义自见”，编者不予置评，如《本朝通鉴》；或设论赞，纵论善恶得失，如《大日本史》；史评则常援引中国同类史实而评判日本历史的意义和价值。

朱舜水被日本人尊为“胜国宾师”，其史学思想深刻影响日本修史

① ［日］清原贞雄：《日本史学史》，昭和三年东京中文馆本。

水户藩第二代藩主德川光圀（1628—1701）聘明儒朱舜水（1600—1682）为宾师，朱舜水向弟子安东守约、安积觉、伊藤仁斋、山鹿素行传授“尊王攘夷”说，形成水户学派，对江户时代以至明治时代的修史及政治均有影响。德川光圀及后继水户藩主主持编纂的《大日本史》，多有朱舜水弟子及再传弟子参加，该书仿效《史记》，采取纪传体，故有《日本史记》之称。

朝鲜的《高丽史》、越南的《大越史记》也从体例到史观、史体都深受中国史学的影响。东亚各国还仿效中国的修史制度，开史馆，设史官，编撰史书，12 世纪时的王氏高丽亦仿照宋朝的史官制度，设置编修官修实录。越南则自 19 世纪后，仿照中国的明、清史馆，设立国史馆。史官制度以及撰史宗旨、方式上的一致性，成为东亚文化圈的重要元素。

欧洲启蒙思想家也高度赞赏中国史学的非宗教的理性主义精神及连绵的历史记录。当然，他们笔下的中国史学，经过了或多或少的改造，以适应反对宗教神学与封建蒙昧主义的需要，与原来面貌并不完全一致。但是，对于伏尔泰等思想家来说，“用中国这个例证把《圣经》的历史权威打得七零八落，这就足够了”[①]。由此可见中国史学的理性主义倾向所蕴藏的巨大的生命力及其在世界上的卓异地位。

二、莱布尼茨发明二进制之后从《易经》图式找到呼应

凝聚中国民族精神的古典哲学，在与外民族文化的交流中，既有汲纳（如印度佛学的借取），又有输出，向外域传递“智慧之光”，对人类理论思维的进步做出自己的贡献。

16 世纪以降，入华耶稣会士向欧洲介绍中华元典《易经》《老子》及宋明理学等，这是在 13 世纪马可·波罗介绍的中国几乎被欧洲人遗忘三个世纪以后，西方知识界突然重新认识到还有中国这样一个文明大国屹立在世界东方，他们的耳目为之一新，恰如伏尔泰所言：“欧洲王公和商人们发现东方，追求的只是财富，而哲学家在东方发现了一个新的精神和物质的世界。”莱布尼茨、伏尔泰、歌德、巴尔扎克、托尔斯泰等文化巨匠都从东方哲思中受到教益，获得灵感和启示。

---

① ［法］维吉尔·毕诺著，耿昇译:《中国对法国哲学思想形成的影响》，商务印书馆 2000 年版。

17、18世纪之交的德国古典思辨哲学的先驱莱布尼茨（Gottfried Wilhelm von Leibniz，1646—1716），是第一个认识到中国文化对西方发展具有重要意义的哲学家。这位被人称为“千古绝伦的大智者”，对中国文化怀有浓厚的兴趣。他从20岁起便研究中国哲学，直至垂暮之年，还为向欧洲阐扬中国哲学的真谛而呕心沥血。

莱布尼茨在为《中国近事》所写的导论中说：“我们从前谁也不信世界上还有比我们伦理更美满、立身处世之道更进步的民族存在，现在从东方的中国，给我们以一大觉醒！”从而开启以后启蒙思想家借重中国文明鞭笞旧欧洲传统的先河。对于中国与欧洲的文化接触，莱布尼茨十分兴奋，他说：“全人类最伟大的文化和文明，即大陆两极端的二国，欧洲及远东海岸的中国，现在是集合在一起了。”他预言这两个最有教养的民族文化携起手来，将影响和促进其他民族（如俄罗斯）的进步。莱布尼茨又对欧洲与中国作文化比较：

> 欧洲文化之特长乃数学的、思辨的科学……但在实践哲学方面，欧洲人实不如中国人。①

因此，他极力主张进一步扩大中西文化的互相交流。对于那些非议中国哲学的言论，他大声加以反驳：“我们这些后来者，刚刚脱离野蛮状态就想谴责一种古老的学说，理由是因为这种学说似乎首先和我们普通的经院哲学不相符合，这真是狂妄之极。”②

莱布尼茨有关单子的理论，在相当程度上吸收了中国哲学，尤其是宋儒的精华。德国学者利奇温指出：“他（莱布尼茨）的灵子（即单子）的学说，在许多方面和代表中国生活的三大派——老子、孔子及中国佛学所表示的道的概念，有一致的地方。所谓‘先定的和谐’，在中国则有所谓天道。莱布尼茨亦如中国圣人一样，相信实体的世界是一个整体，是精神实体的不断继续充实提高。两者对于先定的和谐的信仰和对于天道的信仰，产生了无限的乐观精

---

① ［德］莱布尼茨编，梅谦立、杨保筠译：《中国近事》，大象出版社2005年版。

② ［德］莱布尼茨著，庞景仁译：《致德雷蒙先生的信：论中国哲学》，《中国哲学史研究》1981年第3期。

神。”[①] 莱布尼茨的单子论，之所以从内容上或逻辑上，同冶儒、释、道于一炉的、讲究道德的宋儒理学如此相似，原因就在于莱布尼茨的哲学体系中，有意识地吸收和融合了来自中国的思想。从此，中国古代朴素的辩证法因素汇入德国古典的思辨哲学之中。

有关莱布尼茨二进制发明与中国文化的相关性，有两种极端之论，一是否定其与中国文化的联系；二是认定其为周易影响的结果。二说皆失之偏颇。其实，莱布尼茨发明二进制在他接触周易之前，其后二十多年他读到昭示周易精神的图与文，从中国古代《易经》的六十四卦说印证了自己的二进制算术，这使他倍受鼓舞。

莱布尼茨于1672—1676年前后发明二进制，1701年，莱布尼茨将二进制数表给法国在中国传教士白晋（1656—1730），同时将二进制论文交巴黎科学院，同年11月白晋把宋人邵雍（1011—1077）的伏羲六十四卦次序和伏羲六十四方位两个图给莱布尼茨，莱布尼茨阅后兴奋异常，发现中国古老的易图可以解释0～63的二进制数表，他说：“几千年来不能很好被理解的奥秘由我理解了，应该让我加入中国籍吧。”可见，莱布尼茨于17世纪70年代发明二进制，约30年后，于18世纪初读到邵雍概述的《周易》六十四卦的论述，引为同道，受到鼓舞，而并非是莱布尼茨受《周易》启发后才发明二进制的。[②] 莱布尼茨在给法国朋友德雷蒙的一封书信中，讲明了他的二进制与伏羲八卦图的关系。其间他高度称赞伏羲八卦图。

> 我和尊敬的白晋神父发现了这个帝国的奠基人伏羲的符号的显然是最正确的意义，这些符号是由一些整线（指阳爻）和断线（指阴爻）组合而成的……一共有64个图形，包含在名为《易经》的书中。《易经》，也就是变易之书。在伏羲的许多世纪以后，文王和他的儿子周公以及在文王和周公五个世纪以后的著名的孔子，都曾在这64个图形中寻找过哲学的秘密……这恰恰是二进制算术，这种算术是这位伟大的创造者所掌握而在几千年之后由我发现的。[③]

① ［德］利奇温著，朱杰勤译:《十八世纪中国与欧洲文化的接触》，商务印书馆1962年版，第79页。

② 见胡阳、李长锋:《莱布尼茨二进制与伏羲八卦图考》，上海人民出版社2006年版。

③ ［德］莱布尼茨著，庞景仁译:《致德雷蒙先生的信: 论中国哲学》，《中国哲学史研究》1982年第1期。

1703年，莱布尼茨在《皇家科学院科学论文集》中发表了题为《二进制计算的阐述》的论文，并将二进制扩展到加减乘除四个方面。

没有二进位法的引入，就不可能出现现代数理逻辑和计算机科学，而“莱布尼茨成为符号逻辑或数理逻辑的前辈，对其观念的刺激，公认来自中国特殊的表意符号的性质”[①]。

莱布尼茨不仅介绍、传播中国文化，还积极筹建中西文化交流学会，他成功地移植了中国蚕桑，出版有关中国的书籍，并写信给传教士敦促他们翻译中国古代法律、天文学与医学著作。他的努力，为其他18世纪启蒙思想家向东方学习，准备了丰富的思想材料。

三、中国理性与欧洲启蒙运动

启蒙运动于18世纪渐次勃兴于西欧各国，并在法国得到最典型表现。启蒙大师们的思想特征，是一切求助于理性，把理性当作一切现存事物的唯一裁判者，具有“把一切现象都归因于自然而不归因于奇迹的倾向”[②]。黑格尔确信——

> “理性”支配世界，而且“理性”向来支配着世界。[③]

启蒙思潮的出现，固然有其深厚的经济和社会根源，但是，按照思想文化运动发展的一般规律，一种新的学说，都有由先驱者传来的特定的思想资料作为前提。以宗教神学为主体的中世纪传统是与启蒙思潮对立的意识形态体系，古希腊罗马传统才是启蒙思想的源头，而来自东方的具有实用理性精神的中国文明，也提供了启示，成为伏尔泰（1699—1778）及与其同时代启蒙思想家借以鞭挞中世纪欧洲的“巨杖”[④]。

（一）启蒙学者对中国理性的推崇

热烈追求理性与智慧的启蒙思想家注意到中国哲学宗教色彩淡薄，而以认

① ［英］李约瑟著，翻译小组译：《中国科学技术史》第二卷，科学出版社1978年版，第497页。
② ［英］汉默顿编，何宁译：《西方名著提要》，中国青年出版社1957年版，第394页。
③ ［德］黑格尔著，王造时译：《历史哲学》，三联书店1956年版，第55页。
④ 王德昭：《服德尔著作中所见之中国》，《新亚学报》1970年第九卷第二期。

识到的各种形式为最高的学术。启蒙思想家对此大加推崇。

法国伏尔泰的政治理想，是希望在清除现存的基于迷信的"神示宗教"之后，建立一个崇尚理性、自然和道德的新的"理性宗教"。而在伏尔泰心目中，中国儒教乃是这种"理性神教"的楷模。他在这个时期创作的哲理小说《查第格》中说，中国的"理"或者"天"，既是"万物的本源"，也是中国立国古老和文明"完美"的原因。他称中国人"是在所有的人中最有理性的人"①。他推崇孔子，称赞他"全然不以先知自认，绝不认为自己受神的启示，他根本不传播新的宗教，不求助于魔力"②。他的书房挂着孔子画像，下面题着四句颂诗：

> 子所言者唯理性，实乃贤者非先知，
> 天下不惑心则明，国人世人皆笃信。③

伏尔泰还称赞中国哲学"既无迷信，亦无荒谬的传说，更没有诅咒理性和自然的教条"④。孟德斯鸠（1689—1755）在《论法的精神》中也指出："孔教否认灵魂不死。"狄德罗（1713—1784）《百科全书》中关于"中国"一段，介绍了自古代至明末的中国哲学，认为其基本概念是"理性"。他特别称赞中国儒教，说它"只须以'理性'或'真理'便可以治国平天下"。

启蒙思想家还从中国的历史中看到了以伦理道德为主要内容的哲学思想的力量。中国的万里长城未能阻止异族入侵，而入主中原的异族无一不被汉族所同化。欧洲启蒙思想家认为，这种"世界上仅见的现象"，究其原因，乃在于中国所特有的伦理型文化强大的生命力。伏尔泰对此深有所感，编写诗剧《中国孤儿》，剧中崇尚武功、企图以暴力取胜的"成吉思汗"（这是一个移植的代称，伏尔泰将剧中的王者取名"成吉思汗"，乃是鉴于欧洲人最熟悉的东方"暴君"是成吉思汗），最后折服于崇高的道义。伏尔泰在这个诗剧的前言中写道："这是一个巨大的证明，体现了理性与才智对盲目和野蛮的力量具有自然的优越性。"⑤

---

① 《伏尔泰小说选》。
②③ 《伏尔泰全集》第七集。
④ 《伏尔泰全集》第八集。
⑤ 《伏尔泰全集》第一集。

（二）“哲学代宗教”思潮与中国哲思

在德国，以“哲学的宗教”来代替正宗的宗教的哲学思潮，也受到中国哲思的影响。黑格尔（1770—1831）虽轻视中国哲学，但他认为中国在宗教方面“是依赖自然界的各种对象，其中最崇高的便是物质的上天”①却一语中的，而中国的这种宗教观念对欧洲启蒙运动时期出现的自然神论有某种启迪。

在英国，启蒙学者也常常引用“中国人的议论”来批驳《圣经》。例如18世纪早期的自然神论者马修·廷德尔（1655—1733）在其思精之作《自创世以来就有的基督教》中，把孔子与耶稣、圣保罗相提并论，将其言行加以比较，从中得出“中国孔子的话，比较合理”的结论。英国哲学家休谟（1711—1776）曾说：“孔子的门徒，是天地间最纯正的自然神论的学徒”，因此，中国哲学可以作为英国自然神论者的思想资料。

中国哲学宗教色彩淡薄，而伦理准则渗透本体论、认识论、人性论这一特质也引起欧洲思想家的广泛注意。法国启蒙学者霍尔巴赫（1723—1789）认为，“伦理与政治是相互关联的，二者不可分离，否则便会出现危险。伦理若无政治的支持，便毫无力量，政治若无美德的支持和协助，便岌岌可危，迷失方向，伦理的目的在于告诉人们，最大的利益在于实行美德，政府的目的则促使人们这样去做”②。而在世界上，“把政治和伦理道德紧紧相连的国家只有中国”。德国哲人莱布尼茨也说道：“如果请一个聪明人当裁判员，而他所裁判的不是女神的美，而是民族的善，那么我相信，他会把金苹果送给中国人的。”他说：“就我们的目前情况而论，道德的败坏已经达到这样的程度，因此，我几乎觉得需要请中国的传教士来到这里，把自然神教的目的与实践教给我们，正如我们给他们派了教士去传授启示的神学那样。”直到法国大革命，中国哲学中的德治主义还对雅各宾党人产生影响，罗伯斯比尔（1758—1794）起草的1793年《人权和公民权宣言》的第6条引用中国格言：

> 自由是属于所有的人做一切不损害他人权利的事的权利；其原则为自然，其规则为正义，其保障为法律；其道德界限则在下述格言之中：己

① ［德］黑格尔著，王造时译：《历史哲学》，三联书店1956年版，第175页。

② ［法］霍尔巴赫：《社会体系》，黄楠森、沈宗灵主编：《西方人权学说》上册，四川人民出版社1994年版。

所不欲，勿施于人。[①]

中国哲学对欧洲思想家的影响是经过他们自己的咀嚼和消化才发生作用的，他们所理解和表述的中国文化，带有明显的理想化色彩。但是，中国哲学对于18世纪欧洲启蒙运动思想体系的完善确乎发生了不可忽视的作用。法国学者戴密微高度评价这一东方哲学流向西方的现象。他认为："从十六世纪开始，欧洲就开始了文艺批评运动，而发现中国一举又大大推动了这一运动的蓬勃发展。"[②]

中国哲学对欧洲的影响并不局限于18世纪。从19世纪中叶开始，欧洲加速了同中国的文学、艺术、哲学的融合。就德国而言，19世纪末叶至20世纪初年间，出现一种可称之为"东亚热"的思潮。第一次世界大战后出现的欧洲文化危机，使不少知识分子再次把目光转向东方，希望在东方文化，尤其是中国哲学、文学中去寻找克服欧洲文化危机的办法。德国哲学家、戏剧家布莱希特（1898—1956），便注目中国古代哲学，赞赏墨子学说对于解决个人与社会取得和谐问题的探索，其"非攻""兼爱"等思想常被布莱希特援引。老庄修身治国、"柔弱胜刚强"的理论也为布莱希特所赞赏。他的《成语录》采用中国古代哲学著述常见的对话体裁，处处流露出将墨翟引为忘年交的感情。中国哲学给布莱希特与德国表现主义戏剧家的哲学论争提供了有力的论据，开阔了他的眼界，使他从一个欧洲学者变成一个世界性哲人。

中国传统文化在19世纪的俄国也颇有影响。俄罗斯近代文学奠基人普希金（1799—1837）深受启蒙时代法国出现的"中国热"感染，作品吸纳中国元素，诗歌《致娜塔丽娅》出现"谦恭的中国人"，《鲁斯兰与柳德米拉》出现"中国的夜莺"，《骄傲的少女》出现"去长城的脚下"等句，显示了对中国文化的向往。[③]俄国文豪托尔斯泰（1828—1910）对中国传统哲学极感兴趣，他研究过孔子、墨子、孟子等中国古代哲学家的学说，而对老子著作的学习和研究则持续到暮年。他在日记中说，"孔夫子的中庸之道——是令人惊异的。老子的学说——执行自然法则——同样是令人惊异的。这是智慧，这是力量，这

① 《法国宪法集》，1970年，巴黎，第80页。
② ［法］戴密微：《中国和欧洲最早在哲学方面的交流》，《中国史研究动态》1982年第3期。
③ 见柳若梅：《普希金笔下的中国》，《中国社会科学报》2012年7月20日。

是生机”，“晚上全神贯注修改墨子。可能是一本好书”[①]。他认为，孔子和孟子对他的影响是“大的”，而老子的影响则是“巨大的”，托尔斯泰主义的核心——“勿以暴力抗恶”——在很大程度上便得到老聃“无为’思想的启迪。

在今天的西方世界，中国传统哲学对人们的吸引力持续不断。当东方的人们为西方科学技术的大量涌入而应接不暇，叹为观止之时，西方一些思想家，痛感西方工业社会弊病丛生，终日被一种无限的荒漠感所包围，不知何处是边际，何处是归宿，看不透，冲不破，走不出。他们又一次把目光投向东方，到中国古代圣贤中去寻找人生的意义和真谛，寻觅来自内心，来自精神世界的幸福。这也是当今值得注意的一种文化动向。

四、白诗、《水浒》与日本文学

中国文学对国外的影响也是相当深广的。下举白居易的诗和《水浒传》在“东亚文化圈”（尤其是日本）的播扬之例，以见一斑。

中唐杰出诗人白居易，其作品在当时即流传广泛。唐时的儿童便能吟《长恨歌》，唱《琵琶行》。士庶、侩徒、孀妇、处女，也竞颂其诗作。在国外，白诗影响也甚为巨大，高丽国广为吟唱，日本国更为推崇。在白居易去世前二十年，当他和元稹（779—831）正在编纂《白氏长庆集》的时候，白诗已在日本国宫廷流传开来。至18世纪中叶已约有十数种《白氏文集》的不同版本，广泛流传于日本各地。10世纪初声名显赫的醍醐天皇曾经说：“平生所爱，《白氏文集》七十卷是也。”一些文士以习白诗为必备文学修养，称《白氏文集》“为博士的必读文”。更有学者称白居易为“一代之诗伯，万叶之文匠也”。《万叶集》是日本重要的古诗集，“万叶”为诗之代称，而日本学者尊白居易为“万叶之文匠”，也即诗界之巨匠。

白居易（772—846）

① 转引柳卸林主编，董平等译：《世界名人论中国文化》，湖北人民出版社1991年版，第546～547页。

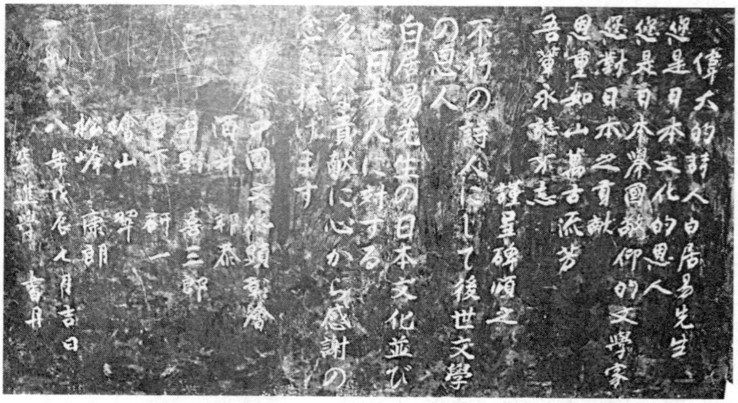

日本中国文化显彰会立白居易碑之碑文

白诗在日本广为流行，与其通俗平易而又气象高远有关。日本江户时代学者室鸠巢说：

> 我朝多有古时唐土文辞，能读李杜诸名家诗者甚少。即使读之，难通其旨。适有白居易的诗，平和通俗，且合于倭歌之风，平易通顺的程度，为唐诗中上等，故学《长庆集》之风盛行。

白诗与倭歌风格近似，是白诗流行日本的原因，而在白居易的影响下，日本国的诗人从模仿华丽的南朝文风，转向淳厚质朴，“靡然风向，弃齐梁文选之旧，趋清新泼剌之风”①。

通俗清新、俗而能雅的白诗吸引日本人，又促成日本诗风朝此高妙境界发展。江户时代文士伊藤仁斋指出：

> 诗以吟咏性情为本，俗则能尽其情。俗之又俗，固不可取，俗而能雅，妙之所以为妙。②

“吟咏流千古，声名动四夷”，白居易诗在日本产生广远影响，是中日文

① ［日］冈田正之：《日本汉文学史》，吉川弘文馆 1996 年版。
② ［日］伊藤仁斋：《白氏文集跋》。

《水浒专》插图

学交往史的美谈，其间透露出文化传播的机趣，值得体味。

《水浒传》问世不久，就在国外流传，最早传入的国家就是东邻日本。并博得日本文艺评论家、文学史家的高度评价。日本著名汉学家、中国文学史专家盐谷温（1878—1962）在《中国文学概论讲话》一书中，赞扬《水浒传》作者具有“燃犀的眼光”，能“挥如椽的大笔”写出“惊天动地的快文”。他赞扬水浒英雄“有龙曜于天、虎啸于地之概”，称《水浒传》“结构的雄大，文字的刚健，人物描写的精细，不独为中国小说之冠冕，且足以雄飞于世界的文坛”。他还指出：《鲁智深拳打镇关西》一段，“实是笔下生风，肉跃血涌的好文字”，“《鲁智深大闹五台山》一出，又是极豪快的好文章”。

在日本，有些作家仿效《水浒传》，创作《本朝水浒传》《女水浒传》《忠臣水浒传》等。《本朝水浒传》中的道镜就是高俅的化身，惠美押胜近似宋江，伊吹山则相当于梁山泊；还有些日本作家将《水浒传》改编成戏曲、电影。日本的相扑选手，有的取名梁山好汉“九纹龙史进”。这都表明《水浒传》在日本的深入人心。

日本文学深受中国影响，不胜枚举。日本杰出的古典小说《源氏物语》多寓中华元素，如书中七夕传说径取中国七夕故事。《今昔物语》典出宋人常谨的《地藏菩萨象灵验记》；《宇津保物语》的刺客以七弦琴击藩主的描写，仿自“聂政刺韩王”的战国故事；中国的《佛说父母恩重经》一再为日本文学作品借用。日本现代小说家司马辽太郎的名作《项羽与刘邦》，题材与旨趣皆源自《史记》《汉书》。[①]

中国文学的影响还远出文学界域，《三国演义》是日本企业家从事商战的教材；美军将帅在海湾战争中星夜披阅《孙子兵法》，“声东击西”是其赢得

① 参见李铭敬：《中日韩学者共同探讨“日本文学与中国”》，《中国社会科学报》2012年4月20日。

胜算的谋略……至于中国文化对东亚文明圈的影响，就更为直接。美国的日本问题专家埃德温·赖肖尔指出：

> 日本人非常清楚，他们的文字、词汇、艺术和许多传统的价值观念都来源于中国。中国是他们的希腊、罗马。①

此乃真实的历史情状。

五、元杂剧、明清小说在欧洲

元代杂剧是中国文化宝库中的灿烂明珠，对欧洲文化产生一定影响。

早在13世纪（元初），沿丝绸之路来华的意大利人马可·波罗（Marco Polo，约1254—1324），曾在关汉卿等人戏剧活动所在地北京（当时叫大都，马可·波罗称为“汗八里”）生活数年，欣赏盛极一时的杂剧。马可·波罗返国后，写成《东方见闻录》（即《马可·波罗行纪》），书中至少有两处介绍中国戏剧。他的游记后来用法、英、意、拉丁等文刊行，流传欧洲各国。

继马可·波罗东游之后两三百年，海上新航路开辟，欧洲传教士联翩来华，随之中国戏剧被介绍到欧洲，在欧洲产生反响。

18世纪的欧洲舞台，大量上演的是以“三一律”为艺术准则的古典主义剧本。其主题相似，人物动作千篇一律，使观众日益感到倦怠。正当启蒙戏剧家希冀改革古典艺术之际，中国戏剧所蕴含的深刻思想以及东方艺术技巧使欧洲剧作家们耳目一新。德国文豪歌德称：“我们一谈到远东，就不能不联想到新介绍来的中国戏曲。”法国启蒙思想家伏尔泰也评价道：“戏剧诗之发达最早的，则莫过于在伟大的中国和雅典。”当他读到马若瑟的法译本《赵氏孤儿》时说道：“这出中国戏，无疑是胜过我们同时代的作品的。”

中国戏剧的魅力，使得欧洲戏剧界出现“中国狂热”。中国戏曲首先是元曲，被竞相译成欧洲语言，19世纪末，《元曲选》已有20余种被译成法文或英文。17、18世纪的意大利和法国出现一种前所未有的新剧种——Théâtre Chinois（中国戏）。所谓“中国戏”，多以中国事物为题材及背景，使用中国

---

① ［美］埃德温·赖肖尔著，孟胜德、刘文涛译：《日本人》，上海译文出版社1980年版。

剧的服装、道具，甚至有时还夹杂着中欧混合语对白。“中国戏”首先出现在喜剧中，接着在风靡一时的歌剧中也出现。据统计，1753—1779年，至少有10部用意大利文及法文写成的“中国戏”剧本。

中国戏剧在欧洲传播的结果，给欧洲思想家提供了新的精神食粮。伏尔泰明确指出：“欧洲的贵族及商人凡在东方有所发现，总是只知求得财宝，但哲学家们则在那里寻求得一个新的道德世界。”他依据元曲《赵氏孤儿》改编成《中国孤儿》，形象地说明：“统治中国的王朝虽然会灭亡，但中国古老的文明的美德是不朽的。因此，在中国大地上，真正的被征服者，并不是中国人民，而是成吉思汗和鞑靼族。”这种观念，也正是当时法国“百科全书”派的“中国观”。

油画《在若弗兰夫人沙龙里诵读伏尔泰的悲剧〈中国孤儿〉》（阿尼塞－夏尔－加布里埃尔·勒莫妮埃1812年作）描绘18世纪法国沙龙崇尚中国文化的盛况。画里聚集了启蒙时代法国政界、文学界、艺术界和上流社会的名流显要，包括孔蒂亲王，黎塞留公爵，外交大臣舒瓦瑟尔，出版局长马尔泽尔布，重农学派经济学家魁奈、杜尔哥，启蒙哲人封特内尔、狄德罗、爱尔维修、孔迪亚克、朗贝尔，以及沙龙女主人若弗兰夫人和莱斯皮纳斯小姐等，团团围坐在伏尔泰的半身雕像旁，中间法兰西学院院士达朗贝尔正在高声朗读《中国孤儿》。

《中国孤儿》在法兰西剧院公演，由著名演员莱卡（Lekain）扮演成吉思汗，M. 克莱朗（M.Clairon）小姐扮演女主角伊达梅。他们穿着西方制作的东方服装——成吉思汗着金条闪烁的长袍，披鬣毛熠熠的狮皮，挂土耳其大刀，戴翎毛红顶的头盔，无比威武；伊达梅穿白裙青绿上衣，衬以金黄网络，肩披波兰式金黄外套。在纪念伏尔泰诞生 200 周年时，这出戏又重新搬上巴黎舞台，观众惊奇并赞叹不已。

17、18 世纪中国戏剧在欧洲流传，使更多的西方人接触到中国古老的文化，了解中国民族传统的美德。同时，欧洲艺术家从中国古典戏剧中吸收表演手法及舞台要素，丰富其艺术创作。而欧洲的启蒙大师们则从中国文化宝库中取得各种各样的思想武器，以批判当时欧洲社会中的陈腐制度。这从一个侧面表现了悠久而灿烂的中国古代文化所具有的世界意义。

与中国戏传入欧洲的同时，中国小说也被介绍到欧洲。种种史料表明，18 世纪欧洲各国杰出作家，如法国的伏尔泰，德国的歌德、席勒，英国的艾迪生、高尔德斯密士等人都是中国小说的读者。席勒曾在一封信中说："对于一个作家而言……埋头于风行一时的中国小说，可以说是一种恰当的消遣。"歌德从 1781 年读《今古奇观》起，至 1827 年为止，读完了《玉娇梨》《花笺记》《好逑传》等中国作品。并对《好逑传》赞不绝口，而当歌德的助手、德国诗人艾克曼问他《好逑传》是不是中国小说中最好的一部作品时，他立即不假思索地答道："绝对不是，中国人有成千上万的这类作品，而且在我们的远祖还生活在野森林里的时代，就有这类作品了。"① 据说歌德晚年准备根据该书写一篇长诗，因去世而未竟。

六、"世界第八大奇迹"秦俑

中国艺术讲究"气韵""风骨"，这种追求不仅表现于书法、绘画，而且渗透于雕塑之中。中国雕塑艺术可以追溯到史前陶器，其独立发展始于秦汉。秦代处于中国古代政治的重要枢纽，是民族国家形成的关键时期，而秦代的雕塑艺术正表现那一时代宏阔盛大的风貌。

发掘于陕西临潼骊山的秦俑雕塑，展示了秦朝雄伟的军阵场面，整个兵力配备组合，井然有序。三列横队为军队前锋部队，兵士们免盔束发，衣轻便短褐，腿扎裹腿，脚穿薄底浅帮鞋，显示出"轻足善走"特点及无比锐气。强大

① 朱光潜译：《歌德谈话录》，人民文学出版社 1978 年版，第 113 页。

的后续部队由38路纵队和几千个铠甲俑簇拥着战车组成，面向东方，似乎在浩浩荡荡地行进。为了加强警戒，在军队两侧及后边各列以卫队，以防止敌人的突然袭击。兵器的配备也根据一定的战略和战术原则，有效地发挥武器特长，前锋及卫队武士俑，多手执弩机、弓箭等杀伤力强大的远射武器，后续部队则多执矛、戟等长兵器。这气势磅礴的阵局，充分展现了秦始皇当年统一中国的壮丽图景。①

秦俑雕塑采取写实手法，形体、结构、比例、质感、量感，都以比较严格的解剖结构作造型的基础。例如，武士俑的面部可以看出皮肤肌肉下的颧骨、层弓骨、颌骨的正确位置，五官的大小位置也相当准确。陶马的颈部、腿部也都能看出有名称的肌肉骨骼来，这样塑造出来的形体的凸起凹下也就不无来历了，从而增强了艺术效果。如果考虑到秦俑是在有严格限制、任务繁重的情况下批量制作的陪葬品，那么，有理由推断，秦代雕塑的最高水平创作不会亚于同一时期的古希腊、罗马的雕塑代表作。

古代西方人以他们的眼界所限，曾把东地中海沿岸的古建筑称作“世界七大奇迹”，它们是：

> 埃及的金字塔，巴比伦的空中花园，埃弗兹城（土耳其境内）的阿苔密斯神殿，奥林匹亚（希腊境内）的宙斯神殿，博德鲁姆（Bodrum，历史之父希罗多德的故乡，今土耳其境内）的摩索拉斯陵墓，罗德岛的阿波罗巨像，亚历山大城（埃及境内）的灯塔等。

当认定“七大奇迹”的西方人的后代目睹西安兵马俑时候，不禁由衷地赞叹：这是“世界第八大奇迹”！其实，兵马俑不过是秦始皇陵墓的附属设施，如果打开这位“千古一帝”的陵墓，无疑将发现更加丰富的古代文化宝藏。

秦代兵马俑的发掘，轰动世界。许多考古学家、艺术家和不少国家元首、政府首脑联翩前往参观，并给予高度评价。新加坡总理李光耀赞誉道：这是“世界的奇迹，民族的骄傲”。法国前总理希拉克说：“世界上有了七大奇

---

① 战国中后期，特别是秦统一六国的战争中，早已不用战车，而秦俑坑中战车甚多。有学者据此推测，秦俑并非始皇陪葬物，而是秦朝前代国君的陪葬物。宋公文认为，车马坑应属始皇陪葬物，始皇以此显示在祖辈功业基础上完成统一大业。

迹，秦俑的发现，可以说是八大奇迹了。不看金字塔，不算真正到过埃及，不看秦俑，不算真正到过中国。”卢森堡大公让更热情洋溢地留下了他的评语：“不得了，不得了！这些艺术品达到了非凡的水平，表现了中国人民非凡的天才，全世界人民都将在此受到鼓舞。”确实，“世界上独一无二的秦代兵马俑”（美国前国务卿基辛格语），是“中国文明和人类智慧的奇迹”（法共总书记乔治·马歇语），是“世界上最好的珍品”（卢森堡首相维尔纳语）。“这财富不仅属于中国，也属于世界”（法国佛朗西奈夫人语）。

外国人参观秦兵马俑

七、“东方艺术幻想”圆明园

圆明园是中国古代园林中最为瑰丽多姿的宫苑园林。它首建于康熙年间，历经雍正、乾隆、嘉庆、道光、咸丰五朝 150 多年。圆明园由圆明园、万春园（原名绮春园）、长春园三园组成，故又称为“圆明三园”。“圆明园”之名得自康熙，雍正释曰：“圆而入神，君子之时中也；明而普照，达人之睿智也。”

圆明园全盛时期，共有 100 多座各种类型的木、石桥梁，园林风景群 100 余处，楼、台、殿、阁、亭、榭、轩、馆、廊等建筑面积约 160000 平方米，比故宫的建筑面积还多 10000 平方米。

圆明园的建筑采取“以大化小”的方式，把多种建筑物集中为许多小的群组，有机地分散配置于园内山与水相结合的自然空间内，从而创造了一系列丰富多彩、格调各异的园林景观。圆明园100多处景，就是山复水转、层层叠叠的上百处自然空间。每个空间都经过精心的艺术提炼加工，体现某种特定的意境，可以视为一座独立的小型园林，正所谓“园中有园”“景中有景”。这些园景变化多姿，各有其妙。或背山面水，如上下天光，镂月裁云；或左山右水，如柳浪闻莺、接秀山房；或面湖临溪，如澹泊宁静、九孔桥；或叠石临湖，如杏花春馆、紫碧山房；或前有山障后临阔水，如湖水连望、一碧万顷；或山间环抱，如武陵春色等，丰富多彩，美不胜收。

焚毁前的圆明园（1860年英法联军摄影师拍摄）

圆明园善于抓住每一景观的特点，以对联、匾额、石碑、石刻等形式，予以形象化、诗意浓、意境深的园林题吟。这种点景的手法，不但丰富景的欣赏内容，增加诗情画意，并且点出景的主题，给人以艺术联想。

圆明园还集南北园林艺术之大成，把“北雄南秀”的不同园林风格熔化于一炉。又以中国传统园林艺术与西方园林建筑艺术相结合，创造了包括谐奇趣、大水法、海晏堂三组大型喷水池在内的一组特殊景区——西洋楼，为中国园林艺术增添新的色彩。法国传教士王致诚（J.D.Attiret，1702—1768）描绘圆明园：“所有的山丘都覆盖着树林和花卉”，“岸边遍植花木，它们都是从岩缝里面长出来，仿佛自然生长的，花木四季不同”。圆明园不仅是一座胜似仙景的美丽花园，而且也是一座综合性的艺术宝库、庞大的博物馆。每所建筑物都富丽堂皇，充满精美陈设，难以数计的罕见珍宝和价值连城的艺术品，园中的文渊阁是七大皇家图书馆之一。王致诚由衷赞美圆明园“无美不备”“天产之富与人工之巧并萃于是”。

圆明园通过法、意等国传教士王致诚（1702—1768）、郎世宁（1688—1766）、蒋友仁（1715—1774）诸人的信函来往被介绍到欧洲。18 世纪的欧洲园林建筑，正流行着严求中轴对称、匀齐的规则式的所谓“勒诺特”风格和模仿天然环境的英国自然式风格。当圆明园的独特宫苑园林形制传到欧洲，犹如空谷足音，引起强烈反响。王致诚在一封著名的信中详尽描绘圆明园后说：“中国人在建筑物方面所表现的千变万化，复杂多端，我唯有佩服他们的天才宏富。我们和他们比较起来，我们不由不相信，我们是又贫乏，又缺乏生气。”他批评勒诺特风格的极端程序化，反对那种“什么地方都需要划一和对称，不许有独立自在的东西”的建筑风格。英国皇家建筑师张伯斯对中国园林艺术也高度推崇，他两度游历中国，回国后著《东方园林》一书，介绍中国园林艺术，他还为肯特公爵设计了欧洲第一座“中国式园林”，成为冲击勒诺特式风格传统的一股潮流。

圆明园的园林成就受到欧洲各界人士的高度评价，人们将圆明园誉为“万园之园”“东方的凡尔赛宫”。曾出使中国，有幸参观圆明园的马戛尔尼说：“只有理想中的仙境可以比拟圆明园的幽美。”

圆明园大水法废墟

法国作家雨果（1802—1885）认为：在人类艺术发展里有两个典型：“一是产生欧洲艺术的思想，一是产生东方艺术的幻想。”而夏宫（圆明园）“是基于幻想基础之上的艺术，雅典女神则是基于思想基础上的艺术，有异曲同工之妙”。他热情赞颂圆明园是“人间奇迹”。“人民的想象力所能创造的一切几乎是神话性的东西都体现在这座宫殿中……希腊有雅典女神庙，埃及有金字塔，罗马有斗兽场，巴黎有圣母院，东方则有夏宫（圆明园）。谁没有亲眼目睹它，就在幻想中想象它。这是一个令人震惊的、无可比拟的杰作；它远远呈现在神秘的暮色中，就仿佛是欧洲文明地平线上亚洲文明的侧影。”①

1860年（咸丰十年）10月6—18日，圆明园这座“真正的一千零一夜神话中的宫殿”被英法联军焚毁和抢掠。法国侵略军头目孟托尔说：圆明园中的珍宝，“虽二百车亦载运不尽”。这座“万园之园”的被毁，是世界文化史上的空前浩劫。那残存的断壁残柱，将永远铭刻着侵略者的野蛮暴行。雨果严厉谴责英法联军掠夺圆明园珍宝的暴行，并宣称：“我渴望有朝一日法国能摆脱重负，清洗罪恶，把这些财物归还被劫的中国。”② 这是文明人发出的正义之声。

八、传统文化的后现代启示——以太极图为例

中国传统文化的世界影响，决非仅属过去时，更具有现在时、未来时的意义。当代西方文化思想和基本观念正经历着新的转折，其动向之一，便是吸收东方文化传统中的某些因素。这是由于，科学技术的发展要求新的综合，而以素朴的整体观念为特征的中国智慧便对现代文化有所启迪。英国现代哲学家伯特兰·罗素（Bertrand Russell，1872—1970）说：

> 我常想，假如我们要熟知这个世界……我们不但必须承认亚洲在政治上的平等地位，还必须承认文化上的平等地位，我不知道这将带来什么变化，但我坚信变化必极深远，也必有最大的重要性。③

20世纪以来，随着工业文明弊端的呈现，环境危机、信仰危机等世界性“后现代”问题纷至沓来，用“传统智慧”疗治“现代病”一类议论，在海内

①② 1861年11月25日雨果致巴特勒上尉的回信，转引自郑若麟摘译《流亡集》，《北京日报》1990年10月22日。

③ ［英］罗素著，何兆武、李约瑟译：《西方哲学史》，商务印书馆1996年版。

外不胫而走，构成关于中国文化的一个新的探索热点。

中国文化发展史，不仅奉献了“四大发明”“科举制度”等辉煌的物质及制度层面成就，而且创造出深刻的哲思，其中关于和谐之道的设计，尤具价值。这种和谐之道最完美的表述，莫过于太极图。

人类诸文明创制了多种文化符号（如佛教的万字符号、基督教的十字架、伊斯兰教的新月），都各有深意，然而，就昭显“和谐”精义而论，皆无出太极图之右者。

太极图有一个复杂的形成过程，最后定型为——

太极图由黑白两个鱼形纹合抱成圆形图案，俗称阴阳鱼。“太极”是中国古哲术语，意为演生万物的本源。太极图形象地表达了太极阴阳轮转、相反相成是万物生成变化根源的哲思。阴阳鱼外围配以八卦，合成“八卦太极图”，亦称“太极图”——

八卦太极图

阴阳八卦思想是中华先民的伟大发明。相传伏羲作八卦，文王演周易、重叠八卦成六十四卦。这是把先民群体（无名氏）的创造归之于“文化英雄”（伏羲、周文王等）的说法。作为哲学范畴的“太极”，由《周易》（包括经、传）提出，成文于战国的《易传》说：

易有太极，是生两仪，两仪生四象，四象生八卦。[①]

宋人周敦颐（1017—1073）《太极图说》诠释“太极”曰：

太极动而生阳，动极而静，静而生阴，静极复动。一动一静，互为其根。分阴分阳，两仪立焉。

① 《周易·系辞上》。

太极产生“两仪”——天地、阴阳，两仪产生“四象”——春、夏、秋、冬四季，四象产生“八卦”——乾、坤、震、巽、坎、离、艮、兑，分别表示天、地、雷、风、水、火、山、泽等实体。

周敦颐绘“太极图”，完成太极八卦观念的图式化。关于此一图式的制作，有这样的故事：周敦颐在家乡濂溪常常优游于一个名为月崖的崖洞，从月崖之形态悟出太极图形，便以此图形表示太极及太极生阴阳两仪，又在周围分布向右旋转的八卦，构成千古流传的太极图。

太极图生动形象地揭示了宇宙构成的奥秘：阴阳对立而又统一，相应而又合抱。太极图中心阴阳鱼的S曲线，是一分为二的阴阳双方彼此依存、制约、消长、转化的动态展现。由此曲线判分的阴阳双方，互补共生，相反而又相成，象征着宇宙万象遵循对立统一法则实现的和谐。在阴阳鱼周围绘出伏羲八卦图，合称“伏羲太极图”，乾阳表南代夏，坤阴表北代冬，符合北半球季节变迁实况，显示了季节之变的顺时针方向，并与宇宙天象旋涡运动相吻合。

太极图将易道的“流行”与“对待”两大精义生动揭示出来，体现了从社会人生到宇宙万象的多元综合性、互补和谐性、动态演化性。这种特性体现于天人之际，便是人类与自然相亲和，彼此发明、相互推进，如《中庸》所言——

> 能尽人之性，则能尽物之性；能尽物之性，则可以赞天地之化育；可以赞天地之化育，则可以与天地参矣。①
>
> （能充分发挥人的本性，就能充分发挥万物的本性；能充分发挥万物的本性，就可以帮助天地培育万物；能帮助天地培育万物，就可以与天地相并列了。）

这种人与生态环境的和谐共生，表现于人世间，便是“琴瑟调和”的五伦良性互动共济，所谓父慈子孝，兄友弟恭，君明臣忠，夫和妇顺，朋谊友信，实现“致中和”，“和而不同”。

阴阳互补共生、相反而又相成的观念，是克服主客两分对立的现代病的启

---

① 《中庸》第二十二章。

示之源。本来，从宇宙万象到社会人生，莫不包含阴、阳两种因素，月亮、女性、收缩、保守、响应、合作、直觉、综合可归于“阴”；太阳、男性、扩张、要求、进攻、竞争、理性、分析可归于“阳”。

近三个世纪以来，在笛卡儿（1596—1650）、牛顿（1643—1727）代表的机械论指引下高歌猛进的工业文明，取得巨大成就，同时也引发文明的失衡，主要表现为阳盛阴衰，阳的方面——理性知识、分析、扩张被发挥到极致；而阴的方面——直觉知识、综合、生态意识却被轻视乃至忽略。这种“阳性文化”“崇阳文化”的无节制发展，已经造成“现代病”的蔓延：其一，导致人与自然关系的紧张，生态危机已愈益迫近；其二，引发人际关系的紧张，且不论国际战祸频仍，即以一个社会内部，官—民、劳—资、医—患及民族之间等矛盾也有加剧的可能。其健康的发展前途便是：适度提升阴性因素，以达成动态的阴阳平衡。而太极图正昭显了宇宙关系、人伦关系阴阳互补、动态平衡的境界，为我们创建和谐社会提供宝贵的哲理资源。

恰值“后现代”门槛的世界思想界正在从事一项工作：对古典文明原始综合的思维成就（如和谐观、中道观、阴阳平衡观及道法自然等）作创造性诠释，用其疗治主客两分、一味强调征服自然、宰治人生所导致的“现代病”。一些站在科学及哲学前沿的西方学者，揭示中国古典文化的当下意义，如科学史家乔治·萨顿（George Sarton，1884—1956）1930年在题为《东方和西方》的演讲中说：“新的启示可能会，并且一定会来自东方。”科学史家李约瑟，诺贝尔奖获得者波尔、普利高津、汤川秀树等都有类似见解，他们分别从自己的前沿研究中，阐发《老子》《周易》等中华元典包蕴的智慧的现代价值。这种对古典的掘发，透过否定之否定式的深见，洞察到中华文化旺盛的活力与幽深的魅力。

第三节　“第五大发明”——科举制度

周秦之际以来政治文化的显著特征，便是摆脱封建性的贵族政制，形成非封建的民间选士，其完备形态便是隋唐以降的科举制度。科举是周制的“选贤与能”同秦制的拔擢人才于底层相结合的产物，被中外人士盛称为中国的“第五大发明”。

孙中山指出，西方文官考试制度学自中国科举制。美籍华裔学者邓嗣禹（1905—1988）受孙论启示，广为搜集资料，1943年在《哈佛亚洲学报》发表《中国对西方考试制度的影响考》。美国汉学家德克·卜德（Derk Bodde，1909—2003）1942年著《中国物品西传考》，盛赞四大发明及丝绸、瓷器、茶对西方的贡献，又于1948年著《中国思想西传考》，称科举制是“中国赠予西方最珍贵的知识礼物”，对欧美的制度文化影响深巨。

一、考选官僚制：借其私行其大公

帝王不可能凭一己之力推行政令，必须仰仗官僚体系。朱熹（1130—1200）对宋宁宗进言，讲明“大臣”对“君”推行制命的重要性：

> 君虽以制命为职，然必谋之大臣，参之给舍，使之熟议，以求公议之所在，然后扬于王庭，明出命令而公行之。[①]

反映帝王意志的“诏令”通过垂直的官僚系统布达四方，经由郡县制、流官制，实现对广土众民的掌控。而所谓“流官”“朝廷命官”，不同于世袭贵胄，是朝廷从民间拔擢出来的干才，从而扩大了朝廷的社会基础。这便是中国两千年皇权政治具有相当生命活力的一大原因。

朝廷越过世袭身份，实行民间选士制度，其目的是强化皇权，扩大统治基础，令英雄尽入彀中，这当然是帝王从“私天下”之心出发采取的措施。然而，此制在客观上却在一定程度上打破利益固化格局，造成上下阶层间的流动，颇具“公天下”意味。王夫之评议秦始皇以郡县制取代封建制时说：

> 秦以私天下之心而罢侯置守，而天假其私以行其大公。[②]

王夫之此议也可用以评价民间选士制：帝王从揽士集权，让天下豪杰尽入彀中的私念出发，却促成朝廷与平民相对接，广拔英才于民间，增进阶层间人员流

---

① 朱熹：《经筵留身面陈四事札子》。

② 王夫之：《读通鉴论》卷一。

动，这是上天假借帝王专制之私心达成的“大公”。

二、从世卿世禄制到游仕制—军功爵制—察举制

“官”起源甚早，相传夏代设官颇多，所谓“夏后氏官百”[①]。殷商西周的官由贵胄“世及”，世族凭借其世袭身份，世世为官，执掌国政，这是封建贵族制。那时也偶有破格选用无爵贤士任官的举措，如商汤重用有莘氏女的陪嫁之臣伊尹，武丁举从事版筑（以土筑城）的傅说为相，周武王用出自底层的姜尚作讨殷大军统帅。但这还算不上真正意义的官僚政治，只是世卿世禄体制外的“举贤”补充。

春秋时世卿制与选士制并行，一方面，世族继续掌理国政，如鲁国的季孙氏、叔孙氏、孟孙氏，齐国的国、高、鲍、陈，晋国的范、知、中行；另一方面，有能力、立功勋的无爵士人入官渐多，士阶层崛起，进入贵族政治向官僚政治的转化期。春秋末叶的孔子说：

> 先进于礼乐，野人也；后进于礼乐，君子也。如用之，则吾从先进。[②]

表示了对先学礼乐后做官的制度的推崇，对不学礼乐、凭世袭身份做官的世卿制的温和批评，企望学习礼乐的“野人”（平民）为国所用。

略晚于孔子的墨子也力辟世袭贵族制，主张不计身份等级，尚贤举能：

> 官无常贵，而民无终贱，有能则举之，无能则下之。[③]

战国初年，士人从政、为教趋于普及，“七十子之徒，散游诸侯，大者为师傅卿相，小者友教士大夫”[④]，此为游仕现象。而统治者也求贤民间，如魏

---

① 《礼记·明堂位》。
② 《论语·先进》。
③ 《墨子·尚贤》。
④ 《史记·儒林列传》。

文侯开“访士”之风。[①]

战国中后期，列国实行军功爵制度，魏国李悝变法的一项内容是“食有劳而禄有功”[②]，不再以“亲、故”而以“功劳”作为赏赐的标准。吴起在楚国变法，“使封君之子孙三世而收爵，绝减百吏之禄秩”，然后用所收减的爵禄“以奉选练之士”[③]。秦推行军功爵制最彻底，“有军功者，各以率受上爵”，“宗室非有军功论，不得为属籍”[④]，取消宗室贵族享有的世袭特权，而以高官厚禄授予有功劳者。

战国间，公室、私门养士之风盛行一时。公室如魏文侯（？—前396）、齐威王（？—前320）、燕昭王（？—前279）均好士；私门如孟尝君（？—前279）、平原君（？—前251）、信陵君（？—前243）、春申君（？—前238）等战国“四公子”门下，各聚士数千，或文韬武略，或鸡鸣狗盗，各有用场。秦国则行“客卿制”，广揽山东杰士，李斯《谏逐客书》以奏缪（穆）公、孝公、惠王、昭王广用异邦人才、拔擢底层下士，国力大增的事实，阐发“王者不却庶众”政策的优胜性。这都是对贵胄“世及”制度的突破。而张仪相事秦国、苏秦挂相六国，是出身低微的游士登上政坛的显例。

秦代建立完备的君主集权的官僚政制，朝廷设三公九卿，地方设朝廷掌控的郡长县令。

官员的选取，实行军功爵制、客卿制和征士制、荐举制，其意都在打破世袭官制，拔擢有才能的底层人士为朝廷效力，如韩非所言：

> 故明主之吏，宰相必起于州部，猛将必发于卒伍。[⑤]

至汉代，征辟制和察举制并行。所谓察举制，即按郡国及人口比例察举孝廉，推举明经明法、茂才异等、贤良方正。以常科和特科、正式和非正式的各种渠道，出身商贾、奴仆乃至俘虏者，只要有异才专长，皆可入仕做官，各阶

① 见《淮南子·修务》。
② 刘向：《新序·杂事》。
③ 《韩非子·和氏》。
④ 《史记·商君列传》。
⑤ 《韩非子·显学》。

层效命王朝的渠道渐趋畅通。《汉书》称，汉武帝时人才选拔最为成功，才俊辈出，各显风流：

> 上（武帝）方欲用文武，求之如弗及，始以蒲轮迎枚生，见主父而叹息，群士慕嚮，异人并出。卜式拔于刍牧，弘羊擢于贾竖，卫青奋于奴仆，日磾出于降虏，斯亦曩时版筑饭牛之朋已。汉之得人，于兹为盛。儒雅则公孙弘、董仲舒、兒宽，笃行则石建、石庆，质直则汲黯、卜式，推贤则韩安国、郑当时，定令则赵禹、张汤，文章则司马迁、相如，滑稽则东方朔、枚皋，应对则严助、朱买臣，历数则唐都、洛下闳，协律则李延年，运筹则桑弘羊，奉使则张骞、苏武，将率则卫青、霍去病，受遗则霍光、金日磾，其余不可胜纪。是以兴造功业，制度遗文，后世莫及。①

战国以来，中央集权的官僚政治取代封建贵族政治是一基本趋势。秦汉以下诸朝一方面禁养士、禁游侠、抑私门，以防贵胄尾大不掉，另一方面朝廷又广开仕门，掘隐发微，威恩并下，把士人诱引到服务朝廷、效忠君主的“正途”上来。从战国时期各国竞相用士，到汉初朝廷从全国范围选士入官，官僚政治大约经历三百年，基本定型，武帝时呈现上述人才辈出的鼎盛景象。

秦汉以下朝廷实行从民间考选士人任命为流官的官僚政制，较之先秦的世卿世禄制是重大进步，亦优越于西欧、日本中世纪的世袭封建贵族政制。中国的中古文明之所以领先群伦，与此制颇有相关性。而中国从民间选取官员的举措，在春秋战国至秦汉，突破世卿世禄制樊篱，迭次展开为：游仕制—军功爵制—察举制，它们是隋唐以下实行科举制的前导。

三、科举制应运而生

在杜绝贵族政治的流弊上，汉代的征辟察举之制并不彻底，因察举权的执掌者多是豪门巨族，他们利用世代权力，控制官员任免。发展至魏晋南北朝，形成由世族豪门任“大中正”（主选人）的“九品中正制”，强化世家大

---

① 《汉书·兒宽传》赞语。

族的参政特权，向贵族政治复归，造成“上品无寒门，下品无势族”[①]的格局，难以为朝廷选拔优秀人才，还有可能产生中央集权的离心力量，于是变革势在必行。

为了“人尽其才，才尽其用”，自南北朝后期（如北周）便探索考试选官的方法。其实，早在汉代就有策问取士的故例，即以政事、经义设问，应考之士书于简策条对，公孙弘、董仲舒等人的应试策论便十分著名，特别是董仲舒的《天人三策》垂名千古。

隋朝开始实行的科举制度（以分科举士而得名），将上述选士做法加以系统化、制度化，通过学校育才、科举选才、铨叙用才三个环节，养育、选拔官员。

隋开皇七年（587）隋文帝（541—604）分科取士，令诸州每年贡士三人，此为科举之端绪。唐宋以后科举体制渐趋成熟。

科举制以封闭应答的方式，“一切以程文为去留”[②]，突破世卿世禄制的官员血统禁锢，修正察举征召制选拔人才的主观性及九品中正制对门第的谨守，达成相对公开、公平、公正的举官制度，将“选贤与能”的古老理想付诸实施，使官僚制度走出贵族化故辙。

隋唐科举制度兴起有如下几方面条件：

第一，其经济前提是北魏始行的均田制在隋唐间得以推行。均田制以土地国有、计口授田为原则，摧毁大族豪强的庄园经济，使一批自耕农和庶族地主得以产生，并参与分享文化和权力，正所谓“旧时王谢堂前燕，飞入寻常百姓家”[③]。

第二，反映“世代衰微，全无冠盖”[④]的山东士族和江南士族的利益，而这些士族通过科举考试获取政治地位，成为朝廷支柱力量。唐代曾三次官修姓氏书，即太宗时命高士廉等刊正姓氏，修撰《氏族志》；高宗时修《姓录》；中宗时修《姓系录》。国家专设“谱局”，用博古通今的名儒修撰姓氏谱录，其目的在于重新划定社会阶层，打破前代士庶差别。贞观十二年（638），《氏

① 刘毅：《请罢中正除九品疏》。
② 陆游：《老学庵笔记》卷五。
③ 刘禹锡：《乌衣巷》。
④ 《旧唐书·高俭传》。

族志》修成，仍列山东士族崔民干为第一等。李世民看后，大为不满，遂命高士廉等重新刊定，并指示“不须论数世以前，止取今日官爵高下作等级”[①]，强调以当朝的考试选官确定身份级别，这正是科举制的精义所在。

第三，书写、印刷等物质条件大有进步，有利于考试的实施。魏晋以来，纸质书写材料取代简帛，西晋左思的《三都赋》使“洛阳纸贵”，晋惠帝令下吏“赍纸笔”抄写陈寿的《三国志》，东晋末年桓玄下令“以纸代简”，简牍时代结束。纸上书写答卷，为科举考试简便、直观、公开的操作提供可能，唐代士人的行卷、投卷不必再像战国游士那样“负书担橐”“陈箧数十”。唐代手工造纸产量颇大，雕版印刷渐趋流行，为普通人读书并参加科考创造了便利条件。

第四，隋唐时代的经学大统一为应考士人提供必备的教科书，规定了法定的经义文本。

科举制有一逐步规范化的发展过程——

隋文帝开皇七年（587）设“志行修谨”“清平干济”二科；

炀帝大业二年（606）置进士科；

唐承隋制，又于进士科外，复置秀才、明经、明法、明书、明算、诸史等科，依帝王的喜嗜不同，各有增减，唐玄宗时甚至设有专考老、庄著作的道举科。其常设仅为明经、进士两科。

考试及格者称“及第”（“登龙门”），这意味着获得晋升官僚阶层的基本资格，再经吏部考试，通过身（取其体貌丰伟）、言（取其司论辨正）、书（取其楷法遒美）、判（取其文理优长）四项审查，合格者才算完成任官的铨选。

唐代明经科主要考帖经和墨义。所谓“帖经”，就是选择经书中的任何一页，遮住前后文，只留出中间一行，再用纸贴住其中的几个字，让考生读出来。所谓“墨义”，就是让考生用笔试默写出某一段落的经文和注疏。此皆检验应试者对经书的熟悉程度。

进士科在考试策论和帖经之外，诗赋成为必考的重要内容。这要求考生不仅要熟读经传，背诵经义，而且必须具有相当的文学才能。为了表现文学才能，时兴“行卷”，即把自己的代表作抄在卷轴上，呈献给某一推荐人（一般

① 《旧唐书·高俭传》。

是达官显要或著名学者），以求得其赏识，然后再将自己推荐给主考官。行卷之风促进唐代文学的发展，有的行卷作品成为流传后世的名篇。[①]

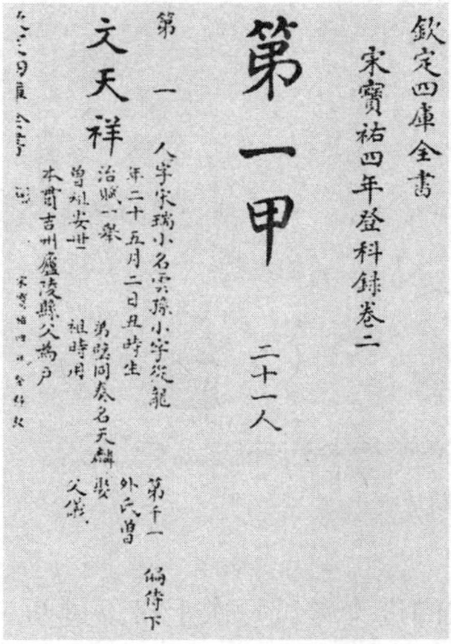
欽定四庫全書
宋寶祐四年登科錄卷二
第一甲
二十一人
第一
文天祥

南宋登科录

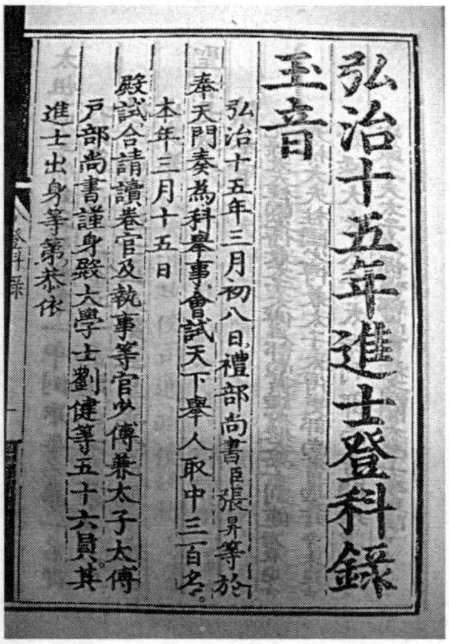
弘治十五年進士登科錄
玉音
弘治十五年三月初八日禮部尚書臣張昇等於
奉天門奏為科舉事會試天下舉人取中三百名
本年三月十五日
殿試合請讀卷官及執事等官少傅兼太子太傅
戶部尚書謹身殿大學士劉健等五十六員其
進士出身等第恭依

明代进士登科录

进士科出身仕途更优于明经科，头名进士称“状元”，为读书做官的极品。唐代的进士和明经科之轻重，有如前代秀才与孝廉。进士极难，其时有“三十老明经，五十少进士”[②]之说，进士及第者每年不过四十人，录取率为百分之一二，而明经科则为百分之一二十。故进士科为士人所趋，“搢绅虽位极人臣，不由进士者，终不为美”[③]。唐代高官如宰相多从进士中选拔，藩政辟举也以进士为优先。唐中叶以后，进士逐渐代替过去的士族，享受政治、经济、文化上的种种特权，包括免除赋税徭役的特权。

科举制将经义考试完善化，唐朝科考分常科和制科两类。每年分期举行的称常科，由皇帝下诏临时举行的考试称制科。隋唐五代贡举实行两级制（解试、省试），宋代实行三级制（解试、省试、殿试），明清实行四级科考：童试考秀才、乡试考举人、会试考贡士、殿试考进士。

① 参见程千帆：《古诗考索：唐代进士行卷与文学》，武汉大学出版社 2008 年版。

② 王定保：《唐摭言·散序进士》：进士科“岁贡常不减八九百人”，“其艰难谓之‘三十老明经，五十少进士’”。

③ 王定保：《唐摭言·散序进士》。

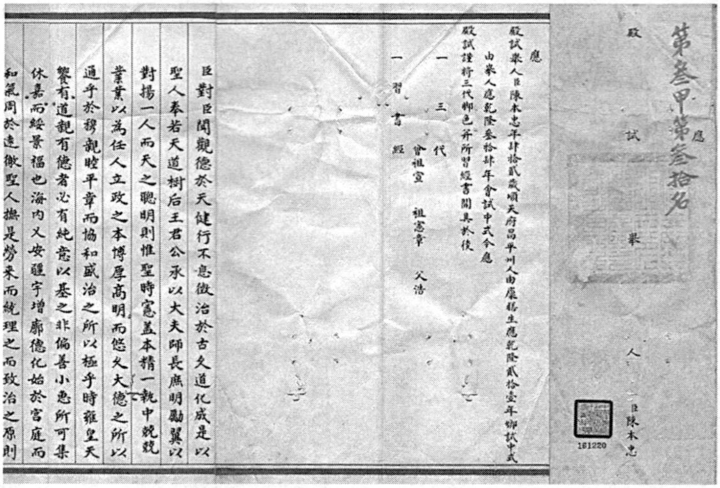
第叁甲第叁拾名
應
殿試舉人
181220
臣陳本忠

應
殿試舉人臣陳本忠年肆拾貳歲順天府昌平州人由廩膳生應乾隆貳拾壹年鄉試中式
由舉人應乾隆叁拾肆年會試中式今應
殿試謹將三代脚色并所習經書開具於後
一 三代
曾祖宣 祖憲章 父浩
一 習 書經

臣對臣聞觀德於天健行不息徵治於古久道化成是以
聖人奉若天道樹后王君公承以大夫師長庶明勵翼以
對揚一人而天之聰明則惟聖時憲蓋本精一執中兢兢
業業以為任人立政之本博厚高明而悠久大德之所以
通乎於穆親睦平章而協和盛治之所以極乎時雍皇天
饗有道親有德者必有純意以基之非偏善小惠所可集
休嘉而綏景福也海內乂安疆宇增廓德化始於宫庭而
和氣周於遠徼聖人撫是勞來而統理之而致治之原則

宋代殿试卷子

科考的淘汰率甚高，明清时三年一次的进士考试每次上榜不过两三百人；乡试中举者各省相加可达数千；童试取秀才，总额近万，然较之成百万读书人的基数，仍为凤毛麟角。故科举制作为教育制度，走的是精英路线，但对普及性的童蒙教育、大众教育有深刻的引导功能。

四、科举制的历史作用

科举制最重要的功能，是促成不靠出身而以考试入流的官僚阶层，取代世袭的封建贵族阶层。德国社会学家马克斯·韦伯（1864—1920）说：

> 此一制度导致候补者互相竞争官职与俸禄，因而使得他们无法联合起来形成封建官吏贵族。获取官职的机会对任何人开放，只要他们能证明自己有足够的学养。①

唐宋以下科举制愈益完备。此制通过法定的、不计身份的考试录用人才，使出自底层的士子，可以通过读书应试攀援上升，如五代王定保（870—940）所说：

① ［德］马克斯·韦伯著，洪天富译：《儒教与道教》，江苏人民出版社 1995 年版，第 141 页。

三百年来，科第之役，草泽望之起家，簪绂望之继世。①

揭示隋唐三百年科举制促成“草泽”（下层百姓）、“簪绂”（名门望族）各阶层人士流动的社会效应。

“唐宋八大家”之一的欧阳修（1007—1072）是起自底层的士人，他描述“朝为田舍郎，暮登天子堂”的情景：

盖士方穷时，困厄闾里，庸人孺子，皆得易而侮之。若季子不礼于其嫂，买臣见弃于其妻。一旦高车驷马，旗旄导前，而骑卒拥后，夹道之人，相与骈肩累迹，瞻望咨嗟，而所谓庸夫愚妇者，奔走骇汗，羞愧俯伏，以自悔罪于车尘马足之间。②

这里例举的“季子不礼于其嫂”，指战国苏秦（？—前284）穷时，嫂子不肯给他饭吃；“买臣见弃于其妻”，指汉代砍樵的朱买臣（？—前115）被妻唾骂出门。而苏、朱后来当上大官，亲朋巴结不迭，所谓“前倨而后恭”。这种由朝政养成的崇尚功名利禄的社会风气，促使底层士人孳孳于学业，以竞选入官。

官员考选制削弱了世袭性、割据性的封建贵族政治，形成世界上较早的完备的文官制度。

参加科举考试的主要是学校生徒，因而此制带动了学校教育的发展。唐时学校分京师学和州县学，各级学校主要研习儒家经典，此外还学习律令和书法、算学等专门技能。因此，科举制度既是一种选官制度又是一种教育制度，它自隋唐延及明清，发挥了重要的社会功能。

宋代殿试图

① 王定保：《唐摭言》。

② 欧阳修：《相州昼锦堂记》。

科举制度以封闭式考试录取官员，具有公正性和法定性。因不计生员出身，唯才是举，从而较广泛地从社会各阶层拔选人才，扩大政权的统治基础。官员和候补官员基本上都是知识阶层的精英，普遍提高了官僚队伍的人文素质。

科举的吸引力，使士子以“读书—考试—做官”为人生“正途”，读书人皓首穷年，孜孜以求，“鸿鹄展羽翮，翻飞入帝乡”[①]是科考士子的理想。

唐载初元年（690），太后武则天（624—705）亲策贡士，殿试自此开始，以后历代沿袭。殿试以一种制度形态昭显“君师合一”，由帝王亲任主考官，将录取最高一级知识官僚的命题权、评判权收归皇帝，中试者皆成为“天子门生”，从而以师生关系强化君臣纲常。

官僚政治与贵族政治有着明显差异，社会学家费孝通说：

> 官僚是皇帝的工具，工具只能行使政权而没有政权。贵族是统治者的家门，官僚是统治者的臣仆。[②]

与此说相类似，美国政治学者塞缪尔·菲利普·亨廷顿（Samuel Phillips Huntington，1927—2008）称中国的政治形态为“家产官僚主义”，即政府是皇室的扩大，官员是君主的仆役。亨廷顿区分“封建国家”与“官僚政治国家”，他指出：

> 官僚政治国家的特点是具有相当大的社会和政治流动性——那些来自最低阶层的人可以达到最高的官位；而封建国家则等级森严，能改变社会地位者极为罕见……
>
> 官僚政治国家一般总是趋于职能分离、权力集中；而封建国家则往往职能混合、权力分立。[③]

---

① 刘希夷：《饯李秀才赴举》。

② 费孝通：《乡土中国》，上海人民出版社 2006 年版，第 81 页。

③［美］塞缪尔·菲利普·亨廷顿著，王冠华等译：《变化社会中的政治秩序》，三联书店 1989 年版，第 135 页。

自隋朝始兴（隋文帝开皇七年，即 587 年）至晚清诏废（清光绪三十一年，即 1905 年），科举制度实行 1318 年，其间不独汉族政权如此，辽、金、元、清等少数民族入主中原的政权也实行此种制度选拔人才。以科举考试为核心，在学校教育、异地赴任、月给俸禄、致仕退休等方面都形成系统，构造了完备的文官制度，成为中国文化的一大特色。

与郡县制相匹配的，是从贵族世卿制向游仕制的转化，进而形成官僚制度。如果说，周代是“天子—诸侯—卿大夫”分等级次第的世袭封建贵族当政，那么，秦汉以下则是由朝廷任命的非世袭的官僚用权。当然，官僚体制内，在朝廷任命的“流官”之下，还有比较稳定的“吏”“吏胥”，他们往往终身在一地从事行政管理的基础工作，并多有子孙相袭之例。故宋人叶濛说：“官无封建而吏有封建。”[①]

自隋唐至明清实行 1300 余年的“科举制度”，朝廷与平民对接，较之“世卿世禄”的贵族政治是一大进步，在不拘一格选拔治国人才、扩大统治基础等方面，发挥积极作用。据统计，明初百余年间，进士及第者来自三代无功名家庭的，多达六成，这较之世袭贵族政治无疑有其优越性。何炳棣（1917—2012）统计明清一万二千位进士、二万三千位举人的出身，发现来自寒门小户的几乎占一半，明代约为 55%，清代约为 37%。“白衣卿相”是科举制之下并不罕见的事例。

余英时（1930—　）在《反智论与中国政治传统》中说：

> 自汉武帝以来，尤其是隋、唐科举制度建立之后，政治上用人遵守一定的知识标准。明、清的八股文取士最受现代人攻击。然而，撇开考试的内容不谈，根据学者统计，明初百余年间进士来自平民家庭者高达 60%，这样一种长期吸收知识分子的政治传统在世界文化史上是独一无二的。[②]

美国汉学家艾恺（1942—　）对科举制推崇备至，他说：

① 《叶濛集》第 3 册，中华书局 1961 年版，第 808 页。
② 刘小枫编：《中国文化特质》，三联书店 1990 年版，第 264 ~ 265 页。

这个在世界史意义上的独特制度培养并创造了优异阶级，该阶级在世界史上是独一无二的。世界上其他任何一个社会，包括美国独立革命与法国大革命，都是由一个世袭的武士阶级所统治，并常常由传教士或神职阶级辅助。但中国则非常不同，他们是非世袭，依靠学识，而非军事和武力获取权力的群体。①

科举使朝廷从平民中取用人才，较之贵族政治显示了平等性、公开性，但这种平等又有其限定性。殷海光（1919—1969）指出：

中国社会文化的发展并非依一个平面而前进。骈文、八股、律诗、词曲、神品画，不是一般人有机会学习的。在中国要写得一篇响亮的文章或写得一手能上朝的好字，必需有闲、钱、名师指导、十年寒窗等等社会条件的支持才有希望。终年胼手胝足为孝敬肚皮而忙碌的一般农民，怎易到达这种地步？②

科举考试诚然不问出身，然而，可以获得参加考试能力（深悉经典、熟谙古文、书法上乘等）的，多是有田土的坐收地租者，他们有读书之暇，并可聘请师傅指导。当然也不乏家道贫寒、苦读登仕者，但毕竟是少数。科举平等性受到文化级差—社会等级的制约，是不争的事实。

五、清末“废科举”的得与失

作为拔擢民间英才、促进跨阶层流动的善政，科举制也有其流弊，这便是助长读书做官、升官即得荣华富贵的社会风尚。相传为宋真宗赵恒（968—1022）所作《劝学诗》，将科举考试的“好处”归结为：

富家不用买良田，书中自有千钟粟。安居不用架高堂，书中自有黄金屋。娶妻莫恨无良媒，书中自有颜如玉。出门莫恨无人随，书中车马

① 《中华文明震撼了我——访美国著名汉学家、芝加哥大学终身教授艾恺》，《光明日报》2013年9月1日。

② 殷海光：《中国文化的展望》，三联书店2002年版，第108页。

多如簇。男儿欲遂平生志，六经勤向窗前读。[1]

功名利禄成为指挥棒，引导士人奔竞于仕途，其高明者治国平天下，立德、立功、立言；末流则沦为“禄蠹”，“其有老死于文场者，亦无所恨”，《儒林外史》中的周进、范进，便是碌碌终身的士人典型。读书当官成为深入社会各阶层的理念，一些下层父老也谆谆告诫子弟苦读入仕，由民入官，享受荣华。这种风靡千载的风尚，既是“官本位”的产物，也助长了“官本位”的膨胀。

清光绪科举金榜　“金榜题名”被视作人生最大荣耀

科举制的另一弊端，是以经史为唯一学问，使科学技术等实际知识不入社会文化主流。而宋代“右文抑武”，高调实行科举制，导致士人柔弱，宋代经济文化发达而武功不强。科举制的此一缺陷，当时即遭有识者诟病，南宋朱熹有“谋恢复，当废科举三十年”的愤语。元代初中期停科举，元仁宗皇庆二年在儒臣力倡下，重启科举。

明清两代科举极盛，而八股取士渐成积弊。延及清末，科考内容及考试方法的迂腐愈益昭彰，康有为指出，科举出身的“翰苑清才”不堪新政之用，除熟悉八股制艺之外，“竟有不知司马迁、范仲淹为何代人，汉祖、唐宗为何朝

① 《全宋诗》未见此篇，然元代关汉卿杂剧及明代笔记小说（如明万历双峰堂刊本《新刻芸窗汇爽万锦情林》）多引此诗，明清以降传播甚广。

帝者。若问以亚非之舆地，欧美之政学，张口瞪目，不知何语矣”[①]。固有的科举制已无法因应社会近代转型的需求，废改的呼声遍起朝野。1901 年 3 月，两广总督陶模（1835—1902）上《图存四策折》，其一为“废科目以兴学校”。山东巡抚袁世凯有逐年减少科举取士名额以增学堂之议；刘坤一、张之洞的《江楚会奏》内容之一是变革科举。

顺应朝野呼声，1901 年清政府宣布废除武举，此为变科举的第一步。1904 年 1 月，张之洞与管学大臣张百熙及荣庆在修订学堂章程时奏称：由于科举未停，导致新学堂的设立受到阻碍；而新学堂未能普遍设立，又使得科举不能立刻停止。因此，朝廷应该确立一个过渡期，使科举和学堂教育归于一途。此奏折获清廷认可。科举便开始逐渐减少录取名额而转向从学堂选拔人才。光绪三十一年（1905），袁世凯、张之洞、周馥、岑春煊、赵尔巽、端方等地方督抚大员联衔上奏，请“立停科举以广学堂”。清廷发布谕旨，宣布从光绪三十二年开始，停止各级科举考试。隋唐以降延续千余年的科举制度，戛然而止，中国传统的政教合一体制[②]随之走向崩解。历史的吊诡处在于，领衔上奏废除科举的，早年多为科举骄子，如张之洞 15 岁中乡试头名、26 岁中殿试第三名（探花）。身为重臣的张之洞们，晚岁面对纷至沓来的近代转型，困于科举弊端，又无法在此制之内更张变通，终于决定将沿袭千余年的科举制一废了之。

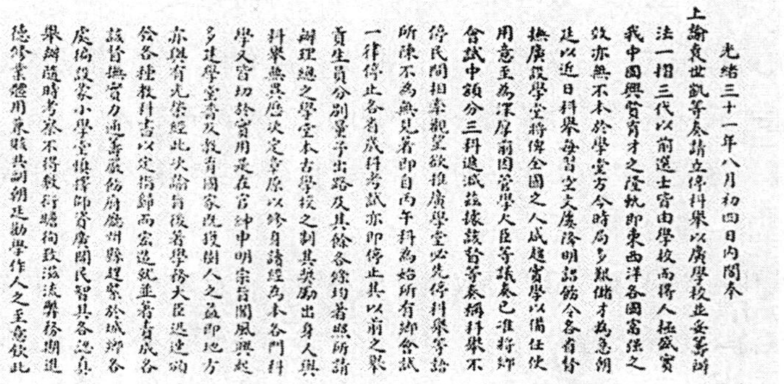
光緒三十一年八月初四日內閣奉
上諭袁世凱等奏請立停科舉以廣學校並妥籌辦
法一摺三代以前選士皆由學校而得人極盛實
我中國興賢育才之隆軌即東西洋各國富強之
效亦無不本於學堂方今時局多艱儲才為急朝
廷以近日科舉每習空文屢降明詔飭令各省督
撫廣設學堂將俾全國之人咸趨實學以備任使
用意至為深厚前因管學大臣等議奏已准將鄉
會試中額分三科遞減茲據該督等奏稱科舉不
停民間相率觀望欲推廣學堂必先停科舉等語
所陳不為無見著即自丙午科為始所有鄉會試
一律停止各省歲科考試亦即停止其以前之舉
貢生員分別量予出路及其餘各條均著照所請
辦理總之學堂本古學校之制其獎勵出身亦與
科舉無異歷次定章原以修身讀經為本各門科
學又皆切於實用是在官紳中明宗旨同風興起
多建學堂普及教育國家既獲樹人之益即地方
亦與有光榮經此次諭旨後著學務大臣迅速頒
發各種教科書以定指歸而宏造就並著責成各
該督撫實力通籌嚴飭府廳州縣趕緊於城鄉各
處遍設蒙小學堂慎選師資廣開民智其各認真
舉辦隨時考察不得敷衍塞責致滋流弊務期進
德修業體用兼賅共副朝廷勉學作人之至意欽此

1905 年清廷“废科举”上谕

---

① 见《请废八股试帖楷法试士改用策论折》，《康有为诗文选》，广东人民出版社 1983 年版，第 550 页。

② 此“政教合一”指政制与教育、教化合一，非指政制与宗教合一。

对于清末废科举，赞扬有之，如维新派所办《时报》发文，称此举“革千年沉痼之积弊，新四海臣民之视听，驱天下人士使各奋其精神才力，咸出于有用之途，所以作人才而兴中国者，其在斯乎”。另类评议亦接踵而至。废科举后四个月，严复在《论教育与国家之关系》的演说中评议“废科举”说：

> 不佞尝谓此事乃吾国数千年中莫大之举动，言其重要，直无异古者之废封建，开阡陌。造因如此，结果如何，非吾辈浅学微识者所敢妄道。

在这些语句中，深蕴着对科举制贸然全盘废弃的忧思。

1905年前后曾力主废科举的梁启超，1910年即颇有悔意，他说：

> 夫科举非恶制也，所恶乎畴昔之科举者，徒以其所试之科不足致用耳。昔美国用选举官吏之制，不胜其弊，及一八九三年，始改用此种实验，美人颂为政治上一新纪元。而德国、日本行之大效，抑更章章也。世界万国中，行此法最早者莫如我，此法实我先民千年前一大发明也。自此法行，我国贵族寒门之阶级永消灭，自此法行，我国民不待劝而竞于学，此法之造于我国也大矣，人方拾吾之唾余以自夸耀，我乃惩末流之弊，因噎以废食，其不智抑甚矣，吾故悍然曰：复科举便！①

梁启超称废科举是因噎废食的不智之举，提出“复科举”的建议。当然，梁氏所要恢复的，是吸收科举精义的欧美近代文官考试制度。

1955年，国学家钱穆在《中国历代政治得失》一书中批评清末“废科举”“铸成大错”：

> 直到晚清，西方人还知采用此制度弥缝他们政党选举之偏陷，而我们却对以往考试制度在历史上有过一千年以上根柢的，一口气吐弃了，不再重视，抑且不再留丝毫顾惜之余地。那真是一件可诧怪的事。
>
> 清末人一意想变法，把此制度也连根拔去。民国以来，政府用人，便

① 梁启超：《官制与官规》，《饮冰室合集》之三《饮冰室文集》，中华书局1989年版，第68页。

全无标准，人事奔竞，派系倾轧，结党营私，偏枯偏荣，种种病象，指不胜屈。不可不说我们把历史看轻了，认为以前一切要不得，才聚九州铸成大错。

长期留居中国的英国人英格尔斯（Alex Inkeles）也不以“废科举”为然，他认为科举制“也许是他们（指中国）所创造出来的唯一值得保留的制度”这代表了西方人的一种观感。

六、近代西方文官制的模本

清末废科举的建设性目标，是兴办西式学堂，以适应近代社会之需。而西式学堂实为西方文官制的养成所，清末力主废科举的人士多不知晓，西方文官制乃是仿效中国科举制的产物。这正是历史的吊诡之处。

中国从民间考选士人入官的消息，中世纪初期即通过犹太商人、阿拉伯商人传至西欧。10 世纪意大利西西里的诺曼王国开始举行文官考试，便受到来自中国的故事的启发。中国科举制正式介绍到欧洲，是元初（13 世纪）入华的意大利人马可·波罗。其后，16 世纪中期入华西洋传教士克香兹，发现中国古代科举考选官员制度与西方贵族官制大异，他在游记中把中国科举制介绍到欧洲。稍后，明万历间入华的耶稣会士利玛窦向西方具体报道南昌举行乡试的情形：

标志着与西方一大差别而值得注意的另一重大事实是，他们全国都是由知识阶层，即一般叫做“哲学家”（指儒生——引者注）的人来治理的，井然有序地管理整个国家的责任，完全交付给他们来掌握。[①]

利玛窦郑重地向欧洲人介绍，“在中国最终实现这一原则的制度叫做科举制”。

据南京江南贡院中国科举博物馆馆长周道祥的研究，自 1570 年至 1870 年的 300 年间，用外文出版涉及中国科举的文献达到 120 余种。伏尔泰、孟德斯

① ［意］利玛窦、［比］金尼阁著，何高济等译：《利玛窦中国札记》上册，中华书局 1983 年版，第 58～59 页。

鸠、狄德罗、卢梭等都对科举所体现出的平等和公平原则表示折服。

至清末，入华新教传教士详尽评介科举制，19 世纪初，英国译员梅笃士著书，介绍科举考试，并建议以此制为范例，在英国实行官员考选。1835 年，一位曾居留中国的英国人英格尔斯指出：东印度公司已经采用中国人的考试办法来选拔人才了。如果哪一天，我们全英国也能够采用这种办法来选拔、考选我们的官员，那么对英国甚至对整个欧洲社会产生的正面作用和影响，将要大于火药和指南针。美国人廉士（又名卫三畏 1812—1884）在《中国总论》中说："中国通过卓越的考试制度录用文官武将，这是他们制度中惟一不同于古今任何一个伟大的君主国家的地方。"

1867 年美国的《北美评论》称赞科举考试。入华美国传教士丁韪良（1827—1916）1868 年在波士顿举行的会议上宣读论文《关于中国的竞争考试》，认为科举是"中国文明的最好方面"，英国已经采借，丁韪良建议美国立即仿效，实行英式文官考试制度。

自马可·波罗、利玛窦以下的西方人士关注科举制是因为，同欧洲中世纪以来实行的"恩赐官职制"（patronage）相比较，"科举"（英文译作 the civil-service examinations，意谓公务员考试）有明显的优越性。18 世纪启蒙大师伏尔泰在批判法国世袭贵族统治国家时，赞扬中国只有通过严格考试的人才能任官，"中国由那些及第的人治理着"。法国师法中国，率先在 1791 年进行文职人员考试。

英国经济学家亚当·斯密（1727—1790）受法国百科全书派的影响，1776 年提议，每个人"被获准在任何机构自由从事某一职业前，必须经过考试或试用"。至 19 世纪初，更有人力主欧洲仿效科举制，改变中世纪以来的封建贵族政治，废弃赐官制，确立从竞争性考试中选拔文职官员的制度——

普鲁士约于 1800 年试行考选文官，19 世纪 70 年代俾斯麦执政时文官考试制正式实施。

1833 年，英国确认通过考试择优录用的原则。1835 年，英国人在东印度公司采取中国式的考试拔才办法。1847 年，英国一驻外机构为聘任办事员，进行竞争性考试。此举受到种种非难，但英国行政改革者认为这是一种卓越的选拔人才的制度。1855 年，英国成立第一个文官委员会，主持普通文职人员竞争性考试。此间英国刊物《绅士杂志》《伦敦杂志》等广为译介中国官员考选程序及方法。在中国科举制的影响下，1870年，英国颁布法令，使文官的竞争性考试正常化，英国文官考试制度最终确立，成为欧美楷模。

西方人说，科举制是中国人赐给西方最重要的礼物。此言并不夸张。

孙中山在《五权宪法》中将官员考试列为民主政治的五大方面之一，进而指出：

> 现在欧美各国的考试制度，差不多都是学英国的。穷流溯源，英国的考试制度原来还是从我们中国学过去的。所以，中国的考试制度，就是世界上用以拔取真才的最古最好的制度。①

需要指出的是，隋唐至明清的科举，是考选政务官，考中者由朝廷任命为朝官（入翰林院等）或任命为地方官（如县官），而事务官（称吏或吏胥，如宋江那样的县衙里的押司）虽有一套选拔制度，但不在科考之列。而英国的文官考试是选考事务官，政务官则通过选举产生的议会任命（或由议会确任的政府首脑任命）。故考选任官的重要性，隋唐至明清的中国更甚于近代西方。

综论之，在人类创造的种种选拔官员的办法中，科举制度是十分卓越的一种，固然难免弊端，但不能掩没其从平民拔擢人才的杰出构思，孙中山在清末"废科举"之际评价此制时，仍力陈科举高义：

> 虽所试科目不合时用，制度则昭若日月。②

反顾科举兴废史，我们由衷钦佩中山先生的睿见，并由此引出两则感想——

其一，今人应当改造、更新科举制，剥离其历史积垢、转化出现代气质，让那"昭若日月"的公平、公正、公开的选官制度的精义重现辉光，既不是一"废"了之，也不是简单复归昔制。对于传统文化的若干节目，皆应作如是观。

其二，今日参酌西方文官考试制度以建立现代公务员考试制度时，切不可

---

① 《孙大总统五权宪法讲演录》，广东官印刷局1921年版。

② 孙中山：《与刘成禺对话》，《孙中山全集》第一卷，中华书局1981年版，第445页。

数典忘祖，一定要认真总结并弘扬中华文化固有的选贤与能、政权向庶众开放的传统，抑制凭恩荫授权的世袭制流弊，消减令阶层固化、官民对立的危险。此为构建优质政治文化的要处。

第四节　试解“李约瑟悖论”

中国创造了辉煌的中古文明，其物质生产和精神生产在公元1世纪至15世纪间曾领先全球。然而，自16世纪开始却渐次落后于西方，自外于17世纪的科学革命和18世纪的工业革命，19世纪中叶以降更沦为工业化西方侵凌、掠夺的对象。这样一种诡异现象，当然会激发人们的思索，中国率先发问的是科学家任鸿隽（1886—1981），他于1915年在中国最早的科学杂志《科学》第1卷第1期刊《说中国无科学之原因》一文，提出中国为何没有产生近代科学的问题。而著名的设问者是几位研究中国文明史的西方人——韦伯、魏特夫、贝尔纳与李约瑟。

一、“韦伯置疑”与“魏特夫设问”

马克斯·韦伯（Max Weber，1864—1920），德国政治经济学家、社会学家，他对基督教及其新教、儒教和道教、印度教等宗教与文明进程的关系作过视野开阔的考析，所著《儒教中国政治与中国资本主义萌芽：城市和行会》[1]，就中国文明的现代进路提出发人深省的问题：

> 18世纪英国工业革命的条件，在14世纪的明初中国全部具备，一些对资本主义经济发展有利的因素在中国存在（长期的和平、运河的改善、人口增长、取得土地的自由、迁徙至异地的自由、以及选择执业的自由），但工业革命却未在中国产生。原因安在？

马克斯·韦伯

① 见［德］马克斯·韦伯著，黄宪起、张晓译：《文明的历史脚步》，三联书店1997年版。

这便是所谓“韦伯疑问”。

韦伯对自己的设问给出的答案是：

那些有利因素都无法抵消其他因素的负面影响，这种影响大多数来自宗教（指儒教）。

韦伯认为，儒教和新教代表两种不同的理性化路径。两者都试着依据某种终极的宗教信仰设计人类生活，都鼓励节制和自我控制，也都能与财富的累积相并存。然而，儒教的目标是取得并保存“一种文化的地位”，并且以之作为手段来适应这个世界，强调教育、自我完善、礼貌，以及家庭伦理。而新教则以那些手段来创造一个“上帝的工具”，积累并增殖财富，以服侍上帝。这种精神追求的差异便是导致资本主义在西方文明发展繁荣，却迟迟没有在中国出现的原因。

略晚于韦伯，以《东方专制主义》一书著名的德裔美国汉学家魏特夫（K.A.Wittfogel，1896—1988）于1931年发表《为何中国没有产生自然科学？》一文，发挥韦伯置疑。正是魏特夫的设问，激发了李约瑟研究中国文明的兴趣。不过，魏特夫从欧洲中心主义出发，秉持的是“中国无自然科学”论，而李约瑟经过长时期研究后，充分肯定中国古代科技成就，并就中国未能诞生近代文明提出较为系统、深刻的问题。

二、“李约瑟悖论”

（一）贝尔纳设问及简答

在韦伯、魏特夫提出疑问后，英国物理学家、科学史家贝尔纳（John Desmond Bernal，1901—1971）于1939年指出：“有史以来，在大部分期间，中国一直是世界三四个伟大的文明中心之一，而且在这一期间的大部分时间中，它还是一个政治和技术都最为发达的中心。”而中国古代曾如此先进，“为什么后来的现代科学和技术革命不发生在中国而发生在西方”？贝尔纳对此一“饶有趣味”的问题试作回答：

> 也许是由于在农业生活与受过经典教育的统治阶级之间，在必需品和奢侈品的充沛供应与生产这些物品所需要的劳动力之间保持着十分令

人满意的平衡，中国才没有必要把技术改进工作发展到某一限度之外。①

贝尔纳试图从经济结构和社会需求上解答何以“现代科学和技术革命不发生在中国而发生在西方”的问题，虽语焉未详，却颇富深度。

（二）李约瑟的矛盾性设问

详尽阐述以上论题的外国学者，莫过于长期研究中国科技史的英国科学家李约瑟（1900—1995），他1964年发表《东西方的科学与社会》一文说：

> 大约在1938年，我开始酝酿写一部系统的、客观的、权威性的专著，以论述中国文化的科学史、科学思想史、技术史及医学史。当时我注意到的重要问题是：为什么近代科学只在欧洲文明中发展，而未在中国（或印度）文明中成长？

经过1938年以降长期在中国重庆、英国剑桥的研究（得到鲁桂珍、王静宁等多位中国学者的帮助），李约瑟发现，中国古代有极为丰富的科技发现与发明，但在近代陷入顿滞。1969年他在所著《中国的科学与文明》（广为人知的译名是《中国科学技术史》）的序言里，提出三组连贯却又彼此抵牾的问题：

> （1）为什么在公元前3世纪到公元15世纪之间，中国文明在把人类自然知识运用于人的实际需要方面比西方文明有效得多？
>
> （2）为什么现代科学，亦即经得起全世界的考验、并得到合理的普遍赞扬的伽利略、哈维、凡萨里马斯、格斯纳、牛顿的传统——这一传统肯定会成为统一的世界大家庭的理论基础，是在地中海和大西洋沿岸发展起来的，而不是在中国或亚洲其他任何地方得到发展呢？
>
> （3）中国科学为什么会长期大致停留在经验阶段，并且只有原始型和中古型的理论？如果事情确实是这样，那么中国人又怎么能够在许多重要方面有一些科学技术发明，走在那些创造出著名的希腊奇迹的传奇

① ［英］贝尔纳著，陈体芳译：《科学的社会功能》，商务印书馆1982年版，第297页。

> 式人物的前面，和拥有古代西方世界全部文化财富的阿拉伯人并驾齐驱，并在公元 3 世纪到 13 世纪之间保持一个西方所望尘莫及的科学知识水平？中国在理论和几何方法体系方面所存在的弱点，又为什么并没有妨碍各种科学发现与技术发明的涌现？中国的这些发明和发现往往远远超过同时代的欧洲，特别是在 15 世纪之前更如此（关于这一点可以毫不费力地加以证明）。欧洲在 16 世纪以后就诞生出现代科学，这种科学已被证明是形成近代世界秩序的基本因素之一，而中国却没有能够在亚洲产生出与此相似的现代科学，其阻碍因素又是什么？从另一方面说，又是什么因素使得科学在中国早期社会中比在希腊或欧洲中古社会中更容易得到应用？最后，为什么中国在科学理论方面虽然比较落后，却能产生出有机的自然观？

1976 年，美国经济学家肯尼思·博尔丁（Kenneth Ewart Boulding，1910—1993）将李约瑟的设问称之为“李约瑟难题”。

李约瑟及其前驱和后继者的一系列设疑，可以归纳为两个问题：

其一，中国何以能创造超过西方的中古文明？

其二，拥有如此丰厚的中古文明积淀的中国何以未能实现科学革命和工业革命，让西方在创建现代文明上着了先鞭？

这是两个反义疑问，故“李约瑟难题”又称“李约瑟悖论”。

上述悖论是李约瑟数十年研究中国科技史的核心论题，它们在某种程度上逼近中国文化生成史的关键题旨。

（三）李约瑟设问的历史依据

李约瑟提出的前后连贯的问题，立足于真切的历史实际。

第一，中国的确创造了超乎西方的中古文明。本书第七章已陈列中古时代中国技术成就领先欧洲乃至全球的具体情况。另据德国人维尔纳·施泰因（Werner Stein）编《人类文明编年纪事》（科学和技术分册）统计，16 世纪前世界重大科学发现共 152 项，古希腊 54 项，中国 24 项。表明科学发现在古典至中古时代，希腊、中国并为前驱。美国科技史家罗伯特·坦普尔（Robert Temple，1945—　）指出：

我们所生活的“近代世界”原来是中国和西方成分的极好结合。“近代世界”赖以建立的种种基本发明和发现，可能有一半以上源于中国，然而却鲜为人知。[①]

又据上海人民出版社1975年出版的《自然科学大事年表》统计，16世纪前全世界270项重大科学发现中，中国占136项，约达总量的一半，与坦普尔的估计相当。然而必须指出的是，中国古代文明多有经验理性指引下的技术创造，却乏于科学理性，未能构建科学思维体系，这就为中国文明近代落后埋下伏笔。

第二，中国未能参与17世纪的科学革命（以牛顿力学为标志）和18世纪的工业革命（以蒸汽机发明与使用为标志），16世纪以后文明创发源地从东方转移到西方，这一结论也有大量的历史事实可资佐证。而且，直至时下，中国的现代化建设虽然取得显著进展，但落后于西方的基本情状尚未扭转，在整个20世纪以及21世纪初，中国很少进入科技发明发现的前沿，20世纪对人类生活影响较大的20项发明，全属西方——

1. 无线电　意大利人格列莫·马克尼、俄国人波波夫 1901年

2. 洗衣机　美国人费希尔 1901年

3. 塑料　比利时人贝克兰 1906年

4. 味精　日本人池田菊苗 1908年

5. 不锈钢　英国人亨利·布诺雷 1912年

6. 电灯　英国人约瑟夫·斯旺，美国人爱迪生、米兰尔 1878—1913年

7. 电视　美国人费罗·法恩斯沃斯、英国人约翰·贝尔德、俄国人弗拉迪米尔·兹沃利金 1908—1928年

8. 人造纤维　美国人卡罗塞斯 1934年

9. 磁带录音机　美国人马文·卡姆拉斯、德国人弗里奥默 1935年

10. 电子显微镜　德国人鲁斯卡 1938年

11. 静电复印机　美国人切斯特·卡尔泰 1938年

---

① ［美］罗伯特·K.G.坦普尔著，陈养正等译:《中国：发明与发现的国度》，21世纪出版社1995年版，第11页。

12. 电子计算机　美国人阿塔纳索夫、莫利奇、冯·塔依曼鲁斯卡 1946 年

13. 微波炉　美国雷声公司 1947 年

14. 晶体管　美国人肖克莱、巴丁、布拉顿 1948 年

15. 避孕药　美国人格雷戈里·平卡斯 1955 年

16. 集成电路　美国人杰克·基尔比、玻勒·诺耶斯 1958 年

17. 机器人　美国人乔治 1961 年

18. 液晶　日本夏普公司 1973 年

19. 试管婴儿　英国人帕特里克·斯特培托、罗伯特·杰佛里·爱德华兹 1988 年

20. 国际互联网　美国 1990 年

有着历史依据的李约瑟问题引起中外人士的广泛注目与思考，但也有人认为，李约瑟没有区分科学与技术，而古代中国有技术无科学，因此，求问中国何以在中古创造了最先进的科技，这是一个“伪问题”，既然此一前提性问题不存在，中国近代科技何以落后，便没有研讨的必要。[①]

李约瑟问题固然概念欠精确，未能厘清“科学”与“技术”的界限，但李约瑟揭示中西文明史的路径差异，洞见中国在中古时代文明的整体水平领先于欧洲，却又在近代落伍，将科学革命、工业革命的创发权拱手交给西方，从而提出颇具深度的、植根于历史实际的问题，理当引发人们从理论与实践两个层面去寻求解答。从某种意义上可以说，考析李约瑟悖论，直逼中国文化生成史的核心，是从古—今、中—西两大坐标系探求中国历史进路的较佳窥视口。

三、悖论前因：拥有创建发达农耕文明的制度前提

李约瑟设问的前半段是：中国何以能创造领先欧洲的中古文明（即农耕文明），宋元至明中叶（10—15 世纪）的经济水平和技术水平何以能雄踞世

---

① 有香港学者概括西方对李约瑟问题的批评：第一，李约瑟在技术上做了很多论证，可是他混淆了科学与技术，中国的科学理论实际上是完全没有发展的。第二，轻视科学理论的重要性。第三，割裂了西方近代科学与古希腊科学之间的关系。第四，过分强调社会经济因素对科学的发展，忽略科学传统与科学家内在的科学发展力量（见陈方正：《三问中国科学为何落后》，《南方都市报》2009 年 7 月 5 日）。

界前茅？

本书前面诸章节已埋伏着对此一问题的解析，这里再作简约归纳——

中古中国实行地主经济、官僚政治，优于中世纪欧洲日本的领主经济、贵族政治，从而拥有创建较发达的高级农耕文明的制度前提。

其一，秦汉以下，尤其是中唐废均田制，宋代实行“不抑兼并”的土地开放政策，中古及近古中国确立地主—自耕农土地所有制，这种经济体制比西欧、日本中世纪领主制经济给予农业劳动者以较多自由。地主经济下的劳动者同生产资料结合成男耕女织的生产单位——农户，这些独立农户可以支配自己一家的劳动时间，有较大的经营自主权，因而生产积极性较高，比领主制经济下的劳动者主体——缺乏人身自由的农奴较具活力。

其二，自秦汉以下，尤其是中唐之后，中国确立中央集权的官僚政治，实行文官考选制度，朝廷与庶民对接，扩大了统治基础，优胜于欧洲、日本中古时代的世袭贵族政治。

其三，秦汉以下的皇权体制较彻底地实现政治大一统（政令通行全国，达成国家稳定）、文化大一统（统一度量衡、统一文字、统一伦常规范等），较之欧洲、日本中古时代的诸侯林立、领主纷争，更有利于经济、文化的发展。

其四，中古时代的中国没有陷入宗教迷狂，儒释道等多元信仰并行不悖、相得益彰，也是中国人赢得经济文化创造力的缘故。

其五，中国人的经验理性，如空间上的整体观、时间上的发展观、由表入里的本质观，皆维系着文明的延传；勤勉的个体劳作习惯，亦有益于农耕经济的发展和技艺的应用及承袭。

概言之，相对自主的农户与农民、集权而开放的官僚政治、经验理性支撑的技术、较为宽容的儒释道三教共弘的精神世界，构成中古及近古时代中华文化元素的结构性优长，中国创造领先中古世界的经济及技术成就，基本原因正深蕴其间。

四、悖论后果：形成稳定板块，难以实现近代转型

前述古代中国的制度性优势，又演化为障碍近代转型的劣势。

其一，小农业与家庭手工业相结合的自然经济的自足性，形成封闭性和惰性。产品与消费间的距离甚近，生产及营运成本低廉，使小农业与家庭手工业

结合的经济形态拥有较坚韧的抵御商品经济的能力。

其二，建立在这种经济结构之上的宗法皇权政治强固有力，典章制度完备严密，成为压制资本主义萌芽的巨石。

其三，轻忽科技的儒学占据精神世界的统治地位，“德成而上，艺成而下”[①]的观念因袭已久，教育与生产技艺相脱节，科举制度笼罩下的教育内容和考试内容都排斥科技知识。某些学者关注科技，如北宋沈括对自然论题的精深研究，南宋朱熹注重吸取自然科学成就，明末徐光启以内阁大学士之尊考察并总结农业生产技术，但此类个别成就并未引入教育系统。从总体而言，前近代中国文教蔑视科技、疏远社会经济。

其四，思维方式的限制。传统中国擅长经验理性和辩证方法，有助于经验技术，却不利于近代科学的创生。近代科学借助两种思维方式，一是形式逻辑体系，二是系统的实验方法，而二者正是中国文化的短板。一则，居于主流的儒学不讲形式逻辑，墨辩又被打入冷宫，故未能发展出一套构造科学理论体系的形式逻辑方法。二则，与定量分析相结合的系统实验方法未能获得广泛运用。由于这两者的欠缺，中国难以产生近代科学。1993 年，华裔物理学家杨振宁（1922—　）在香港大学作题为“近代科学进入中国的回顾与前瞻”的讲演，谈到阻碍中国萌生近代科学的原因，他列举五条，其中与科学文化有关的占三条：

> 中国传统学问偏重于人文哲学，
> 教育制度缺乏自然哲学内容，
> 缺少准确的逻辑推理的传统。

居中国传统文化主导地位的儒学逻辑方法比较单一，如孔子无限制地运用“无类比附”（“闻一知十”“闻一知百”之类），而类比法固然有一定功效，但其逻辑根据是不充分的。“类比”是以对象之间的某些相似属性为依据，推出它们在其他方面也可能相似的一种逻辑方法。但是，两个事物之间存在某些相似属性，并不意味着两事物的其他属性也必然相似。因此，由类比法推导出

① 《礼记·乐记》。

来的结论可能接近真实，也可能是错误的。特别是把不同范畴的对象（如自然界与人类社会），无条件地加以类比，其结论往往失之虚妄。孔儒惯用的这种逻辑方法是诗化的而非科学的、感悟的而非实证，不能把人们引导到对自然和社会内部进行深入的剖析。

近代科学革命的思维武器，一是数学语言的使用，二是实验方法的普及。中古及近古中国文化略涉这两方面，却未能展开，朝野间占主导的是“无类比附”那样的思维习惯。由于思辨能力有所亏欠的儒学被推尊为文化正宗，中华民族理论思维的发展受到限制，偏于经验理性，阻碍了逻辑的、分析的、实证的思维的发展。弥补传统思维缺憾，促成思维方式现代转换，是中国现代化进程的题中应有之义。

总之，解求“李约瑟难题”，不仅需要探究经济、社会、政治层面的因素，还应当考析古典学术主潮的利弊，洞悉文化生成的机制性优长与缺失，这正是我们在开辟现代文明进路时必须展开的文化反思。

第十一章　中国文化史分期

吾民族创造之文化，富有弹性，自古迄今，俪俪相属，虽间有盛衰之判，固未尝有中绝之时。

——柳诒徵：《中国文化史·绪论》

历史自然段和历史分期、社会性质的关系是：前者是客观实际，是基础，是本；后者是主观意识，是上层，是末。提出研究自然段的意义在于：重事实，重材料。研究中国历史，先重事实研究，少定框框。

——何兹全：《世纪之交对历史研究的思考》

第一节　历史分期法

文化史分期是历史分期的一个分支。讨论中国文化史分期须从历史分期之一般入手。

历史分期是通过划分历史时段研究历史、把握历史发展规律的方法，一切史学的乃至全体人文社会科学的研究均需运用此法。日本的中国历史学家、京都学派代表学者谷川道雄（1925—2013）批评当代日本的中国史研究者们“已丧失了将中国史体系化的热情”[①]。谷川与笔者多次晤谈，一再表达对日本史学界忽视理论、忽视历史分期倾向的失望，并寄希望于中国史学界。他曾著文指出：

---

① ［日］谷川道雄著:《战后日本的中国史论争总论》，刘俊文主编，高明士等译:《日本学者研究中国史论著选译》第二卷，中华书局 1993 年版，第 327 页。

> 历史分期是从总体上把握历史体系的有效方法……七十年代后半期，日本由于实现了高度经济成长，其结果对历史进步的价值观念发生了重大变化。换句话说，对以发展的观点看待人类历史已失去了兴趣。[①]

京都学派代表学者谷川道雄
（冯天瑜 2004 年速写）

谷川道雄提出的问题不仅针对日本史学界，而且具有普遍意义。若不能对历史作出科学的分期，忽视历史体系的总体把握，各种具体的研究将失去坐标系，茫无头绪。

与轻视历史分期形成另一极端的偏颇，是以先验的教条强作历史分期，这也给历史研究带来严重伤害。必须尊重历史时序的发展实际，不宜以强烈的主观设定去框架历史过程。

历史分期无意义论和以主观格式强行分期论都是不妥当的。

一、中国传统的历史分期

在西方史学（包括其术语）传入中国之前，中国史学主要以王朝断代，注重王者世系、统纪。战国时法家则从历史进化的眼光划分历史阶段，有“上世—中世—近世”三段说，例如商鞅学派称：

> 上世亲亲而爱私，中世上贤而说仁，下世贵贵而尊官。[②]

描述了“血亲政治（上世）—贤人政治（中世）—贵族政治（下世）”的进化过程。

又如韩非（前 280—前 233）有“上古之世—中古之世—近古之世—当今

① ［日］谷川道雄著:《战后日本的中国史论争总论》，刘俊文主编，高明士等译:《日本学者研究中国史论著选译》第二卷，中华书局 1993 年版，第 326 ~ 327 页。

② 《商君书 · 开塞》。

之世”递变说[①]，认为历史是进化、发展的，每一阶段都面临某种主要矛盾，解决矛盾的办法也因时而异：

> 上古竞于道德，中世逐于智谋，当今争于气力。[②]

这种进化历史观，为夏曾佑、梁启超等近代史家借用并发挥，以之与从欧洲和日本引进的线性进化史观相对接，如夏曾佑（1863—1924）的《中国古代史》把中国史分为上古（草昧至周末）、中古（秦至唐）、近古（宋至今）三段，近古又分为退化期与更化期。

西汉今文家治《春秋》，将两百余年的春秋史分作“有见、有闻、有传闻”三世[③]，东汉何休（129—182）《春秋公羊解诂》，将三世说解释为“据乱世、升平世、太平世”，此为治乱观的三分法，含有历史进化论意味，为盛行王朝分期法时代的历史分期之异类，后世今文家沿用，亦被近代史家所假借，如康有为将“公羊三世”说与《礼记·礼运》的“大同”“小康”说相结合表述历史进程。[④]梁启超在《变法通义》（1896）中以春秋三世说表述世界之进化过程。赴日本以后，梁氏的《自由书·文野三界之别》（1899），以“据乱世—升平世—太平世”对应泰西的“蛮野—半开—文明”历史三段式。

二、西方历史分期法引入中国

西方近代形成明确的世界历史分期，文艺复兴时期出现“中世纪”一词，与“黑暗时代”相并用。人文主义者彼得拉克（1304—1374）将历史分为：罗马、黑暗时代、复兴时期。至公元1700年前，凯勒尔（1638—1707）出版《古代、中世纪和新时期世界通史》一书，开始了“三部史”的世界史分期法。[⑤]意大利哲学家克罗齐（1866—1952）说：“我们，近代欧洲人把历史分成古代、中世纪、近代。”这种分期虽然“遭受了某些人的大量精确的批判”，“但是，

---

①② 《韩非子·五蠹》。

③ 见《春秋繁露》卷一。

④ 参见《春秋董氏学》卷2，《康有为全集》第2辑，上海古籍出版社1990年版，第671页。

⑤ 张广勇：《全球通史·中译本导言》，斯塔夫里阿诺斯著，吴象婴、梁赤民译：《全球通史·1500年以前的世界》，上海社会科学院出版社1988年版，第12～13页。

它支持下来了”。[①]

清民之际，西方线性进化史观传入中国，“三部史”历史分期也被近代中国学者所参酌，引作相应的中国历史分期。

王韬（1828—1897）参考欧洲“原始民主—君主专制—君主立宪”的政治史进程，将中国史分作三阶段：三代以上“君与民近”；秦以下“废封建而为郡县”，尊君卑臣；近代“君主于上，民主于下”，[②]明确地把三代之治（封建）与厉行专制的秦以下（郡县）分作两个不同段落，寄望于第三阶段（君主立宪）的实现。

郑观应（1842—1921）参酌西洋社会史的说法，将历史分作三段：由“弋猎”变“耕牧”再变“格致”，此为“世运之迁移，而天地自然之理也”[③]。这是从生产方式上划分历史阶段（渔猎经济—农耕畜牧经济—工业经济）。

梁启超的《中国史叙论》（1901），参考西洋人的世界史分期，又借用《韩非子·五蠹》“上古之世—中古之世—近古之世”用语，将中国历史分作“上世史、中世史、近世史”，并对应为“中国之中国、亚洲之中国、世界之中国”三个阶段，梁氏将中国史三个段落表述如下：

> 第一上世史。自黄帝以讫秦之一统，是为中国之中国，即中国民族自发达、自竞争、自团结之时代也。其最主要者，在战胜土著之蛮族，而有力者及其功臣子弟分据各要地，由酋长而变为封建。复次第兼并，力征无已时。卒乃由夏禹涂山之万国，变为周初孟津之八百诸侯，又变而为春秋初年之五十余国，又变而为战国时代之七雄，卒至于一统，此实汉族自经营其内部之事……
>
> 第二中世史。自秦一统后至清代乾隆之末年，是为亚洲之中国，即中国民族与亚洲各民族交涉繁赜，竞争最烈之时代也。又中央集权之制度日就完整，君主专制政体全盛之时代也，其内部之主要者，由豪族之帝政，变为崛起之帝政……
>
> 第三近世史。自乾隆末年以至于今日，是为世界之中国，即中国民

① ［意］克罗齐著，傅任敢译：《历史学的理论和实际》，商务印书馆 1982 年版，第 86 页。
② 王韬：《重民下》，《弢园文录外编》卷一。
③ 《郑观应集》下册，上海人民出版社 1982 年版，第 340 页。

> 族合同全亚洲民族，与西人交涉竞争之时代也。又君主专制政体渐就湮灭，而数千年未经发达之国民立宪政体，将嬗代兴起之时代也……[①]

这一分期符合中国与外域文化关系发展历程的实际，也指明了中国史自身的分段政治、文化特征，然而尚未顾及经济形态，故作为各阶段属性的总体概括，还有缺略。

夏曾佑1902年撰成《最新中学中国历史教科书》（后改名为《中国古代史》）[②]，突破传统史体，首用章节体编写，并据历史演化序列，分中国历史为“上古、中古、近代”三期。

梁启超、夏曾佑之后，以上古、中古、近古、近代划分历史渐成惯例。

如柳诒徵（1880—1956）撰成于1930年的《中国文化史》分为三编：第一编，从邃古到两汉，是我国民族由部落到国家，独立建构自己文化的时期；第二编，从东汉到明朝末年，是印度文化输入中国并与我国文化发生关系的时期；第三编，由明末到当今，是西方文化输入并与我国文化发生关系的时期。这种文化史三段划分，大致承袭梁启超思路，又有通变。柳氏将印度文化、西方文化作为本国文化发展史的参照坐标，并且用“由牴牾而融合”“相激相荡至卒相合”来概括外来文化与中国文化的关系，细化了梁启超“中国之中国”—“亚洲之中国”—“世界之中国”之说。

又如20世纪30年代初列为大学丛书的章嵚（1879—1931）的《中华通史》，依“政治与文化之起落”，将中国历史分为四段：

> 上古（黄帝至战国末）、
> 中古（秦至唐末）、
> 近古（五代至明末）、
> 近世（清至民初）。

该书把“周初之立邦及灭殷后之封建”视为中国古史的一大转折，又称春秋战

① 梁启超：《中国史叙论》，《梁启超全集》第1册，北京出版社1999年版，第453～454页。

② 参见夏曾佑：《中国古代史》，三联书店1955年版。

国为“封建解纽之一大时期”。[①]

三如陈登原（1900—1975）吸取梁启超、柳诒徵分期法，1937 年出版《中国文化史》，将文化史分期标准归纳为四——

> 文化用具之不同，思想学术之歧异，政治经济之变迁，人种社会之转易。

这是观照器物文化、思想学术、政经制度、民族及社会的分期法，在此种综合基础上陈氏把中国文化史分成五期：上古（有史至秦初）、中古（秦初至五代季）、近古（宋初至明季）、近代（明季至清季）、近世（清季至今）。

抗日战争期间，熊十力所作《中国历史纲要》称：

> 自夏、商讫于周为封建诸侯之世，虽戴有天子为共主，而实则诸侯有国，大夫有家，各有其土地，各以其所抚之人民为农奴而已，所谓封建社会是也。
>
> 春秋讫于战国，渐去封建之习……秦废封建，改郡县，是为一大变。[②]

熊氏显然不认同当时已经流行的泛化封建说，而沿用“封建”古义，以秦代作界，前为“封建社会”，后为“君权郡县社会”。熊十力在《韩非子评论》（1949）、《论六经》（1951）等著作中，论析三代封建社会及其意识形态与秦汉以下君主专制社会及其意识形态的重大差异，指出：

> 秦以后儒者，以帝制思想释经，全失孔子之旨……得假君权以宰制中夏。[③]

指出秦后儒者被帝制思想控制，释经已脱离封建时代原始儒学的本旨。这种文

---

① 见章嵚：《中华通史》上，商务印书馆 1933 年版，第 92、293、390 ~ 394 页。

② 《熊十力全集》第 2 卷，湖北教育出版社 2001 年版，第 751 页。

③ 《熊十力全集》第 5 卷，湖北教育出版社 2001 年版，第 302 页。

化史分期观，揭示出中国思想前后演变的要领。

1948 年，钱穆（1895—1990）的《中国文化史导论》称，“中国古代史上的‘民族融和’与‘国家凝成’两大功业，共分为五个阶段而完成”：

> “禅让制度”的“唐、虞时代”；
> “王朝传统制度”的“夏、商时代”；
> “封建制度”的“西周时代”；
> “联盟制度”的“春秋时代”；
> “郡县制度”的战国末期以降。①

这是从中国历史实态归纳出的政治制度分期。

三、社会形态学说的历史分期

20 世纪 20 年代唯物史观的社会形态学说传入中国，使历史分期获得理论支柱，不再仅以王朝更迭、政制变迁作分期标准，而从经济、政治、社会、文化统合而成的总体格局考析历史分期，这无疑是史学的进展。但初习社会形态学说的中国学者受西方中心论影响，以从欧洲史概括出的历史进程（原始社会—奴隶社会—封建社会—资本主义社会）套用中国史分期，将过往的中国历史序列为：原始社会—奴隶社会—封建社会—半殖民地半封建社会。此种分期法虽有颇强的概括力和宜于传播的优长，但它的某些环节是“泛化封建观”的产物，存在名实不符之弊。

未入文明门槛之前的段落称原始社会，若以生产工具标志，则分旧石器时代和新石器时代；若以社会组织标志，则分原始群时代（相当于旧石器时代）和氏族公社时代（相当于新石器时代）。原始群时代以百万年计，是原始社会前期；氏族公社时代延传两三万年，是原始社会后期，其中又分母系氏族社会和父系氏族社会。

跨入文明门槛（以发明并使用金属工具及文字，出现城市为标志）以后，情形渐趋复杂。夏代城址及金属器具多有出土，却因未发现成熟文字，史家

---

① 钱穆：《中国文化史导论》修订本，商务印书馆 1994 年版，第 38 页。

多不深论。而商代则有“原始共同体”及“奴隶社会”两说，郭沫若（1892—1978）《中国古代社会研究》持前说，吕振羽（1900—1980）《殷周时代的中国社会》持后说，郭氏后来也改从吕说。西周有“奴隶社会说”[①]“初期封建社会说”[②]。此外，郭沫若从生产工具特点出发，将商周称之“青铜时代”（考古发现证明，夏已进入“青铜时代”）。

商周千余年间，虽多有赐奴、贩奴、用奴、蓄奴、杀奴及以奴殉葬现象，然生产劳动者的主体是奴隶还是身份自由的农人，两说未定，从《诗经》（尤其是农事诗中）等可信之商周文献中，难以得见普遍性的奴隶制生产和生活状况，常见的多是在宗族长老指挥下的有自由身份的庶民集体劳作，故商周能否归入“奴隶社会”，尚存疑，而此间“宗法”“封建”二制渐趋成熟，覆盖社会、经济、政治及观念诸方面，则毋庸置疑，故以“宗法封建社会”称商周两代，特别是周代与史实庶几相合。

至于秦汉至明清的中国社会，因时间跨度长达两千余年，其间制度多有变迁，宜分段命名，若需要冠以总名，“封建社会”显然不妥，重新命名则颇费斟酌。

如果将人类历史长河大略分为三段，其首尾两段的共性突出（也存在种种个别性，不可笼统论之），中间段落个性鲜明、差异显著：

原始社会后期，或曰氏族制时代，由于生产力低下，物质文化、制度文化、观念文化相对简单，各个地域文化，其样式差别较小，试比较西亚、东亚、南亚、西欧、中南美的原始文化，共同之处甚多，这并非由文化传播造成，而是物质条件的近似性和人类思维趋同性所导致。拉法格（1842—1911）的《关于婚姻的民间歌谣和礼俗》[③]对此有所论及。

近代工业文明兴起，资本主义促成世界统一市场逐步建立，使诸国各地的生产和消费渐成世界性的，在愈益强劲的文化传播影响下，一切国家不仅物质生产的一体性增强，精神生产的共性亦随之大增，资本主义世界市场建立，导致“世界的文学”（即“世界的文化”）形成。当然，文化的丰富性并未在全球化进程中消失，现代文化绝非单由西方文化普被，而是异彩纷呈

① 参见郭沫若：《中国古代社会研究》，上海联合书店 1930 年版。
② 参见吕振羽：《殷周时代的中国社会》，三联书店 1962 年版。
③ 罗大冈译：《拉法格文学论文选》，人民文学出版社 1962 年版。

的多元文化要素涵化而成，当下及未来的世界文化，是“一”与“多”的统一。

至于在这两头之间的中古时期，各文化圈大体是在封闭、半封闭状态下独立发展的，各文化圈面对的自然环境、社会条件各异，承袭的历史文化传统又大相差别，故其社会形态、文化状貌往往沿着不同方向发展，呈现繁复多样的类型，其进路是网状的而绝非单线的。如亚细亚形态不同于欧罗巴形态，亚细亚形态的中国、印度、日本又大相径庭，欧罗巴形态的斯拉夫、日耳曼、西欧也各展身姿。试图将这些性状多样的中古社会塞进同一模型之内，是心劳日拙的，具体言之，把秦至清的中国社会与西欧中世纪社会、日本中世近世社会列入同一个“封建社会”模型之中，其牵强自见。只有按照各国各地历史自身的轨迹，概括其中古历史的社会形态，方为求得真解的正途。

文化发展具有阶段性，文化生成史揭示这种阶段性并循此展开叙述。

中国文化有其独自的发展脉络。这种脉络当然与王朝更替相关联，故中国文化史分期不可能全然脱离王朝系列；但文化进程又往往突破王朝界域，有着自身的发展序列，某些跨王朝段落，如周秦之际、魏晋南北朝之际、唐宋之际、明清之际、清民之际，以及某些朝代的中段，如唐中叶、明中叶，文化发生重要转折，或形成思想学术的高峰，故中国文化史的段落划分必然要突破王朝框架，按文化自身演变的阶段性作出分期。同时，中国文化的进程，日益广泛、渐趋深刻地与外域文化发生互动，梁启超在《中国史叙论》中将中国历史划分为“中国之中国”—“亚洲之中国”—“世界之中国”三个段落，是颇有概括力的。

综汇以上，对中国文化史试作“史前文化—宗法封建文化—皇权文化—现代文化”四段分期。

第二节　史前文化（从采集到农耕，从原始人群到氏族共同体）

从人类出现到文字及金属工具发明之前，是文化史的“前文明”或“史前文化”阶段，相当于古史的传说时代，包括百万年计的蒙昧期（旧石器时代）和近万年计的野蛮期（新石器时代）两大段落。

一、旧石器时代

有了人方有文化创造。在距今约三百万年前，灵长类开始进化为双手解放出来的直立人，波澜壮阔的文化史自此发端。

北京人打制石器

人类区别于动物，首先在于人能从事有目的性的劳动，而劳动的特征和前提是制造并使用工具。初民加工自然物（如木、骨、石等），充作某种用途的工具，使手臂得以延展。而在漫长的岁月中，"木亡石存"，今日我们所能得见的古人类的工具遗留，主要是石器，依其制作的精细程度，有先期的"旧石器"和后期的"新石器"之分。

就东亚大陆而言，从元谋人、北京人到山顶洞人、资阳人，都处在旧石器时代。在百余万年间，先民用碰砧、打击、刮削等方法，对石块进行简单加工。中国境内的旧石器时代文化具有某些共同特点，如石片石器为主、砾石石器和石核石器次之，刮削器、尖状器两类工具最为普遍，以石锤直接打击、单向反面加工石器的方法为主，石斧不发达等。[①]

今中国境内分布广泛、数量众多的考古遗址表明，从旧石器时期开始的居民，体质上存在着明显的前后承续的人种学序列，基本上是在蒙古人种[②]主干

① 《二十六年来中国旧石器时代考古》，《古人类论文集》，科学出版社1978年版，第43～46页；《新中国的考古发现和研究》，方志出版社2007年版，第29页。

② 蒙古人种（mongoloid race），世界四大人种之一，又称黄色人种。起源中亚和东亚，由此逐渐向南亚、东南亚扩散。西伯利亚的楚克奇人和通古斯人，北极因纽特人（以前称"爱斯基摩人"）、美洲印第安人也都起源于中亚和东亚，属于这一人种。持"二元人种论"的德国人类学家克里斯托弗·迈纳斯（Christoph Meiners）在概述黄种人时首先想到"蒙古人"，并创用"蒙古人种"名词。

下发生和发展的，还未发现西方人种（欧罗巴人种）的成分。一度流行的“中国人种西来说”和“中国文化西源说”，缺乏人类学依据。大量考古发现证明，中国石器时代文化是在相对独立单元的人种学基础上发展起来的，以后渐次也有其他人种的渗入。

北京人模型

二、新石器时代

人类从采集者、狩猎者变成农耕者、养畜者，从“穴居而野处”[①]的游荡生活转为定居生活，是人类史上具有决定意义的变革，被称之“新石器时代革命”，农业—畜牧业及手工业出现是主要标志，此为文化进程的“第一次浪潮”（工业革命为“第二次浪潮”，信息革命为“第三次浪潮”）。[②]

农耕经济的确立，使人类不再单靠自然赐予，而可以通过社会经济再生产过程同生物自然再生产过程结合，获得较为丰富可靠的生活资料及生产资料供应，得以养活从事政治、文化等非生产性活动的人群，文化史因以跨入新纪元。

农业发明主要不是文化传播的结果，而是地球上若干具备条件的区域在相对封闭的环境中各自生成的。经历二百余万年旧石器时期的缓慢进步，大约在距今一万年前后，西亚、南亚、东亚、中南美洲等地的先民，独立培育农作物、驯养家畜家禽，由“采食经济”进为“产食经济”。地球上约有 3 万种可食植物，而占人类食粮绝大部分的 11 种（小麦、大麦、黑麦、燕麦、稻米、高粱、小米、大豆、玉米、马铃薯、番薯），均为新石器时代从野生植物精心培育而成，近年的考古发现表明，中国湖南道县早在一万年前已育成水稻。“六畜”（马、牛、羊、猪、狗、鸡）也是在新石器时代从野生动物驯化而来的。

在距今七八千年前后，东亚大陆先民从打制石器进而广泛使用磨制石器，黄河流域出现旱作农业，长江流域出现水田农业，与之相配合的养畜、养禽业和陶器制作也是重要成就。

① 《周易·系辞下》。

② 参见［美］阿尔温·托夫勒著，朱志焱译：《第三次浪潮》，三联书店 1984 年版。

科学意义上的考古学约于19世纪20年代发端于西欧，引入中国，始于20世纪初。在百余年中国考古发掘的100项重要成就中，有近30项是关于新石器文化的发掘。东亚大陆发现的新石器时代遗址，有7000处以上，已发掘的约400处，其中比较典型的文化计有——

彭头山文化（约前7500—前6100）

裴李岗文化（约前7000—前5000）

磁山文化（约前6000—前5500）

大地湾文化（约前5800—前5400）

新乐文化（约前5500—前4800）

赵宝沟文化（约前5400—前4500）

北辛文化（约前5300—前4100）

河姆渡文化（约前5000—前4500）

大溪文化（约前5000—前3000）

马家浜文化（约前5000—前3000）

仰韶文化（约前5000—前3000）

红山文化（约前4700—前2900）

大汶口文化（约前4100—前2600）

良渚文化（约前3400—前2250）

马家窑文化（约前3800—前2700）

屈家岭文化（约前3000—前2600）

龙山文化（约前3000—前2000）

宝墩文化（约前2800—前2000）

石家河文化（约前2500—前2000）①

以下略述几个代表性文化：

仰韶文化 距今约7000年至5000年，1921年首次发现于河南渑池仰韶村，分布于黄河中下游。其生产工具有磨制的石刀、石斧、石锛、石凿等，骨器较精致，日用陶器用泥条盘筑法制成，多细泥红陶和夹砂红褐陶。经济生活以种植粟米的农业为主，渔猎为辅，饲养猪、狗等家畜，麻纺和缝纫提供衣

① 上述诸文化的起止时间学界有多种意见，此取常说。

被。属母系氏族社会的繁盛期。

仰韶文化的一个重要遗址在西安东郊的半坡村。1958 年在遗址上建立半坡博物馆。

鱼纹彩陶盆
（仰韶文化　中国历史博物馆藏）

此外，甘肃**马家窑文化**、**齐家文化**、**辛店文化**也多有谷物、石质农具、陶器发现，山东**大汶口文化**、**龙山文化**发现石锄、石镰、蚌镰等农具和各种谷物、灰陶、黑陶，说明黄河上、中、下游皆为新石器时代农业发生地。

河姆渡文化　1973 年首次发掘于浙江余姚河姆渡村东北，距今约 7000 年至 6500 年，分布于长江下游地区。其生产工具有伐木用的石斧、石凿（晚期有穿孔石斧、穿孔石刀），农耕用的木耜、骨耜和狩猎用的骨镞等。陶器为黑陶，纹饰多为绳纹和刻画动植物的花纹。有大量稻谷遗迹和猪、狗、水牛等家畜遗骨。有木桨出土，说明时人已从陆地走向水域，以捕鱼为副业。居室则采用木结构的干栏式建筑。

湖北**屈家岭文化**出土人工栽培的粳稻（与长江流域现代栽培的稻种相近）及饲养的猪、狗骨骼，黑陶、灰陶及薄如蛋壳的彩陶、彩陶纺轮，房屋多为长方形地面起建式，出现隔墙连间住房，当为父系家庭生活的产物。

此外，太湖流域的**良渚文化**出土的精美玉器和细致陶器；江苏青莲岗文化出土锛、斧、锄、刀、纺轮等石器，说明长江中下游及钱塘江流域进入农耕阶段与黄河流域时段相当。由于长江流域植被茂盛、水网密布，采集和渔猎较黄河流域持久而普遍，在较长时期农耕经济与采集—渔猎经济并存。

河姆渡牙雕

与地下发掘相互印证，历史典籍也有关于传说时代即“以农立国”的记载，《尚书》便有统治者应当“先知稼穑之艰难”[①]的劝诫；《论语》称，“禹、稷躬稼而有天

① 《尚书 · 无逸》。

下”[①]，认为古代部族领袖大禹、后稷能够赢得百姓拥护而拥有天下，是重视农业的结果。这与游牧民族的酋长靠硬弓骏马制驭诸部大异其趣。

经历一百多万年的采集和渔猎活动，今中国境内的原始人积累了丰富的动植物知识，大约在新石器时代开始了农业栽培和家畜驯养。中国是农作物和家畜、家禽的重要原生地，是世界农业起源的中心之一，包括稻作和旱作在内的丰富多彩的农业生产方式，奠定有别于游牧方式的农耕文化的基石。

三、母系氏族社会与父系氏族社会

中国前文明时期的文化遗址数量多、分布广，恰似“满天星斗”，显示中国文明的多元发生，然而其主体集中在黄河流域和长江流域及其南北范围内。古文献所记华夏（河洛）、东夷（海岱）、苗蛮（江汉）三大先民集团的地域，在近几十年来的考古发掘中得到部分证明。

伴随生产工具和生产方式的变革，社会组织方式亦发生变化。

农业、畜牧业发生于母系氏族社会晚期，女性曾经是主要农业劳动力，占据社会宰制地位。随着社会生产力向纵深发展，尤其是犁耕出现，要求身强力壮的男子从渔猎转向农业和专业手工业（如制陶），逐渐取代妇女成为主要农业劳动力，体力较弱且有生育之累的妇女则从事纺织、炊事和养育子女等家务劳作。男子的社会地位历史性地超过妇女，母系氏族制向父系氏族制过渡。文化人类学的新近研究表明，初民社会不一定都经历了完整的母系氏族制，有些初民社会一开始便由男性主导，但先有母系氏族制，后过渡到父系氏族制，则是较为普遍的现象。

父系氏族制区别于母系氏族制的关键，在于世系按父系计算，男子是社会和家庭的主宰和核心。男子出嫁到女方的对偶婚演变为男娶女嫁，母系家庭公社向父系家庭公社转化，进而形成以男子为家长的一夫一妻制家庭。

在父系氏族制阶段，开始有了剩余产品，一些氏族首领利用公职之便，将公权力变为一己之私，并把某些集体财产据为私有。最先出现的私有财产是生产工具、生活用品和装饰品等动产，粮食和家畜逐步也成为个体家庭的私有动产；以后，房屋乃至土地等不动产也为个体家庭所私有。“货力为己”[②]的私

---

① 《论语·宪问》。

② 《礼记·礼运》。

有制社会到来，阶级分化、国家出现便顺理成章降临世间。

第三节　宗法封建文化（夏商周）

文化史上进入“文明”阶段的标志有三：文字发明与使用、金属工具发明与使用、城市出现。夏商周三代这些成果纷然呈现（西周达到成熟期）。随着社会生产力水平的提高，部落联盟首脑权力日益膨胀，夏禹以后，首领禅让转为世袭，标志着原始公社的解体和国家的诞生，而巫觋的专职化，其文化功能扩大与加深，昭示着文明时代来临。

一、文明奠基

金属器的冶炼铸造、文字的发明及使用，使人类超越采集现成天然产物为主的蒙昧时代（约为旧石器时代）和学会经营农业与畜牧业的野蛮时代（约为新石器时代），迈入对天然物进一步加工的文明时代（青铜器及铁器时代）。

东亚大陆文明初兴大约发生在距今4000年的夏朝，其后的商朝和西周则渐入早期古典文明的辉煌时期。

由于历时久远，夏商周“三代史”存疑处颇多，自1996年开始，国家启动“夏商周断代工程”，组织来自历史学、考古学、文献学、古文字学、历史地理学、天文学和测年技术学等领域的170名科学家进行联合攻关，旨在研究和排定中国夏商周时期的年代，为研究中国五千年文明史创造条件。然此题复杂，原始资料欠丰，一个“工程”无法获得真解。

西周晚期礼器毛公鼎

夏商周“三代”奠定中国文化的基本构架，中国乃至整个东亚文化的许多特征，在此一阶段已初步显现。

（1）公元前2000年左右，中国范围内普遍出现青铜器、宫殿、祭坛等，标志着跨入文明门槛，这与文献所载古史系统中的夏代相当，目前在豫西、晋西南进行的考古发掘正在揭开中国早期文明（夏代）的面纱。

（2）中国青铜时代的技艺特点，如铜锡合金、块范筑法、有特征性的器物类型及其组合，都与西方文明和南亚文明有所不同。中国青铜器优先用作礼器，以象征王权和等级秩序，其次用作兵器，以投入战争，维护政权，所谓“国之大事，在祀与戎”[①]，而不是像希腊、罗马那样，除制造兵器外，金属主要用作生产工具。这正昭显了中国文化的重伦常政治的特色。

随州义地岗春秋中期青铜兵器，上有“随大司马嘉有之行戈”九字（冯天瑜摄于2013年7月）

（3）二里头等夏代遗址发现陶文（陶器上的刻画符号）。殷墟出土的甲骨文形态相当复杂，应有漫长的演化过程，夏代陶文当是其前驱。由于夏代陶文数量有限，且未系统破译，夏代尚未脱出传说时代，有甲骨文记述的殷商方步入信史时代（关于文字的创生与发展，第三章第二节已具论，此不赘述）。

被称“夏代第一都”的偃师二里头出土的大口尊

（4）天、地、人三大祭祀发达，祖先崇拜尤盛，神权至上与学在王官是殷商西周文化的基本特点。郭沫若指出：

> 大抵至上神的观念殷时已有之。年岁的丰啬，风雨的若否，战争的成败，

① 《左传·成公十三年》。

均为所主宰。①

周人代殷以后，逐渐淡化殷人的迷信，发展了“天命”观念和“德治”主义，以“敬天”“孝祖”“敬德”“保民”等一套思想体系为领主制农业经济的合理性作理论论证，并提供伦理道德上的依据。这些思想几经改造发展，成为三千年间中华农业文化的精神支柱。

二、巫史祝卜

殷商西周是“学在王官”时代，典籍文献以及天文历法、医药学、历史、预卜等专门知识均藏于王室，由巫、史、祝、卜等文化官员世袭掌理，秘不示众，实行文化垄断。

巫，在甲骨文中写成“十”，为两“I”相交。“I”就是矩，即古代科技工作者常用的测量工具，《周髀算经》说：“环矩以为圆，合矩以为方”；又说：“方属地，圆属天；天圆地方，是故知地者智，知天者圣”。使用矩的巫，就是知天知地的智者圣者，是当时的职业文化匠师。如殷商名医巫咸便是一位大巫，传说他发明占筮，其“筮法”奠定易占的基础。

史，商代始设，原为驻守在外的武官，后来成为王左右掌管祭祀和记事的官员。周公所谓“唯殷先人有册有典”②，殷人的典册便出自史的手笔。商代的史有多种名称，甲骨文作“大史”“小史”“西史”“东史”“作册”。西周的史有“太史”“内史”“左史”“右史”之别，太史掌管起草文书，记载史事，编写史书，兼管国家典籍、天文历法、祭祀等；左史记动，右史记言。史与巫往往一身二任，故后世并称“巫史”。史常在王左右，除记录外，也可发表意见，提供建策。总之，史的职守是“掌官书以赞治”③，是典型的文化官员。

祝，商周两代王室都有祝人，负责祭祀时致告鬼神之词，所谓“祝，祭主赞词者”④。甲骨卜辞中多有关于祝人活动于商王之左右的记载。《周礼·春

---

① 郭沫若：《卜辞通纂考释·天象》，《郭沫若全集·考古编》第二卷，科学出版社 1983 年版。

② 《尚书·多士》。

③ 《周礼·天官》。

④ 《说文·示部》。

官》有“大祝”“小祝”的官职，说明周代仍有祝官。

卜，为专掌占卜的官员。占卜最早见于龙山文化，二里头文化占卜已较普遍，而商代则是占卜的极盛时期。商王及贵族无日不卜，诸如祭祀、年成、征伐、天气、祸福、田狩、疾病、生育，无事不卜。占卜活动由卜官主持，甲骨文中称其为“卜”或“贞人”。贞人不仅是预测专家，而且是甲骨文的缮写者和推广应用者。

巫、史、祝、卜是第一批较正式的文化人，他们从事卜筮、祭祀、书史、星历、教育、医药等多种文化活动，并参与政治，中国文化（尤其是精神意识领域）的许多门类，其起源都与之有关。我们可以从甲骨文、金文和各种先秦典籍中见到他们席不暇暖的忙碌身影，他们对中国文化的早期发展有着特殊贡献。

殷墟卜骨文字

这种“巫史文化”或“巫卜文化”当然是一种“官学”，其“学”为宗教神道所充斥。

三、制礼作乐

西周在确立宗法制、分封制的同时，又建立礼乐制度，形成一种从外在社会规范到主观情志相应和的文明秩序。

礼，源于原始时代的社会习俗和祭祀仪规，近年发掘出土的新石器时代晚期文化遗迹中，已显露出礼制的雏形。跨入文明门槛，国家的统治阶层将其改造和条例化，以作为稳定社会秩序的手段。如商周时代的“乡饮酒礼”，便沿袭氏族制习俗，在会食聚餐时，尊长敬老，合议军政；又如商周实行的天子每年耕种时节象征性带头耕地的“藉田礼”，也是继承氏族长老率众耕作的传统；再如氏族社会末期物物交换，有赠有报，有往有来，这一习惯便发展为文明时代的“礼尚往来，往而不来非礼也，来而不

西周早期曾侯编钟（较曾侯乙编钟早500年）2013年7月随州叶家山发掘现场（冯天瑜摄）

往亦非礼也”[①]。

乐，在原始时代的社会习俗和祭祀仪规中，音乐与礼仪相配用，但这只是原始结合。到文明时期，尤其是西周，礼和乐结合起来，“相须为用”，礼乐偕配，形成礼乐制度。礼乐制度的“乐”不仅指歌、舞、曲，而且包括与礼制相匹配的艺术程式和意识规范。如果说，基于宗法制度的礼从外部给人提供一种强制的社会规范，那么，基于审美情感的乐则是从内部为人塑造一种自律的文化规范，所谓“乐由中出，礼自外作”[②]，礼与乐共同实现“治道”。成书周末的《礼记·乐记》对于周代礼乐一体有扼要阐述：

战国早期曾侯乙编钟（湖北省博物馆藏　刘柏林摄）

> 礼乐刑政，其极一也，所以同民心而出治道也……礼节民心，乐和民声，政以行之，刑以防之。礼乐刑政，四达而不悖，则王道备矣。

有了礼的规范、政的划一、刑的强制，配之以乐的感染，便能同一民心，成就“王道”，这正是“制礼作乐”的深远用意。

四、元典创制

德国存在主义哲学家雅斯贝斯（Karl Jaspers，1883—1969）在《历史的起

① 《礼记·曲礼上》。
② 《礼记·乐记》。

源与目的》一书中说，以公元前500年为中心，公元前800年到公元前200年间，是人类文明的“轴心时代”（Axial Age）。这一时期，世界各文明古国都进入创制基本民族精神的阶段，纷纷出现专门的知识“圣贤”，如中国的孔、老、墨，印度的优波尼沙和佛陀，波斯的琐罗亚士德，巴勒斯坦的以利亚、以赛亚、耶利米、第二以赛亚，希腊的荷马、门巴尼德、赫拉克利特、苏格拉底、柏拉图、修昔底德和阿基米得等。这一时期，世界的几个文明同时出现对形上哲理、历史进程、善恶取向等根本问题的思考，“人类意识”首次觉醒，所提供的精神范式，决定其后诸民族的文化走向——

> 人类的精神基础同时或独立地在中国、印度、波斯、巴勒斯坦和希腊开始奠定。而且直到今天人类仍然附着在这种基础上。①

世界各主要文明民族在“轴心时代”都创作出包蕴着该民族基本精神的文化元典，如印度的《吠陀》《佛典》，希伯来的《旧约全书》《新约全书》，希腊的《理想国》《形而上学》，波斯的《古圣书》等典籍，故尔这几百年间又可谓之人类文明的“元典时代”②。

中华元典酝酿于西周王官，形成于东周，中国的“元典时代”约在西周（前11世纪—前771）至春秋（前770—前476）战国（前475—前221）。此数百年间，中华元典——《诗》《书》《礼》《易》《春秋》等“五经”及《论语》《墨子》《老子》《孟子》《庄子》《孙子》《荀子》《韩非子》等诸子著作，相继脱颖而出。元典确立了中国人的价值取向、公理体系和思维模式，如“天人观”方面循天道、尚人文，远鬼神、近世俗特征；“发展观”方面

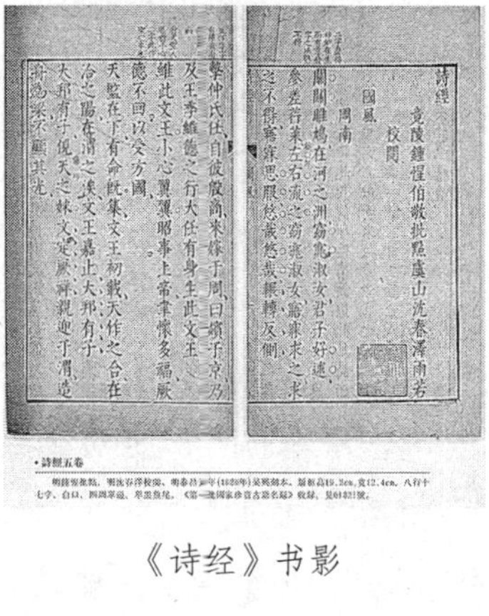

《诗经》书影

① 雅斯贝斯：《人的历史》，引自田汝康、金重远选编：《现代西方史学流派文选》，上海人民出版社1982年版，第40页。

② 关于“元典”“元典精神”“元典时代”的界定，见冯天瑜：《中华元典精神》，上海人民出版社1994年版。

通变易、守圜道特征；“伦理—政治论”方面崇教化、求经世特征；“君民之辨”方面民本与尊君两翼一体特征，都对两千多年的历史进程产生深刻影响。

《诗》《书》《易》等中华元典初制于西周王官。如作为商周王室文献汇编的《书》，多出自周室史官手笔，又由王室文化官员汇编成册；《诗》是周代“行人”等文化官员所采集，由太师乐官总纂而成；《易》的卦画符号和解释经文，也成于周室。“学在官府”的西周是一个典籍的集体制作阶段，巫史祝卜是整理。进入晚周，当士摆脱王室附庸地位，赢得个体自觉以后，元典方开始了由文化专门家带着学派意识加工整理、阐释发扬的新阶段。

周易上經卷第一 程頤傳
乾元亨利貞
初九潛龍勿用
九二見龍在田利見大人
九三君子終日乾乾夕惕若厲无咎

《周易》书影

自《史记》以降，传统的说法多把孔子视作元典的著述和编订者，称孔子“述《易》道而删《诗》《书》，修《春秋》而正《雅》《颂》”[①]，几成通行之论。而详考元典成书经过可以发现，“仲尼未生，已有六经；仲尼之生，不作一经”[②]，孔子并非元典创制者，而是传述者。在孔子之先，《诗》《书》《春秋》及《易》的经文已有文本，而《诗》《书》《礼》《易》《春秋》的传世本，迟至战国以至汉初方确定下来。其间荀子一派儒者的“传经”之功尤著，“秦汉儒生所学习的‘五经’及其解说，大多来自荀子……荀子对后代儒学的发展起了重要作用”[③]。

需要特别指出的是，元典并非儒家所专有，其他诸子也出入元典，诸子百家各有其“经”，墨家有《墨经》，道家有《道德经》，法家有《法经》，黄老有《十大经》。

先秦诸子已开始对于元典的学术史梳理，《孟子·滕文公》《庄子·天下》《荀子·非十二子》《韩非子·显学》等保留相关篇什；至秦汉，《吕氏春秋·不二》《淮南子·要略》《史记·太史公自序》《汉书·艺文志》，更对元典进行归类分析，指陈其思想脉络和学术传承。

① 《隋书·经籍志一》。
② 龚自珍：《六经正名答问一》。
③ 周予同：《从孔子到孟荀——战国时的儒家派别和儒经传授》，《学术月刊》1979 年第 4 期。

《汉书·艺文志》最早系统提出诸子出于王官之说，认为儒家出于司徒之官，道家出于史官，阴阳家出于羲和之官，法家出于理官，名家出于礼官，墨家出于清庙之守，纵横家出于行人之官，杂家出于议官，农家出于农稷之民，小说家出于稗官。并且认为百家均为六经支脉："异家者各推所长，穷知究虑，以明其指，虽有蔽短，合其要归，亦《六经》之支与流裔。"[①] 历代对于《汉志》之说或是或否，无有定论。清末刘熙载（1813—1881）认为"九流皆托始于六经，观《汉书·艺文志》可知其概"[②]。章太炎认同诸子出于王官之说，而胡滴则全不赞同。

近人陈钟凡具体罗列诸子与元典的关系：

> 儒家助人君顺阴阳，明教化，游文于六艺之中，留意于仁义之际，其学本六经，无待论矣；道家历记成败存亡祸福古今之道，然后知秉要执本，清虚自守，卑弱自持，合于尧之克攘、易之嗛嗛，则其学本于《周易》；阴阳家敬顺昊天，历象日月星辰，敬授民时，则其学本于《尚书》；法家信赏必罚，名家正名辨物，其学本于《礼》《春秋》；墨家贵节俭，右鬼神，《礼经》恭俭庄敬之学也；小说家街谈巷语，道听途说者之所造，大师陈《诗》观民风之旨也。[③]

这里所论诸子与五经的对应关系当然不一定准确，但认为诸子皆源于中华元典，则是可信之论。明清之际黄宗羲说得好："道非一家之私，圣贤之血路，散殊于百家。"[④]

经由晚周诸子的追索与创造，元典所包蕴的三代文化精华从"简单同一"向"丰富多元"转化，从而为秦汉间学术文化从"多"到"一"的整合奠定广阔基础。与世界其他民族一样，中国的轴心时代，也伴随着统一的专制帝国的崛起，走向终结。

深蕴中华元典的种种精神内核，如天人之辨、变易自强观念、和合融通思

---

① 《汉书·艺文志》。

② 刘熙载：《艺概上·文概和诗概》。

③ 王遽常：《〈汉书·艺文志·诸子略〉序》注引，《诸子学派要诠》，中华书局、上海书店 1987 年复印本。

④ 《南雷文定》三集卷二。

想、民本尊君理念、忧患意识等，穿越数以千年计的日月韶光，对后来的中华文化起过重大作用。中华文化史上的多次“复古”“复兴”，无不是到元典中追寻文化资源和精神动力，如近代的民族主义、民主主义、维新变法等，与元典精神中的夷夏之辨、民本思想和变易自强观念之间，都有着或隐或显的文化转换关系，这是因为中华元典内在张力强大，具有包容性、超越性，所谓“《诗》无达诂，《易》无达占，《春秋》无达辞”[①]，元典一直作为文化流衍的思想推助力，对于创构和维系中华传统功莫大焉。[②]

五、诸子争鸣

时至东周，天子的权威在夷狄交侵、诸侯争霸过程中大为衰减；而社会生产力的进步，推动土地国有（王有）向土地私有转化；此外，兼并战争使人才问题突现出来，各级统治者不得不在宗法制的“亲亲”之外，辅以“贤贤”。这一切都逐步动摇着西周贵族政治及其官学的根基。

（一）士的兴起

进入春秋末年，随着周天子“共主”地位的进一步丧失和一些公室的衰落，边鄙之地的文化繁荣起来，身为夷人的郯子到礼仪之邦鲁国大讲礼乐，使鲁人自愧不如，后来孔子感叹道：“天子失官，学在四夷。”[③]与此同时，传统的“国学”和“乡学”也有倒闭之势，文化发达的郑国甚至有人提出“毁乡校”之议，因贤相子产（？—前 522）制止方未果。

“皮之不存，毛将焉附”，王室及一些公室的衰败，国学及乡学的难以为继，使得世守专职的宫廷文化官员纷纷出走：

> 大师挚适齐，亚饭干适楚，三饭缭适蔡，四饭缺适秦，鼓方叔入于河，播鼗武入于汉，少师阳、击磬襄入于海。[④]

这段话描绘出春秋末期的一幅王室乐队四散图，由此可以推见当年王纲解

---

① 《春秋繁露 · 精华》。

② 见冯天瑜：《经史同异论》，《中国社会科学》1993 年第 3 期。

③ 《左传 · 昭公十七年》。

④ 《论语 · 微子》。

纽、学术下移的普遍情形。

王室文化官员下移列国、混迹民间，造成的影响十分深远，最直接者便是学术授受从官府转向私门，所谓“官失而师儒传之”[①]。春秋末年，私立学门者不乏其人，如周守藏史老聃“见周之衰，乃遂去”[②]，私自著书五千言（即《道德经》，或称《老子》），并传徒兴学；又如鲁国乐师师襄、夷人郯子、郑国的邓析（前545—前501），以及苌弘、王骀等，也都收徒讲学。而创私学、兴教育最有成绩的是孔丘，相传他“有教无类”，“以诗书礼乐教，弟子盖三千焉，身通六艺者七十有二人”[③]。墨家亦“从属弥众，弟子弥丰，充满天下”[④]。私学勃兴，“知识产权”也就非王官专有，学问渐次播散于鄙野民间，推衍天下。

以此为契机，殷商西周一元垄断的王官之学转变为东周多元纷繁的私家之学。

春秋战国间，与私学涌动密切相联的，是作为知识阶层的“士”的勃兴。中国文化人大体经历了三个发展阶段：

——殷商西周的巫史

——晚周至明清的士人

——近代以降的知识分子

而春秋战国开始勃兴的士，是承前启后的文化人群体。[⑤]

士，在殷商西周本指贵族的最低等级，由卿大夫封予食地，士以下便是庶民。春秋时，作为贵族下层、庶人之上的士，多为卿大夫家臣，有的保留封地，所谓“大夫食邑，士食田”[⑥]，不脱贵族余韵；有的打破铁饭碗，以俸禄为生，成为自由职业者。“士竞于教”[⑦]，他们多受过礼、乐、射、御、书、数等六艺之教。偏重于射、御等武术的为武士，充任下级军官，如孔丘的父亲

① 汪中：《述学·周官征文》。

② 《史记·老庄申韩列传》。

③ 《史记·孔子世家》。

④ 《吕氏春秋·当染》。

⑤ 见冯天瑜：《中国文化人的三个发展阶段》，《中国文化研究》1995年春之卷（《新华文摘》转载）。

⑥ 《国语·晋语四》。

⑦ 《左传·襄公九年》。

叔梁纥即为武士；偏重于礼、乐、书、数等文术的为文士，担任文吏，如老聃曾任周守藏史（王室图书馆馆长），孔丘曾任委吏（会计）。

春秋末期以后，士逐渐成为知识阶层的通称，人们不再追究其在宗法等级中的身份，庶众皂隶因“积文学，正身行”[①]而上升为士的，屡见史载。如齐人淳于髡便由赘婿而为“稷下学宫”的名士；虞卿原为草鞋挑担的苦人，后来成为赵国上卿；任秦相多年的平民出身的范雎（？—前255）这样的“布衣卿相”在春秋战国间已不罕见。作为有专业知识的人才，士为公卿大夫所借重，齐桓公（？—前643）等春秋霸主都以招贤纳士著称，战国时公卿大夫更竞相争取士人，形成所谓“养士”之风。最著名的“养士”贵族是齐国孟尝君（？—前279）、赵国平原君（？—前251）、魏国信陵君（？—前243）、楚国春申君（？—前238）。“四公子”门下豢养食客数千，多为精于某种技艺的士人。而士的向背，确乎关系列国盛衰，故有士“入楚楚重，出齐齐轻，为赵赵完，畔魏魏伤”[②]之说。

春秋战国间的士，是继殷商西周的巫史之后的又一个知识阶层。春秋以降礼崩乐坏的社会变动，使士人从沉重的宗法枷锁中解脱出来，他们不再像巫史那样全然依附王室，而赢得相对的人格独立。精神产品在王官内制作的状况，逐步转变为知识阶层中某些个人独立创作，百家之学遂应运而生。

时代呼唤人才，人才推进时代。先秦士子群体，应时而兴，才俊辈出，思想家如老聃、孔丘、墨翟、孟轲、庄周、邹衍、荀况、韩非；政治家如管仲、子产、晏婴、商鞅；军事家如吴起、孙武、孙膑；外交家如蔺相如、张仪、苏秦；史学家如左丘明；诗人如屈原、宋玉；论辩家如惠施、公孙龙；医家如扁鹊；水利家如李冰、郑国；天文家如甘德、石申，可谓群星璀璨，蔚为大观。从巫、史、祝、卜以至于士，是中国古代文化精英的一次大转变。

这是一个需要巨人而且产生了巨人的时代。在世界古代史上，就学术人才出现的密集度和水平之高而论，与中国东周士人群体可以并肩媲美的，大约是古希腊群哲。

---

① 《荀子·王制》。

② 《论衡·效力》。

拉斐尔油画《雅典学院》展示轴心时代哲人汇聚的壮伟景观

（二）学派竞存

殷商西周的“官学”转变为东周的“私学”，进而发展出多种学派。各学派的创始人及主要思想家称“子”（子为古代男子的美称、尊称，也指师长）。先秦诸子以春秋末年的孔墨显学勃兴为开端。而诸子正式形成，并竞相争鸣，则在战国年间。

《庄子·天下》将其时的学术分流归纳为墨翟、禽滑厘，宋钘、尹文，彭蒙、田骈、慎到，关尹、老聃，庄周，惠施，垣团、公孙龙等七大学派[①]。其中对关尹、老聃一派（相当于后称之道家）评价最高，赞为：“古之博大真人哉！”[②]

《荀子·非十二子》划为六派十二家，以为皆“持之有故”“言之成理”，然都有大偏失，惟十二子之外的舜、禹和仲尼、子弓是圣学。[③]这就在学派分野的同时，明示了排他的学派倾向性。

正式作先秦学派分类的是西汉史家司马谈（？—前110），其子司马迁在《史记》书末载司马谈“论六家要指”，该篇将先秦诸子分为阴阳、儒、墨、

① 有学者认为《庄子·天下》非庄周作品，大约是庄周一派后学所撰。

② 《庄子·天下》。

③ 《荀子·非十二子》将诸子分为六派十二子：它嚣、魏牟为一派，陈仲、史鳅为一派，墨翟、宋钘为一派，慎到、田骈为一派，惠施、邓析为一派，子思、孟轲为一派。

名、法、道德六家。[①]

继起对诸子作分类的是西汉末经学家、图书家刘歆（？—23），他所撰《七略》，在司马谈六家说基础上，又增四家：纵横家、杂家、农家、小说家，形成所谓“九流十家”[②]。东汉班固以《七略》为底本，撰《汉书·艺文志》，使“九流十家”之说延传久远。

战国思想者对当时诸子的差异已有辨析，如孟子谓：“逃墨必归于杨，逃杨必归于墨。”[③] 讲到杨朱、墨翟两种学说的分野；《庄子·天下》较早作诸子归类：将“邹鲁之士”（儒家）列于总论，又分举墨翟、禽滑厘为一派（墨家），宋钘、尹文为一派，彭蒙、田骈为一派，惠施为一派，关尹、老聃为一派，庄周为一派。[④] 至荀子正式展开诸子批评，对墨翟、孟轲等学派尖锐抨击，以为“足以欺惑愚众”，惟有仲尼、子弓一派才可“一天下，财万物，长养人民，兼利天下”。故主张“上则法舜、禹之制，下则法仲尼、子弓之义，以务息十二子之说”[⑤]。党同伐异十分明显。到《韩非子》那里，更有“儒以文乱法，侠以武犯禁”[⑥] 的厉评，对儒墨两家欲灭之而后快。荀子、韩非子昭示着从“多”到“一”的文化专制走向。然在战国时期，诸子争鸣，旗鼓相当，一时间谁也灭不了谁，呈现多元并存状态。

就思想成就而言，足成系统的先秦诸子主要有如下几家：

“复礼”“归仁”的儒家
“兼爱”“尚同”的墨家
“无为”“自然”的道家
“变革”“专制”的法家

除儒、墨、道、法这几种或为当时“显学”，或为后世思想主潮的学派之外，先秦还有一些学派亦颇有建树。如又称“辩者”“刑名家”的名家，研讨

① 《史记·太史公自序》。
② 《汉书·艺文志序》。
③ 《孟子·尽心上》。
④ 见《庄子·天下》。
⑤ 《荀子·非十二子》。
⑥ 《韩非子·显学》。

军事的兵家，倡阴阳五行说的阴阳家等。

（三）和而不同

先秦诸子争鸣，当然不乏党同伐异的激昂和偏执，但那一时代的文化主导精神是“和而不同”。

这层意思的完整表述，首见孔子的言说：

> 君子和而不同，小人同而不和。①

三国魏人何晏《论语集解》对这句话的解释是：“君子心和，然其所见各异，故曰不同；小人所嗜好者同，然各争利，故曰不和。”

“和”与“同”的概念，在《国语》和《左传》中都有界定，《国语·郑语》载史伯与晏子（？—前500）议论“和”“同”时说：

> 夫和实生物，同则不继。以他平他谓之和，故能丰长而物归之；若以同裨同，尽乃弃矣。

“和而不同”之“和”，意谓矛盾达成统一。“以他平他谓之和”，指一种事物与另一对立事物互相配合，相辅相成，事物因以得到发展壮大。“和而不同”之“同”，意谓同一、同等；“以同裨同”，指同一事物的累加，由于没有对立面配合，便无法产生新事物，故“同则不继”，即同一事物相加不能发展。五音和鸣，才能产生美妙音乐；七色搭配才能构成美景；五味调和方获佳肴。

“和而不同”表现在学术风气上，便是承认差异，既不封闭，也不盲从，对前人和外人的思想加以扬弃、综合。先秦诸子各有性格，如儒的醇厚、墨的谨严、道的超逸、法的冷峻、名的致密、阴阳的流转，决无雷同，各自独步千古；然而，诸子又并非各不相及、自闭门户，他们遵循“和而不同”路线，广采博纳，在融通的基础上攀登新的学术高度。如荀子以孔子儒学为主宗，又吸纳法家思想，批判诸子各派，礼、法兼治，王、霸并用，成为古代思想的综合者。韩非师承荀况，改造老子学说，统合前期法家思想，而集其大成。成书于

---

①《论语·子路》。

战国晚期的《易传》综汇儒学各派，又吸纳道、法、阴阳诸家，全篇洋溢着儒家的刚健有为精神，又蕴含墨家、法家式的冷静和道家、阴阳家的辩证思维，体现了“天下同归而殊途，一致而百虑”[①] 的一与多的统一。

“和而不同”是诸子竞存的晚周学风的精义所在。这种优良传统，后来在皇权一统时代虽一再被文化专制所压迫摧折，却始终不曾泯灭，时如地火潜行，时如热泉奔涌，使多元一体的中华文化得以生生不息。

第四节　皇权文化［上］（秦至中唐）

一、皇权建极·学术定于一尊（秦汉）

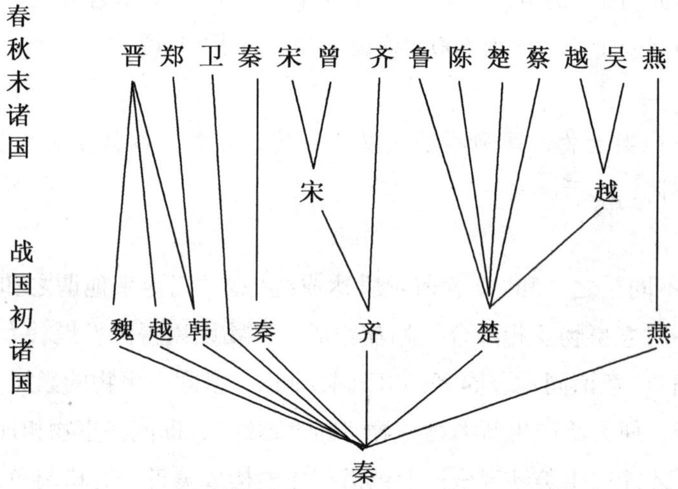

春秋战国至秦朝一统列国示意图

“秦王扫六合，虎视何雄哉！”[②] 秦代实现国家统一，建立皇权制度，在一个广土众民的国度力推文化整合。

（一）从“以吏为师”到“独尊儒术”

秦汉以降，皇权笼罩社会，导致文化统合。正所谓“统治阶级将物质的生

① 《周易·系辞下》。

② 李白：《古风五十九首》之三。

产归其统治，同时也要求安排精神的生产手段”。对于中央集权的君主政治来说，最合适的“精神的生产手段”，便是学术文化“大一统”。从秦汉直到明清，概莫能外。其个中因由，秦始皇的重臣李斯一语破的。

李斯这样论证政治集权与文化专制的对应关系：“古者天下散乱”，故政治与文化均“莫之能一”。而到了“皇帝并有天下”，建立起专制政治体制之后，如果继续听任“入则心非，出则巷议，夸主以为名，异取以为高”的思想失控状况蔓延，势必造成“主势降乎上，党与成乎下”的后果，从而危及君主的“万世一系”。所以他建议秦始皇“别黑白而定一尊”，确立与政治专制相适应的文化一统格局。[①]

秦始皇欣然采纳李斯的建议——

> 非秦记皆烧之。非博士官所职，天下敢有藏诗、书、百家语者，悉诣守、尉杂烧之。有敢偶语诗、书弃市，以古非今者族。吏见知不举者与同罪。令下三十日不烧，黥为城旦。所不去者，医药卜筮种树之书。[②]

并明确规定：

> 若欲有学法令，以吏为师。[③]

这“以吏为师”与先此韩非建言的“以法为教”[④]，共同构成秦代的文教政策。

汉承秦制，随着君主集权政治体制的逐步完善，文化政策逐步调整，自汉初倡导黄老，至武帝采纳董仲舒“独尊儒术”建策，走上新的文化统制。

西汉董仲舒看似与秦代李斯大相径庭：李崇法家，而董奉儒家，但二者在强调“思想一元化”上却别无二致，董仲舒实际上是发挥了李斯的“文化专制必要”论。董氏云：

---

①②③ 见《史记·秦始皇本纪》。

④ 《韩非子·五蠹》：“故明主之国，无书简之文，以法为教。”

秦铜车马　展示帝王出巡天下的气象

> 《春秋》大一统者，天地之常经，古今之通谊也。今师异道，人异论，百家殊方，指意不同，是以上亡以持一统；法制数变，下不知所守。臣愚以为诸不在六艺之科，孔子之术者，皆绝其道，勿使并进。邪辟之说灭息，然后统纪可一而法度可明，民知所从矣。[①]

董仲舒以明晰的语言道出“师异道，人异论”的现实危害，提出“思想大一统”的明确标准：“六艺之科，孔子之术。”李斯只强调“禁之便”，不许老百姓独立思考，而董仲舒更指出“民知所从”，导引老百姓如何思想。两相配合，组成完备的思想文化一统。

秦汉两朝400余年，是皇权文化形成的连续过程。而秦汉帝国的建立，正式标志着“古代帝国的完成期”“古代中国文化的总归结时代”[②]，实现对先秦多元文化的一统整合。

（二）一统皇权　一统文化

度量衡统一、户籍控制、官吏考选方式制订、教育模式成型、经学及史学体系的格局大定，均成于秦汉帝国时期。汉族也在此间定名，汉语、汉字、汉

① 《汉书·董仲舒传》。

② 见翦伯赞：《秦汉史》，北京大学出版社1983年版。

文等沿用至今的文明成果，都在秦汉基本定格。

统一衡器的两诏秦椭量

经过秦朝至汉朝前期的近百年探索、调适与磨合之后，约于汉武帝时期大一统帝国的集权体制找到一种与之相契合的意识形态，那就是发端于元典时代而又采纳了道、法、阴阳诸家的儒家思想。在汉代统治集团倡导的“独尊”氛围下，儒学被官学化，“经学”成为至尊之学，两千年来规范着朝野的视听言动。

东周形成《诗》《书》《礼》《易》《春秋》五经，研习并阐发儒家经典五经要旨的学问称之经学，各经均有专业经师，所谓“易博士”“书博士”等。汉武帝“罢黜百家，独尊儒术”，经学兴盛起来。汉代经学分古文经学和今文经学，学者在研习过程中形成两种思想派别，后经相互争辩、互相渗透和整合，两汉之际初步实现经学的统一。汉朝是经学发展最繁荣和昌盛的时期，在这一过程中，儒生通过对经书的阐述，使经学的思想渗透官民众生。

在统治集团的实际运作中，多儒法兼采、王霸杂用（董仲舒、汉武帝、汉宣帝皆对此有所表述），这成为皇权统治的一般方略；士大夫间流行儒道互补的生活哲学，达则兼济天下，穷则独善其身；下层社会则在遵循礼教的同时，辅之以种种民间宗教和迷信。

（三）皇朝更替与文化传承并行不悖

秦汉形成中国式的皇权更替模式：在一个朝代内部，帝王按宗法近支制世袭；但当一个王朝腐朽不堪维系，则有雄强者借势取而代之，高唤“王侯将相，宁有种乎”“彼可取而代之”，形成“皇帝轮流做”的局面，农民战争或豪强夺权导致改朝换代的戏剧，反复上演。正因为帝王世袭并不绝对可靠，于是统治者更加重视王权的神化和圣化，文化统制愈演愈炽。

值得注意的是，改朝换代并没有引起文化中绝，尽管后继朝代“改正朔，易服色”，但总是自觉认同前代并实现文化接力，秦汉之际的“汉承秦制”便是显例，以后的唐宋之际“宋承唐制”、明清之际“清承明制”情形类似。当然，各朝制度在承前的同时，均有更革。

秦汉时期完成了对元典时代多元文化的大整合，实现了“中国之中国”的文化建构，奠定了后来两千年帝国文化的基础；

秦汉时期中原农耕文明在与周边游牧文明的冲突交融中，逐渐赢得强有力的控制地位；

秦汉文化足以与南亚的孔雀王朝文化、欧洲的罗马文化相媲美，共成亚欧大陆鼎足并峙的三大帝国文化。

二、准封建·胡汉、中印文化融合（魏晋南北朝至唐中叶）

魏晋南北朝至唐初，中国社会发生新起伏，中国文化开始大范围地与来自西亚、南亚的文化整合涵化，踏上“亚洲之中国”道路。

（一）“准封建社会”

东汉、魏晋南北朝，门阀贵族制渐趋强化，与之相伴生的领主庄园制抬头，土地为豪右占据，少有买卖，自由农民向依附民转化，社会的封建性复振。

北魏至唐中叶实行“计口授田”的“均田制”，这是土地国有和私有之间的过渡形态。北魏初，鉴于长期战乱，土地抛荒，朝廷下诏计口分配空荒土地，所授之田，不准买卖。北齐、北周、隋、唐均沿此制，而略有变通。唐代女子大多不授田，男子授永业田、口分田，永业田身死无力营葬可卖，口分田死后上交政府。至唐中叶，因丁口滋生，官无闲田，无所授受，均田制自行取消。均田制与战国以降土地自由买卖的总趋势相背，但均田制规定的不得买卖的田地，仅限于朝廷计口分配者，并不包括地主、自耕农原有田产。

始于东汉、盛于魏晋的庄园经济和门阀贵族制相为表里，封建制的两大特征——领主经济和贵族政治重新抬头，故这一历史阶段呈现秦代开始的非封建走势的反向运动，在郡县制的皇权社会中插入一段“准封建社会”。在经济制度上，领主式的庄园遍布国中，农民成为部曲、佃客、门生，与庄主达成人身依附关系。政治制度上，东汉、三国的州郡长官俨然如先秦时的诸侯，父子世袭相承，属下称州郡长官为“主公”，人身依附深重。在精神领域，秦汉时期皇权政治掌控下的文化定于一尊的局面有所松动，玄风弥漫，清谈盛行，山涛（205—283）、阮籍（210—263）、嵇康（224—263）、向秀、刘伶等“竹林七贤”喜好老庄、傲视王权，“越名教而任自然”。南朝宋刘义庆（403—444）及门客作《世说新语》，记述那一时代种种清谈妙论，令聪慧洒脱的清谈家跃然纸上。

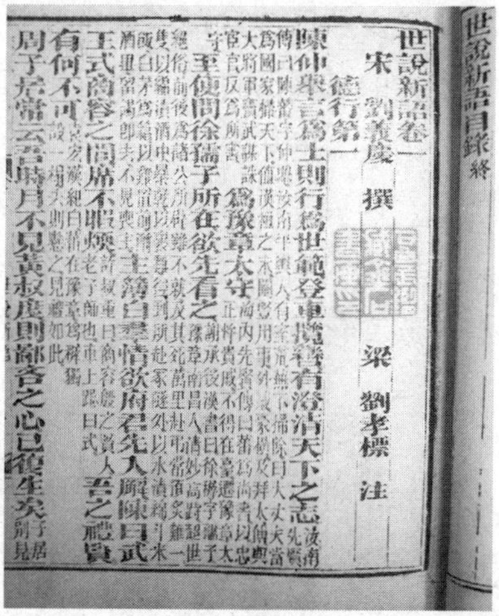

刘义庆《世说新语》书影

魏晋南北朝是秦汉以降两千年皇权文化统系的一段另类插曲，文化一元式统制淡化，儒、道、佛各擅胜场。

（二）汉胡文化整合

较之秦汉，魏晋时期华夏农耕文化的力度衰减，北方游牧民族大举进入中原，曾经造成史称“五胡乱华”和南北分治局面；游牧民族给中原带来战乱，然游牧文化也为华夏—汉人提供复壮剂和补强剂。继魏晋南北朝而起的隋唐，成就又一雄浑壮阔的帝国文化高峰，即得益于北方民族阳刚精神的熏染。

魏晋南北朝到隋唐是汉民族和少数民族文化大交融的时代。人们的生活方式、观念形态，无一不增添新的色彩。贞观至开元年间，中原妇女模仿西域地区的装饰习俗，如头戴锦绣浑脱帽，上穿翻领窄袖袍，下著条纹波斯裤，足蹬金锦小蛮靴，有些还佩挂西域地区的装饰品，如“铄躞带”“承露囊”等。

在绘画上，西域画风渗入画坛，色彩运用受到普遍重视，来自西域于阗的画家尉迟乙僧，巧妙地将中原传统的技法笔墨与西域画风结合起来，创作了线色结合而突出色彩立体感的绘画作品，达到“气正迹高”的境界，获得“可齐中古”，与阎立本，吴道子并肩的地位。反映兄弟民族生活的美术创作日益繁荣，出现了专以“番族”生活为题材的画家，如李渐画作以民族生活为题材，番人、番马、骑射、射雕、放牧川原之妙尽入画中。胡镶父子亦以描绘游牧民族生活见长。《宣和画谱》收录胡镶 65 件作品，内容有牧马、骆驼、射骑、射雕、毳幕、汲泉、出猎等，俱为形形色色游牧生活景象。魏晋—隋唐时期，绘画之所以气魄雄伟、色彩灿烂，作风豪放而盛极一时，与对少数民族画风及题材的吸收，有直接关系。

唐代的舞蹈也充溢着多民族的丰富色彩。这一时期，胡旋舞、胡腾舞、骨鹿舞等少数民族舞蹈，从于阗、库车、高昌、鄯善等地传入长安。而唐王朝也以宏大的气魄，将周、隋以来的旧乐舞、散于民间的俚曲俗舞、周边少数民族及外国传入的乐舞加以搜集、改编、补充，并排演于太常的宫廷。龟兹乐、天竺乐、西凉乐、高昌乐等异族曲调亦融合传统的“雅乐”“古乐”。唐太宗的“秦王破阵舞”，“皆擂大鼓，杂以龟兹之乐，声震百里，动荡山岳”，显示了各民族文化大融合的壮阔气象和无比活力。

唐章怀太子李贤墓壁画《客使图》 展现盛唐外交场景

（三）来自南亚次大陆的佛教文化与中国本土文化交融

南亚次大陆的佛教文化是汉唐时期输入中国的外来文化的主体。

西汉末年哀帝元寿元年（公元前2），佛教开始传入中国[①]，东汉和魏晋时期佛教传布日广。

佛教传入之初，曾经与儒、道相冲突，但终于与中国的伦理规范、实用理性、崇拜模式、政治需求等相融合（如佛教本“不敬王者”“不事父母”，后来逐步演变为敬事君长，中国佛徒还撰《父母恩重经》倡言孝道）；佛教在中国历经排佛、灭佛、佞佛、援佛等种种遭际，逐渐实现在中国的本土化。达摩以下，至弘忍及其弟子神秀、惠能所创立的禅宗，以及天台宗、华严宗，便是

① 《三国志·魏书·东夷传》注引《魏略》载：“昔汉哀帝元寿元年，博士弟子景庐受大月氏使伊存口授《浮屠经》。”浮屠，即佛陀。

中国化的佛教，在中国、日本等东亚诸国广泛传播。

龙门石窟　卢舍那佛像

佛教对中国文化雅俗两界都影响深巨。在精英层面，佛教思辨的繁复与巧密对文人学士颇具吸引力，士大夫为居士（在家佛徒）者甚多，著名代表有唐代王维、明代钱谦益、清代魏源等。中国哲学、文学、美术、音乐、科技皆深受佛教启迪。在大众层面，佛教以普度众生的宏愿、壮伟的庙宇艺术感召庶民，信奉者极众。晋唐间，天下名山寺院耸立，唐人杜牧（803—853）的名句“南朝四百八十寺，多少楼台烟雨中”①，即是对魏晋以降佛教盛行的写照。此一时期勃然而兴的佛学成为中国学术史上的奇峰异峦。如果将中国学术史分作七段（先秦子学、两汉经学、魏晋玄学、隋唐佛学、宋明理学、清代朴学、近代新学），那么其中三段（魏晋玄学、隋唐佛学、宋明理学）便直接因为佛教影响而形成学术大势的。

（四）文化中心向东向南转移

这一过程大规模展开于晋人东渡。公元 4 世纪，因西晋政治腐败，导致八王之乱，匈奴贵族刘渊（约 251—310）建立分裂政权“汉”，开胡人入主中原之先河。至晋怀帝永嘉四年（310），刘汉武装攻陷洛阳，俘晋怀帝，杀洛阳三万余人，史称“永嘉之乱”。此后，70 万北方士女南迁，洛阳大族也纷纷逃越黄河，出现“洛京倾覆，中州士女避乱江左者十六七”②的状况。琅邪王司马睿（276—323），在建康（今南京）建立东晋政权（是为晋元帝），更促使长江流域经济、文化迅速发展。自此，每当北方发生战乱，人民如潮水般南迁，几成通例。

唐代“自至德后，中原多故，襄邓百姓、两京衣冠，尽投江湘，故荆南井邑，十倍其初”③。李白晚年曾目睹北方人民南逃的惨况，有诗云“三川北虏

① 杜牧：《江南春》。
② 《晋书·王导传》。
③ 《旧唐书·地理志》。

乱如麻，四海南奔似永嘉”[①]。至唐代“安史之乱”后，中国的经济中心已经基本移至南方，所谓“赋出天下而江南居什九”，但文化中心的南移还没有最后完成，这六百年间正是南移过程中的过渡、调适期。

第五节　皇权文化［下］（中唐至清中叶）

一、中唐开端的文化转折

公元8—9世纪的中国，继周秦之际和魏晋南北朝之际以后，发生又一次社会变革和文化转型，它同时还引起东亚文化圈内朝鲜、越南、日本的文化相继发生变革。日本汉学家内藤湖南（1866—1934）等，将此次转折看作是“中世”向“近世”的转型[②]。

如果说，秦至中唐是皇权文化的前期，封建文化还保有较大影响力；那么，中唐以降则是皇权文化的后期，文化的非封建性得以增强，但封建文化在“元蒙”与“满清”又有反复。

陈寅恪（1890—1969）

中国学者陈寅恪也十分看重唐中叶在文化史的枢纽地位，他指出：

> 唐代之史可分前后两期，前期结束南北朝相承之旧局面，后期开启赵宋以降之新局面，关于政治社会经济者如此，关于文化学术者亦莫不如此。[③]

唐代前后期的转折，规范了中国文化史后半段的大致框架。唐中叶以降的千年间，中国

① 李白：《永王东巡歌十一首》其二。

② 参见［日］内藤湖南：《概括的唐宋时代观》、前田直典：《古代东亚的终结》、宫崎市定：《东洋的近世》，刘俊文主编，黄约瑟译：《日本学者研究中国史论著选译》第一卷，中华书局1992年版，第10、135、153页。［法］谢和耐著，耿昇译：《中国社会史》，江苏人民出版社1995年版，第257页。

③ 陈寅恪：《论韩愈》，《金明馆丛稿初编》，三联书店2001年版，第332页。

文化在自身的发展中，已显示走出中古文化故辙的种种动向，可以称之近古文化期。

（1）地主经济。

此间领主庄园经济破产，地主—自耕农经济定型；赋税制度发生重大变化，以两税法代替租庸调制为开端，以后宋明几代的赋税改革，越来越明确地把朝廷对平民的直接经济关系确立下来。实物经济式微，货币（包括纸币）大量流通。

（2）科举—文官政治。

隋代开始实行科举制度，但隋代及初唐门阀还相当强势，关陇贵族一定程度上左右朝政。至中唐以后，科举实行多年，庶族出身、经考选晋阶的官员渐居主导，门阀贵族淡出政治。此种地主—自耕农经济和文官政治的特色，与封建时代的西欧、日本的领主经济、世袭贵族政治颇相差别。

（3）城市功能转变。

城市由单纯的政治中心和军事堡垒演变为经济和文化的集散地这种功能的变化被称之“宋代城市革命”。两宋之际孟元老的《东京梦华录》记载，北宋末年，京城不少店铺甚至设到皇宫附近，“自宣德楼一直南去，约阔二百余步，两边乃御廊，旧许市人买卖于其间，自政和间官司禁止”。随着工商业的繁荣，市民阶层兴起，市井文化趋于活跃，反映市民生活及其情趣的小说、戏曲，在形式和内容上都另创一格，为日后元曲、明清小说等通俗文学的繁荣开启先河。

（4）转折代表韩愈。

唐中叶的文化领军人物是韩愈。陈寅恪曾历举六端，以品评韩愈在文化史上的特殊地位：

> 一曰：建立道统，证明传授之渊源；
> 二曰：直指人伦，扫除章句之繁琐；
> 三曰：排斥佛老，匡救政俗之弊害；
> 四曰：呵诋释迦，申明夷夏之大防；
> 五曰：改进文体，广收宣传之效用；

六曰：奖掖后进，期望学说之流传。[①]

韩愈（768—824）

又从文化史分期角度强调韩愈的作用和影响："唐代之史可分前后两期，前期结束南北朝相承之旧局面，后期开启赵宋以降之新局面，关于政治社会经济者如此，关于文化学术者亦莫不如此。退之者，唐代文化学术史上承先启后，转旧为新关捩点之人物也。"[②]

唐长孺也指出："开辟唐代中叶思想学术变化的杰出人物是韩愈，继承发展韩愈思想的为其学侣李翱。"[③]值得注意的是，韩愈虽然排斥佛老，却从佛教衣钵相承学说那里吸取思想灵感，创制"道统"理论，予近古文化以深广影响。

（5）理学。

酝酿于唐中叶，在宋明得以张大的理学，一定意义上是儒家人文理性的复归，又是援佛入儒的果实。吸收"真如佛性"的程朱理学的天理观和格物致知论，使儒学走上精深，而阳明心学已初具道德个人主义的内涵；宋学的怀疑精神和明代杨慎等人考据精神的初兴，则涉及实证科学的边缘；另外，文人、官僚、地主或商人合为一体，形成士大夫阶层，他们的审美情趣、人格理想、道德观念主导全社会的价值规范，对近古乃至近代的精神生活影响深远。

（6）右文抑武。

中唐以后，在日益强化的君主集权格局之下，官僚政治实行文武分离、右文抑武之策，虽然防止了武人割据和篡权，却导致国防劣势，民族文化的气质从汉唐的雄强外拓转向宋明的精致内敛；而与此同时，周边民族竞相崛起，走向与华夏本土文化相颉颃的道路，契丹、女真、蒙古、满洲等游牧或半农半牧民族相继入主。尽管他们最终都沿袭、传承了中原农耕文化，但是游牧民族的

①② 陈寅恪：《论韩愈》，《金明馆丛稿初编》，三联书店2001年版，第319～331、332页。

③ 唐长孺：《魏晋南北朝隋唐史三论》，武汉大学出版社1993年版，第466页。

一再军事征服所造成的破坏，无疑也阻碍了中国文化原发式近代转型的可能。有西方汉学家认为："在中国早已开始了近代化时期，是蒙古人的入侵阻断了此一迅速进步的过程。"①

（7）退守自固。

五代宋以下内守之势铸成。如果说汉唐有雄健的拓边精神，那么五代后晋以降，随着燕云十六州的丧失，长城的御外功能大减，塞北游牧民族的军事压力日趋强大，中原王朝的退守自固心理愈益浓厚。近人黄遵宪指出：

> 封建废而为郡县，中国归于一统，不复修遣使列邦之礼……昔契丹主有言，我于宋国之事纤悉皆知，而宋人视我国事如隔十重云雾。以余观日本士夫，类能读中国之书，考中国之事。而中国士夫好谈古义，足已自封，于外事不屑措意。②

黄氏把中国忽视外邦研究的时限上溯至宋代，是大体符合历史实际的。宋王朝在军事上相继败于辽、夏、金、元，重要原因之一就是"暗于知彼"。五代宋以后出现的元朝和清朝，因游牧民族入主中原，曾高扬尚武拓边精神，为宋以来的精致内敛文化增添粗犷豪迈气质。

二、宋代文化"造极"

概言之，唐中叶以降，两宋正式展开的文化转折，决定了此后近一千年中国文化的基本格局和大体走向，故尔有识者多重视两宋文化。明初宋濂说："自秦以下，文莫盛于宋。"近人亦高度评价宋代文化，如严复在《与熊纯如书》中倡导读史，以发现古今异同，并由此指出：

> 古人好读前四史，亦以其文字耳。若研究人心政俗之变，则赵宋一代历史最宜究心。中国所以成于今日现象者，为善为恶，姑不具论，而

① ［法］谢和耐著，刘东译：《蒙元入侵前夜的中国日常生活》，江苏人民出版社 1998 年版，第 5 页。

② 黄遵宪：《日本国志·自叙》，上海古籍出版社 2001 年版。

为宋人之所造就什八九，可断言也。[①]

陈寅恪更有“宋代造极说”：

华夏民族之文化，历数千年之演进，造极于赵宋之世。后渐衰微，终必复振……由是言之，宋代之史事，乃今日所亟应致力者。[②]

宋词集句　梁启超书赠冯永轩（冯天瑜藏）

宋代“造极”，首先是指经济繁盛、政制完备超迈前代，也指文化的精妙。唐宋八大家宋占六位（欧阳修、苏洵、苏轼、苏辙、曾巩、王安石）。科技成就宋更超迈前代，达到古典巅峰。继唐诗而起的宋词，兼有文学与音乐两方面的特点，其豪放派与婉约派达到壮美与优雅的极致。

苏轼、米芾、黄庭坚、蔡襄等宋四大书法家，比肩晋唐。

宋朝是中国绘画的鼎盛时期。从文人学士到达官贵胄以至帝王，把书画视为高雅的精神活动。民间绘画、宫廷绘画竞放光辉，创作和理论上都自成体系，绘画内容、形式、技巧都异彩纷呈。宋代绘画进入市镇商业行列，与更多的群众建立联系，一批技艺精湛的职业画家，将作品作为商品在市场上出售，汴京及临安都有纸画行业。北宋描绘市井生活的画作《清明上河图》，具有极高艺术造诣和历史认识价值；李公麟（1049—1106）绘马，构图坚实稳秀而又灵动自然，画面简洁精练，既有真实感，又有文人情趣；南宋马远的《山径春行图》、夏圭的《山水十二景》意境深远，皆有超迈前代之处。

① 严复：《与熊纯如书》，《严复集》第三册，中华书局 1986 年版，第 668 页。
② 陈寅恪：《邓广铭宋史职官志考证序》，《金明馆丛稿二编》，上海古籍出版社 1980 年版，第 245 页。

五马图卷（之一）（宋　李公麟作）

宋史专家邓广铭（1907—1998）评议道：

宋代文化的发展，在中国封建社会历史时期之内达于顶峰，不但超越了前代，也为其后的元明之所不能及。[①]

另一宋史专家漆侠（1923—2001）《宋代经济史》具论：

宋代经济文化的高度发展，不仅远迈此前的汉唐，而且为后来的明清所不及。它所留下的文化遗产，诸如哲学、史学、文学、艺术、科学技术等方面，实为我国古代文化宝藏中之宝藏。

有西方学者也注意到唐中叶至两宋的转型性文化变更：

在公元 8 世纪的唐朝，中国有过最辉煌的岁月，而到了公元 12—13 世纪，情势就有了令人瞩目的扭转。在这 4 个世纪中，发生过急剧的变化。一个尚武、好战、坚固和组织严明的社会，已经为另一个活泼、享

① 邓广铭：《宋代文化的高度发展与宋王朝的文化政策》，《历史研究》1990 年第 1 期。

乐和腐化的社会所取代了。[①]

美国汉学家狄百瑞所著《东亚文明——五个阶段的对话》引用埃德温·赖肖尔的《圆仁的唐朝之行》一文的观点：最近几个世纪西方所接触到的那个近代中国的大部分特征，就是在这时候出现的。[②]就是说，中国文化的基本格局和特征，在唐代（或唐宋）已然大定，近代来华西方人看到的中国形象，基本上类同唐宋。

中唐以降文化的非封建走势（有学者认为直逼近代文化），并非直线式进步，其间也出现重大曲折坎坷，要者有二——

（一）因元蒙入主中原，游牧民族的生产方式和文化习俗强加给汉文化，出现：（1）"投下分封制"，大批农民沦为农奴式的"投下户"；（2）"家臣制"，使唐宋时较为平等的君臣关系变为人身依附的君臣主奴关系；（3）"诸色户计"，使工商业者尤其是手工业者半奴隶化。元明鼎革后，虽有"明承宋制"之说，其实明代承袭了不少元蒙的野蛮制度，君臣主奴、庭杖制等即是。

（二）满清入主中原，也带来许多落后制度，如清初的"圈地"，对地主—自耕农经济造成极大破坏；满蒙八旗贵族政治，笼罩清朝全程。这都是唐宋已趋成熟的非封建文化的倒退。当然，清统治集团较快转而实行一系列汉化举措，基本做到满汉联合统治，回复到唐宋以来的文化发展轨道。

总之，自唐宋之际以下的千年间，构筑了西方资本主义侵入之前中国的文化背景，也即形成中国近代文化的基础和出发点。

三、三教共弘

唐宋之际起始的近古文化的一大特色是，对异质文化持包容态度，形成"和会三教"[③]的传统。

中华本土文化在秦汉之际成形后，有多种外系文化楔入，中原人对此虽间

---

① ［法］谢和耐著，刘东译：《蒙元入侵前夜的中国日常生活》，江苏人民出版社 1998 年版，第 2 页。

② ［美］狄百瑞著，何兆武、何冰译：《东亚文明——五个阶段的对话》，江苏人民出版社 1996 年版，第 44 页。圆仁，日本佛教天台宗创始人，曾入唐朝访问，撰《入唐求法巡礼记》。

③ 三教指儒、释、道，"三教"之称始于三国，魏晋以下多用。"和会"语出《尚书》，此指互相协和、会通。

或有过激烈的排佛行为，如被佛教界称为“法难”的“三武一宗斥佛”①，但就大体而言，唐宋以下对包括佛教在内的外来文化取受容态度，吸取其所长——

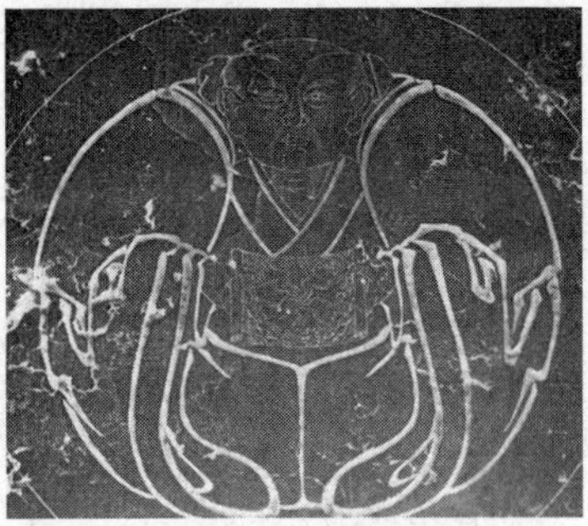

少林寺　混元三教九流图赞碑
儒释道三教主合一像（拓片）

宋儒认识到，佛学“其大道精微之理，儒家之所以不能谈……孔孟未尝及也”②。

老百姓对各种学说、信仰则以实用为取舍依据，所谓“人谋鬼谋，百姓与能”③，不管是人的谋划还是鬼神的谋划，百姓只看是否有实际效能，推而广之，无论来自中外，只要有裨实利，便不妨受用。

元人刘谧撰《三教平心论》，阐述儒、佛、道三教能在中国并存的原因：

> （儒教）使纲常以正，人伦以明，礼乐刑政，四达不悖，天地万物，以位以育，其有功于天下也大矣。故秦始皇欲去儒，而儒终不可去。
>
> （道教）使人清虚以自守，卑弱以自持……故梁武帝欲除道，而道终不可除。
>
> （佛教）使人弃华而就实，背伪而归真……故三武之君欲灭佛，而佛终不可灭。④

这番话揭示儒、佛、道三教在中国所发挥的社会功能。

另有俗语称，儒学治世，道教治身，佛教治心。三教各以其功用得以长期共存于中华文化体系之中。

民间对儒释道并采，帝王大多对诸教兼容并包，唐初皇帝多信道教，崇拜李耳，唐中后叶皇帝多信佛教密宗（“唐密”），宋以后有些君主同时接受佛、道两教的名誉教长称号。元世祖忽必烈更对基督教、佛教、道教、伊斯兰教一

① “三武一宗斥佛”：公元444年北魏太武帝拓跋焘灭佛，公元574年北周武帝宇文邕灭佛，公元841年唐武宗李炎灭佛，公元955年后周世宗柴荣灭佛。

② 范育：《正蒙序》。

③ 《周易·系辞下》。

④ 刘谧：《三教平心论·序》。

律尊重，以利于对庞大帝国的统治。清代帝王也采取类似政策，雍正帝推崇《三教平心论》，在刊印该书时发布上谕，力阻儒、佛、道互相攻讦，认为三教理出一原，初无异旨，无非欲人同归于善，应予同等尊崇：

> 朕惟三教之觉民于海内也，理同出于一原，道并行而不悖，人惟不能豁然贯通，于是人各异心，心各异见。慕道者谓佛不如道之尊，向佛者谓道不如佛之大。而儒者又兼辟二氏，以为异端，怀挟私心，纷争角胜而不相下。朕以持三教之论，亦惟得其平而已矣。能得其平，则外略形迹之异，内证性理之同，而知三教初无异旨，无非欲人同归于善。①

这就把中华文化的圆通性、和融性表达得淋漓尽致。

四、文化一统下的多元走势

春秋战国时期显示了文化多样性的光耀，秦汉以后的文化则以“大一统”的庄严面孔出现，但并未泯灭多样性潜质。

如果说，从孔子到西汉淮南子可以称作多元的“诸子文化”阶段，那么，从西汉的董仲舒到近代的康有为则是一元的“经学文化”阶段。而这种文化一统的格局至明清达于烂熟，这恰与明清君主专制登峰造极彼此因应。然而，即使在独断论盛行的时代，中国文化的多元走向，以及与此直接相关的学派之争却未曾一日止息。

以宋代学术史为例，即可见在皇权一统之下，文化歧异性的存在。如同属理学的宋代诸子区分为“濂、洛、关、闽”四大家。“濂”即“濂溪学”，以创始人周敦颐故居营道濂溪得名；“洛”即“洛学”，以程颢、程颐故乡洛阳得名；“关”即“关学”，以张载故乡陕西关中得名；“闽”即“闽学”，以朱熹寓居福建得名。周、程、张、朱分别提出“理”一元论、“心”一元论、“气”一元论，呈现理学大一统前提下的多元状态。南宋时期，同属理学的朱熹的“闽学”与陆九渊的“江西学”更多有歧见，遂演出“鹅湖之会”，展开了“理”一元论与“心”一元论的大辩难。这场论战延续了三个世纪，直至明

① 清版《三教平心论·上谕》。

代中后期，心学的又一位大师王阳明继续同朱门后学展开反复论难，其间还发生过一场“朱子晚年定论”的大公案，引得学界沸沸扬扬。

学术文化多元性的肇因之一是地域条件的丰富性，这一点很早即被学者所认识。黄宗羲所撰《明儒学案》，便是以学术门派作分类标准，注重从人文地理，尤其是学派的师生承袭衍变，研讨文脉轨迹，“所列有一偏之见，有相反之论，学者于其不同处，正宜着眼理会”[①]。后继的各种学术史，如《宋元学案》《清儒学案》《汉学师承记》《宋学渊源记》等承袭这一撰述传统。这种分类办法久用不衰，恰好反映了人文地理因素对学术发展、学派形成的深刻而久远的影响。

清代是文化统制特别森严的朝代，历朝帝王都大力倡导程朱理学，但民间学者并不全以理学为然，文化思潮丰富多歧。清代学术成就斐然，其间名家辈出，论著之富、门类之多，超迈前代。据徐世昌《清儒学案》记载，清代有著作传世者共1169人。考察清人的学术活动便可发现，各地区一般都有自己传统的研究领域，反映出一定历史时期学术研究的延续性和地区间的相对独立性。例如，江苏、安徽学者皆以治经为主，但治经门径方法又有差别，形成以惠栋为代表的“吴派”和以戴震为代表的“皖派”；浙江学者擅长治史，从清初黄宗羲到其子黄百家，其徒全祖望、万斯同，以至乾隆年间的章学诚，形成“浙东史学”；直隶、两湖、陕、豫等地，理学仍有广远影响。在“汉学”风靡清代学界之际，上述地域性文化的独特格局和学派比肩而立的状况延续下来。

文学上因人文地理之异形成的派别更多。如宋代文坛上以黄庭坚为首的江西诗派，由长期居住在永嘉的徐照（字灵晖）、徐玑（号灵渊）、赵师秀（号灵秀）、翁卷（字灵舒）“四灵”结合成的“永嘉派”；明代以李东阳为首的茶陵派，以袁宏道、袁宗道、袁中道为首的公安派，以钟惺、谭元春为首的竟陵派；清代则有以朱彝尊为首的浙西词派，以方苞、刘大櫆、姚鼐为首的桐城派，以恽敬等开创的阳湖派，以张惠言为首的常州词派。

《红楼梦》　黛玉葬花图

① 黄宗羲：《明儒学案·凡例》。

文学巨著《红楼梦》兼采南北文脉。小说描写的宁荣二府及“大观园”，究竟在北京还是在南京，红学家分作“京派”与“宁派”两大阵营。曹雪芹少时生活于江宁（南京），锦衣玉食，中年在北京被抄家，陷入困顿。南北二京的社会风情、自然景象汇合作品之中，宁荣二府及“大观园”是一种艺术化的典型地望，作品的语言以北京官话为主干，又大量吸纳江南方言，透现出中国文化的丰富多元。今人非要将宁荣二府及“大观园”这一文学虚构地或定格于北京，或规范于南京，既不可能，也无必要。当然，详细考析宁荣二府及“大观园”的南方或北方文化因素，是有价值的：可以具体了解《红楼梦》展示的中国文化的多元风采及其交会状貌。

艺界的多门更呈现繁盛局面：明代画坛上以戴进为首的浙派，以沈周、文徵明为首的吴派；清代画坛上龚贤等“金陵八家”，以恽格为首的常州派，以及活跃在江苏扬州的郑燮等“扬州八怪”。这些流派莫不因地域得名，表现出地域性文化分野。

当然，文化的地域分布所体现出来的独特性，并不排斥地域和学派之间的互相联系和彼此渗透。而正是这种既具多样性，又具统一性的发展态势，不断给文化增添活力，推动其前进。

第六节　现代文化（晚清以降）

15、16 世纪以来，随着西欧诸国率先进入近代历程并向全球播散，在其影响下，中国文化的内在动力激发起来，渐次迈向近代转型之路，时下则展开波澜壮阔的现代化进程（“近代”约指 1840—1949 年一百余年，“现代”包括“近代”而直抵当下）。

中国文化的近代性起步，大约发端于明清之际（17 世纪），而正式迈入近代文化门槛则在 19 世纪中叶，形成规模效应在 19 世纪末叶以降。如果说中国古典文化源远流长，根基深厚，那么，较之西方近代文化已运行四五个世纪，中国近代文化却为期不长，自晚清迄今不过百余年，尚处在初级阶段。

一、古今中西交会

中国文化的古今转换与中西文化交会互为表里，而近代意义上的中西文化交会，有两个关键时段，一为明清之际（17 世纪前后百余年间），二为清民之际（19 世纪下半叶、20 世纪上半叶百年间），这也正是中国文化从古典形态向现代形态转变的两个节点，当然后者的程度与规模远高于前者。

“圆明园十二月景图”（之一）清乾隆间意大利人郎世宁作（毛筱静藏）　中西画技融合

明清之际，欧洲早期殖民主义国家的传教士东来，其宗教及科技学术进入中国，然影响范围限于“形下之器”；清中叶以降，完成工业革命的英国等西方列强用炮舰加商品打开中国封闭的国门，强行将中国纳入世界统一市场和全球性国际关系。中国遭遇“高势位”西洋近代文化的进入，中西文化既相冲突又相融会，这一过程造成中国文化的空前危机，也赋予中国文化新的发展机遇，其文化的物质、制度、精神诸层面渐次发生近代转型，从“中国之中国”“亚洲之中国”渐次迈入“世界之中国”。

明中叶以后，商品经济活跃；在观念层面，黄宗羲、顾炎武、王夫之、唐甄等思想家非君崇公，将民本思想推至新阶段，开启蒙主义之先绪。

此间，西方传教士进入中土，揭开西学东渐序幕，这是继佛教东传之后，中国本土文化与外域文化的又一次汇聚。满洲入主中原建立清王朝，其初期（顺治、康熙）并未中断这一交会过程，但雍正以后则大体使中西文化交流停顿下来，但在天文历算、绘画、建筑等局部，中西交会仍在进行。

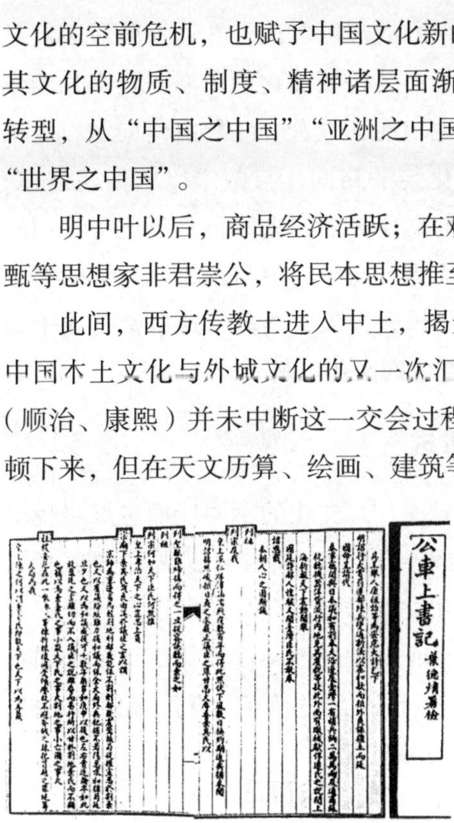
公車上書記

“公车上书”近代救亡意识勃兴

清朝前中期理学是官方哲学、朱熹的《四书集注》是科举考试的范本，而士人实际经营的则是考据学，朴学实证精神得到空前发展，成就古典文化的一次大整理，并对两汉以来经学的神圣性起着“解构”作用。

清代晚期至民国间文化的近代转型，是内力和外力共同作用的结果，是西方影响与中国文化固有因素彼此激荡、相互作用的产物。在民族危亡和西方近代文化的冲击面前，中国文化自元典时代就深蕴其中的忧患意识、变易观念、华夷之辨、民本思想等精神传统，通过近代生活的激发，获得新的生命，转换为近代救亡意识、“变法—自强”思潮、革命观念以及现代民族主义、民主主义等，推助中国文化转进；至于自宋明以来隐而未彰的原发性近代因子，更被纳入中国文化转型的动力系统。中国近代文化并非西方文化的整体移植，而是中西文化涵化互动的产物，如果对此估计不足，必将导致对中国一百余年来近代化进程作外因论的片面解释。

鲁迅、萧伯纳（英国作家）、蔡元培会聚上海

由于近代西方文化从东南沿海登陆，所以两广、江浙成为19世纪中叶以降百余年来中西文化碰撞的前沿。粤闽等地以及宋明以来就已成为文化中心的江浙等地，在这一阶段不仅是经济的重心而且是新文化的中心，其文化能量不断向内地辐射、推进。此种由南向北、由东向西的文化传播路向，与两宋以前由西向东、由北向南的文化传播路向恰成相反之势。而两湖地区则成为古与今、中与西相互交会的要冲地带，际会风云，人文荟萃。这些都构成中国近代富于特色的文化景观。

二、器物—制度—观念变革逐级推进

社会的现代转型是一个前行的系统运动，其文化的不同层面进展步伐不是均衡齐整的。日本社会学家富永健一指出，作为先发内生型现代化的西欧，其现代化始于文化现代化（文艺复兴），继之是政治现代化（英法政治变革）、经济现代化（产业革命）和社会现代化。而后发外生型现代化的地区（如日本），因经济现代化对传统冲击小，较易被统治阶层接受和推行，得以率先展开，继之是政治现代化、社会现代化和文化现代化。[①]

① 见［日］富永健一著，李国庆、刘畅译:《日本的现代化与社会变迁》，商务印书馆2004年版。

中国的现代化进程也大约如此（经济现代化—政治现代化—文化现代化），与原发式的西欧（文化现代化—政治现代化—经济现代化）的路径颇相差异。梁启超于1923年反顾1860年以降的进路时说，中国是从“渐渐知道自己的不足”开始的，他将清末民初的“学问进步”分作三期：

> 第一期，先从器物上感觉不足，遂有军工洋务兴办，仿效西人的船坚炮利。
>
> 第二期，是从制度上感觉不足，遂有变法维新，谋求政治更革。
>
> 第三期，渐渐要求全人格的觉悟，遂有新文化运动，实现全方位（器物—制度—心理）的进步。①

梁氏的概括大体符合近代文化的发展历程。需要说明的是，器物—制度—观念三层面又是有机的整体，每一时期的进步突出某一层面，也在一定程度上带动其他层面，各阶段并非某一层面独进。

（一）第一期　从器物上感觉不足，军工洋务兴办

中国近代是一个从挫折中崛起的时代。在鸦片战争以降愈益增强的危机情势下，一部分国人首先从西方近代器物文化中寻找出路，洋务军工是首先兴办的近代事业。

江南制造局制造大炮

清末汉阳铁厂

以林则徐、魏源为代表的进步士人，在同外部世界接触的过程中最先觉

① 见梁启超:《五十年中国进化概论》,《饮冰室合集》之五《饮冰室文集》，中华书局1989年版。

醒。林则徐在与西方打交道间，发现遭遇的是一个不同于古时入侵中原的夷狄的新文明，于是组织翻译西书西报、编纂《四洲志》。范文澜《中国近代史》上编称林则徐是清朝“开眼看世界的第一人”；林的朋友魏源也将眼光投向西洋文明，所编撰之《海国图志》是东亚较早的现代性世界史地论著。此后，研习西学成为一种时尚，愈来愈多的中国人致力于“旁求泰东西国民之粹，囊之以归，化分吾旧质，而更铸吾新质”[①]。

西方有形的“外在文明”首先吸引苦于军事惨败的清廷当局，一些与洋务有关的官僚（朝中亲贵奕䜣、文祥等，封疆大吏曾国藩、左宗棠、李鸿章等），在购巨舰、买大炮、建新式工厂的同时，兴办新式学堂，并在江南制造局等处译介西书（科技类为主，也旁及人文社会科学）。这批人即所谓的“洋务派”。他们首次在中国土地成规模地引进西方军工技术等器物文化，奠定工业文明的初基。

梁漱溟（1893—1988）1920 年著文论及这一过程：

江南制造局翻译处著译一批介绍西洋科技的书籍，左起徐建寅（1845—1901）、华蘅芳（1833—1902）、徐寿（1818—1884）

> 起初的时候，惊于火炮铁甲之利，声光化电之妙，想着不得不学他的。大约咸丰末同治初以迄光绪二十几年，都是这个思想。大家试看那个时候的名臣奏议、通人著述、书院文课、试场闱墨及一切号为时务书的无非如此。所以曾文正、李文忠的大设施就是上海制造局、马尾的船厂、北洋的海军，以为西洋所长、中国所短不过这些东西而已，但把它学来便了。[②]

然而，洋务派无力改革中国陈旧的政治制度和经济制度，匆匆将从西方输

① 金一：《国民新灵魂》，《江苏》1903 年第 5 期。
② 梁漱溟：《唯识述义》，《梁漱溟全集》第 1 卷，山东人民出版社 1989 年版，第 255 页。

入的近代生产技术塞进业已腐朽的政治—经济制度的框架内，“曾不晓得这些东西有他的来历（西方化），不是可以截蔓摘果就挪到自己家里来的，而实与自家遗传的教化（东方化）大有冲突之点，轻轻一改，已经失了故步”[①]。军工洋务不仅遭遇国内保守派的掣肘和攻击，又在御外时显示其不堪一战。

（二）第二期　从制度上感觉不足，变法维新

中日甲午战争，中国陆军一败朝鲜，再败辽东，花巨资营建的北洋水师葬身黄海，割台湾、赔巨款，宣告了单单引入军工器物的洋务运动的破产。中国人开始懂得，仅有坚船利炮，是不足以图强致富的，只有实行政治体制改革，以立宪政制取代君主专制，中国才有振兴的希望。清朝最后十余年间展开的戊戌变法和清末宪政运动，便是此类政改实践。

推介君主立宪的《清议报》

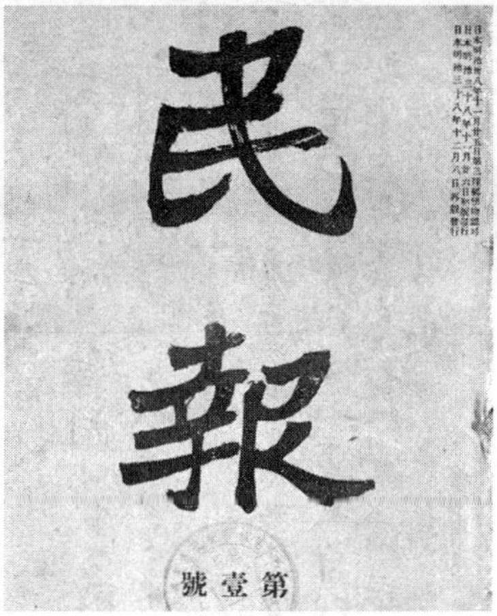

推介民主共和的《民报》

此一时期传播的西学，所涉广泛，而中心题旨在立宪政制的推介。继两次鸦片战争间魏源、徐继畬、梁廷枏等最先关注西方宪政，19世纪中后叶郭嵩焘、王韬、郑观应等介绍西方宪政制度，甲午战后，维新派的康有为、梁启超、杨度等，革命派的邹容、陈天华、章太炎、孙中山等，阐述西方宪政虽各有出发点和侧重面，却均将宪政与国家富强联系起来，以为非以宪政取代君主

① 梁漱溟：《唯识述义》，《梁漱溟全集》第1卷，山东人民出版社1989年版，第256页。

专制不可。而经历“庚子国变”打击之后，慈禧在光绪二十七年（1901）发布的懿旨中，明示“惟有变法自强为国家安危之命脉，亦即中国生民之转机”，随后“新政”渐次展开。可见，清末十余年间，政制变革似乎渐成朝野的共同诉求，此诚千载难逢之机遇，与日本明治维新的情势相近。不过，两者大相径庭的是，清末没有如日本明治维新那样上下同心，锐意变革，而是朝野之间、立宪派与革命派之间始终未能就政制变革达成共识：清廷与立宪派在宪政推进程度上分歧甚大，“皇族内阁”出笼，令立宪派齿冷、离心；而立宪派与革命派之间更就体制内改良还是体制外革命，展开激烈论战，彼此南辕北辙、水火不容，直至辛亥革命爆发论战才告一段落。

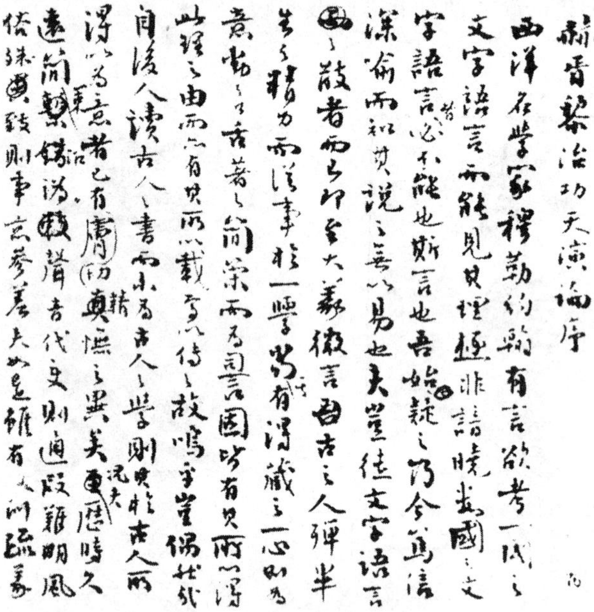

严复手稿

考察清末十余年间文化界推介的有关政制变革的新观念，可以发现立宪派与革命派之间的共通处大于分歧处。应当说，政制变革的思想启蒙，立宪派及其前驱维新派功莫大焉，革命派也颇多贡献，诚如时人所说，“有新学术方有新世界”①。仅在1902年至1903年间，就译介培根、洛克、笛卡儿、达尔文、

① 梁启超：《近世文明初祖二大家之学说》，《新民丛报》1902年第1号。

孟德斯鸠、伏尔泰、卢梭、亚当·斯密、边沁、康德、黑格尔、约翰·穆勒、斯宾塞、圣西门以及亚里士多德、柏拉图等人的学说；比较系统地整理和介绍了欧美哲学、政治学、法律学、经济学、教育学以及物理学、生物学、天文学的发展史和近代成就，撰写和发表资产阶级代表人物如噶苏士、罗兰夫人、克伦威尔、加里波的、马志尼、华盛顿、拿破仑、斯宾塞、俾斯麦等人的传记或评论；翻译和推荐卢梭的《民约论》，孟德斯鸠的《法意》，亚当·斯密的《原富》，约翰·穆勒的《自由原理》《名学》，斯宾塞的《群学肄言》及《代议政治论》，幸德秋水的《二十世纪之怪物帝国主义》等重要理论著作，以及《独立宣言》《人权宣言》等经典文献。时人描述：

> 戊戌政变，继以庚子拳祸，清室衰微益暴露，青年学子，相率求学海外。而日本以接境故，赴者尤众。壬寅（1902—1903）间，译述之业特盛，定期出版之杂志不下数十种。日本每一新书出，译者动辄数家，新思想之输入，如火如荼矣。[①]

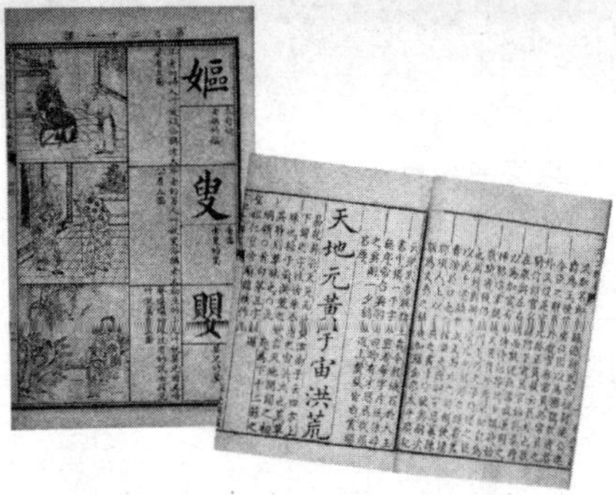

清末教科书

民初教科书

西方近代文化，带来上升时期资产阶级的活力与朝气。随着中国资本主义的发展和资产阶级在政治舞台上的崭露头角，中国文化结构发生变异，进化论、民约论、民权论、民主共和思想以及西方资产阶级的其他各种政治学

① 梁启超：《清代学术概论》，上海古籍出版社 1998 年版，第 70 页。

说，取代孔孟儒学，成为社会思潮的主流。“我所思兮在何处，卢孟高文我本师”①，梁启超等已把卢梭、孟德斯鸠视作自己的老师，把法国18世纪启蒙文化作为追慕的理想境界。

与此相关联，学堂取代书院和科举；新式报刊，取代旧日的邸报、揭帖；石印铅印技术，代替传统的木板印刷；图书馆、博物馆相继出现。这些新的社会思潮和新的文化设施，尚不免粗糙、幼稚，但它们毕竟是新生的具有旺盛生命力的事物，透现出新文化的曙光。

清华学堂

近代公共图书馆嚆矢——湖北省图书馆

（三）第三期　观念上感觉不足，新文化运动

辛亥革命推翻了清王朝，但诚如梁启超1923年所说：

> 革命成功将近十年，所希望的件件都落空，渐渐有点废然思返，觉得社会文化是整套的，要拿旧心理运用新制度，决计不可能，渐渐要求全人格的觉悟。②

新文化运动应运而生。

---

① 梁启超：《次韵酬星洲寓公见怀二首并示遁庵》，《饮冰室合集》之五《饮冰室文集》，中华书局1989年版。

② 梁启超：《五十年中国进化概论》，《饮冰室合集》之五《饮冰室文集》，中华书局1989年版。

以“五四”为标志，民族的、人民大众的新文化蓬勃兴起。以陈独秀、胡滚、鲁迅为代表的新文化健将们，富于批判精神，高张民主、科学两面旗帜。陈独秀宣称：

> 要拥护那德先生，便不得不反对孔教、礼法、贞节、旧伦理、旧政治。要拥护那赛先生，便不得不反对旧艺术、旧宗教。要拥护德先生又要拥护赛先生，便不得不反对国粹和旧文学；
>
> 我们现在认定，只有这两位先生可以救治中国政治上、道德上、学术上、思想上一切的黑暗。[①]

北京大学不仅是新文化运动的民主堡垒，而且是科学精神的摇篮。1917年，蔡元培出任北京大学校长，“循‘思想自由’原则，取‘兼容并包’主义”[②]，开创了北京大学代表的科学、民主的学风。实证的科学方法日益成为学术研究的工具，胡滚将科学方法总结为“大胆的假设，小心的求证”，并提倡用科学方法整理国故，认为“新思潮对于旧有文化的态度，在消极的一方面是反对盲从，是反对调和；在积极一方面，是运用科学方法来做整理的工夫”[③]。

民初国立北京大学校门

① 陈独秀：《“新青年”罪案之答辩书》，《新青年》1919年第6卷第1号。

② 蔡元培：《致〈公言报〉函并附答林琴南君函》，《蔡元培选集》，中华书局1959年版，第79页。

③ 胡滚：《新思潮的意义》，《新青年》1919年第7卷第1号。

另一位身体力行科学精神的学术大师是王国维。他以近代西方实证科学方法“证史”，充分利用新发掘的资料，如殷墟甲骨文、敦煌文书等，将它们与古器物、古文献资料相互印证。王国维的“二重证据法”，开创了现代史学研究的新天地。王国维与梁启超、赵元任、陈寅恪、吴宓、李济等创办的清华大学国学研究院（1925—1929），四届共毕业 74 人，其中多位成为中国 20 世纪人文学术的中坚力量。①

梁启超、王国维、赵元任为导师的清华国学院第一期师生合影（冯永轩藏）

新文化运动还推动了自然科学的研究。早在 1914 年，留学美国的任鸿隽、赵元任、杨杏佛、茅以升等人发起组织“中国科学社”，有各类专门人才 70 人。1918 年，中国科学社总部迁回国内，会员增加到 604 人。一批学者如李四光、竺可桢、茅以升等学成归国，怀抱科学救国的理想，取得了令世人瞩目的成就。

新文化运动的思想武器是民主主义、个人主义以及进化论，以砸碎精神枷锁的非凡勇气，吹响了思想解放、个性解放的号角，也取得了初步的现代科学技术及人文社会科学成果。但是，新文化运动的某些健将有全盘否定传统伦理和文化的非历史主义倾向，影响后世。

① 今之清华大学国学院编辑“清华国学书系”，以分册形式推出曾在清华大学国学院任教、学习、研究的学者文存共 50 种，由江苏人民出版社出版。

近代中国人采纳西方文化的基本线索是，首先接受“火器历法”，随之是“制械练兵之术”，进而是“西政”：从君主立宪到民主共和国方案。中国人逐渐认识到，学习西方，只限于“声、光、化、电、营阵、军械”之类技艺固然不够，停留在行政制度的修改也无补于大计，还必须有“政治根本问题之觉悟”，尤其要“多数人之觉悟”，其中包括政治的觉悟和伦理的觉悟，这才是“吾人最后觉悟之最后觉悟”[①]。

《新青年》

鲁迅等创办之《语丝》

三、面对“体用两橛”的探索：从“中体西用”到“中西互为体用”

在文化自成体系的传统中国，社会的经济基础及其上层建筑虽有起伏跌宕，文化诸层面却基本上是协调共生的，器物文化—制度文化—观念文化三者，两千多年间彼此契合为统一体。

中国历史上固然发生过多次变乱，频繁地改朝换代，但这个文化统一体从未瓦解，三层面碰撞不断，大趋势却是磨合得愈益圆润。中唐以下，特别是赵宋之后，经济、政治、社会、观念格局定型，大略形成以下三个相互交融互摄的层次：

① 陈独秀：《吾人最后之觉悟》，《青年杂志》1916 年第 1 卷第 6 号。

——小农业与家庭手工业相结合的自给自足的地主经济辅以小市场商品交换

——官僚政制（官僚通过考选产生）统辖于君主集权之下，朝廷政令直达郡县，而底层的宗法乡绅社会与朝纲彼此互补共生

——儒表法里的政治文化、儒释道三教共弘的精神世界与上述经济—政治结构相互契合

中国文明形态在整个中古时代领先世界，其经济的繁盛和技术的发达，均超越包括封建割据的西欧、日本在内的中世纪各国。然而，这样一个中古文明烂熟的中国，却无法引领科学革命及工业文明，在世界近代转型的关口让西欧着先鞭、领前驱，自己则渐趋落伍。

19 世纪中叶以降，由工业文明[①]装备起来的“高势位”的西方资本主义列强浩荡东行，从体用两层面对中国固有传统提出尖锐挑战，中国文化第一次遭遇深度危机。首当其冲的洋务巨擘李鸿章（1823—1901）在 19 世纪 70 年代指出，今之中国国防危机的严重程度，超过历史上任何时代——不同于昔时来自西北的、武功强劲而文化落后的游牧人，如今的敌手从东南沿海登岸，操持着先进的装备，两相接仗，国人难以招架，李氏惊呼：

> 历代备边，多在西北，其强弱之势、客主之形，皆适相埒，且犹有中外界限。今则东南海疆万里，各国通商传教，来往自如，麇集京师及各省腹地，阳托和好之名，阴怀吞噬之计，一国生事，诸国构煽，实为数千年未有之变局。轮船电报之速，瞬息千里，军器机事之精，工力百倍，炮弹所到，无坚不摧，水路关隘，不足限制，又为数千年来未有之强敌。[②]

如果说，李鸿章是从军事角度，指出中国面临“数千年未有之变局”，遭逢“数千年来未有之强敌”，那么，大半个世纪后，感同身受的国学大师陈寅

① “工业文明”是法国人布朗基 1837 年首先使用的概念，指工业革命后以机械取代手工的文明形态。

② 李鸿章：《筹议海防折》，《李文忠公全书》（奏稿）卷二四。

恪（1890—1969）则从文化视域发出类似慨叹：

> 盖今日之赤县神州，值数千年未有之巨劫奇变。[①]

面对此种“强敌”、身历“巨劫奇变”，中国人忖度思索，起初是不承认西方的形上之道与形下之器有可采之处，继而是有所吸纳、有所排拒，大体路数是：器物层面较大幅度取法西洋，制度层面、观念层面则力求保守故旧，后又渐次被动地零星采摘西政之“形”，而未能深究西政背后的西学之奥。对于中国传统的制度文化、观念文化，则缺乏现代性精选与创造性转换。这样，近代中国出现文化外层（器）与内层（道）更化的不配套、不协调，导致中国文化史上空前的道—器二元分割及体用相悖的困局，而走出困局的需求，引发了百余年的“体用之辩”。

中国传统文化本来“体用协和”“即体即用”，而在中西文化冲突的近代，陷入“道器分离”“体用两橛”的尴尬，这促使清末民初的论者多对文化作体—用两分，试图将体制性课题与技术性课题加以区隔，从而防范文化转型过程中发生古与今、中与西的刚性碰撞，达成有节制的渐次变革。正是在这种背景下，自清末以降展开了长时段、多层次的体用协调之路的探索。

> “体”指本体、主体、本位，
> “用”指客体、工具、手段。

一种文化的体与用是历史形成的。西方现代化属于内源、自生型，其现代文化的体与用是从西方传统文化引申出来，在现代生态中形成的统一体；而中国现代化是在西方现代文明的威迫和示范下方得启动的，属于外源、次生型，不仅有古今演绎，而且需要作中西对接，而这种对接，好比人体接纳外来器官移植，易生排异反应，需要经历一个复杂而艰难的调适过程。

面对体用两橛的矛盾，近代中国涌现多种体用观，昭显了中国人通往文化自觉的认知历程。

---

① 陈寅恪：《寒柳堂集》附《寅恪先生诗存》，上海古籍出版社 1980 年版，第 7 页。

清末上海公共租界公堂会审

（一）“中体中用”论

传统文化本是“即体即用”“道器不二”的自洽系统，而近代则面临“中道”与“西器”的错位（实为中古式上层建筑与近代性生产力不相对接），国人颇感不适。固守文化本位的论者，如同治间“理学大师”、内阁大学士倭仁（1804—1871），反对选用科甲官员入同文馆学习天文、算学，企图以“忠信为甲胄，礼义为干橹”去抵挡西方工业文明的来袭[①]；光绪间大学士徐桐（1819—1900）嫉恶外国事务，见外人、外物皆以折扇遮挡，以示“华夷之别”，终于因极端排外而在庚子国变中被赐缢死。倭仁、徐桐等从保守角度坚执“道器一体”，主张器物—制度—观念全都一仍其旧，力主“读孔孟之书，学尧舜之道，明体达用，规模宏远也，何必令其学为机巧，专明制造轮船洋枪之理乎”[②]！这种全面抵制西洋近代文明的迂阔之见，可称之“中体中用”论，其高头讲章，似乎爱国情切，捍卫道统的正气凛然，却无补危局。故此论作为不合时宜的偏执之见，被学人抛弃，以后偶有人重弹此调，和者甚寡。

然而，沿袭中学传统的文化，在学术层面其实是保有根基的，在民间则以私塾等形态广为传承，清末民初底层的文教呈现如下情形：

① 倭仁在反驳恭亲王等人办洋务时称：“立国之道，尚礼仪不尚权谋，根本之图，在人心不在技艺。”他主张以忠信礼义抵御外侮。倭仁言论引自《礼记·儒行》：“孔子对哀公曰：‘儒有忠信为甲胄，礼义为干橹。戴仁而行，抱义而处。虽有暴政，不更其所。’其自立有如此者。”

② 张盛藻奏折，《中国近代史资料丛刊·洋务运动》（二），上海人民出版社1961年版，第29页。

> 乡村小学校的教材，完全说些城里的东西，不合农村的需要。小学教师对待农民的态度又非常之不好，不但不是农民的帮助者，反而变成了农民所讨厌的人。故农民宁欢迎私塾（他们叫“汉学”），不欢迎学校（他们叫“洋学”），宁欢迎私塾老师，不欢迎小学教员。①

清末私塾

这表明“中体中用”的文化形态在近代中国仍有深广的存在基础。

（二）“中体西用”论

中国文化讲求通权达变，主张有节制、有限度的改革，《易传》阐发的“变易—不易”的二重易理②，是通权达变的经典表述。清末改革派信奉此种二重易理，力图变器以守道，如前述觉醒者几乎皆以“道中器西”“中主西辅”立论。冯桂芬在建议“采西学、制洋器、筹国用、改科举”的同时，主张“以中国之伦常名教为原本，辅以诸国富强之术”③。

曾在香港、西欧亲历近代文明的王韬，深怀“忧天”之念，自号“杞忧生”，他认为：

> 夫形而上者道也，形而下者器也，杞忧生之所以欲变者器也，而非道也……器则取诸西国，道则备当自躬。④

此“西器中道”说便是《易传》“变易—不易”的二重易理在近代的活用。

也是根据变器不变道、改用不改体的二重易理，以“变法”自任的郑观应

① 《湖南农民运动考察报告》，《毛泽东选集》第一卷，人民出版社 1991 年版，第 40 页。

② 《周易乾凿度》：“《易》一名而三义：所谓易也，变易也，不易也……易者，其德也……五行迭终，四时更废，君臣取象，变节相易……此其变易也。不易者，其位也。天在上，地在下，君南面，臣北面，父坐子伏，此其不易也。”

③ 冯桂芬：《校邠庐抗议》，上海书店出版社 2002 年版，第 57 页。

④ 王韬：《弢园文录外编·杞忧生易言跋》。

作“盛世危言”，他提出：

中学其本也，西学其末也；主以中学，辅以西学。①

同治光绪间名士沈寿康1895年3月在《万国公报》发表《匡时策》曰：

夫中西学问，本自互有得失。为华人计，宜以中学为体，西学为用。

光绪帝师傅孙家鼐（1827—1909）1896年在《遵旨开办京师大学堂折》中称：

张之洞（冯天瑜2004年绘）

今中国京师创立大学堂，自应以中学为主，西学为辅；中学为体，西学为用。②

沈、孙二氏对“中体西用”说作了简洁明快的完整表述。

后此，洋务大吏张之洞1898年在维新变法的关键时刻，撰《劝学篇》内外篇，“内篇务本，以正人心；外篇务通，以开风气”，“内篇所言，皆求仁之事也；外篇所言，皆求智求勇之事也”③。张氏对“不知本”的“躁进者”和“不知通”的“守旧者”两线作战，力主“会通中西，权衡新旧”④，制定的方针是：

中学为内学，西学为外学；中学治身心，西学应世事。⑤

① 郑观应：《盛世危言·西学》。

② 《中国近代史资料丛刊·戊戌变法》（二），神州国光社1953年版，第426页。

③ 张之洞：《劝学篇序》，《张文襄公全集》卷二〇二。

④ 张之洞：《抱冰堂弟子记》，《张文襄公全集》卷二二八。

⑤ 张之洞：《劝学篇下·会通》，《张文襄公全集》卷二〇二。

旧学为体，新学为用。[①]

张之洞的“中体西用”论并非只主张学习西洋技艺，他明确指出：

西学亦有别，西艺非要，西政为要。[②]

张之洞采用西学的实行之方是“政艺兼学”，而“谋国之方，政尤急于艺”[③]。他在坚守“君为臣纲”的前提下，所吸取的西政是英国式的君主立宪政体。1901年，他在《致刘坤一等》函札中说：“其实变法有一紧要事，实为诸法之根，言之骇人耳。西法最善者，上下议院互相维持之法也。”但张氏认为中国民智未开，下议院不可行，而上议院可试设，表示了对西方宪政有限度的认可。

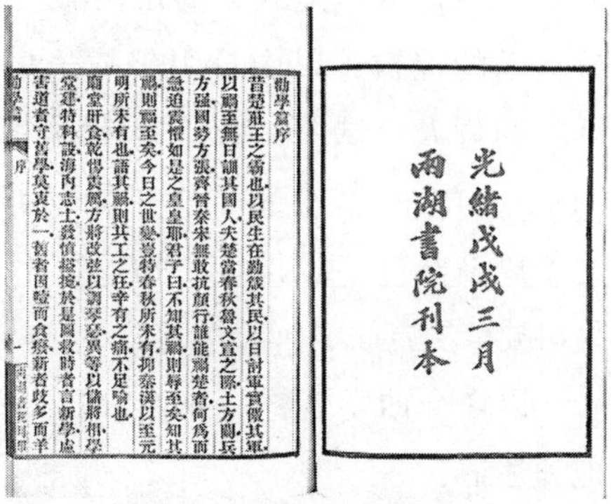
勸學篇序
昔楚莊王之霸也以民生在勤箴其民以日討軍實儆其軍
以禍至無日訓其國人夫楚當春秋魯文宣之際土方闢兵
方強國勢方張齊晉秦宋無敢抗顏行誰能禍楚者何為而
急迫震懼如是之皇皇耶君子曰不知其禍則辱至矣知其
禍則福至矣今日之世變豈特春秋所未有抑秦漢以至元
明所未有也語其禍則共工之狂辛有之痛不足喻也
廟堂旰食乾惕震厲方將改弦以調琴瑟異等以儲將相學
堂建特科設海內志士發憤搤捥於是圖救時者言新學慮
害道者守舊學莫衷於一舊者因噎而食廢新者歧多而羊

勸學篇　序　一

光緒戊戌三月
兩湖書院刊本

《劝学篇》书影

张氏从学理和实行两个层面阐发“中体西用”说，其包揽度逐渐扩大，令“中学为体，西学为用”成为一个兼容中西之学的广大命题，于清末民初衍为时人乐道的“流行语”。

概言之，清末改良主义者和洋务派力倡“中体西用”论，开始主要是针对文化自闭导致的愚妄，力图对“中体中用”作一突破，其实效是机器工业、近代商业、近代文教、近代官制军制警制的引入，中国获得宝贵的文化新质；随后，此论又意在防范西学对伦常政教本体的侵蚀，一面在文化外缘（技术系统）吸纳新质，一面维护君主制度和宗法意识等内苑禁地（价值系统）。随着时势推移，禁苑又渐次开放，如对君主立宪制的探进，成为清末一批“中体西用”论者的思想走势。“中体西用”论的两重性显示了洋务运动的双面性格——

①③ 张之洞：《劝学篇下·设学》，《张文襄公全集》卷二〇二。

② 张之洞：《劝学篇序》，《张文襄公全集》卷二〇二。

器物文化层面的开放性、制度—观念层面的保守性，以及这种保守性向开放性的缓慢转化。

“中体西用”论是近现代中国影响力深广的体用观，其余韵流风延及当下。

（三）“西体西用”论

“变器不变道”的“中体西用”论，在器物层面及部分制度层面推助了中国的近代化进程，却规避文化本体的变革，导致政治及观念领域的滞后，国人自觉不自觉地陷入“体用两橛”境地。而在“中体西用”框架内运作的洋务运动的挫折（以中日甲午战争中方惨败为甚），激发一些有着较深切变革诉求的哲人，试图突破“中体西用”范式。戊戌变法最激进的思想者谭嗣同（1865—1898），将奉行“中体西用”的洋务大吏批评为“不审”，并力陈“道之不离乎器”，“器既变，道安得不变？”①，认为形上之道—文化本体皆有变易必要。

以译介西学著称、兼通中西的严复对“中体西用”论的批判更具学理性，他评述道：

> 故中学有中学之体用，西学有西学之体用，分之则并立，合之则两亡。②

认为中学与西学各有体用，自成系统，中体与西用勉强拼接，实为“牛体马用”，不伦不类，无法成功。严复联系洋务运动实践，揭示其“盗西法之虚声，而沿中土之实弊”③，无以救中国。此种责备可谓入木三分。

为克服近代中国“体—用对立”的困境，严复1895年春有感于甲午战争中方惨败，在天津《直报》连载《原强》一文，力主跳出洋务派“中体西用”樊篱，代之“以自由为体，以民主为用”范式，试图融通体用，构建新的文化统一体。此说颇得西学真谛，自由精神是自古希腊以来直至近代西方文化的内核，而民主制度为其运用。但该说依凭近代西学之体、西学之用，实为一种

① 《谭嗣同全集》，三联书店1954年版，第197页。

② 严复：《与外交报主人书》，《严复集》第三册，中华书局1986年版，第558页。

③ 严复：《救亡决论》，《严复集》第一册，中华书局1986年版，第48页。

胡适（1891—1962）

“西体西用”论，欠缺对中国文化应有的尊重，没有回答本位文化何以安置这一无法回避的问题。

后之陈序经（1903—1967）沿“西体西用”之说，倡言“全盘西化”[①]“走出东方”[②]，其说与日本明治时代启蒙思想家福泽谕吉（1835—1901）主张的“脱亚入欧”取向相同。

新文化运动健将胡濴也有“全盘西化”之倡，他又将“西化”诠释为“世界化”，故“全盘西化”即为“充分世界化”。[③]

“全盘西化”论强调学习来自西方的现代文明的重要性、必要性，较之“中体西用”说的回避制度及观念现代化，是一进步。但此论将“世界化”等同于“西方化”，抹杀了现代文化的多元构成，使本民族文化传统在现代化进程中缺位，只有被取代的宿命，而无参与构建的功能，故此论没有找到中西文化相互涵化的路径。因此，“西体西用”论无助于形成健全的文化自觉与文化自信，在近现代中国，其影响力不如“中体西用”说，然类似主张至今仍不断崭露头角。

（四）“西体中用”论

为救正“中体西用”论对文化本体变革的忽略，晚近有学人提出“西体中用”论，其说首见20世纪30年代熊梦飞所撰《谈“中国本位文化建设”之闲天》。至20世纪80年代，思想史家李泽厚（1930—　）多次阐扬此说[④]，90年代他又有新的发挥。简言之，李氏把社会存在，即人们的衣食住行、经济形态、科学技术归之为“体”，而现代经济方式主要来自西方，故应当以反映现代生产力的西学为“体”，为当下中国所“用”。

与李氏相先后，美籍华裔学者黄仁宇（1918—2000）在其“大历史观”体系中也提出“西体中用”说，含义略别于李氏。

“西体中用”论大略走的是唯物史观路径，强调经济基础的本体地位和第

① 陈序经：《中国文化的出路》，商务印书馆1934年版。

② 《走出东方——陈序经论著辑要》，中国广播电视出版社1995年版。

③ 胡适:《充分世界化与全盘西化》,《全盘西化言论三集》，岭南大学学生自治会，1936年10月。

④ 见李泽厚:《中国现代思想史论》，东方出版社1987年版。

一性的决定作用，然此说失之粗糙，且有脱离“体—用”之辨原有范畴含义的倾向，也没有克服体用割裂之弊，故少有认同者。

（五）“中西互为体用”论

鉴于以上诸说的偏颇，有学人提出“中西互为体用”论。

20世纪80年代，美籍华裔学者傅伟勋著文阐述“中国本位的中西互为体用”之说[①]，反省中学，以开放的心态吸纳西学，经由严格的自我批评谋求传统与现代之间的创造性综合，主张对传统习用的“体用”二辞，不作严格分辨，以“多元开放”的胸襟克服“单元简易”的心态对待中西思想文化，超克华夏优越感的“中体西用”说和西方中心论的“全盘西化”论，纠正“五四”以来西化派与传统派的化约主义偏失，努力从中国传统思想文化中获取现代化的正面资粮，尽量吸取西学优长（不论体用），借以创造性发展中国思想文化。走出体用二元对立的故辙，不论中西，只要有价值取向的正面意义，都可熔为一炉，达成中西涵化，在体用二层面实现中国文化的创造性转化。

1987年夏天在美国圣迭戈召开第5届“国际中国哲学”研讨会，傅伟勋与笔者初识，傅氏显示了一种思想探索者的特有激情和睿见。他曾驱车数十公里，赶到笔者与李德永教授（1924—2009）合居处竟夜畅谈，傅氏一方面热情洋溢地称赞笔者白天在研讨会上的演讲，一方面发挥他的“中西互为体用”说，横议古今，直至夜深。

二十余年后，笔者忆及在大洋彼岸与傅、李二先生纵论中西体用诸问题的情景，还鲜明如昨！

“中西文化互为体用”说，庶几切合现代中国文化的实际状态与未来走势。在现代化进程中，“体”“用”两层面已经并继续发生着中西文化的交融互摄，体与用皆有中西互动的可能与必要。觉醒了的现代中国人既不“执古”亦不“骛外”，而以中国文化为母本，吸纳有益于现代性成长的西方文化，在体用两层面实现中西涵化，不断丰富与提升中华民族的精神家园。这里的关键环节是：弘扬中国文化刚健自强、厚德载物的精神，不单在应用技艺上，而且在本体层面和应用层面的结合上，达成中外文化的融通，从本土及世界的沃壤中生

---

① 见傅伟勋：《中国大陆讲学三周后记》，刘志琴编：《文化的危机与展望——台港学者论中国文化》下册，中国青年出版社1989年版。

长现代文化。这是文化自觉指引下的发展进路。

由文化自省引发文化自觉，寻觅新的世界条件下中国文化“道—器”融通、“体—用”协调的健全发展路径，这是一个复杂的认识过程与实践过程，有待今人及后人努力探寻，借用屈原大夫的名言——路漫漫其修远兮，吾将上下而求索。[①]

四、中国现代文化的两种诠释模式

中国文化的现代进程与中国社会的现代进程相为表里，长时期以来被中外学者反复研讨。在众多论说中，“冲击—反应”论与“中国文化本位”论形成彼此对立的两极，是有影响的两种诠释模式。

（一）“冲击—反应”论

此一中国现代化模式是费正清（John King Fairbank，1907—1991）等西方汉学家在 20 世纪 50 年代正式提出的，然而其前论可追溯到 19 世纪初叶。

19 世纪 30 年代出版的黑格尔的《历史哲学》，称中国为“那个永无变动的单一”[②]，又说：“中国很早就已经进展到了它今日的情状；但是因为它客观的存在和主观运动之间仍然缺少一种对峙，所以无从发生任何变化，一种终古如此的固定的东西代替了一种真正的历史的东西。中国和印度可以说还在世界历史的局外，而只是预期着、等待着若干因素的结合，然后才能够得到活泼生动的进步。”[③]这已大体构筑了“冲击—反应”模式的框架，判定中国社会和中国文化自身无力进步，只有“等待”外来力量的拯救。不过，作为辩证法大师的黑格尔毕竟提出中国在“若干因素的结合”条件下，将有“活泼生动的进步”的预言。

19 世纪中叶以降，随着西方资本主义殖民扩张的加剧，建立在欧洲中心论基础上的世界史观在欧美各国普遍流行。20 世纪上半叶出版的海思等人著的《近世世界史》明确提出：“自古希腊罗马时起，迄（讫）于今日，任人类史剧之主角者，为欧洲之白人。”他们宣称，自己的史著所“依次论述”的，是“在 19 及 20 世纪之中，远东不进步之黄种人，如何于睡中惊醒，开始接

① 屈原：《楚辞·离骚》。

②③ ［德］黑格尔著，王造时译：《历史哲学》，三联书店 1956 年版，第 158、161 页。

受欧洲之文化，以及愚昧之非洲黑人，如何置于欧人之治下”[①]。费正清在20世纪50年代著的《美国与中国》，以及费正清与邓嗣禹合著的《中国对西方之反应》沿袭并发展这类观点，正式勾勒出“西方冲击—中国反应”这一中国社会和中国文化走向现代的模式。

“冲击—反应”论肯定西方工业文明对前现代东方文明的解体和变异所发生的历史性作用，洞察到中国宗法专制社会及传统文化进展迂缓的若干机制。然而，这个模式又存在明显的缺陷——忽视中国社会和中国文化“生生不已”的内在运动，忽视中国社会和中华文化自身的变异性，以及这种变异所包藏着的奔往现代的必然趋势。正因为如此，“冲击—反应”模式把中国社会的近代化仅仅看作西方势力入侵的结果，把中国现代新文化仅仅看作西学向东方的位移。这种偏颇之见显然不能深刻地把握中国社会和中华文化现代化的历史进程。

在人类文明史上，纯粹由外部输入现代化的现象曾经发生过，但这种戏剧只能在北美洲、澳洲这类文明的“未开垦处女地”演出。16世纪以后，欧洲殖民者踏上这些“新大陆”时，当地土著尚处在氏族社会阶段，欧洲人可以基本未受阻挠地将自己的生产方式、政治制度、文化体系连同人口，一并从欧洲移植过来，建立起新英吉利、新法兰西、新爱尔兰。然而，西方殖民者闯入印度、中国、日本等有着悠久而辉煌的文化传统的东方国家，其情形则复杂得多。

历史上的民族征服有三种可能：一是征服民族把自己的生产方式强加于被征服的民族；二是征服民族让旧生产方式维持下去，自己满足于征收贡赋；三是发生一种相互作用，产生一种新的、综合的生产方式。[②]这是从经济角度讲的，从文化角度看也大体如此。西方殖民者对东方文明古国的征服，不可能只是单向的以西方文化强加于被征服的东方文明古国，而是“发生一种相互作用，产生一种新的、综合的”文化形态。这才是中国文化现代转型的真实情况。

剖析中国现代文化思潮和知识分子（无论是政治家、哲学家还是文学家、

① 耿淡如、沙牧卑译：《近世世界史》，黎明书局1933年版。

② 见《马克思的遗稿〈导言〉》，《马克思恩格斯全集》第十二卷，人民出版社1962年版，第747～748页。

艺术家），多是走的会通中西的道路，即使是那些曾经一度高张“全盘西化”旗帜的人们（如胡滌），其思想学术实际上也是中西合璧的。总之，中国现代新文化既非单纯的西学之东渐，也非中华传统文化全方位的延续，而是中国传统文化与西学相杂交、相化合的产物。①

20 世纪 80 年代中期，费正清的弟子柯文（Paul A.Cohen，1934—　）对流行于美国中国史研究中“挑战—回应”“传统—现代”“帝国主义”这三种西方中心主义模式的批判之后，总结 70 年代初以来美国的中国近世史研究中逐渐出现的趋势——“中国中心取向”，并提出在中国发现历史的命题。②

（二）“中国文化本位”模式

与“冲击—反应”论形成对立一极的是“中国文化本位”论。坚执此论的是反对办洋务的“理学名臣”、同治年间大学士倭仁（1804—1871）以及光绪间大学士徐桐（1819—1900）等人，他们强调“华夏夷狄之大防”，不承认人类文化进步的共同规律和异文化间的通约性，并认为中国文化在道器两方面均无比优越，无视作为自然经济和宗法皇权制度产物的中国传统文化与西方工业文明之间存在着时代性差距。

时至清末民初，经历新学术洗礼的本位论者，不再坚持器物文化层面的“华夷之别”，而在“道”的层面上继续守护民族文化“本位”。

20 世纪 30 年代中期，学术界曾对文化的中外古今关系展开讨论，其间陈序经、胡滌提出“全盘西化”及“充分世界化”口号，认为全盘西化或充分世界化是中国文化的唯一出路③；与“全盘西化”论相辩难，1935 年 1 月 10 日，王新命、何炳松、武堉干、孙寒冰、黄文山、陶希圣、章益、陈高傭、樊仲云、萨孟武十教授发表《中国本位的文化建设宣言》④，在肯定吸纳西学新知的前提下，强调“要使中国能在文化的领域中抬头，要使中国的政治、社会和思想都具有中国的特征，必须从事于中国本位的文化建设”。

---

① 参见冯天瑜:《文化转型中的知识分子》，该文为东方出版社 1996 年出版的何晓明《知识分子与中国现代化之路》一书的序言。

② 见［美］柯文著，林同奇译:《在中国发现历史——中国中心观在美国的兴起》，中华书局 2002 年版。

③ 陈序经:《中国文化的出路》，商务印书馆 1934 年版；胡滌:《充分世界化与全盘西化》，《全盘西化言论三集》，岭南大学学生自治会，1936 年 10 月。

④ 王新命等:《中国本位的文化建设宣言》，《文化建设》1935 年第 1 卷第 4 期。

1958 年，活跃在港台的学者牟宗三、徐复观、张君劢、唐君毅联名发表《为中国文化敬告世界人士宣言》[①]（简称《宣言》），批判丧失自我的民族文化虚无主义，从世界文明多元一体的高度，发挥中国文化本位论，认为中国本位文化建设将有大贡献于世界。

沿袭《宣言》思路，20 世纪 70 年代以降，一些海外华裔学者（多为牟、徐、张、唐门生）力倡“儒学复兴”，国内有学者起而响应。“儒学复兴论”坚守中国文化的“本位”立场，对西学取开放态度，目光朝向的是现代文明的构建，试图从儒家的“内圣”之学开出现代化的新“外王”。这批学者大多对中华传统文化怀着真挚感情，并有相当深入的研究，同时，对于西方文化也有身临其境的观察和体验，其视野是开阔的，见解是有深度的。他们目睹西方工业文明的巨大成就，又洞悉其间包藏的危机，并力图从文化上寻找救治的良方。他们根据东亚一些国家（如日本、韩国、新加坡）和地区（如台湾、香港）近几十年来经济高速发展的事实，推断其“成功”的秘诀在于儒家功能的发挥。他们进而认为，继先秦两汉和宋明以后，现在儒学进入了它的发展的第三期。

“儒学复兴”论者在发掘中国传统文化的积极因素方面作出了可贵的努力，尤其是他们看到当前西方工业文明面临一系列新问题，人际关系和人与自然的关系都有重新调整的必要。如资本主义社会利己主义、拜金主义的极度发展，造成一系列严重的社会问题；工业革命以来强调人类征服自然，固然焕发出巨大生产力，却又造成生态平衡的破坏，以及环境污染、能源危机等。站在后工业社会的高度，这些华裔学者敏锐地洞察到，以宏观把握、讲究总体协调为特征的农业文明（中国传统文化便是其辉煌代表）中的若干遗产，可供救治工业文明病端时参考。

“儒学复兴”论提振儒家民本主义、有教无类、积极修为的努力，有益于现代文明建设，然不可忽视作为自然经济和宗法制产物的儒学与现代化之间存在着的矛盾性，不可忽视两汉以来儒学政治化、官方化引致的弊病。中华民族如果不从小生产、宗法制和专制政治中冲决出来，文化复兴是不可能实现的。

汉字文化圈诸国（及地区）相继在 20 世纪及 21 世纪初叶取得现代化建设

---

① 牟宗三等：《为中国文化敬告世界人士宣言》，（香港）《民主评论》1958 年 1 月。

优异成就，至少说明两个问题，其一，这里的传统文化为吸纳优质异文化提供较佳接受机制；其二，这里的传统文化可以容纳并弘扬现代文明的成长。

现代哲学家张岱年（1909—2004）自20世纪30年代提出，20世纪80年代以后又加以申发“天人论古今，综创贯中外”的文化综合创新论，超越拒斥外来文化的传统主义和抛弃传统的西化主义的“两极性”和单向度立场，指出现代文化的健康进路——兼综东西两方之长，发扬中国固有的卓越的文化遗产，同时采纳西方的有价值的精良的贡献，融合为一，而创成一种新的文化，但不要平庸的调和，而要做一种创造的综合。①

未来的中华文化既不是全盘西化，也不是固有传统的整体沿袭，而是以传统格义现代、以现代格义传统，达成传统文化的现代再造；是中西之学在体与用、内与外诸层面相互渗透的综合创新体。这一历程以知识经济、信息社会建设为基础，以民主政制、健全法制的成长为保障，以人的全面发展为标志。这将是一个器物文化—制度文化—观念文化全面推进的过程，际会风云，场景复杂而壮伟。

张岱年（冯天瑜 1997 年速写）

五、全球化与民族国家并存时代

（一）邦国时代—民族国家时代—全球化时代

古代及中世纪是封闭而分散的“邦国时代”。

近现代则因世界统一市场建立，进入彼此独立而又相互联系的“民族国家时代”。

跨国经济和信息革命把今日世界引入“全球化时代”，出现资本空间去国界走势，经济领域牵一发而动全身的“蝴蝶效应”随处可见：美国华尔街、英国伦敦的股票指数切关全球金融，冰岛、希腊等西欧小国乃至塞浦路斯这样的微型国家发生的财经“震颤”，都会迅速撼动北美、欧盟各国、俄罗斯乃至全

① 见张岱年：《文化与价值》，新华出版社2004年版。

世界。与20世纪50—70年代中国一切“自力更生”大不相同，当下中国经济的多半份额与国际市场紧密相连，意大利前天设计的服装及皮鞋最新款式，今天即被浙江温州的加工厂制作出来，一周后可能便销售到欧、美、日乃至巴西、南非。至于互联网使种种信息迅速传及全球，“朝发夕至”已不足以表述播扬的快捷。经济一体化、区域一体化，正令世界变成一座联系日益紧密的“地球村”。

然而，当下世界尚未告别“民族国家时代”，近现代以“民族国家”为基本单位的国际秩序，依然保持下来，各国领土与主权不可侵犯依然是基本准则。至于各国的文化传统，更在新的世界条件下生机勃勃地传承发展，其丰富性并没有消融于“全球化”大潮之中。在这一意义上，当下仍处在“民族国家”与“全球化”交混的时代。以中国而言，古代那种界限模糊的“天下”意识被民族国家意识所取代不过百余年，“中国近代思想史的大部分时间里，可以说是一个使‘天下’变为‘国家’的过程”[①]。这种“民族国家”的确立以及民族文化的多元发展，是现代文明健康成长的必备条件，也是通向全球化时代的基点。

（二）普世价值论争

当今是全球化与民族国家并存的时代，故应当从“融入世界文化统一体”与“诸民族文化多元发展”两个向度，把握未来文化。正是这两个向度的矛盾性与统一性之间的张力，引发关于普世价值的论辩。而此一论辩又是古已有之的道德普遍主义与道德相对主义争议的继续。

道德普遍主义（moral universalism）认为存在对所有人普遍适用的普世伦理（universal ethic），如自然法则、良知等，又如人性有共同的弱点和优长、各种文化有普遍的理智要求。从古希腊的柏拉图学派到现代的康德哲学、倡言天赋权利的思想流派，皆信奉道德普遍主义。中国思孟学派的恻隐之心、羞恶之心“人皆有之”说，墨子的“兼爱”说，老子的“道法自然”说，亦属此类主张。

道德相对主义（moral relativism）否定伦理道德存在普遍标准，认为道德

① ［美］约瑟夫·列文森著，郑大华、任菁译：《儒教中国及其现代命运》，广西师范大学出版社2009年版。

价值只适用于特定文化边界内，每个社会的道德体系完全是其生产方式和阶级结构的产物，故只有相对的伦理，不存在普世伦理。道德的真理性取决于环境、文化、个人感受等。尼采、让－保罗·萨特等持此说。

庄子对此一问题有较为通达的看法，他曾论及文化特殊性与普遍性二者的共存：

> 自其异者视之，肝胆楚越也；自其同者视之，万物皆一也。①

现时的文化相对主义只承认肝与胆、楚与越的差异，不承认“万物皆一”，否定普世价值的存在，并将“民主、自由、人权”等归之西方资产阶级价值，在反对全盘西化的名义下加以拒斥。而否定文化普遍性，是自外于人类文明大道。

现时的文化普遍主义承认万物皆一，不承认肝与胆、楚与越的差异，否定文化特殊性及多样化的存在，将文化扁平化、单调化，消解诸文化的特色。

扬弃极端的相对主义和极端的普遍主义，在承认文化特殊性（民族性）与普遍性（世界性）互动共存的前提下，方能求得文化的健全发展。

不同于古代、中世纪文明分途演进，现代文明是在经济一体化的大系统内展开的，诸系统固然各有差异，但在文明人类那里又存在共通的价值取向，这首先是由于人类生理条件、生命需求的基本一致，由此导引出共通的、类似的价值判断，如欺诈、偷盗、乱伦在所有文明系统都是被否定的，有的文明与宗教还专设厉法，禁止欺诈、偷盗、乱伦，这是价值普遍性的一个例证。又如佛教的“慈悲”、道教的“自然”、儒学的“仁义”、基督教的“博爱”，被全人类公认其普世性。再以中国文化倡导的“信义和平”②、“民无信不立”③之“信”为例，便与世界经济伦理之首条的商业信誉一脉相通。中国传统的“讲信修睦”④，无疑张扬着普世价值。同此，“民主、自由、人权”是人类的共同追求，是人类自古以来，尤其是在近代与专制制度、蒙昧主义作斗争的过程

① 《庄子·德充符》。
② 孙中山：《三民主义·民族主义》，《孙中山全集》第九卷，中华书局1986年版。
③ 《论语·颜渊》。
④ 《礼记·礼运》。

中形成的价值共识，并非专属西方。以“民主”而论，其基旨是尊重并接受人民当家做主的权利，选择并监督国家管理者的权利，这历来为中国贤人所追求（近现代尤甚），中国的“民为邦本”说、“民贵君轻”说、“人皆可为尧舜”说[①]、“法不阿贵”说[②]、“天下者天下人之天下”说[③]，区分“天下”与“国家”说[④]、“君臣同事说”[⑤]、“学校议政”[⑥]，便与民主精义的取向一致。同时，中国人又不断从外来文化中吸取民主精华，增进公民自治、民意表达的程序性、规则性与公开性。中国的现代化进程离不开民主的成长，但中国的民主不是对外来民主的简单模仿，也不是固有民本思想的整体沿袭，而是中—外、古—今的综汇与再创造。

总之，中国文化精粹没有自外于普世价值，而是以富于民族特色的形态彰显、丰富着普世价值。文化的普世性又决不意味着排斥、取消文化的民族性。文化的普遍性（世界化）与特殊性（本土化）二者间的张力，是未来文化成长的动能所在。人类的总体性进步，依赖于诸民族文化的进步，而不是诸民族文化的衰落；世界文化的丰富性，要靠各民族文化特色的发扬去充实它，“将来世界大同，犹赖各种文化系统，各自发挥其长处，以便互相比较，互相观摩，互相取舍，互相融合”[⑦]。

中华民族文化的繁荣，不仅是中华民族的追求，也是世界各平等待我之民族的期望。中华文化健康有益的民族特征的发展，正是对全人类文化作出的一份宝贵贡献。在这一意义上，文化愈是民族的，便愈是全人类的。也是在这一意义上，一个成功的中国乃是世界的福音。

我们应当从历史单线进化的错觉中摆脱出来，确立多元与一体对立统一的文化观。未来的中华文化的各个不同层面，如技术层面、制度层面、风俗层面、观念层面，走向世界一体化的步伐有异，保持民族特性的程度不一，分别遵循自身的规律，在世界化与民族化纵横两坐标间画出各自的运行轨迹，而作

---

① 《孟子·告子下》。

② 《韩非子·有度》。

③ 《六韬·武韬·顺启第十六》载姜太公言：“天下非一人之天下，乃天下人之天下也。”《吕氏春秋》载孟子语，大意相同。

④ 顾炎武：《日知录》。

⑤⑥ 黄宗羲：《明夷待访录》。

⑦ 熊十力：《论六经》，大众书店1951年版。

为一个有机整体的中华文化，将在世界性与民族性的对立统一中阔步前进。

六、小结

以往我们学习并接受的“五种社会形态单线递进”说，显然不符合历史实际，拙著《“封建”考论》对此有所驳正，并试图另行归纳中国历史进程，然限于认识水平，撰于十二年前的《考论》未能作出明晰概括。近年稍有寸进，基本认识为——中国走出原始公产制，因农业型自然经济长期延续和稳定的村社结构，较多地保留了血缘纽带，构成坚韧的宗法系统，此系统延传于整个中国古代社会，其影响达于近代（严复称近代国人仍为“宗法之民”）。至于具体的经济制度、政治制度，在此宗法系统下，发生阶段性变化。

（一）从公天下的“大同”时代迈向私天下的“小康”时代，出现“三代”（夏商周）之治。“三代”当然存在役奴、用奴现象，但劳动力主体并非奴隶，而是有一定人身自由，又束缚于宗法系统之下的庶众（《诗经》中的农事诗对此有描述），故“三代”不能以奴隶制一言以蔽之，而是从原始公产制、首领推举制走向首领世袭、层层分封的封建制。此一变革展开于殷周之际，完成于西周，在周公名义下建立了典章制度完备的宗法封建社会，其特征为——土地不可买卖，由封赐制形成领主经济；由封赐制形成世袭贵族政治；以及立足于上述经济、政治基础之上的礼乐文化。此为中国跨入文明门槛后的第一次社会大变革，可称之为“商周之际社会转型”，其结果是“周制”即宗法封建制的确立。此制的若干基本要素对整个中国历史影响深远。

（二）宗法封建制的鼎盛时期在“礼乐征伐自天子出”的西周，这便是孔子“从周”的原由。至东周（春秋战国），列国兼并战争剧烈，分权的宗法封建制式微，礼崩乐坏（孔子为此痛心疾首），一种新制度应运崛起，这便是集权的君主专制制度，其基础是土地可以买卖的地主经济代替领主经济而起，非世袭的官僚政治代替世袭的贵族政治而起。此种变革先在战国列强中竞相发生，而由“扫六合”“一天下”的秦朝完成，故此制可称“秦制”，其特点是：分权的封建制被集权的君主专制所替代，然宗法制度却得以保存，故周秦之际建立的制度可称为“宗法君主专制制度”，简称皇权制度。地主经济、官僚政治，以及为其服务的儒表法里、霸王道杂之的文化，是构成此制的基本要素。宗法君主专制制度自秦汉一直延伸至明清，至近代仍余韵悠长。宗法君主专制长达两千年，是中国历史最显著的特征。因这一阶段为时甚长，其间也颇有变化，较重大的分水岭在唐宋之际。

（三）秦汉开始确立的君主集权制，延续两千年，又有前后两段之别：两汉、魏晋南北朝以至隋与初唐，为其前段，这一千年间，虽主潮是郡县代封建，然封建传统深重，汉初大分封，晋初广封侯，同姓王、异姓王既封土又临民，握有军事、政治、经济实权，可与朝廷抗衡。至两晋，贵族政治、领主庄园经济盛炽，土地集中于豪族地主，农民沦为部曲、佃客，人身依附加重，已成“亚封建社会”。隋与初唐，君主集权加强，科举考试将非封建的官僚考选制度化，然杨隋与李唐，关陇贵族仍权倾天下。故两汉以至初唐，虽实行君主集权制，但封建性的贵族政治、领主经济还占据相当份额。这种情况至唐宋之际方发生改变，贵族政治、领主经济逐步被官僚政治、地主经济所取代，城市由政治中心向商贸中心转化，世俗文化方兴未艾。这便是“唐宋变革”。

（四）唐宋以后，官僚政治、地主经济趋于成熟，市民文化繁荣，初步奠定向近代社会转型的基础，然蒙古与满洲先后两度入主中原，将游牧民族的封建性贵族政治和领主经济强加给中原，导致文明进程的逆转。后来蒙元与清接受汉文化（清尤其充分），回复到非封建的考选官僚制和地主—自耕农经济的轨道。秦制与周制互为表里的社会结构延续至明清。

（五）上述社会结构受到强烈冲击，始于清中叶，西方资本主义列强挟价廉物美的商品和坚船利炮，连同近代政治、近代文化，击破清朝闭锁的国门，中国沿袭两千年的建立在农耕文明基础上的专制帝制遭遇空前挑战，社会形态开始发生近代转化。近代文明由东南向西北推进，军工洋务、戊戌变法、清末新政、辛亥革命、新文化运动风起云涌，近代化进程破浪前行。然而，由于中国君主专制的政治经济制度及其文化的长期强势存在，形成巨大惰力，中国社会的现代转化估计须两个世纪以上，现在正处进行时。

简言之，中国自跨入文明门槛，并非如某些学者所说陷入“超稳定结构”，其实，中国社会形态在不断发生变化，这种变化的关键点有四：（1）商周之际，其变革导致宗法封建制的建立。（2）周秦之际，其变革导致宗法君主专制的建立。（3）唐宋之际，其变革导致封建余荫的进一步消解，君主集权制的进一步强化，而其间也就孕育着近代文明的因子。（4）清民之际，其变革导致近代社会的诞生，此一变革方兴未艾，当代正处进行时。

结　语　文化前瞻

周虽旧邦，其命维新。

——《诗经·大雅·文王》

白日依山尽，黄河入海流。
欲穷千里目，更上一层楼。

——（唐）王之涣：《登鹳雀楼》

遥瞻前景是研讨文化生成史的题中之义。然不可变的文化生成历程，指示着未来依稀可见的去向，而“神以知来”① 的依凭，正潜藏于过往历程秘示的趋向之中。

观照发展态势有两种视角，一是哲学的、思辨的，二是历史的、社会的。钱穆说：

> 我们讲中国文化，应该着眼在这两个客观具体的事实上，即从“历史”和“社会”来认识中国文化，始是客观的、具体的，而并不是从某项理论或个人的哲学思想所能推测想象的。②

笔者大体赞成钱说，取客观具体的“历史”和“社会”视角，试作文化前瞻。但前瞻间还是需要理论思维的指引，当然，理论不是前瞻的出发点，出发点是历史及社会实际。以下将引述国内外若干有识之士的评析，以收参考之效。

---

① 《周易·系辞》：“神以知来，知以藏往。”

② 钱穆：《民族与文化》，《钱宾四先生全集》第 37 册，（台北）联经事业出版公司 1998 年版。

一、“中国复兴”：富强与民主尚处进行时

和平与发展是今日世界主潮，但当下又绝非歌舞升平之世，且不论政治、军事上的纷争不断，即以经济领域而论，时下也是多事之秋。

国际货币基金组织和世界银行 2001 年的资料显示，过去 15 年一百多个国家人均收入递减，以至 1991 年至 2000 年被称为“令人绝望的 10 年”。然而，恰在这前后的三十余年间，中国以年均增长近 10% 的速度迅猛前行，近年仍保持 7% ~ 8% 的增速，居各大经济体增速首位。2008 年至 2012 年的 5 年间，中国国内生产总值从人民币 26.6 万亿元增加到 51.9 万亿元，此间相继超过德国、日本，仅次于美国，列世界第二位。一时之间，举世热议“中国复兴”，人们纷纷以此作为展望中国前景的基点。

（一）“复兴”：老根上发新芽

中国曾经创造辉煌的古代文化，而近古以至近代，因小农型自然经济、宗法社会及其上层建筑——专制皇权的桎梏，发展渐入顿滞，继以落伍，19 世纪中叶以降成为工业化西方侵凌的对象。麻木无能的“满大人”、以弓箭刀矛抵御西洋后膛枪炮的八旗兵及练勇、裹小脚的女人、沉迷于鸦片烟的男子[①]……构成近代中国的灰暗图画。

经过中国人民百余年艰苦卓绝的穿越沉沦的奋起，特别是 1978 年以来，吸纳市场机制、民主与法治等现代文明的基本成果，利用后发优势，中国在器物—制度—观念诸层面革故鼎新，国力迅速提升，走上复兴之路。

梁漱溟 20 世纪中叶在论及乡村建设时指出：“一个民族的复兴，都要从老根上发新芽。”这是文化“复兴”的形象表述。作为一个否定之否定的辩证过程，“复兴”指衰落后重新兴盛的状态，是对原创动力的复归与超越。

“文化复兴”的提法，借鉴欧洲的“文艺复兴”[意大利语 Rinascimento，由 ri-（“重新”）和 nascere（“出生”）构成]。欧洲古代曾出现过希腊、罗马那样的文化高峰，中世纪则陷入“千年黑暗”（中世纪并非全然黑暗，其间也有相当可观的文明成就），中世纪晚期、近代初期，意大利（后扩散到欧洲其

① 鸦片战争前夜，中国吸食鸦片者 400 万人，占人口总数的 1%，清末增至 1500 万 ~ 2000 万人，占人口总数的 4%，年使用鸦片 63 万担，占世界使用总量的 95%。

他地区）勃发复兴希腊、罗马的文化运动，以人文主义和科学精神为基旨的近代文化登上历史舞台，为此后工业文明兴起开辟道路。“文艺复兴”以复归希腊罗马为旨趣，超越中世纪，迈向近代文明，是螺旋式上升的历史进程的典型展现。

当下“中国复兴”的含义略谓：中国曾经创造卓绝于世的古代文化，近古—近代落伍，陷于被动挨打，现在走出低谷，冲破暗淡，再次展示出声明文物的灿烂华章。

今之中国“复兴”的是自强不息、厚德载物、民为邦本的元典精义，在时空两方面都包含着进行式意蕴：

其一，新生转进，承接数千年文化传统，在新时代的社会实践中加以检验与现代阐释，达成推陈出新；

其二，兼收并蓄，广为择取、融会外来文化精粹，达成中外涵化。

两者的综合效应，促成富强、民主目标的实现。

（二）富强诉求的再出发

“富强”并非社会进步的唯一目标，却是基础性内容，战国时的商鞅学派早已揭示此种要义：

> 故治国者，其抟力也，以富国强兵也。[①]

管仲学派也力倡“通货积财，富国强兵”[②]。荀子更专列“富国”一篇[③]。

战国末年怀着统一天下宏愿的屈原大夫颂曰：

> 奉先功以照下兮，明法度之嫌疑。
> 国富强而法立兮，属贞臣而日娭。[④]

① 《商君书·壹言》。

② 《史记·管晏列传》载：“管仲既任政相齐，以区区之齐在海滨，通货积财富国强兵，与俗同好恶。”

③ 见《荀子·富国》。

④ 屈原：《楚辞·九章·惜往日》。

（遵奉先王功业普照后世，使得法度严密无疑可存。
国家日益富强而法律订，政务托付忠臣天下太平。）

宋明以下，理学独步天下，弘王道斥霸道之论成为主流，国人少议富强。有人搜检《四库全书》，发现“仁义”出现十余万条；“富强”不及百分之一，仅1510条，且不少是在负面意义上使用的。[①]这表明，虽然战国诸子（主要是法家）乐议“富强”，但在中古及近古“富强”已然不是主题词。

近代中国积贫积弱，落后挨打，仁人志士再度将“富强”提升为重要的国家目标。

近世中国的富强观是传统富强观的承袭，又有新变：西方是现代富国强兵的模板，中国百余年来试图师法西方，转贫为富、转弱为强。魏源一反腐儒“耻言富强”，倡言“师夷”以富国强兵，并为富强正名：

自古有不王道之富强，无不富强之王道。[②]

李鸿章等洋务派都走着“借法自强”（借鉴西洋之法以谋富强）一路。[③]

（三）富强之本

近人在追求富强的途程中发现，富强不仅是技艺层面之事，实现政治民主方是富强根基。郑观应指出，“议院上下同心，教养得法”乃“富强之本”[④]，认为求富强务须民主建政。郭嵩焘、薛福成、何启、胡礼垣等有相似建策，后起之孙中山等更有系统发挥。

同此理路，鉴于甲午惨败之痛，严复引入社会达尔文主义，诱发中国近代民族主义的兴起，以“物竞天择，适者生存”激励国人寻求富强。[⑤]1895年严复在天津《直报》发表《论世变之亟》，指出学习西方富强不能限于工业及军

① 参见邓新文：《儒家的富强观》，《杭州师范大学学报》（社会科学版）2013年第1期。

② 魏源：《默觚下 · 治篇一》，《魏源集》上册，中华书局1976年版。

③ 王韬说：“盖洋务之要，首在借法自强。”（《弢园文录外编》）盛宣怀也转述李鸿章之意，倡言“借法自强”。

④ 郑观应：《盛世危言 · 自序》。

⑤ 见［美］本杰明 · 史华慈著，叶凤美译：《寻求富强：严复与西方》，江苏人民出版社2010年版。

事技术，还须在形上层面求其根本——

> （富强术）不外于学术则黜伪而崇真，于刑政则去私以为公而已。斯二者，与中国理道初无异也。顾彼行之而常通，吾行之而常病者，则自由不自由异耳。①

严复认为，学术求真、刑政求公本是中西共通之理，但中国弊病丛集，是因自由缺失，故求富强的根本点在于自由精神的发扬。这是严复的深刻之处。

（四）达成现代性的“撒手锏”

近代中国哲人将现代性概括为富强、民主两大端。当然还应当对现代性的实现之径作更周全的说明。英国历史学家尼尔·弗格森（Niall Ferguson，1964— ）将西方能在1500年以来的几个世纪间领先世界，“归因于一系列的体制革新”，略有6项“撒手锏”，或称6项“杀手级应用程序”，它们是：

1. 竞争
2. 科学革命
3. 法治和代议制政府
4. 现代医学
5. 消费社会
6. 工作伦理②

弗格森认为，这些撒手锏曾经为欧洲或派生的北美及澳大利亚所独享，西方人不仅比其他地区的人更富有，而且在体格上更高大、更健康和长寿，他们也变得更为强大。③

新加坡学者马凯硕（Kishore Mahbubani，1948— ）在新著《大会合：亚洲、西方与大同世界的逻辑》中将现代文明的“共同准则”概括为：

---

① 严复：《论世变之亟》，《严复集》第一册，中华书局1986年版，第4页。

②③ 见［英］尼尔·弗格森著，曾贤明、唐颖华译：《文明》，中信出版社2011年版，第6页。

现代科学与逻辑思考
自由市场经济学
负责任地把统治者与被统治者联系起来的社会契约
多边主义

上述体制革新皆包括经济—政治—观念诸层面，是广义文化的集合。而这些革新成就并不会永远由西方独占，当非西方人研习并掌握“撒手锏”“共同准则”之后，格局便发生变化——

自日本开始，非西方国家相继效仿搬用这些撒手锏。东西方差距之所以在我们这个时代开始缩小，尤其是中国在1978年实行改革开放后开始崛起，其中一半原因便是这些国家成功地借鉴了西方经验，而另一半原因则是西方国家自己却在逐渐摒弃这些成功的秘诀。[①]

值得注意的是，20世纪以来运用现代文明“成功秘诀”的突出区域，正是与西方文化相比照的东亚文化圈（或曰汉字文化圈）。当下中国，发扬并更新东亚传统文化，创造性地运用前述“撒手锏”“共同准则”，推进现代化，向“富强—民主—文明—和谐”目标前行，显示了吸纳优秀外来文化并创建新文化的强劲能力。

（五）由GDP演变看复兴大势——一种必要却并不完备的观察角度

GDP（Gross Domestic Product）指一定时期内，一国一区域经济活动所产出之全部最终成果（产品和劳务）的市场价值，被认为是衡量国家（或地区）经济状况的指标，若以国家论，GDP可称“国内生产总值”。中国自1985年开始建立GDP核算制度。1993年成为国民经济核心指标。以下用GDP指数演变，略论中国改革开放以来国力增进的大貌。

从20世纪70年代末以来中国GDP增长及其世界排名的递变，可以略见“中国复兴”大势：

1978年中国GDP2683亿美元，世界排名第15位（国家外汇储备1.67亿

① ［英］尼尔·弗格森著，曾贤明、唐颖华译：《文明》，中信出版社2011年版，第6~7页。

美元)，尚在西欧小国荷兰之后。

1995 年中国 GDP 6913 亿美元，世界排名第 7 位，次于美、日、德、英、法、意（国家外汇储备 735.97 亿美元）。

2000 年中国 GDP 10801 亿美元，次于美、日、德、英、法，世界排名第 6 位（国家外汇储备 1655.74 亿美元）。

2006 年中国 GDP 25122.75 亿美元，超过英、法，次于美、日、德，列世界第 4 位（国家外汇储备 8536.72 亿美元，首次超过日本，位居全球第一）。

2008 年中国 GDP 33700 亿美元，超过德国（32800 亿美元），次于美国（139800 亿美元）、日本（52900 亿美元），列世界第 3 位。

2010 年，中国 GDP 60400 亿美元，超过日本，列世界第 2 位。①

日本共同社 2011 年 2 月 14 日报道，日本内阁府公布的 2010 年日本名义国内生产总值（GDP）换算成美元为 54742 亿美元，首次被中国赶超，日中相差 4044 亿美元。1968 年日本第一次超越联邦德国，70 年代超越苏联，从此占据世界第二经济大国位置四十年，2010 年让位给中国。

日本国内关于中日 GDP 对比存有异见，有论者认为：

> 中国 2010 年的名义 GDP 折算成美元超过了日本，但中国存在通货膨胀，日本处于通货紧缩当中，如果去除通货膨胀和通货紧缩这两个因素，按照 2000 年时的价格计算，日本 2011 年的名义 GDP 是中国的 1.42 倍，远高于中国。如果日本能在正常的通货膨胀条件下，使经济重返适度增长的轨道，那么必将实现名义和实际 GDP 都反超中国的局面。届时，日本国民就能恢复自信，日本也能得到美国的信任，重新赢得在亚洲的敬畏。②

日本媒体的这一辨析值得注意，它提醒中国——不仅前面有第一位的美国，后面还有并不甘心屈居第三位的日本，日本正在蓄积力量，试图“反超中国”。可见，关于中国经济总量自 2010 年起已居世界第二，并非没有异议。

① 国家统计局 2011 年 1 月 20 日公布。

② 田村秀男：《以反超中国为反攻目标》，（日本）《产经新闻》2013 年 1 月 7 日。

至于中国 GDP“超美”的时段，一种流行说是，2020 年中国 GDP“超美”，而按购买力平价计算，中国经济总量 2017 年超美。我以为这种预测失准。

平实估量，中国 GDP“超美”应晚于上述预测。2012 年中国 GDP 相当于美国的 50%，至 2020 年，如果中国 GDP 翻一番，也只能达到 2012 年美国水平。2013—2020 年，美国若年增长 2%，2020 年 GDP 当高过中国四分之一。

北京大学金融学教授、卡耐基基金会高级研究员迈克尔·佩蒂斯认为，中国 GDP 统计，将大量浪费性投资算入（约占 20%～30%），因此 GDP 实数应削减 1/5 至 1/4。经济学家席林则认为中国 GDP 实数当缩水将近一半。

在伦敦的经济与商业研究中心 2012 年 12 月撰写报告指出，2012 年 GDP 排名前 4 位的经济体是：

美国（15.68 万亿美元）
中国（8.28 万亿美元）
日本（5.9 万亿美元）
德国（3.4 万亿美元）

世界三大经济体——美、中、日在下一个 10 年将保持现有位置，2022 年中国经济规模将相当于美国的 83%。该年世界前 10 位经济体依次将为：美国、中国、日本、印度、巴西、德国、俄国、英国、法国、印度尼西亚。

美国国家情报委员会 2012 年 12 月 10 日发布题名《全球趋势 2030 年：可能的世界》，预测至 2030 年美国“霸权时代”终结，中国可能会在 2030 年之前成为第一大经济体。

不同的声音必须倾听：英国《每日电讯报》网站 2013 年 5 月 8 日发表布罗斯·埃文斯－普里查德题为《中国也许终究不会在本世纪超过美国》的文章，认为中国 30 年快速增长的奇迹即将结束，国家推动的工业化和依赖廉价出口商品所带来的果实已经被摘取。综合各方面条件，美优于中，中国难以超美。这是另一种预估。

“中国复兴”是 21 世纪初叶的世界性事态，作为广土众民的大国，其复兴必然对世界文明进程产生深刻影响。1990 年诺贝尔经济学奖得主罗纳德·科斯（Ronald Coase，1910—2013）2008年7月以98岁高龄，倡议并亲自主持召开"中国经济制度变革三十周年国际学术研讨会"，他致辞说，中国的变化对于全人类而言，具有最高的重要性，"中国的奋斗，就是全世界的奋斗"[①]。2010年，百岁老人科斯再次主持"新制度经济学研讨班"，主题还是中国的制度变革，其开幕致辞曰：

> 经济学要回到真实世界，回到亚当·斯密的分工学说，回到中国的现实经验。

中国学人研究中国问题、探讨中国前景，更须回到真实的中国，回到中国的现实经验，直面中国的现实问题！

（六）"中国复兴"是回归常态

本书第七章对中国高级农耕文明在16世纪以前领先全球的情形有所陈述。

直至1700年（清康熙三十九年），即英国工业革命前夜，中国的GDP仍居前茅，占世界的22.3%，约与全部欧洲所占份额（24.9%）相当。[②]因自外于17世纪科学革命、18世纪工业革命，中国渐次落伍，陷入被动挨打的困境。历经磨难、积淀和奋发，自20世纪70年代末以来中国昂然奋起，占世界GDP份额由1978年的4.9%[③]增长到2012年的10%，可望于2020年代中期上升至20%，大约接近清代中叶GDP所占世界份额，也与中国人口所占世界比例相当。当下中国正逐步接近百余年来孜孜以求的"富强"目标。

当代中国的兴起引动某些外人的惊诧乃至惶恐，以为中国即将称雄全球，"中国威胁论"应声而起；与此同时，又有论者基于中国存在的经济及社会问题，奏起唱衰之音，"中国崩溃论"不绝于耳。

---

① ［美］罗纳德·哈里·科斯、王宁著，徐尧、李泽民译：《变革中国市场经济的中国之路》，中信出版社2013年版，第205页。

② 参见［英］安格斯·麦迪森著，伍晓鹰等译：《中国经济的长期表现：公元960—2030年》，上海人民出版社2008年版，第36页。

③ ［英］安格斯·麦迪森著，伍晓鹰等译：《中国经济的长期表现：公元960—2030年》，上海人民出版社2008年版，第36页。

若置之大历史流程考析，这两类危言耸听之论皆为过度估量，失之短视。以平常心论之，当代中国的成就不过是中国文化全球地位复归“正常”状态。既然是走向常态，不必大惊小怪，或作高估、或加低评。安格斯·麦迪森《中国经济的长期表现：公元960—2030年》指出——

> 时下中国经济地位的迅猛提升，与其说是中国的“崛起”，不如说是它自公元960年以来长期经济表现中的一次伟大“复兴”，是它与史俱来的强大和繁荣的又一次体现。

笔者欣赏以“复兴”代“崛起”的提法，但需要对麦迪森说加以修正的是，历史上中国领先群伦，并非自公元960年（北宋）开始，在此前千年之久的汉代以及随后的唐代，中国已是当时全球最繁荣的文化体之一。

21世纪初期中国的世界地位较19世纪、20世纪大有提升，然而要达到汉唐宋那样的全球先进地位，尚待21世纪末叶以后，22世纪或许可期。

中国复兴是一个宏伟的历史过程，尚处在进行时，远非完成时。这是我们在前行之际必须记取的一个事实。

二、“中国世纪”说应当缓议

中国复兴的显著进展，赢来好评如潮，疑惧、非议乃至谴责也接踵而至。时下西方对复兴的中国有多种评议：除中国“威胁”论、中国崩溃论之外，还有中国机遇论、中国责任论等，而国人尤其需要辨析时兴的“21世纪是中国世纪”说。

（一）“中国世纪”说的提出

1973年，英国历史学家阿诺德·汤因比（Arnold Joseph Toynbee，1889—1975）与日本宗教和文化界人士池田大作（1928—　）展开关于人类社会和当代世界问题的对话，其间汤因比说：

> 按我的设想，全人类发展到形成单一社会之时，可能就是实现世界统一之日。在原子能时代的今天，这种统一靠武力征服——过去把地球上

的广大部分统一起来的传统方法——已经难以做到。同时，我所预见的和平统一，一定是以地理和文化主轴为中心，不断结晶扩大起来的。我预感到这个主轴不在美国、欧洲和苏联，而是在东亚。[①]

在西方中心主义占据主导之际，而且当时中国尚未摆脱低迷状态，汤因比把未来文明的希望寄托东亚，寄托中国，诚为卓识远见。汤因比进而阐发道：

阿诺德 · 汤因比

由中国、日本、朝鲜、越南组成的东亚，拥有众多的人口。这些民族的活力、勤奋、勇气、聪明，比世界上任何民族都毫无逊色。无论从地理上看，从具有中国文化和佛教这一共同遗产来看，他们都是联结在一条纽带上的。并且就中国人来说，几千年来，比世界任何民族都成功地把几亿民众，从政治文化上团结起来。他们显示出这种在政治、文化上统一的本领，具有无与伦比的成功经验。这样的统一正是今天世界的绝对要求。中国人和东亚各民族合作，在被人们认为是不可缺少和不可避免的人类统一的过程中，可能要发挥主导作用，其理由就在这里。[②]

汤因比基于中国文化的天下一体说、整体观与和平主义，认为中国有可能引领世界统一。这大约是较早系统提出中国将在未来世界“发挥主导作用”的议论。此后，多有欧、美、日学者阐扬汤因比之说。[③] 汤因比本人在晚年所作《人类与大地母亲》中再次强调，弘扬中华文化有益于全人类在未来走出困境。[④]

---

①② ［英］阿诺德 · 汤因比、［日］池田大作著，荀春生、朱继征、陈国梁译：《展望 21 世纪——汤因比与池田大作对话录》，国际文化出版公司 1999 年版。

③ 见［日］山本新、秀村欣二著，杨栋梁、赵德宇译：《未来，属于中国：汤因比论中国传统文化》，陕西人民出版社 1989 年版。

④ 见［英］阿诺德 · 汤因比著，徐波等译：《人类与大地母亲——一部叙事体世界历史》，上海人民出版社 2001 年版。

汤因比—池田大作对话后20年，美国《时代》周刊总编辑法利德·扎克里亚（Fareed Zakaria）于20世纪90年代中期指出，当人们将目光流连科索沃战争、伊拉克战争的时候，忽略了20世纪90年代最具象征意义的一件大事——中国的崛起。再过10年以后，这位印度裔美国人执掌的《新闻周刊》2005年9月就中国发展的各个层面进行专题报道，总题《中国的世纪》，扎克里亚撰写主文《未来属于中国吗？》，内称：

> 中国的崛起不再是一个预言。它已是一个事实。
>
> 中国是一个在规模上使美国自惭形秽的国家，13亿人，四倍于美国人口。一百多年来，这个巨大的规模对于美国的传教士和商人而言，始终是一个令人神往的梦……中国非常大，但是非常贫穷。但所有这些正在发生变化。过去看来十分迷人的庞大的规模，现在看来变得令人恐惧不安。而且美国人也不知道所谓的“中国威胁”会否噩梦成真。每个商人这些天都得到一些有关中国的令人眩目的统计数据，令闻者顿时陷入缄默且印象深刻。最令人惊异的发展例子当然是上海。在15年以前，浦东，在上海东部，是未开发的乡村。今天它是上海的金融区。它比伦敦的新金融区金丝雀码头大8倍。工业革命巅峰时期，英国被称为“世界工厂”。这称号今天当然属于中国。它生产了世界上2/3的复印机、微波炉、DVD播放器和鞋子。

时至世纪之交，随着中国现代化建设的长足进展，“未来将是‘中国时代’”（美国知名投资家吉姆·罗杰斯语）、“‘中国时代’将提前到来”（韩国李泰勋语）等议论纷至沓来。

提出近现代世界政治大循环论的美国学者乔治·莫德尔斯基（Geroge Modelski）认为：

> 16世纪是葡萄牙世纪
>
> 17世纪是荷兰世纪
>
> 18和19世纪是英国世纪
>
> 20世纪是美国世纪

莫德尔斯基发问："21 世纪是谁的世纪？"

美国《时代》周刊对此问作答，2007 年 1 月 11 日刊登封面文章指出——

中国的和平崛起已成既定事实，21 世纪注定是中国的世纪。

美国俄亥俄州立大学教授、中国问题专家奥戴德·申卡尔（Oded Shenkar）说，中国崛起不同于日本及"亚洲四小龙"20 世纪 70—80 年代以来的勃兴，而"更类似于一个世纪以前美国的崛起"。[①] 这一评析是基于：唯有中国与美国在国家规模上相当，具有全球性影响力，中国兴起的世界意义绝非日本及"亚洲四小龙"兴起所可比拟。

季羡林（1911—2009）是中国学人里最热烈的"中国世纪"说倡导者，他更多地从文化层面论析——

21 世纪将是东方文化占主导地位的世纪。

季羡林

季氏辞世前两年阐发道：

西方形而上学的分析已快走到尽头，而东方的寻求整体的综合必将取而代之。以分析为基础的西方文化也将随之衰微，代之而起的必然是以综合为基础的东方文化。"取代"不是"消灭"，而是在过去几百年来西方文化所达到的水平的基础上，用东方的整体着眼和普遍联系的综合思维方式，以东方文化为主导，吸收西方文化中的精华，把人类文化的发展推向一个更高的阶段。这种取代，在 21 世纪中就可见分晓。21 世纪，东方文化的时代，这是不以人们的主观愿望为转移的客观规律。[②]

---

① 见[美]奥戴德·申卡尔著，金永红、奚玉芹译：《中国的世纪》，中国人民大学出版社 2005 年版，第 3 页。

② 季羡林：《三十年河东，三十年河西》，华艺出版社 2008 年版。

奥戴德·申卡尔更多地从经济实力为基础的国力角度论说：

> 目前我们正看到一个未来世界强国经济的持续和快速的增长，它具有无比丰富的资源、远大的志向、强有力的谈判地位，以及一个确定的、具有商业头脑的多民族国家所必需的资金和技术。崛起中的中国对于世界上其他国家——无论是发达国家还是发展中国家——的影响将是巨大的，所以，这些国家需要制定战略，对这种挑战作出反应。[①]

上述中外人士的判断，归纳起来，基于三个事实：

一者，中国的人口和国土面积决定了这是一个超大体量国家，又具有渊深宏博的文化传统，一旦崛起，必将震撼世界；

二者，近30年的发展势头迅猛，21世纪前10年，GDP渐次超过法、英、德、日，时下已经“坐二望一”，循此惯性，GDP达到全球之冠似在指日之间；

三者，世界历史进入一个拐点：工业文明的西方主宰全球的500年行将结束，以整体、联系、综合理念为基旨的东方（尤其是东亚）必将重回世界中心舞台。

笔者以为，“未来是中国世纪”说，作为一个文化史命题颇具深意——以整体、联系、中道、和谐为主旨的中国文化传统，对于修正起于西方的以分析、征服、社会达尔文主义支配的工业文明的弊端，是大有裨益的，在这一意义上，可以预期中国文化将在后现代世界发挥重大作用。同时，中国经济也有争占鳌头之势。然而，从现实社会层面审度，“中国世纪”说又多存可疑之处。

19世纪中叶中国GDP总量高于英国，19世纪末叶中国GDP总量高于日本，却在鸦片战争惨败于英、甲午战争惨败于日，说明经济总量并非国家强弱的决定性要素。以广土众民、经济总量名列前茅而论，时下中国已然是世界大国，却并非世界强国。世界强国必须科学技术领先，占据国际产业链上游；世界强国必须有成熟的民主与法治体系，政制严明高效；国民素质较高，文化具

---

① ［美］奥戴德·申卡尔著，金永红、奚玉芹译:《中国的世纪》，中国人民大学出版社2005年版，第3页。

有全球感召力。中国与这些目标皆有较大距离。

建设世界强国是中国复兴的愿景，却远非指日可达的目标。中国还有许多艰巨的功课要做。“中国世纪”说应当缓议。

（二）“中国世纪”说的反论

以研究国际战略著称的美国前国务卿亨利·基辛格（Henry Alfred Kissinger，1923— ）等人，不赞成“21世纪是中国世纪”说。

2012年哈佛大学历史学教授尼尔·弗格森（Niall Ferguson）与基辛格、《时代》周刊总编法利德·扎克里亚（Fareed Zakaria）以及中国经济学者李稻葵，就“21世纪是属于中国的吗”一题举行辩论，基辛格和扎克里亚反对这个命题，弗格森则赞成，而李稻葵作为一名中国学者，虽然站在正方，却否认中国将会称霸世界的可能。基辛格指出，中国不会成为21世纪主导力量，原因在于：

> 从经济方面言之，各大经济体（如美国、西欧、日本等）在快速增长后都会进入减速时期，中国不可能例外；同时，中国经济增长数量与质量不成正比。
>
> 从政治方面言之，中国尚欠缺领导力与执行能力；在地缘政治方面，中国与亚洲的对手必然有激烈的竞争。①

基辛格具体阐发道：

> 我的同事们已经谈到了中国的重要性。我尊重它的巨大成就。谁都不会否认，事实上我也承认中国在过去40年间已经取得了很大成就，我也曾经直接见证过这些成就。但是摆在我们面前的问题是21世纪是否属于中国。我要说的是在21世纪，中国将会受制于国内丛生的经济问题以及十分迫切的环境问题。有鉴于此，我很难想象中国会主导世界。②

基辛格从多个侧面论述“中国世纪”说的非现实性：

---

①② 转引自《2011全球出版视野中的中国》，《中国社会科学报》2012年1月6日。

就经济角度而言，中国已经取得了巨大的成就，但是作为一个国家而言，它还必须每年创造出2400万个就业岗位，每年必须吸纳迁徙到城市的600万人，必须处理1.5亿～2亿流动人口带来的问题。中国的沿海地区处于发达国家的水平，而广大的内陆地区则尚未充分发展，这时中国社会必须作出调整。①

在政治方面——

它的政治体制必须同时包括经济变革与政治调整，这是辉煌的经济成就引发的必然结果。

从地缘政治角度而言——

中国周边有着14个与其接壤的国家，有些是小国，但是能够将自己国家的影响扩展到中国，有些邻国较大，而且历史上还占据重要的位置，因此，中国任何一个主导世界的企图都会激起周边国家的过度反应，这将为世界和平带来灾难性的后果。②

基辛格机智地将“中国世纪”这一并不恰当的论题，转移为中国如何适应外部世界、外部世界如何对待中国的问题：

中国面临的一个挑战就是适应世界。在这样一个世界中，中国在过去的20个世纪里都没有谋求过霸权。

因此，如果我有权擅自改变辩论题目的话，世界面临的问题就不是21世纪是否属于中国了。中国在21世纪无疑会变得更加强大，因此我们面临的问题应该是我们西方人能否在21世纪与中国开展合作。而且，我们还面临另外一个问题，即中国能否与我们一道努力，共同创造一个新的国际结构，在这个结构中，一个正在崛起的国家有史以来第一次融入

①② 转引自《2011全球出版视野中的中国》，《中国社会科学报》2012年1月6日。

> 国际体系，巩固和平与进步。我在我的书中说过，根据我的经验，这种前景不太乐观。但是，从另一个方面来讲，我们从来没有遇到过一系列只有在共同努力的基础上才能解决的问题，比如武器扩散问题、环境问题、网络空间问题以及一系列其他问题。
>
> 因此，作为我的结论，我认为，问题不在于21世纪是否属于中国，而在于我们能否让中国在21世纪接受一个更加普遍的观念。①

这里提出一个有价值的观点：过去两千年间中国没有谋求世界霸权，而“21世纪是中国世纪”说与中国的这种“不称霸”传统正相悖反，理当加以扬弃。世界也应该善待并不谋求世界霸权的中国，虽然做到这一点并不容易。

提出“软实力”概念的约瑟夫·奈（1937— ）在新著《权力的未来》中也发表类似意见：

> 所谓的“中国世纪”尚未到来。未来几十年，中国无论在经济、军事还是软实力方面，皆无法与美国比肩。

以上评说，不同于国际上流行的“中国威胁论”和“中国崩溃论”，是平实、理性的预估，值得我们深思。

（三）警惕“老二”位置，避免落入“修昔底德陷阱”

从国际战略言之，执着于“中国世纪”说也颇不明智。

作为复兴中的大国，中国与老牌世界强国之间正处于“崛起与遏制”的相持阶段（这种相持阶段将长期延续）。

从第二次世界大战结束后将近70年的国际格局看，美国一直处于国力第一的超级大国地位，不容他人窥其神器。虽然先后出现苏联对美国全球霸主地位的挑战、日本对美国世界经济宰制地位的抗衡，但这两个“老二”皆在与美国较量中先后败下阵去。苏联1990年解体，是最明显的实例；日本1989年前后GDP达到美国GDP的80%，财大气粗，颇有把美国“买”下来的势头，石

① 转引自《2011全球出版视野中的中国》，《中国社会科学报》2012年1月6日。

原慎太郎、盛田昭夫等人声言“日本可以说不”[①]，但语唾未干，日本经济泡沫化，又在与美国近三十年的贸易战中未能占到便宜。连续两个“失去的十年”，2010 年 GDP 仅为美国的 35% 左右，重新回到美国“小兄弟”位置上。

古希腊军事家、史学家修昔底德

21 世纪初，中国经济总量迅速上升到世界“老二”位置上，加之人口、国土面积、发展潜力均称巨大，中国这个“老二”特别为美国看重，引起美国军事、政治、经济、文化诸方面愈益增强的警觉，美军战略重心由大西洋转至太平洋便是显在表现。近年中国与日本及一些东南亚国家的矛盾尖锐化，美国为其推手，中国的国际关系不容乐观。面对此种外部环境，中国需要形成“有理、有利、有节”的国际战略，而不应当以“中国世纪”说自傲并傲人，更不可罔顾事实，吹嘘中国经济已然超过美国。当此中国发展的一个特别节点，尤须记取“修昔底德陷阱”的教训。

公元前 424 年被推选为雅典“十将军”之一的古希腊史学家修昔底德，在分析伯罗奔尼撒战争起源时说：“使得战争无可避免的原因是雅典日益壮大的力量，还有这种力量在斯巴达造成的恐惧。”[②] 斯巴达与雅典间终于爆发伯罗奔尼撒战争，雅典惨败，希腊城邦制由盛转衰，给希腊民族带来巨大痛苦。此后两千余年，新兴大国与老牌强国之间一再演出此类冲突，15 次竞争中，有 11 次以战争告终。这种老牌大国限制新兴大国，新兴大国急欲挣脱束缚以求发展，二者从健康有益的竞争演为你死我活的搏杀的情形，被人们称之“修昔底德陷阱”（美国哈佛大学肯尼迪政府学院科学与国际事务中心主任格雷厄姆·艾利森提出此一概念）。

新老世界大国皆须以“修昔底德陷阱”为戒。复兴的中国尤应努力逾越此一陷阱，在“有文事者必有武备”[③] 的前提下，以自尊而又尊人的态度处理好

① 见［日］盛田昭夫、石原慎太郎：《日本可以说不》，（日本）光文社 1989 年版。
② 见［古希腊］修昔底德著，谢德风译：《伯罗奔尼撒战争史》，商务印书馆 1960 年版。
③ 《孔子家语·相鲁》。

国际关系，特别是大国关系，坚定不移地走和平发展之路。此为中国之福，也是世界之幸。

随着中国GDP有赶上美国之势，加之美国掌控世界霸权战略捉襟见肘，不时有人发出“美国衰落”“美国梦终结”的议论。国人对此说应当保持清醒。诚然，美国在后冷战时代最初十余年的一强独霸势位难以为继，近十年面对包括复兴的中国、俄罗斯等“金砖国家”在内的多极力量的制衡，然而，统谓美国正“走向衰落”，则言过其实。且勿论美国科技领先、军力强盛，经济也活力依在，一度忽略的制造业正重获进展，即以人才聚集而言，尚无其他国家可望其项背。今天及今后相当长时期，包括中国在内的世界各地优秀人才持续地向美国汇聚，仅此一端，便昭显着美国兴旺发达的一面。以“趋衰”指认美国，既不确切，也无益于中国保持心态的谦谨和戒备。

先哲云：“生于忧患，死于安乐。”[①]今日中国虽有较大进步，但决不可以自我陶醉。我国的基本国情是：当下及未来一个长时期仍处现代文明的初级阶段，对此要有清醒估量。[②]联合国开发计划署2013年3月14日发布2013年《人类开发计划报告书》，以“人类发展指数”（用期望寿命、知识水平、体面的生活水准作评估依据），对各国民众生活富饶程度排名，上榜国家187个，前10位为挪威、澳大利亚、美国、荷兰、德国、新西兰、爱尔兰、瑞典、瑞士和日本，中国列101位，属中间偏后国家。从人类发展指数而论，中国成为发达国家尚有相当大的距离，经济处在全球价值链低端，国民素质更亟待提升。在近期（10～20年内）乃至中期（20～50年内），中国还谈不上领先世界的问题，而尤须关注的当务之急是——

如何疗治“中等发达国家综合症”
如何避免落入“中等收入陷阱”

三、逾越“中等收入陷阱”

“中等收入陷阱”是当下世界（尤其是发展中国家）热议的论题。认定落

---

① 《孟子·告子下》。

② 参见冯天瑜：《从忧患意识到救亡思潮》，《历史研究》1994年第2期。

入陷阱是中等收入国家的必然宿命，或者不承认我国存在落入此种陷阱的危险性，都是偏颇之见。

作为对现代化进程一个发展阶段可能出现的危险的预估，“中等收入陷阱”说拥有实证依据，对恰逢中等收入阶段的中国具有不容忽视的警示意义。

（一）界说

“中等收入陷阱”并非一个严密的科学概念，但预防跌入此一陷阱却是值得十分注重的问题。

“中等收入陷阱”概念是世界银行经济学家印德尔米特·吉尔（Indermit Gill）和霍米·卡拉斯（Homi Kharas）在2006年出版的《东亚经济发展报告》中提出的。该报告述及由泰国发端的亚洲金融危机后东亚经济所处发展阶段，讨论其能否避免“中等收入陷阱”。其后，加州大学伯克利分校的巴里·埃森格林（Barry Eichengreen）、亚洲开发银行的朴东炫（Donghyun Park）和高丽大学的康镐炫（Kwanho Shin）三位经济学家提出，中国作为典型的崛起大国是否会掉落中等收入陷阱，是“人皆瞩目的问题”。

其实，“陷阱”并非仅仅埋伏于中等收入阶段，社会发展各阶段皆存在陷阱，低收入阶段可能因民不聊生而激发社会动乱，这是“贫困陷阱”；高收入阶段也可能发生严重的金融危机（2012年以来从希腊、西班牙向意大利蔓延，并对整个西欧北美产生影响），这是“富国陷阱”，但中等收入阶段更是陷阱较多、危机频发时期，尤其值得警惕。

所谓“中等收入陷阱”，约指某地区的人均年收入从1000美元快速增长到4000美元后，人们的物质消费欲望调动起来、政治参与意识觉醒，经济长足进步所积累的各种矛盾开始发酵；在人均年收入达到5000美元并向12000美元进发的时期（另说人均年收入16000美元前夕是进入“中等收入陷阱”的危险期），也即从发展中国家成长为发达国家的转型阶段（即“中等收入”阶段），如果产业升级未能妥善解决，经济上可能陷入困境：既难以与低收入国家在劳动力廉价方面竞争，又无力与发达国家在高技术上一比雄长，于是，曾经的经济高速增长在无预警的情况下停滞下来甚至跌落。而一度被经济高歌猛进所暂时掩盖的种种社会问题，特别是政治腐败、分配不公及环境污染问题突显出来，在丧失发展优势的同时，社会凝聚力急剧下降，经济陷入停滞乃至倒退，继而引发社会动荡。若不能及时作根本性救治，前一高速发展阶段取得的成就有丧失的危险。“中等收入陷阱”不仅是一个经济问题，更是一个包括政治、社会、观念诸领域的广义文化问题，其间存在的“发展悖论”，具有某种历史普遍性，值得深长思之。

19世纪法国历史学家、社会学家阿历克西·德·托克维尔（1805—1859）在研究18世纪末叶法国大革命的成因后发现，革命往往发生在通过改革人们的经济和社会状况有了重大改观，但还期望更多的欲望上升期。托克维尔指出——

> 法国大革命并非起源于经济衰败之际，大革命前夜（路易十六统治时期）是旧君主制最繁荣的时期，但恰恰是旧制度的繁荣加速了大革命的到来，因为人民的欲望、激情和权利意识被激发出来，而分配不均、等级差距拉大、当权者制度性腐败等导致民众将矛头指向旧制度。①

美国国际政治学家塞缪尔·P. 亨廷顿（1927—2008）有类似分析，他认为——

> （革命）最可能发生在曾经经历过某些社会和经济发展，而政治现代化和政治发展又已落后于社会经济变化的社会。②

托克维尔19世纪中叶、亨廷顿20世纪末叶的这些论述，对于洞悉“发展悖论”（“中等收入陷阱”是其表现）的奥秘具有启示意义。

（二）案例

较之低收入阶段，“中等收入”是经济增长并相对繁荣的时期，同时又适逢社会转型、阶层重组、利益再分配阶段，也即矛盾多发阶段。如果产业升级、经济增长方式没有及时跟进，政治改革又未能与社会、经济变化相调适，既得利益集团不愿平衡财富分配，腐败弥漫，便有可能陷入经济停滞乃至倒退，并引发社会动荡。这种“发展悖论”（经济增长而社会矛盾加剧），或曰

---

① ［法］托克维尔著，邢晓宇译：《旧制度与大革命》，国家行政学院出版社2013年版。

② ［美］塞缪尔·P. 亨廷顿著，王冠华等译：《变化社会中的政治秩序》，三联书店1989年版。

“发展烦恼”“发展痛苦”，曾于20世纪中叶至21世纪初叶在发展中国家广泛呈现。1970年有101个国家被认为是中等收入国家，时过40年，仅有13个成为高收入国家，四十年间83个国家仍徘徊于中等收入阶段，不同程度地落入“中等收入陷阱”，它们主要集中在三个群落：拉丁美洲国家（巴西、阿根廷、哥伦比亚、委内瑞拉、秘鲁、智利、墨西哥和厄瓜多尔等八国）、东南亚国家（菲律宾、印度尼西亚、泰国等）和苏联及东欧国家，其情形略分两类。

上述拉丁美洲国家和东南亚国家为一类。经过20世纪60—70年代快速增长（包括出口替代模式的扩展和急剧城市化）之后，由于经济的、政治的、社会的综合原因，内需增长缓慢、产业升级乏力、政治腐败低效，发展陷入停滞，困于“中等收入陷阱”达20~50年之久。如阿根廷，自然禀赋优越如同加拿大、澳大利亚，一百年前已跻身世界十大富国行列，但长期仰仗农牧产品出口，陷入“资源的诅咒”（依赖丰富资源），滞留于工业经济初级阶段，错失产业升级时机，1960年初人均年收入已达到中等水平（远高于当时的韩国与中国台湾，与日本相当），但此后半个世纪仍在中等收入内徘徊，21世纪头10年方有进展（其间还出现过较严重的金融危机），人均国内生产总值超过10000美元①，但大大低于日本及“亚洲四小龙”（时下韩国与中国台湾人均年收入达到30000美元左右，中国香港达到40000美元左右，日本、新加坡达到50000美元左右）。巴西的自然禀赋亦佳，20世纪60年代、70年代创造“经济奇迹”，之后错失转变增长方式时机，收入差距扩大，社会两极分化严重，不重视教育、技术创新力不足，80年代步入“失去的十年”，债台高筑、物价飞涨、腐败蔓延，人均年收入停滞少进，近十年方艰难地走出阴影，人均国内生产总值超过10000美元②，但仍然未脱出困局。至于委内瑞拉，以石油蕴藏量世界第一等优厚条件，曾在20世纪60—80年代居拉丁美洲最富之国。然而依赖资源的单一经济阻碍其健全发展，而近十余年又打击私有经济、推行国有化，排挤中产阶级，陷入民粹泥淖，经济倒退，社会危机深重，是落入“中等收入陷阱”的一个典型。

---

① 见国际货币基金组织2013年春发布的报告。拉美人均国内生产总值最高的是智利15000美元，阿根廷、巴西、墨西哥、乌拉圭等皆略过10000美元。

② 见国际货币基金组织2013年春发布的报告。

东南亚的菲律宾20世纪50年代至70年代间曾是亚洲较发达国家，由于未能解决产业升级问题，加之马科斯任总统前后政治腐败严重，发展停滞，长期落入中等收入陷阱。印度尼西亚在苏哈托执政期间经济成长较快，然腐败丛集，积淀的社会问题甚多，加之人口增殖迅速，世纪之交发展停滞，近年好转，但未越过“陷阱”。

苏联等东中欧国家为另一类，它们在计划经济时代曾达到中等收入国家的较高水平，1991年变政前后，在二十年间（20世纪80年代至21世纪初）陷入停滞，这是政治体制、经济模式由呆滞进入急剧转型（俄罗斯曾采取“休克疗法”）付出的代价，可纳入广义的“中等收入陷阱”。东欧7国1998年方恢复到1990年水平（人均年收入5427美元），苏联15国2006年方恢复到1990年水平（人均年收入8513美元），前南斯拉夫5国2005年方恢复到1990年水平（人均年收入5646美元）。近十年，俄罗斯及波兰、捷克、斯洛伐克、匈牙利等东欧诸国渐脱困局，经济及社会发展趋好（人均年收入都超过13000美元），但仍不断遭遇难题，尚不能说已全然逾越“中等收入陷阱”。

近年爆发于突尼斯、埃及、也门、利比亚等阿拉伯国家的社会动荡，导致多国政权更迭；2013年6月伊斯坦布尔、安卡拉等土耳其城市发生大规模民众抗议；同月巴西里约热内卢等数十座城市抗议浪潮高涨（从争取公交免费、不满举办足球世界杯，发展到谴责政府腐败）；2013年8月埃及开罗、亚历山大爆发拘禁总统穆尔西的军方及临时政府与百万穆斯林兄弟会成员的剧烈冲突，9月冲突愈演愈烈，穆兄会被宣布非法，埃及进入较长时期社会动荡。叙利亚更发生长达两年多的内战，数百万人逃离家园，美、法等西方国家试图军事介入。这些事变各有复杂的国内、国际原因，并有宗教教派之争参与其间，也皆是“中等收入陷阱”的表现形态。

拉丁美洲、东南亚、东中欧、中东一些国家落入“中等收入陷阱”，情形各异，然其原因皆不限于经济本身，而是一种经济—政治—社会—文化综合症。

“中等收入陷阱”虽相当普遍地存在于发展中国家，却也并非绝对的宿命，如东亚的日本与“四小龙”在走向发达社会的途中，较成功地规避此种“陷阱”。印德尔米特·吉尔指出，上述五个东亚国家及地区实现发展模式的三个转型：从多样化向专业化转型、从投资驱动向创新驱动转型、从低收入向高技术转型。[①] 如新加坡不断向产业链上游延伸，时下在物流、海事和金融等领域步入国际前沿。经过 20 世纪 60 年代以来的经济高速增长和随之进行的法治建设和宪政建设，东亚五国（及地区）先后跨进高收入俱乐部，与起点近似而结局大异的拉美八国形成对照。“四小龙”中产阶级占全民总数达到 40% 至 50%，远高于拉美诸国的 15% 至 20%，社会结构趋于健全、稳定。

“他山之石，可以攻玉”，别国别地区逾越或落入“中等收入陷阱”的经验教训，处在关键时期的中国正可引为借鉴，其中一个基本教训是——独裁人物（如苏联的斯大林、韩国的朴正熙、菲律宾的马科斯、印度尼西亚的苏哈托、阿根廷的庇隆、智利等拉美国家的军人总统等）可以借助威权政治把后进国带入中等发达工业国，赢得某种程度的经济繁荣，但积累的社会危机深重，继续前行，逾越中等收入陷阱，进入稳定的先进国行列，这种威权政治相继失效。而成功的进路是，经由政治、经济、社会全面改革，在广义文化含义上迈向现代文明坦途。

（三）两种可能

历经三十余年改革开放，中国经济突飞猛进，从低收入国步入中等收入国，从而抵达一个关键性节点。

今后二十年存在两种可能，一如“亚洲四小龙”那样，较成功地实现社会现代转型，形成壮大的中产阶级，社会结构呈橄榄状，进入稳定前行的高收入国家行列；二如拉美、东南亚、中东一些国家，未能成功实现产业升级、抑制贪腐、克服两极分化等社会矛盾，在相当长时段落入“中等收入陷阱”及“城市化陷阱”，徘徊于经济停滞、社会紊乱的困境之中。

中等收入阶段发展势头迅猛而又社会矛盾尖锐化，呈现希望与危机并存的矛盾状态，让人联想到英国作家查尔斯·狄更斯（Charles Dickens，1812—1870）撰于 1859 年的小说《双城记》，该书起首有一段散文诗式的话语，描述法国大革命时代：

> 这是最好的时代，这是最坏的时代；这是智慧的时代，这是愚蠢的

① 参见［美］印德尔米特·吉尔、霍米·卡拉斯著，黄志强译：《东亚复兴关于经济增长的观点》，中信出版社 2008 年版。

时代；这是信仰的时期，这是怀疑的时期；这是光明的季节，这是黑暗的季节；这是希望之春，这是失望之冬；人们面前有着各样事物，人们面前一无所有；人们正在直登天堂，人们正在直下地狱。①

当下的中国自然不可与18世纪末叶的英法同日而语，但其前景的不确定性及人们对此所产生的忧乐两极感受，令人对狄更斯的名论发出会心之叹。一个典型情状是：当下一批资本拥有者和高技术掌握者一方面视中国为高投资回报率之乡，在这里设计中长期项目，企望大展宏图；另一方面又对中国的社会前景极不放心，纷纷将资金乃至亲属转移国外，以求“保险”。未来中国在他们心目中，既是“希望之春”，又是“失望之冬”。英国《金融时报》2013年6月5日的网站文章也论及，当下中国人优越感与不安全感并存。这正是转型时代较普遍的社会焦虑心理。

关于中国发展前途，时下有三种预测。

其一，乐观估量，认为中国拥有的后发优势仍然强劲，近三十年来工业化、城镇化仍为未竟之业，其势能将继续在今后一个相当长时段发挥作用，“中国将保持8%左右经济增长长达20年”②。

其二，温和估量，认为“未来20～30年中国将保持大约7%增速”③，或在5%左右增速，社会平缓运行。这种估量建立在对利好及不利因素综合考析的基础上。

其三，悲观估量，认为由于制造业产能过剩、金融结构不合理、个人资产外流、传统经济增长潜力释放殆尽、社会危机凸显等原因，“中国将成为最后一个摆脱全球危机的主要经济体”④。

经济学家推测，中国须保持6.6%以上的年增长率，方能基本缓解因人口增长引致的就业压力，摆脱中等收入陷阱。上述三种估量都立足于对此一年增长率的可实现度的不同预判，当然在经济趋势估量的背后，包含着政治、社

① ［英］查尔斯·狄更斯著，石永礼译：《双城记》，人民文学出版社1993年版。

② 见林毅夫2012年7月21日在北京大学国家发展研究院“CCER CMRC中国经济观察”报告会上演讲《国际金融经济危机：原因和教训》。另外，郑新立、余斌、李稻葵等文章有类似估量。

③ 樊纲：《中国未来经济增速放缓将有利于其经济发展》，新华网2011年9月8日。

④ 北京大学光华管理学院教授Michael Pettis著，陈玮译：《对中国经济的12个预测》，福布斯网2012年4月。

会、观念综合而成的广义文化前景的估量。

值得注意的是，一些多年来对中国发展给予积极评价的外国学者，对于今后的中国发展表示担忧——

2008年诺贝尔经济学奖得主保罗·克鲁格曼（Paul Krugman，1953— ）指出，依赖"多余农业劳动力向生产力更高的工业生产转移，同时对生产手段和基础设施投入大笔资金"带来的高增长率已达极限。[①]

哈佛大学肯尼迪政治学院威廉·奥弗霍尔特（William H.Overholt）在肯定"中国崛起"之后，指出当下的问题：中国经济存在严重的裙带关系，国企从垄断市场地位、国家担保、低息贷款、税收优惠和原料补贴中得到好处，将具有创新精神的小企业挤出市场。[②]

作悲观估量的经济学者郎咸平认为，近三十余年拉动中国经济高速发展的"三驾马车"——出口、投资、消费，时下都发生变化。由于欧美日经济疲软，中国出口增长趋于乏力，而大规模投资刺激经济不可行，消费拉动非短期奏效，因而经济快进的"黄金期"已告结束。中国不可能在未来保持高增长，甚至认为"中国经济到了最危险边缘"[③]。

上述估量均有可商榷处，然其警惕落入"中等收入陷阱"的呼吁值得重视。

总体观之，笔者倾向于第二种即温和的估量，以为如果社会领域改革有序、有效地展开，达成发展模式的转变，今后二十年中国将保持中速渐进。

从近期及中期的文化生成观察，有三个问题需要辨析——

甲、人口红利的保有问题。

人是文化的创造者，又是文化产品的消费者。人口问题的正确把握是今后中国发展成败的关键之一。

国家统计局2013年1月18日公布，2012年15岁至59岁的劳动年龄人口数量减少345万，是劳动年龄人口数量首次下降，昭显中国人口趋势进入一个拐点：劳动人口减少、老龄人口增加的大势已成。中国劳动人口总量

① 见2010年保罗·克鲁格曼在上海交通大学的演讲。

② 见［美］威廉·奥弗霍尔特著，达洲译：《中国的崛起：经济改革正在如何造就一个新的超级强国》，中央编译出版社1996年版。

③ 见郎咸平、孙晋著：《中国经济到了最危险的边缘》，东方出版社2012年版。

2012 年为 9.37 亿，是最大的资源优势。2022 年中国 22 ~ 24 岁的劳动人口将减少一半。

一些中外论者据此认为，曾对前三十余年经济快速增长发挥重要作用的人口红利已基本耗尽。此种分析只见其一，未见其二。

当下中国城市内人口红利有限，但城镇化还有广阔空间，2012 年城镇人口 52.57%（发达国家在 90% 以上），预计 2030 年达到 70%，将新增城镇人口 3.1 亿，约 1.3 亿农业劳动力将释放出来，这里蕴藏着巨大的人口红利。同时，随着中国教育普及的成效显现，劳动力平均受教育年限超过 9 年，每年又有 700 万大学毕业生进入劳动力市场，人力资本的数量和质量当有保证。

中国正从廉价劳动力时代向技工时代转变，发展中等及高等职业教育（不能盲目扩张大学特别是综合大学），提高劳动力素质，方可增进劳动生产率，使“新人口红利”即“人才红利”逐步呈现。

乙、投资空间问题。

有人担心今后基础设施投资空间趋小，这也是一偏之见。中国现代文明水平与发达国家相比，仍处于发展不足阶段（尤其是中西部），以中国人口之众、地域之阔而言，基础设施并不充裕，如中国铁路 10 万公里，而国土面积略小于中国、人口密度大大低于中国的美国铁路 27 万公里，故中国铁路网大有拓展余地。另外，新增城镇人口对道路、住房、公用设施、通信设施都有需求，如果城镇化率年增长一个百分点，仅住房就需要新增 3 亿 ~ 4 亿平方米。如果未来 10 年中国城镇人口增加 4 亿，每新增城镇人口需要 10 万元人民币固定资产投资，总额至少在 40 万亿元人民币。可见中国向生产力的广度与深度进军还大有余地，这与当下日本、西欧、北美诸国设施充溢、国内投资空间趋小的情形大相径庭。故不必对投资空间的走势作悲观估量。

丙、带际战略推进。

广土众民的中国，区域间经济、社会发展差异甚大，这种不平衡现象，也为今后数十年提供巨大发展空间，若能合理、有序地推进“东—中—西”“沿海—内陆”的带际战略，区域发展红利将渐次焕发。

曾于 2008 年至 2012 年间担任世界银行首席经济学家的林毅夫说，世界上有 13 国曾保持 7% 以上增速达 25 年。如果中国减少对国有企业的支持并解除对银行的限制，通过较低成本利用发达经济体创造的技术，扩大收入分配额度，并抑制“普遍的”腐败，中国经济有可能在今后20年每年增长8%。①

林氏的“如果”说指出了中国进步的先决条件——“减少对国有企业的支持”“抑制普遍的腐败”，皆切关要旨，然林氏称中国将长期保持8%增速，估计明显偏高。由于通货紧缩、房地产疲软、整体投资增速乏力、制造业产能过剩、出口增速减缓等因素，中国经济或将经历较长的中低期。国际知名的美国研究公司信息服务社、野村证券、苏格兰银行、美国南湾研究公司、美国银冠资产管理公司的经济分析师，大多持此种分析。

今后数年中国经济增速减缓，尚在可控范围之内，同时，增速降至6%，有助于经济结构调整及提升经济质量（其实6%的增长率置之世界经济版图上衡量，已是一个颇高的比率）。虽然中国将迎来较缓慢的增速，但国人并未担心，据国际知名的皮尤研究中心最新调查，88%的中国人对经济感觉良好，是接受调查的39国中比例最高的。②

参酌二战后演出“经济奇迹”的德、日、韩发展历程，在人均收入1000～6000美元阶段（德国在20世纪50—60年代，日本在60—70年代，韩国在80—90年代），经济高速增长；人均收入8000～20000美元阶段经济中速发展，韩国更有较快增长；而在人均收入两三万美元以后方进入发展缓慢期。中国今后二十年恰值人均收入8000～20000美元阶段，保持中速发展在情理之内，加上中国继续拥有相当规模的人口红利和广阔的工业化、城镇化空间，有可能达到德、日、韩等国同一发展阶段的平缓增速。

较之此前四十年，今后中国将告别“高增长时代”，发展将从“速度型”转向“质量型”，改革进入“深水区”，须用力解决以往积累的潜伏在表象背后的诸多社会—政治难题，争取顺利逾越“中等收入陷阱”。这是对中国智慧的考验。

四、超克人口—资源失衡瓶颈

由于工业化、城镇化和科技革命的持续效应，中国在2013年以后还可能有二十年左右发展机遇期（GDP年增长率6%），国民收入人均占有量达到中

① 见澳大利亚《悉尼先驱晨报》网站2013年1月8日报道。

② 见美国《华盛顿邮报》2013年5月28日报道。

等发达国家水平，文化将有进展，国际影响力亦将增进。这便是全面实现“小康”。但要达到上述乐观目标，必须超克人口—资源失衡以及社会建设滞后两大瓶颈。此目专论前者。

（一）人均资源占有量大大低于世界平均值，须加强生态文明建设，开发可再生能源、发展绿色经济，实现可持续发展

从生态文明视野观察，中国成为世界强国受到严峻的条件限制，经济及社会发展的物质基石——人均自然资源占有量颇低，举要者如下：

石油、天然气人均储量不足世界人均水平的10%

主要金属人均储量不足世界人均水平的25%

水资源仅为世界人均水平的30%

耕地不足世界人均占有量的25%

昔时的“地大物博”说需要纠正。中国诚然土地广袤（世界第三），自然资源总量较高，然人口众多（世界第一），以人均计算，中国又是一个自然禀赋贫乏的国家，发展受到资源的刚性制约。随着经济规模的迅猛扩大，中国自21世纪之始，已是各种矿物资源（煤、铁、石油、铜、铝等）第一消费国和最大进口国，能源及矿石的自给率降低。20世纪70—80年代中国曾是石油输出国，因内需剧增，90年代变为石油进口国。2000年到2011年石油消费量从2.2亿吨增至4.7亿吨，2011年石油的对外依存度已达56.3%；铁矿石、铜矿石的对外依存度更超过70%。而且，此种比例继续呈走高之势（如石油的对外依存度预计到2030年将达80%）。2009年起，中国从煤炭净出口国变成煤炭净进口国，2012年进口煤炭2.9亿吨，居世界第一，超过第二位的日本近亿吨。

世界首位的资源消费量，独占鳌头的油、气、煤及铁、铜等金属矿石进口量，使中国成为角逐国际资源分配的要角，与资源输出国发生复杂的交互关系，并与其他资源输入国形成竞争。而且，巨额原料输入又令国际海运航道日益成为中国的生命线（如进口石油的80%须通过狭窄的马六甲海峡）。这一切皆使中国远较自给自足时代面对更大、更复杂的挑战，文化心态必须从“足乎己”“无求于人”的故辙作根本性调整。

令人担忧的是，中国在资源（特别是能源）的利用效益方面，有高消耗、低效益特点，明显落后于日本、韩国等资源贫乏却利用效益高的国家：2011年中国GDP占世界的10%，能源消耗却占世界的20%（煤炭耗量占48%、石油耗量占10.6%）、铁矿石耗量占一半以上。而同年美国GDP占世界的24%，煤炭和石油消费量分别占15%和21%；日本GDP占世界的9%，煤炭和石油消费量分别只占3.2%和5%，其能源利用效益高于中国7倍左右。能源等资源使用效率低下，是中国经济的一大弱点。

自然资源相对贫乏，已经并将进一步制约中国的发展。以可耕地面积论，13亿人口的中国仅为3亿人口的美国的五分之一，为2亿人口的巴西的二分之一，而且现有耕地受到城市及道路扩展的挤兑，面临突破18亿亩红线的危险。

再以淡水资源论：人均淡水占有量中国仅为世界平均量的三分之一，而且还有下降趋势。1990年初统计，中国尚有覆盖60平方英里以上流域面积的河流5万条，2011年全国水利普查表明，其中2.8万条河流消失，消失的流域面积相当于美国整个密西西比河流域。耶鲁大学2012年环境状况指数显示，在所调查的全球132个国家中，中国的水资源状况处于最差之列（116位）。[①]现时中国三分之二的城市缺水，近3亿农村居民得不到安全饮用水，70%的江河湖泊被污染，75%的湖泊出现不同程度的富营养化，90%流经城市的河段严重污染。[②]水资源短缺和水污染状况，对经济和社会发展构成严重威胁。

垃圾处理也是极严重的问题，各地分类垃圾桶形同虚设。中国还是全世界最大的电子垃圾（废弃的电视、冰箱、洗衣机、空调、电脑等）的倾倒场。除自产电子垃圾无序堆置外，一些发达国家将电子垃圾运往中国（多为走私入境），堆放到广东省贵屿镇等地（有成千上万名拆装电子垃圾的能手前往拆件淘金）。据绿色和平组织北京办事处发言人马天杰说："根据联合国的数据，全球70%左右的电子垃圾最后到了中国。"[③]电子垃圾造成恶性循环式的环境污染，将长时期祸害国人及后代。

2005年瑞士达沃斯世界经济论坛评估"环境可持续指数"（ESI），所列

① 见美国《大西洋月刊》网站2013年4月29日文章。

② 《环境恶化怎么扭转》，《光明日报》2013年9月16日。

③ 见美国有线电视新闻国际公司网站2013年5月30日报道。

144国，中国排名133位，属于环境不可持续的国家。世界污染程度最高的10座城市，中国占7座（北京在其列），太原居第一，一些中外人士因污染拟搬离北京。中国环境保护部政策研究中心主任夏光指出："不少地区环境容量已经逼近临界点，甚至污染超过了环境承载力。这就直接体现出经济社会发展与环境之间的紧张关系。"①

环境污染、自然资源供应紧张及利用率低下问题，构成中国经济及社会发展的瓶颈。中国当下的问题仍然是发展不足，故"发展是硬道理"，但中国的生态条件警告我们，不能透支环境及资源，而必须更多用力于环境保护、节能，提升资源利用率，促成平稳、健康的可持续发展。

中国现已成为全球生态环境投资的领头羊，2008—2011年，全球对森林、湿地等有助于清洁水资源供应的生态系统的投资达80亿美元，中国占90%。近年中国对水电、风电、太阳能等可再生能源的利用大幅增长，皆为好消息。中国处在工业化、城镇化推进期，正是资源需求快速增长阶段，"低碳发展"的难度甚大，必须通过技术创新，淘汰高能耗、高污染的落后产能，改善日益恶化的生态环境，以促成现代文明总体水平的提高，而实现这一目标，不仅仰赖科技进步，还尤其需要全社会提升生态意识，改变单以GDP增长率为政绩考核指标的做法，使"绿色发展"成为官方和民间的共识，持之以恒地加以践行。

（二）控制人口数量国策的成就及当下作调整的必要

本书第六章第二节论析中国历史上生活资料生产与人口再生产比例周期性失调现象，而此种现象在清代中期以降尤其突出。

中国庞大的人口基数是在清代中期（乾隆、嘉庆年间达四亿）奠定的，恰值清代由盛转衰的关口。自此，"人口过剩"成为清民之际的痼疾。19世纪中期太平天国战事使人口下降，20世纪上半叶国内战争及抗日战争抑制了人口增殖。至20世纪50—70年代，再度进入人口快速增长期，人口从5亿左右增至9亿，人口数量庞大与生活资料供应不足的情势日益严峻，为扭转困局，20世纪70年代初期开始推行计划生育政策（限量二子，鼓励一子），1979年更厉行一子化，迄今已四十余年，制止人口激增势头（少生四亿人），缓解资源危机，人均收入较快增长。节育政策的效益从中印比较中可以清楚看出。

① 见《环境恶化怎么扭转》，《光明日报》2013年9月16日。

中国与印度同为发展中大国，也同为近二十年 DGP 增长迅速的新兴经济体，但二者现代化建设成就颇有高下之分：1978 年中国人均收入 340 美元，仅为印度的三分之二，1985 年中国人均年收入开始超过印度，2012 年中国人均年收入增至 6100 美元，印度人均年收入为 1499 美元，二者成四与一之比。究其原因，除中国改革早印度十年，近三十年来中国经济增速稍高于印度外，还由于印度未能制止住人口剧增（印度政府虽颁行节育计划，却无力实施），而行政执行力强劲的中国则有效地控制了人口增速。此外，亚洲的印度尼西亚、孟加拉、巴基斯坦、菲律宾，非洲的尼日利亚、埃及等国都在近四十年间人口倍增，经济增长被膨胀的人口消耗多半。与之相较，节育成功的中国显示其优胜，中国近四十年取得较为突出的现代化建设成就，得益于节育可谓多矣。这是今日讨论人口政策时不应忘却的基本事实。

一子化政策是一柄双刃剑，中国在取得节育红利的同时，也累积了渐趋深重的包袱，在尚未成为富裕国家之前便步入老龄社会（所谓“未富先老”），至 21 世纪初，独子社会的弊端日益彰显，除独子教育问题愈趋严峻外，更重要的是劳动力人口在总人口所占比例递减，此为经济健康运行的隐忧，要求结束一子化政策的呼声渐高。此种诉求从伦理、教育、社会诸层面看，皆有合理性，然而，面对“人口—资源”比例失衡尚未基本改变的现实（如前所述，中国是人均资源贫乏的国家，又是资源消耗量巨大的国家，二者形成尖锐反差），适度控制人口的国策尚须坚持，既防止人口飚升，又保证人口合理增长，实现物质生产和人口生产比例的协调发展。

今后当调整推行四十余年的一子化政策，将“双独二胎”放宽为“单独二胎”，适龄妇女生育率达到 1.4 这一恰当幅度。若能稳定在此一生育水平上，预计中国人口峰值（15 亿）将出现于 2030 年左右，有利于“人口—资源”比例走向均衡。

（三）调整经济结构，增大服务业，削减过剩产能

中国现代文明向前推进，有待经济的结构性调整。

总体言之，欧美发达国家经济结构失衡的表现是，过度借债和过度消费，导致金融危机；而中国经济结构失衡的表现是，过度投资和过度储蓄，其结果是产能过剩和内需疲弱（消费乏力）。国家发改委宏观经济研究院常务副院长王一鸣说，2001 年至 2010 年间，我国投资率从 36.5% 上升到 48.6%，消费率

则从 61.4% 降至 47.4%，其中居民消费率从 45.3% 降至 33.8%，远低于发达国家 70% 左右的比率。[①]

世纪之交 20 年间因出口高速递增（平均年增 20% 左右），这种“世界工厂”地位，使过剩产能消化于国外市场，掩盖了内需疲弱之弊。2008 年以降，欧美日经济低迷，中国制造品出口受限，产能过剩和内需疲弱两大弊端凸显出来，亟待克服。解决之方，一是调整三产业比重，二是削减过剩产能。

中国第一、第二、第三产业就业人数所占比重，2009 年分别为 38.1%、27.8%、34.1%，从事第一产业即农业的比重甚高，从事第三产业即服务业的比重偏低。发达国家第一产业就业人数占 1%～5%，第三产业就业人数占 70% 左右，时下中国第三产业就业人数比例约相当于美国工业化初期（1870—1910）的水平。2010 年中国服务业产值占 GDP 的比重为 43.1%，低于中等收入国家 53% 的平均值。

在第二产业（工业）内部，因 GDP 挂帅导致制造业的若干行业盲目发展，产能过剩严重，而产能扩大易、产能削减难。2008 年年底，国际金融危机影响下，中国经济增长有下行之态，政府立即采取大规模刺激措施，投入 4 万亿元（实际不止此数），通过扩张长期发展所需的基础设施来提振经济增速，短期似见成效，然而，这批巨额资金投入钢铁、水泥、船坞等制造业，加之兴建楼堂馆所，使产能过剩痼疾更趋严重。国际货币基金组织（IMF）的经济学家估计，中国经济的产能利用率已经从 2000 年的接近 90% 下降到 2011 年的 70% 左右。国务院印发《关于化解产能严重过剩的指导意见》介绍，2012 年几种产品产能利用率为：钢铁 72%、水泥 73.7%、电解铝 71.9%、平板玻璃 73.1%、船舶 75%，均明显低于国际通常水平。[②] 由于地方保护主义等原因（钢铁、汽车、农药等产业是各省市县的利税来源），已达三成的过剩产能还在膨胀，时下已接近危险水平，如果不及时消解，必然拖累社会的健全运行，甚至会引起经济崩盘。出口驱动的增长模式已受制约，改变增长方式，扩大内需，在汰劣增优、削减过剩产能中促成产业升级，是出路所在。

---

① 见光明日报记者“民生调查”:《我们如何跨越“中等收入陷阱”》,《光明日报》2013 年 7 月 20 日。

② 见《光明日报》2013 年 10 月 18 日报道。

五、努力跻身“核心创新国”，迈向第三次工业革命

（一）尚未成为“核心创新国”的经济大国

中国GDP总量全球第二位，已然是经济大国，2015年GDP超过10万亿美元，与美国一起成为全球仅有的两个超越10万亿美元规模级别的经济体，2018年中国GDP达到90万亿人民币，约合13.6万亿美元。然而，经济体量巨大的中国却置身世界经济论坛推出的“核心创新国”行列之外，是一个少有自己品牌的第一工业制造国和工业成品出口国。这是一个亟待改变的尴尬局面。

笔者不会开车，也没有购车计划，故向来不识汽车品牌，而一次漫步校园，引动了对品牌的注意：大路小道边皆停车满满，联想起近年的媒体报道，中国超过美国、日本，成为全球首位汽车制造国和销售国，便欣然放慢脚步，观赏沿途泊车，无意间发现一辆车的尾标有“东风雪铁龙”字样（笔者曾参观过设在武汉市汉阳新开发区的东风汽车厂，知道这是该厂生产的法国雪铁龙车）。再沿路往下看去，诸车的尾标一一写着：

> 上海大众、上海通用，北京现代、北京奔驰克莱斯勒，一汽奥迪、一汽大众、一汽马自达、一汽丰田，东风标致、东风本田、东风菱智、东风日产、东风悦达起亚，广州本田、广汽丰田，长安铃木、长安福特……[①]

尾标报告一个消息：从二线城市武汉、西安、重庆，到一线城市上海、北京、广州，从老牌的“第一汽车厂”，到继起的“二汽”（东风）和诸家新厂，都竞相生产德、美、法、意、日、韩等国品牌汽车，这印证了不久前从刊物看到的美国人提出的问题：“在过去30年里，中国惊人地转变为一个经济强国，可为什么这个国家却没有出现让人认可的品牌呢？”该刊还公布一项民意调查：94%的美国民众说不出一个中国品牌。[②] 而日本在20世纪60—70年代、韩国在80—90年代，在与当下中国经济水平相近（人均年收入6000美元左右）之

① 友人介绍，中国品牌汽车有奇瑞、瑞虎、东方之子、中华、红旗、奔腾、吉利等。国内品牌车中小城市多有销售，也开始向发展中国家出口，但在武汉大学校园停泊车辆中极少发现中国品牌车。

② 见美国《大西洋》月刊2013年4月网站文章。

际，已创制一系列名扬全球的品牌，如日本的丰田、本田、东芝、铃木、马自达、夏普等，韩国的现代、起亚、大宇等，更不用说早于此的美国的福特、德国的奔驰、法国的雷诺、意大利的菲亚特之类。欧美日韩在汽车行业之外的品牌也流播全球，如美国的波音、卡内基、宝洁，及时下的惠普、苹果、英特尔、摩托罗拉、微软，日本的三菱、松下、索尼、佳能等，韩国的三星、LG 等。

穿行于中国组装的外洋品牌汽车之间，心绪凝重起来。

我们的进展迅速、成就巨大，1953 年“一汽”奠基，至 1977 年，24 年间方累计生产百余万辆汽车，而 2002 年至 2008 年间汽车年产量相继跨越 300 万辆、400 万辆、500 万辆、700 万辆、800 万辆、900 万辆，2011 年达 1841 万辆，2017 年达 2901 万辆（销售 2887 万辆），超过美日总和，并快速实现着二十年前做梦也不敢想象的汽车家庭化，已圆“汽车大国”梦。然而，中国远非“汽车强国”，少有普被国内外市场认可的自创品牌。这或许正是当下中国工业的缩影：大而不强，多仿制而少创造。某些中国自己的汽车品牌也有仿制之嫌，俄国人撰写《中国复制世界》一文，称“中国出现大量的仿制车型。长城仿日产，力帆仿丰田，奇瑞仿雪佛兰”①。据 2013 年 10 月举行的全球汽车论坛披露，中国的自主品牌汽车，不少关键部件是国外产品；2013 年汽车零部件全球百强中，日本 29 家企业、美国 25 家企业、德国 20 家企业、韩国 4 家企业，中国仅 1 家企业（做轮毂的）。

为实现产业创新，中国作出巨大努力。据日本刊物报道，过去 10 年，中国企业的研发开支增长 900%，而日本仅增长 10%，故日本政府 2012 年度《制造业白皮书》忧心忡忡地说：“日本的技术优势可能将受到严重挑战。”②“中国创造”在发展，仅以汽车工业而言，自创品牌有与外国品牌一较高下的计划，如一汽集团开发的红旗 117 轿车 2013 年 5 月 30 日开始上市，试图与奥迪、宝马、奔驰角逐。一汽集团打算 2015 年前至少投资 105 亿元用于红旗品牌的研发。③当然，今后红旗能否真正竞比奥迪、宝马、奔驰，尚须拭目以待。

中国企业正努力以自创品牌进入世界市场，德国报刊报道，“中国品牌慢

① 见俄罗斯《论据与事实》周报 2013 年 6 月 12 日。

② 见日本《朝日新闻》2013 年 6 月 8 日报道。

③ 见俄罗斯《导报》2013 年 5 月 30 日文章。

慢进入德国消费者视野”，海尔、华为、海信产品逐渐赢得青睐。当然，中国成为创新国度还有一个长期而艰巨的发展过程。2010 年《财富》杂志发布的世界 500 强企业名单，上榜的中国企业已经达到 54 家（2012 年世界 500 强企业名单中上榜的中国企业超过 70 家），但多为能源、金融、电信等国有垄断企业，不见一个中国自创品牌的大厂家（未来似可寄望于海尔、海信、联想、华为之类）。2002 年《福布斯》评出全球最好的 200 家小公司，印度有 13 家，中国仅 4 家，且全在香港。这也是值得注意的问题。

中国的工业制造规模已列世界前茅，但核心技术多依赖进口，企业自主创新能力不强，对外技术依存度在 50% 以上（如飞机、舰船发动机技术仰赖外国），而发达国家关键技术对外依存度均在 30% 以下，美国、日本仅在 5% 左右。作为后发国家，中国尚处于技术引进阶段，这不仅面对知识产权问题，而且难免接受国外转移来的高污染、高消耗、高劳力、低附加值的产业，故当下中国大体处在世界产业链、价值链的中低端。

（1）以物态文化论之，20 世纪十大经典发明（原子弹、航天飞机、电视、人造卫星、阿司匹林、民航客机、个人电脑、移动电话、克隆羊、互联网），皆属西方创造。现在盛称中国是“世界工厂”，然中国制造业的大部分高端品牌是欧美及日韩所创，中国尚处在仿制、加工阶段。今日中国是“世界加工厂”，是“OPM（贴牌生产）大国”类的“躯干型国家”，而非“世界办公室”“世界实验室”类的“大脑型国家”。中国亟待提升在全球价值链中的级次，从一个以技术模仿为主的制造业大国向以自主创新能力见长的制造业强国迈进。[①]

（2）科技及教育水平偏低。2010 年，中国研究与试验经费支出（R&D）占 GDP 的比重为 1.75%，明显低于发达国家 2% 以上的水平。长期以来，我国公共教育支出占 GDP 的比重不足 3%，低于 4.5% 的世界平均水平，而发达国

① 中国在科技创新方面做出了努力，研发支出从 2000 年占 GDP 0.9% 增至 2009 年的 1.7%，研发支出将在 2023 年超越美国。半个多世纪以来，中国科技进步日新月异，近期的航天、潜海业绩是追赶世界先进水平的标志，2012 年年末完成“北斗”卫星导航系统第一扩建阶段，总体性能与美国 GPS 相当，而成本更低。美国《科学》杂志 2012 年 12 月公布 2012 年十大科学进展，内有一项是“中国科研人员的发现”，“这一发现意味着中微子物理学有朝一日也许会让科研人员能够解释为何宇宙中的物质如此之多，而反物质如此之少”。这是国际上列举年度重大科学进展时将中国科学研究成果纳入的少有案例。

家一般超过5%。世界大学排名，中国内地大学少有进入前百位的，即使在亚洲也未列前茅。北京大学、清华大学在亚洲大学的排名分别为12位、16位，列东京大学、京都大学、希伯来大学、香港大学、国立新加坡大学之后，表明中国大陆高教在亚洲尚处中游，更遑论竞比欧美。时下办教育，有一种浮华之风在蔓延，超量生产一般性大学生。中国要从制造业低附加值的装配大国转变为高附加值的创造型制造大国，不仅需要高水平的战略性学者和高技能工程师，还需要像德国那样，拥有大批精熟掌握专门艺能的技工，这有赖于基础教育、职业教育、普及的大专教育、专精的研究型大学教育的多级次发展，切不要一窝蜂地追求规模宏阔、竞相争办一般化的综合大学。

十分关注中国现代文明进程的经济学家罗纳德·哈里·科斯说，中国没有理由比日本、韩国缺乏创意，但实际情况是，中国经济规模有惊人的膨胀，创意产业却远未跟上。科斯指出：

> 即使中国在21世纪中叶像众人所预测的一样成为全球最大的经济体，中国的生产力依旧只能排在中游水平，如果她无法显著提高其创新能力的话。这将成为现代人类史上一个前无古人的例子：世界上最大的经济体并非生产力最高的。①

罗纳德·哈里·科斯
（1910—2013）

科斯的探讨，并未限于经济和技术本身，而是提升到广义文化的高度。他设问——为何中国的大学在1949年后没有产生一个世界级的原创思想家或有创见的科学家？科斯给出的答案是：因为中国缺乏一个开放的思想市场。前行的中国欲求文化创新，必须实现思想解放。

（二）赶上“第三次工业革命”列车

近代以降，世界经历三次生产力大进步——

① ［美］罗纳德·哈里·科斯、王宁著，徐尧、李泽民译：《变革中国市场经济的中国之路》，中信出版社2013年版，第248页。

以蒸汽动力为标志、工厂机器生产取代工场手工生产的第一次工业革命；以钢铁、电力、石油、汽车和新通信手段为标志的第二次工业革命；以信息技术、可再生能源、纳米技术为标志的第三次工业革命[①]。

由于自身社会结构的拖累，中国未能参与第一次工业革命和第二次工业革命的创发。作为晚起者，中国于19世纪中后叶启动的军工洋务，采纳第一次工业革命的技术成就，但社会结构变化迟缓，成效有限，1927—1936年“黄金十年”现代化进展被日本入侵所打断（有学者估量，日本入侵使中国现代化进程推迟30年）；20世纪中后叶启动的现代化建设，努力追踪第一次工业革命和第二次工业革命的故迹，社会改革亦有所跟进，然结构性问题仍广泛存在。

如杰里米·里夫金（Jeremy Rifkin）2011年出版的新著《第三次工业革命》所言，当下正处在第二次工业革命和石油世纪的最后阶段，人类将迅速过渡到一个全新的能源体制和工业模式，形成在互联网和新能源、新材料相结合基础上的新经济。[②]第三次工业革命已然启动，正赢得加速度，迅猛推进。值此人类文明发展新契机，中国不能亦步亦趋地走传统工业化旧路，而应兼顾工业化与信息化，进一步调整经济结构，在更高起点上走新型工业化道路——

其一，发展可再生能源及绿色技术，逾越因能耗高、能源自给率低导致的发展瓶颈；

其二，推进以人工智能为标志的科技革命，提高劳动生产率，以技术红利取代日渐式微的人口红利；

其三，发展新材料和纳米技术，提高物质资源的利用效率，突破工业化资源限制。[③]

开端于20世纪70年代、时下方兴未艾的第三次工业革命，给中国提供机遇，而创造性地调整社会机制，利用后发优势，勇于追进，方是机遇转为事实的前途所在。

六、将权力关进法治笼子：从根源上惩贪治腐

中华民族复兴，科技进步、经济发展固然重要，而解决社会结构性问题才

---

①③ 参见贾根良：《第三次工业革命重新定义“新型工业化道路”》，光明日报2013年2月22日。

② 见［美］杰里米·里夫金著，张体伟、孙豫宁译：《第三次工业革命——新经济模式如何改变世界》，中信出版社2012年版。

是治本之举。时下要务是力限特权、严惩贪腐，走向社会清明。这是“天下归心”的要处。

（一）社会沉疴：特权致贪腐

不受监督的权力成为谋私之具，古已有之，中外皆然。法国启蒙思想家孟德斯鸠（1689—1755）在《论法的精神》中指出：

> 一切有权力的人都爱滥用权力，这是万古不变的经验。防止权力滥用的办法，就是用权力约束权力。权力不受约束必然产生腐败。

英国历史学家阿克顿（John Emerich Edward Dalberg Acton，1834—1902）著作等身，他的《自由与权力》《法国大革命讲稿》、主编《剑桥近代史》等著作，中国人很少读过，但人们记住了这位爵士 1887 年在一封讨论宗教改革时期教皇制度的长信中的名言：

> 权力导致腐败，绝对权力导致绝对腐败。[①]

诚然，贪污腐败的沃壤正是“绝对权力”，也即不受约束的特权——

> 特权，就是政治上经济上在法律和制度之外的权利。搞特权，这是封建主义残余影响尚未肃清的表现。[②]

握有特权的个人与集团租售手中的公权力，与逐利的个人和企业合作，霸占和垄断社会资源，攫取巨额财富，成为腐败的渊薮。

第二次世界大战结束后，民主与法治尚不健全的发展中国家开展现代化建设，占有社会公共权力的特权阶层大肆掠占资产，贪腐泛滥。20 世纪 40 年代中国的宋氏、孔氏等家族，60 年代以来菲律宾前总统马科斯（1917—1989）、

---

① 见［英］约翰·埃默里克·爱德华·达尔伯格－阿克顿著，侯健、范亚峰译：《自由与权力》，译林出版社 2011 年版。

② 《党和国家领导制度的改革》，《邓小平文选》第二卷，人民出版社 1994 年第 2 版，第 332 页。

印度尼西亚前总统苏哈托（1921—2008）[1]、近年下台的埃及前总统穆巴拉克（1928— ）等军政强人，便是借助政治权力操纵资本运作、聚敛巨额财富的突出代表，构成现代文明进路上的严重障碍。

（二）产生贪腐的历史根源及社会条件

第九章已论及，中国是一个皇权传统深厚的国度。皇权下的官僚体系控制包括户籍、土地、生计在内的社会诸领域，明代的皇庄、皇店、矿监、税监更直接侵吞民间资产。辛亥革命推翻清王朝，终结帝制，但皇权传统远未荡涤殆尽，呈现各类型号的变种，北洋时期的各系军阀便是大大小小的割据皇权，他们都掌理各地经济命脉（如阎锡山在山西、张作霖在东北、桂系在广西、陈济棠在广东）。国民党统治时期，官僚资本长足发展，把持国府财政大权的孔祥熙（1880—1967）、宋子文（1894—1971）等家族是集中代表，国人莫不痛恨。

文史学家傅斯年（1896—1950）1947 年著文强烈谴责宋、孔，称其——

> 化国为家……彻底使全国财富集中于私门，流于国外！[2]

傅斯年 1947 年于南京

傅斯年力促宋子文、孔祥熙下台，并主张“征用”宋、孔占据的巨额资本。同年，傅斯年著文指出，当时包括铁路、银行、航运等在内的经济部门的状况是——

> 各种恶势力支配着（自然不以孔宋为限），豪门把持着，于是乎大体上在紊乱着，荒唐着，冻僵着，腐败着。恶势力支配，便更滋养恶势力，豪门把持便是发展豪门。循环不已，照道理说，国家必糟。
>
> 于是乎小官僚资本托庇于大官僚资本，大官

① 见庄礼伟：《亚洲的病痛——剖析“裙带资本主义”》，《南风窗》2001 年第 6 期。
② 傅斯年：《宋子文的失败》，《世纪评论》1947 年第 8 期。

僚资本托庇于权门资本。小官僚大官僚资本有些是以“合法”方法聚集的，有些则由于鼠窃狗偷。无论如何是必须依靠大势力的，尤其是豪门资本。①

1948年，行政院长王云五发起金融改革，抑制通货膨胀，蒋经国以“副督导”之职受命在上海“打老虎”，雷厉风行打击贪腐，然招致权贵（从杜月笙到孔祥熙、宋美龄等）的强烈抗拒，“打老虎”无果而终，翁文灏内阁倒台。豪门资本把持经济命脉，造成严重腐败，是国民党政权崩溃的重要内因之一。而傅斯年、马寅初等对“豪门资本”“权贵资本”的解剖与谴责，留下弥足珍视的思想遗产。

中国的新民主主义革命把官僚资本主义列为革命对象，1949年后没收官僚资本，此为解放生产力之举。1978年开始的改革开放激活包括民间自由资本在内的各种社会力量，再一次解放生产力。然而，从计划经济向市场经济转型之际，存在价格双轨等不规范空间，深度介入经济生活的官员利用公权力，在商品交换过程中以“批条”大赚差价之利，特权者的第一桶金多由此获得。社会转型间还存在国有资产流失现象，某些政府官员把国有资产向第三方转移，买家乐意从预期的暴利中拿出一定份额，返赠政府官员。另外，大规模的土地承租也提供资本转向空间。这些都是官商勾结的常见形态。“权力租赁”无本万利的收获，大大刺激了特权者的贪欲。更有一些握重权者将巨额国有资产交给子女组建跨国公司，形成财经巨鳄。

马克思《资本论》第二十四章引述托·约·登宁对资本性格的描写，也十分切合当下特权掌控的资本：

> 一旦有适当的利润，资本就胆大起来。如果有10%的利润，它就保证到处被使用；有20%的利润，它就活跃起来；有50%的利润，它就铤而走险；为了100%的利润，它敢践踏一切人间法律；有300%的利润，它就敢犯任何罪行，甚至冒绞首的危险。②

---

① 傅斯年：《论豪门资本之必须铲除》，《观察》周刊1947年第2卷第1期。

② 见马克思：《资本论》第一卷，人民出版社1975年版，第829页。

特权掌控资本的贪婪与无法无天，恰如上述，又由于有特权庇护而格外肆无忌惮。从实行“权力租赁”的贪官的不归路中，我们可以看到这种贪婪而又嚣张属性的充分展露。

世纪之交披露的福建厦门远华案、广东湛江走私案、辽宁沈阳慕马案等腐败案，动辄数十亿元甚至数百亿元计，皆为官商合谋侵吞巨额社会财富的显例。近年揭露的原全国人大常委会副委员长成克杰案，原政治局委员薄熙来案，原中央军委副主席徐才厚案，原中央军委副主席郭伯雄案，原中央办公厅主任令计划案，原铁道部部长刘志军案，原中央委员、国务院国资委主任蒋洁敏案，中石油 4 名高管案（因群体作案，称之“窝案”），以及近期连续披露的多名省部级官员，如四川省委副书记李春城、国家发改委副主任刘铁男、大庆油田总经理王永春等贪腐案，便是特权下腐败恶性膨胀的若干个案。

以 2013 年 6 月开庭公审的刘志军案为例，可见贪官奸商合谋掠占社会财富的情状。刘志军 1997 年以来与山西女商人丁书苗勾结，干预总额 1800 亿元的项目，丁等在刘的帮助下从高铁项目合同中获取近 40 亿元非法收入，刘则从丁处受贿 4900 万元。高官以公权力为奸商打开掠取暴利的门径，奸商则充当官员贪赃黑手的“白手套”。

笔者 2013 年 5 月底造访台湾著名的食品工业公司——统一集团，其总裁、儒雅有学者风的林苍生出迎，座谈时林氏称：“中国传统社会序列是‘士农工商’，听说现在大陆商的地位提升了，官待之为上宾，但如果士（指官员）与商搅到一起，为牟利而相互勾结，沆瀣一气[①]，必然祸害苍生。”

现在存在太多“官的商化”和“商的官化”之类官—商“旋转门”，危乎险哉！

（三）以制度建设厉禁贪腐，走廉政之路

时下中国处于转型时代，存在公权力掌握者谋求私利的空间，官员贪污腐败成为全民共愤、千夫所指的大弊。据传统基金会近期评判，以总分 100 分计算（分值愈高成效愈佳），在抵制腐败方面，新加坡 92 分、中国香港 82 分，

① 此成语出处：宋·钱易《南部新书·戊集》：“又乾符二年，崔沆放崔瀣，谭者称座主门生，沆瀣一气。”比喻气味相投的人（崔沆与崔瀣）联结在一起，后演为坏人坏事相勾结的负面义。

美国 75 分，中国 36 分。[①]2012 年 12 月 5 日，监督世界各国腐败行为的非政府组织“透明国际”公布 2012 年全球腐败指数报告，新西兰、丹麦和芬兰并列第 1 位，新加坡第 5 位，中国香港第 12 位，中国位列第 80 位。

胡耀邦手书

贪官硕鼠吞噬巨额社会财富，不仅前述高官获赃惊人，而且一个县级乃至科级干部的贪污受贿金额动辄达到数千万、上亿元的天文数字。我们未见全国贪腐总额的公布，经济学家吴敬琏（1930—　）指出，根据 1989 年来若干学者的独立研究，我国租金总数占 GDP 的比率高达 20%～30%，每年发生的绝对数额 4 万亿～5 万亿元，对我国社会中贫富分化加剧和基尼系数的居高不下产生严重的影响。[②] 从租金总额可见大量社会财富落入权力出售者（贪官）和寻租者（奸商）之手。另从资金外逃数亦可推知贪赃之巨。据《南德意志报》2013 年 1 月 7 日报道，过去 10 年里，中国非法流往境外的资金达 3 万亿美元，目前全球每两个“黑美元”有一个来自中国，而携金外逃的一大群体便是贪官。出访中国香港、新加坡、澳大利亚、美国的国人常有此类经历：当地华人陪游时，往往指点，前面一片高档房产，是某某高官或其子女所有，某某跨国公司有某某高官或其亲属的份额，言毕不胜唏嘘。

贪腐造成社会财富被特权阶层侵吞，金融被掏空，民众则由“仇腐”延及“仇官”，政府公信力下降。近年采取措施向贪腐开刀，“老虎、苍蝇”一并打，然阻遏贪腐蔓延之势，任重道远。

历史上不乏下猛药打击贪腐的故事，如明太祖朱元璋曾以严刑峻法治吏

① 见［英］尼尔·弗格森著，曾贤明、唐颖华译：《文明》，中信出版社 2011 年版，第 8 页。

② 见吴敬琏、郑永年、［美］亨利·基辛格等著：《影子里的中国：即将到来的社会危机与应对之策》，江苏文艺出版社 2013 年版。

肃贪，将贪腐官员“剥皮实草”，悬于城门，以儆效尤，并不惜惩处皇亲国戚[①]；又如清代屡治贪官重罪，最著名的是嘉庆间查抄军机大臣、巨贪和珅（1750—1799）。但此种个案式厉禁，只能解决朝廷内部的财富、权力再分配，所谓“和珅跌倒，嘉庆吃饱”[②]，并不能阻遏明清两朝的制度性腐败，明代中后期（尤其在万历年间）贿赂公行，清代中后期卖官鬻爵成为定制。

现代社会也会滋生贪腐，同时又在民主与法治基点上创造了抑制贪腐的制度系统，成效较著。故今日治理贪腐，当然可以参考传统的治吏惩贪之法，但主要应当借鉴现代文明环境下的反贪防腐举措，这些举措针对全体官员（监督范围直至总统、总理、议长、大法官），不为上层设保护线。

法国 1988 年制定规范公职人员财产申报的专门法律《政治生活资金透明法》，成立政治生活资金透明委员会，申报人员自总统、总理、部长到地方官员、议员，受监督人员超过 6000 人。2013 年 3 月就卸任不久的前总统萨科齐的政治献金问题提起诉讼，便是对权贵厉行法治的最新案例。2013 年 4 月法国政府宣布，4 月 15 日前公布所有部长的个人财产，“确保部长和议员的财产信息完全透明”，随即加强对官员逃税的打击力度。

美国为应对金钱贿选，要求竞选人申报竞选费用及财产情况，20 世纪 70 年代实行政府官员及议员申报财产制度，并将此制列为《政府道德法》开篇。

俄罗斯 1997 年开始，国家工作人员及其亲属公布财产。2014 年 6 月，普京总统向国家杜马提交法案，主要条款之一，是所有国家公务员需提交收入申报，禁止他们开设外国账户、在境外存钱、将珍宝存在外国银行、利用金融工具。法案强调，这些措施是对全体官员提出的共同要求，因为社会将国家管理、国家安全、保障经济利益和社会利益的责任都交给了他们。

新西兰 1982 年通过的《官方信息法》规定，自总理、部长、国会议员以至市长、区议会议员等民选公职人员财产须向社会公示。

日本在二战后建立高效廉洁的行政机构，实行政治家财产公示制度，高官及其配偶子女均须公示财产。对高官及议员的政治献金问题也监管甚严，笔者在日本讲学数年间，时常从媒体获悉某高官私受政治献金（往往数额并不多）

---

① 见《明史·刑法志》。

② 清人徐珂撰《清稗类钞·讥讽》：“和珅在乾隆朝，柄政凡二十年，高宗崩，仁宗赐令自尽，籍没家产，所得凡值八百兆有奇，悉以输入内府。时人为之语曰：‘和珅跌倒，嘉庆吃饱’。”

而被罢免（或自行辞职）的消息。

中国香港地区、新加坡，20世纪60年代曾经贪赃公行，后厉行法治（如香港设廉政公署），兼采制度与舆论的双重监督，一二十年后，成为闻名全球的廉洁社会。笔者访问新加坡获悉，政府承办项目，公务员决不允许接受乙方的一次请吃，更不谈受礼了。在严格的行政及财务制度的管辖下，新加坡绝大多数公务员在经济问题上都是“不粘锅”。我国香港特区政府官员（包括竞选特首者及现任特首），稍有侵占公产之举（如修整私房占公地十余平方米），即被传媒曝光，或被取消竞选资格，或就职后不断被追究。这类严法及舆论监督昭显了现代法制的威力，它们正是确保中国香港、新加坡成为廉洁社会的防线。

腐败蔓延是法治缺位的必然后果，克服腐败不能靠一时一例的“严惩”，不能寄望于“权力反腐”“运动式反腐”，而必须长期实行善治良政，建立独立而廉洁的司法监察制度，将公权力真正置于法律掌控及舆论监督之下。当前要务之一，是财经透明化，实行党政官员财产申报制度，掌权者公布个人和家属的资产及收入。仅此一法，若能形成制度，认真推行，并配合道德教化，便可对贪赃枉法形成有力制约，这既是对人民利益的捍卫，也是对广大执政者的设线保护，令其敬畏法律，此可谓“雷霆手段藏菩萨心”。如果积极、稳妥、长期采取此类措施，贪腐便会逐渐阻遏，廉洁公正之舟的桅杆当从东亚大陆地平线冉冉升起。

特权者虽然不可一世，然而贪腐却是从阴幽处滋长起来的，暗箱操作是惯用伎俩，对其治理的办法，便是实行公平、公正的财政制度，辅之以信息公开、舆论监督，光天化日之下难有特权贪腐的藏身之地。2013年9月2日中共中央纪委监察部网站正式上线，9月2日至21日，网络举报量15253件，日均超过760件。[①] 网站开通20天，便收到举报信息数以万计，既表明贪腐事件之多，也表明民众反腐热情之高。此类举措应当长期坚持，成为定制，更重要的是认真追查、辨别公众检举案例，追究到底，震慑一切以身试法的特权拥有者。及时揭露、依法惩处滥用公权力者，真正做到：公权力只能公用，不可私用。这是以法治有效规制行政权力。

让政府脱离微观经济操作，市场能办的放还市场，社会能办的交给社会。

① 见《光明日报》2013年9月26日《光明时评》。

这是从经济运作上对特权釜底抽薪，给市场经济以公平竞争、健康发展的广阔空间。

现代经济要发挥市场的动力机制，也需要国家的计划调节，尤其是中长期规划的指导，亦需要国家对某些战略性经济部门（如能源、军工、交通等）的掌理，因而有限的“国有经济”和“政府调控”是必要的、有益的。然而，“政府调控”必须适度，政府应当淡出微观经济运作，置身市场之外，致力市场监管和公共服务。

政治体制透明，任何人滥用权力必定追查到底，真正将权力关进法治的笼子，而且这笼子要扎得严密牢固，腐败方可遏制，现代文明方有可持续发展的远大前程。

七、杜绝权力承租，突破利益固化藩篱

政府深度介入微观经济运行，掌握行政权力者有可能通过“权力承租”牟取暴利，这是贪腐蔓延的重要原因。故政府退出微观经济领域，使“市场在资源配置中起决定作用”，不仅是经济健康发展的需要，也是反腐肃贪的治本之策。

对特权者的违法恶行作政纪和刑律追究，是将权力关进法治笼子，保障社会清明的重要举措，而更为基本的工作，则是对特权介入经济生活获取法内的、常规性利益作出规限，尤其是对特权庇荫下的既得利益群体作制度性制衡，突破其设置的利益固化藩篱。此一工作较之惩治贪官涉及面广、情况更复杂，难度也更大，因为“触动利益比触动灵魂还难”（李克强语）。

世纪之交，多有学者提出改革开放以来形成“特殊获利集团”问题，反映了广大民众对此一症结的关切。新华社于 2012 年 12 月、2013 年 3 月、2013 年 7 月报道，新一任中央领导多次提出“突破利益固化藩篱”命题。

改革开放取得巨大经济成就，广大民众虽受其益，但尚未充分享受改革红利，数量不少的弱势群体更是在小康水平之下，而经济转轨期形成的既得利益群体则获得红利的较大部分，形成中国历史上规模空前的富人阵容，据《2012 年胡润财富报告》披露，中国现有千万富翁 102 万人、亿万富翁 6.35 万人。

如果说，20 世纪 70 年代末启动的改革，是在计划经济和全民贫困的基础上展开的，虽有习惯势力阻挠（主要来自某些熟稔于计划经济的官员及其体

制），但因改革具有"普惠性"而受到各阶层公众的广泛拥护；当下开始的改革，情形却复杂得多，因为面对既得利益群体与广大民众的不同诉求：

前者试图使利益固化，并已经在一定程度上构筑成利益固化藩篱；后者则强烈期望公正分配权益，而其正当要求受阻于利益固化藩篱。

这种强烈反差是中国今后深度改革面对的一大现实矛盾。而真实的改革，必须直面矛盾，采取有力措施调适各社会阶层的利益配置，推助民众合理要求的渐次实现，以消解社会矛盾的尖锐化，激发社会活力和各阶层公众的创造精神。这里正寄寓着中国新一轮改革的康庄前景。

有学者把当前中国社会分为"四个利益群体"，最上一层是"特殊获益者群体"（其他三层为"普通获益者群体""利益相对受损群体""社会底层群体"）。"特殊获益者群体"，是改革20余年中获益最大的人们，如民营企业家，各种老板，公司董事长，高级经理，工程承包人，市场上的各种经纪人，歌星、影星、球星等明星，以及与外资、外企结合的外企管理层、技术层等。①又据《2011年胡润财富报告》披露，千万富豪中55%是企业主，20%是炒房者，15%是职业股民，10%是金领。

应当指出，不可将改革时代形成的以百余万人计的富豪统称为主张"固化利益"的一群。事实上，富豪中多有改革推手，是先进生产力的组成部分，对现代文明建设颇有贡献，并将继续作出贡献，他们通过合理经营、掌握专利赢得财富，合理合法，并且是深度改革的支持者。在突破固化利益藩篱之际，尤须防范盲目仇富的民粹主义泛滥，而在一个有着悠久小生产—自然经济传统的国度，存在民粹主义的深厚基础，应当对其保持警惕。

今之富豪鱼龙混杂，其间不乏在"权力承租"间掠取巨额社会财富的"既得利益群体"，他们用公权力牟得暴利，又以公权力使利益固化，必然抵制调适权益分配的新一轮改革。

在资本密集的市场经济时代，在一个有着深厚权力经济传统的社会，逸出法律和制度之外的特权有可能通过对资本的掌控，造成畸形的"权力市场经济"。

从经济学和社会学角度观察，特权介入经济领域，既与追求自由、平等的

① 见李培林、李强、孙立平等著：《中国社会分层》，社会科学文献出版社2004年版，第30～32页。

市场经济—价值法则相悖反，也与追求正义、公正的社会主义精神格格不入，故既不姓“资”，也不姓“社”，而姓“宗法—专制”，是一种与现代文明反向运作的腐朽存在，不仅祸害经济领域（掠夺民生资源、拉大贫富差距），而且必然固化阶层格局，堵塞民众（尤其是底层青年）的上升进路，从而激化官—民矛盾、劳—资矛盾，民众中的“仇富”“仇官”情绪多由其引起。“权力承租”者（及养成这批人的体制）使社会陷入“信任困局”“转型困局”，不可任其坐大，必须制止法内法外侵吞公众权益的行为。

由权力与资本合谋，垄断社会财富，成为当下中国面临的危险[①]，必须“重启改革议程”——

> 中国正站在新的历史十字路口上。为了避免社会危机的发生，必须当机立断，痛下决心，重启改革议程，真实地而非口头上推进市场化、法治化的改革，建立包容性的经济体制和政治体制，实现从威权发展模式到民主发展模式的转型。[②]

广大民众热望公正分配权益，期待增量改革和存量改革协调推进，改革不仅针对新增内容，而且要触动已成气候的既得利益群体，真正实现效率和公正的互动共进。

民众的支持是今后深度改革的动力源泉。成功的改革应当是上下应和的，既要有科学的顶层设计，自上而下推进，也需要基层探索，发挥民众的首创精神，“握手成拳”，聚合正能量。仅就利益协调而言，必须上下结合，建立利益表达机制、利益疏导机制、利益调节机制、利益补偿机制、利益冲突化解机制等，在各社会阶层间找到“最大公约数”，形成改革合力。[③]

八、救正基尼系数偏高之失，防止族群分裂

中国改革是在社会主义旗帜下进行的，而社会主义的精义，是对贫富两极分化的合理限制，是对利益分配“普惠性”的肯认，达成真实的权利公平。

① 见《北京晨报》2001年3月4日。

② 吴敬琏：《重启改革议程》，《读书》2012年第12期。

③ 参见《深化改革要突破利益固化的藩篱》，《光明日报》2013年9月20日。

检测利益分配“普惠性”程度的简明标尺，是“基尼系数”。

“基尼系数”是意大利经济学家科拉多·基尼（Corrado Gini，1884—1965）1922年根据劳伦茨曲线[①]拟订的判断收入分配公平程度的指标，故又称“劳伦茨系数”，其数值在0至1之间，0代表完全平等，表示所有人财富均等；1代表完全不平等，表示个别人拥有全部财富。基尼系数数值愈高，分配不平等愈甚，财富向少数人集中。联合国有关组织规定基尼系数等级为：

低于0.2	收入绝对平等
0.2 ~ 0.3	收入比较平等
0.3 ~ 0.4	收入差相对合理
0.4 ~ 0.5	收入差距较大
0.5以上	收入差距悬殊

多数发达国家基尼系数为0.24 ~ 0.36，属于“比较平等”或“相对合理”范围；美国基尼系数1980年为0.403，达到收入分配差距“警戒线”，2010年升至0.469，引起美国民众抨击、国际关注；而近十年中国“收入差距”超过“警戒线”，直逼危险线。

中国的基尼系数1978年为0.16，收入差过小，是吃“大锅饭”、平均主义的反映；1995年为0.38，收入差相对合理；1997年升至0.4，达到国际“警戒线”（收入差距较大）。自2000年政府公布基尼系数为0.412以来，由于对富人收入的信息掌握不够，无法进行系数估算，12年间未再公布基尼系数，2013年1月18日国家统计局整体公布官方统计的基尼系数。近年整理十余年基尼系数为：

2003年 0.479	2004年 0.473	2005年 0.485	2006年 0.487
2007年 0.484	2008年 0.491	2009年 0.490	2010年 0.481
2011年 0.477	2012年 0.474	2013年 0.473	2014年 0.469
2015年 0.462	2016年 0.465	2017年 0.467	

① 1905年美国经济学家马克斯·劳伦茨（Max O. Lorenz，1876—1959）提出的表示收入分配的曲线。

国家统计局局长马建堂解释，2008 年金融危机以后，中国政府采取若干惠民措施，基尼系数从 2008 年最高值 0.491 逐步回落，2012 年 0.474，这仍然是一个颇高的数据，反映了收入分配差距相当严峻。与发展水平相近国家比较，中国基尼系数高于印度（0.33）、俄罗斯（0.40），与阿根廷（0.46）、墨西哥（0.48）相当，低于巴西（0.55）。

一些国际机构和国内民间机构的独立研究显示的当下中国基尼系数更高：

联合国数据，2010 年中国的基尼系数突破 0.52，2011 年突破 0.55，成为世界上贫富差距最大的国家之一（2010 年中国的基尼系数仅低于南非、菲律宾等国，居世界第四位）。

美国得克萨斯农业与机械大学经济学教授甘犁的研究结果是，2010 年中国的基尼系数 0.61。中国西南财经大学中国家庭金融调查与研究中心 2012 年 12 月初在北京发布最新研究结果与甘犁一致：2010 年中国基尼系数 0.61。据西南财经大学中国家庭金融调查与研究中心马双介绍："调查中，我们联络到了许多富裕家庭，拒访的比率相当低。"故此一统计较有价值，可供参考。

下列国家的基尼系数受到过严重警告：马来西亚 1996 年为 0.49，墨西哥 2000 年为 0.51，阿根廷 2003 年为 0.55。墨西哥、阿根廷等拉美国家曾以贫富悬殊为世所诟病，这也是上述国家长期落入"中等收入陷阱"的原因之一，但经过近十年采取救治措施，拉美国家基尼系数逐步降低，从 1990 年末期的 0.53 下降到 2012 年的 0.497，贫富悬殊有所缓解，而在同一时期中国的基尼系数则从大约 0.4 增长到 0.5 左右，即从"收入差相对合理"，急速进入"收入差相对过大"。有学者估量，时下中国基尼系数低于 0.6，高于 0.47，在略超 0.5 的水平线上。

中国基尼系数高的根源在于初次分配不合理，再次分配也欠公正。在政府、企业、居民三大收入主体中，分配天平不断向政府和企业倾斜。[①] 中国收入分配存在的不是枝节问题，而是结构性问题：

政府收入与民众收入比例失当；

劳动报酬比重持续下降而资本报酬比重持续上升；

① 光明日报记者"民生调查"：《我们如何跨越"中等收入陷阱"》，《光明日报》2013 年 7 月 20 日。

居民劳动报酬占GDP的比重愈益转低，1983年为56.5%，2005年为36.7%，2010年降至33.8%，是世界上此一比重最低的国家之一。

收入分配结构性失调的后果之一，是居民消费率偏低。中国居民消费率20世纪80年代为51.6%，2010年仅为34.9%，远低于美国的87.7%，欧盟的80.7%，低于中等收入国家平均的67%[①]，也低于“金砖五国”中的其他四国：巴西（64.2%）、印度（63.2%）、南非（56.9%）、俄罗斯（51.3%）。消费率低下导致中国经济内需不足，外需依赖度高举难下。近年欧美日经济疲软，中国的外需增长乏力，提升内需成为拉动经济的必须，而提升内需的前提是，逐步较大幅度增长劳动报酬比重和居民劳动报酬所占GDP比重。

收入分配结构性失调的后果之二，是高收入阶层与低收入阶层所占财富比例失衡。时下中国收入最高的20%人群与收入最低的20%人群的收入比高达33倍，而发达国家此一比差仅8~9倍。[②] 世界银行资料显示，1%的中国人享受中国41.4%的财富。中国家庭收入两极分化严重，2012年收入最低的5%家庭累计收入占所有家庭收入的0.1%，收入最高的5%家庭累计收入占所有家庭收入的23.5%，是前者的234倍。一些企业高管年薪千万元甚至数千万元，是全国企业在岗职工平均工资的两千多倍，农民工平均工资的四千多倍。

收入分配结构性失调的后果之三，是城乡收入差较大，2007年，城乡居民收入比扩大到3.33∶1，如果把福利、补贴等考虑进去，城乡收入差达到6倍左右。据2004年由中共中央研究室、国务院研究室和中国社会科学院共同完成的《当前社会各阶层经济状况》调查研究报告披露：至2001年，13亿国民的私有财富共达85万亿元，其中，5亿城市人口占有96%，8亿农村人口仅占3.5%~4%。

收入分配比例悬殊，造成社会生活的两极状况：

一边是四面透风的乡村校舍，一边是豪华阔绰的政府办公大楼；一边是家徒四壁的农家土屋，一边是耗资甚巨的造节庆典；一边是用江水

① 见李素文：《从收入分配改革着手转变经济发展方式》，《光明日报》2013年2月22日。

② 见《中国经济周刊》2006年6月26日。

泡饭的小学生凄苦的眼神，一边是高档会所倒入泔水桶的燕窝鱼翅；一边是几千万没有摆脱贫困的老百姓在为生计奔波，一边是跃居世界第二的奢侈品消费额。①

国内外经验表明，收入分配不平等程度升高是公共危机加剧的一个重要因素。②有学者就“地区差距过大，可能带来的最大后果是什么”一题，对部分省地级干部作问卷调查，83.9% 的人认为将导致社会不稳定，16.1% 的人认为可能出现国家分裂。

笔者认为，现代文明社会尤须防范“族群分裂”，而这种深刻的社会分裂，往往是由利益配置失衡导致的文化撕裂，诸如台湾地区的“蓝—绿”对垒，泰国的“红衫军—黄衫军”抗衡，乌克兰的亲俄东部—亲西欧西部誓不两立，都造成严重的、长时段的社会问题。我们需引以为戒。

考察若干落入“中等收入陷阱”国度的历程，可以发现这样一条非良性线路：

——利用后发优势赢得经济快速增长，社会财富骤增

——因政制不良而分配严重不均

——既得利益集群形成并力图使权利固化

——底层民众幸福指数低下，上升之路堵塞

——社会矛盾（阶层矛盾、民族矛盾、宗教矛盾等）激化

——社会失控，从一度繁荣走向动荡、衰退。

某种意义上，所谓改革，就是要扭转这条通往败亡的线路，使权益合理分配，保证包括底层在内的广大社会成员通过公平竞争流动顺畅——

公民拥有平等参与权，以实现起点公平；

公民拥有共享收入权，以实现过程公平；

① 杜卫东：《暴殄天物的底气何来》，《光明日报》2013 年 8 月 23 日。

② 见周文兴：《中国：收入分配不平等与经济增长》，北京大学出版社 2005 年版，第 1 页。

公民拥有充分保障权，以实现结果公平。[①]

实现这些目标，政治改革的跟进与引领是前提和保障，人民群众正义诉求的理性集结与充分彰显则是动力源泉。

时下中国基尼系数居高、抵制腐败指数低下，二者互为因果，昭显社会建设的艰巨性，诚如世界银行2012年2月的报告称，减少不平等是中国面临的主要挑战之一。而平复分配不公的办法，一端在提升底层大众的收入和社会福利，一端在抑制既得利益群体聚敛巨额财富，推动税收改革（扩大富人征税额），使社会财富分配进入“公平—公正—公开”的健康轨道。从社会结构而言，须抑制既得利益集群财富膨胀，缩小低收入阶层比例，提高其社会保障额度，壮大中产阶层在社会总人数中的份额，实施中等收入群体倍增计划，将“金字塔结构”转变为“橄榄结构”。中国社会科学院社会学所研究报告称，中国中间层占人口的23%，远低于发达国家的70%。而中产阶层达全民总数一半以上的橄榄型社会，才是稳定的、可持续发展的社会。“提低—扩中—限高”是收入分配调节的方向：增加低收入者收入，扩大中等收入者比重，限制过高收入（保护合法收入，取缔非法收入），缩小城乡、区域、行业收入差别，形成橄榄型分配格局。[②]

先哲有言：“节用裕民”乃“足国之道”[③]。执政者要“节用以礼”，建立“廉价政府”；又要“裕民以政”，让老百姓富裕起来，藏富于民，这才是安泰、祥和的“足国之道”。

九、三重资源整合，提升国民精神

人是文化的主体。民族复兴，经济力的增进当然是不可或缺的物质基础，而人的文明程度提高、国民精神上升则是根本所在。百余年前，鉴于洋务派“军工实业独进”的偏失乃至挫败，孙中山1897年指出，仅“用输入物质文明的方法不能改良中国”[④]。与此相先后，梁启超、邹容等提出救正“奴隶根

① 参见刘长庚：《以改革为动力跨越“中等收入陷阱”》，《中国社会科学报》2013年10月23日。

② 见迟福林答记者问，《楚天都市报》2013年12月23日。

③ 见《荀子·富国》。

④ 孙中山：《中国的现在和未来》，《孙中山全集》第一卷，中华书局1981年版，第105页。

性”以培育“新民”的任务；鲁迅更以如椽之笔揭示国民性病端，力倡改造国民性。孙中山信奉“行之非艰，而知之维艰”，于1917—1919年撰《建国方略》[①]，规划中国现代化蓝图，以“心理建设”开篇，次论经济建设和政治制度建设。孙氏高度重视国民精神建设的理念，在物质主义盛行的今日尤具启迪意义。

（一）决定性因素——人的素质提升

人是文化的创造者。讨论21世纪中国文化的前景，归根结底要看中国人的德行与智力达到何等水平，而人的文明程度又取决于教育水平。此题甚大，仅以杰出科技人才培养的状况即可见一斑。

物理学家钱学森（1911—2009）晚年一再表达忧虑：

> 现在中国没有完全发展起来，一个重要原因是没有一所大学能够按照培养科学技术发明创造人才的模式去办学，没有自己独特的创新的东西，老是“冒”不出杰出人才。这是很大的问题。[②]

中国中学生在国际竞赛中，计算能力排名第一，创新能力却排倒数几位，想象力更排名倒数第一。科技领域的诺贝尔奖获得者，中国大陆尚未产生，而人口800万的以色列有10位（2011年化学奖为以色列人谢赫特曼独享），英国剑桥大学一校即有数十位，另外，海外华裔学者多位获得科学领域诺贝尔奖。中国大陆文化事业虽然取得重大进步，但少有高水平的新理论和新方法提出，近一个世纪以来，中国很少产生世界级思想家，较少推出影响全球的文学作品。对于广土众民、文明悠久的国度来说，确乎是“很大的问题”。

比国民的智能更重要的国民德行，亦未可乐观。以一显例言之：近年国人境外旅游数量剧增，2012年出境旅行者已逾八千万，这是可喜现象，但遗憾接踵而至——有些同胞在海外表现出种种不文明行为，如争抢插队、公众场合旁若无人地高声喧哗、随地吐痰抛物、在名胜处刻画“某某到此一游”、奢华

---

① 《建国方略》是《孙文学说》《实业计划》《民权初步》三书的合称。《孙文学说》又名《知难行易的学说》或《心理建设》，1918年底完稿，次年6月正式出版，是孙中山的哲学代表作。

② 转引自柯大文：《求解“世纪之问”》，《光明日报》2013年2月15日。

浪费、炫富抢购、蛮横不讲理等。这些在国内司空见惯的不讲公德、小富即狂的行径，到了异域则引起外人反感，显示国民素质尚未达到国际常规水平。其实，这只是露出社会伦理问题的冰山一角。

前已述及，现代中国存在“道—器分离”“体—用两橛”问题，物质文明前行而精神文明跟进及引领不足，导致某种程度的“灵肉割裂”（物质生活提升，精神生活下沉），陷入伦理缺失、人的心性失范困境。现代中国存在一种悖论，如一位新加坡观察家所说：

> 在经济发展迅速、物质生活水平提高之际，不少国人对国家前途、自己的前途存在信心危机。这种自近代以来的“意识危机”发生三波：清末至五四为第一波，1980年代中期之后为第二波，第三波发生在世纪之交，此间经济快速增长，同时中国社会对国家和个人的信心到了一个非常低的水平。[①]

主要发达国家的大报名刊发布的民意调查显示，人们对经济迅猛进展的中国，正面评价在下降（从2000年的六七成，降至2013年的三四成，甚至二成），负面评价在上升（从2000年的二三成，增至2013年的四五成，甚至六七成）。这些评议，当然与某种意识形态成见有关，但也反映了若干真实情形，应当引起我们反省：为何中国经济总量上去了，国民素质却未能普遍提升，国家形象的外部评价呈低迷状态？

（二）探源

人的心性培养与生活水平有关，所谓“仓廪实则知礼节，衣食足则知荣辱”[②]，但“知礼节”“知荣辱”并不会因“衣食足”而自然获得。人的心性培养因时而进，却又具有颇为强劲的继承性，传统伦理的许多基本要素理当传袭，在传袭间改良，而不可斩断前缘。然而，百余年来中国社会现代转型过程，物质生活水平有所提升，道德水平有升有降。道德进步面的实存，在冰雪

① 参见［新加坡］郑永年:《“中国梦”需要超越意识危机》，（新加坡）《联合早报》2013年5月14日。

② 《管子 · 牧民》。

灾害、汶川地震、玉树地震以及北京奥运会、上海世博会的种种群体表现中得到昭显。这里侧重讨论心理建设发生的问题，其要处有三：

甲、民国初年新文化运动清算传统伦理，有从旧礼教中求解放、构建新伦理的积极意义在，但存在否定传统导致的民族虚无主义偏颇。延至现代，中国又发生两次对传统伦理的大规模整肃。

第一次在20世纪50—70年代。中华人民共和国成立之初，颇有开国气象，50年代社会风尚良好，国民精神昂扬，但频繁的政治运动（以“反右”为甚）开始对社会伦理造成负面影响，随后的“四清”“文革”更把传统伦理作为“封资修”之首加以扫荡，“封建”及“封建伦常”污名化。更有甚者，一旦“运动”风起，即刻友朋反目、检举揭发，告密公行。当然，守道而行的正人君子还是不少，其在困难环境下的嘉言懿行昭显中华伦理的强劲生命力。

第二次发生在20世纪70年代末以来的“经济力排挤”。三十余年市场经济的发育，使利益原则大举进入私人生活与公共空间。这是一种利弊并存的过程，其利在改变传统的重义轻利式迂腐，激活社会发展机制，使社会伦理洋溢竞争式生机；其弊在于，当求利压倒守道，“礼义廉耻”“仁德忠厚”被抛弃，一批无敬畏之心、无羞恶之感的唯利是图者混迹社会，如鱼得水，民众则愤恨有之（这是正义的），羡慕亦有之（这是可悲的），呈现社会的德性失范。

乙、传统伦理包含丰富的私德内容，公德则相对短缺，而现代中国正在从“熟人社会”转变为“陌生人社会”，缺乏公德养育的国人在“陌生人社会”（包括出国在外）往往举措失当（不守时、不遵纪、不尊重他人的自由与权利，等等），普遭诟病。本来，由熟人社会养育出的传统私德（孝悌忠信、慎独自省之类）是美德的源头，可以通过注入时代内容，发展为新的私德并转进为公德，而近三十年的偏误是，简单化地抛弃熟人社会的传统私德，将其斥之为“虚伪”，礼仪则被轻贬为“形式”，使陌生人社会所必需的公德建设失却传统基础；同时，又未能及时学习西方文化中较丰富的公德（从内容到形式），于是公德建设失却古传的及外来的文化资源。而一些流行的说教式、程式化宣教办法（讲用评比之类）则少有感召力，在私底下成为老百姓的嘲笑对象。

丙、20世纪50—70年代一度支撑精神世界的英雄主义及“大公”式的信仰系统，似与今之商品经济、物化社会格格不入，某些当年广为伸张的“革命伦理”，失之“假、大、空”，那些有真实内涵的革命情操也被殃及，英雄主义对公众的影响力日渐式微，一味自私自利的道德犬儒主义则渐次泛滥。

伦理资源的上述三重流失，导致私德、公德双双短缺，社会价值观趋向单一化，利益至上、逐利丧义的物质主义盛行。2013 年夏，中央电视台“对话”栏目邀请中美两国即将进入大学的高中毕业生参与。美国学生是总统奖获得者，多被常青藤大学录取，中国学生是被北京大学、清华大学、香港大学录取的高材生。在价值取向考察中，主持人提出“智慧、权力、真理、金钱、美”诸选项。美国学生的选项多为智慧、真理、美，中国学生无人选择真理和智慧，除一人选择美以外，多选择权力及财富。可见官本位及金钱至上在中国青年中影响的程度，从一个侧面反映社会伦理的偏失。

此外，社会心理极端化、情绪化也是当下的突出问题。平民对社会不公的愤懑，本是正义的，却因缺乏民主与法治的引导，“愤青”“愤老”有可能沿民粹轨道滑落；富人则慨叹“穷得只剩下钱”，其挥霍无度成为社会腐蚀剂，有的更走上“为富不仁”的不归路。这便是所谓信仰危机、道德失范。

（三）出路

超克上述困局的出路是有的，这便是开掘并激活三方面资源，使之融入大众的实际人生：

第一，发挥“一天人，同真善”的中国智慧的力量，赋予礼义廉耻、兼爱和平、讲信修睦等传统伦常以现代性，使其赢得生命活力。

正如一位美学家所言：“愚昧、变态、血腥、乱伦不是真正的中国，自古以来尊重自然、热爱生命、祈求和平、盼望富足、优雅大度、开放包容、生生不息、美善相乐，才是真正的中国。”①

正义与公平、忠诚与信任、正直而无偏私等美德，是在熟人社会发端的自然理性、自然正义（连在动物世界都普遍存在亲子之爱、互助行为等）②，这些美德以后逐步在社会生活，尤其是在教化中得以提升与扩大。中国历史上有无数可资效法的道德楷模，如墨子执道义“死不旋踵”；孟子“杀身成仁，舍生取义”；霍去病“匈奴未灭，何以家为”；关羽义薄云天；范仲淹“先忧后乐”；岳飞“精忠报国”；文天祥“留取丹心照汗青”；顾炎武“以匹夫之贱而

① 叶朗：《建设文化强国要注重精神的层面》，《光明日报》2013 年 1 月 29 日。

② 参见吴旭阳：《德性的合作之维》，《中国社会科学报》2013 年 6 月 17 日。

心忧天下”；谭嗣同“我不入地狱，谁入地狱”的大雄精神，等等。这些古之贤德，当然都是特定历史条件的产物，包含具体的历史内容，然其伦理层面的精义却垂之千古而不朽，足堪为今人法。有如此丰厚而优越的伦理遗产的中国人，决不会在今日与今后沦为道德侏儒！

第二，发挥革命伦理中富于感召力的成分（如克己奉公、服务平民等）。

一般而言，现代社会的英雄主义维度呈衰减之势，但亦不可一概而论，英雄主义始终是人类的一种精神追求。

笔者2002年夏季访学德国、法国，发现一些西欧青年身着印有切·格瓦拉头像的T恤（商店橱窗也常有此种T恤挂卖），交谈中获悉，青年们钦佩切·格瓦拉（Ernesto Che Guevara，1928—1967）解放人类的献身精神，以为这是现今的稀缺之物。这些西方青年无意仿效格瓦拉进入南美安第斯深山打游击，但阿根廷医生格瓦拉放弃优裕生活于20世纪50年代深入亚马逊丛林麻风病人区，救助弱势群体。切·格瓦拉牺牲半个多世纪之后，追慕者有增无减，从拉美延及北美、西欧、亚非。虽然有人讥其为“现代堂·吉诃德”，非议其政治诉求的空想性，但切·格瓦拉的人道主义和圣徒式的践履决定了他的长久的感召力。牛虻（亚瑟）、南丁格尔、保尔·柯察金、林觉民、刘复基、宋教仁、方志敏、张自忠、白求恩、柯棣华的事迹感人至深，也同于此例。即使在和平时代，革命伦理也是不应放弃的一种精神资源。

人是天使性与魔鬼性兼具的生灵，在利己的魔鬼性甚嚣尘上的当今之世，让我们多一点对天使性的追怀，从那里吸取向上升华的元素。

需要特别补充的是，革命伦理的教化功能，基本前提是言行一致，是卓绝的思想与坚贞的践行的高度统一，任何虚假、作秀、言伟而行污，皆与革命伦理的真谛背道而驰。

第三，吸纳外来伦理的普适性内容（如博爱、人道、公德等），是弥补今日伦理缺失的又一途径。

这里略议宗教精神在西方伦理建设中的作用。以往常把发达国家描述成唯利是图的资本帝国，“人不为己，天诛地灭”是那里多数人的信条。其实这种概括过于简单化。现代西方固然有“利益最大化”的普遍追求，同时也随处可见基督仁爱精神的践行。笔者在欧美、日本、澳大利亚、新加坡讲学或旅游，经常得到外国友人的无私帮助。有时在街上屈身系鞋带，时间稍长，马上有人前来询问："先生，身体不适吗？需要帮助吗？"有时问路，被询者不仅口头详介，还陪同走数百公尺，一直送到目的地，才挥手作别。至于在学术研究中，外国朋友花数周时间为之查资料，提供学术指引，此类事例不在少数。笔者的日本朋友中岛敏夫教授（1931— ）以八十高龄、多病之躯，花数年工夫，为故去的访日中国学者王建整理、出版遗著《史讳辞典》①，义务为该书编纂四种逆向检索索引，这等于把原书文字在电脑里又重建了不止一遍。其繁难、富有创造性的工作，使该辞典既可以从讳名查本字，又可以从本字查讳名，大大提升了查检功能。

在与外国友人交往时获悉，他们"行善"多因仁爱精神指引，深信"头顶三尺，即有神明观照"，人须为善非恶。外人的美德善行，尤其是公德（在美国、澳大利亚海滩多有成人带着孩子，每日义务拾各种垃圾），我们应当虚心吸纳。

充分利用传统的、外来的诸方面伦理资源，兼修内外，建构包蕴个人权利和社会责任双重内涵的公民意识。如此，伦理重建、实现人的全面发展，定然大有希望。

十、文明在"对话"中持续发展

世上没有放之四海而皆准的发展模式，文化生成是一个多元竞存、生生不已、永无终结的过程。然而，囿于某种文化中心主义的论者总是试图制订文明发展的通用模式，找到历史的终结点。古代中国的华夏中心论，认为只能"以夏变夷"，不可"以夷变夏"，便是一例。近代以降，西方中心主义强势登场，前有德国人黑格尔 19 世纪初在《历史哲学》中宣称历史从东方始、至西方终，而日耳曼便是文化的顶峰、历史的终结；②后有美籍日裔学者福山 20 世纪末将西方自由民主制度称之人类意识形态进化的终结点。③而现代文明向深度与

---

① 《史讳辞典》是已故旅日学者王建编撰的一部有关中国古代避讳的工具书，作为日本爱知大学文学会丛书的一种，于 1997 年由日本汲古书院出版，笔者讲学爱知大学期间曾获王建赠送。后经中岛敏夫多年努力，该书修订本由上海古籍出版社 2011 年出版，其间中岛多次奔走于名古屋—上海之间。

② 见［德］黑格尔著，王造时译：《历史哲学》，三联书店 1956 年版。

③ 见［美］弗朗西斯·福山著，黄胜强、许铭原译：《历史的终结和最后的人》，中国社会科学出版社 2003 年版。

广度拓展，愈益昭显历史终结论的与实不符、于理欠通，福山本人1989年提出该论之后20年，于2009年又主张“把‘中国的兴起’放在跟西欧现代政治思想不同的脉络中来展望人类社会的未来”[①]，显然是在修正前说，承认文明发展的多元取向。

（一）西方中心地位失落与“文明冲突论”提出

1991年底苏联解体，标志着二战后以美苏为首的两大阵营四十余年对垒格局的终结，新的国际秩序正在重组。西方在一阵惊喜之余发现，冷战的结束，并未使和平红利唾手可得，种种矛盾冲突纷至沓来，新旧世纪交替之际的前景，似乎变得扑朔迷离，于是预测蜂起，而美国哈佛大学奥连战略研究所所长亨廷顿（1927—2008）教授就“转变中的防御环境及美国的国家利益”专题提交的研究报告《文明的冲突？》，便是诸多预测中引人注目的一个。

在回答“何种因素将主导今后的世界秩序”这一举世关注的问题时，与福山的“经济决定论”、布热津斯基的“国家利益决定论”迥然相异，亨廷顿作出的答复是：“新世界的冲突根源，将不再侧重于意识形态或经济，而文化将是截然分隔人类和引起冲突的主要根源。”“文明的冲突将左右全球政治，文明之间的断层线将成为未来的战斗线。”人们把亨氏的观点称之“文明冲突论”。此论的前提是，承认西方中心地位的失落，诸非西方文明再度崛起，与西方文明分庭抗礼，一个多元化的世界正应运而生。亨廷顿观照全球的战略估量，抓住了当代世界矛盾运动的一个重要特征。这是西方人自己出来修正“西方中心主义”的新一轮努力。

（二）诸文明走向融会，冲突也是融会的一种方式

亨廷顿揭示文明的多元性，指出西方、儒家、日本、伊斯兰、印度教、斯拉夫—东正教、拉丁美洲、非洲等8种文明之间的互助关系将决定世界形态。文明内部的认同高于民族国家和意识形态认同，文明间的差异将愈益扩大和强化。亨廷顿列举6条理由，论证当代及未来的文明冲突必将加剧：（1）文明构成人为争斗的根源；（2）世界因全球化而变得越来越小；（3）进步使人与其根源渐渐脱离；（4）西方势力招致在军事、经济上处于下风的文明的忌妒；

---

① 见《日本要直面中国世纪——弗朗西斯·福山接受关西大学名誉博士学位时的演讲》，（日本）《中央公论》2009年9月号。

（5）消除文明冲突比意识形态冲突难得多；（6）经济区域化导致当地文明的复兴。

亨廷顿强调诸文明相冲突的一面，其实，诸文明间互动关系的加深加宽，是诸文明“冲突”与“融会”的双向进程，而并非“冲突”的一味突进。而且，“冲突”往往是“融会”的一种形态和过程；“融会”也不是由丰富走向单调，而是多元整合，走向更高层次的丰富。未来世界必将是多元文明既相冲突又相融会的矛盾统一体。正所谓“天下同归而殊途，一致而百虑”。中国1978年以来实行对外开放政策，增进了对外部世界的了解和对域外文明的吸取，从而加速了自身的进步。在这一过程中，中国人愈益清楚地认识到，我们既是“中国人”，也是“世界人”，不能自外于世界文明大道；中国人的自我文化认同，与接纳外来文明、走向外部世界相统一。

（三）夸张的文明冲突论是冷战思维遗存

“文明冲突论”的又一主旨是，今日及未来世界文明的冲突将压过经济利益的冲突，文明间的断层线取代冷战期的政治意识形态界限，成为危机及流血的爆发点。

平心而论，文明间的冲突，古已有之，于今为烈。然文明冲突从来不是独立存在的，它受制于经济、政治、社会诸因素，或隐然潜伏，或昭然突现。当今世界以及未来世界的矛盾冲突，其决定性要素，仍然是经济利益。与此相关联的政治及意识形态冲突虽然因冷战结束而有所淡化，也并未烟消云散，在某些时地，还表现强烈。文明冲突往往是经济冲突、政治冲突、意识形态冲突的附件，有时也可能升为主件。

发展中国家与西方的矛盾（即“南北冲突”），固然有文明之别在起作用，但更基本的因素仍是经济利益。20世纪70年代印度驻联合国大使山卡那拉扬指出，普通美国人家养的狗平均每星期获得的动物蛋白量超过普通印度人每月所获得的动物蛋白量。山卡那拉扬质问道：“将鱼从蛋白饥饿的秘鲁人那里夺下来喂你的狗，你认为合理么？”全然用“文明冲突”来解释南北间的这类矛盾是隔靴搔痒，不得要领的。“南北冲突”的症结只能从经济利益，或曰基本生存权利中寻求。时下展开的伊朗与美国间的尖锐矛盾，拉丁美洲国家（委内瑞拉、玻利维亚、尼加拉瓜等）强烈的反美潮流，也无法单用“文明冲突”诠释，其根源仍然需要从经济、政治层面去探寻。

另外，考之以近 30 年来发生的局部战争，如长达 8 年的两伊战争、震撼全球的海湾战争、战火纷飞的波黑战争、利比亚战争、叙利亚代理人战争，除宗教冲突外，大约多与经济、政治因素相关，不能以“文明冲突”一言以蔽之。

综观亨廷顿的“文明冲突论”，可以发现一个悖论：一方面承认文明的多元性，另一方面又竭力为西方中心主义招魂。亨廷顿之论的落脚处是：今后世界性冲突将在西方文明与非西方文明之间展开，特别是在西方文明与伊斯兰文明、儒教文明之间展开，为此要巩固西欧北美内部的团结，联盟日本、澳洲、东欧、拉美，防止伊斯兰与儒教文明的结合。这种“敌、友、我”的三分划定，系今日西洋“隆中对”。

其文诵读一过，不禁令人感到“似曾相识燕归来”——这显然是人们熟知的几十年前的冷战谋略的新变种，是前美驻苏大使、“冷战遏制论之父”乔治·凯南（George Frost Kennan，1904—2005）1947 年提出的“遏制战略”的延续。从世界全局着眼，此论似有逆潮流而动之嫌，理应引起渴求进步与和平的各国人民的警惕。从中国人立场出发，则要由此记取一个事实：冷战虽然已是昨日黄花，但仍然有人希望进行变相冷战，其名曰“文明冲突”。但国人切勿上当，不要重新坠入全球两极对抗的故辙，因为中国人有更紧要的事情办，这便是改变贫穷落后状态，其前提之一便是世界和平环境的保持。新加坡前总理李光耀认为：“在今后 30 年，中国人不会想要与美国发生冲突。他们知道自己会越来越强大，但他们也知道自己在科技领域远远落后于美国。”[①] 李光耀基于力量对比，作出“中国 30 年内不会选择与美冲突”的判断，而笔者则从中华文化和平主义、防御主义属性（第五章第二节已作详论）出发作预测——中国在更长时段也无意与美冲突。中国坚定不移地捍卫自己的正当权益，但又决不谋求世界霸权。

（四）“文明对话”

亨廷顿“文明冲突论”发表，立即引发反论，“文明对话”的倡导便是对其作出的一种拨正。

---

① 李光耀：《一旦中国赶上来，接下来会怎样？》，《福布斯》双周刊 2013 年 10 月 7 日（提前出版）。

游学天下、致力文明对话的杜维明
（冯天瑜 1995 年速写）

华裔美国学者杜维明（1940— ）长期致力儒家与基督教、佛教、伊斯兰教的“文明对话”。杜氏认为各种文明形态和文化传统之间相互尊重、彼此了解、平等交往以及应有的宽容与互信，是合理合适的共处之道，是解决世界各种矛盾和纷争的根本办法。杜氏揭示文明对话的时代内涵，借助雅斯贝斯“轴心时代”理论，通过对启蒙反思和多元现代性论域的开展，论证“新轴心时代”文明对话的可能性和必要性，指出新轴心时代文明对话的一些基本预设。[①]

“文明对话”从时间向度而论，是古今文明“对话”；从空间向度而论，是诸文明（尤其是东西文明）“对话”。

就空间意义上的“文明对话”而言，略指多极世界各具特色的文明彼此交流沟通，其间既有冲突激荡，又有吸纳融会，达成你中有我、我中有你的“涵化”[②]结果。西方文明便是多种文明“对话”的产物。希腊—罗马传统，来自中东的基督教，包括“四大发明”、科举制度在内的东亚文明，都参与了对话，成为西方文明的构成元素。作为西方文明核心内容之一的基督教，是亚、非、欧三大洲几种文明会通、整合的结果。今日所谓“西方文明”是多元复合物，以至有些论者不承认现在还有一个首尾一贯的西方文明存在。

东亚文明的持续发展也是诸文明“对话”的产物。汉唐以降千余年间，其文化主体——中国化的佛教（禅宗、天台宗、华严宗）和吸收佛学成果的新儒学（宋明理学），便是中外文化对话、相互涵化的结果。至于 19 世纪末叶以来的中国现代文化，又在融合儒、释、道的基础上，与西学对话，走上一条以中华文化为基本，中、印、西涵化的路线。

如果说，诸文明间的对话在古代进展缓慢，往往需要几个世纪方见端倪，如儒学与佛学由冲突走向融会，便历经两汉、魏晋、隋唐以至两宋，才大体

① 参见杜维明：《文明的冲突与对话》，湖南大学出版社 2001 年版。

② 涵化（acculturation），指不同文化群体因持久地相互接触，彼此间相互适应、借用，其结果使一方或双方原有的文化模式发生变迁或部分渗透。涵化是异文化间横向影响的过程。

完成，历时千年之久，那么，时至世界统一市场建立的近现代，资讯日渐发达，世界“缩小”成一座“地球村”，诸文明间的联系性愈益增强，彼此间对话，发现同中之异、异中之同更为便捷，诸文明间互动的力度与速度，不可同日而语。

文明对话的深度展开，必须具备两方面条件：

一是开放的心态，容纳异文化的雅量；

二是自备厚实，有较丰富的文化资源与外人交流。

中国文化拥有深广的传统资源——

道法自然，尊道、贵德，淳厚质朴，柔弱胜刚强、无为而无不为的道家

力倡孝、悌、忠、信、礼、义、廉、耻，民贵君轻，践履修—齐—治—平的儒家

尚贤、尚同、节葬、保卫和平，手脑并用、精研科技，兼相爱、交相利的墨家

明法审令，去私怨、行公义、守公法，执政严峻、勇于革新、力求富强的法家

农耕文明丰赡的典章制度与游牧文明的雄健外拓精神

自成半壁江山、美富洋溢的民间文化

……

这些遗产既具备现代转化的潜质，又与人类共奉的普世价值声息相通，是中国文化以自尊而尊人、自强而谦逊的姿态与异文化“对话”的基本，也是外人乐于与我“对话”的原因。

中古以降，“文明对话”使中国吸纳佛家的慈悲、基督的博爱；百余年来，本着海纳百川、厚德载物的精神，中国智慧与西方等外来智慧相互砥砺、彼此交融，正在开出现代文化的新天地。殷海光（1919—1969）于20世纪中叶提出“从自己的文化和道德出发向世界普遍的文化和道德整合”的构想，以为

“孔仁孟义、基督博爱和佛家慈悲各成范围，但有交会界域。三个圆相交的界域就是三者交会的界域”，这交会处便可构建民主及科学。[1]

李白诗云：“长风破浪会有时，直挂云帆济沧海。”[2]

中华民族正驾驭巨舟，升起云帆，在无垠的文明沧海破浪远航，“诞敷文德”[3]。

---

① 见殷海光：《中国文化的展望》，三联书店 2002 年版，第 531 页。

② 李白：《行路难》。

③ 《尚书 · 大禹谟》。

主要参考文献

《二十五史补编》，中华书局 1955 年版。
《资治通鉴》，中华书局 1956 年版。
《太平御览》，中华书局 1960 年版。
《十三经注疏》，中华书局 1979 年版。
《百子全书》，浙江人民出版社 1984 年版。
《二十五史》，上海古籍出版社 1986 年版。
《全唐文》，中华书局 1987 年版。
《全上古三代秦汉三国六朝文》，中华书局 1991 年版。
《白虎通疏证》，中华书局 1994 年版。

《文献通考》，《景印文渊阁四库全书》。
《续文献通考》，《景印文渊阁四库全书》。
《钦定续文献通考》，《景印文渊阁四库全书》。
《皇朝文献通考》，《景印文渊阁四库全书》。
《皇朝续文献通考》，《续修四库全书》，上海古籍出版社 2004 年版。
《中文大辞典》，（台北）中国文化大学出版部 1973 年版。
谭其骧主编：《中国历史地图集》，地图出版社 1982 年版。
［英］《简明不列颠百科全书》，中国大百科全书出版社 1985—1986 年版。
《辞海》缩印本，上海辞书出版社 1989 年版。

中国史学会主编:《戊戌变法》(中国近代史资料丛刊之一),神州国光社1953年版。

中国史学会主编:《鸦片战争》(中国近代史资料丛刊之一),上海新知识出版社1955年版。

中国史学会主编:《洋务运动》(中国近代史资料丛刊之一),上海人民出版社1961年版。

张楠、王忍之编:《辛亥革命前十年间时论选集》,三联书店1977年版。

《新青年》。

《新青年季刊》。

《读书杂志》。

《李文忠公全书》。

《张文襄公全集》。

《谭嗣同全集》,三联书店1954年版。

《观堂集林》,中华书局1959年版。

《徐光启集》,中华书局1963年版。

《魏源集》,中华书局1976年版。

《章太炎政论选集》,中华书局1977年版。

《张载集》,中华书局1978年版。

《二程集》,中华书局1981年版。

《孙中山全集》第1卷,中华书局1981年版。

《黄兴集》,中华书局1981年版。

《鲁迅全集》,人民文学出版社1981年版。

《吕振羽史论选集》,上海人民出版社1981年版。

《郑观应集》,上海人民出版社1982年版。

《左宗棠年谱》,岳麓书社1983年版。

《陈独秀论文选编》,三联书店1984年版。

《黄宗羲全集》,浙江古籍出版社1985年版。

《章太炎全集》四,上海人民出版社1985年版。

《五四前后东西文化问题论战文选》，中国社会科学出版社 1985 年版。
《严复集》，中华书局 1986 年版。
《苏东坡全集》，中华书局 1986 年版。
《杨度集》，湖南人民出版社 1986 年版。
《侯外庐史学论文选集》，人民出版社 1987 年版。
《朱子语类》，中华书局 1988 年版。
《顾颉刚古史论文集》，中华书局 1988 年版。
《饮冰室合集》，中华书局 1989 年版。
《康有为全集》，上海古籍出版社 1990 年版。
《顾准文集》，贵州人民出版社 1994 年版。
《孙中山文集》，团结出版社 1997 年版。
《刘师培辛亥前文选》，香港三联书店 1998 年版。
《梁启超全集》，北京出版社 1999 年版。
《李大钊全集》，河北教育出版社 1999 年版。

王夫之：《读通鉴论》，中华书局 1975 年版。
容闳：《西学东渐记》，湖南人民出版社 1981 年版。
顾炎武：《日知录》，岳麓书社 1994 年版。
魏源：《海国图志》（上、中、下），岳麓书社 1998 年版。
黄遵宪：《日本国志》，上海古籍出版社 2001 年版。
冯桂芬：《校邠庐抗议》，上海书店出版社 2002 年版。

李剑农：《中国经济史讲稿》，中国书局 1943 年版。
柳诒徵：《中国文化史》，正中书局 1947 年版。
钱穆：《国史大纲》，商务印书馆 1948 年版。
徐宗泽编：《明清间耶稣会士译著提要》，中华书局 1949 年版。
夏曾佑：《中国古代史》，三联书店 1955 年版。
王萍：《西方历算学之输入》，（台湾）“中央研究院”近代史研究所专刊（17）。
周一良、吴于廑主编：《世界通史》，人民出版社 1974 年版。

陈寅恪:《金明馆丛稿》初编、二编，上海古籍出版社 1980 年版、三联书店 2001 年版。

《中日文化交流史论文集》，人民出版社 1982 年版。

翦伯赞:《秦汉史》，北京大学出版社 1983 年版。

冯友兰:《三松堂文集》，北京大学出版社 1984 年版。

李达:《经济学大纲》，武汉大学出版社 1985 年版。

吕思勉:《中国制度史》，上海教育出版社 1985 年版。

徐复观:《两汉思想史》，台湾学生书局 1985 年版。

《沈兼士学术论文集》，中华书局 1986 年版。

钱穆:《现代中国学术论衡》，岳麓书社 1986 年版。

钟叔河主编:《走向世界丛书》，岳麓书社 1986 年版。

《多维视野中的文化理论》，浙江人民出版社 1987 年版。

严绍璗:《中日古代文化关系史稿》，湖南文艺出版社 1987 年版。

费孝通:《中华民族多元一体格局》，中央民族学院出版社 1989 年版。

刘志琴编:《文化的危机与展望——台港学者论中国文化》，中国青年出版社 1989 年版。

傅筑夫:《中国经济史资料》，中国社会科学出版社 1990 年版。

柳卸林主编，董平等译:《世界名人论中国文化》，湖北人民出版社 1991 年版。

徐中舒:《先秦史论集》，巴蜀书社 1992 年版。

唐长孺:《魏晋南北朝隋唐史三论》，武汉大学出版社 1992 年版。

《周谷城学术论著自选集》，北京师范学院出版社 1992 年版。

何兆武:《历史理性批判》，湖南教育出版社 1994 年版。

钱穆:《中国文化史导论》修订本，商务印书馆 1994 年版。

冯天瑜:《中华元典精神》，上海人民出版社 1994 年版。

钱穆:《钱宾四先生全集》，(台北)联经事业出版公司 1998 年版。

杨宽:《战国史》，上海人民出版社 1998 年版。

杨宽:《西周史》，上海人民出版社 1999 年版。

刘泽华:《中国的王权主义》，上海人民出版社 2000 年版。

姜义华:《理性缺位的启蒙》，三联书店 2000 年版。

章士钊:《柳文指要》,文汇出版社 2000 年版。

张星烺:《欧化东渐史》,商务印书馆 2000 年版。

武汉大学中国文化研究院编:《郭店楚简国际学术研讨会论文集》,湖北人民出版社 2000 年版。

萧萐父主编、郭齐勇副主编:《熊十力全集》,湖北教育出版社 2001 年版。

冯天瑜主编:《中华文化辞典》,武汉大学出版社 2001 年版。

刘炜主编:《中华文明传真》,上海辞书出版社、香港"商务印书馆"有限公司 2001 年版。

殷海光:《中国文化的展望》,三联书店 2002 年版。

秦晖:《传统十论》,复旦大学出版社 2003 年版。

马克垚:《英国封建社会研究》,北京大学出版社 2005 年版。

周文兴:《中国:收入分配不平等与经济增长》,北京大学出版社 2005 年版。

田毅鹏、漆思:《"单位社会"的终结》,社会科学文献出版社 2005 年版。

费孝通:《乡土中国》,上海人民出版社 2006 年版。

李振宏:《历史与思想》,中华书局 2006 年版。

耿云志:《近代中国文化转型研究导论》,四川出版集团四川人民出版社 2008 年版。

缪凤林:《中国通史要略》,东方出版社 2008 年版。

冯天瑜:《"封建"考论》(修订版),中国社会科学出版社 2010 年版。

中国现代化战略研究课题组、中国科学院中国现代化研究中心:《中国现代化报告 2010》,北京大学出版社 2010 年版。

梁漱溟:《中国文化要义》,上海人民出版社 2011 年版。

王亚南:《中国官僚政治研究》,商务印书馆 2011 年版。

费孝通、吴晗:《皇权与绅权》,岳麓书社 2012 年版。

吴于廑:《士与古代封建制度之解体》《封建中国的王权与法律》,武汉大学出版社 2012 年版。

[德]黑格尔著,王造时译:《历史哲学》,三联书店 1956 年版。

《马克思恩格斯全集》，人民出版社 1956—1974 年版、人民出版社 1995 年版。

《马克思恩格斯选集》，人民出版社 1972 年版、人民出版社 1995 年版。

［日］木村毅：《日本文学交流史の研究》，讲谈社昭和 35 年版。

［俄］《普列汉诺夫哲学著作选集》第 2 卷，三联书店 1961 年版。

［英］汤因比著，曹未风等译：《历史研究》，上海人民出版社 1966 年版。

［日］宫崎市定：《中国史》，岩波书店 1977 年版。

［法］孟德斯鸠：《论法的精神》，商务印书馆 1978 年版。

［英］甄克思（E. Jenks）著，严复译：《社会通诠》，商务印书馆 1981 年版。

［意］克罗齐著，傅任敢译：《历史学的理论和实际》，商务印书馆 1982 年版。

［日］家永三郎：《日本文化史》，岩波书店 1982 年版。

［美］费正清编，中国社会科学院历史研究所编译：《剑桥中国晚清史》，中国社会科学出版社 1985 年版。

［美］费正清著，张理京译：《美国与中国》，商务印书馆 1987 年版。

［英］马林诺夫斯基著，费孝通等译：《文化论》，中国民间文艺出版社 1987 年版。

［美］斯塔夫里阿诺斯著，吴象婴、梁赤民译：《全球通史 · 1500 年以前的世界》，上海社会科学出版社 1988 年版。

［美］塞缪尔 · 菲利普 · 亨廷顿著，王冠华等译：《变化社会中的政治秩序》，三联书店 1989 年版。

［德］魏特夫著，徐式谷等译：《东方专制主义》，中国社会科学出版社 1989 年版。

［日］福泽谕吉著，北京编译社译：《文明论概略》，商务印书馆 1992 年版。

刘俊文主编：《日本学者研究中国史论著选译》第一、二卷，中华书局 1992、1993 年版。

［法］布罗代尔著，顾良等译：《15 至 18 世纪的物质文明、经济和资本主义》，三联书店 1993 年版。

［德］马克斯·韦伯著，洪天富译：《儒教与道教》，江苏人民出版社 1993 年版。

［法］佩雷菲特著，王国卿等译：《停滞的帝国——两个世界的撞击》，三联书店 1993 年版。

［法］费赖之著，冯承钧译：《在华耶稣会士列传及书目》（重印本），中华书局 1995 年版。

［美］许倬云：《西周史》，三联书店 1995 年版。

［日］沟口雄三著，赵士林译：《中国的思想》，中国社会科学出版社 1995 年版。

［美］罗伯特·K.G. 坦普尔著，陈养正等译：《中国：发明与发现的国度》，21 世纪出版社 1995 年版。

［英］罗素著，秦悦译：《中国问题》，学林出版社 1996 年版。

［美］许倬云：《历史分光镜》，上海文艺出版社 1998 年版。

［美］黄宗智：《民事审判与民间调解：清代的表达与实践》，中国社会科学出版社 1998 年版。

［法］安田朴著，耿昇译：《中国文化西传欧洲史》，商务印书馆 2000 年版。

［英］佩里·安德森著，刘北城、龚晓庄译：《绝对主义国家的系谱》，上海人民出版社 2001 年版。

［日］伊原泽周：《日本と中国にずける西洋文化摄取论》，汲古书院平成十一年版。

［日］谷川道雄：《战后日本の中国史论争》，河合出版社 2001 年版。

［日］狭间直树编：《梁启超·明治日本·西方——日本京都大学人文科学研究所共同研究报告》，社会科学文献出版社 2001 年版。

［日］爱知大学现代中国学会编：《中国 21》1999 年卷，中国社会科学出版社 2001 年版。

［日］谷川道雄著，马彪译：《中国中世社会与共同体》，中华书局 2002 年版。

［法］马克·布洛赫著，张绪山等译：《封建社会》，商务印书馆 2004 年版。

[美]奥戴德·申卡尔著，金永红、奚玉芹译：《中国的世纪》，中国人民大学出版社2005年版。

[美]《史华慈论中国》（许纪霖、宋宏编），新星出版社2006年版。

[英]安格斯·麦迪森著，伍晓鹰、马德彪译：《中国经济的长期表现》，上海人民出版社2008年版。

[美]本杰明·史华慈著，叶凤美译：《寻求富强：严复与西方》，江苏人民出版社2010年版。

[英]尼尔·弗格森著，曾贤明、唐颖华译：《文明》，中信出版社2011年版。

[美]亨利·基辛格著，胡利平等译：《论中国》，中信出版社2012年版。

[法]托克维尔著，冯棠译：《旧制度与大革命》，商务印书馆2012年版。

[美]罗纳德·哈里·科斯、王宁著，徐尧、李泽民译：《变革中国市场经济的中国之路》，中信出版社2013年版。

附录一　评冯著《中国文化生成史》

唐翼明

中国传统文化既博大精深，也精芜杂陈，但数千年从未中绝，且大多数时间皆辉煌灿烂，居于优势地位，则可谓举世无匹。唯晚近数百年，由于错过了以欧洲文艺复兴为起点的世界现代化运动的潮头，而渐显落伍。自鸦片战争、甲午战争以后，仁人志士奋起效法欧西，百年来西潮汹涌澎湃，几欲席卷一切以俱去。其积极面是为我们洗去了传统文化中的许多糟粕，其消极面则是连我们传统文化中许多可贵的价值也被贬损得一钱不值。以至于今天的中国人物质虽然较前丰裕，精神却濒于沦落。现在是时候了，摆在中国知识人面前的一个严重任务，是应该理性地对中国传统文化作一个全面的梳理，找回其中根本性的使我们这个民族得以持续发展数千年的精魄灵魂，找回我们民族的自信。换言之，只有返本开新，才能实现复兴中国的理想。

现在展开在我们面前的这部皇皇七百页的大作——冯天瑜先生的《中国文化生成史》，正是应运而生地承担了这样一个重任。读完全书，我觉得本书是六十年来甚至百年来中国最好的一本文化史，凡研究中国传统文化，关心中国文化的发展，想弄清楚中国文化的过去、借过去以观现状、以测未来的中国人，尤其是知识人与从政者，都应该仔细研读这本书，相信都会从中得到许多教益。

冯天瑜先生在本书中所展现出来的广博的知识，深厚的学力，犀利的眼光，独到的见解，中肯而深刻的分析与评论，在同辈学人中可谓矫矫不群，鲜有能出其右者。本书的写法也一扫前人窠臼，虽名曰史，却摆脱分期分段陈述史实的通常作法，而是从各个方面分块分题地来论述中国传统文化，论述它们产生的基础、过程及其优缺点，使人读来一点都不枯燥，而时时有“原来如此”的感悟，也时时启发我们去思考“应当如何”。在几十年来充斥固定意识形态、千篇一律论调的史学界，此书实可谓凤毛麟角。

本书另外一个显著的优点，是它的比较分析。作者一方面打通古今，一方面又打通中西。打通古今的结果是使我们了解到中国的文化曾经是如何，现状为什么会是这样，以后可以是怎样。打通中西的结果是让我们知己知彼，了解别人比自己优长的地方，也了解自己比别人高明的地方，既不轻视别人，也有充分的自信。这种打通古今中西加以比较去取的作法，固然是继承了前辈学者，诸如梁启超、胡适、梁漱溟等人的研究成果，同时又有冯氏自己的许多独到见解，在诸多方面已经远远超越了前辈。

总之，在我看来，冯天瑜先生的《中国文化生成史》是一本集大成而又富有新创获的学术著作，是几十年来中国文史学界最值得重视的成果之一。

附录二　经典的诞生——《中国文化生成史》评价

任　放

大凡学术之精进，通常系由少数富于原创性能力的学者在历史的某一时点，对某类问题阐发不囿旧说之新见而引发。用科学哲学家托马斯·库恩的话讲，学术共同体的范式转换是科学革命的标识，它将导致人类认识的进步。所谓范式，某种意义上就是研究者凝视研究对象时，所采取的立场、观点和方法。它首先是个体性的心智锻造过程，然后渐成为学术同仁自觉遵循的治学规程。学术范式能否实现从个人体验到众人践行，取决于该范式的解释框架在多大程度上超越了旧有的知识体系，取决于创制新范式的学者在何种意义上超越了自己。这种新旧范式之间的嬗替，伴随着历史变迁的节律，使人类的智识不断升华。著名史家冯天瑜教授新近完成的近 50 万言巨著——《中国文化生成史》(武汉大学出版社 2013 年版)，甫经写就，即成经典，开创了文化史研究的新范式。从人文经典产生的周期看，传统时代约以世纪计，现代约以十年计，周期缩短皆因知识生产之技术、信息流通之网络、学术研究之机制发生了实质性的多重变化。这意味着，少则十年，多则二三十年，人文领域的现代学人在学术理念、诠释框架、材料运用诸方面必有开创性的拓展。就此观之，冯氏此著构思于 2010 年，此时改革开放已届 30 个春秋，学术资源的积累堪称厚实，中西交通的深度前所未见，人文经典的诞生可谓恰逢其时。

《中国文化生成史》的铺陈舒展，大体可分为三大板块：

一是概念梳理，包括“中国”“中华民族”“文化”“文明”“文化生成”“文化生态”等等，重点放在核心概念“文化生成”的考辨上。作者从文化认同、民族认同、古今之辨、中外之辨等要旨入手，详加剖析其内在肌理，为全书的立论确立了基本的学术立场。尤其是，作者提出了“文化生成史”是一门渊源有自的新兴学科的见解。这一充满理性自觉的主张，在价值判断层面提升了文化史的学术境界，将“中国文化生成史”与“中国文化史”作了谨慎的界分，即两者不是简单的上下统属关系，而是两大互相涵摄但又相对独立的动态的知识体系。惯常的“中国文化史”的写作，多按时间序列（主要依王朝更迭体系）布列史实，明断是非；亦有按门类编排者，凸显专题性，而将时间变迁隐含其间。此类文化史，实为通史之简编，或专门事项之编年史。其优长在于线索清晰，文化流变之轨迹了然于心；其弊端在于，因体例所限，理性思辨之纵横捭阖几无可能，从而止步于史实之坚固，无暇顾及史论之宏阔。相较之下，冯氏创发之“中国文化生成史”既可承续前者重时间、重专题、脉络明晰之风骨，又可避开前者受时间、史实、体例诸般之掣肘，摆脱教材式的虽平实而欠深度的写法，发扬刘知几《史通》、章学诚《文史通义》之史学评论传统，对文化史之若干关节点进行通贯性的阐释，详其实质之义理、略其兴衰之表象，矻矻于历史思辨之张扬。在某种意义上，“文化生成史”的提法本身已打开文化史研究的一片新天地。不惟如此，作者还从文化生态的角度，谈论文化生成的基础。冯氏指出文化生态包含四大因素，即地理环境、经济基础、社会结构、政治制度，强调文化并非某一生态因素单独决定，生态综合体提供文化生成的基础，诚为公允之论。

二是文化生态诸因素之专题性论述，以勾勒中国文化生成及衍变的恢弘历史图景，力求呈现中国文化多元杂糅、自成一体、生生不息的结构性特征。其间，作者对立足于中国文化本位主义的保守立场及虚骄之气时刻保持惕戒，在弘扬传统文化之固有精神之际，并未减损以科学理性为旗帜的批判性锋芒，体现出以追求知识本真为职志的史家本色。在“地理”单元，作者将地理环境置于文化生态视野之下，逐一检视“心智决定论”“地理唯物论”“地理环境决定论”的逻辑失误，对中国文化生成的具体地理因素予以客观评述，强调环境的丰富性是中国文化多样性发展的前提之一，深入探讨了地理隔绝与中国文化特性、中国人特有的世界主义与海洋意识、郑和之后何以没有出现“第二郑和”诸问题，不同于某些论者将地理与文化之关系进行简单比附的肤浅之见。在“经济”单元，作者将农耕与游牧定位为两种前现代文明类型，论证了两者之间冲突与交融的复杂共生关系。与之同时，作者将封建“领主制”与非封建“地主制”界说为农业时代的两种土地所有制，在吸纳前贤论说的基础上，对中国土地制度史的历史分期作出了全新判断：殷商、西周时期，是土地王有及公社所有、集体劳作的领主经济阶段；周秦之际，是土地制度变革阶段；两汉至明清，是土地私有、个体劳作的地主经济阶段。近年来，作者致力于历史文化语义学的研究，其最有学术冲击力的成果不是外来之词汇如何楔入中土，而是对“封建”一词的深入考析，几臻于陈寅恪“凡解释一字即是作一部文化史”之境界。由此引发的学界论争，俨然已是现代中国文化演进的重要事件。在围绕文化生成的经济分析中，作者反思地主经济下的历史宿命，从尚农重本、重实黜玄、中庸调和等八个层面提炼乡村式的中国文化旨趣，以16世纪为分水岭探究了中国农耕文明的发展水平，颇具比较史学之识力。在“社会”单元，作者聚焦于宗法传统，从宗族制与考选官僚制相契合、父系原则与家国同构等议题入手，论析宗法制之根深蒂固，并对中国伦理型文化的特质进行了条分缕析，包括法祖尊统、教民追教、德治主义诸要目，均切中肯綮。在“政治”单元，作者把注意力放在皇权文化上，认为这是“尊君”与“重民”相互角力的一种政治文化，将“周制”与“秦制”视为传统中国的两种政制类型，其中“周制”属于宗法封建的儒家轨范，“秦制”属于君主集权的法家轨范。关于中国皇权政治的特点，作者从“君权神授”与“民为邦本”、“君本位”与“官本位”、君权与宗法制、君权与相权等八个方面予以透视，尤其对皇权的“专制性”进行了入木三分的解析，重点放在辨识制约皇权的形上因素（“天—理”、“法—礼”）及社会结构因素（贵族、官僚体制与民间自治），兼及近古士人企图解构专制的思想突进。应该说，皇权文化之论，既是作者“封建”考论之延展，两者在致思路径上一脉相承；亦是全书颇具学术价值之华章，大有历史哲学之意蕴。

三是宏观层面的思想阐发，旨在从史论的基础上，对横亘古今之相关问题作出延展性的思考。其荦荦大端，计有三个议题：其一，中国文化特质及其世界影响，重点在于中国文化的结构性特色，涉及“内圣”与“外王”的伦理政治、“阳儒”与“阴法”的权谋、“民本”与“君本”的纠葛、“政学”与“技艺”的分合、民族性格、近代性挑战等，深刻而不失偏颇。文化史研究乃至整体的中国史研究，都无法回避“李约瑟悖论”。于此，学界尚无一定之论。作者从悖论前因、悖论后因两个维度，给出了完整的解答：拥有创建发达的农耕文明的制度前提，此为悖论前因；形成稳定板块、难以实现近代转型，此为悖论后因。其二，中国文化史分期。近百年来，历史分期是争讼不息的重大学术问题。某种程度上，仅从历史分期之论争即可明了学术格局之成因，学派、体系、观点之经纬于斯毕现；某种程度上，学者本人对历史分期所持之立场，亦可显见其学术旨趣及学养。在梳理各派之说的基础上，作者对中国文化史分期提出了明确主张：从采集到农耕、从原始人群到氏族共同体，是史前文化；夏商周“三代之治”，是宗法封建文化；秦至清，是皇权文化（中唐至清中叶出现文化转折）；晚清讫今，是现代文化，涉及“中体西用”论、“冲击—反应”论等多种有影响力的文化模式。这一文化史的分期说，奠基于作者数十年文化史研究之功力，自成一家之言，其意义当不限于文化史之隅，而必将扩展到中国史诸领域。其三，对中国文化的前瞻性思考。眼下诸般文化研究之言说，或缺乏历史根基而流于浮泛，或囿于史学之门槛而失却现实关怀，兼有历史之胸襟与开放之视野者可谓少矣。冯氏潜心学术而不迂阔，关切时势而不媚俗，游刃于学术与现实之间，秉持社会之良心、史家之才学，对中国复兴、文化创新、文明对话、基尼系数、中等收入陷阱、贪腐与法治等“热点”问题多所评议，皆为高屋建瓴之策论。

综上所述，《中国文化生成史》运思宏伟，体大精深，在诸多方面提升了中国文化史的研究水平。没有数十年持之以恒的研究累积和贯通性的理性思辨，绝不可能创作这样一部兼顾中西、新论迭出的扛鼎之作。该书的问世，堪称中国文化史研究之幸事、之盛事，必将推动相关研究在众多问题上承旧开新，达致认识之升华、学术之进步。

附记：这篇小文原在《北京日报》登载，但删节太甚。此乃全文首次刊发，以聊表后学对先生学术及思想之敬重。

2018年隆冬　于武汉大学珞珈山

跋

不善入者，非实录……不善出者，必无高情致论……何者大出入？曰：出乎史，入乎道，欲知大道，必先为史。

——（清）龚自珍：《尊史》

自20世纪80年代初人文学界兴起中西文化研讨（人称“文化热”）的三十余年来，文化学及文化史学探究取得长足进展。此间人们在做各种分科的、断代的、区域的文化专题研究之际，也情不自禁地一再聚焦“文化是什么？文化从哪里来？文化到哪里去？”之类文化史的“元议题”，并由此追探——

中国人别具一格的行为方式与思维方式，在怎样的自然—经济—社会条件综合而成的文化生态中得以生成？

中国何以创造中古辉煌，却自外于17世纪的科学革命和18世纪的工业革命，以至近代落伍？中国文化的振拔之路何在？

中国凭借怎样的动力，运用何种机制，以磅礴之势于当代复兴？

时下中国步入一个前行节点和深度变革期，其发展优势及包蕴危机并存，中华航船当怎样破浪竞渡？

此类议题切关史之大体。章太炎说：

作史者，当窥大体。大体得，虽小有抵牾，无害。失其大体，而致谨于名氏爵里之间，则史有不如簿领者矣。[①]

本书大架构未按历史时序排列，而取切关宏旨的专题，作横分竖写，尝试以此种方式揭示文化生成诸要端，以窥文化史之大体。

探究史之大体，既不能只是随机列举史实细节、个别例案，作“碎片化”书写，也不可笼而统之，浮泛漫议。可行之方，只能先分析而后综合：从“宏观”总题剖分出若干“中观”子题，再选择具有典型意义的“微观”课目，作“宏观—中观—微观”的下行考析，通过若干“大题小作”努力，建立较为坐实的史考基础，再行归纳，经由“微观—中观—宏观”路径，渐次综合上升，窥探史之大体，作气吞全牛式的把握。

本书专题多由当下社会实存问题和时人的现实诉求引发，而扣人心弦的现实问题皆从历史走来，只有通过追溯历史方能获得解答现实问题的参照系，诚如英国史学家柯林武德（1889—1943）在《自传》中所说：

> 真正的历史问题从实际问题中产生……最终产生的问题都是“现实”生活中的问题，而他们在寻求解决方法时所参考的就是历史。

“考察现实”与“追究历史”是互动而统一的过程，这一过程将我们引入文化生成史的广阔界域。

笔者久有意愿以国人当下的生存状态为窥探口，反顾历史，比照异域，直面文化生成诸前沿议题。然今次收笔之际，仍觉言未尽意，只能视作又一篇阶段性作业，敬呈诸君一哂，期望有以教我。

书稿得友人宋公文、刘昌钊、陈锋、任放、杨华、聂运伟、傅才武、聂长顺、余来明、邓新华、宋龙妹等拨冗披览，博士生、博士后彭池、姜海龙、王林伟、钟书林、吴兆丰、姚彬彬、胡俊修、刘耀等修订文本、参与研讨，笔者每获切磋之乐，深感“友直，友谅，友多闻”之可贵。

今为“读图时代”，对于哲思与物象考析相结合的文化史著而言，尤须借重图片。刘建林君为本书配图贡献尤多，刘柏林、陈利媛、冯可云、胡新诸君

---

① 章太炎《近史商略》，《章太炎全集》（三），上海人民出版社 1984 年版。

也提供了摄影作品。

书稿撰写间，贱恙频仍，三度住院，老伴刘同平照料备至，医务人员精心疗治，方获重操秃笔之幸。

本书为武汉大学出版社“中国专门史文库”之一种，出版社编辑、文库主持人多有帮助。今次湖北人民出版社将本书收入吾之“文存”，资深编辑左泽荣等用力甚勤。

对所有给予支持的友朋深致谢忱！

2010 年秋　名古屋构思

2011 年 10 月—2012 年 11 月　武昌珞珈山撰稿

2012 年 12 月—2013 年 2 月　修改于武汉大学人民医院楚康楼 807 室、同济医院综合医疗楼 1607 室

2013 年 7—11 月　长春—武昌结稿

2018 年 8 月改定于湖北省人民医院楚康楼 803 室，本次作若干修订，所采用资料大体止于 2013 年。